后浪出版公司

FIRST
SINO-JAPANESE
WAR 1894—1895

宗泽亚 著

清日战争

北京联合出版公司
Beijing United Publishing Co.,Ltd.

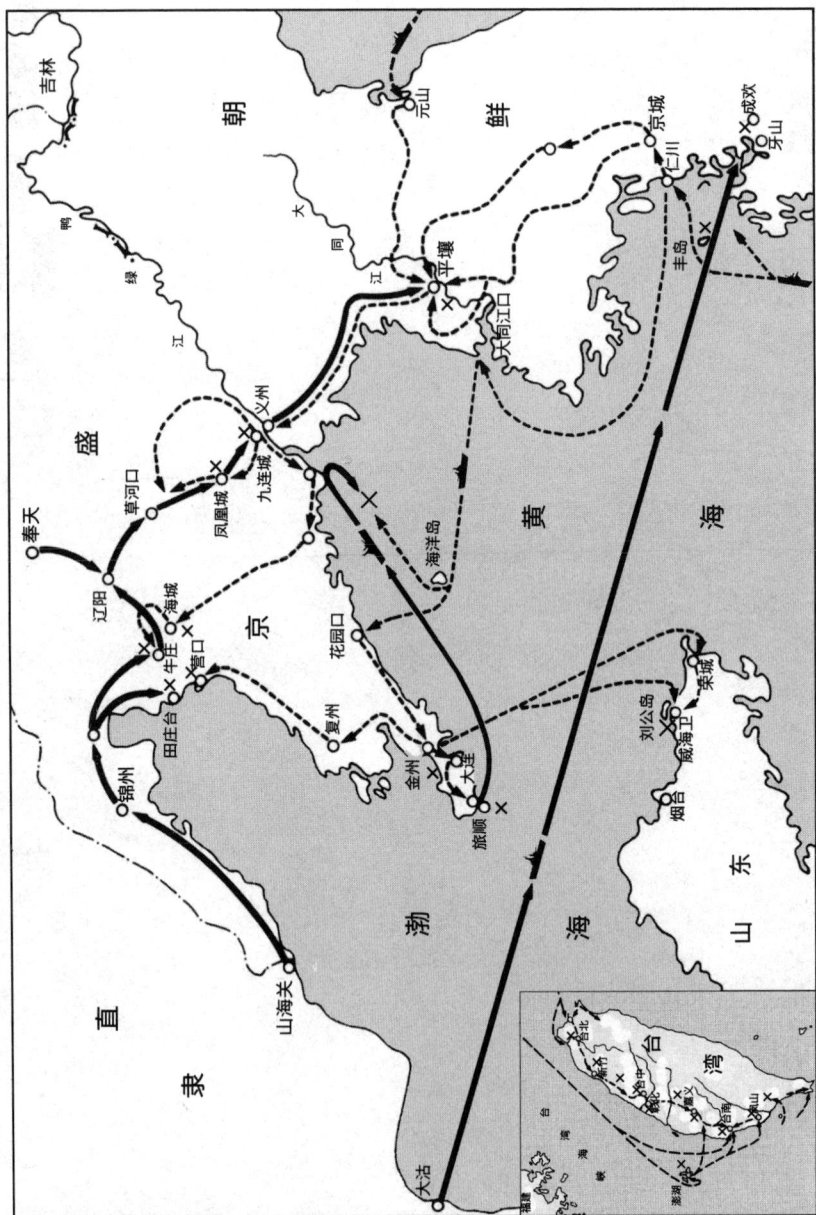

清日战争战略全图 (1894–1895)

地图图例：
→ 清国军作战路线　‥‥‥▶ 日本军作战路线　✕ 清日两国军主要作战地

地名（朝鲜半岛及周边）：
吉林　朝鲜　元山　京城　仁川　牙山　成欢　平壤　义州　大同江口　丰岛

地名（辽东及沿海）：
奉天　辽阳　海城　牛庄　营口　田庄台　锦州　山海关　草河口　凤凰城　九连城　海洋岛　花园口　复州　金州　大连　旅顺　盖平

地名（直隶、山东及周边）：
直隶　盛京　黄海　渤海　山东　大沽　烟台　刘公岛　威海卫　荣城

江河：
鸭绿江　大同江

百年前照相技术的发明，记录了这场战争发生的一幕。

日清战役从军摄影器第一号　龟井家

出版前言

本书所称的"清日战争"，中国依传统，通常以战争爆发当年的干支纪年称为"甲午战争"或"中日甲午战争"；在日本则命名为"明治二十七八年战役"、"日清战争"；欧美各国命名为"First Sino-Japanese War"。

甲午战争源于清日两国争夺朝鲜半岛控制权，始于1894年7月25日的丰岛海战。清军在各战场连战连败，最终日军在辽东、山东及台湾登陆，并彻底摧毁了清朝海军主力——北洋舰队。清政府被迫向日求和。1895年4月17日，清政府与日本签署《马关条约》，战争宣告结束。

甲午战争对远东战略格局产生了深远的影响，此后，日本迅速崛起。而清朝的惨败，使国内的改革派对自身的弱点有了更深的认识，开始积极宣传政治制度的改革。以孙中山为代表的中国民主革命的先行者，也正是在这样的历史背景下，创办兴中会，倡导民主革命。

甲午战争，被视为近代中日矛盾冲突之始。今日之钓鱼岛、东海等问题，上溯其源，皆与此役有一定关系。至今，双方关系始终是人们关注热点之一。出版本书，有助于人们了解中日关系的重要性所在。

宗泽亚先生历时数年，大量征引、采用了日本国立国会图书馆、国立公文书馆、外务省外交史料馆、防卫省防卫研究所图书馆、东京都立图书馆、武藏野市图书馆、西东京市图书馆等处所藏的日本政府、军方、民间的史料和文献，其中包括约500幅与战争相关的各类照片、绘画、地图以及近百张数据表格。这些源自日本文献的资料翔实介绍了日本政府、军方、民众、媒体对战争的态度和认识，并对日清两国当时的政治、军事、经济及其制度组织等诸多方面进行了对比。其中许多图、表、数据，是此前较为少见或不为人们所关注的，此番系统整理出版，具有相当的学术价值，学者可进一步研究，读者也可从阅读中启发思考。

通过作者精心整理和分析的日方的文献、统计资料和数据，有助于读者更深层次地认知战争的时代背景，更细致入微地观察战争的历史细节，了解作为战争一方的日本，是如何谋划、准备、应对、看待这场战争的。同时也可以明白，一场战争的胜负，不单纯取决于交战双方的武器、兵力、战术，更取决于双方综合实力的对比，包括战争体系是否完备、组织理念是否先进，以及国家体制和政治经济制度等多方面因素。作为一部专题史著作，本书内容涉及大量的历史人物、历史事件、历史文献。

本著作依据日本方面保存的档案材料写作而成，故其中有些内容、统计数据、事件因果、人物评价等，与中国学界和读者的认识有所不同。由此形成的观点和主张，也会有所分歧，但这些不妨碍其重要的史料和学术参考价值，值得进一步研究、探讨和商榷，也希望能引发广大读者对甲午中日战争历史研究和探讨的兴趣。

感谢宗泽亚先生，一遇编辑有疑问，即在日本翻查核实文献，保证了本著作资料和数据言必有据。感谢黄东博士，为本著所涉及的中国近代史史料进行审定、校对。感谢香港商务印书馆编辑徐昕宇先生为本书所做的努力。对于书中可能存在的错漏之处，烦请读者不吝指正，以期再版时及时更正。

服务热线：133-6631-2326　188-1142-1266
读者服务：reader@hinabook.com

后浪出版咨询（北京）有限责任公司

2012 年 3 月

修订说明：

此次修订，除在版式、开本等装帧方式上做了重大调整外，我们还纠正了内容上的一些错漏之处，更新了购买"吉野"号和战争赔款的使途的相关叙述。同时替换了数十张图片，从而改善书中的图片质量。

2014 年 5 月

目　录

第一章

清日战争

1.1 战争背景

朝鲜之乱

同属远东的朝鲜国，像楔子一样夹在中国、俄国、日本国之间，是列强踏入远东的最后一块神秘封地，因此有"隐藏的王国"之称。朝鲜独特的自然地貌形成了一个天然屏障，她的东海岸是一道连绵不断的峭壁，西海岸是一汪著名的远浅滩，港湾仁川可以与海路相连，却不是一个优良港口，湾内海潮变化频繁，涨潮和退潮时间相隔短暂。涨潮时舰船可以顺海流进入港岸，退潮时强大的回吸力能将舰船引向礁岩，退避不及的舰船会搁浅在淤泥中。朝鲜的地理位置决定了它的战略意义，成为近代列强争夺、占领、蹂躏的受害国。

1863 年朝鲜国王哲宗驾崩，先王无后嗣，奉翼宗神贞王后赵氏之命，由兴宣大院君嫡第二子李熙（1852—1919）即位，庙号高宗。高宗未成年，生父大院君作为摄政王代理执掌政务。朝鲜的吏制推行儒学、朱子学教育，模仿邻国明清两朝的科举制度。出世的学者在朝廷日益形成维护贵族利益的"两班"势力，拥有像中国的士大夫、日本武士那样的特权。当外国势力欲打开朝鲜国门时，他们首先担心外来文化会动摇本身物质利益、思想倾向、国内的权贵体制。清国鸦片战争失败后，西洋文化强行流入清国也渗入了朝鲜。大院君的锁国政策开始在两班势力中出现争议，朝鲜开化派的萌芽诞生。国内广大农民不满君主专制下的不法课税、土地兼并、过酷徭役，反抗朝廷的声势逐渐壮大。

1866 年在朝鲜传教的法国神父卡特利库，遭到朝鲜宫廷的迫害、追杀而逃亡清国。应神父的请求，常驻清国的法国舰队七艘战舰开往朝鲜，占领了江华岛，向朝鲜施加军事压力，引发"丙寅洋扰"事件。大院君政权推行强硬的攘夷政策，不屈膝于法国强敌，迫使舰队撤离。1871 年美国驻华公使借口数年前，朝鲜烧毁擅自进入朝鲜的美国商船为由，要求朝鲜宫廷开国通商，遭到拒绝。美国六艘军舰侵入朝鲜，实施了登陆作战，引发"辛未洋扰"事件。最终两国交涉没有取得任何结果，美国只好退出朝鲜，返回清国。朝鲜长期以来的对外政策和天然的地理屏障，成功阻挡了欧美诸国用炮舰外交敲开国门的企图，成为远东最后一个顽

1.1.01　明朝绘制的属国图，朝鲜并入明朝版图。图中注明："朝鲜乃箕子封国，汉唐皆中国郡邑，今为朝贡属国之首。古有三韩、秽貊、渤海、悉真、驾洛、扶余、新罗、百济、斻罗等国，今皆并入。"

固锁国的王朝。

1873 年大院君辞去摄政，将政权移交给他年满 21 岁的儿子李熙。高宗接替大院君政权亲理国事，王妃闵氏一族趁机篡取了国王的权力。此后，宫廷大院君派和王妃闵氏派两大势力的内斗加剧，在国政和对外政策上各持己见，针锋相对。而国政腐败，贪官污吏横行，民众苦不堪言，脆弱的朝廷危机四伏，不堪一击。朝鲜的锁国政策引起邻国日本的强烈不满，日本国内"征韩论"的呼声日益高涨。欧美列强频繁撞击朝鲜国门的情势警觉了日本，一旦朝鲜被置于列强的控制之下，日本将永远失去朝鲜，日本必须在列强之前取得对朝鲜的控制权。

1875 年 5 月，日本"云扬"号等三艘军舰，侵入釜山港，开炮演习示威。9 月，"云扬"号再度独自进入江华岛测量海图，遭到江华岛守军开炮攻击，"云扬"号立即还击摧毁了江华炮台。12 月，日本全权大使率军舰六艘前往朝鲜，就江华岛开炮事件向朝鲜提出抗议，要求两国缔结通商条约。作为朝鲜宗主国的清国政府不愿看到朝日间对抗，引来欧美列强的干涉，劝告闵氏一族对日开港。

1876 年，朝鲜与日本签订了《日鲜修好条规》，史称《江华条约》。日本从朝鲜获得开港通商和免税特权，在朝鲜拥有了领事权和裁判权。日本对朝鲜的强权渗透引起西方列强的关注，1882 年美国效仿日本与朝鲜签订《朝美修好条约》，英、法、德、俄、意、奥、比、荷、丹等国也在美国之后，与朝鲜签订了类似条约。在江华岛不平等条约的框架下，日本商品享有免税特权，严重冲击了朝鲜的国有产业。闵妃亲日派一族主导的朝鲜政府军，开始招募日本军事顾问改造军队，编制训练新军。军制的改革触动了朝鲜旧军人的利益，招致旧势力的猛烈反击。

1882 年，大院君在京城煽动军队叛乱，冲入王宫，挑起"壬午兵变"。乱兵焚毁日本公使馆，杀死七名日本军事顾问，公使官员被迫趁夜潜逃回国。应朝鲜国王请求，清国驻朝鲜军队迅速镇压了兵变。兵变事件发生后，日本派遣陆海军两个大队开赴朝鲜，抗议朝鲜的无礼行为，朝鲜国王派遣全权特使金玉均一行前往日本谢罪。清国政府为了平息日本和朝鲜间的紧张局势，将大院君押送清国软禁。日本政府则迫使朝鲜政府签订了《济物浦条约》，要求朝鲜向日本赔偿 55 万日圆损害金，允许日本派 1,000 名警卫驻扎朝鲜，保护日本侨民和公使馆。事件虽然就此平息，但是清国警觉日本驻军朝鲜的目的，急速从本土增调 3,000 人的兵力开进朝鲜，向日本施加压力，两国军队因此形成了对峙的强弩之势。"壬午兵变"导致朝鲜宫廷完全倒向清国，日本在朝鲜处于被冷淡的境地。

1.1.02　日本海军"云扬"号，公然闯入江华岛湾，测量朝鲜沿海水文，朝鲜守军奋起炮击，遭到云扬舰炮的还击，摧毁了江华岛炮台。1876 年朝鲜被迫与日本签订了不平等条约《江华条约》。

　　1884 年，从日本归来的朝鲜政治家金玉均等人，在日本军方支持下秘密组建了资产阶级改良主义政党——"开化党"。12 月 4 日，开化党策动了挟持国王，企图推翻皇室政权的政变，史称"甲申政变。"政变一时取得成功，开化党宣布朝鲜脱离与清国的宗属国关系，建立独立国家。紧急之中，闵妃请求清国驻朝特使袁世凯救援，清军迅速出兵镇压了政变。金玉均等人的政权仅三日，便告流产，主谋数人被迫逃往日本国避难。政变平息过程中，清军和日本公使馆警卫队之间发生冲突，日方民众和军人均有伤亡。事件惊动了清日两国政府，为了解决围绕在朝鲜问题上的纠纷，两国分别委派李鸿章和伊藤博文在天津会谈，双方签订了《天津条约》。条约之一项规定，"今后朝鲜国若有重大变乱事件，清日两国如要派兵，须事先相互行文知照。"此一条款为十年后清日两国军队合理出兵朝鲜埋下伏笔。

　　《天津条约》签订后，日本加速对朝鲜的渗透，并且不断扩充国家的军事力量。1886 年，清国和日本国对朝鲜的贸易额之比为 83：17，到了 1892 年两国对朝鲜的贸易额之比达到 55：45，水平已趋于接近。日本在朝鲜贸易的急速增长，显示清国在朝鲜的宗主国地位发生动摇，清日两国在朝鲜问题上的矛盾日益深化。为了对抗清国飞跃扩展的军事力量，日本陆海军急速扩大军备，国家财政年年增加军费开支。1881 年军费占国家支出总额的 16%，1883 年占 21%，1890 年占 29%，日本的产业政策，从殖产兴业向富国强兵方面转换。

　　1890 年，针对朝鲜半岛的紧迫情势，清国以日本为假想敌在旅顺扩建要塞，兴建大型船坞和机械工厂，在周围高地构筑永久炮台。来自北方俄国人的威胁更是咄咄逼人，1891 年俄国开工兴建横贯西伯利亚铁路，在海参崴开设军港。同年，俄国舰队访问日本，以显示自己强大的军事力量。俄国人传递的信息非常明确，

1.1.03　1876 年 2 月 10 日，日本全权正副大臣等 107 名军人在江华岛登陆，随同的行员、仪仗兵、军乐队、4 门加特林速射炮，堂皇开进岛府，日军登陆时，军舰鸣礼炮 21 响。

1.1.04　日军侵入江华岛，朝鲜地方官集体出迎。两国大臣在岛内这座庙堂，签署了朝鲜历史上第一个和外国的不平等条约，史称《江华条约》。图为朝鲜官员在迎候日本来使。

就是排除日本在朝鲜的势力，企图取得朝鲜周边的不冻港，建立俄国在远东的霸主地位。在错综复杂的国际背景下，日本陆军长老山县有朋向国会提交了一份军备意见书，指出俄国的西伯利亚铁道计划将在十年后完成，那时日本的假想敌将不再是清国而是俄国，日本必须抢在俄国人之前在政治和军事上确保对朝鲜的控制权。为达到这个目标，日本有必要在清国领地内设立据点，日本需要合适的理由在军事上打击清国的军事力量。

清日出兵

　　19 世纪末，朝鲜高宗皇帝李熙生性懦弱，国家政务的决策权被皇后闵妃独揽。在闵氏家族的政治下，朝鲜国政腐败，民不聊生；李氏王朝内部派系林立，盘根错节，清国派、日本派、俄国派日益动摇和肢解国家的权力。再加上外来势力的侵入和不平等条约的签署，使这个原本贫困的国家在内外多重压榨下更是雪上加霜，严重的内忧外患正在把李氏王朝推向崩溃的边缘。民众不满贫穷生活的现状，各地不断发生农民反对贪官污吏的抗争，顺应抗争民意的东学教在民间得到广泛呼应。

　　朝鲜东学教是教祖崔济愚独创的一种排斥基督教和儒教的民间宗教组织，教义传授每日吟诵 13 字祝文便能得到好生活，接受灵符祈祷就能去除病灾的说教。东学教虽然愚昧，但代表了民众渴望幸福生活的基本愿望，因此影响不断扩大。1864 年，政府以异教邪说之名残酷镇压教会，处死了教祖崔济愚。二代教祖崔时亨继承先祖衣钵，在朝鲜南部重建教团，公开立帜为"教祖申冤"、"驱逐倭洋"，与官府抗争。1892 年，东学教徒在各地广泛开展报恩集会，要求政府停止对东学教的迫害和镇压。1893 年，崔时亨亲赴京城向国王直诉教祖崔济愚的冤罪，信徒在各国公使馆附近张贴斥洋标语引发骚乱。清国驻朝鲜钦差总弁袁世凯请求李鸿章允许镇压东学异教，李鸿章立即命令"靖远"、"来远"两舰开赴仁川，东学教妥协，骚乱得到和平解决。

1894 年 2 月，全罗道古阜农民不满郡守赵秉甲的酷政，发动农民暴动，在东学教中坚领袖全琫准领导下，民乱从局部地域扩大到整个朝鲜南部。东学农民军声势浩大，打出"排斥洋倭、惩讨贪官污吏、还我民生"的旗帜，数月间发展到数万人之众。朝鲜宫廷接连收到紧急报告请求派官军镇压农民暴动，闵氏一族首辅大臣闵泳骏立即请奏国王发兵讨伐，遭到宫廷多数大臣的反对。有大臣上奏称："东学党本系良民，因不堪忍受地方官的恶政而蜂起抗

1.1.05　迎恩门位于朝鲜京城西大门外，专为迎接宗主国皇帝的使臣之用。清朝时，朝鲜大臣要在迎恩门施三跪九拜之礼迎接清国使者。清日战争后的 1897 年，朝鲜拆除迎恩门，改建独立门。

争，朝廷不应武力讨伐，应该采用招安之策平息暴动。"闵泳骏的意见被否决后，他秘密拜访袁世凯图谋对策。袁世凯认为，朝鲜兵队太弱，一旦败北，农民军就会侵入京城，那时就可能招致外国的干涉，必须及时援助朝鲜宫廷，尽快将农民军镇压下去乃上策。5 月 9 日，朝廷不堪农民军声势压力，决定发兵镇压，任命兵使洪启薰为"招讨使"，率领京城兵 800 名前往讨敌。兵使洪启薰因在 1882 年"壬午兵变"时救助王妃避难有功，深得高宗和闵妃的宠信。袁世凯借给朝鲜官军一艘清国军舰"平远"号，加上朝鲜自国汽船"苍龙"、"汉阳"号，搭乘出征兵 800 和野战炮 4 门，弹药 140 箱，从仁川出发赶往全罗道群山浦。然而，800 讨敌军面对数万农民大军尚未接战便丢盔弃甲，半数以上的兵卒临阵而退四散逃亡。

朝鲜局势日趋紧迫，袁世凯向李鸿章进言，东学党变乱有利于稳定大清国在朝鲜的宗主国地位，清国出兵镇压乱党可以从政治和军事上加强对朝鲜的控制。5 月 26 日，袁世凯会见闵泳骏，袁世凯说："贵国南部局势严峻，实在令人担忧。"闵泳骏回答道："上国小国之痛痒乃一体事柄，当下战端危机朝廷，全仰仗袁大人援助的好意。"袁说："前日洪招讨使兵败，乱徒依然猖獗，贵朝廷中难道就没有其他将才了吗？"闵说："虽选拔了精锐，但无法马上进剿，朝廷不希望与东学党决战，故陷入现在的被动局面。"袁说："听闻贵国士兵毫无军纪不听从命令，将官怯战心虚，兵卒畏敌不前，与贼徒相对而不战，远隔十余里听闻有贼便驻足而逃，此乃讨贼乎？"闵无言以对。袁说："如果我国用兵，只需 5 日便可荡平乱贼。"闵泳骏道："贵国援兵之事还请袁大人做主。"

此时，朝廷各班大臣上奏高宗："近日局势紧急，东学党若只有数千，我讨伐兵尚可以剿灭，然如今贼人达数万之众，剿灭显然已是空话。农民军虽系乌合

1.1.06   景福宫是朝鲜李朝时期京城的五大宫殿之一,建于1394年。建筑风格酷似中国的故宫。"景福宫"作为皇家宫殿,曾是古近代朝鲜国家政治权力的中心。

之众,但其势难以抵挡,朝廷只能劝说招安归顺。全罗道、庆尚道、忠清道乃国之粮仓,绝不可失。朝廷可派大臣敕使前往,对贪官猾吏行刑,除之以平民愤,乱民便可一朝退散。"闵泳骏反驳道:"哪里有贪官猾吏,现今刁民者皆称自己冤罪。听说那赵秉甲遇袭之日早已去向不明,朝廷即便派遣特使,如何行刑服众。诸臣招安之说只能是姑息养奸,陛下若图安治国、平定乱局,应立即向清国借兵剿灭乱党。"高宗斥责闵泳骏,同意诸大臣的请奏,说道:"闻听东学教徒乃以忠孝为本,为何说臣民为乱党?"遂委任金鹤镇为全罗道监司,携带镇抚谕旨前往农民军阵营招降。结果事与愿违,东学党没有接受朝廷的怀柔政策,农民军乘胜占领了全州府,庆尚道、忠清道、平安诸道农民也纷纷蜂起北上,意欲总攻京城,形势迫在眉睫。5月31日,朝廷接到全州城陷落急报,朝堂大臣皆大惊失色,一致同意向清国借兵镇压乱党。6月1日,领议政总理大臣在请求清国援兵的公文上签字,由于朝廷内对引进外兵入境仍存异论,文书没有立即送交袁世凯府邸。此间,洪启薰招讨使再上疏朝廷,呼吁若无外兵救援,则东学乱党不灭,李氏江山难保。朝鲜近代史上最大的内乱,甲午农民起义进入了关键的历史阶段。

6月2日,日本驻朝鲜临时代理公使衫村濬,派遣公使馆书记生郑永邦探访袁世凯,打探朝鲜是否已经请求清国出兵一事。袁道:"双方已经达成内定意向,公文尚未到手。公文一旦取得,待命部队即可出兵。贵国对出兵朝鲜有何见解?"郑:"日本政府对朝鲜从无他意。"郑永邦返回公使馆,立即将袁世凯谈话禀告了衫村,同时给外务省发出"朝鲜政府有请求清国派遣军队之意向"的急电。当日,日本政府即召开临时内阁会议商讨朝鲜局势,会议认为朝鲜"壬午军乱"和"甲申政变"失败以及目前东学党起事,均以排斥洋倭为宗旨。日本在朝鲜的政治地位正受到沉重打击,东学党起义必将危及我驻朝公使馆和本邦8,825名侨民的安全。会议一致通过保护驻朝公使馆和在朝国人安全出兵朝鲜的议案。

1.1.07　此图是 1895 年，在驻朝鲜俄国公使馆建筑上，鸟瞰京城市街风貌的照片。京城位居盆地，周围环绕山峦，右侧远方可以隐隐望见皇家宫殿的"光华门"和"景福宫"的所在。朝鲜居民的房屋多为草顶结构，大户人家建筑保留唐式飞檐风格。

　　6 月 3 日晨，衫村公使亲自拜访袁世凯，围绕朝鲜借兵之事谈话达 3 小时。袁："眼下要想维持东洋和平，当务之急是镇定朝鲜之乱。东学乱党是政府及地方官恶政的结果，政府官员的惩戒应首当其冲，若放任自流，镇定乱党就是空话，届时朝鲜势必受外国势力干涉，成为各国争夺的是非之地。依拙者所见，无论朝鲜政府如何施政，当前首要的是镇定乱民，防止外国干涉招惹祸端。"衫村故意试探袁世凯，"贵国出兵，那我国也不能不出兵，实在令人为难啊。"闻其所言袁世凯顿时面色大变，说："为何贵国需要出兵？"衫村："为了保护我公使馆和在朝鲜的居民。"袁："我国援兵是为了镇定乱民，丝毫不会危及贵国人民的安全，贵国无需出兵。"衫村："朝鲜政府自己不能镇定乱民，既然要向外国借兵，那我国人民依靠外国兵保护岂能安心。而且现在朝鲜国尚无正式请求贵国保护，我国出兵亦在情理之中。"袁："如果贵国出兵，那么就会招来其他外国军队进入京城，此乃祸乱之端，朝鲜国王是不会欢迎的。"衫村为消除袁世凯的警觉，笑曰："此乃笑谈，仅仅是余之空想所思，切望阁下不必多虑，贵国如确定出兵务请阁下转告我国。"在衫村濬看来，袁世凯表面上公平理论，实则满腹野心，企图通过援兵入境进一步明确清国和朝鲜的宗属国关系，为自己建功立业。袁口口声声丝毫不会伤及日本官民，可 1882 年朝鲜"壬午事变"时，正是袁派出清兵杀伤日本官民，此人系阴险无信用之人。

　　6 月 3 日，朝鲜政府请求清国派兵的正式公文送到，袁世凯立即电告李鸿章，并把与衫村濬的会谈情况作了报告，强调："当前日本国内多事，即便日本出兵不过也是以保护公使馆名义派遣区区百余兵力罢了，对清国出兵不会构成威胁。"李鸿章赞同袁世凯的建议，决定派兵入朝，随即电告总理衙门转奏折与帝，光绪

1.1.08 朝鲜历史上国家的象征——光华门，1395 年，朝鲜李氏王朝太祖李成桂创建。光华门深处有皇家宫苑"景福宫"。历史上光华门曾几经磨难，不断重建。此图为十九世纪的甲午年，战争将至，光华门前民众人心惶惶。

圣旨云："李鸿章电奏已悉，此次朝鲜乱匪聚党甚众，清国派兵助剿，地势敌情均非素习，必须谋出万全，务操必胜之势，不可意存轻视，如需厚集兵力，即著酌量添调，克期续发，以期一鼓荡平，用慰绥靖藩服至意。"当夜衫村代理公使再访袁世凯，探问："贵国如果没有朝鲜请求援兵之公文，乱民将对汉城构成威胁，清国有何对应。"袁："朝鲜政府已经下达请求我朝援兵公文，清国准备派发 1,500 人兵力赴朝镇定东学民乱。"

6 月 4 日，衫村急电东京，报告："昨夜在袁世凯敦促下，朝鲜政府正式交付了请求清国出兵的公文。清国北洋水师威海卫基地已经出航四艘军舰驶向天津，为赴朝清兵的商船护航，日本政府应迅速对应派遣军队进驻朝鲜。"清国政府对朝鲜事态的快速反应，引起日本政府的高度警觉，政府根据临时内阁会议作出的出兵议案，决定抢先完成在朝鲜的军事部署。

6 月 5 日，日本战时大本营在参谋本部内设立，下达向朝鲜增派混成旅团的动员令。归国休假中的驻朝公使大鸟圭介，依照政府对朝鲜的既定方针，紧急凑集 70 名海军陆战队员赶赴朝鲜。在仁川港与停泊在那里的 5 艘日舰汇合，临时从各舰抽调海军队员加入先遣陆战队，组成总员 488 名的临时战斗序列，赶往京城日本领事馆。伊藤首相考虑到日清两国外交上的均衡，不赞成派遣大规模军队赴朝。但军方强硬派主张必须打败清国在朝鲜的军事力量，雪"甲申事变"日本败北之耻，把清国势力赶出朝鲜。伊藤对清国一贯的弱势外交，在国会内早已让许多人感到厌倦，正在组织力量试图推翻伊藤内阁。伊藤没有别的选择只能顺应军方的要求，采取承诺对应的立场。

6 月 12 日至 18 日，混成旅团第一批先发部队完成了仁川登陆的军事行动。

23 日混成旅团主力包围京城，28 日混成旅团全部登陆完毕，兵员增至 8,000 名，超过牙山清军 2,000 名的兵力数量。在清日两国朝鲜出兵问题上，日本的情报准确、对应迅速、兵力占明显优势。从地理位置上来看，清军驻防牙山偏僻之地，孤兵独处，前后无援。日军驻防京城，兵临城下控制京畿，朝鲜近海日舰巡航警戒，两国第一轮军事对峙日本占据了绝对优势。

外交纷争

清国出兵朝鲜的决定，启动了清日两国十年前签订的《天津条约》中之约定，"今后朝鲜国若有重大变乱事件，清日两国如要派兵，须事先相互行文知照。" 6月 6 日，外务省电信课截获李鸿章指示驻日公使汪凤藻，知会日本政府清国出兵的电报。6 月 7 日，清国驻日公使汪凤藻向日本外相递交照会公文，文中声明："此番清国派兵援助朝鲜乃我朝保护属邦之旧例，清国政府依据 1885 年清日《天津条约》中第三条规定，特知会日本政府。"

日本外相立即回复照会："承知贵国出兵朝鲜，但日本历来不承认朝鲜是清国属国。日本政府为应对朝鲜之乱，保护本邦在朝居民安全，也准备向朝鲜派出若干军队。" 9 日，清国总理衙门再致照会日本："清国保护属国之行动，乃应朝鲜政府镇定国内民乱之请求。然贵国派兵仅为保护居留民安全，故无需派遣大军入朝并不得进入朝鲜内地。" 日本拒绝了清国的要求，表示"日本派遣军队入朝，是根据日朝《济物浦条约》主旨以及日清《天津条约》之约定，属于条约分内之举动与清国的主张无关。" 日本为介入朝鲜事务的军事行动，牵强附会制造了出兵的"合理名分"。

1.1.09 仁川港属于仁川郡，本是济物浦的一个小渔村。十九世纪，列强先后进入朝鲜，仁川逐渐开发成朝鲜与世界文明交汇的重要口岸。

1.1.10 1882 年日朝签署《济物浦条约》，仁川港对日开放，日本租界也并列在各国租界之间，相继建成了颇具规模的繁华街市。

全州陷落，清日两国出兵，在国内外政治军事压力下，6 月 10 日朝鲜宫廷向农民军妥协，命全罗监司金鹤镇与农民军谈判。双方达成《全州和议》，政府承诺了农民军的要求。（1）停止迫害起义者和东学教徒，政府与东学党人合力维持社会秩序。（2）查明贪官污吏的罪行，加以严惩。（3）严惩横暴富豪。（4）严惩不良儒林两班。（5）烧毁奴婢文书。（6）改善七种贱民待遇，不得强制白丁戴平壤笠。（7）许青年寡妇再嫁。（8）废除一切扰民的苛捐杂税。（9）任用官吏打破门阀界限，录用人才。（10）严惩私通日本者。（11）取消一切公私债务。（12）土地应平均分配。合约达成后，农民军退出全州城，解散返回故里。

日本派大军入朝震惊了清国朝廷，命令袁世凯尽快通过外交途径寻找退兵方案。袁世凯惊恐之极，生怕自己的过失给清国酿出被动战事，也想极力挽回不利局面。6 月 15 日，袁世凯和大鸟会谈，双方达成"即时同时撤兵"的约定。就在大鸟准备在合意书上签字时，衫村代理公使提出，撤兵条约应报本国政府知晓的建议，大鸟因此暂缓签字。清日两国驻朝公使代表，早期确实寻求过用外交手段解决朝鲜问题的做法，原因是大鸟公使那时并不了解伊藤和陆奥欲取朝鲜的战略意图。

1.1.11　朝鲜官吏是国政腐败的祸根，民众深受官僚权贵的残酷压榨，使这个原本贫困的国家，政治混乱、经济衰败，陷于崩溃边缘。

1.1.12　1861 年 1 月，清国设立总理各国事务衙门，简称"总理衙门"，系朝廷办理洋务及外交事务特设的中央机构。其总理大臣一职由亲王总领，即为首席大臣。首席大臣只有两任，分别是恭亲王奕訢（任职 28 年）和庆亲王奕劻（任职 12 年）。清日战争中，总理衙门是清国唯一的对外窗口，谓之清国的战争智囊。总理衙门之匾额，乃中外各国安福和睦之意。

6 月 15 日，日本政府召开紧急内阁会议，伊藤首相提出了解决朝鲜问题的新议案，第一，日清两国共同参与镇压东学党起义军；第二，乱党平息后两国各派代表若干名参与朝鲜的内政改革，如果清国不接受此议案，日军就不撤出朝鲜。伊藤相信，清国政府绝不会同意日本参与朝鲜政治改革，有意提出让清国政府难堪的议案。

6 月 17 日，陆奥外相向汪公使递交解决朝鲜问题新议案的公文，同时电训北京小村公使知会总理衙门。正如所预料的那样，清国政府拒绝了此议案，谴责日本干涉朝鲜内政的行为。清国强调，"朝鲜内乱已经平息，朝鲜内政改革应由朝鲜自身解决，清日两国应该立即撤兵。"此时已经进入朝鲜的日本军，强硬要求政府应该与清国一战，没有理由错失良机无功而返。况且清军大部队驻扎在牙山僻壤，孤兵势薄没有优势，日本应当寻找合适的理由与清国开战。

6月22日，内阁首脑在皇宫凤凰阁召开御前会议，首相、各大臣、参谋总长、枢密院议长、海陆军部长，请求天皇"圣断"，继续向朝鲜增派军队准备与清国一战。23日，陆奥外相通知汪公使，日本将在朝鲜驻留军队，单独实施对朝鲜内政的改革。并电训大鸟公使，混成旅团余部已经出航赴朝，命令第一批上陆的混成旅团在京城完成集结部署。26日，大鸟公使拜见朝鲜国王，阐述朝鲜内政改革的必要性，同时会见了国王选定的改革委员会成员。27日，混成旅团先遣部队完成对京城各要地的控制，日、清、朝三国间战争如箭在弦。28日，大鸟公使向朝鲜外务督弁赵秉稷发出挑战性照会，质问朝鲜政府是否仍然承认朝鲜是清国的属国，要求在翌日立即答复。

6月30日，俄国驻日公使希德洛夫向日本政府递交了政府训电，要求日本应遵从朝鲜政府的要求，日清两国军队同时撤兵。英国外相金伯利也向青木公使转达了撤兵要求。当日，朝鲜国王发布《罪己诏》："当前朝鲜国内混乱的原因，完全是由于自身的不德和官吏渎职所造成的……"尽管如此大鸟公使还是依照日本政府的既定方针，提出了朝鲜行政、司法、财政、兵制、教育改革纲领，要求改革委员会在规定限期内拿出改革具体意见。

7月3日，大鸟公使按照陆奥外相的训令，要求朝鲜政府参与内政改革，答复时间限定在8日中午。朝鲜政府被迫任命内相申正熙、内务次官金嘉镇、曹寅承三位重臣加入改革委员会，与日本共同商谈改革事宜。10日，在汉城南山老人亭，大鸟公使会见朝鲜内政改革委员会委员，提出五条二十七项内政改革案纲目，要求三日内决议、十日内实施。改革案要旨七项：第一，恢复议政制，确立

1.1.13 反抗酷吏的民众被官府投进大狱，佩戴重木锁具"首枷"的民众，等待的将是最残酷的刑罚。

1.1.14 官府大牢人满为患，只能把普通房屋改建成简易牢房，房屋一侧用椽子固定成篱障即可收监。

六曹判书的权限。第二，严格宫中、府中的行为，宫廷不得干涉政务。第三，明确外交责任制，由专任大臣负责。第四，清除派阀、起用新人。第五，严禁买官卖官。第六，严禁官吏收受贿赂。第七，汉城及重要港湾间修建铁道，全国主要都市间架设电信线路。

上述限定日期的大鸟改革案，公然干涉朝鲜内政，在朝堂上引起强烈反对，可是政府又没有进行改革的意愿，虽然对于日本的高压十分愤怒，但政府又无力拒绝日本提出的要求。在这种情况下，他们唯一的期待就是宗主国大清帝国能有所作为。

13 日，朝鲜政府在议政府内任命总裁官、堂上官，作出应和大鸟改革提案的姿态。15 日，朝鲜政府通告日本，如果日本方面不撤兵，不撤销改革案实施期限，朝鲜的内政改革则无法如期实施。在朝鲜内政改革问题上，陆奥宗光后来在他的《蹇蹇录》里吐露实情："当时日本尚不具备与清国全面战争的信心，必须制造合理借口博得国际社会的认同，减少各列强国的谴责。所谓朝鲜内政改革的提案只是空有虚名而已，清国政府一定会拒绝日本的提案。如此一来，阻碍朝鲜国家进步的责任在清国，日本和清国决裂一战就会名正言顺。"

列强仲裁

朝鲜同时受到两个国家军队介入的压力，政府请求各国政府敦促日清两军尽快撤兵。清国也迫切希望缓解紧张局势，积极展开外交运作，请求西方列强从中周旋化解战争危机。然而，日本继续以所谓改革案拖延时间，无视列强的警告，加速向朝鲜增兵。6 月 30 日，俄国驻日公使希德洛夫送来了政府训电，向日本政府提出强硬警告，"朝鲜的内乱已经平息，日本应遵从朝鲜政府的要求，接受日清两国军队同时撤兵的方案，否则日本将负有重大责任。"俄国政府用"重大责任"与日本对话，在日本政府看来显然有通牒的意思，威胁日本对今后可能发生的事件承担后果。

俄国的强硬介入使陆奥外相感到事态严重，陷入苦境，他带着俄公使的公文，立即前往伊藤首相宅邸"伊皿子"听取首相的意见。伊藤看过俄国的通告公文后沉默良久，陆奥请求良策，伊藤慢慢开口言道："局面已经发展到了现在的地步，还如何应和俄国的要求，将我军从朝鲜撤回呢。"听到伊藤模棱两可的话语后，陆奥立即回道："尊意与鄙见完全符合，然今后之事态无论演变得如何艰难，都是你我两人的责任，其他不必多言。"陆奥匆匆离开伊藤宅邸，当夜给日本驻俄国公使西德二郎发去急电，婉转驳回俄国政府的要求，"日本同意俄国的要求，但目前尚不是应该撤军的时机"。为了让与俄国矛盾重重的英国牵制俄国，陆奥同时也给日本驻英国公使青木子爵发去相同内容的电报。

在日清对立的外交问题上，日本最大的担心莫过于来自俄国的干涉。长期以来，俄国和日本一样，密切窥视在邻国朝鲜半岛的利益，朝鲜宫廷内的亲俄势力日渐形成，日俄之间已经暗地里出现对未来利益角逐的征兆。朝鲜的内乱导致日本出兵，清国担心宗主国地位受到威胁，俄国也担心刚刚罗织起来的势力受到打击。在对立的两个大国面前，陆奥铤而走险向俄国表示不撤军的固执立场，

1.1.15　朝鲜政治腐败、民不聊生，儒家学者冒死静坐草席陈情上书，祈求朝廷拯救日渐崩溃的国家。

内心十分担忧俄国会做出军事上的强硬反应，因为日本确实还没有抗击清俄共同军事力量的能力。

陆奥独自向俄国发出反驳书，心中忐忑不安，担心独断行为使日本陷入国家危机。次日，陆奥慌忙向内阁报告了给驻俄公使的反驳文，请求内阁追加承认上奏天皇。陆奥在回忆录《蹇蹇录》中写道："呜呼，追想当时的情形，至今都毛骨悚然。吾与伊藤伯的短暂会谈，两人竟在默诺间心领神会，虽然仅仅三言两语却成就了天大的事情。如果当时两人或一人稍微动摇，就不会有今日的时局，更不会有受到世界瞩目夸耀的日本。"

伊藤和陆奥向俄国发出强硬反驳书后，俄国政府没有作出强烈反应。期待东亚国际关系安定的英国，一直对清日采取等距离外交政策，期待东亚现状的稳定。英国希望清国政府对日本的朝鲜改革提案尽快作出反应，推动双方早日撤兵。在清国政府的委托下，英国驻清公使向日本政府作出试探，"如果清国政府对日本政府的提议愿意考虑的话，日本是否愿意重新对话"。日本答复："为了朝鲜的政治改革，日清两国如果愿意共同派遣委员参与改革，日本不会拒绝与清国对话。"英国公使向清国政府转达了日本的态度，同时也告知日本驻清国公使小村寿太郎，"清国政府希望会见日本公使，共同商议日本政府提议的改革诸事项。"可是，清国总署王大臣会见日本公使小村时却表示，"日本的改革案根本没有什么新意，日本不撤军任何提议都无法商议。"

7月12日，日本向清国发出强硬通告："清国拒绝日本的共同改革提案，又无视英国政府周旋两国合意的好意，仍然坚持日本先撤军的立场。如此盛气凌人不听相劝，将来由此引起的任何事态，清国必须承担全部责任。"对此，驻日英

1.1.16 东学农民军顺应民意声势浩大，扬"排斥洋倭、惩讨贪官污吏、还我民生"的旗帜，势如破竹，击败朝廷派来的 800 招讨军，占领了全州府。

国临时代理公使帕则特，向日本转达了清国政府的回答："清国政府对 12 日日本的通告感到非常不快，如果日本真心希望维持和平，应该不会拒绝继续谈判。清国政府希望日本政府提出新的改革提案，如果到 7 月 20 日为止日本仍不作出决定的话，清国将派遣十二万清兵部队登陆仁川。"

7 月 13 日，俄国公使希特罗伯答复陆奥外相的电报，表示俄国对日本出兵的抗议到此为止。俄国的退缩让日本庆幸来自俄国的威胁已经不复存在，可以更大胆地对清国实行强硬政策。15 日，朝鲜发来最新情报，报告外务督弁赵秉稷代表朝鲜政府，向大鸟公使递交了拒绝内政改革纲领的回答书，表示在日军撤军后，朝鲜政府将自己实施改革。

和平破裂

清国和日本两国终于走向武力对抗的边缘，日本政府无视清国政府提出的，7 月 20 日为止，再提出改革新案的警告；清国政府也无视日本政府提出的，7 月 25 日为止，停止向朝鲜运兵的通牒，清国皇帝决心与日本一战。日本驻清国公使馆的海军情报武官泷川具和大尉、参谋本部情报武官神尾少佐分别报告，20 日、21 日、22 日清国派数艘运兵船向朝鲜运送作战兵力。日本认定清国政府无视日本的最后通牒，战争已经不可避免。日本政府以朝鲜改革案为借口和清国周旋，赢得了调遣军队的时间，而李鸿章对西方列强的调停寄予厚望，错过了向朝鲜调兵的时机，使清国在朝鲜的作战力量处于劣势。

7 月 18 日，驻汉城的大鸟公使向陆奥外相提出包围皇宫的请求。陆奥嘱其先控制王宫及京城外围，作战行动需谨慎不得妄动，防止引起外交纷争。20 日，大鸟照会朝鲜政府，蛮横提出四项要求：第一，日本着手架设汉城和釜山间的军用电线。第二，朝鲜政府遵循《济物浦条约》即刻着手建设日军兵营。第三，放弃朝鲜是清国属国论，立即将清国军队逐出朝鲜。第四，废除朝鲜和清国间的各项条约。以上要求必须在 22 日之前作出答复，否则日本将采取必要的行动。

7 月 19 日，在仁川的村木少佐向大本营报告，清国朝鲜代表袁世凯未通知各

1.1.17 袁世凯与大鸟会谈达成口头撤兵协议，却没有停止两国增兵。大院君与闵氏一族恩怨深重，此时遂决意与日军合作，铲除闵妃党族势力。在日军护卫下，大院君重返"景福宫"，建立亲日政权。

国公使馆，深夜秘密从京城出发前往仁川，换乘本国军舰归国。袁世凯此时归国搬兵，显然是对朝鲜内政的干涉，也许是恐惧战事临阵脱逃。在离开朝鲜时袁世凯向朝鲜官员放话："余归国后，会立即率大军回来！"袁世凯的归去，动摇了朝鲜宫廷内的亲清派势力，亲日改革派乘机开始蠢蠢欲动。

7月22日，面对日本的最后通牒，朝鲜国王和政府别无选择，只得回复大鸟，朝鲜同意放弃清国属国论，业已向清国驻朝鲜临时代办唐绍仪提出了撤军要求。但朝鲜政府的全面退让没有阻止日本的咄咄相逼，大鸟终于露出战争狂人的真面目。大鸟指责朝鲜的答复只是口头应付，朝鲜政府内心其实仍然承认属国论，此答复不能算数。大鸟向朝鲜外务督弁赵秉稷递交了日军准备进攻王宫的通告文。

7月23日凌晨3时，大鸟命令部署在王宫附近的混成旅团向王宫发起攻击，朝鲜王宫卫队奋力抵抗日军的进攻，日朝战争开始。保卫王宫的卫队很快便被从各城门进攻的日军打垮，6时20分，双方结束了仅仅一日的战争，日军占领了朝鲜王宫。战斗结果，朝鲜卫队战死40余人，余者降伏。日军缴获大炮30门、枪械2,000挺，日军战死1人，负伤1人。

日本向朝鲜开战，大鸟公使虽然履行了外交交涉、最后通牒、宣战照会的战争程序，可是日本对国际社会仍然缺少必须开战的交代，政府唯恐陷入国际谴责的危机。为此，大鸟采用了让大院君出山与闵妃势力对抗的计谋，建立临时亲日傀儡政权，消除国际舆论的非难。7月23日午前，衫村公使在大院君宅邸出示日本政府的书状，作出日本只是帮助朝鲜实施内政改革，绝不占领朝鲜一寸土地的书面保证。大院君同意了日方的要求，但必须由李熙国王下诏，恭请大院君回宫。11时，大院君收到

1.1.18 大院君李昰应是国王高宗的生父，有过三次执掌朝鲜政权的经历。曾经力主推翻外戚专政；废除儒教书院；加强国防力量等国策。在外交政策上，对东西方资本主义各国持强硬态度，推行锁国攘夷政策，提出斥洋斥倭口号。由于和国王爱妃闵氏争权夺势，结下不共戴天之仇，在倾向清日两国立场上摇摆不定，被清日势力左右。日清战争的翌年，被亲日势力废黜，晚年惨淡孤寂死去。谥号"献懿"，追谥"兴宣献懿大院王"。

国王委任全权处理国政的诏书，在日军护卫下进入景福宫。一贯奉行锁国逐倭政策的大院君，摇身变成了日本的代言人。

7月25日，大院君以朝鲜政府的名义，通告清国领事馆唐绍仪代办，即刻废弃朝鲜和清国的诸项条约，朝鲜委托日本军驱逐驻留牙山的清国驻军。当日，日本联合舰队在丰岛海域和清国舰队遭遇，发生战斗，日本驻留朝鲜的混成旅团也开始向牙山进攻，清日两国不宣而战。

8月1日，清日两国发布宣战文告，大鸟向金宏集为领议政的朝鲜临时政府递交两国关系新条约提案。内容涉及内政改革，开设京釜间铁路，开设京釜、京仁间电信，招聘日本人担任政法军务顾问等七款。案中尤其要求日朝双方，面向国际舆论对7月23日发生的王宫战斗统一口径，表明"日朝间发生的战斗，纯属两国士兵间的摩擦，偶尔发生的冲突事件，事件已经平息，两国政府对此不再追究"。

8月15日，朝鲜国王裁可国家新体制，议政府领议政金宏集、左赞成金寿铉、右赞成李允承、外务衙门大臣金允植、协弁金嘉镇、内务衙门大臣闵泳达、协弁李埈镕、度支衙门大臣鱼允中、协弁金喜洙、军务衙门大臣李景远、协弁赵义渊、法务衙门大臣李用求、协弁金鹤羽、学务衙门大臣朴定阳、协弁郑敬源、农商衙门大臣严世永、协弁郑秉夏、工务衙门大臣徐正淳、协弁韩耆东，警务使安驹寿，宫内大臣李载冕、协弁金宗汉。

8月26日，朝鲜新成立的亲日政府和日本缔结《大日本大朝鲜同盟条约》，确立了日朝两国由敌对国转向同盟国的战略友好关系，共同驱逐清国在朝势力。清日战争进入了日本和朝鲜两国对决清国的历史阶段。

战争的民意

1886年8月1日，清国海军提督丁汝昌，率领北洋舰队途经日本长崎港靠岸维修战舰。李鸿章想借此机会向日本国炫耀清国实力，借以打击日本的气焰。当时"定远"、"镇远"两舰是远东最强大的战舰，对日本朝野上下给予极大刺激，国内世论哗然。北洋舰队在长崎停留期间，发生了清国水兵与当地住民的殴斗杀伤事件，使日本民众对大清帝国产生强烈的厌恶情绪。清国舰队的来航加速了日本政府扩充军备对抗清国的决心，日本国民对清国大陆的关注度开始急剧增高。

1.1.19 清军败退平壤。东学党农民军再度蜂起，转战全州、泰仁、淳昌等地抗击日军。11 月起义军公州之役失利，12 月 28 日全琫准等首领遭降者告密被捕，朝鲜史上规模最大的农民起义失败。图为全琫准被逮捕后移送的场面。

　　清国作为朝鲜的宗主国，在朝鲜极力施加大国的政治经济影响，帮助朝鲜排斥亲日势力。1894 年 3 月避难日本的朝鲜政治家金玉均，在清国上海遭到朝鲜宫廷派遣的杀手暗杀。朝鲜政府请求李鸿章将杀手洪钟宇和金玉均尸体引渡朝鲜，得到允可，清国派军舰"威靖"号专程将凶犯和灵柩送回朝鲜。金玉均的尸体被朝鲜凌迟暴尸于杨花津刑场，其家族也受到株连。金玉均事件在日本引发反清浪潮，5 月 20 日，东京举行盛大葬仪，安葬金玉均遗发。清国政府在还尸问题上的做法，激起日本国民的强烈愤慨，征韩论、征清论的呼声高涨。日本历史上把金玉均事件与朝鲜东学教农民军起义，共同视为引发清日战争的直接原因。

　　清日两国开战后，日本国民对战争的关心度激增，各界报纸的新闻、社论、记事一齐转向战况话题，激发起国民对战争的狂热。报界派遣战地记者跟随作战部队和军舰观察战斗实况，随时传递前线的最新战报。日本国会在野党立即停止了对执政党的攻击，出现了平静的政治休战和一致对外的团结局面。会议通过了相当于日本两年岁入额度的一亿五千万日圆临时军费预算，其中一亿日圆额度以公债募集形式向社会筹集。社会名流福泽谕吉等人，在财阀和富豪中为募集公债奔走游说，第一回 3,000 万日圆的公债目标额，应募到 7,694 万日圆。第二回 5,000 万日圆的公债目标额，应募到 9,027 万日圆。民间各地及地方政府自发掀起征朝义勇军活动，相继组织了义勇队、决死队、拔刀队等团体，向政府请愿参加赴朝作战。8 月 7 日，天皇颁诏："各地臣民、义勇兵之团结，乃忠良爱国之举，朕至情尽知。然臣民应勤勉操守各自定业不可怠慢，朕之所望乃国民生殖之大要，实为富国强兵之源，今民间自愿义兵之举尚无必要。"义勇军"禁止诏"发布后，各地自发团体相继解散，但是国民的战争热情没有冷却下来。这支民间力量作为后备役被军队募集为军夫，15 万人规模的军夫大军，在战争中发挥了仅次于军队的重要作用。

明治维新后，日本政府一直在努力推进公娼业的废除。随着战争的爆发，政府限制娼妓业的立场发生了奇妙转变。国家首次公开认可接受娼妓为战争的捐献金。娼妓作为国民的一员在国内掀起了为战争捐献的热潮，一些娼妓将多年积攒的储蓄自愿献给国家支援战争。在远征军集结的地方，云集了来自日本各地、自愿为士兵提供服务的娼妓。娼妓业主趁机大发战争财，募集了大量生活贫困的妇女加入军妓的行列。当时娼妓与妓楼的契约所得金增长到普通妓月薪 15 圆，美人妓月薪 30 圆的行情。旅顺口攻陷后，第一师团征集新宿 12 家大妓楼的“奉公女”前往慰问，祝贺日军的大胜利，场面十分热闹。

清日战争日本获得全面胜利的重要原因，是全民热情地支持了这场战争，日本民众赢得了押给明治政府的战争赌注。可是彼岸的大清国，却在默默无闻的民意中揣摩战争，在战和间摇摆不定。国家靠增加税赋维持战争，甚至辄用国库巨额银两为慈禧太后修园子祝寿。战争对清国来说只是皇家的事，战败赔偿也是皇家割让自家私有的土地，由自家臣民缴纳的税赋来承担战败的责任。清国朝廷长期的愚民政策，是导致这场无民意支持的战争必然失败的根源。

清日两国宣战

清国光绪二十年、日本明治二十七年，公历 1894 年 8 月 1 日，清日两国在同一日宣战。日本政府的对清宣战书，先后做了六次重大修改，其中第三、四、五案中包括对朝鲜宣战的内容。但在此前的 7 月 23 日日军占领朝鲜皇宫，朝鲜傀儡政权同意日本的要求，将日本侵攻皇宫解释成两国士兵间的摩擦，偶尔发生的冲突事件。日本和朝鲜间的战争因此从宣战书中删去，宣战对象只剩下清国。

内阁针对宣战书中的开战日，是 7 月 25 日的丰岛海战日还是 8 月 1 日的宣战日，出现不同意见。如果宣布 8 月 1 日为开战日，8 月 1 日以前海外出征的日本军人的军龄就无法加算，各种战争待遇抚恤也无法授予。大臣间最后的协调结果，决定以 7 月 25 日为实际战争爆发日，8 月 1 日为清日战争宣战日。内阁最终通过的宣战书议案，由伊藤博文总理大臣和内阁诸大臣联名签字，提交天皇裁可，一场令全世界瞩目的亚洲两强间的战争爆发。

1.2 清日军力

清军战斗力

军事体制

　　清国的战争机构以皇帝为最高统帅，由朝廷的军机处、兵部、总理衙门组成。国家发生动乱或遭到外来侵略时，皇帝命令各省总督率将帅前往征讨作战。1894年清日战争爆发数月后的 11 月 2 日，朝廷新设"督办军务处"全权指挥对日作战，职能相当于日本的"战时大本营"。担任直隶总督兼北洋通商大臣的李鸿章，受制于朝廷督办军务处的指挥，负责满洲及胶州湾地域的防卫，指挥北洋陆军、北洋水师对日作战。

　　清国军队的编制没有番号，部队的识别通常依据旌旗上将军姓氏判断其所属。陆军分步兵、骑兵两兵种，建制中没有独立的炮兵、工兵、通信兵、辎重运输兵等专业性兵种。炮兵混编在步兵营内，炮手在步兵营内调用。战时，步兵营临时募集应召民夫，担任野战部队的架桥、炮具、行李搬运等任务。

　　清军建制是以营为基础单位的编制，正规步兵营定员 505 人，下设四个哨队和一个营部，每哨定员 108 人。营官包括参将、游击；哨官包括都司、守备、千总。正规骑兵营内设五哨，兵员 263 人、马 276 匹；一哨 52 人、马 54 匹；指挥部 3 人、马 6 匹。数个步兵营和骑兵营组成一个军，军分前军、后军、左军、右军、中军，由总兵和副将担任指挥。若干个总兵的战斗体组合在一起构成一个集团战力，归陆路提督指挥。各营内配置文官，担任账房、弹药补充、军粮给养等后勤职能。

　　清军编制中没有固定的卫生兵编制，军中合格军医严重不足，和士兵比例相差悬殊。士兵治疗伤病费和营养费实施个人负担制，伤病患者难以得到及时救助治疗。骑兵部队缺少足够的兽医，作战马匹出现疾病时难以做到及时救治。清军卫生编制贫弱，成为清军整体战力低下的重要因素之一。

　　此外，清军各营单位的编制，不满 505 人整编的情况比较普遍。分散在全国各地的驻军，分称"军"、"勇"、"旌"、"队"等杂牌编制，散在的杂牌营中冒充正规营私领军饷者不乏其数。若按满员统计，全国陆军合计 862 营，其中骑兵 192 营，总兵员 40 余万人。清日战争开战前，日本参照获取的清军编制情报，制定了本国参战人员的动员计划。但是在实战中统计发现，清军步兵营实际编制多数是 350 人，骑兵营 250 人。按此类推，清军战争总兵员数约 35 万。

　　战争期间，清国朝廷临时新征兵 60 余万人，全国各总督防区的清国陆军兵员数合计 962,463 人，与日军总兵员数 240,616 人比较，总量超过日军 3 倍。但是清

1.2.01 李鸿章嫡系北洋陆军装备优良，使用进口和本国仿造的西方枪械，但枪械种类繁多，存在诸多弊端。且非作战部队仍以刀剑类冷兵器为主，枪械普及尚处低级阶段。

1.2.02 清国造抬枪是清国自制数量最多的枪械之一，各兵工制造局都曾有过制造的记录。清日战争日军缴获的清军枪械中，抬枪占60%。

1.2.03 哈乞开司速射机关炮，在清国和日本舰船上普遍装备。近距作战连射火力密集，对舰表目标有凶猛杀伤力，但穿甲能力不足。图为镇远舰尾部装备的47毫米哈乞开司机关炮和清国水兵的风采。

军大部分散在全国各地，战时从内地调遣出关作战的部队，兵员搬运及后勤支援上存在诸多困难。因此，清日战争时，清军实际参战部队只有十余万人，作战兵员的实际数量劣于日军。

武器装备

直隶总督李鸿章自倡导洋务运动以来，主张军队西洋化，积极引进西方先进武器装备清军。北洋大臣麾下练军、勇军的营队大多配备洋式枪炮，聘用外国将校教练部队熟悉近代战法。

清国陆军的武器主要有四种类型：一、原装西洋进口枪炮；二、国产仿造西洋枪炮；三、国产清式枪炮；四、传统刀剑矛类冷兵器。清日战争开战时，清军装备了大量毛瑟枪、来福枪、速射机关枪、克鲁伯炮等先进武器，其中还有西方先进的连发式步枪。据悉，北洋陆军早期参战的精锐部队，武器装备优于日军。战斗中，日军从清军将校俘虏口中获知，五分之一的清兵使用西洋新式连发步枪，每营配备的枪支一般在300支左右。

1881年清国的兵器制造局成功仿制美式加特林轮转机关枪，又称连珠格林炮。1884年，仿制德国克鲁森式后腔炮、美式诺登菲手摇式多管连珠炮。炮队配备各种原产和国产山炮、野炮。炮弹种类有锐钢弹、尖锐弹、坚铁弹、圆筒弹、榴弹、霰弹、榴霰弹等多种类型。

清国海军有北洋、南洋、福建、广

东四个水师，保有舰船 82 艘，水雷艇 25 艘，总吨数 85,000 吨。北洋水师属北洋大臣管辖，基地设在威海卫，负责旅顺口、大连湾、胶州湾海域的防卫。南洋水师所属南洋大臣，基地设在吴淞口，负责江苏沿海和长江水域的防卫。福建水师属闽浙总督管辖，基地设在福州马尾，负责浙江、福建、台湾沿海的防卫。广东水师属两广总督管辖，基地设在广州黄埔，负责广东沿海的警备和防卫。

清国海军的近代化装备远超过陆军，主战舰船都是购置于德国、英国的著名舰船兵工厂。"定远"、"镇远"两主力舰，舰体装甲坚厚，装备 4 座 30.5 厘米口径 6,000 米射程的大炮，曾经让日本人为之落胆。海军拥有操作近代化军舰的人才，舰队管带（舰长）绝大多数出身欧洲军事院校，具有优秀的海军院校学历，被朝廷视为大清国的军事栋梁，享有清国军队最高的待遇。海军拥有优良的海防要塞体系，配备完善的舰队后勤支援。炮台炮群的火力，能覆盖十余里之外的海上目标，令敌舰不敢贸然接近港湾。

大清皇帝与日本国宣战并非不自量力之举。清国陆军有近百万军队的动员力量，几十万支枪械，上千门炮械；规模庞大的近代海军——北洋水师，拥有大小舰船 60 余艘；海防要塞旅顺、威海卫坚如磐石。而且战争在清国境内以防御战为主，占有地理的优势。大清国

1.2.04 清国陆军主力炮械是德国制克式后膛 7.5 厘米野炮，单门炮建制为 10 人一组，炮车配备弹药箱，在平坦道路移动时可以人力牵引。

1.2.05 清国陆军没有独立的炮兵编制，炮械混编在步兵营队内，炮手因需调用。故此，清军炮兵无法发挥火炮集中攻击的优势。图为清军马力牵引式野炮。

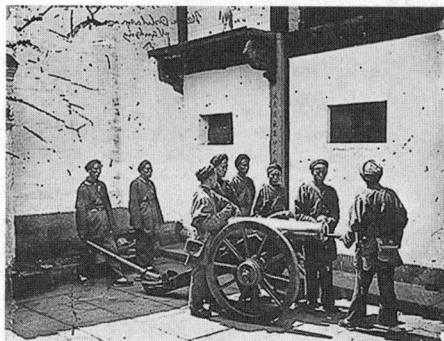

1.2.06 19 世纪末，后膛炮取代前膛炮，清军进口大炮主要以海防炮为主，步兵活用炮械火力的作战思想仍处启蒙阶段。图为老炮手在教授野炮操作的情形，实弹射击演练非常稀少。

1.2.07　李鸿章用白银堆积的清国海岸防御体系，以虎踞龙盘自居，堪称亚洲海防要塞之首，但史上并无击沉敌舰的战绩。图为1893年清国为装备旅顺、威海卫海军基地，在德国订造的28厘米口径克鲁伯巨炮，正在德国埃森港装船运往清国。因为清日战争爆发，而德国为中立国，不向交战国提供武器，故大炮滞留德国。1896年11月，大炮装备于厦门投入海防。

1.2.08　李鸿章青睐德国造克鲁伯系列大炮，先后购买了三百多门，优先布防大沽口、北塘、山海关炮台，借以稳固近畿地区的防务安全。李鸿章聘请德国退役军官汉纳根协助建设旅顺、威海卫炮台。图为山海关炮台的清兵防卫训练。

1.2.09　1888年12月17日，北洋水师成立，在威海卫刘公岛设大本营。北洋舰队是清国建立的近代化海军舰队，实力在南洋、福建、广东水师之上。北洋水师拥有清国最优良的装备和待遇，是清军士卒向往的兵种。

面对倭邦小国的挑衅，无论从保卫国土的主权还是为维护东方大国的面子，都有必须与日本一战的理由。清国人的战争思维符合国家利益的基本原则，也符合对本国战力的评估，清国皇帝相信凭大清国的实力可以战胜日本。

日军战斗力

军事体制

明治天皇（睦仁）是日本国家战争机构的最高统帅，战争的决策由内阁、外务省、军部大本营负责，最后呈天皇裁可。日清战争的始发，就是先由文人内阁挑起争端，继而军部强硬派积极主战，文武势力联合以逼宫的方式，迫使天皇恩准开战。从日本战争指挥机构及军事编制表可知，日军战争大本营直辖海军省、陆军省、军令部、参谋本部、宪兵，拥有军事上至高的权力。强力的指挥体制和严谨的军事编制，形成了能适应近代战争需求的军事系统。

1873年，明治国家对新军编制实施了重大改革，陆军编成六个师团和一个近卫师团，屯驻国内各地。和平时期，部分师团以屯田兵的形式，在偏远地方担任警备、训练、开拓未开垦的土地资源，部队自给自足、休养生息、积极备战。第一师团驻东京周边、第二师团驻仙台、第三师团驻名古屋、第四师团驻大阪、第五师团驻广岛、第六师团驻熊本，近卫师团驻守近畿东京，保卫天皇和政府机构的安全。全军整合编成七个师团，

1.2.10 明治维新以来，日本军力得到了迅速成长。日本陆海军在与清国的军备竞赛中，采取洋为我用，精打细算，立足本国力量的方针，使国家军事力量得以逐步升级。图为日本海军士官在东京日比谷列队检阅的场景。

总计 123,047 人，马 38,009 匹。上等兵以下战斗员总数 63,360 人，骑兵 2,121 人。野炮 168 门、山炮 72 门。每个野战师团的编制为，步兵 12 个大队、骑兵 3 个中队、炮兵 6 个中队、工兵 2 个中队、辎重队以及独立作战配置的诸机关，总员 18,492 人，马 5,633 匹。各野战师团上等兵以下战斗员 9,600 人，骑兵 303 人，野炮 24 门，山炮 12 门，以及占总数三分之一强的非战斗人员和军夫。相同规模的两个或三个野战师团，根据作战需要组合在一起编成一个集团军。军编制下的独立作战体制，在战时临时配备野战电信队和军兵站部（后勤部队）。和平时期由参谋总长担任全军的统帅，战争时期编成的集团军和各师团，直属全军临时最高机构大本营指挥。

日清战争开战时，日军诸部队总动员 220,580 人。开战后，一些师团兵员得到补充，加上朝鲜半岛山岳地带不宜使用野炮，炮兵连队全部改配山炮，清国北部马粮筹集困难，马匹用量减少等因素，作战实际用兵超过总动员数，合计 240,616 人，马 47,221 匹。除军事人员外，还派遣高等判任文官、雇员、佣员等 6,497 人。全国雇用的战争临时军夫为 154,000 人，主要担任作战部队物资搬运输送的职能。

1894 年清日宣战，全军编制根据作战需要进行了调整，增设两个粮食兵站纵列、临时攻城厂纵列、第一第二电线架设支队、临时南部兵站电信部、临时东京湾守备司令部、临时东京湾守备炮兵队、临时下关守备队司令部等编制。9 月以降，再增设第一军预备炮厂、第一第二军临时攻城厂、第二军兵站电信部，以及各师管辖内的临时预备马厂、大本营所属临时测量部等编制。根据战地患者送还收容的需要，在广岛、松山、丸龟、熊本、小仓、福冈、名古屋、金泽、丰桥、高崎、佐仓、东京、仙台、新发田、青森、大阪、姬路、大津、对马、横须贺、下关等地开设军队医院，接收战地回归的伤病兵。

1895 年日军为准备直隶决战，在旅顺设立统辖作战的大总督府。旅顺口、大连湾新设临时旅顺口要塞炮兵联队、临时旅顺口炮台监视队、临时大连湾要塞炮

1.2.11 旅顺黄金山位于旅顺港口东侧，海拔 119 米，地形险要，与港口西侧的老虎尾山遥相呼应，扼守着旅顺港出海口。1880 年 11 月经朝廷批准，李鸿章在旅顺口兴建大船坞，作为北洋水师的补给维修基地。为保证基地安全，以黄金山为中心，周围山地修建大量永久性炮台，工程历时 2 年 5 个月。

兵联队、临时大连湾炮台监视队。各军新编大桥、小桥架设纵列、第一军桥梁纵列、第二军桥梁纵列、临时海城守备炮兵队、屯田兵团的临时第七师团。台湾作战方面，编成独立野战电信队、联合舰队附属混成支队。

全军后方兵站组织，由兵站总监部长全权统辖兵站事务、运输通信事务、野战总监事务、野战卫生事务。兵站总监部的运输通信长官，统管铁道、船舶、车马、电信、邮递事务。野战监督长官统管野战军会计事务。野战卫生长官统管野战军卫生事务。各野战军有独自的后方兵站部，统筹管理兵站监部、兵站辎重部、兵站司令部的战时后勤支援。兵站监部包括：宪兵、法官部、金柜部、粮饷部、军医部、兵站电信部。兵站辎重部包括：第一军野战炮厂、野战兵工厂、炮厂监视队、辎重监视队、卫生预备员、卫生预备厂、患者输送部、兵站粮食纵列。第二军野战兵器厂、野战兵工厂、炮厂监视队、辎重监视队、卫生预备员、卫生预备厂、患者输送部、兵站粮食纵列、兵站电信员、电信预备厂。

日清战争期间，日本前往海外的雇用军夫达十余万人。军方重金雇用大量军夫，是根据日本马匹体质偏于贫弱，马匹产地偏远，征集困难；而朝鲜和清国本地马匹和粮草入手不易等现状，做出的由人力补充动力的决定。

武器装备

日本步兵的枪支品种比较单一，主战部队的步兵和工兵配备明治十三年式和

炮台配备 24 厘米口径加农炮，是当时旅顺要塞威力最强的新式火炮。炮台专用通道直通老虎尾炮台和其他炮台阵地，构成旅顺要塞体系中的重要防御网。清日战争中，要塞不堪日军打击，一日之内便陷落敌手。图为巍巍黄金山炮台阵地上，鸟瞰旅顺港湾内的风景，气魄雄大、显赫亚洲。

十八年式村田式步枪，骑兵和辎重队配备十三年、十八年式村田骑式步枪。部分后备部队配备美国造比堡迪步枪、英国造士乃德 M1866 步枪，骑兵配斯本瑟仿美式骑步枪。军官配备英国造转轮手枪和国产二十六年制式转轮手枪。装备村田枪的步兵，每枪携带子弹 70 发，大队小行李中备份 30 发，弹药大队备份 100 发，步兵平均每人配备弹药 200 发。村田骑式枪比较短，每枪携带子弹 30 发。下士以上军官配备手枪，每人配备子弹 36 发。

日军野炮和山炮是大阪炮兵工厂铸造的国产青铜炮，炮口径 7.5 厘米、野炮弹初速 428.6 米、最远射距 5,000 米；山炮弹初速 256 米、最远射距 3,000 米。野炮搬运用 6 匹马牵引，山炮炮身和炮架可以分解，用 3 匹马驮运。炮兵随行携带炮弹数，野炮 142 发，山炮 144 发。后续纵队预备炮弹，野炮 144 发，山炮 144 发。战时野炮每门平均 286 发，山炮每门平均 288 发。炮兵携带多量炮弹是为了在补给不足的状况下，维持连续打击的能力。

1872 年，日本改革海军体制，扩充新舰。日清开战前，日本海军的军舰数量已经可以与清国舰队匹敌。炮舰数 28 艘，吨位 57,631 吨；水雷艇 24 艘，吨位 1,475 吨，合计舰艇数 52 艘，总吨位 59,106 吨。海军装备新锐主力战舰，松岛、桥立、严岛、吉野、扶桑、浪速、高千穗、秋津洲、千代田、高雄、八重山、赤城、比叡组成常备舰队，战争初期捕获的清军降舰"操江号"也编入联合舰队。

1.2.12 广岛大本营是日清战争中，日本最重要的政治军事中心，负责指挥日军各战场的作战。明治天皇居住在这里，督导了整个战争的过程。大本营仅为小二层建筑，中央树后可望见广岛城天守阁城楼顶。

老朽舰船用于沿岸防卫的警备，后改称西海舰队。战前日本从英国购买的"龙田号"新锐鱼雷炮舰，在交货归国途中日清战事爆发，英国政府宣布局外中立，将回航中的"龙田号"扣留在也门国首都亚丁，于 1895 年 1 月 20 日被释放回国，3 月 19 日"龙田号"回到横须贺军港，编入西海舰队。此外，海军风帆舰 3 艘，日本邮船会社所属大型汽船 4 艘西京丸、山城丸、近江丸、相模丸，改装成炮舰征作战时军用船。海军还有诸如警备舰、练习舰、测量舰、非役舰等非作战舰只。

日清战争开战前，日本海军为了与清国海军作战，对舰队进行了重大调整，将常备舰队和西海舰队合并，组成临时"联合舰队"，舰船分驻在横须贺港、吴港、佐世保港的三大军港基地实行统一指挥。联合舰队中的常备舰队负责对清国海军作战，西海舰队担负国土防卫。常备舰队拥有最强的战舰，舰队吨位、速度、火力、机动性都保持最强的作战状态。战舰除担任海上作战外，也协助陆军运兵船进行护卫任务。

清日两国军力比较

清日两国军力，单纯从武器装备上比较，不能准确评估一个国家的军事实力和军队战斗力。近代战争力量，通常表现为国家的综合实力。包括兵役制度、武器装备、交通运输、兵站支援、野战通信、军队医疗、情报收集、媒体宣传等诸多环节。

（1）兵役制度　清国军队属于皇帝的皇家军队，佣兵体制。日本军队属于效忠天皇的国家军队，义务兵体制。日本的国家军事体制特性优于清国。

（2）武器装备

陆军　清军大炮和机关炮总和 1,733 门，日军大炮 294 门，炮械比 5.9：1。清

1.2.13 日军联合舰队"高千穗"舰上水兵官兵在甲板上的纪念合影。当时日本水兵的服装已与欧美海军服式统一。照片中央是 26 厘米主炮。日清战争中，日本海军的综合能力实质上已超越了清国海军。

军洋枪装备 23 万支，旧式枪械 4 万支，12 万参战部队枪械装备率 85%。日军包括辎重运输兵在内的战斗人员全部配备国产及进口洋枪，枪械装备率 100%。从炮械机动性、枪械简易性、弹药配套性评价，日军优于清军。

海军　清日两国海军都是倾两国财力武装的高科技兵种，清国进口的外国战舰在吨位上名列亚洲海军第一。1887 年，日本加速引进新锐战舰，至清日战争开战，性能优异的战舰吨位已经超越清国。综合比较清日两国舰队各项指标，日本联合舰队，优于清国北洋水师。

舰船吨位　清国水师的战舰数量、吨位、舰种超过日本海军。清国居优势。

船体材质　钢铁材质的装甲舰，清国 18 艘，日本 12 艘。清国居优势。

舰船动力　开战前日本进口的战舰数量超过清国，蒸汽动力 5,000 马力以上的战舰，日本 9 艘，清国 6 艘。日本居优势。

巡航速度　航速 16 节以上的战舰，日本 10 艘，清国 2 艘。日本居优势。其中，令各国瞩目的日本新购舰"吉野"号堪称世界上最快的战舰，巡航速度达到 22.5 节。此舰原系清国订购舰，因资金不足而放弃。

战舰炮力　前 10 位主战舰主炮平均口径：清国舰 20 厘米，日本舰 22.9 厘米，平均口径日本居优。大口径舰炮的发射速度，平均 1 弹需 1 分钟以上。速射炮：清国舰无标准装备，日本有 3 艘战舰装备 12—15 厘米中口径速射主炮；8 艘舰装备有 12 厘米中口径速射副炮。日舰火力占优。速射炮最大特点，是炮弹发射时产生的后坐力推动炮身沿滑轨向后移动，吸收炮身震动引起的负面影响，保持整个炮体的稳定性，短时间内可以连续发射。中口径速射炮发射速度，平均 1 分钟 6 弹以上。

1.2.14 日军七厘山炮炮架早期采用木质，1887年改制后，炮架改为钢架。新式炮架强度、重量皆有所增加。七厘山炮的驮马从定员三匹增加至四匹，分载炮身、炮架、炮车、器具箱、弹药箱。图为日清战争中，炮手在为驮马装载，单匹驮马负荷的炮身和洗杆，重量约100公斤。

1.2.15 日本陆军的德国教官梅克鲁主张"山炮机动优先论"，运用驮马搬运能拆卸组装的山炮，发挥炮械机动性。野炮论者小川又次中将强调"野炮威力优先论"，主张两军炮战中火力制压的重要性。日清战争中，日军采用野炮和山炮混编。图为朝鲜战场上的日军野炮炮队。

装甲防御 "定远"、"镇远"舰舷侧装甲厚35.6厘米，炮塔30.5厘米。黄海海战实战中"定远"舰被弹大小炮弹159发、镇远舰被弹200发，均未破穿装甲。炮塔、弹药库、动力等要害部在重装甲保护下，舰体战斗力没有丧失。日舰包括旗舰"松岛"号在内的战舰被弹134发，虽然装甲没有清舰坚厚却没有被破甲击沉。

舰队指挥官 清国北洋水师提督丁汝昌，三年私塾学历，陆军军官出身，历经对太平军和捻军陆战经验，无海战经历。日本联合舰队司令官伊东祐亨，东京大学前身幕府"开成所"公派英国留学，历经炮术学、航海术学专修，参加过萨英战争（按：指1863年日本萨摩藩与英军的武装冲突）和戊辰海战（按：指爆发于1868年的日本倒幕战争），1889年曾任海军大学校长。

（3）交通运输 开战前，清国全国保有铁路300公里，海上靠租赁洋船

1.2.16 日军军夫的雇用采取军民契约承包制，承包业者协助各兵站包揽战时需求的马匹征集、物资调集、被服供给、武器和伤亡士兵的搬运、军夫管理等复杂业务。恶劣地理条件下，军夫取代驮马队，靠人力完成输送业务。

1.2.17 明治六年（1873），屯田兵制度开始实施。屯田兵是指在和平时期，驻扎在偏远地区，担任开垦和警备的部队。屯田兵制度，是国家战争储备的重要一环，希望培养一支既能守卫开拓边疆，又能训练作战的部队，可以做到完全的自给自足。明治时期三十年的开拓计划获得成功，移民人口大增。明治三十七年（1904），屯田兵制度被废止。

运兵。日本国内铁道线全长 3,200 公里，保有火车头 417 辆，客车 1,550 辆、货车 5,583 辆。陆军征用汽船 112 艘 212,636 吨，海军征用汽船 24 艘 45,750 吨。日军兵员及军需物资搬运机能和效能优于清国。

（4）兵站支援 日军设置有"兵站基地"、"积集基地"、"积集主地"、"兵站主地"、"兵站地"、"海运地"的兵站物流系统，成功实现了越海作战。清军后勤保障没有成熟的兵站体系，实战中后勤支援链不能保障。日军后勤保障能力优于清国。

（5）野战通信 清军本土作战，专属北洋防务的军事通信网络电报线达 6,500 里，通讯系统优势显著。日本国内通信业发达，军队内设通信兵编制，敌国境内作战，以新设线路和夺取清国原有线路通信为主要手段。野战通信保障清日两军近似。

（6）军队医疗 清国军队中没有明确的卫生医疗编制，军队内的医疗处于一种涣散的无组织状态。清日战争中，清军野战军战场医疗几乎处于瘫痪状态，正规的医疗主要来自西方红十字会的慈善援助。日军军队编制中有严谨的军事医疗体系，如在战争中，军、师团、兵站、占领地总督部均设军医部。部门设队属卫生员、卫生队、野战医院、卫生预备员、卫生预备厂、患者输送部、兵站部附属卫生部员等医疗部门，有效支援战场医疗。在军队医疗体系方面，日军优于清军。

（7）情报收集　清国不重视情报工作，国家及军事体系没有专门的情报机构。国内长期存在大量日本间谍和清国奸细，广泛搜集清国的政治、经济、军事情报。日本重视情报战的价值，驻外公使馆有谍报课，由间谍武官、情报员、侦察员，以及旅居清国的居民，构建情报网络。战前、战中、战后，日军都能及时得到清国的军事动向。清日战争的失败，也被认为是情报战的失败。情报工作，日本优于清国。

（8）媒体宣传　19世纪的清朝，延续祖上严厉的愚民政策，国人被禁止过问政治，报刊媒体更在严控之列，不能为清国在世界上扩展影响。明治维新以来，"脱亚入欧"使日本成为亚洲文明国家的象征，日本有效运用了媒体宣传的作用。即使在战争中，日本也成功利用了媒体的力量，使清国处于严重被动之中。媒体宣传，日本优于清国。

（9）军夫体制　"军夫"体制是日本近代战争后勤支援的重要力量，军夫编入正规军内，组成受制于军法的有组织集团。日清战争中15万军夫大军，为战争的胜利奠定了基础。与之相比，清国军队缺少明确的后勤保障体制，战争中主要靠清兵本身或没有组织体制的临时民工。

1.3 朝鲜战役

清日两军动向

6月3日夜，北洋大臣李鸿章签发赴朝征讨东学党的命令，直隶提督叶志超率2,465名士卒携山炮4门、臼炮4门，分乘三艘汽船"图南"、"海晏"、"海定"号，

1.3.01　奉李鸿章之命，赴朝清军汇集大沽港登船出发，分乘"图南"、"海晏"、"海定"三艘汽船，前往朝鲜忠清道仁川以南的牙山，驱剿东学党农民军。

1.3.02　清军利用国内的津唐铁路，向大沽港输送兵员，出征士兵与乡友话别，毫无前程凶险的预感。

于 6 日至 8 日从大沽和山海关出发，前往朝鲜忠清道仁川以南的牙山。临行前，叶志超电报李鸿章，请求待"图南"号归港后，再派芦台步兵 350 名，古北口练军马队 50 骑增援。8 日"图南"号到达牙山，总兵聂士成在"平远"舰警备下登陆，9 日在牙山下寨宿营，准备翌日开始扫荡东学起义军。10 日未明，聂总兵收到袁世凯从汉城发来的急电，转达朝鲜国王旨意，"现今局势业已镇静，东学民匪四散而去，希望清军不要再深入腹地"。李鸿章也指示为了不给日本出兵借口，清军需先在牙山驻屯。"海晏"号 10 日午后到达牙山湾，叶志超 11 日进入牙山营地。出发前请求李鸿章增援的兵力，22 日从大沽出发，24 日抵达牙山湾，25 日完成登陆，兵员 400 名，马 70 匹。

1.3.03　6 月 9 日，八重山等五艘日舰汇合仁川港与停泊在湾内的清国济远等四艘军舰对峙。

1.3.04　6 月 13 日，混成旅团奉命向朝鲜紧急增兵，图为抵达仁川的先遣部队乘小船登陆的情形。

6 月 5 日，日本战时大本营下达向朝鲜增派混成旅团的动员令，第五师团编制下的混成旅团，步兵、炮兵、骑兵、工兵等多兵种的野战部队 8,000 兵力奉命开赴朝鲜。6 月 5 日，归国休假中的驻朝公使大鸟圭介，紧急凑集 70 名海军陆战队员，乘军舰"八重山"号从横须贺港出发，途经神户补充燃料，7 日向仁川方向出航。此时日本海军"赤城"、"筑紫"、"大和"、"松岛"、"千代田"舰已经进入朝鲜仁川港与丰岛湾一带游弋，密切注视事态的发展。

1.3.05　大本营新编山县第一军一师团在青山停车站集结，乘火车前往广岛出征朝鲜。

9 日，"八重山"抵达仁川港，与"赤城"等 5 艘日舰汇合，组成临时战斗编制。此时，仁川港湾内同时停泊着 8 日到达的清国军舰"济远"、"平远"、"扬威"、"操江"号 4 艘战舰。大鸟考虑：鉴于清国军队的动向，当前日本在朝鲜的作战力量必须与清军势力均衡，遂决定在仁川港湾停泊的日本军舰中，临时抽调海军陆战队员加入先遣陆战队。为躲避清军耳目，防止清舰窥知日军调兵状况，488 名陆战队员趁薄雾实施登陆行动。先遣队分步枪队和炮队两兵种序列，经陆路和水路向京城进发。10 日，先遣队抵达京城日本领事馆，完成应付紧急事态的集结。

1.3.06 屯田兵奉命开往广岛集结，前往朝鲜作战。图为在车站准备上车出发的官兵。

1.3.07 抵达仁川的日舰运输船云集，正在等待命令，实施换乘登陆艇的登陆行动。

1.3.08 朝鲜百姓用好奇的目光注视进入自己国家的日军，努力理解这支纪律森严的邻国军队。

在清日两国交涉之际，驻扎在牙山的清军提督叶志超派出一支部队前往全州侦查，总兵聂士成认为，如果清日两国政府交涉顺利，我赴朝军队原封不动撤回本国，岂不无功而返、无战功可言。与叶提督商议后，自己率步兵、骑兵千余人、炮3门，前往全州清剿东学党，然而起义军已经散尽，踪影皆无。袁世凯闻讯，急电劝告聂士成撤回牙山，目前两国正在交涉之中，大部队行动将不利于谈判的进行。聂士成仍然决定在全州驻屯，继续观察起义军动向。

7月2日，袁世凯电报李鸿章，牙山清兵长期驻屯于我不利，部队应尽快移向平壤或鸭绿江一线待命。李鸿章回电，部队改变原案大举行动，需要等待朝廷的许可才行。6日，袁世凯电报聂士成，李鸿章准备派船来朝接应部队撤回国内，10日，聂士成率部撤回牙山。7日，叶志超曾请求李鸿章继续派大军赴朝，报告现在日兵患病者甚多，已处于不堪一击之状态，正是我军取胜之良机。李复电，现在各国全力为和平周旋，我军之行动不能给日本以借口。当前增兵尚不可行，贵官需安静镇守不可妄动。

万一交涉决裂，必会派海陆大军增援。叶志超再电，日本军力正在增强，列国调停恐无期待，为救援朝鲜平息事态有两策可行。上策，清国尽快派大军赴朝，同时牙山军以保护清国商民之理由深入朝鲜内地，如果谈判失败，我军能即刻应对。中策，派商船三四艘，作出接我牙山部队回国姿态，以此要求日方同时撤兵，日方若不撤兵即暴露其真实面目，我大军即可大举增兵。李鸿章将叶的请求转呈总理衙门，同时提示叶志超，政府正与日本交涉，若突然做出举兵行动即会给日方造成误解，上策实施不可。中策朝廷尚在犹豫中，不愿意向日本表示示弱姿态，需要等待朝廷的最后决定。

　　清日谈判破裂，朝廷意识到当前形势紧迫，7 月 19 日命令李鸿章开始向朝鲜大举增兵。清军北塘、芦台、天津的仁字营、仁字副营、武毅军步兵 1,300 名，于 7 月 21 日分乘英国汽船"飞鲸"、"爱仁"号从大沽出发，23 日进入牙山湾，24 日在白石浦登陆。天津练军、亲兵前营、护卫营炮兵，计 1,200 名，炮 12 门，23 日午后乘英国汽船"高升"号从大沽出发，途中与通报舰"操江"汇合。两舰船 25 日早晨到达牙山近海时，隐隐听到远方传来激烈炮声。后来知道是护送"飞鲸"、"爱仁"返回的"济远"、"广乙"两舰，与日本舰队遭遇，发生战斗。"高升"号英国人船长傲睨自若，自视是悬挂英国旗的英国船，直闯战斗海域，卷入两军战斗被日舰攻击沉没。结果增援牙山的部队只有"飞鲸"、"爱仁"号运送的 1,300 人与叶志超军汇合，朝鲜半岛的清军总势仅增至 3,880 名，大炮 8 门。

1.3.09　日军向王宫发起攻击，王宫卫队奋力抵抗。6 时许，日军制压卫队收，士兵丢下武器四散而逃。这场被称作战争的战斗仅三个小时便告结束。

朝鲜王宫之战

　　1894 年 7 月 23 日，入朝日军和朝鲜王宫卫队之间发生战斗。战斗虽然历时短暂，但仍然作为一场两国的战争载入历史记录。22 日，日军混成旅团司令部向各部队发布以下作战命令：（1）23 日凌晨 3 时半，部队向王宫实施威吓挑拨。（2）王宫警卫队若行使武力，各队立即应战。（3）凌晨 4 时占领光贤门、东大门、东北门、南大门、西大门。（4）工兵小队用炸药炸开宫门，后续部队立即占领王宫。

　　23 日凌晨 3 时，大岛义昌旅团长率领混成旅团实施攻占王宫的部署，5 时包围王宫进入攻击态势。朝鲜王宫卫队率先向日军进攻，日军即时应战。埋伏在迎秋门的日军炸毁大门冲入王宫，王宫卫队顽强抵抗，但不敌四面八方攻入城内的日军，防御阵势即刻崩溃，卫队士兵向城外逃散。6 时 20 分，战斗结束，大岛旅团占领王宫，控制了国王，收缴王宫卫队的武器。11 时，日军护送临时扶植的朝鲜傀儡政权大院君进入景福宫。大院君入宫后组成临时政府，宣布废除朝鲜国和

1.3.10 朝鲜宫殿被日军占领，宫内大殿宣化堂充作第五师团司令部，国王及大臣被软禁在别殿中。此战斗朝鲜王宫卫队战死 40 余人，日军战死 1 人。

清国间所有条约，签发公文邀请日军驱逐在朝鲜驻扎的清国军队，两国当日签订了同盟国条约。

日本和朝鲜的王宫战斗结果：朝鲜王宫卫队战死 40 余人，缴获大炮 30 门、步枪 2,000 余支、军马 10 余匹。日军战死 1 人。朝鲜国王、王室成员以及诸大臣被日军软禁。

成欢战斗

7 月 21 日，牙山叶志超接到清国公使馆唐绍仪的紧急通报，日本公使强迫朝鲜政府答应驱逐清军，我军必须做好与日军作战的准备。24 日，江自康、许兆贵率领的增援部队 1,300 人，乘"爱仁"、"飞鲸"号到达牙山。28 日，聂士成提议当前作战对象正在发生变化，牙山乃绝境地势，我军应立即移师成欢布阵。聂士成率武毅军副中营和老前营、正定练军中营、古北口练军中营和后营马队，合计 2,040 名清兵、炮 8 门前往成欢。翌日午前，副将江自康率仁字营、仁字副营千名在成欢与聂军汇合。

成欢是全州通往汉城的重镇，聂士成军右翼在成欢东南月峰山布阵，左翼在成欢南面的南山里山丘布阵，另翼在成欢西面牛歇里险要高地布阵，构筑野炮阵地和堡垒掩体工事。从阻击敌军进攻的战术角度评价，聂军选择了适于防御作战的互角阵势地形。28 日，清军主帅叶志超率正练军右营、前营、马队约千人移向天安，坐镇聂军后方。大敌当前，叶帅分兵两路相隔遥远之处为聂军后援，这种违背作战原则的战法，使日军百思不得其解。

7 月 25 日，占领京城的大岛混成旅团，步兵 3,500 人，骑兵 47 骑，山炮 8 门，准备向牙山进发时，发生了雇用的朝鲜民夫拐劫驮马 53 匹及军粮的逃跑事件，大

1.3.11　日军第一军司令部和第三师团在仁川登陆。照片上日军登陆作业繁忙，左侧建筑是日本邮船仁川支店，右侧海边排放的大型物资是日军舟桥部队的铁舟桥材。岸边大量的驮马将物资运出滩头。

队长古志正纲少佐自责引咎，破腹自杀。当时日军很难雇用到朝鲜人脚夫，民夫逃跑事件是朝鲜民众对独断进入朝鲜的日本军的一种抵抗。面对朝鲜地势险峻，山路崎岖，弹药给养运输的困境，日军原计划的陆地战不得不向后推迟。

　　27 日，日军侦察兵探明，牙山清军主力已经移师成欢，在成欢周围山地构筑堡垒工事，兵力约 3,500 人。29 日凌晨 2 时，日军武田 12 中队右翼前卫从素沙场露营地出发，3 时 20 分到达佳龙里附近时，突然遭到清军小股部队阻击，日军一时陷入混乱，许多士兵跌入河中，伤之颇多。当时清国部队天津武备学堂毕业的学生周宪章、余光炘、李国革、辛得林等 10 名兵士冒雨侦察敌情，得知日军已经接近清军防区，立即率领数十名清军在驻地以北安城渡的狭窄要道伏击日军。被伏击的日军很快恢复镇定，向清军展开反击，双方激战 30 分钟，周宪章等 20 余名清兵战死，凌晨 5 时左右，清军伏击小队撤出阵地。战斗中日军企图迂回包抄清军阵地，小队长山袭造中尉等 22 名士兵，在泗渡过河时陷入河床淤泥之中全部溺亡。这场规模不大的遭遇战，是清日战争两国陆军最初的陆地战，日本报纸以"安城渡之战"为题详细报道了战斗过程。大岛旅团的左翼部队，28 日午夜 12 点冒雨从素沙场露营地出发，29 日凌晨 3 点到达令通里，听到佳龙里附近传来枪战声。6 时 10 分，部队向月峰山、坊主山、新井里进攻。聂士成指挥部队凭借有利地势猛烈射击敌军，压制了日军的进攻。此时，配置在宝莲山的日军炮兵向清军阵地发起猛烈炮击，敌榴霰弹空中开花，清军伤亡惨重，可是部署在牛歇里的清军炮兵距敌甚远，无法打到日军炮兵阵地。在敌优势炮火轰击下，清兵阵势开始动摇，接着开始大面积溃退。驻守天安的叶志超闻知前方战斗，心中胆怯，按兵不动没有增援聂军，聂军迫于日军渐趋包围之势，丢弃辎重武器向天安方向遁逃。途中

1.3.12　成欢之战，聂士成军先头小队成功袭击进攻日军。主力与日军激战，伤亡惨重。坐镇天安的主帅叶志超得知聂部陷入败势，非但不增援，反而率军夺路遁逃，最终聂军不敌日军攻势败阵而退，向平壤方向溃散。

聂士成和叶志超军相遇，两人决定放弃成欢向全州方向撤退。败退的清军因丢弃粮草一路无米炊饭，沿途洗劫朝鲜民家食品财物。

成欢战斗败阵的清军逃跑中的这一举动，改变了朝鲜民众的立场。怨声载道的朝鲜百姓视清军为仇敌，开始对作战勇猛、军纪森严的日军表现出友善态度。初战取胜的日军，在反省日清两军初回战斗过程时，日本将军坦诚指出：我军官兵作战勇敢，表现不凡，但诸多方面也存在侥幸因素。驻守天安的叶志超军未及时增援聂军加剧了清军败势，叶军如果共防成欢，清军就会占有更多优势。假如我联合舰队 7 月 25 日丰岛海战没有击沉"高升"号运兵船，成欢清军的总数量就会超过 5,000 人，大炮增至 21 门，成欢战斗的胜负就很难定论。成欢战斗结果，清军死伤 500 余人、遗弃大炮 8 门、帐篷 90 顶、步枪 30 支、大量枪炮弹药、军旗 30 余面，缴获的大量军粮及时补充了食粮短缺的前线部队。安城渡之战，日军战死数 39 人，其中将校战死 1 人、溺死 1 人、负伤 4 人；兵卒战死 14 人、溺死23 人、负伤 50 人。消耗炮弹 254 发、枪弹 67,801 发。

平壤会战

7 月 20 日，清国皇帝发布出兵谕令，直隶总督兼北洋大臣李鸿章向朝鲜增派援兵。李鸿章最初请刘铭传出山统领各路军马，刘称自己老朽多病固辞，李只好先让各路将军共同商议，相互协调行动。21 日，卫汝贵率第一路盛字军，在大沽乘船经海路赴朝。23 日，第二路马玉昆毅字军，在大东沟乘帆船沿鸭绿江逆流而上，在朝鲜义州登陆，向平壤进发。第三路左宝贵丰军，因 25 日丰岛海战失利取消海路，沿满洲通往朝鲜的官马大路入朝。第四路丰升阿奉天盛字练军，28 日经官马大路赶赴平壤。

成欢一日败战，叶志超、聂士成带领部队向平壤方向溃散。7 月 31 日至 8 月 3 日，行军中的卫、马、左、丰四路将军分别接到李鸿章催促命令迅速占领平壤，策应陷入困境的叶志超部队。四路大军马不停蹄、日夜兼程、头顶酷暑徒步数百里，分别于 4 日至 9 日间抵达平壤。8 月 6 日，前卫探报牙山、成欢失守，日军已经占领仁川、京城，在各要道敷设地雷阻止清军南下。四位将军决定暂在平壤下寨修整兵马，严密监视日军向平壤移动的动向。就在四将军犹豫是否南下御敌时，叶志超、聂士成带领的成欢残兵陆续到达了平壤。炎热盛夏中叶聂残军为躲避日军追击，选择渺无人烟的山野溪谷行军，数十人一伙，百十人一群，携带伤病弟兄跋山涉水穿林越峪，在无医无药、缺粮少炊的艰难状况下向平壤方向摸索，士兵将武器弹药沿路丢弃。队伍到达平壤时，部队已经不成建制，一路减员 200 多人。兵勇蓬头垢面，衣衫褴褛，疲惫凄惨之状给新到朝鲜的清军极大震撼，士气沮丧开始在军中蔓延。

叶志超到达平壤便向朝廷虚报战绩，报告成欢之战击毙日军 2,000 余人，我军战死 200 人。谎称日军突然大举登陆，我军陷入包围困境，英勇抵抗数万敌兵的进攻，终于寡不敌众退至平壤与各路将军汇合，请求火速增援。8 月 23 日，李鸿章接朝廷上谕，命令在朝清军向日军发动进攻。李鸿章电报与四将军商议攻防形势，各将报告目前陆续登陆的日本大军正在向平壤移动，日兵训练有素、作战勇猛，我军须尽快增派大军才能与其抗衡。援军须在平壤通往安州、定州、义州的各海口增加守备，以防日军海上登陆，切断我军退路。援军到达平壤后，再举

1.3.13　大鸟公使和朝鲜国王的敕使李允，出迎牙山成欢作战凯旋的大岛混成旅团。图为在万里仓临时修建的凯旋门，隆重迎接大获全胜的大岛部队。

1.3.14 战斗前，平壤制高点牡丹台和玄武门的远望。牡丹台是清军重点防卫的阵地，也是日军夺取的重要制高点。清军在山顶点点构筑了多处坚固的圆形堡垒。日军在夺取牡丹台阵地时，因此付出了极大伤亡。图为战斗前平壤牡丹台和玄武门的远望。

兵与日军作战为上策。李鸿章同意各将意见并启奏朝廷，同时任命叶志超担任在朝清军总指挥，统帅各路人马。李鸿章偏听偏信的任命在四将军中引起不满，导致日后平壤大败的结局。

清国朝廷的早期作战目标，计划用赴平壤的援兵和牙山叶聂军汇合，对京城的日军形成夹击攻势。可是，派往平壤的兵力尚未到达，日军就击溃了叶聂军，使朝廷的夹击计划落空，今后对日作战只能固守平壤与日军决战。叶志超清点集结平壤的军力，平壤援军的卫汝贵盛字军 6,000 人；马玉昆毅字军 2,000 人；左宝贵丰军 3,500 人；丰升阿奉天盛字练军 1,500 人；叶志超牙山残兵 2,500 人；镇守平壤的守备兵百余人，总计 15,400 余名、山炮 28 门、机关炮 6 门。李鸿章为增加战时兵力支援朝鲜作战，下令征召新兵。新编贾起胜 8 营、宋得胜 5 营、姜桂题 4 营、潘万才 3 营等，合计 21 营，约一万人后备军兵员。

9 月 8 日，平壤守军完成御敌部署，平壤城周边构筑了大量堡垒和各种防御工事。清国特色的堡垒高 4 米，堡外围挖掘壕沟敷设地雷，堡内兵勇以堡为藏身之所，可以从枪眼向外射击。奉军和盛字练军防守城北，在牡丹台至并岘高地构筑堡垒 5 座，遏制爱美、坎北两山以南之敌，在乙密台修筑胸墙，补强城郭垣壁，配置大炮。牙山军担任城西面防御，在景昌门外高地构筑大堡垒，扼制文阳关至安山方向来犯之敌。盛字军、毅字军防卫城南外廓，在 4 公里范围内筑堡垒 15 座，大同江平壤外侧的船桥里构筑堡垒 5 座，城内北角 2 座。城郭内外构筑堡垒合计 27 座。清军把大同门外船桥拆除，大同江附近数十里江船靠向右岸，在城郭东南角至对岸架设一座联络桥。平壤城内到处是备战的清军，叶、聂、卫、马、左、丰的军旗林立，街道周围设有 8 所清军幕营。12 日，提督叶志超下达战斗动员令，

1.3.15　9月8日，平壤清军完成御敌部署，在平壤城周边构筑了大量堡垒和各种防御工事。城廓内外构筑堡垒合计27座。图为9月15日平壤大同江左岸街道的村落船桥里，留下了两军会战时烧毁的民居残迹。

给各军增补枪支弹药，要求各队做好随时应战准备。事实上，清军的现状并不乐观，各路诸将对败将叶志超心怀不满，军内风纪涣散、士气低下。

日本战时大本营任命山县有朋大将为新编第一军司令官，统帅第三师团、第五师团及附属部队从元山、釜山、仁川登陆。牙山、成欢作战的大岛混成旅团编入第五师团，野津师团长率领14,000人向平壤方面进发。大本营下达本次作战任务，要求只把清军驱逐出朝鲜境外，赶回清国而不是歼灭。原因是日本尚未取得制海权，漫长的补给线会给后勤保障带来诸多困难。野津师团长向军部请求，在第三师团尚未到达之际，速战速决夺取平壤。9月12日，山县司令官在仁川登陆，后续第三师团及其他部队继续完成登陆集结任务，命令第五师团按照原定计划进军平壤。12日至15日，野津第五师团陆续到达平壤外围，14日中午，炮兵部队发起佯攻，炮击大同门外清军堡垒，配合步兵进入预定战斗位置。

15日凌晨4时，日军开始向清军发起进攻。大岛混成旅团右翼部队进攻中碑街东方的长城里桥头堡，中路攻击船桥里右侧十里船舱洞集

1.3.16　清军勇将左宝贵率兵奋勇御敌，眼见牡丹台高地被攻克，战势极为不利。他换上御赐朝服，冲上城头督战，不幸被敌榴霰弹片击中身亡。左宝贵之勇战，受到日军将士仰慕，在阵亡之处竖碑一座。

1.3.17　日军冒死攀登玄武门城墙，其勇敢在日本国内传为美谈。

落北端守敌，左翼由羊角岛强渡大同江，沿江边向长城里迂回。日军在马玉昆毅字军和卫汝贵盛字军防区内遭到顽强阻击，猛烈炮火下双方出现数次拉锯攻防战，暴露在开阔地前的日军伤亡很大。船桥里激战的同时，日军左翼队在羊角岛强渡大同江遭到清军阻击。日军强力炮火很快遏制了清军火力，清兵开始向长城里遁退。津野师团主力5,400余人，在黄州十二浦渡江，担任平壤西线进攻任务。6时，前卫尖兵在鼎山东南麓附近和清军安山堡垒发生战斗，此时混成旅团、元山、塑宁支队方面已经开始激战。师团独立骑兵队渡过普通江，进攻平壤中城的西北城墙景昌门堡垒。城内清军奋力抗御，左右盛军和芦榆防军向进攻之敌猛射，忽然城中杀出清军骑兵冲向敌军阵地，立即遭到日军炮火杀伤。清军骑兵队两次无谋的冲击，造成战马273匹、兵勇130余人的惨重伤亡，清军只能退守堡垒防御，日军亦不敢越过普通江，两军处于对峙状态。野津接到各部队报告，"敌兵防守甚固，我军伤亡严重"。当日船桥里战斗惨烈，清军2,200名士兵对日军3,600名士兵，取得了毙敌140人、伤敌290人的战果。日军累计战死170人，负伤500人，野津下令休战，待明日再战。

　　平壤会战的主战场之一发生在平壤北面。日军朔宁、元山两个支队集中7,800余兵力，于15日拂晓分东西两路向玄武门外清军堡垒实施夹击攻势。当接近堡垒附近时，堡垒内清军枪弹骤然齐发，其势迅猛顿挫日军。破晓，日军设于坎北山南麓炮兵阵地12门山炮，集中火力轰击清军堡垒和城北奉军防守阵地。日军发射了对步兵杀伤力极强的榴霰弹，弹丸在清军阵地上空爆炸，堡垒内清兵死伤惨重，纷纷弃堡而逃，平壤城北四座堡垒及箕子陵阵地陷落。

　　平壤牡丹台居高临下，是清军御敌的有利阵地，位于平壤城北角筑有壁高五丈的坚固堡垒，台内配备野炮三门及加特林机关炮，步兵均备七连发步枪，火力强大。

日军从三面向牡丹台发起猛攻，皆被清军火力压制。朔宁支队的炮兵中队和元山支队的炮兵大队，立即把向玄武门射击的炮口转向牡丹台，轰击牡丹台堡垒阵地。炮弹炸坏牡丹台胸壁，清兵伤亡惨重，抵挡不住敌军炮火攻击。8时30分，清兵放弃牡丹台阵地溃退。防守玄武门的都总左宝贵，见牡丹台被日军占领，决意以死与敌相拼。左宝贵换上御赐朝服，身先士卒，亲操火炮发弹，不幸被敌榴霰弹片击中身亡。左宝贵所部其他营官也相继阵亡，勇战中的兵

1.3.18 下午4时，天降瓢泼大雨，平壤城内清军枪炮戛然停止。玄武门、七星门、静海门、大同门等处同时挂出了白色降旗。一名朝鲜使者举白旗，从七星门出来与日军交涉投降。

勇虽然士气开始动摇，但仍然坚守阵地，令敌军无法接近。

清日双方战力旗鼓相当，清军凭借堡垒防御占有较大优势。此时，城内清军统帅叶志超丧失续战信心，召集众将商议撤兵之策。各路将军中除马玉昆主张抗敌外，其余将官皆同意弃城。朝鲜官员平安道监司闵丙奭见清军欲撤兵平壤，央求无果，无可奈何。下午4时，平壤下起大雨，城内清军停止了枪炮射击。玄武门、七星门、静海门、大同门等处清军防地同时挂出了白色降旗，日军见状也停止了炮击。4时45分，七星门城内出来一名朝鲜人信使，冒雨来到日军阵前传递城内书信。佐藤大佐展开被雨水浸湿的书信，推读信中汉文："平安道闵丙奭致书大日本领兵官麾下，现华兵已愿退兵，依照万国公法止战，伏俟回教，即扬白旌回国望勿开枪，立候回书。闵丙奭。"日军派出一名士官冒雨来到城门下，大门被炮车顶住仅露一隙。双方语言交流不畅，故相互笔谈，士官要求清军打开城门即刻受降，否则白旗投降不能算数。清兵代表坚持今日已晚且大雨瓢泼，定于明日早晨开城。野津师团长判断，清军的降伏或许是缓兵之计，为防清兵脱出，命令各队保持警戒态势。

叶志超命挂白旗谈判的背后，其实隐藏着大军败逃的玄机。傍晚6时，大雨滂沱，暮色昏暗，清军各部兵勇已经开始擅自逃亡。是夜8时，清军开始撤退，叶志超传令轻装持械，趁夜出城。但大队清兵急于突围毫无秩序，人马从七星门、静海门争相蜂拥而出，也有攀越城墙而去者。逃出的清兵取甄山大道一气向北狂奔，埋伏在通往义州大道的元山支队及埋伏在甄山大道的第五师团主力部队，伏击逃跑的清军。黑暗中各警戒部队向人马运动声音的方向猛烈射击，终夜枪声不断。那些白日作战勇猛的兵勇，被自己的怯懦将军葬送于逃跑的命令中。清兵在敌军的乱枪之下，混乱、践踏、被弹、哀嚎，悲凄之声通宵不绝。第二天早晨，透过

1.3.19 平壤会战，清日双方兵力旗鼓相当，清军凭借堡垒防御占据优势，打退日军多次进攻。在双方胶着状态下，主帅叶志超丧失续战信心，率先主张退兵。试图用假降之计，趁夜弃城逃跑。图为清军大部队尚未正式出城突围，已有清兵两人一组、三人一伙，从城内溜出，私自逃亡。

1.3.20 按照叶志超的撤退命令，城内清军丢弃全部辎重，涌出城门向多个方向溃逃。无序撤退，人呼马鸣杂乱无章，遭到日军埋伏。1,500 余名清军士卒没有战死疆场，却魂丧逃跑的不归途。

薄雾观望，仅一个日军步哨线前就留下被击毙的清兵尸体 200 有余及众多马匹，各逃跑路口上被击毙者总数 1,500 余人。次日凌晨，日军占领平壤城，只是这里已经变成一座空城。黎明 5 时，日军搜索俘虏，扫除队清理战场，7 时，野战医院开设，收容负伤清兵。

平壤会战，清军在无谋的溃退中伤亡惨重。24 日，赴朝参战的清军各部队，陆续越过鸭绿江退至满洲境内，清日朝鲜战役结束。清国参加平壤会战的总人数 15,500 名，实际作战人数约 13,000 名，山炮 28 门、野炮 4 门、机关炮 6 门。战后日军统计战果，战死者总兵左宝贵以下约 2,000 余名，负伤者推计 4,000 名以上；被俘者 513 名，其中朝鲜人 14 名；收容负伤清兵 82 名，朝鲜人 2 名；乘马及驮马 250 匹，大车 156 辆；缴获炮类，野炮 4 门、山炮 25 门、机关炮 6 门、炮弹 900 发；步兵连发步枪 470 支、骑兵连发枪 80 支、单发步枪 409 支，火绳枪 201

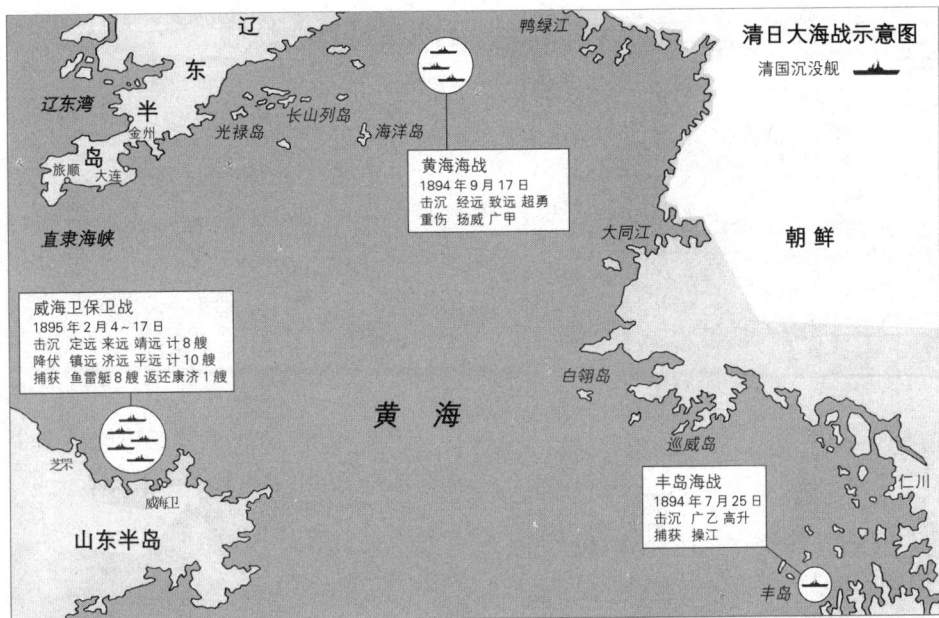

清日大海战示意图
清国沉没舰

辽东
半岛
鸭绿江

辽东湾
金州
旅顺　大连
光禄岛　长山列岛
海洋岛

直隶海峡

朝鲜

大同江

黄海海战
1894 年 9 月 17 日
击沉　经远 致远 超勇
重伤　扬威 广甲

威海卫保卫战
1895 年 2 月 4～17 日
击沉　定远 来远 靖远 计 8 艘
降伏　镇远 济远 平远 计 10 艘
捕获　鱼雷艇 8 艘 返还康济 1 艘

黄　海

白翎岛

巡威岛

芝罘
威海卫
山东半岛

丰岛海战
1894 年 7 月 25 日
击沉　广乙 高升
捕获　操江

仁川

丰岛

1.4.01　清日大海战作战示意图。

支、手枪 5 支；步枪子弹 76 万发；枪剑 721 把、青龙刀 15 片、红缨枪 11 根、清剑 380 把；缴获军粮相当于 15,000 人一个月分量，粮米 2,900 石、杂谷 2,500 石；行军帐篷 1,000 余顶、军锅 350 口；金砖 43 公斤、金锭 53 公斤、银锭 540 公斤、钱币及大量文件书信。

日军参加平壤会战的总人数 14,000 名，包括步兵、骑兵、炮兵、工兵等多兵种，实际作战员人数 12,000 名，山炮 44 门。师团本队、混成旅团、元山支队、朔宁支队合计战死 180 名、负伤 506 名、生死不明 12 名。消耗炮弹：榴弹 680 发、榴霰弹 2,128 发、霰弹 16 发、枪弹 284,869 万发。

平壤会战是近代以来清日两国陆军正规部队首次大规模阵地战之范例，也是日本对清国陆地军事力量的试探。作战之初，日军没有百分之百的胜算，战争投入的范围仅圈定在驱逐清国在朝鲜的军事力量。可是作战结果暴露了清军的脆弱，日本相信这支军队根本没有保卫国家的能力，进而坚定了将战争扩大到清国本土的决心。朝鲜战役后，各国从军武官述评清军："作为远东大国的国家军队，显然不具备近代军队的素质。尽管清军拥有洋式精良装备，但战术陈腐，将官和兵士缺少军人应有的斗志。成欢和平壤之战一日即败，溃不成军，清军是一支不堪一击的军队。"

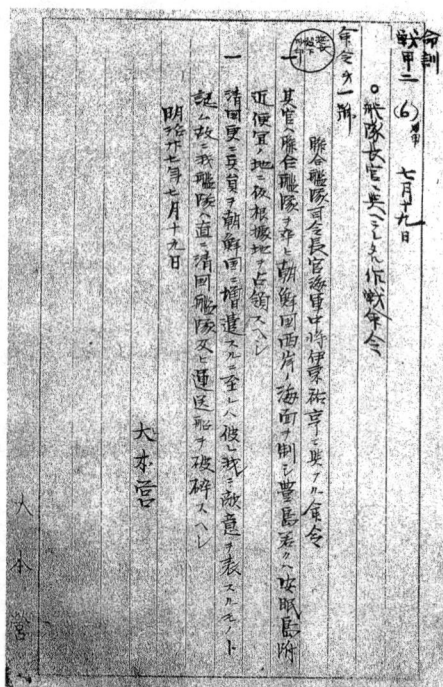

1.4.02 联合舰队作战命令。1894 年 7 月 19 日，大本营密令联合舰队司令长官伊东祐亨，控制朝鲜西岸海域，在丰岛、安眠岛附近建立临时根据地。阻止清国向朝鲜增兵，若清舰队对我敌意，可以摧毁清国舰队和运兵船。

1.4 清日大海战

清日战争，清日两国发生过两次海战和一次舰队保卫战。作战双方的海军是清国"北洋水师"和日本"联合舰队"。第一次海战"丰岛海战"，在朝鲜近海的丰岛附近。第二次海战是"黄海海战"，发生在鸭绿江出海口大东沟，别称"大东沟海战"、"鸭绿江海战"，日本亦称"海洋岛海战"。舰队保卫战在清国山东半岛的威海卫，中国史称"威海卫保卫战"。近代清日两国的海战意义深远，对世界各国海军的发展产生了重要影响。

丰岛海战前动向

1894 年 7 月，清日两国的外交交涉面临破裂，清国皇帝决意与日本一战，敦促李鸿章加紧备战。7 月 9 日，北洋水师诸舰完成在威海卫军港的集结，开始在朝鲜海域值班巡航。16 日，北洋水师提督丁汝昌亲自率领舰队，前往朝鲜海域巡航，为大清国壮势。20 日，清国皇帝发布出兵谕令，直隶总督兼北洋大臣李鸿章向朝鲜增派援兵。为此，清国雇用英国籍商船爱仁、飞鲸、高升号三艘，每日从大沽港向朝鲜发船一艘。各船满载兵勇、军马、军饷、粮食和武器弹药，在北洋舰队派出的战舰护卫下，往返于清国和朝鲜国之间。

7 月以来，清日两国外交对话持续恶化，驻在夏威夷的日本战舰奉命回归本土，在佐世保军港集结。19 日，日本海军为应对开战，进行重大人事和舰队编制调整，桦山资纪出任日本海军军令部长。海军常备舰队和西海舰队合并成"联合舰队"，任命伊东祐亨中将为联合舰队司令长官。19 日，大本营向联合舰队下达两项密令，第一令："为掌握朝鲜半岛制海权，方便舰队机动，海军在朝鲜近海渔隐洞设立临时根据地"；第二令："今后若发现清国向朝鲜的增兵船，可以实施破碎行动"。

23 日，海军除老朽舰、风帆舰、水雷艇留守国内警备军港、要塞之外，其余战舰全部编入联合舰队参加远征。司令官伊东中将，率旗舰松岛及千代田、高千穗、桥立、严岛；第一游击队司令官坪井少将，率旗舰吉野及秋津洲、浪速；第二游击队旗舰葛城及天龙、高雄、大和；舰队附属母舰比叡；水雷艇小鹰、第7、12、13、22、23号艇；运送船门司丸；护卫舰爱宕、摩耶，奉命起锚出航朝鲜海域。坪井少将率领第一游击队为先锋，伊东司令官率领本队从佐世保军港出发，实施阻止清国向朝鲜增兵的任务。

　　驻在上海、天津的日本公使馆，启动潜伏大陆的间谍网，全力收集清国的战前情报。各种军政信息汇集领事馆，被迅速传递到战时大本营。情报确定清国皇帝发布出兵谕令后，李鸿章开始向朝鲜增兵，雇用英国籍商船爱仁、飞鲸、高升号担任运兵船。停靠在大沽港的爱仁号，21日午后发，载兵1,150名、弹药116箱，绕道芝罘，预定24日午前到达牙山港。飞鲸号，22日傍晚发，载兵四个营、军粮800石、军马47匹、枪支大炮及诸多弹药，预计24日午后到达牙山港口。高升号，23日早晨出发，载兵1,100名、大炮14门及大量武器弹药。联合舰队根据得到的情报，迅速调整作战计划，加强朝鲜近海的巡航搜索，随时准备实施对清国运兵船的"破碎"计划。

丰岛海战

　　7月25日凌晨4时，济远、广乙两舰，协助飞鲸号在牙山湾港口卸下大部分辎重。6时，管带方伯谦命令济远舰起锚返航，接应途中航行的高升号。6时30分，

1.4.03　7月19日，日本海军调整重大人事和舰队编制，桦山资纪出任海军军令部长，海军常备舰队和西海舰队合并成"联合舰队"，任命伊东祐亨中将为联合舰队司令长官。图为集结在吴军港的联合舰队战舰。

日本舰队第一游击队吉野、浪速、秋津洲三舰，在朝鲜丰岛海面发现清国军舰济远、广乙号，清舰同时也发现日舰，双方立即摆开战斗警戒姿态。7时52分，清日两舰队距离缩小至3,000米时双方发生猛烈炮击战。

　　日本舰队合计吨位11,000吨，装备15厘米速射炮8门、12厘米速射炮14门、26厘米克鲁伯炮2门、15厘米克鲁伯炮6门，平均巡航速度18节以上。清国舰队合计3,300吨、21厘米克鲁伯炮2门、15厘米炮1门、12厘米炮3门，平均巡航速度17节。猛烈炮击战持续约1小时20分，清舰广乙桅楼和舰桥被敌弹炸毁，被迫退出战斗，向南退逃，秋津洲舰穷追不舍，继续炮击。9时许，广乙舰行至卡劳林湾附近触礁搁浅，清兵点燃火药引爆自沉。秋津洲赶到时，广乙舰体喷出浓厚白烟，徐徐下沉。炮战中济远舰21厘米大炮的弹碎片切断浪速舰信号索，机关炮击中吉野舰船桅。一发15厘米坚铁榴弹命中"吉野"机关室，贯穿至火药库旁室，炮弹竟然没有爆炸。济远舰在日舰速射炮围攻下转舵向西遁逃，吉野、浪速两舰加速追击。

　　8时53分，在猛烈炮火攻击下，济远舰开始降低航速，接着升起白旗，向日本海军示意投降。浪速舰停止炮击，发出信号，命令济远舰立刻停船。正在此时，一艘悬挂英国国旗的商船和一艘小军舰驶近战斗区域，逃走中的济远舰和小军舰互通旗语，传递清日战舰发生海战的信号。护航的小军舰操江号闻知海战发生，立即掉转航向，扔下满载清军的英国商船向西逃去。就在济远舰犹豫是否停船时，高升号英国商船通过浪速舰右舷，浪速立即发现商船上载有清军。舰长东乡平八郎决定停止追赶济远舰，执行舰队既定方针——"破碎"敌运兵船的任务。浪速

1.4.04　广乙舰的桅楼和舰桥被敌弹炸毁，舰员死10人、负伤40人，被迫退出战斗，向南退逃，在附近触礁搁浅，水兵自爆炸毁军舰，乘舢板分两路登岸避难。

发射二响空炮命令英商船投锚停船，此时济远号趁机加速向旅顺口方向逃去。

9时50分，吉野舰追上清舰操江号，在相距2,500米时，操江舰降下龙旗升起白旗示意投降。吉野停止对操江舰炮击，加大马力转向追击遁逃的济远舰。11时40分，操江舰向赶来的秋津洲舰投降。12时38分，吉野和济远两舰相距2,500米，吉野右舷炮火猛攻济远，济远舰尾炮顽强应战。突然，济远舰急转右舵朝三寻堆方向遁逃。德国造济远巡洋舰排水2,300吨，吃水4.67米；英国造吉野舰排水4,225吨，吃水5.18米。坪井司令官立即看破，济远舰企图将吉野诱入浅水海域，经过一段追击后，只好下令放弃追击，返回舰队。

丰岛海战的结果，联合舰队吉野舰中三弹，中度伤；秋津洲无损伤；浪速中一弹，信号索切断，轻伤。北洋水师济远舰重伤，死13人、伤27人，但成功摆脱敌舰追击逃回旅顺港基地。广乙舰受伤搁浅自爆沉没，死10人、伤40人。操江舰不战自降，82名水手被俘，成为清日战争中清军最初的战俘。俘舰操江号，后编入日本联合舰队，参加了对清威海卫作战。英国商船高升号，因载乘的清军拒绝降伏，遭到日舰浪速号攻击。高升号被弹沉没，千余名清军将士和无辜民间水手牺牲。丰岛海战使清国在朝鲜的兵力呈劣势，严重影响了后来的战局。

黄海战前动向

丰岛海战后，清日两国实质上已经开战。李鸿章清楚知道，清国水师舰船的巡航速度和火炮发射速度劣于日本舰队，远海作战没有胜算的把握。为保存北洋水师的实力，清舰只能采用近海防御的策略，让北洋水师在渤海湾附近巡航，凭借海岸炮台和港湾屏障的庇护与敌对抗。李鸿章命令提督丁汝昌率舰队前往汉江湾一带巡航，伺机迎击日本舰队。丁汝昌建议，舰队没有超过日舰速度的巡洋舰，而且日军在汉江各口敷设许多水雷，我舰有遭到鱼雷艇袭击的危险。如果我舰诱敌于纵深海域，即使速度和炮速不如日舰，凭借我舰坚固装甲和大口径炮优势也有取胜的可能性，李鸿章没有接受丁汝昌的建议。

7月28日，舰队从大连湾返回威海卫基地。

1.4.05 丰岛海战中，济远舰中弹，舵轮被炸坏，随之挂出日本旗、白旗示意投降。后因高升号运输船的闯入，济远舰才趁机成功脱逃。

1.4.06　高升号船长坚信自己的船是英国船，挂有英国国旗，足以保护它免受一切敌对行为的攻击。但是他想错了，当日舰浪速判明高升号搭载增援牙山的清兵，而且拒绝投降时，急功心切的东乡舰长，发出了攻击命令。图中的高升号在下沉，日舰出动舢舨艇只是为了搭救落水的西洋人。

8月3日，丁汝昌率舰6艘从威海卫出发去朝鲜近海巡航；5日，返回威海卫基地。按照李鸿章避免舰队在外海作战的指示；9日，舰队前往渤海湾口的庙岛附近巡航；10日，水师主力前往大东沟近海巡航；13日，舰队返回威海卫基地。此后直到黄海海战为止，舰队只在威海卫和旅顺口之间巡航，舰队似敷衍巡航令有意回避与日舰遭遇。根据丰岛海战的教训，为防火灾，丁汝昌命令各舰仅留一艘舢板艇，可燃物品、装备一律拆除。甚至定远、镇远、平远的12英寸主炮炮塔顶部的防弹钢板罩，也被莫名其妙拆掉。

　　日本联合舰队在丰岛与清舰交手后，重新调整了战斗序列编制。本队松岛、千代田、严岛、桥立、比叡、扶桑；第一游击队吉野、高千穗、浪速、秋津洲；第二游击队武藏、金刚、高雄、大和、葛城、天龙；第三游击队赤城、大岛、爱宕、筑紫、摩耶、鸟海，水雷艇6艘，以及其他附属舰若干艘。7月30日，联合舰队伊东司令长官命令全舰队补充燃煤备战。8月2日，大本营授予联合舰队护送第五师团在朝鲜登陆的任务，同时命令舰队严密监视，阻止清军从海路向朝鲜运兵，寻机击垮清国舰队夺取制海权。8月7日下午4时，舰队从隔音岛出发，在黄海道西方海面搜索清国运兵船未见敌舰踪影，随即转向威海卫方向。10日拂晓，舰队到达威海卫军港附近海面，与港外停泊的一艘英国军舰马丘利号相遇。英舰向日旗舰松岛号鸣礼炮致意，日舰回敬英舰礼炮。炮音惊动了威海卫海防清军，诸炮台立即向日舰轰击威吓，由于舰队和海岸之间尚有五海里之遥，故未受到任何损伤。侦查探知港内停泊敌军舰只有六七艘，估计清国舰队可能在旅顺口或大连湾一带活动。11 日晚 8 时，联合舰队返回隔音岛临时基地。19 日，联合舰队护送第五师团，于 24 日完成在朝鲜仁川的登陆任务，第一游击队驶抵牙山湾设立临时锚地。27 日，赤城舰长访问停泊在仁川港内的俄国军舰"堡布鲁"号，得知 25 日清国北洋舰队战舰 25 艘、鱼雷艇 5 艘，返回威海卫军港。28 日，英国军舰伯卢易斯号神秘驶入日军牙山锚地又急速离开，司令官坪井少将判断此为清国军舰来袭之兆，率舰队前往"贝卡"岛附近设伏，警戒清舰到来。9 月 5 日，联合舰队接到大本营护送山县第一军的命令，12 日舰队各游击队全部出动，警戒清舰动向，掩护大军团在仁川港登陆。

黄海海战

　　丰岛海战失利，驻扎朝鲜牙山的叶志超军深感情势紧迫，向李鸿章请求速派大军增援。9 月 16 日未明，北洋水师提督丁汝昌率领定远、镇远、来远、靖远、济远、平远、经远、致远、扬威、超勇、广甲、广丙、镇中、镇南 14 艘战舰和鱼雷艇 4 艘，护送提督刘盛休铭字军 4,000 人和辎重武器赶赴平壤增援。清军乘坐利运、新裕、图南、镇东、海定和美国商船哥伦比亚号从大连湾出航，当日午后舰队到达大东沟湾。镇中、镇南、平远、广丙 4 舰和鱼雷艇 4 艘，奉命护卫和协助运输船进入鸭绿江口，再换乘吃水浅的木船登陆。下午 2 时，清军在大东沟开始换船登陆，庞大的兵马辎重仅凭数十艘木船，在相距数海里的朝鲜义州之间往返摆渡，登陆困难之多难以想象，现场人声鼎沸混乱，景象壮观。北洋舰队其余战舰驶离大东沟约 12 海里的海面上投锚警戒，提督丁汝昌心情沉重，担心日本舰队此时来袭。就在增援平壤的援军繁忙登陆作业时，15 日的平壤战斗已经结束，叶志超败军正势如潮水般地向清国满洲一线溃逃。16 日，登岸作业通宵达旦，已

1.4.07　9 月 17 日中午 12 时，清日两国舰队主力近 30 艘战舰相遇，在黄海大东沟展开了大规模海战。北洋舰队摆开鳞次横阵队形迎敌，日本联合舰队采用单纵阵队形应战。

是人困马乏，只有近半兵马登上义州港，17日早晨大部队只得继续登陆。

17日清晨4时30分，停泊在大东沟口外的北洋舰队例行作息鸣钟起床，上午各舰如往常一样进行战术操练。旗舰"定远"号上各将领聚在餐厅内神情凝重，为陆军大队登陆作业担心。清日开战以来，舰队要求增加提供榴霰炮弹的请求至今没有结果，而舰队动力使用的煤炭都是朝廷调拨的劣质煤，热效转换率低，煤烟浓厚，极容易被远方的敌舰发现。炮弹不足和煤炭质劣着实令人烦恼。正在北洋舰队焦虑不安时，寻找清舰的日本联合舰队已经驶入大东沟附近海域，提前一个半小时发现了北洋舰队的煤烟，舰队即刻投入判读和备战态势。直到中午12时，北洋舰队瞭望哨才发出警报，报告南面方向发现可疑舰船煤烟群，提督丁汝昌、管带刘步蟾、德国军事顾问汉纳根急入舰桥，瞭望结果判定来舰必是日本舰队。丁汝昌心烦意乱，大东沟登陆部队尚在作业之中，一旦被日军发现，后果不堪设想，必须尽快接敌作战阻止日舰，当即下令舰队立即拔锚起航迎敌。

9月中旬，日本联合舰队护送第一军赴朝作战，陆续接到日本驻朝鲜公使和陆军的报告，通告清舰驶近大同江口向平壤运兵的情报。伊东司令官决定在大同江口围堵清舰。14日下午4时，伊东率领舰队驶向大同江，15日抵达大同江口，未发现清国舰船。伊东司令官命令第三游击队筑紫、摩耶、鸟海、磐城、天城及鱼雷艇逆流而上，搜寻清舰并声援第五师团的平壤作战。伊东司令官判断，北洋舰队也许沿辽东半岛的近海向鸭绿江口输送部队，16日下午5时，率领舰队从大同江口出发，预计翌日到达鸭绿江口附近继续搜索。

9月17日清晨，天气晴朗、海面宁静，舰队抵达海洋岛附近搜索，仍未见清国舰队的踪迹。联合舰队此番不遗余力地寻找清舰，就是想和北洋水师决战，夺取制海权。海军最高长官，军令部长桦山资纪亲自出征督战，乘坐改装成巡洋舰的西京丸舰，跟随在本队右侧。上午10时50分，东北东面方向隐约发现舰船煤烟，11时40分煤烟越加浓郁，交织在水迹相连的天边，

1.4.08 英国报纸报道黄海海战。据清国军舰上西洋人回忆，两舰队遭遇，清舰相距四五海里就开始远程炮击。交战中硝烟弥漫，激起高大水柱，以致无法识别敌舰的状况。清国水兵英勇应敌，频频命中敌舰。但己方形被敌舰冲散分割，而敌舰队始终保持战斗队形，并保持距我舰两海里距离的最佳炮击射程，我舰无法接近敌舰，损失惨重。

1.4.09 1895年刊,陆地测量部编《日清战争写真图》,黄海海战近敌混战的一幕。图中可见,百年前海战的景象。军舰上耸立的高大烟囱冒出滚滚黑烟,舰炮射出的有烟炮弹烟雾弥漫,激起巨大水柱,爆炸声震耳欲聋。敌我双方助战的汽笛发出刺耳鸣音,中弹士兵血肉横飞。煤烟、硝烟、苦涩的水汽令人窒息,地狱般的海战比陆战更加血腥残酷,令人震颤胆寒。

舰船竟有十数艘之多。如此庞大的舰队编队无疑就是清国北洋舰队主力,联合舰队各舰立即进入临战状态。伊东司令官认为,北洋舰队的出现定是为报丰岛之仇前来决战,这种想法影响了伊东的判断,没有派舰船搜寻已经陷入登陆困境的清国陆军。

12时50分两舰队迎面接近,北洋舰队采用英国海军军官琅威理指导的"鳞次横阵"队形,此阵形是史上奥地利舰队在利萨海战中使用的著名阵法。日本联合舰队则摆出"单纵阵"队形迎战清舰,该阵形是英国海军军官尹古鲁斯提案和指导的,仅在桌面上推演过,此阵法能有效发挥日舰侧面速射炮火优势攻击敌舰。当两舰队相距5,700米时,清国旗舰定远号30厘米巨炮向日舰第一游击队先行发炮,炮弹在"吉野"左舷数百米处爆炸腾起巨大水柱,北洋舰队诸舰随后也相继向敌舰开火。日本舰队装备的速射炮存在射程短的弱点,只有在3,000米距离时才能发挥最佳射击效果。日舰将航速提升至14节屏息急进,忍耐着清舰单方炮火的攻击。当两舰队间距离缩小至3,000米左右时,日舰急不可待,向清舰发起猛烈炮击,黄海海战开始。

战斗伊始,日舰集中火力攻击北洋旗舰定远,炮弹命中定远舵机室,主帅丁汝昌负伤,指挥舰队作战的旗语信号装置被破坏。定远受伤丧失了舰队的指挥功能,诸舰只能各自为战寻找可攻击的目标。战斗初期,清国北洋水师一时占据上风,在和日舰第一游击队的混战中,致远、经远、来远、靖远奋力炮击。高千穗右舷后部中弹,引发火灾死伤数人,秋津洲右舷速射炮被击中炸毁,浪速舰首主炮下方水线带破损进水。13时8分,超勇舰射向吉野一弹,命中后甲板,引爆堆积在炮位旁的弹药,当场死伤9人。但是日舰很快稳定了攻击态势。13时10分,超勇、

1.4.10　定远旗舰遭到数艘日舰围攻，致远舰运动在定远周围，用猛烈火力诱敌攻击，以保护旗舰不会中弹沉没。图为致远舰倾斜沉没的瞬间。

1.4.11　北洋水师致远舰军纪严明，管带邓世昌深受士兵爱戴。照片是邓世昌在致远舰上与同舰洋人、将校、士官的合影。

扬威两舰中弹起火，稍后超勇沉没，扬威向大鹿岛方向遁退，触礁搁浅。经远、来远、平远舰先后中弹发生火灾，被迫退出战斗。

黄海海战之初，济远舰位于舰队之后，左顾右盼。下午 3 时 30 分，致远舰沉没，济远舰管带方伯谦心惊胆战，命令挂出重伤信号旗逃出战场，广甲舰跟随其后逃之。济远舰的逃跑路线与丰岛海战时相同，选择浅水区路线，意图让吃水较深的敌舰不敢靠近。奔逃中的"济远"舰竟然撞上重伤的扬威舰，却又不管不问，仓皇离去，扬威舰最终挣扎至浅水区搁浅。广甲舰逃跑途中迷失航路，在大连湾外触礁搁浅数日无援。23 日，发现巡航前来的日舰浪速、秋津洲，被迫自爆沉没。

联合舰队本队和北洋诸舰，在日落前的对战相当惨烈。旗舰松岛多处中弹，定远舰的一枚炮弹炸毁了前部炮台引起火灾，镇远舰的 30 厘米口径炮弹给松岛造成贯穿性损伤。严岛舰后部水线附近的轮机舱中弹爆炸，桥立舰主炮塔被摧毁。定远舰一枚榴霰弹射入比叡舰舱内爆炸，当即炸死日兵 19 名。扶桑、赤城两舰在清舰攻击下负伤退出战场。海战中尤其是不被北洋水师看重的国产小舰平远舰，在双方混战时勇敢冲入敌阵，将一枚炮弹射入松岛船舱内爆炸。被清舰围攻的松岛伤痕累累船体倾斜，却奇迹般的没有沉没。海军军令部长桦山资纪乘坐的西京丸巡洋舰，被定远舰炮命中舰体受伤。逃走途中遭遇清舰福龙号鱼雷艇攻击，西京丸幸运躲过三枚鱼雷。舰上督战的桦山资纪，狂呼天神之威助我平安。

北洋水师损失十分严重，旗舰定远的上部构造物被炸损，舰上火灾四起，铁板支架扭曲。下午 3 时 10 分，日舰扶桑一枚 24 厘米炮弹，击穿定远舰首无装甲防御部位，穿入舰舱内爆炸燃起凶猛大火，舱内涌入海水。危机情势之中，致远舰迅速赶来救援，在定远舰前勇敢地与敌舰炮战对抗，为旗舰扑灭大火排出浸水赢得宝贵时间。但致远舰右舷吃水线下中弹大量进水，舰体出现 30 度倾斜。生死的最后关头，致远舰管带邓世昌似欲与敌舰冲撞，追敌途中舰体中部爆炸沉没，

1.4.12 联合舰队司令官坐镇松岛号旗舰，受到清舰重点攻击，镇远、平远舰的炮弹重创松岛。导致松岛负伤舰体倾斜，一度退出指挥。图中松岛舰首黑洞，是清舰炮弹击穿留下的伤痕。

240 余名官兵阵亡。历时 3 个多小时的海战，北洋舰队只剩下定远、镇远两艘巨舰，仍然顽强与松岛、千代田、严岛、桥立、扶桑 5 艘围攻而来的日舰对战。两舰频繁发生火灾，舰体被弹千疮百孔，多数舰炮被炸坏或发生机械故障，炮弹已呈匮乏局面。两舰且战且退向西南方向移动，企图把日舰尽量引向远离大东沟的方向，掩护登陆中的陆军部队。日舰集中所有炮火猛攻两舰，却无法将其击沉以抹去长久以来笼罩在日本人心中的阴影。战后，日本联合舰队官兵和欧美列强舰队长官叹服定远、镇远装甲的坚固强大，是新一代战舰制造技术的楷模。

大东沟远处海面上传来越来越密集的炮声，显然清日海军已经开战，铭字军统领刘盛休心急如焚坐立不安，担心日舰袭来毁灭登陆部队。当日中午，刘盛休收到北洋大臣李鸿章催促加快登陆的电报，然而如此之慢的速度令刘盛休极端沮丧。为了防备日本军队入港袭击，刘命令铭字军炮队先行在大东港入口登岸，在岸边垒筑临时火炮工事，以备与日舰决一死战。此刻的陆军急切期待自家的北洋舰队能够打败联合舰队，否则就会大难临头，后果不堪设想。

清舰与日舰的战斗一直延续到日落，作战位置逐渐远离大东沟海面。17 时 45 分，就在第一游击队 4 艘战舰逼近靖远、来远时，旗舰松岛发出停止战斗，返回本队的旗语命令。伊东司令长官担心夜幕降临，容易遭受北洋舰队鱼雷艇的偷袭，为了确保当前战果，游击队和本队必须结束战斗尽快集结。暮色中，旗舰吉野带领第一游击队返航归队。清点结果，吉野舰尚存 12 厘米和 15 厘米炮弹 1,251 发，机关炮弹 6,095 发；高千穗剩余 26 厘米炮弹 178 发、15 厘米炮弹 361 发、机关炮弹 65,947 发；浪速剩余 26 厘米炮弹 167 发、15 厘米炮弹 299 发、机关炮弹 65,884 发；秋津洲剩余 12 厘米和 15 厘米炮弹 869 发、机关炮弹 41,978 发。

　　18 时左右，清日双方舰队各自退出战场，接近 5 个小时的海战宣告结束。日本联合舰队退出战场时的方向是东方，这给北洋舰队增添了新的忧虑，因为日本舰队离去的方向正是铭字军登陆作业的大东沟湾。为此，北洋舰队所剩 6 舰重新编队，在定远舰的率领下向大东沟方向驶去。夜色中，北洋舰队返回大东沟湾，附近海域没有发现日舰踪影，大东沟航道内的摆渡船仍在往复忙碌运兵，陆军统领预计作业会持续到次日结束，丁汝昌留下两艘鱼雷艇保卫陆军安全登陆，带领其余大小军舰连夜返回旅顺港基地。

　　联合舰队司令官判断，北洋水师主力已经退往威海卫基地，翌日再次亲率舰船 10 艘前往威海卫湾，结果未发现清舰主力踪迹。终于恍然大悟清舰前日必是护送陆军在鸭绿江口登陆才与我舰队遭遇，也许现在登陆作业尚未结束，随即率舰队赶往前日作战海域。途中发现浅滩搁浅的清舰扬威，随即将其摧毁破坏。舰队到达大东沟附近海域时，没有发现清军登陆部队和清舰的踪迹，随即返航，于 19 日清晨回到大岛锚地。

　　黄海海战日本联合舰队击败清国北洋水师取得胜利。综合两舰队参加作战的军力，北洋水师战舰 12 艘、排水量 34,420 吨、平均巡航速度 15 节、火炮和速射炮合计 79 门、机关炮 129 门、鱼雷发射管 31 门、鱼雷艇 2 艘。清国巨舰定远、镇远和 2 艘鱼雷艇的战斗序列使日本舰队感到明显威胁。联合舰队除西京丸外，战舰 11 艘、排水量 36,771 吨、平均巡航速度 18 节、火炮和速射炮合计 246 门、机关炮 29 门、鱼雷发射管 37 门。日本舰队在吨数、速度、炮数上占有优势，战斗中始终保持战斗队形，有效发挥了速射炮密集火力的长处，取得击沉经远、致远、超勇 3 舰，扬威、广甲自爆沉没，定远、镇远、来远、靖远、济远、平远、广丙

1.4.14　黄海海战中，赤城舰担任保护西京丸的任务。当时海军军令部长就在西京丸舰上督战。两舰遭到清舰的炮火攻击和鱼雷攻击。图为战后赤城舰甲板上的水兵，舰上仍然留下战斗的伤迹。

重轻伤的战果。日本舰队虽然取得无沉没舰的成绩，也付出了松岛、比叡、赤城、西京丸被重创，其他舰不同程度受创的代价。日本战舰的损伤程度，经过五日的修理便恢复了舰队巡航战斗力，又奇迹般出现在清国附近海域。

　　黄海海战惨烈之极，乘员在一叶方舟内随时面临被炸死、烧死、溺死的危险。无论是清国水兵还是日本水兵都为打败对方拼死一搏，表现出各自民族勇武的意志。黄海海战之后日本坦诚，战斗的胜负不能简单评价。命中弹数和死伤数关系比较，日本舰被弹数 134 发，战死 150 人、死伤合计 298 人，平均每弹伤亡数 2.08 人。清国舰被弹数 754 发，战死 715 人、死伤合计 837 人，平均每弹伤亡数 1.11 人。清舰镇远号命中弹数最多达 225 发，日舰命中弹数最多舰赤城号达 30 发。吉野舰在 3 小时海战中，全舰发射炮弹 1,200 发，7 门大炮平均发射 170 发炮弹。定远舰 30 厘米大炮每门平均发射 35 发，15 厘米大炮每门 67 发。命中率比较结果，清舰命中率 20%，日舰命中率 12%。日本舰炮数量多全体命中率偏低，但群炮齐轰的饱和式攻击，全体得到较多的命中弹数。清舰命中率虽高，但发射弹数少，相对减少了对日舰的危害。清舰定远、镇远遭到日舰围攻被弹累累却没有沉没，而且能在与敌对抗状态下带伤脱离战场，给敌舰队留下震撼的印象。海战结果应验了开战前，日本天皇和伊藤首相对清国巨舰巨炮的恐惧，定远、镇远的装甲和巨炮确实令人生畏。

黄海战后动向

　　黄海海战北洋水师战败，李鸿章最初接到战报，北洋水师重创日本联合舰队，日本已无能力向外海派出舰队作战。9 月 23 日，英国远东舰队司令官在天津拜访李鸿章，告知日本舰队包括负伤的松岛、吉野舰一艘未沉，全部受伤战舰已经回复即战状态，李鸿章大惊坚称此乃谣传，绝不相信此等说法。当日，威海卫北洋水师来电，称发现数艘日舰在威海卫海域游弋，同时接到军机处直接给丁汝昌的责令，威海、大连湾、旅顺口乃北洋要隘、大沽门户，海军各舰须在此域梭巡，严行扼守不得远离，若有疏虞定治提督重罪。黄海海战败事震惊朝廷上下，北洋水师提督丁汝昌被朝廷剥夺赏誉革职留用。

9月24日，李鸿章给丁汝昌电报，命令北洋水师在10日内修复靖远等舰，定远、镇远舰限期一个月内恢复近海巡航能力，让敌方知晓我北洋舰队仍然健在。丁汝昌不敢怠慢，战舰退避旅顺口要塞，凭借海岸炮台防御，日夜赶修舰船。25日、27日李鸿章再催促丁汝昌加快定远、镇远两舰的修理进度，尽快在旅顺和威海之间巡航恫吓日军。29日，李鸿章在朝廷作战命令压力下再令丁汝昌出动，丁汝昌一筹莫展只能再报战舰尚未修复无法立即出航。10月，丁汝昌给李鸿章寄书一封，详述黄海海战后北洋舰队状况和内心苦衷。

"谨致中堂阁下，屡屡授命急修各舰，船渠日夜兼工不敢有误。预定本月中旬定远、镇远、靖远、平远、广丙舰可出渠，如果弹药到达即可配发各舰以备出航。汝昌之足伤，至今步履艰难尚在治疗中，如有战事必带疾登舰鼓舞士气。兹我海军之利钝，略陈所感，我国海军创设之要旨乃为御敌外寇之军，然无事时不筹算军舰装备所需，有事时又不顾敌众我寡一味命我伤舰出战进剿，汝昌自愧弗如难操胜券。独我师（李鸿章）洞察此情，更晓末将之苦衷。汝昌并非畏敌，如需为朝廷捐躯之时断固决死而战，只虑时下各舰备炮破损三分之一，修复之配件尚未到达。平远舰舵向运动不便也无榴弹炮弹，广丙舰炮弹所剩仅60余发。定远、镇远舰锚机破坏，起锚作业需时两小时，若遇风浪即便费时亦不得，完全修复工期难保。现在6艘主战舰只有3舰可以效用。汝昌深受君相（李鸿章）厚爱，赴汤蹈火在所不辞，现诸将同心协力为克服眼下困难不辞劳苦。胜乃国家之幸，败敢弃之微躯。今后若有舰队重金巨大之诽谤，罪归汝昌。忠实愚钝，诚惶诚恐，伏乞鉴谅。丁汝昌顿首。"

北洋水师的现状确如丁汝昌所述，主战诸舰破损严重，同时面临配件和备弹不足局面。丁汝昌带伤日夜督修伤舰不辞劳苦，然而效率极低的修船作业进度缓慢，工匠们已经预感到旅顺情势危机，怠工和逃跑事件时有发生。李鸿章深知丁汝昌不敢怠慢，也深知凭清国的工业能力修复受伤战舰不是一朝一夕即可完成。然而迫于朝廷各方压力，特别是朝廷大臣中盛传李鸿章有袒护私家军北洋水师之议论，李鸿章无可奈何只能反复催促丁汝昌尽快完工。当时清国的世论对北洋舰队的损伤状况并不知晓，强烈要求舰队出海与日本海军决一雄雌，讨敌声浪日益高涨。

10月18日，日本陆军大连湾登陆，战事风声鹤唳，丁汝昌率领尚未完全修复的定远、镇远、靖远、平远、济远、广丙、镇中、镇南及若干水雷艇，驶回威海卫北洋水师大本营。11月12日，丁提督率领舰队前往渤海湾巡航，途中收到李鸿章斥责电报："大连湾危在旦夕旅顺口不保，尔等今坐视直隶门户，若渤海湾被日军打开汝将罪不可赦。"丁汝昌惊恐之极，立即带领舰队驶向大沽港，自己匆匆去天津拜见李鸿章。李鸿章怒责令丁汝昌无地自容，丁发誓倾北洋舰队全部战力出海迎敌，保卫旅顺，不惜决死一战，但李鸿章并没有答应丁汝昌激昂的出战请求。原来李鸿章日前请德国顾问汉纳根分析当前战局，汉纳根认为："现在清国北洋舰队可依赖的实力只有定远、镇远，失去两舰北洋舰队

1.4.15 清国舰队主力战舰镇远号，对日舰队构成极大威胁。黄海海战中，镇远舰成为日舰的重点攻击目标，由于舰体装甲雄厚，舰表虽然伤痕累累却未被击沉。威海卫保卫战，定远成为日军战利品，被送到旅顺船坞修理。后被编入日本舰队，继续留用镇远舰名，成为日本海军第一艘铁甲战列舰。

就会元气大伤。若将舰队盘踞在威海卫港湾内，凭借强有力的炮台火力支援，尚可以保护舰队。至于旅顺基地，登陆敌军已经从陆路迂回而来，派舰队救援也派不上用场。旅顺口有极其坚固的防御体系，粮食弹药足够三年使用，只要陆军誓死坚守，旅顺就不会丢失。"李鸿章采纳了汉纳根的建议，遣丁汝昌返回威海卫基地，凭借海防御敌保船。丁汝昌返回后，命令北洋舰队泊留在威海卫港湾内，无论日舰如何诱战也拒不出港，直至威海卫北洋水师全军覆没。

日清大海战中，日本联合舰队取得丰岛、黄海两战胜利，夺取了制海权。事实上，日本在开战前面对清国强大的北洋舰队，并没有十足的把握。战前大本营与海军部长桦山资纪制定了上、中、下三策，上策："日本若海战获胜取得制海权，陆军就可以长驱直入进攻辽东、山东、北京"；中策："海战如果未决胜负，陆军只占领朝鲜，海军尽力维持朝鲜海域的制海权"；下策："日本海战败北，陆军退出朝鲜，海军依靠海防力量拒敌于国门之外"。日本海战的胜利使清国失去了制

海权，打开了通往清国的海上通道，海路不再对日本有任何威胁。日本对清国的攻势从此急转直下，第二军顺利经海上通路侵入清国本土，并长驱对台湾作战。黄海海战后，退避威海卫的清国舰队剩余势力，在李鸿章"御敌保船"的方针下，最终成为日军的囊中之物。

1.5 鸭绿江作战

清军防御态势

9月16日凌晨，北洋水师14艘战舰护送提督刘盛休铭字军4,000余人赶赴平壤增援，部队在鸭绿江口登陆朝鲜义州。17日，还在登陆作业中的刘盛休接到侦察兵探报，15日平壤战役清军大败，大军正向义州方向溃退。救援平壤的另一路清军，总兵吕本元率领的盛字军"飞骑马队"5营1哨约1,300人火速奔袭朝鲜平壤。17日，刚到达定州就接探马报告平壤失陷的消息，眼见溃败散兵朝己方涌来。吕总兵命令部队移向清川江右岸掩护败军撤退，密切监视日军追击动向。18日，增援朝鲜的作战部队，获知北洋水师在黄海海战中失利的战报。

9月19日，李鸿章向光绪皇帝上奏《军事紧急情形折》，建议集结赴朝部队在义州布阵，阻敌于国门之外。刘胜休急电李鸿章，强调清军在义州背水与日军作战乃兵家大忌，清军应退守鸭绿江西岸九连城，利用有利地形阻击日军。20日，平壤守军马玉昆、丰升阿、聂桂林（左宝贵后任）三将，21日，叶志超、聂士成、卫汝贵三将，相继汇聚义州。20日，光绪帝命李鸿章派遣驻守旅顺要塞的四川提督宋庆发兵赶赴九连城。21日，命令黑龙江依克唐阿率3,000人增援九连城。23日，

1.5.01　日军在鸭绿江建造舟桥，工兵跳入刺骨的江水里，在黑夜中摸索作业。仅一夜之间，就在鸭绿江上完成一座193米的临时军桥。

1.5.02　强渡安平河口作战，日军摧毁了清军鸭绿江防线，第一军浩浩荡荡越过鸭绿江。日本军队史上第一次踏上清国土地，实现了丰臣秀吉的梦想。

命令所有集结义州的清军部队，包括从平壤败溃下来的叶志超残部，全部渡江退回鸭绿江西岸，在九连城、安东一线构筑防卫工事，以鸭绿江为壁障御敌于国境之外。25 日，义州集结的各路清军完成渡江作业，撤入九连城一线。

叶志超军平壤败战后向义州溃退，途中遭到敌军袭击，伤亡惨重，部队支离破碎狼狈不堪。由于溃逃平壤时丢弃了全部辎重粮草，败兵在安州至义州的沿路，对朝鲜民家反复抢劫、掠夺，激起朝鲜民众对清军的仇恨。败将叶志超退至义州时深知难逃朝廷问罪，自肃等待后任统帅的发配。

满洲是清朝的发祥地，奉天（沈阳）有清朝建国以来皇家的陵寝，朝廷下令力保满洲北方圣地，加强奉天一线的军事防卫。29 日，旅顺口宋庆毅字军出发，10 月 11 日，到达九连城，黑龙江将军依克唐阿领命于 13 日抵达九连城。18 日，朝廷任命宋庆和依克唐阿为鸭绿江防线的最高统帅，提督叶志超、盛字军统领卫汝贵被革去官职，聂士成接任叶军，盛字军由吕本元、孙显寅统领。统帅宋庆收编朝鲜败军，对各路部队下达备战命令，构筑防御工事阻止日军进入满洲境界。10 月中旬，鸭绿江一线防卫增强，清军增添大量新征兵勇，总计 81 营 5 哨，兵员 34,000 人，火炮 90 余门。

清军鸭绿江防线右翼总指挥提督宋庆的作战部队，作出以下配置。

九连城堡垒铭字军，总兵刘盛林步队 10 营 1 哨、马队 1 哨，兵力 4,750 人，野炮 14 门、山炮 15 门。

栗子园、虎山一线牙山军，总兵聂士成步队 6 营 1 哨，铭字军马队 1 营，兵力 2,750 人，山炮 10 门。

1.5.03 10月25日6时，第三师团先头部队在虎山战斗中遭遇清军增援部队抵抗，战斗持续至9时，清军溃败。10月29日日本第一军大部队越过鸭绿江，踏上清国土地。

榆树沟附近云河右岸毅字军，总兵马玉昆步队5营，兵力2,500人，山炮6门。

苇子沟附近云河右岸毅字军，总兵宋得胜步队4营，兵力2,000人，山炮6门。

鸭绿江右岸及沙河两岸盛字军，总兵吕本元、孙显寅步队12营1哨，马队5营2哨，兵力6,300人，野炮22门、机关炮4门。

苇子沟附近，统帅宋庆直属亲兵400人。

右翼部队合计，兵员18,700人，野炮和山炮73门，机关炮4门。

鸭绿江防线左翼总指挥将军依克唐阿的作战部队，作出以下配置。

安平河口、皷楼子、蒲石河口斋字练军，侍卫倭恒额步队4营，马队2营，兵力1,500人，野炮4门。

东阳河口、苏甸河口、长甸河口镇边军，将军依克唐阿直属步队4营，马队9营，兵力4,000人，野炮4门。

左翼部队合计，兵员5,500人、野炮8门。

清军鸭绿江两路防线兵力总计，兵员23,750人、野炮山炮81门、机关炮4门。此外，尚有一部分战力配置在鸭绿江防线以外，担任增援后续任务。

日军侵攻满洲

平壤战役日军首次取得大规模阵地战的胜利，大本营决定扩展对清国本土的进攻，制定了南北兵分两路同时侵入清国的作战计划。命令山县第一军团从朝鲜越过鸭绿江侵攻辽东半岛北部，牵制集结在鸭绿江一线的敌军主力；命令大山第二军团在第一军援护下登陆大连湾，占领金州，切断南北敌军防御链，夺取旅顺口要塞。

1.5.04　九连城建于金代，因与北西大小九城相连而得名。有"细辨围壕界址，其势乃长短方圆相环，共计营围有九，与贡道旁之土城三面分峙"之誉。九连城是明、清两代中国与朝鲜政治交往和通商的要道和军事要地。

　　9月16日平壤陷落后，日军第五师团因后勤补给未到，不敢贸然追击清军，在平壤清理战场暂作修整。18日，黄海海战大捷，海路运输开通。23日，山县司令官决定暂不等待给养，命令第五师团追击向北撤退的清国军队。10月17日，混成旅团占领义州，20日，第一军主力到达所串馆、龙川、铁山附近。24日，第一军诸队完成鸭绿江以南的集结，与北岸清军形成对峙之势。27日，日军经海路运入的作战物资在定州卸载，可是物资向内地作战部队投送却遇到极大困难，征集的牛马车队输送速度非常缓慢。山县决定第三师团部分留守等待给养，其余部队集结义州，投入满洲，侵攻作战。

安平河口强渡

　　清军以鸭绿江入冬的冰冷江水作为屏障，在九连城周边构筑大量地堡工事，安平河口的守军全部投入即战状态。日军进攻清军的计划是在鸭绿江上架设一座临时军桥输送部队过江，在对岸配置9厘米臼炮6门、7厘米野炮4门，警戒清军动向，掩护工兵实施架桥任务。24日上午11时29分，佐藤正大佐率两个步兵大队、一个炮兵小队在水口镇东强行泅渡过江，遭到清军猛烈阻击，对岸日军炮兵立即向清军开炮，发射榴弹18发、榴霰弹40发。清军防御工事在日军炮火压制下崩溃，散兵从前沿撤退，向后方溃逃。下午1时，登陆日军与200名清军骑兵遭遇，发生战斗，清兵不敌日军攻势，放弃炮台阵地向虎山方向退去。

　　24日下午6时，工兵三大队完成第一座舟桥的架设，水深两米的湍流冲击脆弱的桥梁。晚8时半，工兵五大队完成第二座舟桥的架设，由于铁舟在长途运输中严重变形，十数个铁舟间不能吻合。工兵用收集的23艘清国小木船和朝鲜圆形

1.5.05 虎山统军亭位于鸭绿江下游与云河交汇处，与对岸朝鲜的"统军亭"遥遥相对，曾是高丽人指挥士兵的楼亭。登亭而望，朝鲜义州城及鸭绿江景色尽收眼底。清日战争时，统军亭成为重要防御阵地。

木舟作桥基，趁夜幕掩护，在清军阵前架桥。傍晚，日军实施严格灯火管制，工兵泡在冰冷的江水中作业，苦劳备至。至 25 日晨 6 时，工兵完成了全长 193 米的舟桥，日军得以大批渡江。但是，船桥非常脆弱，大军通过时经常因桥面损坏不能正常通行。

虎山战斗

25 日清晨 6 时 40 分，第二大队在虎山鞍部清军阵地前方集结，黑田炮队占据有利地形向鞍部清军阵地开炮轰击。受命部署在虎山鞍部的是虎山守将马金叙的步兵 3 个营、炮 2 门，马将军知道昨夜江边发生过零星战斗，没料到日军一夜之间能架成两座军桥。马将军指挥掩体堡垒内的清兵向敌军猛烈射击，两门速射炮火力成功压制住日军的攻势。7 时 30 分，成功过江的第一大队向清军侧翼阵地包抄，欲断清军退路。清兵发现日军企图，恐慌之中枪炮火力逐渐减弱，7 时 50 分，清兵分两路向九连城和西北方向逃去。日军第一、三大队趁机发起冲锋，夺取了虎山清军阵地。

闻知虎山发生激烈战斗，上午 8 时 20 分栗子园附近的牙山军聂士成、榆树沟附近的马玉昆、苇子沟附近的宋得胜、九连城的刘盛林约 6,000 名清军前往虎山增援。九连城高地的清军向虎山鞍部敌军猛烈轰击。8 时 40 分，双方战斗激烈，日军战力逐渐不支。9 时，第三师团长桂太郎中将率渡江部队赶到，步兵第十二联队三个中队在野战炮队掩护下，连续向清军阵地发起四次冲锋。栗子园高地、苇子沟高地、九连城高地的清军炮兵向敌军猛烈炮击，但因步兵战斗力弱，很快被日军冲锋攻势瓦解，清兵丢却阵地向栗子园、云河方向溃逃。中午 12 时，日军

1.5.06 虎山战斗失利,九连城清军趁夜不战而退,丢却大量辎重。图为日军缴获清军的战利品,山野炮 78 门、步枪 4,400 支及军旗和大量粮草辎重。

大部队完成过江,先后占领了马沟高地、苇子沟高地、榆树沟高地。当日战斗日军消耗榴弹 122 发、榴霰弹 372 发。过江部队士兵多数浸湿军服,上官允许明火烘干取暖,半夜又遭到九连城北方山上清军炮兵的连续炮击,致 4 名士兵负伤。

攻占九连城

山县司令官接到战报,清军虎山守军已退入九连城,遂下令于 26 日攻打九连城。翌日 6 时,配置在九连城周围高地的各部队准备发起进攻,却发现城内异常寂静,毫无清军迹象。侦察兵回报,城内空无一人,清军已经趁夜退却,九连城已是一座空城。原来 25 日夜清军右翼总指挥官宋庆,眼见各路军马败下阵来势不可挡,便带领毅字军经蛤蟆塘向凤凰城遁退,聂士成、刘盛林的人马随之撤离。老龙头、安东县守备的盛字军见友军撤离也退出阵地。清军兵卒闻知将军逃走立即大乱,纷纷扔掉武器向后方奔逃。尚未接到撤退命令的九连城守军铭字军,闻知附近友军已经向凤凰城方向溃退惊愤不已,也不管城内的辎重粮草便弃城追赶主力去了。大岛旅团很容易便占领了鸭绿江九连城重镇,缴获清军遗弃的大炮 14 门及大量弹药和军粮。

鸭绿江防线

10 月 25 日,奥山支队侦知安东县守军布防情报,翌日晨 6 时 50 分炮兵向清军阵地开炮攻击,却不见清军阵地任何抵抗。侦查官回报对岸清军已经撤离安东城,中午 12 时 30 分日军开始渡河,下午 5 时,全支队安全过江,未发一弹便占领了安东城。

1.5.07   清军在九连城鸭绿江一线修筑坚固堡垒以防御日军渡江。但10月26日，日军未受到任何抵抗便占领九连城。图为日军和军夫在清军堡垒合影。

1.5.08   第三师团占领安东县城。日本人感慨清国和朝鲜两国贫富差距之大，朝鲜人多居茅草房屋，而清国人的房屋大多是砖瓦结构的大房。

　　25日夜，遁退凤凰城的宋庆尚未坐定，各路撤退的守军陆续到达，一夜嘈杂，喧哗责骂声直至天明。26日，部队清点，毅字军步队10营，盛字军步队12营1哨、马队5营2哨，铭字军步队3营、马队1营、牙山军步队3营，合计步队28营1哨、马队6营2哨。部队建制受创，士气极度低落，其中四分之一的士兵竟然没有兵器，大炮和枪支弹药在撤逃时被丢弃。提督宋庆见此败状，知道短时间内恢复战斗力，振作战意相当困难，凤凰城的地形不宜防守，在强敌日军面前不可能有胜算，下令舍弃凤凰城退守摩天岭，保卫奉天。29日，宋庆部队继续撤退，日军立见旅团趁势占领了凤凰城。11月1日，清军各路军马抵达摩天岭一线，构筑阵地等待来犯的日军。

　　10月26日，大迫旅团长奉山县司令官命令率领步兵第六联队、野战炮兵队、独立骑兵队奔袭大孤山，计划与第二军和近海活动的联合舰队取得联系，补充军

1.5.09　大孤山街市。大孤山在安东县大洋河口右岸，主峰 340 余米，孤山镇环绕山之南麓。照片是大孤山富裕重镇，清日两军作战之要地。

需物资。27 日晚 7 时，大迫支队抵达大东沟北端，与清军 500 余骑兵交火，战斗进行约一小时。清军破坏桥梁、烧毁兵营和火药库，扔下 50 余名士兵尸体从村庄后路逃去。大孤山清军 5,000 余人退向岫岩方面，至此鸭绿江攻防作战基本结束。鸭绿江防线的崩溃，使通往大清国发祥地的北方大门洞开。

　　鸭绿江作战，清国最高统帅任命右翼总指挥官宋庆和左翼总指挥官依克唐阿相互协调作战，造成同一战区两将齐头，无最高都统指挥作战的局面。主将宋庆素质不高，无将才作战能力，当被朝廷任命为统领时，清军各支部队诸将均不服气，故不服节制。虎山一战，清军战前怯敌，连续丢失九连城、安东县两座国境重镇，大量武器弹药被遗弃，部队几乎没有了重武器。鸭绿江之战，清军各路兵马 70 余营 24,200 人，实际投入作战兵力 18,250 人，炮 81 门，占有江河壁障和坚固阵地的优势。日军参战兵力 15,052 人，骑兵 350 骑，炮 78 门。清军战死约 500 人、俘虏 15 人，日军战死 33 人、负伤 114 人，消耗炮弹 494 发、枪弹 95,730 发。缴获清军大炮 78 门、枪支 4,400 挺及大量弹药粮草。缴获的粮草如雪中送炭，弥补了日军军需短缺的现状，稳定了军心。

山县有朋的冒进作战

　　大本营授予第一军入侵清国的作战命令，主旨是协助第二军从大连湾登陆，牵制清国北方之敌。鸭绿江作战的成功和第二军登陆金州的捷报，助长了山县有朋司令官扩大战果的野心。11 月 3 日，根据鸭绿江的战绩，山县主张在严冬到来之前，应给予辽东半岛的清军以重创，为直隶决战奠定基础。他电报大本营提出三条进攻方略:(1)立即向山海关一带推进;(2)第一军与第二军汇合攻占旅顺;

1.5.10　析木城街市。析木城属海城周围地区，在岫岩与海城之间，是鸭绿江防线清军主要集结兵力之地。然清军以万余兵力之众，闻知日军攻来，主帅宋庆居然不战而退，遁入海城。

1.5.11　岫岩位于安东、凤凰城、海城、庄河之间。清日两军在岫岩有过数次战斗，日军伤亡颇大。图为占领后的岫岩街市景象，远处城墙气势宏伟。

1.5.12　日军占领海城后，宋庆军曾发起七次攻打海城的战斗，均无战果。而海城少量日军成功牵制了清军主力。图为百年前海城之壮观景象。

（3）展开进攻奉天的攻势。9日，山县收到参谋总长的电报，大本营认为直隶平原的冬季寒冷，若对清军展开大规模战斗，我军定会遭遇寒地作战经验不足和后勤保障的严重障碍。要求第一军在云河、大洋河设立冬营待命，收敛东部战场的攻势。山县司令官反对设立冬营，16日再次电报大本营，要求实施第一方案向山海关一带推进。25日，当山县再次接到大本营制止进攻案的电训时，山县已经决定实施扫荡辽东半岛北部清军的行动。山县司令官无视大本营决定，命令第五师团挺进怀仁、辽阳，第三师团挺进海城、盖平，拓展辽河平原一线作战。

扫荡作战计划实施后，日军不断遭到清军的攻击。11月19日，赛马集大西沟一战，日军步兵十二联队战死14人，败退。18日，苦战中的日军占领岫岩。25日，草河岭一战，富冈联队阵亡12人。中小规模战斗频繁迭起，伤亡日益增加。而且自鸭绿江渡河一个月以来，军中疾病蔓延，非战斗减员持续严重，患病死亡人数攀升到483人。入冬的满洲冰天雪地，路面冰滑，人马步行艰难，作战将兵的被服还是入朝时的夏季服装。渡过尚未完全封冻的小河时，士卒只能敲碎不结实的冰面徒足过河，尖锐冰块刺伤士兵的腿脚，沿路随处可见遗弃的冻死马匹。11月14日至2月27日间，日军平均每日出现129名患者，其中大部分是感冒和冻伤。随军军医、卫生员、护理员、看护人、赤十字社救护员也有多人伤亡。

12月9日，集结在岫岩的第三师团接到侦察兵报告，清军在析木城附近集结大批部队，计有马玉昆、聂桂林、丰升阿率兵四五千，步队22营、马队5营、炮队1营；盖平宋庆率军三四千，步队44营、马队1哨；海城清军驻军新兵500人，二道河子南端骑兵40人。第三师团长命左翼支队进攻盖平，师团主力的大迫少将率一队迂回王家堡子、贾家堡子、牛心山道，桂师团长率一队迂回大偏岭、小孤山，两队向析木城的清军合围。12日，到达析木城附近准备攻城时，才知清军已经撤离，退往海城方向。当日清日两军在海城外围发生战斗，荞麦山清军阵地备有大炮数门和百余名守军，9时20分大岛前卫司令官下达攻击命令，双方发生激烈枪炮战。10时30分，清军炮势被日军火力压制，40分，守军士兵放弃阵地溃逃。张家元子阵地清军见荞麦山友邻主阵地抵挡不住日军进攻，也放弃阵地向海城城内遁退。逃入城内的清军没有将领指挥，步兵和骑兵大乱，接着人马冲出城外逃走。日军第三中队向海城发起冲锋，11时10分占领海城。清军海城守军5,000余人，一部退往辽阳，一部溃向牛庄方向。海城之战，日军负伤4人、消耗枪弹4,599发、榴霰弹91发。12月10日，立见旅团第22联队在樊家台与清军2,000人交火，战死士兵19人，日军占领了摩天岭。14日，第12联队在凤凰城与清军苦战，阵亡士兵27人，日军陷入与清军周旋的困境。

山县司令官违抗大本营冬季作战方针，导致日军在严寒之地孤军深入，分兵作战，被清军包围袭击。寒冷中部队行动艰难，补给严重短缺，第一军被迫暂停辽河攻势，在海城驻屯，遁入防御态势。川上操六次长在伊藤首相面前哭诉前线作战状况，希望将山县司令官从前线招回。山县有朋是江户幕府末期的旧军阀，也是组建明治陆军的元老。担任过第三代日本内阁总理大臣，出征朝鲜时是元帅、陆军大将兼枢密院议长，有元勋、伯爵、侯爵的地位。如此爵勋集一身的重臣，其威势在政军界内无人可与之匹敌。山县的抗命和冒进，令大本营军方首脑及伊藤首相为之踌躇，只能呈请天皇裁决。11 月中旬，明治天皇下诏，派特使赴前线招还山县，归国修养疗病。敕语婉转温和："朕与卿已有多时不见，今闻卿患病，深感轸念，朕想亲耳聆听卿在前线与敌作战的情形，望卿尽快归朝奏上。"12 月 8 日，山县被变相解任司令官职务，心中烦闷不满，无奈只能服从。临行前，给野津和桂太郎两师团长留下绝句诗一首。诗曰："马革裹尸元所期，出师未半岂容归，何故天子召还急，临别阵头泪满衣。"17 日，山县返回广岛大本营述职，就任陆军监军。29 日，第五师团长野津中将被任命为第一军司令官，奥保巩中将接任第五师团长职务。

1.6 金州旅顺作战

花园口登陆

1894 年 9 月 17 日黄海海战后，日本取得制海权，确保了海上通路。大本营作出翌年春天在直隶平原决战的作战计划，要求在本年度必须占领旅顺半岛，建

1.6.01 9 月 16 日征清第二军在宇品港集结出发。图中景象是步兵在岸边列队，先搭乘小摆渡船到达湾内停泊的大型运兵船侧登舰。周边由宪兵队严密警戒，市民禁止靠近。

1.6.02　10 月 23 日第二军作战部队搭乘十数艘运兵船，在联合舰队吉野、高千穗、扶桑、严岛等战舰护卫下，浩浩荡荡挺进清国渤海湾。

1.6.03　10 月 24 日第二军第一师团在花园口登陆，运输船在距海岸 6 公里远的海面抛锚，部队换乘小艇登陆上岸。数十艘小艇在湾内繁忙往返。

1.6.04　花园口海潮落差 4.6 米，海滩延长线两里，退潮时，许多小艇因来不及抵达岸边而搁浅在泥滩上，登岸作业只能等待再次涨潮。图为退潮后滞留泥滩的小艇，留下许多被拖拽的痕迹。

1.6.05　日军登陆地点花园口是金州沿岸的小渔村，距金州城 21 公里，旅顺口 36 公里。由陆海军联合先遣侦查选址，大本营统筹决定。

1.6.06　花园口登陆成功后，日军又扩展了大连湾柳树屯大栈桥为登陆地点。柳树屯是清军北洋舰队补给的重要军事基地，人口众多、商业繁茂。

立决战根据地。9 月 21 日，大本营编成第二方面军，由第一师团、第二师团、第六师团混成第十二旅及各附属部队组成，任命陆军大臣大山严陆军大将为第二军司令官。作战命令训示："进入朝鲜半岛的清军，经平壤会战被我第一军击溃，败军正向本国鸭绿江一线败退。目前清军调集盛京省和直隶省的兵力，正在鸭绿江一线集结。命令贵官与第一军和联合舰队密切配合，由第一军牵制北面敌军之主力，贵第二军伺机占领旅顺半岛。"

日本近代史上第一次大规模登陆作战在清国辽东半岛沿岸展开。输送第二军三万余兵力登陆，日本动员了国内军用、民用运输船 48 艘，登陆艇 208 艘，支援作战。大本营收到的情报判明，辽东半岛上有许多古城，我军野炮对坚固城壁明显威力不足，故命令大阪兵工厂赶铸破坏威力更大的 12 厘米加农炮、15 厘米

1.6.07　金州城墙高6米，宽5米。女墙高2米，顶宽4米。城墙高合计约9米，是清军防守御敌的主要屏障。金州战斗中，城墙各处的女墙被日军炮火摧毁倒塌，青砖散落。

1.6.08　日军联合舰队运兵船汇集大连湾柳树屯大栈桥，加速了登陆作战计划。图为日本兵登岸后休息待命。

1.6.09　防守金州的清军兵力约3,000，日军攻城部队有10,000之众，兵力相差悬殊。11月6日，部分日军攻城士兵徒手攀登金州城西隅的城壁，逾越3丈高城墙，突破了清军局部防守阵地。图中士兵的攀城作战，是战后再现攻城情景时所摄。

1.6.10　金州城墙有角台四处，分设四门，东门春和门、西门宁海门、南门承恩门、北门永安门。各门之上有城楼，门外筑有瓮城，城外环绕护城河，河深5米，宽15米。金州攻城时，城门被日本工兵爆破炸开，大兵长驱直入。图为陷落后的金州城永安门，城墙雄伟壮观。

1.6.11　复州古城历史悠久，是渤海湾的海防重镇，商贾云集之所。图为复州陷落后的十一月初冬，身着防寒大衣的日本兵，踏着积雪开进复州城东门的情形。

1.6.12　钟家山防线被日军攻破，清兵丢弃阵地，向南面遁逃。照片背景是清军用石头建造的坚固堡垒，周围的武器、弹药、衣物、旌旗散乱狼藉。

臼炮、9 厘米臼炮。第二军司令部还补充了地图测量班、战场摄影班、军乐队等编制，随军作战。

第二军登陆作战兵分两路，第一路先遣部队混成第十二旅，9 月 24 日至 28 日分乘 19 艘运输船从门司港出发，于 27 日至 30 日在朝鲜仁川港登陆，经朝鲜向辽东半岛迂回。第二路为第二军主力，分三个登陆梯队在花园口登陆。主力第一梯队包括司令部在内，于 10 月 15 日至 16 日分乘 16 艘运输船从宇品港出航；第二梯队 17 日至 18 日分乘 16 艘运输船出航，两个梯队分别在 19 日至 22 日到达朝鲜大同江口渔隐洞锚地。第三梯队等待运输船返回，于 10 月 23 日至 11 月 22 日分乘 11 艘运输船在大连湾登陆。

海军最初选择的登陆地点是大连湾貔子窝，但侦查发现此地地势平坦，海面茫茫，不利舰队隐蔽，且貔子窝距离旅顺湾较近，旅顺港内的鱼雷艇如果实施夜间袭击，日舰队就会遭遇危险。海军建议选择花园口作为登陆地点，陆军司令官对此案提出强烈反对，因为花园口海岸退潮时淤泥带宽达 1,500 米，涨潮时波浪高，小艇靠岸不易，要求登陆地点再靠近大连湾。海军和陆军司令官的意见产生严重分歧，最终请大本营裁决登陆地点。大本营让海陆两军各派两名参谋乘军舰"高千穗"号，沿海岸巡视，再探合适登陆地点，结果仍然没有理想的结论。为了不延误作战时机，陆军司令官同意了海军提出的登陆方案。

10 月 24 日，集结鸭绿江东岸义州的第一军和抵达清国近海的第二军，同时向清国本土发动侵攻。第二军在联合舰队缜密护卫下，从渔隐洞驶入辽东半岛庄河以南 80 公里的花园口。战舰浪速、秋津洲两舰在威海卫海面游弋，密切监视北洋舰队动向。大连海域的 15 艘战舰严阵以待，随时准备与清舰战斗。24 日凌

1.6.13 在苏家屯设立的日军旅团司令部。苏家屯位于金州城往南两余里处，是金州地区比较富庶的地方。旅团营所的外墙壁上，可见仙鹿、虎狮、怪兽等动物的彩色壁画。图绘中的故事，充溢着浑厚的中原文化，令日本人叹服不已。

1.6.14 被日军占领后的和尚岛炮台鸟瞰。炮台高所三四段，低所10段，壁高12米，与断崖相连，直落海面。清国在大连湾修筑永久性连环海防要塞工程，有混凝土炮台共6座。金州之役，炮台海防没有起到作用，被日军经陆路迂回，轻易占领。

晨3时30分，51名海军陆战队员登岸侦察敌情，抢占滩头阵地，海岸异常寂静没有发生预想的阻击战。24日至31日，第二军兵员分四批完成登陆，但是作战物资的登陆作业缓慢，直至11月7日才全部结束。10月25日，日舰观察到威海卫清舰定远、镇远、靖远、平远、济远、广丙和两艘水雷艇出港驶向山东高角方向，没有靠近大连湾寻找和攻击日本舰队的迹象。第二军登陆作业虽然没有受到气候和清军的干扰，却低估了海岸涨退潮和没膝淤泥的困扰，推迟了预定作战计划。

第一师团于10月28日上午11时在貔子窝附近与清军300人遭遇，清兵不战而退，返回金州城方向。占领貔子窝后，部分后续部队在此登陆，花园口登岸部队向貔子窝方向合流集结。31日，第一路先发部队混成第十二旅从朝鲜经陆路抵达花园口，与主力部队会师。派出的侦查官回报，清军布防严密，金州城内居民6,000余人，城上清军重炮十数门，城外周围敷设大量地雷。驻扎复州的清军在增援金州城，普兰店未见敌军，盖平方向的援军正在向金州城移动。

金州攻防战

平壤会战后，清国为增强鸭绿江防线，调集包括旅顺在内的防军助战，使得金州地方的防备变得更加脆弱。清军在金州的战力只有三支部队，分别是：捷胜营副都统连顺，率步兵1营担任守城，另有骑兵2哨负责监视貔子窝。拱卫军总兵徐邦道，率步兵3营驻徐家山附近，骑兵1营各地巡回侦查，炮队1营在金州城外南面布阵。怀字军总兵赵怀业，步兵6营2哨驻守各炮台，其中和尚岛2营、老龙岛和黄山2营、南关岭1营、苏家屯1营2哨。

1.6.15　日军进入空旷无人的和尚岛炮台。炮台建在海面绝壁之上，大门用欧洲产钢铁打造，门匾横批刻字"和尚西台"，两侧刻字"海疆锁钥辽左屏藩"、"光绪十六年四月吉日 统领铭字右军副左后等营记名提督马春发监造"。

　　三支清军部队没有统帅，副都统连顺归奉天将军裕禄指挥；徐邦道、赵怀业归北洋大臣李鸿章调遣。24 日，清军防军抓获日军山崎、钟崎、藤崎等十数名侦探，严刑拷问下得知，日军 3 万大军已经开始登陆，将进攻金州、大连、旅顺。大惊之下，赵、徐二人立即给李鸿章发电告急，请求旅顺、营口的陆军和水师增援。李鸿章斥责二将："大敌当前汝等如此惊慌失措，令二将立即率领各营加强布阵迎击敌军。如今旅顺、营口同样危机，南来之军已调往山海关守备，尔等不能过度期待增援。" 28 日，李鸿章再次电告二将，已命大同军总兵程之伟率军增援贵处，命水师丁汝昌派舰前往大连湾巡航。赵、徐、连三将随即联名给大同军总兵程之伟发电，催促程部日夜兼程赶来金州救援。29 日，大同军到达金州附近熊岳城，按兵观望，踌躇不前。30 日，丁汝昌率舰队巡航大连湾，金州诸将甚感欣慰，底气大增。不料丁提督只在大连湾逗留一夜，次日便拔锚返回了威海卫。

　　日本作战方略是第二军在大连湾登陆后占领金州，割断旅顺半岛和奉天之间清军的呼应链。鸭绿江一线清军在第一军牵制下必会自顾不暇，旅顺要塞就会变成一座孤塞。海路无制海权，陆路漫长遥远，清国内地中央援军无法迅速前来增援，清军总体定会陷入战略弱势。11 月 5 日，登陆后的第一师团乃木部队占领三十里堡南高地，在破头山、刘家店附近与清军激战。清军徐邦道的拱卫军大部分是新募兵，步队 1,500 人、马队 250 骑、炮队山炮 10 门，外加副都统部下的捷胜营马队 2 哨。双方战斗仅持续 30 分钟，清军死伤 50 余人便丢弃枪械弹药分两路向南关岭和旅顺口方向逃去。日军占领金州城周围高地，兵临城下遥望金州古城。

　　金州是连接旅顺半岛最狭窄的地带，呈长方形的金州古城，南北长 760 米、东西宽 600 米、城高 6 米、顶宽 4 米，城墙气势雄伟，壮观坚固，东、南、西、

1.6.16 清日战争爆发前，旅顺要塞的炮台工事基本竣工。照片是旅顺庆字正营军舍，四周是用石块围起的坚固防护墙，各角设有哨楼。背面山上是馒头山炮台，与老虎尾、威远、峦子营、城头山炮台遥相呼应。

北各面均筑有城楼，设两重敦实城门。城墙外约 10 米处挖有环城壕，壕沟内注水为屏障。城头上配备大炮 10 门，城门外周边新敷设大量地雷。6 日晨，金州守将徐邦道给总兵赵怀业写信求援，赵以坚守炮台为由，拒绝了徐的请求。上午 9 时，山地司令官下达攻城命令，日军在七里庄南部高地与清军展开枪炮战。清军约 200 骑兵从城东西两端向敌阵发起冲锋攻击，即刻被日军炮火击退。北关外约 300 清军步兵欲发起冲锋阵势，也被敌火力压制退却。日军炮兵集中火力向城头清军炮位轰击，城炮被炸坏，被迫停止炮击。同一时刻乃木部队进攻金州城东南面，日兵徒手攀登城壁攻入城内。9 时 30 分，清军散兵三五成群从西门逃跑，10 时，更多兵勇陆续冲出突围，向大连湾、旅顺口方面溃逃。10 时 10 分，日军工兵中队迂回城边，切断地雷电线，用炸药将第一、第二大门破坏，后续部队蜂拥入城。战斗前后两个小时左右，日军完全占领了金州城。

金州城守军向旅顺口方向遁退，海湾一线清军炮台不知金州已经陷落，仍频繁向金州城南日军集结地炮击。起初，日军对清军炮台配置情报知之较少，金州城攻击开始后接到侦察兵报告，在七里庄南部发现像城郭一样的围地（徐家山炮台），约 200 清兵正在向那里移动，围地内大炮正在朝我军炮击。山地师团长听取报告后，判断日军野炮不敌清军永久炮台火力，命令奇袭清军炮台。

清军总兵赵怀业的怀字军 6 营 2 哨，分别配置在老龙岛、黄山、南关岭、苏家屯，赵自带 2 营驻守和尚岛。金州城失守，副都统连顺的溃兵大部分向大连湾和旅顺口逃去，一部分溃军路过苏家屯、南关岭时与徐邦道部合流。赵怀业炮台守军闻知金州城被攻破，惊恐之下决意放弃炮台逃亡。赵怀业命令各炮台兵士尽量破坏和掩埋炮具部件，连夜向旅顺口方向撤退。通向炮台的后大门完全向敌军敞开。7

1.6.17　第一师团向旅顺口进军。前日先头部队在此遭到清军袭击，受创部队突出包围遁退双台沟。图中前进部队原地休息，等待向旅顺进军。

日凌晨，河野大佐支队袭击徐家山炮台，发现清军只剩下几名残兵，其余已经遁逃，徐家山炮台被占领。同一时间，乃木支队袭击和尚岛三座炮台，炮台的清军也全部逃光。6时30分，和尚岛三炮台的兵营、水雷营、火药库全部被日军占领。下午6时，日军占领老龙口炮台，8日清晨占领黄山炮台、大孤山炮台。日军未伤一卒便轻易占领了大连湾诸炮台阵地。日军在炮台阵地内搜缴到清军在大连湾内敷设水雷的配置图，立即派工兵拆除威胁舰船的水雷。9日至11日分散在貔子窝、大孤山、大同江各处待命的联合舰队军舰陆续驶入大连湾集结，花园口登陆作战结束。

旅顺攻防战

旅顺口独特的地貌形成了一座天然优良港湾，是远东最重要的战略要塞之一。在清国版图上，旅顺口和威海卫形如一双并举突起的犄角，守卫渤海的门关。十数年前清国投下巨资，责成李鸿章修建永久性炮台，装备了当时世界上最先进的新型巨炮，旅顺要塞被建成远东近代化的军事堡垒。清日战争爆发前，可攻击海上目标的陆基炮台工事基本全面竣工，背面群山上的防御体系尚未完工。战争开始后，清军加速修筑了临时用掩体和炮兵阵地，防御体系基本完成。战争之初，日本就把目光投向夺取旅顺要塞，意图在旅顺建立与清国在直隶决战的大本营，因为旅顺港距离日本本土最近，又与天津隔海遥望，是陆海军联合进攻北京的理想根据地。

战时旅顺防务

旅顺防务体系由海军防务、海岸防务、陆地防务三部分组成。

海军防务　丰岛、黄海两战败北以来，清国海军官兵士气大衰，港内日夜抢修负伤战舰，无法达到出海应战的正常状态。在花园口日军登陆，迫近旅顺要塞的紧迫情况下，北洋水师为避免日陆军和联合舰队夹攻，舰队全部撤离旅顺港躲入威海卫水师大本营。旅顺守军见舰队遁去，向李鸿章报告请求再派舰队支援。丁汝昌却只率领战舰在山东高角附近游弋，有意回避日舰锋芒，未敢接近旅顺湾。日军进攻旅顺口前的 11 月 16 日，驻守旅顺港内一直让日舰感到威胁的 8 艘鱼雷艇也被丁汝昌调回威海卫，旅顺湾的海上防御机能完全丧失。

海岸防务　以面向大海的黄金山、唠律咀、馒头山炮台为主，外加 9 个辅助炮台。港口东岸有海军的水雷营，可投放机械水雷阻止敌舰进入港湾。西南岸峦子营炮台的西南麓建有探照灯台，夜间能照射敌舰，引导炮台火力攻击敌舰。诸炮台采用永久性筑城法建设，备有各式进口大炮及充足弹药。海岸防务常驻守兵 8 个营陆兵，保障炮兵、水雷兵、鱼雷局等技术兵种的安全。陆炮防务分东西两区，以港口为中心呈半圆扇面形，分布在旅顺口周围的蟠桃山、大坡山、小坡山、鸡冠山、二龙山、松树山一线，构筑了 9 个半永久性炮台和 4 个临时炮台。各炮台的炮位之间连通高两米的临时战壕，可以相互策应支援作战。各炮台装备各种制式的山炮、野炮、榴弹炮、加农炮。面向大海方向的炮数，重炮 58 门、轻炮 8 门、机关炮 5 门。面向陆地的炮数，重炮 18 门、轻炮 48 门、机关炮 19 门。旅顺防卫炮数合计重炮 76 门、轻炮 56 门、机关炮 24 门。

陆地防务　亲庆军 8 营 4,000 人，将领黄仕林、张光前，担任海面防御和东西两岸诸炮台守备。桂字军 4 营 2,000 人，将领姜桂题，位于东半部腹背的堡垒防线，担任旅顺金州以东方向的防御。和字军 3 营 1,500 人，将领程允和，位于西半部腹背堡垒防线，担任旅顺金州东西方向的防御。成字军 5 营 2,500 人，将领卫汝成，担任白玉山东北下狭隘入口的守备。营务所（道台亲兵），1 营 500 人以及日军花园口登陆作战后，从金州方向败退而来的部队，怀字军 6 营 1,800 人；拱卫军步兵 4 营 1,200 人、骑兵 1 营 200 人；铭字军 6 哨 400 人，各杂牌兵力计 4,000 余人。日军进攻旅顺时，清国在旅顺的陆军作战兵力合计约 14,000 人，而实际参与作战的兵员，陆地作战部队 9,500 人；海岸防御作战兵员 3,200 人。

旅顺防御汇集了桂字军、和字军、亲庆军、铭字军、怀字军、拱卫军的各路人马，可是防卫如此重要的要塞，北洋大臣李鸿章没有任命统帅。11 月 7 日，旅顺守军得知金州、大连湾失陷，连续三日目睹了从东面溃退下来的败兵，狼狈之相让旅顺守军震惊和沮丧，旅顺要塞立刻陷入极度混乱的状态。诸将各怀心思，

1.6.18　深夜，清军派遣的侦察兵，在石嘴子日军营地附近窥探军情，被日军哨兵发现，射杀三人，活捉两人。翌日晨，日骑兵在现场发现被射杀的清兵尸体。

1.6.19　石嘴子附近的三角山，位于旅顺后山的正面，可一览遥望水师营地形。清日两军在此地正在进行炮战。图中待命进攻的日军士兵，在瞭望炮击战和躲避流弹的情形。

纸上谈兵，争论不休，失去了在外围阻击日军的最佳时机。官衔位于诸将军之上的文官道台龚照玙，眼见旅顺危在旦夕，终日失魂落魄，专程前去天津向李鸿章求援，遭李鸿章训斥返回旅顺。混乱中的徐邦道、姜桂题、程允和三将军力主抗战，而其他诸将则默不作声显出退意。徐、姜、程三将军下达命令：（1）各部队立即进入防御阵地，警戒日军动向；（2）水雷营、鱼雷营加速在港湾内敷设水雷；（3）各炮台加强警戒敌舰海上入侵，老铁山炮台再增山炮9门支援陆军作战。17日，徐、姜、程三将率领部队开赴土城子附近伏击日军，道台龚照玙乘机携家眷乘汽艇逃往芝罘。留守旅顺的黄仕林、赵怀业、卫汝成三将见大势已去，相继逃离旅顺，其部下清兵公然打开银库掠夺官银。造船所的官吏相互争夺，盗走贵重机材，装上民船从海上逃走，旅顺市街陷入一片恐慌之中。

要塞攻防战

　　旅顺口发生的主要战斗有土城子战斗、于大山战斗、案子山战斗、二龙山战斗、旅顺口战斗，战斗从 18 日开始至 21 日结束。旅顺要塞失陷后，日军连续三日在旅顺市街以捕杀清兵为名，实施包括老弱妇孺在内的屠城。

　　土城子战斗　11 月 13 日大山第二军司令官召集会议，确定了 21 日进攻旅顺口的作战计划。混成第十二旅团牵制旅顺口以北及东北方之敌；第一师团进攻水师营东南方敌主力；联合舰队围堵海面运动之清兵。18 日 10 时，秋山第二中队前卫与埋伏在土城子南面高地的徐、姜、程部队，步兵 200 人、骑兵 50 骑交火。隐蔽布阵的清军占据有利地形向日军发起猛烈攻击，侧翼步队从日军两侧展开包围攻势。双方战斗激烈，被困日军死伤不断。中午，姜桂题军的两门山炮向日军阵地炮击，日军被迫向后遁退。此时恰逢坂井中尉向其他部队提供补给时路过，看到友军被围不利，立即发出攻击敌炮兵阵地的命令，抑制住清军的攻击，秋山部队趁机逃出重围。侦察兵报告长岭子方向有日军活动迹象，清军命令停止追击逃跑之敌。清兵割下战死日兵的首级，意气扬扬班师返回旅顺口。当日，清军投入步兵约 5,000 人，山炮 2 门；日军步兵 600 人、骑兵 200 骑。日军战死 11 人、负伤 37 人，清军取得了土城子战斗的胜利。自从战争以来，日军首次受挫败战，深感耻辱，恼羞成怒，加上清兵割取日兵头颅虐尸事件，激起日军上下同仇敌忾，决意向清军复仇的愤怒。

　　于大山战斗　11 月 20 日，清军约 4,000 人分两队向水师营东北高地和被日军占领的于大山方面进发，中午 12 时 30 分到达于大山附近的盘龙山，在距敌 1,900 米位置进入战斗态势。下午 2 时 30 分，刺兔沟北方高地、水师营南方高地、松树

1.6.20　旅顺石嘴子清日两军炮战的壮观景象，场面硝烟滚滚。早期大炮的发射和弹着点都会产生大量硝烟，极易暴露敌我的阵地，因此先行开炮压制敌方成为炮兵主要战术之一。

山炮台的清军炮兵，向防守于大山的日军阵地发起炮击。在炮兵掩护下清军向碾盘沟南方高地迂回包围，阵前双方互相猛烈对射，清军炮兵的轰击威力明显压制了敌军火力。此时日军野战炮兵第一联队赶到，被动苦战中的日军士气顿时高涨。清日双方炮兵展开阵地炮击战，日军炮兵弹着准确，清军炮兵火力很快被压制下去。增援于大山、金家屯附近的日军支队向碾盘沟西侧迂回，企图从侧背包围清军。清兵发现日军欲断后路，防守阵势开始动摇，接着放弃阵地仓皇逃跑。清军案子山炮台向日军阵地炮击，支援友军大队向旅顺口撤退。日军两个中队追击溃退的清军至磐龙山附近未果，下午4时50分结束战斗。于大山战斗日军消耗炮弹493发、枪弹2,488发、负伤2人，顺利消除了旅顺外围清军防守阵势，向旅顺口推进一步。

案子山战斗 总兵程允和率步队两个营驻守案子山堡垒，成字步队五个营、马队1哨在白玉山东麓待命支援。21日凌晨1时15分，日军第二旅团长西少将

1.6.21 炮兵部队携带可分解山炮到达方家屯附近，向清军阵地开炮。图中炮兵观察官正在了望弹着点，修正炮击精度。

1.6.22 金州战斗，高家窑南面大田地，遗留的清军士兵尸体。图中所见，李鸿章北洋军清兵军服的圆形背标上，记有所属部队的文字，与早期单纯"兵""勇"记号写法有所不同。

1.6.23 日军占领旅顺口椅子山第二炮台。图为炮台内部景象，清军逃跑时留下的两门完好的德国造12英尺口径的克式大炮。

1.6.24 椅子山炮台位于水师营西南，有炮台三座，与小案子和大案子山炮台遥相呼应，是旅顺西线防御重点。图为被占领的椅子山第三炮台，炮台内清兵尸体和兵器散乱。

率部从石咀子出发。第一师团长山地中将率部从洪家沟西南出发，企图趁黑夜偷袭清军案子山阵地。月照虽有视野，但所持地图标识道路不明，两军在黑夜中迷失方向。清晨6时50分，日军野战炮兵赶到案子山西南端，为探明清军阵地位置向清军炮台方向发炮。清军案子山诸炮台立即开炮攻击敌军，不想却暴露自己的炮台方位，给迷途的日军引导了方向。西少将部队的徒步炮兵迅速占领标高203高地（尔灵山）北麓，炮击案子山低炮台。在炮兵掩护下步兵联队向案子山炮台移动。炮台千余名清兵和数门机关炮向敌猛烈射击，日兵被压制在山腰开阔地之间无法前进。7时15分，野战炮兵和徒步炮兵集中炮火向低炮台轰击，丸井大队长率队冲入案子山炮台弹道死角仰攻。7时30分，木村中佐带兵突入低炮台，双方发生短暂肉搏，清兵弃阵败逃。东西炮台的清兵见低炮台陷落，士气顿挫不战而退。一部分沿东西海岸向北方逃跑，大多数退至白玉山、松树山堡垒群与守军合流。

1.6.25 馒头山炮台中央装备三门 24 厘米口径克式大炮，大炮转动轮轨可调节炮口射击方向。两翼配置两门 12 厘米口径克式炮。

1.6.26 黄金山炮台用大块方石建筑而成，样式与大连炮台相同，门头题字"北洋锁轮""光绪壬午二月合肥李鸿章题"。炮台大炮炮身刻字 1881 年，乃距此战 13 年前制造之旧式炮械。

二龙山战斗 日军第一师团攻取案子山后，待命中的后备役混成第十二旅团长谷川少将，独自率部进攻松树山和二龙山炮台阵地。9 时 30 分，诸队接近松树山和二龙山附近时，清军密集炮弹在部队附近炸开阻碍了前进。10 时 10 分，水师营东的日军野战炮兵第六联队，向二龙山炮台炮击，随军徒步炮兵也频频发炮，支援步兵分队近敌。突然，徒步炮兵的各炮械闭锁器发生故障，发炮相继停顿，只有清军单向炮弹不断射来，联队陷入被动挨打境地。日军即刻调集野战炮兵阵地的火力，向清军阵地开炮，炮弹命中了松树山炮台的火药库，黑烟冲天而上。二龙山清兵见状士气殆尽，点燃地雷导火线逃离阵地向南面遁去。地雷爆炸时日军尚未进入雷区，各队占领炮台有险无伤。

旅顺口战斗 日军第二联队占领案子山炮台，继续追击向黄金山炮台方向遁逃的清军。当抵达黄金山、白玉山、人字墙附近时，遭遇毅字军的顽强抵抗。松

1.6.27　清国三艘小型军舰超海号、敏捷号和一艘炮舰困在旅顺港内，被入侵旅顺港的日军俘获。图中的超海号上装备有两门速射机关炮。

1.6.28　旅顺败走的清兵向金州方向撤退。乃木部队追击败军至金州湾头约一里长的断壁悬崖尽头。日军继续攻击已经放弃抵抗的清兵，约五百清兵被赶下悬崖。照片背景中有坠入悬崖十数日的清兵尸体。

树山至白玉山的清军也勇猛阻击日军第三联队的进攻。苦战中的日军调集野战炮兵火力朝清军堡垒群阵地炮击，一时间双方枪炮战激烈。突然，武库附近冲出清军二百余骑兵和二百步兵企图增援毅字军，途中受到日军猛烈阻击将队伍冲散，溃兵向旅顺市街方向逃去。日军攻势凶猛很快瓦解了清军的防御阵地，第二、第三联队先后占领清军放弃的东鸡冠山、小坡山、大坡山、蟠桃山、北山5座炮台。4时50分，清军又陆续放弃黄金山、东人字墙、摸珠礁炮台和马家屯兵营，向老铁山方向逃去。部分清兵乘民船从海上出逃，遭到联合舰队的海上堵截，被迫返回陆地逃生。许多兵勇脱掉军服换上事先准备的百姓服，消失在街道民巷之中。各路将军无法控制大军崩溃局面，姜、徐、程、张诸将也混杂在败退兵潮群中逃亡。途中清军连续遭遇日军阻击，两军发生多次拉锯突围战，22日旅顺溃军突破金州防线与宋庆军合流。旅顺西面的部分清军守兵，当夜沿西海岸躲过日军封锁线也成功突围。

宋庆军败退鸭绿江一线后，10 月 29 日率部队从凤凰城退至摩天岭。11 月 7 日进攻海城期间，接到李鸿章火速增援旅顺口的命令。20 日，刘盛林铭字军与宋庆军在金州北四十里堡会合。21 日，受到石门子、三十里台子日军前哨兵阻击。宋庆统领各路清军大举反攻金州城，宋庆军中路、刘盛林军左翼、马玉昆军右翼，从早晨至日落攻城不下。鸭绿江战斗由于清军不战而逃，全部大炮辎重被丢弃，失去了攻城必需的炮兵火力。无炮攻城的清军不断受到城内日军大炮的轰击，清军伤亡惨重。当夜，各路清军退至四十里堡，遇上许多从旅顺溃退下来的败兵，方知旅顺失陷在即。清军各路军马连连败战令宋庆战意丧失，只能先撤向安全地带，修整部队以期再战。22 日，从旅顺溃退下来的诸将与宋庆军合流，一同向盖平方向退去。

旅顺海防战

10 月 24 日，联合舰队协助第二军完成花园口登陆作战，舰队奉命进入渤海湾寻找清国舰队决战。11 月 14 日，得到北洋舰队主力驶入威海卫港湾内按兵不动的情报，联合舰队伊东司令官下达引诱湾内的清国舰队出港，在外海决战的作战指令。15 日下午 4 时，舰队主力战舰，第一、第二游击队及 6 艘水雷艇、1 艘供给舰近江丸前往威海卫。16 日，舰队在威海卫军港外 20 海里处停泊，第一游击队在军港附近游弋诱敌。清国北洋舰队旗舰定远号及随同 11 艘战舰，发现日舰

1.6.29　11 月 21 日旅顺口仅一日之战，号称远东的第一要塞的重镇便落入敌手。清军统领无法控制属下大军崩溃的局面，姜、徐、程、张诸将也混杂在败兵群中逃亡。在日军的追击下，清军朝金州方向败走。此图是西洋记者描绘的旅顺清军败走图。

1.6.30　日军占领旅顺后，鱼雷局被海军接管，在鱼雷仓库内发现清军丢弃的成品鱼雷。按照当时国际武器水平评估，清军的鱼雷制造设备和技术已经进入近代化的行列。后来，日舰在威海卫击沉清国主力舰定远号的鱼雷与此系相同型号。

1.6.31　旅顺口陷落后，日军在市内展开了三日大虐杀。图为旅顺大虐杀的 11 月 23 日，日军在旅顺造船厂大船坞举行祝宴的情形，庆贺占领远东第一要塞。

队迫近立即改变锚地，驶进刘公岛背面避敌。日舰队在威海卫湾巡航一夜，水雷艇甚至冒着被岸炮攻击的危险接近港口，清舰也不予理会。17 日，伊东再命诱敌出港，用无战力的运输母舰做诱饵引诱北洋舰队出湾作战，然而北洋水师提督丁汝昌战意全无，命令所有战舰守在港湾内拒不出战。11 月 19 日，旅顺口战斗迫在眉睫，第二军大山司令官给海军伊东司令官送达书简，传达陆军将于 21 日发起总攻的决定，请求联合舰队协力作战。伊东司令官命令留下两舰继续监视清国舰队，其余主力战舰立即赶往旅顺湾协同陆军联合作战。21 日上午 7 时，舰队驶入旅顺湾，在沿岸海面往复巡航，向老铁山、黄金山、摸珠礁、唠律咀各炮台开炮，牵制清军炮台火力，唠律咀炮台向敌舰开炮应战，双方岸舰炮火对射。下午 1 时，日舰发现唠律咀炮台东方海岸集聚了大量从东鸡冠山诸炮台溃退下来的散兵，立

1.7.01 1月20日，联合舰队汇集荣城湾龙睡澳，实施山东战区摧毁北洋舰队作战。登陆作业分四次输送部队登陆。1月的山东半岛，已经白雪皑皑，寒风凛冽，气温降至零下。

即接近海岸向清军开炮。遭到日舰炮轰的清军部队转向大连湾方向溃逃。此时在"鸟海"号军舰上，海军会见了陆军司令官派来的特使，报知第二军已经攻陷旅顺口北面防线，目前正在接近敌炮台阵地围歼清军，请求海军中止炮击以免误伤。由于联合舰队的协力出击，为陆军进攻旅顺防线创造了有利条件，联合舰队完成了牵制海岸诸炮台清军的作战计划。

11月21日的旅顺攻防战于当日太阳落山前结束，旅顺要塞完全被日军占领。22日，日军清理战场，第二军工兵部队拆除敷设在旅顺湾内的全部水雷，为日舰队提供了安全入港的通道。24日，伊东司令官率领舰队驶入清国旅顺口军港，第二军向海军移交了缴获的清军造船所、兵器工厂、水雷营、诸仓库、诸材料、船舶等一切海军军事设施。日军实现了夺取东方战略要塞旅顺的愿望，为直隶作战打下了基础。

旅顺之战，日军战死40人，负伤241人，下落不明7人；消耗榴弹247发、榴霰弹1,526发，枪弹179,562发；缴获清军枪械1,650支，以及旅顺口全部炮台设施和炮械、弹药。

1.7 威海卫作战

1894年12月7日，联合舰队司令官和第二军司令官给大本营发出联名电报："期待的直隶作战，因为天气原因出现诸多困难。目前金州半岛的气温已经降到零下七、八度，人马冻死者不断。直隶地方的寒冷超出了预期估计，现在即使是晴朗天气，结冻的渤海湾和刺骨寒风也不适宜登陆作战。大本营如果希望继续实施作战计划，可以先发兵山东半岛，海陆两军合力夹击北洋水师，全歼清国海上军力乃上策。"
伊藤首相不扩大战争的意见和军方作战的实际态势不谋而合，大本营下达侦查威
海卫作战条件的命令，同时发布了进攻山东半岛的军事动员令。

清军在山东半岛防御

　　清日两国开战初期，山东省驻在的清军兵力，步兵约40营、骑兵8营、水雷
营2营。具体配属，威海卫附近，绥字军4营、巩字军4营、水雷营2营；刘公
岛北洋护卫军2营；芝罘嵩武军4营；登州嵩武军1营，登营练军2营；胶州湾
附近嵩武军5营、青州驻防步队1营、马队1营；济南地方嵩武军4营，济字前
营1营、泰靖营2营、靖健营2营、抚济营马队1营、武定附近精健营1营；衮
州地方济字营2营、刑字营1营、精健营马队1营，衮州所在马队1营、济字营1营；
曹州地方山东步队练军3营、济字营马队1营、松字营马队1营；沂州附近新健
营马队1营。山东巡抚福润为加强防卫向朝廷请求，又获得4个炮兵营、大炮36
门的编制。威海卫军港的防卫由统领道员戴宗骞负责，率4个营防守北岸；总兵
刘超佩率巩字军4个营守卫南岸；总兵张文宣率2个营担任军港防务守护刘公岛。
上述各建制均直属北洋大臣李鸿章指挥。

　　1894年7月，朝鲜战事爆发，提督叶志超请求援军时，李鸿章欲抽调威海卫
绥、巩两军1,000人步队增援，被威海卫陆军统领戴宗骞拒绝。为加强威海卫防
务，巡抚福润向朝廷征得募兵许可，征募新兵步队4营，并在沿海十余州县张榜
檄文，组织渔民团警备海岸。9月平壤陷落、黄海海战战败，清国对山东防区的
防卫兼顾不暇，把准备驻屯威海卫的湖南巡抚吴大澂率领的4个湘军营调往山海

1.7.02 龙睡澳登陆的日军部队向威海卫方向挺进。湾内部分地段已经封冻，人马可以在冰面上通行。图中部队是后续的司令部序列，正在向荣城开进。

关。9月下旬，福润的后任李秉衡受命率曹州地方步队4营、马队2营驻防天津。11月中旬，驻防威海卫的绥、巩两军听说鸭绿江、金州陆续失陷的消息，斗志沮丧、军纪混乱。绥字军三营兵勇，因军饷和给养问题引发骚乱险些酿成军变。戴宗骞唯恐闹事波及其他军营，千方百计调来军饷，先期支付军粮军饷，同时制定悬赏规则安抚兵心，把事件平息了下去。12月7日李鸿章电报，要求威海卫诸将构筑御敌工事，请求军务处调集湖北的凯字军增援。由于清军连败的消息传遍山东各地，李秉衡募集新兵的工作遇到困难，自愿应募者非常少。戴宗骞在军港北岸、柏顶炮台、田村附近增添20门大炮加强防御力量，而荣城方面的防御却没有引起足够的重视。日本军舰连日来进入荣城湾龙睡澳一带侦查登陆地点，暴露了日军登陆作战的企图。李秉衡命令济字右营、靖健前营、泰靖左营、河成左营在荣城和里岛一带布防，防止日军在该地点登陆。

日军在山东半岛攻势

12月16日，大本营任命大山第二军司令官为山东战区长官，广岛待命的第二师团和警备九州的第六师团的半个师团编入第二军，担任威海卫作战任务。联合舰队司令官负责护送第二军兵团登陆和摧毁清国舰队。为了保证舰船的作战效能，舰底部必须定期去除贝壳等杂物，换漆维修。伊东司令官决定联合舰队诸舰一面监视清国舰队，一面轮换返回国内船坞维修作业，同时抢修遭到清军破坏漏水的旅顺港船坞，命令舰队必须在12月末完成战斗集结准备。12月22日至26日，陆军和海军各派遣将校参谋团，乘"高千穗"舰进入荣城湾的龙睡澳周边，侦查测量登陆地形，调查作战条件。结果发现登陆地龙睡澳不同于花园口，无法通行

1.7.03　清国北洋舰队在荣城设置的灯塔。灯塔光信号引导清国舰船安全航行，是清国海军的重要装备。荣城湾登陆作战的日军，首先夺取灯塔，引导日舰航向。

1.7.04 陷落后的威海卫杨峰岭炮台阵地远眺，炮台气势雄伟壮观。穹窨式炮台（地阱式炮台）建筑雄伟，内部装备岸对舰穹窨炮。山丘上是大口径炮兵阵地，能望见竖立的大炮筒。

车辆，请求大本营征用军夫，并增添大量登陆物资。根据山东半岛的地形，陆军参谋建议增加两个9厘米臼炮中队。28日侦查探知，山东省全域驻屯的清军兵力增加到54营17,195人，其中威海卫和刘公岛10营、周边8营，合计7,711人。芝罘防御兵力5营2,524人，而且山东各地的清军仍然继续向威海卫一线集结。

1895年1月16日，日军第二师团和第六师团陆续抵达旅顺半岛，山东半岛作战部队的征前准备就绪。输送第二、第六师团前往威海卫，由44艘舰船分三次完成。16日，联合舰队派遣"八重山"、"爱宕"、"摩耶"、"磐城"舰，搭乘海军陆战队和第一野战电信队，于凌晨4时提前进入龙睡澳湾内，换乘3艘小艇登岸执行侦察敌情和切断清军电报线的任务。6时40分，小分队到达落凤岗村西北约400米湾头，突然遭到陆上数队清军的射击，小分队立即施放撤退信号弹紧急退回舰上。日舰向清军阵地开炮，清军兵勇三三两两从阵地脱逃。陆战队再次登陆落凤岗村，清军稍作抵抗便丢弃阵地向玉皇庙方向逃去，附近友军见落凤岗村的守军败退也弃阵而逃。7时许，海军陆战队占领了落凤岗村，电信队占领了成山角灯台和电信局。8时，输送船队陆续驶入龙睡澳湾，联合舰队在湾外警戒，陆军开始登陆作业。上午9时，威海卫下起大雪，道路被雪覆盖。傍晚时分，强风席卷雪花，直到晚上9时左右部队才到达荣城。26日，主力部队按原定方案分三次海上输送，完成了荣城湾的登陆计划。

威海卫陆战

1月25日，第二军司令官上陆进入荣城县，26日下达进攻威海卫的命令。但雪地行军，部队行动缓慢，辎重运输尤为困难重重。次日黎明，北阜和孟家庄附近高地的清军炮兵，向占领牙格庄的日军前卫部队猛烈炮击。日军二大队反击，清军一时向西面退却。午后，清军大部队袭来，倚仗猛烈炮火支援，步兵1,200人挥舞大旗在锣鼓声的壮势下，向北阜十家河日军阵地杀去。另约300步兵进攻孟家庄至福禄庄之间的高地，又数百步兵向孟家庄北侧高地迂回。此时天降大雪，清日双方展开了激烈的阵地枪炮战。进攻的清兵在雪地里身影暴露无法隐藏，有助日军照准射击，迫使清军退却。28日，日军向前推进，左纵队和右纵队分别占领鲍家村、江家口，后续增援大队也相继到达。29日，日军侦查报告，清军在温泉汤西北高地和百尺崖西南高地设有布防。30日上午7时，日军右翼部队向杨峰岭炮台炮击，大寺少将左翼部队进攻清军摩天岭炮台，遭到清军炮台重炮反击，炮弹在双方阵地隆隆爆炸。可是清军大炮的弹着点大部越过日军序列落在后方，伤敌率微乎其微。8时25分，左翼部队向摩天岭炮台和西方堡垒发起冲锋，清兵奋力射击抵抗，港内清军炮舰和日岛炮台也集中火力猛烈轰击。日军进攻受挫折，士兵死伤数上升，大寺少将被清舰弹片命中负伤，2月9日不治而死。日军工兵冒死冲入炮台近前，用炸药炸开炮台一角突入炮台，清军阵营大乱，兵勇纷纷向杨峰岭炮台方向逃去。8时30分，日军占领摩天岭炮台，9时30分，占领鹿角嘴和龙庙嘴炮台。日军炮兵用缴获清军炮台的大炮轰击杨峰岭炮台，炮台火药库被命中发生大爆炸，守兵顿时大乱，向凤林集北方海岸逃走。日军追赶清溃逃兵，北洋战舰急速驶近岸边炮击日军追兵，迫其退回凤林集。12时20分，日军右翼部队先后占领杨峰岭、赵北嘴炮台和巩军右营。左纵队与虎山北高地清军交战，占领了凤林集东南一线阵地和南岸堡垒群阵地，当日战斗中日军阵亡25人。

清军南岸堡垒群阵地，正面配备重炮4门、轻炮28门、步兵4营；侧翼凤林集东南一线高地的南北虎口和虎山，配置步兵4营、野炮3门、山炮10门。在海岸炮台、日岛炮台、刘公岛炮台、北洋战舰的炮火轰击下，清军给日军造成较大伤亡。清军虽然占有优势地形，可是兵勇御敌胆怯，斗志低下，终于不敌日军攻势。清兵丢弃南岸附近堡垒群阵地逃走，日军趁势占领了保卫北洋军港的南岸防御阵地。南岸攻坚战，日军战死54人、负伤152人。清军死伤确切数字不明，第六师团清理战场时，埋葬清兵尸体740具，其他部队清理数不详。消耗榴弹245发、榴霰弹1,074发，步枪子弹84,483发。缴获清军装备，山炮13门、南岸堡垒群阵地和大量遗弃的枪支弹药。

清军南岸防线阵地的丢失给北洋水师带来极大威胁，清舰完全暴露在被日军占领的炮台阵地射程之内。清军日岛、刘公岛、北岸诸炮台进入最高警戒状态，一旦日军部队靠近海面立即炮击。30日晚8时，大山第二司令官下达攻击准备命令，

1.7.05 威海卫黄岛炮台，位于威海湾北口南侧，与刘公岛相连，岛岸线长一里半余，岛高12米。黄岛炮台装备24厘米大口径炮，对日舰接近威海卫港北口起到威慑作用。

1.7.06 威海卫北山嘴炮台，位于威海卫东端，炮台分三层。图中下层部分是兵营，与港湾相连，筑有碉堡楼式建筑。北山嘴炮台是阻止敌军进入港湾的重要防御阵地。对面岛屿是刘公岛。

1.7.07 日岛炮台在刘公岛和威海卫港湾入口中间，战略位置极其重要。日岛炮台火力十分强大，迫使日舰无法接近刘公岛，成为日军炮击的主要目标。2月7日，日军用缴获的清军炮台和联合舰队所有火力轰击日岛炮台，使其彻底瘫痪。

1.7.08　在当地人引导下，日军查看赵北嘴炮台现场。清军守军遁退时，对炮台设施实行了全面破坏。图中右侧是两门28厘米大口径巨炮，其余是24厘米口径大炮。

1.7.09　龙庙嘴炮台是日军进入威海卫港的主要夺取目标。在龙庙嘴火力配置上，海军丁汝昌与陆军戴宗骞曾有争执。图中是被日军炮火摧毁的龙庙嘴炮台，已经失去了往日的雄姿。

1.7.10　威海卫西岸祭祀台炮台的北方高地背面部分场景。中央门口左侧电线杆旁边的道路通往黄土崖北山嘴方向。左侧山坡上有13个堡垒式兵营入口，兵营左侧是用土袋筑起的胸墙，通向山顶，右侧阶梯通向祭祀台炮台。

1.7.11　陷落后的威海祭祀炮台，主炮台阵地废墟是清军在遁退时，实施的自主性爆炸破坏。右端上堤下方有连接地雷的导火索线。照片左侧是巨形土袋和穿钉板防御壁障材。

1.7.12　威海卫战斗中，港东岸龙庙嘴炮台遭受日军炮火重创。道路附近废墟中，散乱着许多清国士兵的尸体，惨状令人颤栗。尸体表面创伤，多是枪炮伤和烧伤。

第二师团前卫于 31 日上午 8 时从宋家洼出发，在长峰寨西方高地附近击退了清军守军。31 日夜，司令官下达翌日向羊亭集和曲家河进军的命令，2 月 1 日，羊亭集附近日军与孙家滩至港南村一线清军交火，清军 6 门大炮轰击日军，陷阵的日军 9 人战死。日兵冒死接近清军阵地，大炮失去了攻击力，清军见突至近前的日军，立即退出阵地向芝罘方向遁逃，羊亭集被日军占领。

　　2 日凌晨 2 时，第二师团从羊亭集出发，奇袭威海卫，到达田村东北高地清军堡垒群时，清军已经弃阵逃跑，空无一人，9 时 30 分，日军在无任何抵抗下进入了威海卫重镇。威海卫的失陷使清军舰队一侧完全暴露在日军攻击的视野之下，深处危机的清舰频频接近岸边，用舰炮阻击日军占领威海卫城。10 时 30 分，前卫司令官贞爱亲王命令向北面纵深方向移动，占领北岸全部炮台，扫清护卫清舰队的所有陆上障碍。1 时 50 分，日军从黄家沟北海岸迂回至北岸诸炮台附近，

1.7.13 威海卫港西岸黄土崖炮台阵地的狼藉景象，2 门 21 厘米口径克式大炮，在清军逃离时自爆破坏。中央远景建筑是水雷营，右方高地是北山嘴炮台。

1.7.14 驻守威海卫摩天岭阵地的清军一时勇战，日军大寺少将在进攻战斗中阵亡。图为被清军丢弃的东岸摩天岭陆战堡垒阵地，9 厘米克式野炮合计 8 门。

发现炮台清军已经逃走不知去向，日军占领神道口新兵营、九峰顶炮台、遥瞭墩炮台。晚 8 时，日军又攻取北山嘴炮台、柏顶炮台。至此，威海卫陆岸防线彻底崩溃。

1 月 20 日清晨，驻防威海卫的清军报告，日军在荣城湾大举登陆，已经占领了成山角灯台和电报局。朝廷此时才恍然大悟，后悔无谋抽调兵力北上忽略了山东防务。朝廷下令遣清江驻军李占春 15 营、徐州陈凤楼 5 营、沂州丁槐 5 营急速赶往威海卫救援。24 日，丁汝昌视察南北炮台防务，发现日岛炮台甚至没有配置指挥官，海岸炮台守军只有重炮没有配备枪支，敌陆军若进攻炮台根本无法自卫防身。一旦炮台落入敌手，大炮就会变成敌军攻击北洋舰队的武器。丁汝昌与刘超佩商议，先把龙庙嘴炮台大炮的闭锁器卸下隐藏起来，即使日军夺取炮台也无法利用这些大炮。陆军总指挥官戴宗骞得知此事勃然大怒，25 日命令将闭锁器恢复炮身，同时给李鸿章发电报，状告丁汝昌无根无据擅自行事，要求今后陆地上的防御，北洋水师一律不得干涉。26 日，桥头集陆续集结的清军达 14 营，与不断登陆增强的日军形成对垒态势。驻扎在酒馆集驻在的孙万林率三个营向桥头集进发，绥军刘树德率三个营侧援，南岸堡垒群守卫巩军三个营沿荣城海岸北路后进，驻守芝罘的总兵孙金彪率嵩武军的福字营、东字营前往宁海方向阻击登岸之敌。孙万林组织大队向日军发动两次进攻，每次前面的兵勇被击退，后面大队就即刻溃散，无奈大队只能返回防御阵地。27 日，孙万林得知刘树德前夜遁退温泉汤，阎得胜部也退往草庙集，陷入孤立的孙万林战意顿失，率队撤离阵地而去。30 日，日军南北两路夹击南岸堡垒阵地，戴宗骞、李秉衡弱气抗敌，龙庙嘴、鹿角嘴炮台相继失陷，戴、李二人逃往北岸炮台。结果丁汝昌担心的事情最终发生，炮台阵地的一些大炮闭锁器因来不及拆卸藏匿，成为日军毁灭北洋水师的利器。

港湾攻坚战

威海卫失陷，日军占领了港湾周边炮台。北洋舰队尽管冒险接近岸边，用舰炮攻击日军支援陆军作战，可是保卫舰队的防军丢下北洋舰队纷纷向芝罘方面遁逃。日军威海卫陆地作战的同时，联合舰队的舰炮火力猛烈轰击清军南岸炮台阵地支援地面攻势，战舰在港外配置围堵阵势，防止清舰夺路逃走。联合舰队担心北洋舰队一旦逃走与南洋舰队会合，仍将会成为日本舰队的心腹大患。2 月 1 日，天气恶化，暴风雨和冰雪使甲板和大炮结冰，战舰失去了正常的战斗机能。2 日，天气恢复平静，战舰稍微接近港湾就会立即遭到清军舰队、日岛、刘公岛炮台的猛烈轰击。大山司令官决定用缴获的清军炮台大炮攻击清舰，但是许多炮械在清

1.7.15　东岸鹿角嘴炮台陷落后，北洋水师为阻止日军利用炮台炮攻击湾内清舰，定远舰随即开炮，摧毁了鹿角嘴炮台阵地的大炮。图为 24 厘米口径克式大炮的炮身被炸断的场景。

军逃跑时被破坏，大山请求海军派炮械师急速前来，协助修复炮具。

2月3日晨，伊东司令官率领联合舰队进入威海卫军港东口附近，被设置在湾外的钢索栅栏挡住通路。栅栏为方柱或圆柱，每根长 3.6 米，直径 30 厘米，柱和柱之间用三根钢索连接，漂浮在海面，每十根栅栏系在一挺锚链上，深入海底。4 日，伊东司令官下令夜袭湾内北洋舰队，命令鱼雷艇队潜入湾内攻击清舰。第一鱼雷队 6 艘、第二队 6 艘、第三队 3 艘参加作战。5 日凌晨 3 时 20 分，两队鱼雷艇趁月光从被风浪破坏的钢索栅栏缝隙中通过，其中 3 艘艇在港外受阻，通过失败。进入湾内的鱼雷艇被清军发现，立刻遭到猛烈炮击，致使 2 艇负伤，第三鱼雷艇队在猛烈炮火阻击下冲入湾内，寻找停泊在湾内的清国军舰。混乱中 9 号艇单独冒进，只身陷入清舰群中也不知晓，猛然间在 200 米前方出现两条巨舰，艇长即刻命令发射鱼雷 2 枚。暴露在探照灯下的 9 号艇的气罐被清军炮火命中负伤沉没，同时 8 号艇、14 号艇触礁搁浅，艇员被救助撤退。夜袭战中 22 号艇发射鱼雷 3 枚、5 号艇发射鱼雷 2 枚、10 号艇发射鱼雷 1 枚。翌日清晨，日军在陆上观测到"定远"舰中部大破仍然浮在海面，午后，定远旗舰在浅滩搁浅，舰身已经进水倾斜，确认了前夜鱼雷艇夜袭的战果。6 日凌晨 4 时，伊东司令官再次下达鱼雷艇袭击湾内清舰的命令，海面清军探照灯交叉照射，偶尔发射冷炮警戒日舰偷袭。紧张情势中，23 号鱼雷艇贸然撞向漂浮的木柱，无意中竟跳过浮材。随后小鹰号、13 号、11 号艇也照样越过栅栏潜入湾内，4 艘鱼雷艇摆出攻击队形向清舰冲去。在接近清舰 400 米时被清军发现，立刻受到清军各方向炮火的猛烈攻击。日舰立即向清舰发射鱼雷，23 号艇发射 2 枚、小鹰号发射 3 枚、11 号艇发射 2 枚，然后迅速从湾内退出返回阴山口。清晨，日军侦查报告，北洋舰队来远、

1.7.16 黄泥崖炮台阵地遭到日军炮火的攻击，炮台陷落后，北洋水师舰炮又进一步摧毁了炮台。炮台阵地一片狼藉，数门大炮的炮筒折断，日军无法利用清军大炮实施作战。

1.7.17　2 月 9 日，占领北山嘴西高地的日军向清舰开炮，清舰同时与日舰对射。刘公岛前左侧舰是镇远舰，其右济远舰，右端吐黑烟的是 4 艘炮舰，旁边是平远舰。

威远、水雷敷设艇共三舰被鱼雷击沉，判明夜间袭击取得成功。

2 月 7 日，联合舰队派遣的炮械技师修复了赵北嘴、谢家所炮台的重炮。上午 7 时 30 分，日军陆上和海上同时向清军发动总攻击。联合舰队 23 艘军舰一齐向日岛和刘公岛炮台轰击，守军大炮和弹药库被弹爆炸。数日来一直威胁日军的独立于湾中的日岛炮台，在群炮攻击下沉默。炮击战中清军 9 艘鱼雷艇突然从港湾西口鱼贯而出，在"吉野"等舰追击围堵下多数搁浅被俘，只有一艘成功逃走，北洋舰队鱼雷艇全部被歼。8 日，联合舰队炮击刘公岛东南端炮台，鹿角嘴炮台炮击刘公岛西北端炮台，南岸诸炮台一齐向刘公岛湾内开炮。北洋水师战舰在湾内四处躲避，被动挨打全无招架之力，9 时 30 分，靖远舰中弹沉没。10 日，军司令部收到最新情报，李鸿章部下张将军率军 6,000 正在赶往威海卫，山东巡抚李将军率领步兵 10,000、骑兵 3,000、炮 16 门正在接近威海卫。伊东司令官命令，炮击攻势昼夜不得间断，不给清军以喘息之机。日军强大攻势下，迫使海陆清军士气完全丧失，内部上下发生严重的降敌骚动。2 月 12 日，清国水师派遣代表程璧光前往日舰交涉投降事宜，当夜水师提督丁汝昌、定远舰管带刘步蟾、刘公岛陆兵指挥官张文宣先后自杀。13 日、14 日，两军代表继续谈判达成降服协议。17 日，联合舰队伊东司令长官和清国威海卫道台牛昶昞在《降服规约书》上签字落印，清日双方即日履行交接降舰和港口规约。日军经由陆路释放清军降兵 3,000 名，经由海陆释放降兵千余人，其中包括清国海军将校和雇用外国人等。至此威海卫保卫战落下帷幕。

附《俘将蔡廷干审讯录》

2 月 7 日 7 时 30 分，日本陆海军同时向刘公岛发起总攻。北洋水师在密集炮

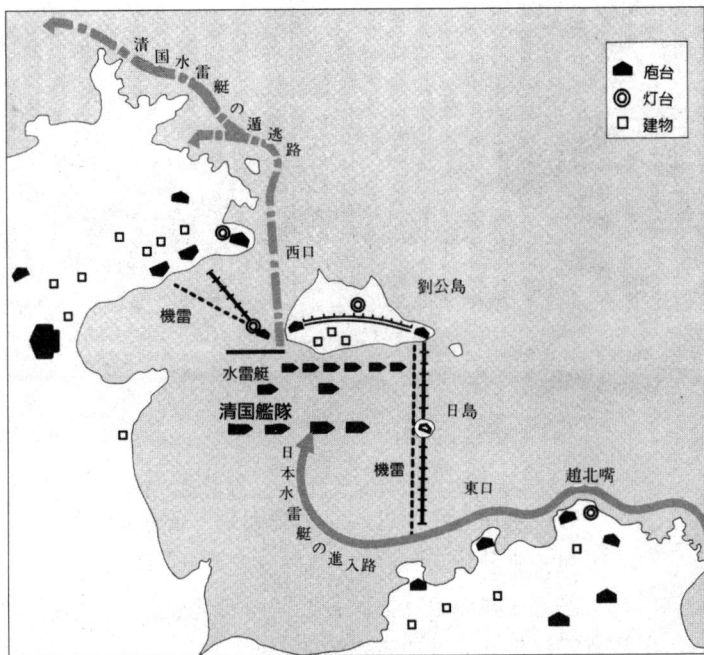

1.7.18　日军威海卫湾作战示意图。清军在东口和西口设置漂浮障碍栅栏，栅栏后敷设水雷。刘公岛和威海卫港湾中间的日岛是阻止联合舰队的主力屏障。2 月 5 日和 6 日，日军鱼雷艇两次迂回东口潜入湾内对清国舰队实施奇袭攻击。2 月 7 日北洋水师 9 艘鱼雷艇从西口狭缝出逃，遭到日舰拦截，仅一艘鱼雷艇逃脱成功。

火攻击下处于极其危险的境地，8 时 30 分许，清军 9 艘鱼雷艇突然从西口鱼贯而出。日舰以为北洋水师发起鱼雷决死攻击战，迅速向远岸退避，不久发现清舰鱼雷艇没有攻击意图，而是沿着海岸全速向西驶去。日舰判定敌鱼雷艇是在逃跑，第一游击队立即以最快航速追去。清舰速力不及日舰，慌乱中鱼雷艇相继触礁搁浅被日舰俘获，只有"左队一号"侥幸逃离围捕驶回芝罘。黄海海战攻击西京丸的清国鱼雷艇"福龙号"乘员全体被俘，管带蔡廷干负伤，作为上等军官受到严格审讯。

日本防卫省防卫研究所保存当时的审讯笔录，《水雷艇福龙号管带蔡廷干询问问答书》抄录如下。

文件：陆参第 218 号（秘）字

时间：明治二十八年二月十五日（1895 年 2 月 15 日）

被审者：蔡廷干　籍贯：广东人　年龄：35 岁

审问者：上席海军参谋官神尾陆军中佐

《第一回审讯笔录》

问：现在有关贵国军队的事情进行讯问，汝不得隐瞒。

答：承知。

问：汝何时开始参与舰队战斗的？

1.7.19 小鹰号鱼雷艇是日军联合舰队的主力鱼雷艇，英国制造，排水量203吨，长50米，1,217马力，巡航速度18节，速射炮2门，鱼雷发射管4具。2月5日参加了奇袭刘公岛北洋舰队的行动。

答：余在六年前进入海军舰编制，曾在定远舰和威远舰上服役。

问：旅顺攻击时汝在何舰？

答：在威海卫"福龙号"鱼雷艇任职。

问：现刘公岛守备官为何人？

答：张文宣统领。

问：刘超佩现在何干？

答：本月5日负伤，现在刘公岛。

问：戴宗骞现如何？

答：两三日前服鸦片自杀。

问：丁汝昌现如何？

答：现在镇远舰上。

问：镇远舰还可以航行吗？

答：数日前触礁，但还可以航行。

问：威海卫港内共有多少艘鱼雷艇？

答：12艘。

问：本日在受到我舰队炮击时，鱼雷艇在做什么？

答：皆遁出港外，但据余所见，其中6艘被"吉野"舰追散，其他向西方逃走。

问：现威海卫港内还有几艘军舰，其舰名和舰长名叫什么？

答：镇远舰长杨（名字不详）、靖远舰长叶祖圭、平远舰长李和、广丙舰长程璧光、济远舰长林国祥，外加炮舰6艘。

问：刘公岛内现有多少陆兵？

答：实数不清，约有两三千人。

1.7.20 2月4日夜北洋水师旗舰定远号在刘公岛南滩，遭到日本鱼雷艇袭击，鱼雷击中定远左舷重伤。提督丁汝昌命定远舰行至浅滩，继续用舰炮与被占领的炮台日军对射，最终自爆沉没。

问：岛内存储有多少粮草？

答：四五个月的用量。

问：刘公岛陆上炮台及各舰备炮还有多少弹药？

答：实数不详，但每炮应该有 300 至 500 发。

问：日本军及联合舰队进攻威海卫以来，鱼雷艇都接受了什么任务？

答：只限防卫。

问：日前舰队和鱼雷艇是否曾考虑向港外突围？

答：曾经有过突围的考虑。

问：阳历 2 日，我陆兵占领威海卫时，沿岸的小帆船为何烧毁？

答：据余判断，大概是丁汝昌的命令。

问：前夜清舰 3 艘被击沉以来，鱼雷艇接受了什么任务？

答：只是防卫。

问：今晨受到炮击时，鱼雷艇向港外突围时接到怎样的命令？

答：得到丁汝昌的命令，若见到日本舰队就击沉它。

问：身负击沉敌舰的使命，为何不履行职责逃走？

答：因为"吉野"舰发现了我艇，袭击目的已经无法达成，不逃走就会被击沉。

问：是逃走还是准备再度返回港内？

答：我鱼雷艇速力 18 节，不敌贵国军舰速力，故没有再度返回的考虑。"福龙"在"吉野"的追击中，螺旋桨损坏无法自由航行，余等在弃舰上陆时被贵军捕获。

问：有降服的考虑吗？

答：否，不会降服。陆兵败战时，相互从来没有救援心，而我北洋舰队的军人绝

1.7.21　日舰水雷艇夜袭刘公岛湾时，清军陆基探照灯照射敌舰，引导岸炮打击敌舰，但也让敌舰发现了清舰的位置。图为被日军占领的刘公岛信号台和探照灯台。

不会有那样的情形。

问：眼下舰队的士气如何？

答：仍然坚持抗战。

问：丁汝昌是否下定决心，誓死决战到底？

答：上官已立下为国誓死而战的决心，否则早已逃走。

问：丁汝昌现在哪里？

答：丁提督依然在"镇远"舰上指挥作战。

问：陆兵不能相互救援而招致失败，没有其他原因吗？

答：太平时期不思军备，临战时新招兵丁首鼠两端乃败因。

问：有无从陆上（芝罘方向）派兵增援舰队，杀回威海卫之计划？

答：余不知是否有此计划。

问：刘公岛内有几名西洋人？

答：约七八名。

问：其担任什么职务？

答：英国人医师克鲁库、机械师哈瓦卢，德国人炮术教师斯库内鲁，此三人为刘公岛常驻外国人。另有英国人托马斯、美露司、玛库利阿，美国人哈布由，此四人为新募外国人，其他转来的外国人不详。

问：汝为何通晓西洋语？

答：1873 年赴美国留学，1881 年归国，在美国生活 9 年。

问：倘若将汝释放，还有再上鱼雷艇与我舰队对抗的考虑吗？

答：有。

1.7.22 威海卫水雷营是清军专门配置的布雷部队。清军水雷虽然阻止了大型日舰进入湾内，却没有阻止鱼雷艇的袭击。图为威海卫港西岸北山嘴水雷营被日军炮火摧毁的废墟。

备考：其他俘虏旁证，证明蔡廷干确系鱼雷艇"福龙号"艇长。

《第二回审讯笔录》

问：丁汝昌是否曾收到过日本军的书简？

答：有，丁汝昌开始以为是通牒，与左右言道"就让他们来杀吧！"。后来阅读中又沉默叹曰："诚感昔日之友谊，然报国之大义不能弃，余唯有一死以报朝廷。"

问：汝等以为投降日本军队会遭杀戮吗？

答：是的，据闻日本军在旅顺大开杀戒，对已经投降之清兵也悉数斩杀。

问：否！事实上完全相反，我军对投降者针对不同的身份地位给予相当的待遇。反而清军对日本军人施以惨无人道的杀害（审问官叙说金州清兵残酷分解日兵尸体事件）。

答：清国陆兵的作为可以想象，然我海军与陆军则完全不同。在我等之间的战斗中，曾捕获了贵军第9号鱼雷艇，发现机械师1名，火夫3名的尸体。对此我军特别制作棺椁，郑重其事地将他们埋葬在刘公岛。

问：鱼雷艇是怎样配置的？

答：左右两艇队各3艘，共计6艘。另外福建舰队1艘；旅顺水雷营2艘；"定远"、"镇远"配备4艘，鱼雷艇合计13艘。

问：英国人司令官马格禄（海军副提督）现在何处？

答：和丁汝昌同在镇远舰上。

问：帕威斯现在怎样？

1.7.23 日军鱼雷艇奇袭清舰成功，同时遭到清军炮台的打击，损失鱼雷艇3艘。图为从鹿角嘴炮台远望，沉没的日本第22号鱼雷艇。

答：海洋岛（黄海海战）的海战中阵亡。普雷斯密、斯库瓦尔、奥尔绍、约翰斯顿等人，在听到日本军荣城登陆的消息后，皆去了芝罘。

问：西洋人还有谁留下了？

答：刘公岛医院有多克托尔、克尔克哉；制造所哈瓦特；陆上炮台汤玛斯；其他新来的名字不详，不过每艘巡洋舰上都配备一名外国炮手。

问：现在刘公岛内陆兵有多少人？

答：约有两千至三千。

问：据悉刘公岛张统领麾下的护军只有三营，即千五百人左右，汝所说两千余人岂不有误？

答：如贵言所述三营护军千五百人，但二月初日又向刘公岛增兵约两营，故达到两千余兵。

问：威海卫北方海岸诸炮台，是陆兵遁退时破坏的？

答：否，陆兵败走时仓皇而逃，是丁汝昌命令水兵上岸破坏和炮轰炸毁的，防止日军利用此炮攻击我舰队。

蔡廷干拒不降伏日军，作为清军军官战俘被日军押送回本国，监禁在广岛俘虏营内。1895年3月13日《读卖新闻》发表"蔡廷干惜败"的文章，文中写道："无勇可怜可笑的数百清军俘虏中，仍然存在一两个有血有骨的硬汉子，他就是北洋水师水雷艇长蔡廷干。蔡氏眼下在广岛的俘虏营内呻吟，赋诗屈词宣泄军旅。一日以《叹北洋兵败》为题作诗一首，赋歌咏曰'渤海清兵势力微，日东军士向前驰，此败沙场君莫笑，他年再战决雄雌'。蔡氏之意气虽可敬可佩，然眼下毕竟乃我军阶下之囚是也。"

清日战争后，遣返清国的蔡廷干经历了辉煌的政军生涯，历任清国海军部军制司司长、民国海军中将、民国总统府副大礼官、中国红十字会副会长等职。以其较为深厚的中英文功底潜心读书习字、翻译书籍，并在清华大学、燕京大学教授中国文学。

1.8 辽河平原会战

缸瓦寨作战

宋庆军自败退鸭绿江后，一直在凤凰城、摩天岭、海城与日军周旋，11月7日接到李鸿章火速增援旅顺口的命令。20日，刘盛林铭字军与宋庆军在金州北会合，大举反攻金州城，从侧翼支援旅顺作战。至11月22日，宋庆军屡次反攻仍未能取金州又闻知旅顺失陷，大批从旅顺口败退下来的清军散兵被相继收容。27日，宋庆率军转往盖平与在营口登陆预计增援旅顺作战的嵩武军合流。

1.8.01　辽河平原会战图。清日战争，清日双方在辽东半岛分别投入2万作战部队在缸瓦寨、盖平、海城、营口、牛庄、田庄台间展开了激烈战斗。

宋庆整编当前各路部队，包括直属毅字军步队十营、刘盛休铭字军步队十一营二哨、章高元嵩武军步队八营、徐邦道拱卫军步队十一营、张光前亲庆军步队五营，合计四十五营二哨。12月11日宋庆闻探报，日军正在向海城方向移动，随即率领毅字军、铭字军从大石桥出发救援海城，途中得到报告，析木城和海城陷落，宋庆只好带领部队转向牛庄城。18日宋庆接军务处电报，"海城陷落对我军事上极为不利，尔与依克唐阿协商，组织现有兵力反击或实施防御策。"宋庆遵照军务处指示调集辽阳方面军，急赴缸瓦寨构筑临时工事准备迎击日军。同日刘盛休部已在缸瓦寨东面小树林构筑防御战壕，利用城东至南面的围墙作屏障，围墙上凿开很多射击枪口，配置大炮7门，形成一道坚固的防御工事。19日上午10时50分宋庆率毅字军抵达缸瓦寨附近准

1.8.02　日军第三师团和清将宋庆部投入约2万兵力，在缸瓦寨激战，死伤数百人。清军败战，宋庆率残部向田庄台遁退。图片上斜坡开阔地，是缸瓦寨战场的一部分。

1.8.03　牛庄外围的清军不敌日军攻势，被迫退往市街。不久市街被日军包围，清军失去了退路，迫使清兵与日兵拼杀。清日战争史上最惨烈的肉搏战，在牛庄市街展开。

备与铭字军汇合，突闻日军逼近缸瓦寨，宋庆立即命部队抢先进入缸瓦寨。午后1时30分日军进攻开始，经过数小时激战，刘盛休和宋庆的防线崩溃，败退的兵勇向营口方向逃去。当夜，宋庆收拾残兵，率部取道营口向田庄台转移。铭字军统领刘盛休在缸瓦寨战斗中作战勇猛、抗敌顽强，因不满宋庆防御战中见死不救不派军救援，一怒之下脱离部队而去，此后铭字军指挥由总兵姜桂题接任。

　　日军方面12月17日海城日军接到侦查报告，宋庆2万大军经盖平向海城逼近，企图收回海城失地。18日，日军到达缸瓦寨周边进入作战阵势，19日，晨田村少佐骑兵部队、第六旅团大岛少将部队、大迫少将部队、桂师团本队，在缸瓦寨附近的于官屯、东柳公屯、缸瓦寨、八里河子，与清军展开进入清国境内以来最激烈的一次战斗。日军第三师团参战兵力3,960人、山炮30门；清军刘盛休的铭字军十一营三哨，宋庆的毅字军十营，合计二十一营三哨，总兵力9,200人、山炮

1.8.04 清日两军牛庄街巷的战斗从上午 10 时持续到当日下午 5 时，约一万清军突出包围，溃向田庄台。市内留下两军累累尸体和残垣断壁的废墟，惨烈之状不堪忍睹。

野炮六、七门。清军占据马圈子等地的有利地形迎击日军，日军在三四十厘米深的积雪中艰难前进，向清军阵地进攻，没有隐蔽物的开阔地使得日军暴露在清军枪炮之下，死伤严重。下午 1 时 50 分，石田第四中队在距离清军三百米的位置，突然吹响冲锋号，全队一鼓作气冲入马圈子集落的清军阵地，五百余清军弃阵而逃。缸瓦寨东端清军阵地，在日军猛烈炮火攻击下仍然击溃敌数次进攻，清军炮兵火力有效阻止日军的前进，双方处于胶着状态难解难分。3 时 50 分，大岛少将命令第六中队迂回袭击清军炮兵侧翼阵地，遭到炮兵阵地内二百余清兵阻击，压制在松林墓地内。战斗持续到夕阳日落时分，正面进攻的日军被阻止在一千数百米的积雪开阔地内。下午 5 时 30 分日军发起全线冲锋，阵地四处响起军号声。面对日军突如其来的决死气势，清军毫无防备，防线顷刻崩溃，弃阵败退。傍晚 6 时日军师团司令部开进缸瓦寨镇，战斗中，日军战死 69 名、战伤 339 人；消耗弹药，枪弹 65,241 发、榴弹 273 发、榴霰弹 1,100 发。缸瓦寨战斗结束后，师团司令官担心海城防御空虚遭清军偷袭，不敢久留，6 时 30 分下达撤退命令，全军连夜让缸瓦寨，21 日上午 11 时 30 分回到海城。

盖平战斗

12 月 23 日，为夺回海城，宋庆军继续增加兵力，从三面包围海城，给日军施以压力。缸瓦寨之战日军虽然击溃清军，第三师团也受到较大伤亡，非战斗减员尤其严重。24 日第三师团军医部提交的战伤报告记载，日军自占领海城以来，战伤和疾病的减员使战斗力明显下降，桂师团长向第一军司令部请求增援，司令部命令桂军放弃海城向析木城方向撤退。桂师团长则坚持主张固守海城，并调入大孤山守备队支援海城,集中兵力抵御清军进攻。面对清军围困的不利局面,第一军司令部命令第三师团安东诸队支援海城,同时请求大本营调动旅顺作战的第二军前来救援。

当初,第一军司令官山县擅自发动海城攻略,违背了大本营直隶决战的战略意图。可是事已至此,当务之急必须尽快解救陷入苦境的第一军。已被变相解职返回广岛的前司令官山县极力游说大本营,大本营也认为若我军迫于清军攻势退出海城,会增长清军的气焰。若失去海城立足之地,在冰天寒地、给养不足的情况下,必定会招致更严重的后果。大本营最终同意了第一军请求第二军救援的要求,命令第二军派遣准备南征威海卫的乃木希典少将第一混成旅团前去救援,从南面进攻盖平,压迫围团海城的清军。

1895年1月3日,乃木团向盖平进发,行军途中历经艰辛,极度寒冷使将士冻死冻伤的情况严重,乃木司令官也冻坏双耳,以致耳廓变形,落下终身残疾。7日右翼支队到达莫家屯,前卫、本队、独立骑兵到达熊岳城,9日诸队进入战斗位置完成进攻前准备。8日夜第三师团门司大队派往盖平,从北面牵制清军,与乃木旅团形成南北夹击之势。乃木旅团有步兵六个大队、骑兵两个中队、工兵一个中队,野炮12门,总计5,500人。第三师团门司大队有步兵三个中队。

盖平方面的清军防御兵力由数路部队会合而成,统领章高元率领嵩武四营、广武二营、福字二营、炮队200名、炮四门;统领张光前率领淮军五营;统领徐邦道率领胡队三营,全体战斗兵员步、骑、炮兵合计约5,500人。最先到达盖平城的清军急速占据有利地形,在盖平东面的海山寨一线构筑防御阵地,以火力控制盖州河前方的开阔地。左翼在孤立的小山丘(塔山)构筑御阵地,其视野能有

1.8.05 海城是清日战争主战场之一。照片的一角透出古城宏大的气势。海城乃满洲富庶之地,民房多用上等砖瓦,建筑鳞次栉比,令日本人叹服赞绝。

效监视和控制进退之敌。9日到达前沿的乃木混成旅，侦知清军已经占据有利地形，决定利用夜行军避开平坦地带，突袭清军防御线。翌日早6时，清军和日军在祁家务交火，两军阵地炮火枪战异常猛烈，清军数百步枪火力一时压制日军的进攻。6时50分，清军不敌日军攻势，放弃祁家务退至西邵家屯附近树林继续抵抗。7时30分，西方龙王庙子的清军精锐600人部队，突袭日军第九、第十中队，日军死伤十多人。6时50分，日军小米寨北端的炮兵阵地，遭到清军炮兵的猛烈轰击。日军直到天明雾散才准确判断出清军炮兵阵地的位置，开始向清军炮兵阵地还击。7时10分，日军遭遇塔山和马圈子附近清军的顽强抵抗，7时50分日军相继占领塔山、邵家屯、盖州河左岸阵地，8时25分，攻入盖平城。北面牵制清军的第三师团门司大队，因不知乃木旅团夜袭行动，中午到达盖平城与乃木旅团会合时，战斗已经结束。日军盖平战斗目的达成，清军对海城的包围网被撕开，海城守军的压力一时得以缓解。盖平战斗，日军战死36人，战伤298人。消耗弹药，榴霰弹570发、枪弹121,579发。盖平之战，宋庆军向营口方向溃退，战斗中死者450人、马20匹、俘虏32人，丢弃大炮3门、枪械200支、子弹150箱。宋庆因作战不利，被军务处追究责任，降两级留任；徐邦道、章高元亦被革职留用。

海城攻防战

1月9日，两江总督刘坤一接替李鸿章主持对日作战。刘坤一命令黑龙江将军依克唐阿和吉林将军长顺，率兵两万增援宋庆军。依克唐阿率敌忾军步队四营；镇边军步队三营、马队八营；靖远新军步队二营、马队四营；斋字练军部队四营、马队二营；斋字新军马队三营；朝鲜边外志愿民兵团三营。长顺率靖边军步队

1.8.06 日军第三师团占领海城后由攻势转为守势，牵制清军主力，呼应第二军登陆作战。此后宋庆军发动了大小七次攻城战。图为日本守军在城中修整备战。

1.8.07　日军军纪井然。图为一支炮兵中队经过普兰店城镇时，在民宅附近休息的情形。严寒之中，士兵和军马都被安排在院外未入民家。

十一营、马队二营三哨、炮队二哨；吉字军步队八营、马队四营，合计五十九营。大队人马在汇集鞍山一带时得知盖平已被日军攻陷。1月13日长顺接到军务处电报，"盖平已失，牛庄、辽阳陷入危机。盛京乃清之圣地，务必坚守拒敌北上。"清国军务处期待渤海沿岸进入结冰期，依靠冰冻季节阻止日军从海路增兵，这段时间可将山海关和关内兵力调往辽东与日军决战。

　　1月17日宋庆率12,000清军向海城日军发动第一次进攻战。各路支队从北面和西南方向，组成扇面攻势包围海城，在城外围与7,800人的日军防御部队发生阵地攻防战。清军虽兵力数量占有优势，却士气低落，缺少战斗意志，发动之攻势对防守日军未构成威胁。下午4时半攻敌未果收兵退阵，战斗中清军毙敌13名。

　　1月22日山海关各路大军东进，此时军务处得到日军准备在山东荣城登陆的情报。刘坤一推断日军扩展山东战区必然分散和削弱辽东半岛的兵力，辽东防卫空虚，是清军夺回的人好时机。遂命令依克唐阿、长顺二将军掌握时机对日军发动攻势，同时命令牛庄守备总兵徐邦道、道台李光久协助作战。22日，辽阳长顺部、大富屯依克唐阿部、牛庄城徐邦道的拱卫军及李光久的老湘军，总兵力25,000人、炮16门，向海城日军发动第二回大规模进攻。攻势遭到日军顽强抵抗，清军无法攻克海城，再次被迫退兵。

　　2月10日，山海关出发的各路援军，先后到达田庄台。山海关援军与宋庆军、依克唐阿军、长顺军会合，于2月16日向日军发起第三轮进攻，决意夺回海城。此战清军投入兵力16,000人，海城日军守军5,800人，实力相差悬殊。徐庆璋率诸队从东北方向进攻析木城，拟断日军退路；依克唐阿军和长顺军协同牛庄两军从西北方向包围海城，宋庆主力攻击盖平方面日军。结果日军第七联队在双龙山

1.8.08 为解海城守军的压力，日军乃木旅团与清军在盖平发生激战。战后，被皑皑白雪覆盖的清兵尸体，被饥饿的野狗刨出，疯狂吞食。

设下埋伏，清军大队遭到突然袭击，损失惨重。欢喜山、菠萝堡子、唐王山的清军部队也遭到日军炮火猛烈轰击，清军攻势很快被日军瓦解。第三轮海城攻击战，清军未达成作战目的，退至海城附近的柳公屯、小马头、四台子、大富屯、沙河沿、头河堡一线。日军在清军第三轮攻势下战死 3 名。

2 月 21 日，清军发动第四轮海城作战，兵力增至 17,000 人、大炮 18 门，从三个方面向海城进击。海城日军炮兵和步兵用猛烈火力阻止了清军的进攻，激战中清军不敌日军，被迫撤退。此次作战日军战死 4 人。

2 月 24 日山地第一师团从辽南北上进攻营口，减缓了清军对海城的压力。日军在大平山、老爷庙、西七里沟与清军交战，激烈战斗一直持续到下午 5 时，日军突破清军阵地一角，致使清军防线迅速崩溃，败军向西溃退。当日战斗惨烈至极，日军十五联队二大队子弹用尽，急中用齐声高呼冲杀之声诈敌，清军误认敌援军到达，放弃阵地退缩溃逃。此战斗日军阵亡 57 人。

2 月 27 日清军从海城西面实施第五轮海城作战计划，结果再次被日军守城炮兵击退，日军无伤亡，清军行动失败。

自 1894 年 12 月 13 日第三师团占领海城至翌年 2 月 27 日，清日双方围绕海城展开了五次规模较大的攻防战。清军调动大军企图全歼辽东半岛日军主力，日军则固守海城以击退敌军为度，回避与清军决战拖住敌军。由于日军第一军第五师团分散守卫凤凰城以北至香炉沟岭一带占领地，无力增援海城的第三师团。清军的重围和攻势给海城日军造成战斗伤亡，士兵冻伤的非战斗减员非常严重。从整体上看，日军以数量劣势的兵力与清军周旋，在海城一线有效牵制了清国的作战主力，为确保第二军夺取威海卫，歼灭北洋水师提供了宝贵时间。1895 年 2

月 25 日结束山东作战的第二军迅速回师辽东半岛，协同第一军开始辽东战场的大会战。

辽河会战

清军发起五次海城攻势，均未达到重创日军主力的目的，只能暂时退至海城周边伺机再战。1895 年 2 月下旬，日军第一军野津司令长官为扭转清军频繁进攻的压力，请求大本营批准辽河反攻作战计划。大本营考虑未来直隶决战的总战略，最初否决了这一计划。但是在作战部队的强硬请求下，最终，大本营同意了打击辽东清军主力的作战方案。

1895 年 2 月 28 日，野津司令官命令驻守海城的第三师团和分散东部占领区的第五师团会师鞍山，两师团和第二军第一师团合力与牛庄、田庄台、营口的清军主力决战。第三师团海城突围反攻作战分三个步骤：（1）部队穿插西芝罘、沙河沿、大富屯一线清军防线，将敌势力分割为二；（2）左翼迂回攻击大富屯之敌；（3）右翼攻击西芝罘之敌。师团经辽阳向前挺进，最后与友军在鞍山汇合。2 月 28 日凌晨 4 时，第三师团趁夜幕出城，6 时，大岛旅团在西沙河沿受到清军强力阻击，双方激战。6 时 20 分，日军得到炮兵联队火力支援，清军退出沙河沿阵地，向白庙子方向遁退。7 时 20 分，日军攻陷清军白庙子阵地，占领东西长虎台、平耳房。7 时 35 分，大迫旅团向大富屯发动攻击，10 时 30 分，大岛旅团又接到夺取西芝罘的命令。此时战场上北风呼啸、天降大雪，能见度极差，双方的枪炮声逐渐停息，下午 3 时 55 分，司令部下达宿营命令。当日参加战斗的日军兵力有步兵十个大队，骑兵两个中队，野战炮兵六个中队，以及炮厂、工兵等 10,030 人，大炮 50 门。战死 15 人、

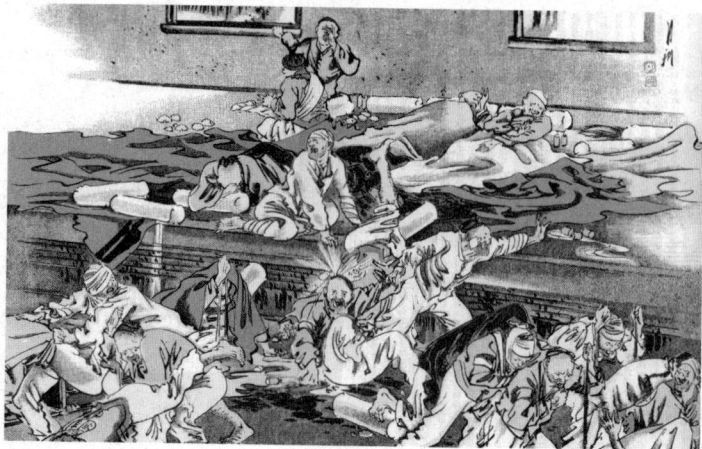

1.8.09　在营口红十字医院接受治疗的清军伤兵，听闻日军大队攻来，五百余人逃往田庄台，剩下四百余重伤员惊慌失措。

1.8.10　日军一支先遣侦查部队先行到达营口，清军已经闻风而逃。图为日军将校在市内外国人居住地外，集合部队训话的场面。

1.8.11　营口辽河港口被日军占领，河湾中停泊着日军封锁水上要道的轻型军舰。图中左侧建筑群是清国的营口海关衙门所在地。

负伤 109 人，消耗榴炮弹 275 发、榴霰弹 477 发、子弹 60,089 发。清军兵力约 7,200 人，大炮 10 门，战死 200 余人。

3 月 1 日，位于新台子的 2,000 清军与日军发生战斗，下午 3 时，日军占领新台子，清军退至新台子西北高地和日军对峙。入夜后，清兵在山上燃起点点篝火过夜。翌日 7 时，日军开始进攻清军阵地，发现阵地内空无一人，方知清军用篝火障眼法趁夜退去。第三师团长命令部队立即向鞍山进发与第五师团汇合。先头部队沿路没有遭遇清军袭击，10 时 55 分，日军占领鞍山空城，第三、第五师团如期会师。

3 月 3 日，在鞍山集结的第三、第五师团向牛庄方向挺进，上午 11 时 30 分抵达牛庄附近的耿家庄子。当日侦察兵报告，牛庄城内有清兵守军四五千人，各处有许多旌旗晃动。4 日 10 时，第三师团从耿家庄子、第五师团从三道岗对牛庄发起进攻，牛庄内的清军顽强抵抗，激烈战斗在两军间展开。由于牛庄被日军包围，清军

1.8.12　营口港陷落，联合舰队派遣"鸟海"舰控制辽河入海口，营口的对外商业再开。图为营口栈桥边停泊的日本运输船胜浦丸。

1.8.13　第一师团占领营口的海防炮台，炮台宏伟壮观、完好无损。炮台正面的阶梯建筑是中央主炮炮座，周围配置各式侧炮台座。

失去了退路，迫使清兵以死相拼。12时日军第7联队二大队吹响军号，全线冲锋，突入牛庄城西北阵地。第一大队攻入牛庄城南部阵地，第三大队攻陷牛庄城西北部防卫。清军前沿防线抵挡不住日军炮火和勇猛进攻，清兵纷纷逃入牛庄街巷躲入居民家中，利用街巷房屋展开巷战，拼死抵抗。清日战争以来规模最大、最残酷的一场肉搏战在牛庄街巷内展开，清日士兵在各街道内格斗厮杀。下午3时，约500清兵退至一富豪院内顽强抵抗，迫使日军不能近前。日军工兵赶来，在大院外面安装数个炸药包企图，炸毁院墙，就在导火索即将点燃的瞬间，院内挂出白旗打开了大门，500清兵投降。牛庄战斗一直持续到当日下午5时，约一万清军突出包围，向田庄台方向撤退，日军占领了牛庄城。战斗中，清军战死1,880人，被俘698名。日军战死105人，负伤400人以上。

　　3月5日，日军第二军第一师团在辽河南线对营口清军形成包围之势，山地师团长命令次日开始进攻营口城。6日，部队接近营口城时得知，清军主力已经退却撤离，乃木旅团轻易占领营口空城。辽河作战以来，清军陆续丢失海城、鞍山、牛庄、盖平、营口等军事重镇，各路败军相继退往田庄台。夺取牛庄和营口的日本第一军第三、第五师团会同第二军第一师团向田庄台合围，清日两军在田庄台附近各集结约两万兵力。3月9日，清日战争规模最大的阵地战在田庄台展开，清军宋庆军兵力20,000余名，大炮40门；日军兵力19,000余人，野炮54门、山炮30门、臼炮7门，合计大炮91门。上午8时，日军攻击开始，第三师团步兵在炮兵火力掩护下，从冰上越过堤防突入市街，第一师团从西面攻入。田庄台战斗日军不仅计划歼灭清军，还要彻底摧毁清军的营地。司令部下达放火令，派工兵在市内四面八方放火点燃民房。《日清战争从军秘录》记载，放火作战是为了避免日军像在旅顺、牛庄市街战中造成的近战伤亡。一时间数百民房淹没在熊熊大火之中，浓烟蔽日，日军甚至连锁在辽河右岸的数百条过冬民船也全部焚毁，燃烧的余烬直到数日后仍未熄尽。《从军秘录》的作者写下怜悯之语："我军虽然取得胜利，可是却让众多民众在隆冬中流离失所，葛藤的心中受到莫名内疚的冲击。"

10时30分日军占领田庄台，日清两军士兵在市街各处留下惨烈搏杀的痕迹，清军死者多数是没有作战经验的兵勇，死在日兵刺刀之下，血腥场面令人胆寒。清军主力部队败走，丢弃阵亡者尸体1,000余具，全部大炮被日军缴获。两三日后，一名住在奉天的苏格兰医师来到田庄台的战场，将亲眼目睹的惨状记录在《奉天三十年》的回忆录中："曾经有一万人口的繁盛街市，今日死寂在一片荒凉的废墟上。战死者的尸体仍然随处可见，皮包骨的凶暴野狗，口中叼着从尸体上撕下的骨肉在街上乱窜……。"田庄台战斗中，日军以91门大炮，消耗炮弹2,790发，压倒性优势的炮火在一个小时之内就使清军炮兵沉默了下来。日军负伤合计128人，阵亡16人。田庄台战斗结束后，清军分散在各地屏息避战，双方各有小型摩擦冲突周旋对峙。

3月4日，在美国人的斡旋下，日本政府正式接受清国政府的和谈请求，会谈地点定为日本下关。3月10日天皇发表敕谕："我军取得盛京省重要之地，尤牛庄战之残酷激烈大挫敌兵，朕甚感欣慰特嘉赏之。"辽河会战的结果，使得日本在谈判桌上取得了更大的筹码。3月14日李鸿章代表大清国，踏上了赴日和谈的艰辛旅途。

日本军方没有因为和谈在即而降低对直隶决战的野心，第一军司令官野津道贯晋升为陆军大将，大本营继续加速在辽东半岛部署兵力。参谋本部请求天皇统率全

1.9.01　1895 年 1 月 31 日清国和谈代表一行抵达广岛，代表户部左侍郎张荫桓、湖南巡抚邵友濂。日方全权代表伊藤博文、陆奥宗光。图为张荫桓、邵友濂两使臣在神户上陆的情形。

军渡海亲征大清国，被天皇拒绝。3 月 7 日，大本营任命参谋总长小松宫为征清大总督，组成征清大总督府。4 月 13 日，小松宫率征清大总督府从宇品港渡海前往旅顺口。这一切表明，日本军方正在企图超越文官政府，推动新一轮的战争升级——"直隶大决战"。

1.9　清日和谈

和谈背景

　　1894 年 9 月 15 日平壤陷落，17 日北洋水师黄海战败，清国失去制海权。10 月 24 日，日本兵分两路同时向清国本土发动进攻，山县有朋率第一军越过鸭绿江，大山严陆军大将率领第二军在辽东半岛花园口登陆。面对强势勇武的日军和节节败退的清军，朝廷终于觉悟到清国已经不是日本小国的对手，一场前所未有的危机正在袭来。清国朝廷内主战和主和两派矛盾日渐尖锐，倾向光绪皇帝的主战派受到排挤，追随慈禧太后的主和派趁势占据上风。11 月起，朝廷开始探索和谈的可能性，11 月 4 日，恭亲王请求英、法、德、俄国公使出面调停。5 日美国国务卿葛礼山（Gresham）向日本驻美国公使栗野慎一郎表明，美国愿意调解两国间的战争纠纷。陆奥外相根据战局状况和鼎沸的国内舆论，主张目前实现停战和平的时机尚早，日本需要更多的谈判筹码。此时，俄国向列强发出警告，日本有永久占领朝鲜的企图，英国也忧心忡忡，担心日本的胜利会导致清国崩溃。日本驻英公使英内田康哉向陆奥建议，战争应在清国不受重创的状况下，再实现停战和平为度，否则日本会面临列强的群起干涉。23 日，美国驻清公使田贝（Charles

1.9.02　1895 年 2 月 1 日，清日两国在日本广岛进行了第一轮和谈，会议在广岛县厅举行。会谈初日，日方便以两使节不具备谈判资格而终止，拒绝继续会谈。

Harvey Denby）电报美国驻日公使，向日本转达清国同意以朝鲜独立和适当的战费赔偿作为和谈的基本条件。伊藤内阁召集会议，决定接受美国的提案。陆奥向美国公使表示，日本国的和谈条件目前尚不能开示，同意于 1895 年 1 月由日清两国全权代表在日本广岛会谈。11 月 26 日，李鸿章邀请天津海关税务司德璀琳（德国人），带上他的两封亲笔信在神户登陆，希望通过私人关系另谋和途。伊藤首相以不具备正当手续为理由拒绝会面；陆奥外相亦表示，日本政府不接受任何私人关系的和谈使者。

正当清国政府努力通过外交渠道，请列强周旋休战之时，11 月 21 日旅顺口要塞被日军攻破。消息传来，日本举国沸腾了。旅顺口的大捷，激发起国民空前高涨的战争热情。福泽谕吉等社会名流煽动舆论，呼吁政府目前不是日清两国媾和的时机，应该乘胜攻入北京，逼清国签城下之盟。福泽在《时事新报》发表社评说："旅顺口是北支那的香港，日本应该领有金州、大连、旅顺。"12 月 10 日，东京召开第一次庆祝大会，市民在银座、日本桥、浅草、神田、下谷、山手町等地庆贺胜利。12 月召开的临时党代表大会一致赞成进军北京，坚决拒绝列强的干涉和调停，认为休战应该在占领北京之后再议。26 日，陆奥外相请美国公使转告清国政府，日本要求清国割让辽东半岛，如果清国不予答应，日本陆海军将继续军事行动。

伊藤首相在国人狂热庆祝之时，密切注意着西方列强的动向。他清楚西方列强的骨子里并不欢迎日本的崛起，妒忌日本在清国分食西方人的利益。列强对日本以助"朝鲜独立"而出兵的理由提出质疑，甚至在军事上已经有所动作。因此，伊藤告诫内阁和国民保持清醒头脑，如果日本的进攻引发清国大乱、朝廷倒台，

1.9.03　李鸿章赠送友人守备密尔斯的照片。
照片上书：大清钦差头等出使大臣太子太傅文华殿大学士一等肃毅伯李，七十四岁小像光绪二十二年秋日持赠。

1.9.04　下关"春帆楼"是日清两国谈判的场所，因签下著名的《马关条约》而闻名于世。

日本就会失去合法的谈判政府，已经到手的战争利益就会丧失，甚至招致西方列强的武力干涉。目前，日军在直隶展开冬季作战，后勤支援和交通状况都存在严重问题。基于这种战略思考，伊藤力主放弃直隶决战，把对近畿直隶的决战转向消灭威海卫北洋舰队和进攻澎湖列岛的作战上面，为谈判桌上争取更多的筹码。伊藤首相的政治见地，成功引导了大本营的作战思想，军人主战的情绪得到抑制，避免了日清间进入长期消耗战的局面。

正如伊藤博文所料，清国朝廷断然拒绝了日本割让领土的要求。12 月 14 日，大本营命令第二军协同联合舰队进攻威海卫，命令第一军在海城一线牵制清军主力。结果清军在两战区接连失利，朝廷终于意识到战局已经无法挽回，只能尽快寻求停战。日本方面依仗军事优势，态度变得愈加强硬。在美国驻清公使的斡旋调和下，12 月 18 日日本接受了清国承诺朝鲜国独立、战争赔款的提议，同意双方在日本本土举行和平会谈，要求清国派遣有资格的大臣担任全权代表。

代表战败方与日本谈判，包括李鸿章在内的清国大臣人人回避这个肩负重大历史责任的差事。12 月 20 日，清国政府经由美国公使转告日本政府，任命总理衙门大臣张荫桓、湖南巡抚邵友濂作为全权代表赴日会谈。1895 年 1 月 7 日，张荫桓北京出发，在上海与邵友濂会合，换乘中立国船只驶向广岛。日本政府要求特使船入日本港时，经下关海关官吏临检，确认是清国全权代表的船舶后，方可换挂清国国旗入港。清国使节 1 月 26 日乘英轮王后号从上海出发，特使船在经过下关时没有停船，直行神户港。再从神户港经海路前往广岛，31 日抵达广岛，一行总共 49 人，其中仆从 24 人。

第一轮和谈

1895 年 2 月 1 日上午 11 时，清日两国全权大臣在广岛县厅会晤，互换了各自皇帝授予的委任状。日本首相伊藤博文、外相陆奥宗光出任日方特命全权代表。清国全权代表是户部左侍郎张荫桓、头品顶戴署湖南巡抚邵友濂。日本代表在验证了清国的授权委任状后，对清国皇帝的国书和两使者的任命书提出质疑。

第一，按照国际公法惯例，清国使臣应该携带国际公法认定的全权委任状。而今所携国书只是清国皇帝派遣两使臣前来会商和听取日本意见的公函，没有授予其最后决断及签字的全权，也没有记载预计谈判的要点。

第二，清国使臣的官爵、资历、名望欠乏，劣于日本任命的全权代表。作为交战两国的和谈使，须具备同等规格的爵位才符合外交礼仪。对于如此重大的会谈，清国应该任命恭亲王或李鸿章那样有名望之人作全权代表。

在质疑面前，清国代表张荫桓、邵友濂均无法向日方确定自己是否具有可以承担签署重大决议的权限，而且国际公认的全权委任状也无法即刻解决，双方经过多次会商毫无结果。2月8日，由美国公使转达了日本政

1.9.05　山口县赤间关市"引接寺"建于1560年，尊"阿弥陀如来"之古刹。引接寺是清国全权特使李鸿章赴日谈判时的下榻馆所，也曾是朝鲜通信使往来日本的下榻之所。

1.9.06　日本政府为方便李鸿章往来引接寺和春帆签，开辟了一条约三百米的小路。1895年3月24日清第三轮会谈后，李鸿章在途经该小路时，遭遇日本浪人暗杀而负伤。图为百年前引接寺内一角。

府的意见："日本政府希望，如果清国政府有恢复和平之诚意，应该携有正确的全权委任状，任命有名爵和有资望的全权代表前来会谈。日本政府拒绝本次两国和谈的约定。"2月12日，清国代表张荫桓、邵友濂一行从长崎出帆归国，清日间第一轮和谈告终。恰逢这一日，威海卫港湾内的北洋水师在日军攻势下被迫投降。威海卫陷落、北洋舰队全军覆灭，国家战力受到重创，大清国陷入岌岌可危的境地。

第二轮和谈

2月19日，陆奥外相收到美国驻清国公使电报，清国政府已任命李鸿章为和谈全权代表，请求通告和谈地点。3月4日，日本政府正式接受清国政府的和谈请求，会谈地点定为日本的下关（马关）。日本向清国公布了一揽子和谈条件：（1）赔

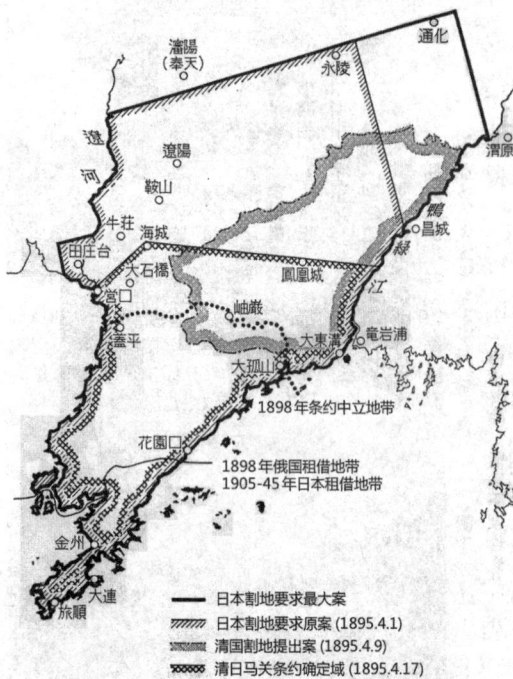

偿战争军费；（2）承认朝鲜独立；（3）割让土地；（4）重新缔结两国未来交往的条约。3月19日，李鸿章率使团到达日本；20日双方举行会谈。和谈之中，李鸿章身系大清国至上的利益，用尽了毕生的智慧。一贯高傲的老人，在一群诡计多端以强凌弱的倭人面前，终于显得苍白无力无可奈何，甚至遭到日本浪人暗杀，用血的代价给大清国赢得了喘息的机会。

日本政府为了逼迫李鸿章屈服，大本营加速部署直隶决战，调动全国军力出征清国。1895年3月7日，大本营任命参谋总长小松宫担任征清大总督，率领征清大总督府实施渡清大决战计划。征清大总督府要员由参谋总长小松宫大将、幕僚川上次长、桦山军令部长、大本营副官大生定孝步兵大佐、兵站总监部大本营运输通信长官寺内正毅少将、野战监督长官、野战卫生长官等人组成。按照直隶作

1.9.07 近代辽东半岛割让、租借分割图示。日清战争胜利方日本国，强硬要求清国割让辽东半岛。李鸿章用尽毕生的外交智慧，背负着日本直隶决战的军事压力和个人的屈辱，经过原案、修正案、确定案的谈判过程，最小限度割让了辽东半岛的领土，却为自己背上了百年历史骂名。

战的构想，预计清国会出动20万作战部队抗击日军，为此日本集中全国7个师团及国内二分之一预备役部队，总计步兵总兵力80个大队、骑兵14个中队、野战炮兵40个中队、工兵13个中队投入决战。4月13日小松宫率征清大总督府从宇品港出发渡海前往旅顺。

大本营作战计划主要部署：（1）第一军战斗序列：第一、第三、临时第七师团、临时攻城厂、第一、第三野战电信队。（2）第二军战斗序列：近卫、第二、第四、第六师团、第十六机关炮队、临时攻城厂、独立第二、第四野战电信队。（3）作战部队在洋河口登陆，夺取山海关，确保临时根据地。近卫师团镇守山海关，第一军为左翼，第二军为右翼，分别向近畿挺进。（4）大本营随机从旅顺口渡海在洋河口上陆。（5）后方守备部队一个野战师团、预备役步兵六大队、预备役工兵一中队、海城守备炮兵队驻防盛京省一线。辽东半岛由预备步兵六大队、预备骑

1.9.08 遥望春帆楼的人们，关注马关会谈的进程。日本国民极度关心，他们支持国家的第一次对外战争，将能得到如何的利益。

兵一小队、预备工兵一中队、要塞炮兵四中队驻守。预备役步兵五大队驻守朝鲜。

日军庞大的兵员输送规模，远远超出国内现有船舶的运载能力，总督府决定由 70 余艘船舶优先输送近卫师团和第四师团，输送船返回后再输送后续部队。4月9日近卫师团、第四师团从宇品港出发，13日小松宫大总督等要员团也从宇品港出发，18日大总督府抵达旅顺口时，日清和谈已经结束。清国在日本的压迫下正式签订了《马关条约》，日本军方蓄谋已久的直隶决战不得不全面停止。为了直隶决战，日本军方投入巨大，冒险一搏，整个大本营中枢及海陆作战部队全部渡海，国内防守空虚。

日本在《马关条约》中获得巨大利益，令西方列强震惊，极度不安的情绪立即浮上水面。在俄国人牵头下，俄、法、德三国联合从外交和军事上强硬干涉日本取得的利益。面对三国联合干涉，日本自知无力力败强大的俄国舰队和法国舰队，而一旦丧失制海权，日本必会陷入恐怖的绝境之中。5月4日，日本无奈作出永久放弃辽东半岛的决定。10日，明治天皇下诏告示全体国民，征清大总督向前线部队下达停止一切作战行动和归国命令。辽东半岛除留下第二师团、第四师团主力，担保清国赔偿金支付外，其他部队开赴台湾和返回本土。

日清战争史上把征清大决战的军事行动，评价为无谋的愚蠢之举。外交和军事上的冒进导致三国干涉，国内防御空虚；而且前线支援补给困难诸多，使日本陷入极度危险的境地，最终被迫作出放弃辽东半岛的决定。在征清大决战军事行动中，近卫师团和第四师团的船舱内突发严重的霍乱传染病，仅仅 11 天的兵员运输过程中，因此造成的非战斗减员就达 96 人。无谋的作战计划、战略的误算、军事资源的浪费、人命无谓的牺牲，到手利益的丢失，都给这支"胜利之师"留下深刻的悔悟。

三国干涉

日清两国正式签署《马关条约》后，伊藤博文担心的列强干涉终于发生，三国干涉不期而来。三国干涉是清国、日本、欧美列强围绕各自利益展开的一场外交战。在这场争斗中，日本自认取得了重大失败，称之明治开朝以来日本人的耻辱，只能以清国割让台湾和获得巨额战争赔款聊以自慰。日本史学者认为，三国干涉的胜利者是李鸿章，他用过人的胆识和机敏游刃于各国之间，激化列强诸国与日本的矛盾，把身陷险境的大清国从被分割的事态中解脱出来。李鸿章赴日谈判前就向朝廷提议，清国必须联合美、英、法、德、俄、意等列强干涉和谈，向贪婪的日本施加压力。朝廷动用了所有外交运作手段，不惜引狼入室也要保住清国的国土利益。三国联合之势咄咄逼人，日本政府和军方不愿意放弃到手的占领地，伊藤和陆奥苦涩的心境到达了极点。

3 月 20 日，日清双方第一次会谈刚结束，伊藤就接到日本驻意大利公使高平来电，报告清国驻英国公使突访意大利，请求意大利国王对和谈施加压力，解脱清国面临的割地困境。同日，日本驻英国公使加藤来电，报告清国向本国驻各国公使发出训令，日本若向清国提出割让领土要求，公使可以请求外国势力出面干涉，以保卫国家领土完整。

3 月 28 日，列国驻日本公使要求外务省次官林董开示日本政府的和谈条件。身在广岛的陆奥外相指示林董，休战条约已经签署，日本没有必要答复列国的要求。林董向陆奥进言，目前清国已经毫无保留地将和谈条件泄漏给列强请求帮助，日本也应该把和谈条件的秘密透露给英、美、俄公使为上策。

4 月 3 日，陆奥指示林次官向英、美、法、俄公使透露和谈条件，翌日又知会了德国公使。日本政府公示的和谈条件，立即引起各国政府的震惊和不满。4 月 3 日，俄国公使从林次官那里又得知，日本要求清国割让盛京省南部领土，俄国公使直率表示，"此条项伤害了欧洲各国的感情，会给列强制造干涉的理由。" 13 日下午 2 时 35 分，驻俄公使西德二郎来电报告，法国和俄国正在协议共同抗议日本要求割让澎湖列岛的举动。14 日，日驻德公使青木周藏来电："德国政府表示，日本如果要求清国特别的经济利益，本国政府将会坚决反击。法国虽然没有抗议举动，但是作为同盟国正在和俄国秘密协商，似有连带干涉的

1.9.09　1895年4月26日，征清大总督陆军大将、参谋总长小松宫彰仁亲王在旅顺设置大总督府。大总督府大门的侧面，悬挂有“大总督府”字样的布匾。

1.9.10　5月13日，征清大总督陆军大将彰仁亲王视察占领下的金州城。第二军司令官大山严率将校在金州城南门外亲自迎接。图为清国百姓围观大将军的场面。

1.9.11　俄国皇帝尼古拉二世是三国干涉的主导，沙皇联合德国、法国向日本施加军事压力，要求日本退出清国本土，并永久放弃辽东半岛，日本从此与俄国结下宿怨。图为1891年尼古拉二世访问日本时的留影。

倾向。"

　　4月17日上午,《马关条约》正式签字,陆奥外相立即分别给九国公使(英、俄、法、美、奥、意、瑞、德、韩)和四地区领事(香港、新加坡、科尔萨科夫、海参崴)发出通达电报。"前日向贵国公示的日清媾和条项经过若干修正,双方于4月17日正式签署了和平条约。除商业条款作了缓和修正外,其余诸议项没有实质变更。三周内两国在清国芝罘交换,由日本天皇和清国皇帝签发的批准文书,特知会贵政府和领事。"伊藤、陆奥签署条约后没有立即向天皇报告,就直接将签字调印结果通知各国政府,目的是抢在各国列强干涉前,让媾和条约成为既成事实。同日,驻德公使青木从柏林急电,报告德国的最新动向:"德国政府认为日本分割清国领土,在通商利益上使德国受到危害,皇帝威廉二世下令派遣铁甲巡洋舰一艘开赴远东。"此时伊藤、陆奥两大臣正兴高采烈地赶赴东京拜谒天皇,报告《马关条约》的重大成果,没有及时收到青木的柏林急电。

　　4月20日上午,两大臣觐见天皇后,德国驻日公使和其他各国公使要求会见

1.9.12　主导三国干涉的俄国在海参崴军港集结战舰,并调集了数万军队前往远东,对日本施加军事压力。

1.9.13　德国皇帝威廉二世代表的西方列强,不愿意看到日本威胁西方在清国的利益,坚决加入俄国阵营,对日本采取了强硬态度和军事压力。

1.9.14　德国皇帝威廉二世提出"黄祸论"，呼吁欧洲各国对公然扩张的日本国施加压力。漫画中的天空，弥漫着黄色沙尘，暗示东方黄色人种的日本人，正在噩梦般地袭扰欧洲权贵们的美梦。

陆奥外相。在播州兵库县舞子休养中的陆奥宗光（肺结核晚期）感觉事态严重，立即给外务次官林董回电，"请向各国公使转达，本人因疗病不能会见各国公使，并将会见结果速报过来。"林董收下三国递交的备忘录，俄、德两国公使分别陈述了本国立场。俄国公使称："日本永久占领辽东半岛恐招致冲突，望贵国政府善体此意，保全名誉。"德国公使称："日本必须妥协，日本没有能力与三国开战。"三国联合，态度强硬让林董惊慌失措，立即将会见结果报告了陆奥。

4月22日午夜，柏林来电，德国外相向青木公使言明："德国反对日本领有旅顺口，陆奥的秘密外交刻意隐藏和平条约细则的行为引起各国猜疑。《马关条约》使得日本在通商条件上取得过分不当利益，德国不但反对而且要联合诸国采取行动。"同日，驻俄公使西德二郎接到俄国政府的通告，"如果日本要求的割地范围扩大到鸭绿江，欧洲诸国就会联手强力干涉。"事实上，在《马关条约》内，日清之间达成的领土割让范围，正是包括从鸭绿江下游的平安向西延伸至凤凰城、海城、营口的广大地域。俄国外交大臣罗波诺夫对德、法两国驻俄公使表示："俄国政府决定以友善方式，向日本政府提出不要永久占领中国本土的请求。如果日本不接受友善的忠告，俄国希望与德、法两国在海上对日本采取共同军事行动。"4月22日，俄国《圣彼得堡》报道："据柏林急电报告，德国、俄国、法国达成协议，决定对日清媾和条约以及领土割让之事态进行介入。"4月23日，德国《法兰克福》报道："为捍卫政治和商业的利益，德国和欧洲列强取得了共识。"对日本驻各国公使的紧急报告，陆奥外相并不认同，他认为媾和条约的当事者是日清两国，赔偿金和领土割让是日清两国间的事情，国际社会应该无权干涉。陆奥指示林董拖延和列强间的对话，加速促进日清两国皇帝签署媾和条约，只要批准书交换完毕，国际社会就必然承认既定的事实。

事件的发展完全超出陆奥的想象，4月23日下午，俄国公使希特罗渥、德国公使哥特斯米德、法国公使阿卢曼，在外务省与林董单独面会，递交了外交备忘录。三国公使的文件内容基本相同："清国战败，我国政府可以容忍日本占领台湾的要求。但是日本占领清国的辽东半岛，实质上对清国首都构成威胁，而且日本以朝鲜国独立为名义的出兵，已经变得有名无实，这给远东的安定与和平带来了障碍。对此我国政府向日本天皇的政府表示诚挚的劝告，日本政府应该放弃占领辽东半岛。上述劝告日本政府须在15日内给予明确答复。"

4月24日，伊藤博文首相在广岛大本营召开紧急御前会议。与会者伊藤首相、山县陆相、西乡海相三人，是史上人数最少的御前会议。会议历时一个小时，伊藤针对三国干涉的劝告，提出三个研究方案。第一，拒绝劝告，与三国列强抗战。第二，召开列国会议，共同商议辽东半岛问题。第三，妥协，对清国施以恩惠，将辽东半岛还给清国。三人磋商权衡的结果，第一案，日清战争已经消耗了国内大量的人力物力，海军主力已经全部出征，单独对抗俄国舰队本无把握，更难应付三国联合舰队。陆军方面，内地防御空虚，前方兵士疲惫不堪军需欠乏，日本不是三个欧洲强国的对手，此议案被否决。第三案，对清国施以恩惠会背负怯懦的罪名，日本国民在感情上定会难以接受，此议案不可行。眼前也许只有第二案有可以回旋的余地。

御前会议后的当日晚8时，伊藤专程乘车前往兵库县舞子海滨疗养地，与负有外交责任的陆奥会商。25日晨在陆奥疗病的宅邸"龟屋"召开了具有历史意义的"舞子会议"。伊藤博文首相、陆奥宗光外相以及从京都赶来的松芳正义藏相、野村靖内相等四巨头出席了会议。

1.9.15　俄、德、法国政府递交日本政府的返还辽东半岛的劝告书。

会议开始，陆奥主张应该拒绝列强的劝告，伊藤认为此乃无谋的自杀行为，反对陆奥的主张，松芳和野村也赞同伊藤的观点。陆奥撤回自己的意见，但他主张："不同意召开列国会议案，如此一来日本很容易卷入列强的包围中，招致欧洲大国的新干涉，甚至影响日清战争日本获得的既得利益，陷入更为被动的局面。现在天皇陛下已经批准了媾和条约，日本的尊严必须捍卫。至于归还辽东半岛可以作为另案来考虑，在归还辽东半岛的前提下，争取保留金州官厅（日清战争日本在大连金州设立的关东州）。日本应该尽量拖延答复三国的劝告，联合英国、美国、意大利牵制三国。"陆奥外相的提案得到伊藤首相的赞同，会议达成一致意见，即使对三国列强做出让步也决不能对清国让步，防止媾和条约变成一纸空文。26日，松芳、野村二相携带新案回到广岛，请求天皇裁可此新案。

日本寻求英、美两国的帮助，但英、美不想得罪日清两国任何一方。两国在清日战争中虽然倾向日本，但看到日本如今野心勃勃，企图独自坐大，英美两国都回避日本的请求，宣告中立。而俄、德、法三国态度坚定，根本无意共同商议辽东半岛问题。俄国提出如果日本不放弃占领辽东半岛，就不可能回避行使武力。为此俄国动员了三万军队向海参崴集结，停泊在日本各港口的俄国军舰，也接到24小时随时出航的命令，德国派遣的巡洋舰也已经开赴远东。面对虎视眈眈的列强，日本终于彻底觉悟已经没有挽回的余地。5月4日，日本内阁召开紧急会议，作出了永久放弃辽东半岛的决定。

翌日，内阁把会议的决定通告了三国。10日，明治天皇下诏告示全体国民。11月8日，日清两国正式签署《辽南条约》归还辽东半岛，作为归还的代价，清国支付日本国库平银3,000万两（相当4,500万日圆）。日本宣布归还辽东半岛的

1.9.16　东京新桥车站凯旋门场景，正匾书大字"奉迎圣驾"，左匾"皇威发挥"，右匾"国光宣扬"。1895年5月30日，天皇乘奉迎马车亲临新桥站凯旋门还幸。

1.9.17　日清战争胜利庆贺，东京搭起数座凯旋门。上野三枚桥的灯绿门，门高 12.7 米、宽 11 米、1200 烛光（1 烛光 = 1 根蜡烛的光亮度）的照明灯 2 组，庆祝活动通宵达旦。图为最大的日比谷凯旋门，高 30 米、长 108 米，全建筑用绿叶装饰。

决定后，在国内引起轩然大波，归还到手的领土成为日本人的一大耻辱，政府向国民提出了"卧薪尝胆"的口号。天皇向伊藤首相慰言："永久获取辽东半岛不要那么着急，也许以后还能有机会，那时再取朕不会反对。"

在要求日本归还辽东半岛的问题上，俄国的战略意图非常明确。俄国为了向清国和朝鲜扩张，正在大举修建西伯利亚铁路，计划横贯清国的满洲到达俄国远东的海参崴，进而南下辽东半岛，因此，俄国是最不愿看到日本占领辽东半岛的国家。法国和俄国是刚结成不久的同盟国，法国有履行同盟国的义务，同时为本国扩大在清国的利益积极支持对日劝告。德国一直窥视清国的胶州湾，德国皇帝威廉二世告诫俄国皇帝尼古拉二世，新兴日本的动向预示着黄色人种企图将白色人种从亚洲驱逐出去，如同当年成吉思汗侵略欧洲一样。德国人从种族关系的角度提出"黄祸论"，警示欧洲各国对公然扩张的日本施以压力。三国的干涉取得了成功，但日本从此与俄国结下宿怨，为 10 年后的日俄大战埋下了火种。

1894 年枢密院顾问官胜海舟（江户末期至明治期幕臣、政治家），在一首以《偶感》为题的诗句里定格了日清战争："邻国交兵日，其军更无名，可怜雏林肉，割以与鲁英。"诗中说日本和清国在邻国的朝鲜交兵打仗，其战争出师无名无分，可怜的雏林（朝鲜）却成为俄国和英国进入亚洲的宰割之肉。胜海舟指责战争导致欧洲人渔翁得利，批评政府制造的这场无谋的战争。

清日战争，日本付出极大代价迫使清国割让辽东半岛和台湾，但却使日本陷入三国干涉的险恶危机。李鸿章趁势把失去的领土赎了回去，清国不惜引狼入室，借列强势力孤注一掷保住了大陆版图，其卓识在伊藤之上，其远见在陆奥之先，胜者乃李鸿章其人也。日本倡导的脱亚入欧理念，归根结底没有虚心学好欧洲人的外交和政治。日本一小国打败大清国的举动，惊醒了欧洲人在东亚的美梦，西方列强不愿意再看到黄色人种的崛起，不能容忍日本人分食白色人种在亚洲的利益。清日战争的结果和欧洲人的干涉，在日本人心里留下对清国、朝鲜和欧洲人仇恨的阴影。他们的"卧薪尝胆"，坚定了对亚洲军事扩张的野心，从此揭开长达五十年战争历史的序幕。

清日战争总决算

清国 全国动员兵力总数：962,163 人（推算） （1）伤亡：35,000 人（推算） （2）阵亡推算（平壤 2,000 人、威海卫 1,000 人、盖平 1,500 人、田庄台 2,000 人、旅顺 4,500 人、台湾 14,000 人，推算 25,000 人） （3）俘虏：1,790 人

武器损失：（1）军舰：击沉 9 艘（含自爆舰）、被俘 14 艘 （2）炮械：重炮 29 门、轻炮 451 门、机关炮及速射炮 107 门 （3）枪械：洋式、仿制、自制等十余种类，约 17,537 支 （4）弹药：大量 （5）冷兵器：11,764 件

战争赔偿：（1）军费两亿五千万两库平银 （2）辽东半岛赎金三千万两库平银（库平银是官府征收赋税称量标准，1 两约 37.3 克）

国土割让：台湾、澎湖列岛

通商贸易：开放与其他列强相同的口岸

宗主国权力：清国放弃对朝鲜的宗主国地位，承认朝鲜国独立

日本 参谋本部编撰《明治二十七八年清战史》（统计期间：1894 年 7 月 25

1.9.18 1895 年 4 月 17 日，日清两国《马关条约》签字。5 月 17 日，征清大总督府奉命归国。图为大总督府官员自旅顺港起锚，离开清国的情形，数艘凯旋的舰船装饰彩旗。

1.10.01　日本基于"欲占领台湾，先取澎湖"的战略思考，在日清谈判背景下抢占停澎湖列岛，为日本争取更多的谈判筹码。图为日军占领下的澎湖列岛中的渔翁岛鸟瞰。

1.10.02　海军新编"南方派遣舰队"组成陆海混合部队，逼近澎湖列岛，向驻守渔翁岛的清军东西炮台发起攻击。图为澎湖岛西屿西炮台和湾内停泊的日军舰队。

1.10.03　比志岛混成旅团在澎湖岛西海岸滩头强行登陆，受到清军拱北炮台猛烈轰击，日舰集中炮火压制了炮台火力。清军投降，炮台陷落。图为陷落后的渔翁岛东炮台，门匾上书"西屿东台"。

1.10.04　澎湖岛马公城本名"妈宫"，以妈祖天后宫得名，宫庙建于明朝天启四年。清光绪十三年时扩建妈宫城。日据时期，妈宫城更名"马公城"。图中日军在马公城下宿营，背景中的城墙宏大壮观。

1.10.05　日本大军逼近台湾三貂角沿海，开始大规模武力夺取台湾的军事行动。图中海面停泊的是待命进攻的南方派遣舰队筑紫、高雄、相模丸舰。

日丰岛海战开战日至台湾作战结束 1895 年 11 月 18 日）

全国动员兵力总数：240,616 人　（1）死亡总计：13,488 人（战死及伤死 1,132 人、病死 12,356 人、事故死及不明死等 177 人）　（2）损失马匹：11,532 匹

军费：（1）临时军费 200,475,508 日圆　（2）陆军军费 164,520,371 日圆　（3）海军军费 35,955,137 日圆

荣誉合祀：1898 年 11 月 5 日，日清战争符合合祀标准的战死、病死者 11,427 人，特旨合祀于靖国神社

1.10 台湾作战

清日两国间签订《马关条约》，清国朝廷把台湾割让与日本，日本随即以接收

割让领土的名义出兵台湾，实施了一场凶暴的掠夺作战。台湾作为清国的领土被清国抛弃，清国政府不再履行对台湾的任何国家义务，台湾成为一叶被遗弃的孤岛。台湾民众为保护家园奋起自卫，与日军展开了旷日持久的英勇作战。战斗之惨烈，持续时间之长久，日军伤亡之大，远超过清国本土的战争，上演了一场华夏后裔抵御侵略的悲歌。战争虽然以台湾失败而告终，但是却给日军以重创，展现出台湾百姓不畏强敌的顽强精神。从现存日本文献中仍然不难窥见，当年入侵者斑斑伤痛的痕迹，台湾人不屈的民族气节，令后来人无限敬仰。

1.10.06　清日签订《马关条约》，将台湾割让给日本。1895年5月25日台湾岛民自发成立台湾民主国，巡抚唐景崧出任总统。在日本武力征台背景下，唐景崧逃渡大陆。图为台湾民主国"黄虎旗"国旗，国玺刻"民主国宝印"，建年号"永清"，首都台北。

1.10.07　6月2日桦山总督和清国代表李经芳，在基隆湾停泊的"横滨丸"船上，举行了台湾受渡仪式，日本名正言顺取得了征收台湾的名分。日军出动近卫师团进入台湾，采取了严厉而血腥的征服手段。图为云集台湾沿岸准备登陆的日本舰船。

日本侵台方略

　　日清战争中的日本政军关系，在初期基本是协调一致的。战争后期，军方在军事作战中屡屡获胜，政军关系开始出现明显对立。陆军主张直隶决战，攻克北京降伏清国皇帝；海军则要求占领台湾列岛，日本军界扩大战争的气焰甚嚣尘上。政府方面，伊藤首相努力克制军方的野心，以防止引发不可收拾的局面。他劝导军方，日本若瓦解清国政府，势必失去一个符合法理的谈判对象，并引来列强的干涉，使日本用血换来的成果前功尽弃。伊藤力主举兵歼灭威海卫北洋舰队，争取谈判桌上更多的筹码，然后用外交和武力并举的手段夺取台湾。1895年1月13日，大本营在结束威海卫作战之后，立即开始了夺取澎湖列岛的作战计划，力图摧毁台湾前沿的防御体系。

　　1895年3月12日，日本海军新编"南方派遣舰队"，由原联合舰队司令长官伊东担任司令官，率领本队松岛、严岛、桥立、千代田；第一游击队吉野、浪速、高千穗、秋津洲；第四水雷艇队第25、24、15、16、17、20号艇；供给舰西京丸、相模丸；近江丸、兵工船元山丸；卫生船神户丸前往台湾海域。陆军任命新编临时混成旅团比志岛义辉大佐为司令官，率领第一师团第一、第二大队；第六师团第二大队；第四师团山炮中队、弹药纵队、水雷队；军夫1,572名，总员5,508人，3月15日随同海军南下，直航澎湖列岛。当时清国驻守澎湖列岛的兵力，只有步兵12营、炮兵2营、海兵1营，后方补给贫乏，战斗力相当薄弱。

日军南下的作战行动并不顺利，从一开始便陷入了噩梦般的厄运。航行中的比志岛混成旅团，途中受到风浪和疾病的袭击，19名士兵感染霍乱病死亡。3月20日，舰队抵达澎湖岛将军澳屿湾，由于暗礁密布、风浪过大，登陆作战失败。船舱内空气混浊，霍乱患者又新增54名。23日上午10时30分，日军在里正角西海岸约1,400米的滩头强行登陆，清军拱北炮台猛烈轰击日舰，被日舰的密集炮火压制，登陆部队迅速占领太武山和尖山的清军防御阵地。工兵随后架设了三座临时栈桥，引导后续部队登陆。战斗中日军战死1人、伤10人，清军战死54人。24日，清军拱北炮台、大城北庄西方炮台被日舰快速炮摧毁，登陆日军占领了炮台。中午12时，第一联队攻入朝阳门，12联队攻入拱辰门，清兵大部逃向白沙岛、吉贝岛，澎湖岛的重镇妈宫城陷落。攻城战中，日军战死1人、16人负伤；清军50人战死、55人被俘。25日，位于澎湖岛西侧圆顶半岛的定海卫队营官郭润馨，带领营官12人，兵勇576人投降，澎湖列岛作战宣告结束。

3月26日，日军在澎湖岛设置行政厅，开始对占领地的行政管理。澎湖列岛远离日本本土，日军与国内尚无快捷联络的手段，因此，直至4月7日才收到日清休战条约书的通知，25日知道了《马关条约》签订的消息。29日发生三国干涉

1.10.08　桦山总督和清国代表李经芳在基隆湾停泊的"横滨丸"上，举行了台湾受渡签字仪式。日本正式占领台湾。

事件，舰队受命返航归国。6月1日，比志岛混成旅团归编台湾临时总督指挥，3日接到命令，留下霍乱病患者1,105人，其余部队开赴台湾基隆作战。澎湖列岛作战，日军总计战死4人、负伤26人、感染疾病死亡者736人、军夫病死数百，当地的日本人临时坟冢达千座以上。

武力夺取台湾

1885年清国朝廷任命刘铭传为台湾巡抚，刘任职期间推行李鸿章洋务政策，开办了铁道、邮政等新政。刘退任后，布政使邵友濂接替巡抚，邵收缩了刘的新政规模，并致力于整顿吸食鸦片、惹是生非、扰乱社会治安的清兵，驻台清军被削减一半，但清军并不服从邵的管制。远离大陆在荒凉的台湾岛生活，令邵友濂颇感失意。清日开战后，经过多方运作，邵便调离台湾赴任湖南巡抚。邵友濂离任后，布政使唐景崧继任巡抚。唐巡抚上任伊始，立即募兵强化防卫，在前巡抚邵友濂帮助下，又从广东调来大队清兵支援台湾防卫。

根据《马关条约》约定，清国放弃了郑成功从荷兰人手里收复的台湾。台湾富商林维源向处境尴尬的唐巡抚举荐了丘逢甲。丘逢甲时年30岁，年富力强，是本地出生的进士，代表了台湾上流阶层的利益。丘逢甲向唐景崧提出了"台湾民主国"的构想，反对朝廷割让台湾。起草了向全台湾民众的布告书，宣誓"台湾民主国"独立。独立宣言用英语、汉语、日本语写成，通过各国领事、教会长老向世界传达了台湾民众的意愿。独立宣言曰：

台湾民主国总统，前署

1.10.09 日军武力夺取台湾作战，由先头部队先取澎湖列岛。之后大部队在基隆登陆占领台北，一路向南挥进，同时澎湖占领军向台南方向合围。

1.10.10　精锐部队近卫师团登陆台湾，装备当时最新型连发式村田步枪。可是面对为誓死保卫家园的台湾人，日军遭遇到从未有过的猛烈抵抗。加之日军在台湾水土不服，多人感染疾病，伤亡惨重。

台湾巡抚布政使唐为晓谕事：照得日本欺凌中国，大肆要求，此次马关议款，于赔偿兵费之外，复索台湾一岛。台民忠义，不肯俯首事仇，屡次恳求代奏免割，总统亦奏多次，而中国欲昭大信，未允改约。全台士民，不胜悲愤。当此无天可吁，无主可依，台民公议自立为民主之国。以为事关军国，必须有人主持，于四月二十二日士民公集本衙门递呈，请余暂统政事。经余再三推让，复于四月二十七日相率环吁；五月初二日，公同刊刻印信，文曰："台湾民主国总统之印"，换用国旗"蓝地黄虎"捧送，前来窃见众志已坚，群情难拂，不得已为保民起见，俯如所请，允暂视事。即日议定，改台湾为民主之国，国中一切新政，应即先立议院，公举议员，详定律例章程，务归简易。惟是台湾疆土，荷、郑、大清经营缔造二百余年，今须自立为国，感念列圣旧恩，仍应恭奉正朔，遥作屏藩，气脉相通，无异中土，照常严备，不可稍涉疏虞。民间有假立名号，聚众滋事，藉端仇杀者，照匪类治罪。从此台湾清内政、结外援、广利源、除陋习，铁路、兵轮次第筹办，富强可致，

1.10.11　《马关条约》签订，台湾被清廷割让。日本政府震惊于台湾人用成立民主国获得外国承认的手法，排斥日本占领台湾的企图，立即派遣大军武力征台。图为1895年6月11日，北白川宫亲王率近卫师团进入台北城北门的绘画。

雄峙东南，未尝非台民之幸也。

特此晓谕全台知之。　永清元年 五月二十五日

　　然而，唐景崧没有实现台湾民众的期待，在日军登陆台湾的前夜，便乘德国商船匆匆逃亡厦门。"台湾民主国"的发起人丘逢甲接任义军统领之职欲抗击日军，不久也逃亡大陆。清国官吏出逃，日军大举登陆，混乱中，广东籍清兵开始了大肆掠夺。台湾人和广东清兵之间展开了械斗，双方为夺取布政使金库的官银，死者达四百余人。空位的台湾总统大印，绅甲们欲转让给台南守备刘永福，刘执意不接受总统职位，以帮办身份统军抗日。

　　台湾岛内发生的事情，出乎日本政府的意料，征清大总督府决定增派近卫师团支援征台作战。5月29日，近卫师团从台湾岛东北端的岬角——三貂角登陆，在旧社西北高地与100名清军交火。数日内，日军攻陷了澳底高地、丹里庄兵营、瑞芳高地。

　　6月2日，桦山总督和清国代表李经芳，在基隆湾停泊的"横滨丸"船上，举行了台湾受渡仪式。受渡

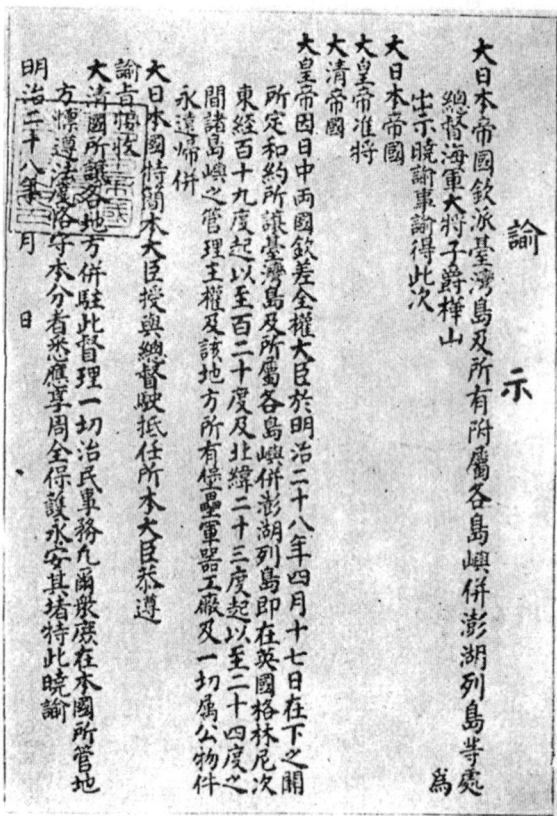

1.10.12　桦山资纪初任总督，用汉语发布镇服岛民的谕示，文曰："日中两国钦差全权大臣，于明治二十八年四月十七日在下之关所定和约所让台湾岛及所属各岛屿并澎湖列岛，即在英国格林尼次东经百十九度起，至百二十度；及北纬二十三度起，以至二十四度之间诸岛屿之管理主权，及该地方所有堡垒、军器、工厂及一切属公物件永远归并。""大日本国特简本大臣授予总督，驶抵任所。本大臣恭遵谕旨接收：大清国所让各地方并驻此督理一切治民事务。凡尔众庶在本国所管地方禀遵法度、恪守本分者，悉应享周全保护，永安其堵。特此晓谕。"

仪式原本预定在台湾本岛内举行，因为战事频起，临时决定在船上签署受渡书，日本需要名正言顺占领台湾。3日上午6时，近卫师团进攻基隆市，遭到狮球岭炮台清军阻击，在日军炮兵猛烈轰击支援下，步兵一气攻陷防卫基隆的主炮台，占领了基隆。基隆战斗中，日军8人战死、21人负伤；清兵70余人战死。基隆市陷落后，日军把台湾总督府大本营设在市内，指挥陆海军作战。

　　6月6日驻守台北的5,000名清兵得知日军已经占领基隆正在进兵台北，仓惶

1.10.13　武力征服台湾的过程中，日军对不屈的台湾人展开了凶残镇压。图为近卫师团炮兵用七厘米山炮，向台湾抗日军民阵地开炮。日军炮兵身穿十九年式夏季军衣，配备便携式水壶。

放火点燃台北行政衙门撤退南逃。当日 3 名驻台北的欧洲各国代表来到水返脚日军营地，述说残余清兵在城内暴虐，为保护本国居民安全，英国水兵 30 名，德国水兵 25 名已经登岸，进入本国居民住地警戒清军骚扰。目前各国军力单薄，请求日军尽快入城镇压清军残兵。日军接受请求，派遣第一联队两个中队赶往台北，半夜时分抵达台北城外与残留城内的清兵展开枪战。双方对峙至天明，日军攻入城内，城内清兵丢下数具尸体逃往淡水方向。10 日驻守淡水的清军约 3,000 人，放下武器投降。11 日驻守台湾的清军首领余清胜，从讨伐台湾原住民的山区返回，率领 2,000 名隘军放下武器投降了日军，日军于后日将全体降兵送往福建省海坛岛遣散。

6 月 11 日，北白川宫师团长率大部队进入台北，14 日桦山总督隆重入城。

台北陷落和日本军政的进入，实质上意味"台湾民主国"的崩溃，唐景崧总统以及县官和官吏，慌忙从台湾逃亡厦门。在严峻的形势下，主张抗日的清将刘永福率领"黑旗军"收拾残局，组织抗日民众与日本占领军展开了不屈不挠的顽强抵抗。这场没有军饷，没有后援，没有精良武器的抗日战争一直持续到 1896 年 3 月，台湾军民阵亡和罹难多达 14,000 人。而日军为维持这场战争，投入两个半师团的兵力，付出了 10,841 名将士战死和病死的代价。

台湾民众的抗战

台北作战

6 月 19 日，阪井支队在杨梅坜受到抗日军的顽强抵抗，激战持续到 22 日，日军虽然占领了新竹镇，但是没有控制住台北至新竹之间的战势。28 日，三木部

1.10.14　日军台北总督府，成立之初设民政、陆军、海军三局。民政局下置内务、殖产、财务、学务四部。图为沿用清国衙门的总督府西辕门外，飞檐屋顶的建筑群，保留着浓厚的大陆建筑风采。

1.10.15　清国的台湾鸡笼港海关官邸，豪华建筑系西洋式格调，前望海湾背依靠山，是风景秀丽的好地方。此官邸一时充作总督府官舍。官舍背靠后山上的左方，筑有清军海防炮台。

1.10.16　1885年清廷改台湾府为省，在台北设立巡抚衙门，刘铭传为首任巡抚。1891年邵友濂任台湾巡抚。1894年，唐景崧继任台湾巡抚。1895年5月25日出任台湾民主国总统。图为台湾日据时期总督府的内庭。

1.10.17 日本占领台湾以来，反日的战斗不绝。1895 年 12 月下旬至翌年 1 月，北部岛民以台北为中心，在各地掀起抗日高潮。图为台北城头日军守备兵惊恐应战的情形。

1.10.18 彪悍的台湾土著高砂族原住民敌视大清国，长期袭扰清国在台湾的居民，成为清国驻台军队围剿的对象。日军入侵台湾后，高砂族武装为保卫家园与日军展开了殊死抗争，成为日军疯狂滥杀的目标。

1.10.19 面对近代化装备的日军，愤怒的台湾民众，利用自然地貌为屏障，隐藏在森林竹树之中，用最原始的武器袭击来犯之敌。日本正规军无法适应这些看不见对手的游击战法，战伤和风土传染病，严重削弱了作战部队的战斗力。

队两个中队，进攻安平镇被抗日军击退。7月1日，增援的炮兵和工兵参与作战，猛烈轰击抗日军阵地，守军顽强抵抗，日军伤亡不断，进攻失败，被迫遁退中坜。7月9日，抗日军大炮和步队攻击被占领的新竹镇，阪井支队防守至23日，不敌抗日军攻势，放弃新竹镇败退而去。7月12日，山根少将的第二旅团侵攻三角涌和大嵙崁，不料先遣部队陷入抗日军的包围，激烈战斗持续到16日。在后援大部队的救援下，日军得以勉强占领大嵙崁，可是后勤补给线却频频受到攻击，日军占领的地盘非常脆弱。在连续作战失利的局面下，桦山总督不得不向大本营请求向台湾增兵。7月14日，大本营派遣第二师团伏见宫贞爱少将，率麾下混成第四旅团在基隆登陆，近卫师团依仗增援强势，于22日至25日实施第一阶段扫荡作战。台北、中坜、大嵙崁、溪河孟一带的抗日军根据地遭到毁灭性打击。数千家屋被焚烧，数百抗日将士阵亡，大量平民百姓惨遭日军杀害。29日，日军对海山口至新竹一带和大嵙崁至新埔街一带实施第二阶段扫荡作战，台日两军在龙滩坡发生激战，8月2日抗日军被迫撤退。两次扫荡作战之后，抗日军所剩不足千人，被迫移师客仔山南方一带山顶，构筑堡垒战壕继续抵抗日军的进攻。8日，日军攻陷客仔山抗日军阵地，14日占领苗栗，完成了北部扫荡作战。一月有余的作战，日军战死159人，因水土不服而患病减员1,108人，死亡总数1,267人。

台中作战

桦山总督平定北部后，下令南下镇定台湾中部。8月17日命令近卫师团进军台中，占领彰化。21日至26日分别占领大甲、牛骂头、大肚街，28日进攻彰化。由于日军实力得到充分增强，疲惫无援的抗日军被迫向台湾南部撤退。日军攻到北斗镇后，恐孤军深入，停止了进军，部队在台中修整至9月28日。中部作战日军战死16名，患病死亡者1,307名，病死人数占总死亡数的98.8%。

8月20日，大本营为扩展台南攻略，新任命高岛鞆之助中将为副总督，于9月11日抵达台湾组编南进军。29日，高岛命令近卫师团分四路南下，川村少将前卫部队路线为：树仔脚庄、莿桐巷、他里雾街、大莆林、打猫街。阪井大佐右翼部队路线为：西螺街、土库街、后壁店庄、双溪口庄、番仔庄。内藤大佐左翼路线为：树仔脚庄、施瓜寮庄、斗六街、牛厄湾庄、林仔头庄、山仔脚。第二旅团司令部基干本队路线为：北斗、莿桐巷、大莆。10月7日，各路部队相继遭遇抗日军顽强抵抗，他里雾街战斗中，约3,000人抗日军被击退，日军15人战死，抗日军350人阵亡。土库战斗400人抗日军被击退，约80人阵亡。左翼部队树仔脚庄战斗，第一阵地1,000人、第二阵地3,000名抗日军被击溃，日军占领了云林镇。战斗中，日军战死

5人、负伤10人，抗日军200余人战死。8日，抗日军和日军在双溪口附近激战，日军战死1人、负伤16人，抗日军阵亡210人。为了剿灭抗日军，右翼日军在西螺街、土库街放火，焚烧了整个街市的房屋建筑。9日清晨，日军包围嘉义，向城内1,000余名抗日军发动总攻击。结果抗日军70余人战死、200余人被俘，其余战士败退或隐入民间。日军占领嘉义后，供给线仍然不断遭到抗日军的袭击，至10月15日为止，日军有33名士兵战死。嘉义战斗惨烈至极，抗日军遭受重大伤亡，但其中多数阵亡者是抗日军村寨的百姓，在日军扫荡中作为抗日军属一并被杀害。

1.10.20 台湾人为保卫自己的家园，在失去清政府支援的状况下，自行组织抗日武装，运用游击战法袭击来犯日军。照片中的抗日游击队，已经不同程度装备了枪械武器。

台南作战

联合作战的日本海军，10月10日派遣俘获的清舰"济远"号，参加台湾嘉义市布袋口登陆作战。舰炮猛烈轰击抗日军的海防阵地，日军混成第四旅团虽然抢滩登陆成功，却遭到500名抗日军的迎头痛击。在台南盐水溪、头竹围、杜仔头庄、东石港，日军士兵24人、军夫37人战死。16日在蚵寮，日军与4,600人的抗日军遭遇，结果抗日军败走，日军6人阵亡。

参加旅顺作战的第二师团旅团长乃木少将荣升中将后，率领第二师团前往台湾战区作战，10月11日乘八重山舰在台湾南部的枋寮村登陆。第二师团依仗舰炮火力支援，企图占领茄苳脚、盐仔新打港一线，遭到茄苳脚抗日军的勇猛抵抗。乃木部队被抗日军包围，死伤续出，日军恼羞成怒，放火烧掉村内民房，杀害大量无辜民众后突围。

13日，日军步兵第17联队第10中队进入东石镇，受到当地长老及村民的欢

1.10.21 台湾民众为保卫家乡，与侵台日军展开了不屈的战斗。图为台湾人夜袭台北城，火烧城楼的图画，描绘了台湾人不畏强敌的精神。

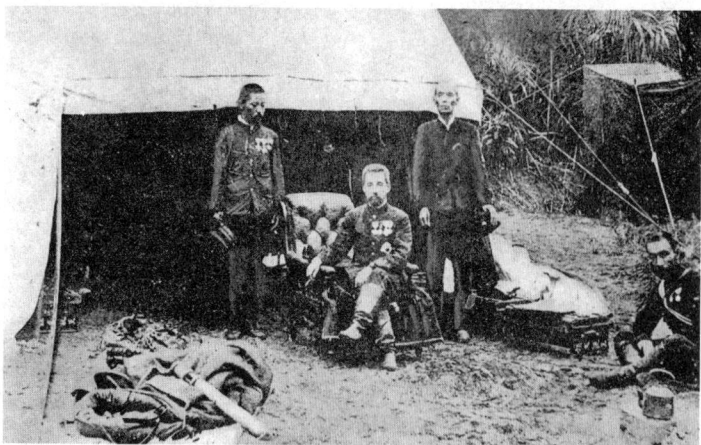

1.10.22 北白川宫能久亲王，系日本皇族、近卫师团长。1895年6月率近卫师团入台湾作战，期间身染疟疾抱病死亡。另一传说是遭受抗日军袭击身亡，为怕影响士气谓之病死。北白川宫能久受到国葬礼遇。

迎，就在日军失去警惕之时，被约1,000人的抗日军包围，双方展开了激烈的战斗。日军组织数次突围均未成功，伤亡增大，弹药缺乏，战斗一直僵持到翌日援军到来，抗日军被迫撤退才告结束。日军战死9人、负伤10人，抗日军60人阵亡。15日，日军占领打狗炮台，16日，占领凤凰城。在此期间日军粮食运输队，遭到抗日军袭击，4名士兵和军夫战死。

10月11日至16日的战斗，日军战死13人、负伤86人；与日军交战的抗日军7,900人中，战死815人。10月11日，在茄苳脚500人抗日军的步炮联合部队和拥有重型火力的日军展开炮阵对射战，日军战死14人、负伤55人；抗日军80余人战死。在日军的重型火力面前，抗日军的轻武器呈明显劣势。南部作战从9月29日至10月16日的半个月里，日军患病死亡的士兵达553人，近卫军第二旅团长山根信成少将也病死在彰化第二野战病院。

台湾作战以来遇到的强烈抵抗，使日军终于觉悟到一个事实，奋起的抗日军不是想象中清国本土的那群"腐军弱兵"，而是有组织纪律、勇猛果敢、战斗意志高昂的军队。抗日军把部队分成千人或五百人规模的战斗单位，不但运用游击战专攻日军薄弱环节，而且占据有利地形构筑工事堡垒，与日军展开阵地战。日军对地形不熟，且得不到当地民众支持，许多村寨长年为防御土匪高筑的砖瓦围墙到处布满了枪眼，坚固的村落要塞和有抗争经验的住民，使日军经常陷入作战困境。抗日军民拼死抵抗日军，是因为他们当中绝大多数村民来自福建和广东的移民，为了生存他们必须拼死保护数百年勤劳开垦的土地和用血汗筑成的家园。作为明朝以后的外来移民，他们经常受到原住民的骚扰，强烈的自我防御意识和战斗意志，造就了一支勇猛善战的队伍。当外来侵略者占领他们的家园时，拼死抵抗就成为他们唯一的选择。

占领台湾

自 1895 年 7 月下旬起，日本驻台湾总督桦山资纪开始与刘永福多次书信往来，劝其放下武器，和平解决台湾问题，刘永福复函阐明立场，拒绝投降。往来信件的措辞从温和至严厉，双方战斗逐步升级。10 月，日军攻陷台南以北地域，近卫师团于嘉义、混成第四旅团于布袋、第二师团于凤山城，完成对台南的包围态势。

虽然日军表面呈强弩之势，可是日军各部队已经面临重重困难。作战主力近卫师团，因水土不服而患病呈蔓延之势，士兵病亡数量惊人；辎重粮草运输队的军夫减员达到 40%，粮食和武器供应严重短缺。而刘永福的部队孤军作战没有后方支援，伤亡惨重，早已陷入极端困境。各部队已不成编制，战意动摇，刘永福开始筹划如何伺机从台湾撤退。日军为了防止抗日军从海上脱逃，命令海军舰队连日封锁海岸线，密切监视抗日军的动向。

10 月 19 日，高岛鞆之助司令官下达对台南地区发出总攻击的命令，混成第四旅团在南势角与抗日军发生激烈战斗，日军 20 日晨占领南势角。同日，第五联队与驻守萧垅的 1,500 名抗日军冲突，双方激战长达 5 小时，日军战死 52 人，抗日军兵士阵亡 300 余人。晚 9 时，台南的英国传教士和居民代表来到日本军兵营报知刘永福已经从海上逃走，希望日军尽快入城维持治安。21 日山口支队占领台南，22 日高岛司令官率队入城。

10 月 20 日，刘永福和其子成良等，以重金贿赂英国汽船"多利士"号，藏于煤炭库水桶中躲过临检抵达厦门。24 日，在 6 名武装护卫的保护下，乘汽船"西山"号经

1.10.23 刘永福与桦山往复数信请求议和，派英国人和葡萄牙人使者与日军交涉，遭到拒绝。

1.10.24 刘永福及其子乘英国汽船"多利士"号，躲过日军登船临检，安全抵达厦门。

1.10.25　从 1895 年 3 月日军进入台湾到 1896 年 3 月日军宣布平定台湾为止，台湾军民与日军展开了殊死的战争。战争之惨烈，台湾人之英勇，是清国政府主导的本土战争无法比的。台湾的抗日民众，战死者、被抓捕处刑者，总数达 1,4000 人之众。

汕头前往香港。封锁海上的日本舰队，在安平湾与一艘外国军舰相遇，外国领事登上"吉野"舰，向日舰司令官通告刘永福已经逃走，所辖部队士兵愿意投降。日舰"八重山"号水兵登上一艘德国商船"费斯"号临检，未发现统领刘永福和任何兵器，看似清兵的嫌疑乘客 1,500 余人，未作追究被放行离港。

1895 年 10 月 21 日，日本海军陆战队在安平登陆，占领炮台，约 5000 名刘永福部下向日军投降，降兵将士被放行，乘运输船遣送金门岛。至此，长达 5 个月的对台作战终于落下帷幕。台南作战一个星期，日军战死 52 人，病死 319 人；抗日军阵亡者 1,794 人。

台南陷落，台湾西部平定，抗日军主力消灭，清国在台湾的势力被驱逐，日军占领了台湾。然而事实上台湾的抗日战争远没有结束，台湾南端的恒春以南，台湾东部以及台湾原住民居住的山岳地带仍然与日军处于战斗对峙状态。10 月 28 日，台南作战中的近卫师团长能久亲王北白川宫传染上疟疾病亡，传说是在嘉义南下途中遭到抗日军袭击而死。北白川宫之死以及大批日本军人被病魔夺去生命，使日本人深感台湾的恐怖

1.10.26　1895 年 11 月台湾总督府发布刑规条例，刑分死刑、徒刑、罚金、没收。监狱类型分留置场、被告拘禁场、判决拘禁场。台北县、台中县、台南县、澎湖岛设监狱署和监狱。图为日军执行台湾人死刑的绞刑场。

1.10.27　台湾高砂族是泰雅族、布农族、邹族、赛夏族、排湾族、卑南族、阿美族、雅美族、达悟族、鲁凯族等族的统称，是台湾原住民。清朝统治时期，台湾土著曾与清朝为敌。日据时期抗击日本，受到日军残酷镇压。图为高砂族被奴役劳作的情形。

和不祥。

　　11 月 26 日桦山总督向大本营宣言，台湾业已平定，日本对台战争结束。12 月 6 日，南进日军的编制解除，13 日至 22 日之间，近卫师团从打狗港出发，匆匆撤回日本东京。但那阴魂不散的病魔，依旧顽固地追逐着军事占领下的日本殖民统治者。从 1895 年 10 月 26 日至 1896 年 5 月短短六七个月，台湾更换了三任总督。第三代总督乃木希典的 69 岁母亲也在台湾死于疟疾。

　　1896 年 1 月 1 日，日本在台湾正式实施日本语教育，力图在文化上同化台湾。台湾人为维护数百年自身的文化和生活方式，与日本殖民者进行了长期抗争，各地民众反日斗争蜂起，并不断升级，台湾总督深感兵力单薄，请求大本营增兵。1 月 11 日，大久保春野少将率领第七旅团抵达基隆，19 日对宜兰一带的反日力量实施镇压。3 月 11 日，大本营新编三个台湾守备混成旅，对岛内抗日势力进行大规模讨伐，日军最终以 160 人阵亡的代价，结束了旷日已久的对台作战。

　　日军侵台战争之惨烈，远远超过清国本土的作战规模，在保卫台南的防御战中，刘永福的抗日军用尽军资，弹尽粮绝，靠野菜和田鼠肉充饥，与日军浴血奋战，被日军赞誉为"有热血男儿意气的勇士"。台湾人面对凶残的日军，在绝境中孤军奋战了十年。从 1895 年日军侵台开始，到 1916 年日军完全平定台湾为止，清国原驻军以及台湾地方武装等抗日力量约 33,000 余人，与日军展开了殊死的抗争。战争中台湾军民死亡总数达 17,000 余人。日台战争日军先后向台湾投入兵力 49,835 人，军夫和佣役 26,214 人。战斗死亡数 1,988 人，感染疾病而死 7,604 人，合计 9,592 人。包括其他死因在内者合计 10,841 人。日本付出重大代价夺取了台湾。

　　1896 年 4 月 1 日，日本台湾作战结束。1895 年 6 月 17 日下午 3 时，台北原清国巡抚行衙门上升起了日本国旗，日本近代第一块殖民地诞生。仇日的汉人将日本国旗嘲讽为"膏药旗"，亦有汉家诗人美其名曰"一轮映天红日冉冉升起。"这面象征殖民统治的国旗，经过五十年的漫长岁月，伴随 1945 年日本的败战，永远降落了下来。

附　劝降刘永福始末

1895 年 7 月，台湾总督桦山资纪给刘永福写了一封劝降书，被刘永福拒绝。双方经过三个月的浴血战斗，日军伤亡病亡惨重，大本营不断向台湾增兵。刘永福率领的抗日军，在朝廷拒绝援助的情况下，伤亡巨大士气低落，残余部队面临最后一搏。10 月 10 日刘永福委托英国军舰"比库"号向日舰队司令官转交了媾和信，此信于 11 日转送给南进军司令官高岛鞆之助。12 日刘永福的使者携带媾和信，再前往日舰队"吉野"号议和，遭到舰队司令官的拒绝。12 日两名英国使者受刘永福之托，携带媾和信前往陆军近卫师团议和，亦被师团长拒绝。此后，日军对台南展开全面进攻，刘永福军损失巨大，众劝之下逃离台湾，前往厦门。

书信 1　台湾总督桦山资纪给刘永福的劝降书

劝降书于光绪二十一年七月初四午刻，由英国兵轮送至台南，封面书"刘君永福足下"，封背书"明治二十八年六月二十五日"。（注：足下系日本语书信敬称）

大日本国台湾总督海军大将子爵桦山资纪呈书刘永福足下：

自从客岁，大日本国与大清国构难也，清国海陆之前军每战不利，其出外之师败于牙山，溃于平壤，覆于黄海，旅顺之要隘、威海之重地，相寻而陷，北洋水师之兵轮覆没殆尽，燕京之命运岌岌乎在于旦夕之间。于是乎大清国皇帝钦差大臣李鸿章及李经芳与本总督相会于基隆，完清本岛并澎湖列岛授受之约。本总督乃开府台北抚绥民庶，整理政务，凡百之事，将就其绪。乃闻足下尚据台南，漫弄干戈，会此全局奠定之运，独以无援之孤军把守边陬之城池，大势之不可为，不待智者而可知矣。

足下才雄名高，能明理事，精通万国公法；然而背戾大清国皇帝之圣旨，徒学顽愚之为，本总督窃为足下惜焉！若能体大清国皇帝圣旨之所在，速战兵戈，使民庶安堵，则本总督特奏大日本国皇帝，待以将礼，送还清国，各部将卒亦当宥恕其罪，遣还原籍。既基隆、台北、宜兰及沪尾之地现收容降附残败之清兵，或依官船，或付船资送遣原籍垂八千人。本总督稔闻足下之声名也尚矣，故豫布腹心，告以损逆之理，取舍惟足下之所择，足下请审计之。不宣。

信封盖：大日本帝国台湾总督方印

书信2　刘永福给台湾总督桦山资纪的答复书

大清国钦差帮办台湾防务记名提督军门闽粤南澳总镇府依博德恩巴图鲁刘永福复书大日本国海军大将子爵桦山氏阁下：

接阅来书，甚承奖誉。惟所言战事，语多不悉，今试为足下覼缕言之。

窃维我大清国皇帝圣圣相承，数百年来，仁政覃敷，感被中外。当今皇帝，尤以柔远为怀，故尝遣使各国，结联邻好。至于贵国，同隶亚洲之土，共为唇齿之邦，讲信修睦，久载盟府，宜乎休戚与共，永远勿渝，庶不为他国所窃笑也。不意贵国背盟负义，弃好寻仇，无端而夺我藩封，无端而侵我边境。当是时，中国民臣人人切齿，咸欲灭此朝食，以张我朝廷挞伐之威。适以当轴者衰庸误国，禁止各营接战，免伤和局，致令牙山、平壤、威海、旅顺等处兵机有失，非战之罪也，当局者误之耳。不然，贵国即率倾国之帅，亦未必能入中国境地也。

今四月，我大清皇帝不忍生灵涂炭，乃复大度包容，重修旧好。乃贵国不体我皇上爱民至意，占据台北，纵容兵卒，杀戮焚掳，无所不至，且有准借妇女之示。嗟嗟！民生何辜，遭此荼毒！来书云"开府台北，抚绥民庶"，其即此之谓耶！抑别有所谓善政耶？自古兴国之人，必先施仁布泽而后可得民心。近日台北时疫大作，兵勇死亡甚多，足见贵国日嗜杀人，上干天怒；而足下不悟，反以余背戾大清国皇帝之圣旨，来相诘责，甚矣！何见理之不明也！

台湾隶我中国二百余年矣。先皇帝缔造之初，不知若何经营，若何教养，始得化蛮夷之俗为礼仪之乡。余奉命驻防台湾，当与台湾共存亡；一旦委而弃之，将何以对我先皇于地下？无以对我先皇帝，即无以对我当今皇帝也。将在外，君命有所不受。余岂懵然学古人为哉？况台南百姓遮道攀辕，涕泣请命。余既不敢忘"效死勿去"之语，又何忍视黎庶沉沦之惨？爰整甲兵，以保疆土。台南虽属边陬，然部下数十营，皆经战敢死之士；兼之义民数万，粮饷既足，军械亦精。窃以天之不亡台湾，虽妇孺亦知之。阁下总督全师，为国大将，雄才卓识，超迈寻常，何不上体天心，下揆民意，撤回军旅，归我台北。不唯台湾百姓感戴不忘，而阁下大义昭然千古矣！

书信3　刘永福请和信

大清国帮办台湾防务记名提督军门署福建台湾总镇府刘永福致书大日本国澎

湖水师提督阁下：

贵国桦山君手书当于七月初四收启，复函七月初六经由厦门转寄淡水，按时间计算想必收到。

大清国与贵国开战，业于本年四月间商妥画押大众欢喜，惟条约内有割让台湾之条款，台湾民众皆不愿意割归，纳入贵国版图。当时敝国各官内渡，全台绅民众志已坚，公举本帮办为统领办理台湾防务，惟本帮办未奉大清国皇帝圣旨撤兵，不得已允从绅民所请。把持台湾一岛实乃不易，但为保民起见，非恋此官职以此图利。自台湾开战以来，数月之久百姓受苦，更堪怜悯惨不可言。现本帮办意欲免使百姓死亡受累，愿将台湾让与贵国。先立条约二端。

其一，贵国厚待百姓不可践辱，其台民不论何种人等，均不得加罪残害，须当宽刑省法。

其二，本帮办所部兵勇以及随员人等，亦须厚待不可侮辱，将来须请照会闽浙总督迅速用船载回内地。

此二约乃因保民免致生灵涂炭之苦，并免后日再开战起见。如能见允，目下即能成议，并希即日详细回复。手此谨布。惟照不宣。

书信4 帝国常备舰队司令官有地品之允复刘永福请和信

拜复陈者，台湾降伏之贵墨，于明治二十八年十月十日午后，经英国领事转交阅见。本官预定12日正午到达安平湾，届时请贵官之正当代理者，前来帝国军舰"吉野"号面谈，决定贵下请求降伏之事。我军任务乃讨灭凶贼，绝无伤害无辜之意，故贵军须立即停止炮台炮击等之抵抗。

明治二十八年十月十日帝国常备舰队司令官有地品之允

书信5 南进军司令官陆军中将子爵高岛鞆之助代表台湾总督桦山资纪复刘永福请和信

刘君永福足下：

接阅经由舰队司令官有地中将转来之请和书及有地中将之复函。然，汝其书面毫无降伏谢罪之意，欲以对等国之立场谈判讲和，措辞不逊无礼，对此等使书应当断然斥却。有地中将复函既已交付，现降伏时机稍纵即逝。今本官代表台湾总督桦山资纪给汝复函答复。

本职于今十一日接悉汝托英国军舰"比库"号送呈之手书。依照该书之意，汝欲拟具条件乞和。如今《马关条约》签订，台湾已归入我大日本帝国版图，总督桦山海军大将出于好意，上夙利害顺逆之理，善意陈汝迅速撤兵。然汝当时故意左右托辞斥吾好意，窃据南部台湾之地以至今日。复以唆使所在之匪类，悍然抵抗我王师扰乱本岛，汝实罪魁祸首也。今大军迫于咫尺，汝命在旦夕之际，仍据条件腼然乞和。欲以对等国将领谈判方式议和，殊令本职不解，若汝确实痛悔前非诚意求降，唯有自缚前来哀求本官一途。此后，汝若再发出类似使书，本职一概斥回。并兹奉告。

明治二十八年十月十一日南进军司令官高岛鞆之助

书信 6

10 月 12 日下午 4 时 18 分，刘永福的使者广东人廖恩光携带刘永福书简，来到停泊在安平湾内的"吉野"舰。信内容同书信 3，并曰："按照英国领事前日与贵方交涉之意向，本军门愿意讲和交让台湾。"司令长官阅毕信函，断然拒绝有条件讲和，斥却使者，口授传言与刘永福："本官和外国领事之间毫无任何关系，刘永福若诚意乞降我军门，让其本人 13 日上午 10 时，亲自前来吉野舰具陈真意。"

翌日，安平湾内"吉野"、"秋津洲"、"大和"三舰，等待刘永福前来。至上午 10 时，没有见到刘永福踪影，三舰即刻起锚从该水域出航。

书信 7

10 月 12 日夕，刘永福的两名英国使者，携带刘永福 8 月 23 日书简来到嘉义近卫师团司令部。信内容同书信 3。

近卫师团长答复来使："台湾已系日本领土，日军是在自己之领土上剿灭草贼，自称清国官吏的刘永福，无讲和之理由。"随即让使者返回台南。

书信 8　刘永福给南进军司令官高岛鞆之助的信

帮办台湾防务记名提督军门署福建台湾总镇府刘永福再上书高岛君足下：

午前 7 时，廖代表归来，接悉贵书。书中谓曰本帮办呈书中多有不敬之词，其实非也。7 月接桦山君手书一封，拟定友好议和，谓本帮办若肯退兵内渡，大日本皇帝，当待以将礼，送归内地，本帮办今已愿议和。然而既肯商议和好，今贵军门忽言令我投降，此将何以明信于天下耶？本帮办已准备议和之船，希贵军门再确定和谈之意。贵军门乃大日本国一将官，本帮办亦一将官，既然贵军门已经上陆，如愿开诚和谈，本军门定遣和谈代表前往。本帮办唯人民生灵免遭涂炭为大义，始出于此和议。倘若我等再战，双方死伤不能保全，何谈民之爱恤。为怜惜两国兵民，请贵官一言决断，故特此复书和议耳。

　　再启，若再战，其胜败之数不可预料，即便本帮办不能取胜于此战，亦可率旧部退入内山（蕃地），或尚可支持数年，且不时出战，此地岂能安居乎？何况世态尚难逆料也。今八月十三日，本官刚收悉大清国委员交割台湾之文书，于是拟行和议急于内渡。若贵官执意不允诺议和，唯只有一战到底耳。故恳请贵军门谨慎思虑，盼复贵书，以便吾等有应战之备。

光绪二十一年八月二十五日

第二章

清日战争观

2.1 近代军备

近代清国军队

　　清朝建国以来，皇帝作为最高统帅君临国家的武装力量。清国早期的军队体系是八旗制，八旗军的兵力总数 20 万，最初，士兵成分主要由满族旗人构成，后来不断扩充，分为满八旗、蒙古八旗和汉八旗三支。清军入关后，组建了以汉人为中心的绿营军，总兵力达 50 万人。在此后两百多年的时间里，清朝的军队编制及教育一直沿用旧有体制，没有改革和创新，到了清朝末期，军队已经退化严重，腐弱不堪，失去了抗敌御侮的能力。两次鸦片战争的失败，使清国注意到战争工具的落后，开始大力引进西方的先进武器装备军队。到了清日战争时，由绿营军演化而来的勇军和练军，在近代武器装备下成为朝廷对外作战的主力。而八旗军作为朝廷传统的御林军，只负责皇室和京畿地区的安全。

　　勇军始于嘉庆年间（1796—1820），由地方武装发展而来。勇军不属于国家正规军，有乡勇、楚勇、湘勇、淮勇，在平叛白莲教反乱中有功于朝廷。乱匪剿灭后，大部分勇军被解散，部分壮兵转编为湘淮军，并在太平天国运动中立下赫赫战功。练军始于同治年间（1862—1874），是从退化的八旗军和绿营军中选拔

2.1.01　19 世纪德国克鲁伯是欧洲著名的兵工厂，大炮技术名冠全球。克鲁伯与清国李鸿章曾结下深厚情谊，清国是克鲁伯最大主顾之一。同样，日本陆海军也装备有克鲁伯炮械。图为克鲁伯大口径炮身车间情景。

2.1.02 1865年，李鸿章等人在上海创办江南机器制造总局，该局有外国技师18人，技工千余人，役夫2万余人。是清国兴办的四十多个兵工厂中最有影响的一个，亦是近代中国最重要的军工企业之一。图为江南机器制造总局大炮制造车间原貌。

出的健壮士卒组成，改称"练军"。北洋大臣旗下的练军，按照湘淮军的"营哨""饷章"整编军制，招聘西方国家的军事顾问训练部队，武器装备较多采用西洋枪炮，成为近代清国军队的精锐。

1866年，清政府在福州设立第一所海军军事学校"福州船政学堂"，1880年"北洋水师学堂"在天津开校。至清日战争前，"江南操炮学堂"、"天津武备学堂"、"黄埔水师学堂"等15所军事院校先后成立。1875—1895年间，清国派往英、美、法等国的军事留学生达百余人。清国还组织翻译了英、美、法、德、俄等军事强国的兵制、军队训练、海防配置、军费开支、临阵用兵、兵器制造、战斗操法等七十余种军事著作。北洋水师二十余艘舰船皆任用有留洋经历的人才担任管带，形成有西方海军特征的清国海军。留学英国的"定远"旗舰管带刘步蟾，参考西洋军制撰写的《北洋水师章程》，成为清国舰队的建军宗旨，受到欧美海军界的关注和赞赏。清政府还从欧洲聘用军事人才，帮助训练指导清国海军。

清国军队有史以来实行佣兵制度，官兵服役大多是为了获得军饷。大多数士卒兵勇是来自没有特权的贫困家庭，从军成为穷人躲避饥饿、解决温饱的一种特殊"职业"。佣兵制度下的军队没有明确的服役年限，军中老年、壮年、青年人混杂，士兵的年龄和经验参差不齐，

2.1.03 从1893年至清日战争开战为止，江南机器制造总局共仿造德国速射炮12门。图为造炮车间，工人正在操作进口大型卧式车床，切削大炮部件。

难以承担相同的军事任务。在长期和平的环境下，军队中滋生各种不良风气，将士逐渐失去了实际作战的能力。清日战争的实践证明，清国军队已经完全没有抵御外来侵略的战斗能力。光绪三十年（1905），清国吸取清日战争失败的教训，仿照外国兵制进行军制改革，制定出以"常备兵"、"续备兵"、"后备兵"三种兵役为代表的清国式兵役制度，但是仍然沿袭饷银佣兵的制度。

1880年，李鸿章奉旨筹办北洋海军，大力采购欧洲近代舰船，兴建海防要塞。李鸿章对建设海防体系颇有见地，主张"水陆相依"，他强调："水师以船为用，以炮台为体，若有兵船而无炮台庇护，则兵船弹药、煤、水耗尽，必为敌所夺。有池、坞、厂、栈而无后炮台，亦必为敌所夺，故炮台与水师极宜并举。"在德国和英国军事顾问的帮助下，北洋海军修建了旅顺口、大连湾、威海卫永久炮台群，以及为舰队服务的船坞修理所、鱼雷制造局、栈桥等专用设施。炮台装备德国炮为主的远、近程海岸炮，大炮多为口径35厘米、28厘米、24厘米、21厘米、15厘米、12厘米不等的克鲁伯后膛填弹钢炮，重型炮配置升降机械辅助填弹装置。炮台位置设计互成犄角阵势，能发射穿甲弹、榴霰弹等轻重型弹种，交叉攻击敌舰。清国海防永固型防御体系的建设，大大强化了清国海岸的防御能力，舰队在港湾内的停泊安全得到保障。

清国近代军事变革的潮流中，缺少战略和战术意义上的远见，使清国在和日本的军备竞赛中逐渐落后。清国在引进西式武器过程中，没有章法、各自为政，进口装备种类繁多、五花八门，营中新旧兵器混杂情况严重。通过日本在平壤、九连城、缸瓦寨、辽阳、海城、牛庄、营口、田庄台等处的战斗中缴获的清军武器弹药统计可见，清军装备混乱状况十分严重。安徽廪生朱照在给张之洞的《上张香涛制府条陈平倭事宜书》中写道："炮则有格林、阿姆斯脱郎、克虏伯、田鸡炮、开花炮等种，枪则有新旧毛瑟、林明敦并中国自制之快利枪，名色繁多，殆难指屈。夫枪炮一种有一种之弹药，即一种有一种之施放之法。弹药或误，则与枪炮格格不入，或大或小，或长或短，或松或紧，皆不适于用，则有器与无器等。中国海军兵轮所用之炮，如格林、克虏伯等，一艘必有数种，此炮之弹或误入他炮，则必不能开放；重新取易，愈觉劳费，迟误稽延，多由于此。陆营兵士或持毛瑟，或持林明敦，或持快利等枪，临阵往往有枪与弹不合之弊。盖由常兵入伍者多系椎野粗卤之夫，不能一一辨认；间有一二老于兵者，虽有认识，而仓促时或信手误携，贻害匪浅。况种类繁多，即营官、哨弁尚有不能尽识者哉。"亦有报告："军内配备之马梯尼枪弹丸有四五种规格之多，制造局内尚存二十年前旧弹丸八十万粒，毛瑟枪弹丸六十六万粒，不合膛或失效弹丸高达百分之七十以上。"

2.1.04　旅顺大船坞是清国为北洋海军所修建，其左侧连接旅顺港湾；左下四栋围起来的建筑是船坞局；北岸有伸向海中的大栈桥；西侧山丘上是椅子山炮台，正面大山是白玉山。

清国军队不仅枪炮武器装备中存在诸多问题，在后勤、医疗、食品、输送等领域内的战争储备同样存在致命伤，很难应对一场近代战争。清国虽然兴建了亚洲最强大的要塞炮群，但海岸炮台只强调正面攻击力，而忽略后路防御。战争中，日军屡屡从后路迂回夺取炮台，轻易摧毁了李鸿章舰船和炮台相互庇护的作战构想。清国军队的军事改革只学到西方军事的皮毛，没有真正掌握近代西方军队的建军思想和原则，并因此在清日战争中付出了巨大代价。

大清王朝的统治经过二百五十年的兴衰起伏，清初的尚武精神已经所剩无几。朝廷唯恐将领拥兵自重，在军队中设立了文官和武官两重管理制度。武官的权力和地位被不断削弱，在朝廷中的地位明显低于文官。地方战略决策权掌握在属于文职系统的总督、巡抚手中；武官只是战术上的指挥官。战事发生时，各省总督临时任命调动将军参战，文武官员间经常出现作战思维和战法构想相悖的状况。李鸿章身为大清国直隶总督兼北洋通商大臣，是政务官员；又是主理北洋外交事务的外交官，同时还担任对日作战的总司令官，国家政军体制混乱，这样的体制构造对一场关系国家生死存亡的重大战争来说，无疑是有违近代战争规律的致命错误。

近代日本军队

兵役制

庆应四年（1868）日本国改元"明治"，开始了"明治维新"。维新政府下的各藩阀兵权奉还天皇，军队合编成明治新军，施行天皇敕令下的"国军"军政体制。明治维新废除了旧的士、农、工、商（四民）差别的封建制度，允许平民名前冠姓，

2.1.05　旅顺大船坞可以停泊多艘大型军舰，是舰队补给的重要场所。中央部建筑是海军公署、关帝庙、三官庙、北洋医院，后方连接的山丘有二龙山炮台和松树山炮台。

允许平民居住、职业、结婚自由。军内长老山县有朋，倡导在"四民平等"原则下"全民皆兵"的建军方针。明治六年（1873）一月十日天皇颁布"征兵令"，将"四民平等原则"贯彻到兵役制度中，规定日本男性公民不论贫富贵贱、地位高低，都有为国服兵役的义务。日清战争中，日本皇室与国民履行相同的兵役义务，多名适合兵役条件的皇室成员入伍，参加了战争。

明治国家早期兵役制度，常备军三年（在营）；第一后备军两年（每年召集一次训练）；第二后备军两年（专务家业）。17岁至40岁男子中未服兵役者，皆为国民军（战争爆发时本地域内守备）。明治二十二年一月，为适应扩军的需要，发布了明治新"征兵令"。凡年满17岁至40岁的男性国民，有义务承担国家的兵役。兵役义务分四个阶段，第一"现役"，年满20岁者服现役三年。第二"预备役"，现役期满者服预备役四年四个月。第三"后备役"，预备役期满者服后备役五年。第四"国民兵役"，年满17岁至年满20岁以及预备役期满至40岁者为国民兵役。日本国民的兵役义务，现役、预备役、后备役、国民兵役，满期合计23年。1893年，日本修订战时兵役编制，现役、预备役、后备役，构成国军的野战部队、守备部队、补充部队的兵源。

明治维新的兵役制度，彻底改造了旧藩阀的军队体制，成为"国家军队"最重要的法律支柱。政府设置兵部省（国防省），采用法国式军制改编军队，大力扶植军校教育体制，严格接受西方军事思想的训练。兴建陆军屯兵营地、海陆军士官和将校培养军校、兵器弹药制作所、军队专属医院。在"国家军队"意识统合下，把江户时代续存的尚武精神与近代国军意识融合起来，建设成有极高战斗素养的近代国家军事集团。明治维新导入"国家"和"国民"的概念，把国民和

2.1.06 旅顺东港大船坞，长138米，宽41米，深12.6米，港池四周用山东方石砌成。坞周边有铁路连接，三面配备大型起重机及煤炭输送机，坞周围山丘上设有数座炮台。

2.1.07 旅顺口造船所，位于港北端，是维修保养战舰的重要设施。造船所内船坞配备强力排注水系统。周围有官房、木工厂、铜工厂、铸造厂、炼铁厂、气罐室、发电机室、起重机、海军公所、大栈桥等设施。

国家捆绑在共同生存的精神支柱上，形成军、民、国一体化的"天皇的国家军队"。

陆 军

1889年，陆军发布《野战教范条例》，提出炮兵是战场"主兵"的概念。炮兵作为未来战争的"战斗骨干"开始在军事思想中定位，推动了炮兵兵种空前发展的势头。陆军野战教范采用欧洲炮兵炮术战法，炮兵学校讲义导入"弹道学"课程，聘请意大利武官布拉加尼讲习弹道学，开创了日本弹道学理论基础。弹道学科理论不但在陆军广泛采用，也是当时海军舰炮唯一的弹道理论教程。此后，日本武田大佐又提出了本国的弹道学理论，在陆海军炮兵中推广。炮兵弹道学的应用，使日军炮兵发展迅速，一举跨入炮兵先进国家行列。

日本陆军的炮兵制式，采用野炮还是山炮，在军中出现过严重意见分歧。野

2.1.08 北洋水师鱼雷局设在距馒头山不远的鱼雷制造所内，有鱼雷营、布雷营，拥有当时东亚最强的水上机雷作战体系。图为旅顺陷落后，日本海军从陆军手中接管鱼雷局驻防。

2.1.09 旅顺鱼雷局负责北洋水师鱼雷制造、储存、供给。局内划分鱼雷制造所、设计制图室、机械工作室、鱼雷储存库、教习讲堂等部门。鱼雷局常时有300职工，拥有先进的西洋式鱼雷管理系统。

2.1.10 德国人设计的"大栈桥"码头，在大连、旅顺、威海卫、天津均有同类型的栈桥。图中大连湾柳树屯大栈桥，伸向海湾长达600米，宽4米，栈桥有龙门吊一座，水深能停泊各种规格战舰，能快速完成军需补给。

炮论者小川又次中将强调"炮火威力优先论",山炮论者德国教官梅克鲁主张"炮械机动性优先论"。两人在东京炮兵将校研究会上力陈己见、互不相让,最终陆军大臣大山严折中了双方的观点,采用了野炮和山炮混用方案。日清战争中,师团炮兵联队混用野炮、山炮,获得良好的战果,证明野炮和山炮混合使用具有火力和机动性兼备的战术功能。虽然9厘米臼炮、15厘米臼炮、8厘米加农炮、9厘米加农炮、12厘米加农炮等中大口径炮械,也有少数参加日清战争的记录,但这些炮类没有留下值得赞誉的功绩。反倒是小口径7.5厘米马驮可分解山炮、7.5厘米马拉野炮在战争中战果显著。

近代早期炮械受火药技术的限制,炮弹射出后硝烟弥漫,极易暴露炮队位置,为此炮兵不惜采用暴露自身,先发制人的手段,先于对手进行炮击,颇有成效。日军炮弹多采用榴霰弹,以杀伤敌军地表目标为目的,弹内携带新式起爆引信,弹头在到达敌阵地上空时爆炸,能有效杀伤地表敌军,成为炮兵制敌的一大优势。榴霰弹的威力震撼,被清军谓之"天弹",日军大炮一响,清军阵地的士兵就会立即出现恐慌和动摇。

战前,日本陆军已经发展到六个师团和一个近卫师团的规模,总人数123,047名,马38,009匹。上等兵以下战斗人员总数63,360人、骑兵2,121人,野炮168门,山炮72门。配置有多兵种编制,多方位后方支援建制,全天候军夫机动队,组成集兵站、通信、卫生、情报为一体的近代作战体系。

2.1.11 两艘悬挂德国商船旗的巨舰"定远"、"镇远"姊妹舰,是清国近代海军扩张的象征。由于清法战争爆发,德国作为战争中立国,命两艘归国途中的巨舰返回德国港。照片是两舰再度出航归国的照片,近前舰是镇远舰,背后舰是定远舰,舰上装备舰载鱼雷艇一艘。

海 军

日本系岛国,四面环海的地理条件决定了建设强大的海防要塞成为明治政府政治、军事发展的既定方针。面对清国强大的北洋舰队,日本感到窒息和压抑,决心发展近代海军,加快海防建设的步伐。可是日本同时并举海防建设和扩张海军舰队,庞大军费预算远远超出日本政府的财政能力。面临这一大难题,明治天皇率先从宫内经费中下赐御内帑金,支援国家

2.1.12 清国新购战舰"致远"号,在德国造船厂下水前的情形。船上悬挂国旗,船尾镶有清国海军标志的龙形铭牌。动力系统采用双引擎螺旋桨驱动,是同时代最新型战舰。

2.1.13　明治三年（1870）二月，日本政府于东京设置"造兵司"，同年归属关口制造所，明治十二年改为东京炮兵工厂，主要生产枪械和枪弹，归陆军大臣管辖。炮厂设相关教育机构，早期设置东京炮兵工厂学舍，明治二十三年（1890）改为陆军炮兵工科学舍，明治二十九年（1896）改称陆军炮兵工科学校。大正十二年（1924）关东大地震后，东京炮兵工厂改为陆军造兵厂，直属陆军大臣管辖。图为明治时代东京炮兵工厂分厂门前的景象。

海防建设。全国有志者在天皇恩惠感召下纷纷响应追随，总计捐献海防金 230 万日圆。明治二十年（1887）至明治二十五年（1892），全国各要塞装备的海防火炮总数达 212 门，除两门大炮从外国购入外，其余全部是大阪炮兵工厂用献纳金制造的。国家用献金款制造的大炮，尾部刻有"献纳"文字标识，以向捐纳者表示敬意，并向献金者授予"黄绶褒奖章"，表彰他们为国家作出的贡献。

联合舰队主力战舰"吉野"号，是为对抗清国北洋舰队，日本倾国力向英国定购的最新锐战舰。整个定购过程于 1891 年企画，1892 年 3 月 1 日开工，1893 年 9 月 30 日服役。战舰由英国阿姆斯特朗兵工厂制造，使用新型蒸汽机驱动，航速 23 节，是世界上最快速的装甲巡洋舰。舰上火力配备 15.2 厘米阿姆斯特朗速射炮 4 门，12 厘米速射炮 8 门，4.7 厘米哈乞开斯机关炮 22 门，36 厘米鱼雷发射管 5 具。水平部装甲 45 毫米、倾斜部 115 毫米、防盾 115 毫米。政府动员全国官民的一切力量募捐集资，明治天皇也省吃俭用捐赠皇室用度，最终买下了这艘价格不菲的战舰，吉野舰的编入大幅提升了日本舰队的作战实力。

日本为对抗清国战舰"定远"、"镇远"

2.1.14　大阪炮兵工厂设立于明治二十二年（1889），在近代战争理念主导下，陆军追随西洋军事战术，提出炮兵是战场"主兵"的概念，炮兵作为未来战争的"战斗骨干"开始在建军思想中定位。大阪炮兵工厂区别于东京炮兵工厂，主要制造炮械和炮弹。图为大阪炮兵工厂的辐辏厂青屋门远眺。

的巨炮威胁，采用法国造船技术建造了三艘松岛级巡洋舰，并用日本国内绝色佳景"陆奥松岛"、"安芸严岛"、"丹后天桥立"，命名为"松岛""严岛""桥立"，海军美其名曰"三景舰"。"三景舰"上装备巨炮，超过"定远"、"镇远"30.5厘米巨炮的口径。但是三景舰的32厘米巨炮在海战中没有发挥预想的作战性能，打败清国舰队实际上是倚仗速射炮强大的速射火力和舰队机敏的运动战法。战后，日本海军通过分析得出清国"定远"、"镇远"舰的30.5厘米主炮优于日舰32厘米主炮的结论，在以后的新造舰上，均采用30.5厘米炮作为主炮标准。

日清开战时，日本海军联合舰队的军舰已经达到可以与清国舰队匹敌的数量：炮舰数28艘，吨位57,631吨；水雷艇24艘，吨位1,475吨，合计舰艇52艘，总吨位59,106吨。联合舰队人才济济，大多数舰长是毕业于西洋军事院校的优秀人才，他们成为日本海军的最重要力量。

2.1.15　大阪炮兵工厂拥有数千名工人，厂方制定《职工规则》、《职工惩戒规则》、《职工过怠金概则》等措施，强化企业管理，向战斗部队提供了大量国产近代化优质炮械。图为厂内车床车间的作业场面。

2.1.16　明治十六年（1883），大阪炮兵工厂聘请意大利技术顾问指导完成了国产青铜铸造炮第一门。1886年陆续装备陆军野战部队。图中大阪炮兵工厂生产的7.5厘米口径的山野炮身，俗称"七厘山炮"。

军夫体制

明治军队编制中的"军夫"是一支与正规军人不同的集团，在日清战争中起到了举足轻重的作用。军夫起源于江户时代，是藩阀军后勤补给部门的编制，通称"阵夫"。当时江户百姓每年负担国家规定的年贡和国役，而阵夫役本身就相当一种国役，属于既有收入又履行国役的人气职业，但也伴有战争伤亡的风险。明治维新以后，日本军队引入西方近代军制，模仿德法两国兵站编制，使用更多的近代化手段运送载荷，突出了先进技术的应用价值。

日军远赴国外作战时，受地理环境等因素的影响，物资运输面临许多新的考验和问题，迫使日军重新起用"军夫"，担任向前线部队输送辎重、弹药、粮草、救护等后勤保障任务。军夫的雇用采取军方和民间契约的承包制，承包业者协助军兵站包揽军队战时需求的马匹征集、物资调集、被服供给、武器搬运、军夫管

2.1.17 "七厘野炮"是日本陆军火力最强的火炮。日清战争中，由于朝鲜道路崎岖，野炮没有发挥预想的作战优势。而可以拆装的马驮式山炮，表现出显著的机动性。图为大阪炮厂量产的野炮炮车。

2.1.18 明治时代在英国等先进国家影响下，日本铁路发生了巨大变迁，铁路经营和蒸汽机车技术的国产化，加速了日本铁路网的建设。图为日清战争时，日军运送士兵和物资的主力蒸汽机车。

2.1.19 宇品港是位于广岛的优良外港，由县令千田贞晓规划修建，明治二十二年（1889）完成。日清战争开始时，从广岛火车站至宇品港铺设了军用线路，成为国内向海外输送兵员和物资的重要港口。战争大本营和天皇坐镇广岛，更突出了宇品港的政治和军事地位。广岛市宇品港之图描绘了战时港湾忙碌的场景。

理等复杂的业务。在马匹车辆不能到达的地方，军夫用"驮马队"或"背负子队"（人力肩担背扛），完成艰难地段的运输业务。虽然军夫的职能主要是单纯体力劳动，但是薪水收入远高于正规军士兵的津贴。而且军夫在受雇用前没有受到专门军政教育训练，从军者中不乏地痞、流氓、赌徒等不务正业者，成为战争中违反军纪的突出代表，给部队管理带来诸多困难。

战场上军夫存在的纪律问题，很快引起陆军省法官部的注意。1894 年 8 月 27 日，儿玉源太郎陆军次官强调指出："军夫没有军人的素质，没有军纪习惯，任务执行中无法按照军人的标准来约束。""军夫缺少文明的人格，在敌国作战容易作出有伤我军名誉的行为。对发生劣迹的军夫必须施以严罚、解雇、减薪的纪律。"10 月22 日，日军越过鸭绿江进入清国，第一军司令官山县有朋发出训示："日军侵入清国领地时的重要一点，是要管好自己的士兵和军夫，对他们必须严格训诫。作为文明国家的军队，厉行军纪乃我军天职所在，绝不能让害群之马乱暴胡来。那些缺少军队教养的军夫，只是以赚钱为目的从军，如今数万后勤支援的军夫与野战军共同作战，军纪上会成为我军的累赘，甚至妨碍正常的作战秩序。因此，对在战场上烧民屋者、掠民财物者、羞辱妇女者，必须军法从事，赶出神圣的战场。"战争中，军夫的表现如上官预料一样，尤其在违反风俗军纪的数量上远超过正规士兵，酗酒赌博、打架斗殴、偷骗财物、侵扰妇女、战场逃兵，很大程度上损害了明治军队的文明形象。

在战争中组织军夫担负作战部队物质输送的重要任务，这种方式在各国军队中都曾经使用过。日本采用的是高薪雇用制，国内的军夫每日薪水 40 钱，出征海外的军夫每日薪水 50—70 钱，饭食、衣类和住宿自理。战场上的军夫，穿戴江户时代式样的防寒服和裤子，佩戴护手护脚，头戴日式斗笠，脚穿草鞋，粗衣粗食，时常以盐为菜，在恶劣环境中肩负繁重的劳动。军人所到之处有帐篷栖息，军夫则没有这样的设备，只能自己寻找遮寒场所。1894 年 12 月 12 日《东京日日新闻》报道，仅一两日就有二十余军夫在严寒中冻死。而且，军夫每日的收入都明文规定上交 5 钱，是军夫承包商的中介费。

日清战争中，担任朝鲜半岛、辽东半岛、山东半岛作战任务的日军第一、第二、第三、第五师团，均配置了军夫编制。战时一个师团的编制人员约 18,500 人，马 5,600 匹，其中军夫人数占编制总数的 26.7%。战争中，军夫的伤亡在日军伤亡总数中占较大比例，然而日本在日清战争统计中，人为地忽略了军夫的伤亡数。根据获得战争抚恤金"恩给"的记载，军夫阵亡 7,000—8,000 人，其中绝大部分死于疾病，这一事实使得日军在日清战争中阵亡的总人数超过 2 万。

军人的野心

日清战争为日本军人登上政治舞台带来了机遇，军人势力抬头，推动了日本国半个世纪的战争政治。依照明治国家宪法，国防计划、作战计划、用兵计划等军事大权独立于日常国务范围之外，内阁不能干涉军务，军部大臣可以直接上奏天皇，呈请敕裁。利用日清战争，军部第一次验证了宪法中规定的，军人拥有军事大权的实效性，这一验证助长了军方的野心。战争中，军方坚持我行我素的军事独立行动，当他们的行为超越政府预案时，文官也必须为维护国家利益而开脱武官的过失。联合舰队击沉英国商船"高升"号；未经宣战先行进攻驻朝清军；旅顺虐杀事件；执意发动直隶决战等军事行动，暴露出军方违背内阁初衷，野心勃勃的好战欲望。内阁文官曾尝试向军方做过若干挑战，企图削弱军队在国家政治上的决策权，结果没有取得明显效果。例如，战争中，军界长老、陆军大将山

2.2.01　清日战争中，清军的辎重运输车队，以驴、骡、马为主要动力。可以在官制大道快速行进。遇到雨季、道路失修、大车故障，运输能力就会深受影响。清日战争时，清国东北地区仍是尚待开发的荒凉地域，道路整备率极低。因此，清军的大车辎重运输方式，远低于日军的驮队运输方式。由于清军过于依赖效能落后的大车队，战中经常出现战败遁逃时，丢弃粮草辎重的状况。

县有朋作为第一军司令官，在进攻海城的决策上抵制大本营作战意图，孤军深入，给作战部队造成重大伤亡，最终被天皇撤换职务，就是文官挑战武官的一场较量。

明治维新鼓吹全民拥戴天皇，宪法给予天皇统帅军队的最高荣誉。军部利用宪法中"天皇统帅权独立"的条款，混淆明治民主国家和明治军国的概念，力图从民主国家"文民统制"原则的束缚中摆脱出来。日清战争前夜，军部利用文官外交诱导战争气氛，战争中又意欲脱离文官政治的约束，推动战争政治。战争胜利的结果，进一步助长了军人的野心，军方主导国家政治的军国主义倾向日益公开化。军人在皇道军统政治框架下架空了天皇，支配了国家，愚弄了国民，日本民族终于被拖入五十年战争的深渊。

2.2 兵站体系

清军后勤体系

后勤体制

鸦片战争后，清国朝廷开始关注军队改革的重要性。但是近代军事科学理念，难以撼动二百年的陈腐观念，军队后勤体制的思维仍然停留在"兵马未动，粮草先行"的初级阶段。太平天国战争中，清军主力湘、淮两军的后勤体制开始有些改革，专设有饷械粮台的部门。粮台内设有文案所、内银钱所、外银钱所、军械所、火器所、侦探所、发审所、采编所等八所。粮台总理事一人，都统全军粮草，下属各所督办，分管本辖内筹粮筹饷、输送粮草军械等事务。战役中，又增设前敌粮台、后敌粮台和转运局，明确各部职责提高作业效率。清军的粮台机制，在镇压太平天国的 13 年内战中，起到了重要的后勤保障作用。

1854 年，曾国藩在湘军首创"长夫制"，在军营中设置担任杂务的后勤兵，规定营官及帮办配给长夫 48 人，军需搬运配备长夫 30 人，五百人一营的编制配备各种职能的长夫总数 180 人，相当每百人兵勇拥有长夫 36 人。长夫是临时雇用的随军人员，不属于军队的编制，在一定程度上提高了战斗力与后勤保障的效率。曾国藩创设的军内长夫制，合理运用了民间的人力、物力资源，成为近代战争的一项典范。

镇压太平天国的战争胜利后，清国陆军进行了大规模裁军。在李鸿章洋务运动风潮中，武器装备的近代化推动了军制的部分改革。陆军改革重点侧重于武器装备的增设配给，相对轻视了后勤支援在军队体制中的鼎足作用。清国的军制改革，没有统一规划，各地总督各行其是，没有引进外国近代军制中后勤学的理论，来改造自身落后的军事体系。直至清日战争爆发，清国的陆军实际上已经变成东

2.2.02　日清战争中，日军辎重运输的主役是以马为动力的驮队。图为在朝鲜作战的日军辎重驮队，正在向前方输送军需物资的情形。驮队附近集聚了众多观望的朝鲜百姓。

西南北聚合的大杂烩，后勤体系各自为政，无法适应一场近代化的战争。

　　1885 年，清法战争落幕，海战的失败加速了清国的海防建设。同年，清国增设总理海军事务衙门，确定优先发展北洋水师的国家战略。北洋水师号称是一支新型的近代化海军部队，舰船投资与物资消耗量惊人，舰队运行及保养需要注入大量专业技术人才及附属工厂才能维持。李鸿章主持北洋舰队的原则是："凡筹饷、练将、修船、制器、铸造军火、置设天线，以及储备械具煤斤，无一而非急务……是以地方设清讼、发审、保甲、水利、筹款、车船、厘金、征信等局。海防则有设练饷、支应、军械、机器、制造、电报、船坞、工程等局，并分设营务，建立水师、武备学堂及医院、煤厂，均专职专责以免贻误。"李鸿章的近代军事后勤思想，有力地支持了当时称雄亚洲的北洋舰队。1888 年《北洋海军章程》正式颁布，进一步明确了水师各部门的职责。船械局专管维修舰船的船坞和兵船一切器具的添置购买；天津海防支应局专管海军的军俸饷；天津军械局专管水陆各军军火的收发；威海卫水师养病院专管海军将兵战伤救治。清日战争开战前的近十年中，北洋水师实现了较为完整的后勤保障体系。

运输机能

　　19 世纪末，当全世界文明国都在广泛运用蒸汽机带来的福利时，东方大国却堂堂登场了在铁轨上奔驰的"铁路马车"，用马匹做动力取代蒸汽机车牵引的闹剧。愚昧观念严重制约了清国铁路的发展。1881 年 11 月，全长 9.7 公里的唐胥铁路竣工，通车运行；1887 年，唐胥铁路延长 35 公里至芦台；1888 年，唐胥铁路延长 130 公里，展筑至天津，更名"津唐铁路"；1894 年，天津至山海

2.2.03 鸭绿江战线日军第一军土门子兵站一景。兵站部队调集大量军需物品，图中木桶内是大酱等食物调料。前面站立的便装者是日军军夫和雇用的清国民夫，其中有未成年的少年。

关间的津榆铁路通车，全长 127 公里。从 1881—1894 年的 13 年间，清国本土仅修建铁路 300 多公里。清日战争中，天津以及山海关一线的清军调动，曾经利用了这段铁路作为运兵工具。而其他各地的大部分部队，只能依靠畜力牵引、人力步行方式行军。

大清王朝的康熙年间（1662—1722）奠定了国家的基本疆域，用于交通的工具、设施、动力、管理技术，比前朝在量上有所增加，质上没有大的跃进。作为中央集权统治的需要，清朝对全国道路布局经过多次改造，形成以北京为中心的道路网。清国的道路有"官马大路"、"大路"、"小路"之分。官马大路是国家级官道，由北京向各方向辐射，主要通往各省城；大路从省城通往地方主要城市；小路则连接各地主要城市与边远市镇。"官马大路"作为全国交通的总枢纽，分北路、东路、西路和中路四大干线，共长 4,000 余华里，总驿站设在京城东华门外的皇华驿。其中的干线通往清朝的发祥地满洲，是清日战争中最重要的道路系统。此路从北京经山海关、盛京，一支延伸到雅克萨、庙屯与俄国接壤；另一支通往朝鲜半岛。隶属官马北路网的还有呼伦、恰克图干线，这一道路在开发清代北疆、打击蒙古叛乱等方面发挥过重要作用。

清代漫长的官马大路，其实是靠马蹄、车轮和人类足迹，经过千百年碾压出来的自然轨迹。这些轨迹通往四面八方，连接有人烟和部落的地方，形成所谓的道路网络。大多数官马大路是沙石路或泥土路，没有人工筑路的痕迹，没有路基填筑和排水构造，晴朗干燥日尚可以支承骡马载荷通过，雨水日在辎重车辆重压下，道路极易变形，泥泞中车马行进艰难。1894 年清日战争爆发时，东北大部分地区已经经历了连年涝灾，路状极差，完全不能满足清军辎重运输的需要。7 月 28 日，

2.2.04 第二军花园口登陆作战中的兵站部队，正在用小船转运军需物资上岸。由于花园口涨退潮落差大，作战物资的登陆作业遇到困难，登陆作业直至 11 月 7 日才全部结束。

直隶总督李鸿章命令丰升阿的奉天盛字练军，从陆路出发赶赴朝鲜，增援牙山叶志超军。丰升阿部沿官马北路昼夜兼程，历尽艰辛，8 月 9 日才疲惫不堪地赶到平壤，此时牙山、成欢的清军已经败战多日。

侵入满洲的日军面对清国泥泞的道路也经常陷入困境，幸运的是战争中日军的辎重运输采用的是驮马搬运方式，可解体组装的山炮发挥了能适应恶劣天气和地貌作战的特点。而清军拖拽式炮械经常举步艰难，大炮一旦进入阵地就失去了进退机动性，在敌军进攻的状况下，炮兵只能丢弃炮械等辎重逃命。

清国派往朝鲜的军队和给养，最初的投送方式是海上运输。19 世纪末，清国海上大型运输业几乎被外国洋行垄断，经海路运送兵员只能依赖租借外国汽船公司的船队。丰岛海战，日本联合舰队击沉清国租借的英籍商船"高升"号，就隶属英国印度支那汽船公司。1894 年 9 月 17 日，清国租用英国和美国的多艘商船向朝鲜运兵，北洋水师主力护送船队时，在大东沟与日本联合舰队发生了黄海海战，结果北洋水师败战，制海权丧失。此后，清军运兵和一切后方支援，只能依靠奉天至平壤间约千里的泥土官道。

战时后勤

战争胜负乃决于"天时"、"地利"、"人和"等多方面因素。清日战争中清军与日军作战于本土，战略上占有"地利"的优势。可是清国连年的自然灾害和严重饥荒，使清军仅有的"地利"优势陷入"天时"的厄运之中。

清日战争爆发前十年，顺天府、直隶地区连续发生旱灾水害。甲午年夏秋，又遭洪水侵袭。时任直隶总督李鸿章奏报，"本年顺、直各属，自春徂夏阳雨应时，

2.2.05　旅顺口日军兵站仓库一角。食品物资的包装形式，多采用木桶盛装，然后用草绳捆扎的式样。图中兵站长官在检查物资入仓状况，值勤士兵在详细登记物资进出数量。

麦秋尚称中稔。""自五月下旬起，至七月底止，节次大雨淫霖。加上上游边外山水及西南邻省诸水同时汇注，汹涌奔腾来源骤旺，下游宣泄不及，以致南北运河、大清、子牙、滏阳、潴龙、潮白、蓟、滦各河纷纷漫决，平地水深数尺至丈余不等，汪洋一片，民田庐舍多被冲塌。计秋禾灾歉者一百二州县，内有被潮、被雹之处。"后任直隶总督王文韶也上奏顺直地区灾情："永平、遵化两府州属，雨水连绵，冰雹频降，滦、青各河同时涨发，漫决横溢，庐舍民田尽成泽国"；"收成不及十分之一，小民无以为食，专恃糠粃。入春以来不但糠粃全无，并草根树皮剥掘已尽。无力春耕，秋成无望，较寻常之青黄不接更形危机"；"访查该处情形，一村之中举火者不过数家，有并一家而无之者。死亡枕藉，转徙流离，闻有一家七八口无从觅食，服毒自尽者"。

辽东半岛是清日战争的主战场，1894 年夏季连降暴雨，河水泛滥、灾害不断。12 月 15 日，盛京将军裕禄上奏："奉省自本年夏间大雨连绵、河水涨发，所有沿河之承德及省城西南之新民、广宁、锦县、辽阳、海城、盖平、复州、岫岩等处各厅、州、县均被淹涝。"翌年 2 月 18 日又奏："去岁奉天夏雨过多，沿河州县所属低洼地方田亩被水淹涝。受灾各区以锦县、广宁、新民、牛庄为最重，辽阳、海城、承德、岫岩次之，盖平、复州、熊岳又次之。"陵寝总管联瑞给军机处电报中称："本年夏间，南路之辽、复、海、盖，西路之新民、锦县、广宁各城，以及省城附近地方，农田多被淹潦，灾歉甚广，数十万饥馁之民嗷嗷待哺。瞬届天气严寒，无衣无食，更难免不乘间滋事。兵荒交困，万分危迫。"时任锦州转运局知府的周冕，电致盛宣怀称："查自锦至辽，沿途大水为灾，类多颗粒无获，极好者不过一二分收成。"翌年初夏再电："锦州、广宁一带，上年秋灾既重，今年春荒尤甚，现在麦秋无望，节逾小满，尚是赤野千里，拆屋卖人，道馑相望。"
战前从朝鲜秘密潜回清国的袁世凯，被降职协助直隶臬司办理东征粮秣转运事宜，
为清军作战部队提供后勤支援。他在给上官奏报函中写道："辽沈自遭兵祸，四
民失业，饥馑流离。关外居民本极困苦，近遭灾荒，营勇骚扰太甚，哭声载道，
惨不忍闻。"刘坤一之弟刘侃在《从征别记》中，记录了他在唐山的见闻："既至，
见饥民数千，疲困道旁，日毙数十人，幼稚十六七；盖壮者或他适，妇女惜廉耻，
忍死不出，风俗良厚。而地方多巨富，无赈济者。军中倡义赈款钱三十余万贯，
施放三十余州县，地广事繁，筹措须日。余彷徨庭户，虑迟则创，命帐前差官、
兵目人等多备饼饵、米粥，日就道旁给之。许队伍中收养小儿，由是收养以百数。
余拟资二千贯，用二百五十串合众人所施至八百串，而义赈事大集矣，斯民庶几
少苏。然乐亭、滦州有一村人口仅存十三四者，盖三年水患，播种无收，官吏贪
征粮税，隐匿不报，致奇穷无补救也。"

2.2.06　日军的军事教材把军需物品视作比生命还重要的东西。战争中，日军极端重视军需物资的保护。图为金旅作战的日军第二军某营地，军需品被围在士兵帐篷中间严加守护。

2.2.07　日军兵站雇用清国驴马车辆从事搬运工作，支持对清军作战。据记载，当地驴马在驭手长鞭吆喝下停进自如，非常温顺。辎重运输的大车，一般用四五匹马拉拽牵引。

2.2.08 第一师团旅顺作战，兵站部队从后肖家堡子出发向岁子方向进军。延续的丘陵和原野，地质多为红土小石，雨水冲毁了道路。炮车无法行进，炮身和弹药只能靠兵站驮队纵列运输。

　　清军在这种情形下作战，粮食短缺成为最严重的问题。征粮官在饿莩遍野的州县催征、筹集兵粮，加重了当地百姓的负担，加剧了官民矛盾。在自然灾害沉重打击下的民众无力支援战争，甚至出现部分清军匀出有限的军资军粮，拯救垂死挣扎中的百姓的事情。清日开战后，时任湖南巡抚的吴大澂斗志昂扬，主动请缨参战，被任命为帮办东征军务。而当他在灾区筹赈军粮时，所见所闻惨不忍睹。于是，他向朝廷上奏，向李鸿章、王文韶、盛宣怀以及广东、浙江、湖北等地督抚发电报请求支援，强调奉天各地"水灾甚重"、"饥民遍野"、"道馑相望"、"幸存百姓甚或有十余日不得食者"、"灾民之悲惨，目击伤心，不忍漠视。如若不迅速抚辑饥黎收拾人心，战争将很难进行"。面对尸横遍野的饥民，吴大澂完全丧失了战争必胜的信心。

　　清军粮食供给问题在战争初期的朝鲜战场就已经露出破绽，驻防部队上奏折报告："朝鲜地瘠民贫，大军云集之时，一切米粮及日用所需无从购觅，皆需由奉天省城及凤凰城转运而往，饷馈艰难，繁费尤属不赀。"赴朝作战清军的一切军需均由满洲境内负责供给，增加了奉天衙门的负担。严重的自然灾害，使集市上粮少价高，军粮采购十分困难。盛京将军裕禄抱怨："现在奉天大军云集，需粮甚多，虽经各军设法购运，而去岁本省秋收甚歉，存粮无多，办运过远，脚费又复太昂，军食攸关，亟须预为筹备。"将军依克唐阿亦奏："粮米价昂，运脚耗费，若在各兵口分内扣留银两，预为办运粮食，窃恐大敌当前，军心解体，难期得力。"清军战时供给状况，如翰林院蒯光典所云："兵事一兴，偶有灾歉，采办艰难，归之于公，则此项无著；扣之于兵勇，有不哗溃者哉。"

　　自然灾害直接影响后方对前线作战部队的支援。清军在仓促出兵上阵的背景下，粮秣辎重大部分随军而行，木轮马车在朝鲜及满洲官马土石道上行进困难重重，降低了部队的推进速度和机动性。然而，清军在后勤保障严重不足的被动状况下，没

2.2.09　金州城内日军的某炊事现场。炊事兵依照卫生条例，必须穿白衣作业。炊饭须用编制规定的铁制炉具、大锅、饭桶、饭铲等器具进行操作。炊事作业通常由随军军夫帮厨，协助工作。

有全力保护有限的粮秣辎重，在数次重要战斗中都轻易丢弃大量粮秣辎重，不战而逃。溃退清军的粮食状况陷入严重困难境地，造成部队士气低下、战斗力丧失，强抢朝鲜百姓食粮家财的事件频发。

日本国立公文书馆保存的日清作战记录记载，朝鲜的"成欢"、"平壤"及清国鸭绿江的"九连城"战斗，清军都丢弃了大量军粮和炮械。仅平壤一战，清军丢弃的军粮，粮米 2,900 石、杂谷 2,500 石，其量是 15,000 清兵一个月的口粮。当时赴朝作战的山县第一军，因海军尚未取得制海权，海路军需物资运输尚没有开通，前线部队也出现军需补给的困难局面。清军丢弃的大量军粮，及时缓解了日军食粮短缺的困境，确保了第一、二两方面军同时向清国侵入的计划。失去食粮的清军，在朝鲜境内展开了疯狂的掠夺，沿途的民众成为抢掠的牺牲品。日清战争结束后，日军参谋本部统计，战争中共缴获清军粮秣，精米 7,000 石、玄米 2,000 石、杂谷 6,000 石。这些战利品被分配给战地部队、充作马粮、供给俘虏及雇用的民工，也用于救助当地百姓的粮荒。

清国军事后勤体制的诸多缺陷是导致其在清日战争中全面失败的致命要素。和平时期，后勤部门成为许多官人梦寐的肥缺，他们是执掌部队生存的衙门，高高在上。可是一旦大规模战事爆发，就用天不时、地不利、人不和的客观因素搪塞前方将士的流血牺牲。此等军事后勤体制，显然不能战胜拥有近代兵站理念的日本军队。

日军兵站体系

兵站概念成立

明治十八年（1885），日本陆军聘请德国军事顾问梅克鲁少佐担任陆军大学教官，当时的陆军大学是培养陆军各级参谋的最高军事院校。梅克鲁的教学，推动了日本陆军的改革——由过去的法式师团建制向德式建制转变。梅克鲁讲述近代兵站基础学，强调日本内地多山、耕种水田、道路桥梁脆弱，不适合像欧洲军队那样运搬野炮的方式。建议日本陆军以山炮为主，组建驮马队输送辎重及行李。梅克鲁教学的成果，改变了日本陆军近代辎重作战的方式，为后来日军在战争中的军事优势奠定了基础。

梅克鲁的教学引入"兵站"和"行李"的概念。"兵站"是军队后勤补给系统，是负责向前线作战部队投送物资的组织体系。"行李"是为前线输送战斗、宿营必要资材的部队，有"大行李""小行李"区分。大行李是对宿营地所需物品和运输人员的通称，小行李是战斗中必须携带的物品和运输人员的通称。各师团均配备一个"兵站纵列"，担任后方仓库和师团间粮秣输送任务。其中配备三个"辎重监视队"，由将校以下50名骑兵编成，负责辎重纵列的统括、管理、护卫。兵站的职能是负责物资的调度、管理、运送、配送，以及协调搬运工具与押运部队的合理运作。基于梅克鲁的理论，日军在兵站和作战单元之间的比例关系上，进行了多次重要调整。1886年，一个步兵大队（相当清军营建制）的行李编制是："小行李"卫生驮马3匹、弹药驮马16匹。"大行李"将校物品驮马7匹、炊具驮马8匹、粮秣驮马12匹。1891年，陆军实施《野外要务令适用规则》，步兵大队大行李编制改成，物品驮马9匹、炊具驮马8匹、粮秣驮马13匹。

陆军兵站体系中担任向作战部队投送粮秣的部门，称作"陆军粮秣本厂"。粮秣本厂由"兵站基地"、"积集基地"、"积集主地"、"兵站主地"、"兵站地"、"海运地"等机构负责向战地输送军需，形成一个特有的物流系统。"兵站基地"是出征师团在本土辖区的机关，为本师团出征部队组织、收集、管理必要的军需物资，同时担任从前线回归的兵马物品管理。"积集基地"是在内地主要口岸设置的送往战地的军需品集散地，接收前方回归人员、物品，并向各地疏散的机构，相当于"兵站基地"和"积集主地"之间的配送中心。"积集主地"是在战地设置的人员输送、物资积集的机构。"兵站主地"设置在作战地域内，是为司令部、补给厂、卫生机构提供临时驻地的场所。"兵站地"是兵站司令部、出张所（派出所）的人马宿营、给养、诊疗、警备、交通、通信保障的营地。"海运地"是负责连接战地和内地之间，可影响全局作战的重要机构，下设"海运基地"、"海运主地"、"海运补助地"，归大本营直辖，由陆军运输部统一管理。

日清战争，日军海外后勤补给线的开设，第一次尝试了兵站运用近代船舶、铁道、通讯网络、设备器材的统合指挥系统。兵站除了部队物资补给、辎重调运外，还承担部队的营地建设、战斗人员的维持增补，伤病员和各种物类的收容、诊疗、运送、宿营、交通、战场清理、遗弃军需品收集、战地诸资材调查、战地民生等繁杂事项。

铁路运输

　　日清战争开战前，日本国内铁道线全长 3,200 公里，铁道网延伸到全国各主要城市。拥有火车头 417 辆、客车 1,550 辆、货车 5,583 辆。本岛的日本铁道、东海铁道、山阳铁道线贯通东北青森至广岛的大半个日本，国铁、私铁的支线与各道县连接。日清宣战后，国铁东海道线、横须贺线、北陆线；私铁日本铁道、九州铁道、北海道炭矿铁道、总武铁道都投入了军队的运输业务。只有新发田和金泽的铁道尚未竣工，出征兵联队只能徒步行军至最近的敦贺车站乘车。

　　1894 年 7 月下旬，大本营制定了战时铁道运行时刻表，命令铁道局昼夜通行军用列车，从最初的 3 列增加到 10 列。7 月 23 日，运输通信长官根据各师团的出征计划，向铁道局和私铁道会社发出"运兵注意书"。7 月 30 日，政府作战方针决定，各地铁道全线开动，输送各地驻屯部队和军需物资，前往广岛诸沿岸的港口集结。战时出征兵员的调运，每日军列满 10 列负荷。停战凯旋归国时，因船舶时刻变动及检疫延迟等原因所致，以每日军列 6 列向各地疏散。1894 年 6 月—1896 年 3 月，铁路共发送出征人员 24 万人，马 3.6 万匹；送还回归人员 15.1 万人，马 2.1 万匹。战时繁忙的铁路运输，军需输送几乎没有间断过，即使天气不佳或出现机械故障，都能按时完成原定的运送计划，保障了战时兵员和军需品的调达。战争末期，日本国内铁路运输发生过一起重大事故，1895 年 7 月 25 日夜，丝崎和尾道间的铁道因海浪冲垮路基，造成一列运送伤病员的军列脱轨，坠入海中。全车 323 名伤患者和 26 名医护者，当场死亡 8 人，重轻伤 93 人；列车机组人员当场死亡 3 人，负伤 1 人。

2.2.10　日军注重食品营养的补给，食肉成为战场食品的重要部分。日军除了从国内补充牛肉罐头类肉食品，也重视当地肉类动物的饲养宰杀。图为金州城附近某联队的饲养场，猪、羊、鸡、牛混养一舍。

2.2.11   赴威海卫作战的日军粮食纵列,在荣城龙睡澳登陆。图片正面的山是白雪素裹的龙睡岛,海岸左侧的小西庄,是临时兵站军需物资的囤积处。各部队的驮队,分别将本支队的物资运出。

海上运输

日清战争是日本近代大规模越海作战的第一次尝试,海上运输成为渡海战争的最大课题。参谋本部和陆军省决定征用民间船只运兵,从日本邮船会社征得汽船 12 艘,从大阪商船会社征得汽船 2 艘,其中军需物资及通信物资用船 4 艘,计 24,487 吨。当时日本拥有日籍汽船 378 艘 191,491 吨;外国造汽船 64 艘 109,817 吨。国产内航船 106 艘 52,817 吨;近海航船 208 艘 28,786 吨。船队航线,北路到海参崴;南路到夏威夷、南洋诸岛;西路到朝鲜、上海、香港、孟买等地。由于船只征用难以适应作战需要,陆军大臣决定增购 1,500—3,000 吨位的汽船 10 艘,计 18,099 吨。7 月 12 日至 9 月 17 日,汽船陆续交货,全部贷与日本邮船会社,投入军需运输。

8 月下旬,日军赴朝兵力输送量激增,陆军征用船只数达到 40 艘 73,726 吨,海军拥有的 6 艘汽船全部配与巡洋舰补给使用。10 月,海军另外追购 6 艘汽船 29,036 吨,其中 5 艘归属海军,1 艘归属陆军,全部贷与民间会社运行。随着战争的全面展开,民间航运业者纷纷求购汽船,业界出现相互竞争的局面。10 月,第二军花园口登陆作战,民间提供征用船 63 艘 113,372 吨;1895 年 7 月,海外部队回归及台湾作战,民间增加提供征用船 38 艘,民间船只合计 101 艘 195,197 吨。日清战争军内外征用汽船总数为,陆军 112 艘 212,636 吨;海军 24 艘 45,750 吨;另外征用帆船 7 艘 4,619 吨,专门用于向国内运送缴获的兵器、弹药等战利品。战时军事运输结果显示,日军渡海作战的船舶吨数明显不足。在兵力、物资运输缓慢的情况下,日军仍然取得花园口、荣城湾登陆作战的成功,主要应归结于联合舰队取得制海权,确保了海上运输通道的畅通。

2.2.12 征台的部分日军部队在基隆上陆。图为基隆兵站登岸的情形。由于台湾人民抗击日军的缘故，无法征集到台湾民工，军需物资只能靠日军自行搬运。

运输通信支部

战地输送任务，由兵站开设的运输通信支部担任，负责将战斗兵力和物资送至指定作战地域。1894 年 6 月 8 日，宇品开设运输通信支部，输送先头部队混成第九旅团。6 月 15 日下关的兵站兼停泊场，接受运输通信支部的任务。第九旅团在朝鲜登陆后，兵站监部开设"现地临时运输通信支部"，运送部队前往朝鲜京城，临时运输通信支部的任务一直持续到第一军登陆。10 月 4 日，第一军开设现地运输通信支部，掌管向大同江方面的输送业务。27 日，南部兵站监部在渔隐洞开设运输通信支部，负责耳湖浦、大东沟、大孤山方面军用物资的登陆运输。11 月 13 日，第二军兵站监部在花园口柳树屯设立运输通信支部，负责人马、军需品的登陆及患者的送还业务。1895 年，运输通信支部在旅顺口设立出张所（派出所），执行旅顺半岛作战军前往山东的运送任务，并随军在登陆地龙睡澳设置出张所。3 月 1 日运输通信支部从威海卫返回旅顺口，会同柳树屯运输通信支部筹备直隶决战。4 月初，旅顺口运输通信支部分别在耳湖浦、大孤山、营口设出张所，为辽河平原作战提供支援。近卫师团台湾作战时，在基隆设立运输通信支部，逐次在淡水、澎湖岛、安平、打狗等处设置出张所。1896 年 3 月 31 日，运输通信长官部宣布关闭这一支部，剩余业务移交台湾临时陆军运输通信部继续完成。

日清战争期间，运输通信诸机关从 1894 年 6 月至 1896 年 3 月 31 日，从内地发出的人员约 360,100 人，马约 35,900 匹；向内地回送的人员 271,500 人，马约 20,200 匹；以及发送、回送大量军需用品。

战时炊事供给

宣战前夜的 1894 年 7 月 31 日，日军颁布第 33 号敕令，规定战时人员、马匹

2.2.13　军夫的职场图，介绍了日本军夫的战场职能。日清战争招募的军夫是日军战斗序列的重要组成部分，几乎在所有职种中，都可以看到军夫的身影。战后，史评家指出："日清战争是军夫的战争"，高度赞扬了军夫在战场中的作用。但是历史上，日本人仅热衷于对战争中的军人过度评价，对支持战争胜利的军夫，却极少论述，甚至对军夫的伤亡也人为的忽视。军夫的战场职能，是近代战争值得赞誉的准军事体制。

的供给条例——《出征人马粮秣定量》。其中野战粮秣规定，战时供给分"寻常粮秣"和"携带粮秣"两种。"寻常粮秣"是战时粮秣的总称，包括后方安全地域的供给标准"完全定量"和前线供给标准"携行定量"。"携带粮秣"指战场作战单元携带的口粮。步兵大队携行粮食中，各兵员随身携带两天的定量，主食为精米6合或干面包（约900克），副食有盐或咸梅干、鱼菜干等。"大行李"携带1日定量、兵站纵列携带3日定量，兵员"携带粮秣"合计总量为6日定量。

　　各大队的大行李编制内设有"炊事班"，使用野战炊具随队携行。主要炊具包括：铜平锅、铁竈、担桶、担棒、米扬笊、杂器袋、菜刀差、洗米桶、洗米棒、汤桶、七岛表、饭运垫、饭运笼棒、饭运雨披、砧板、切鱼刀、切菜刀、开罐器、大小杓子、大柄杓、五合柄杓、饭量面桶、雨披、薪割器、炉搔、焦起、竹籭、竹网杓子、钓瓶、饭团用白布、麻绳、爪钩、斗、升、合、秤、木制碗筷、三升焚锅、铁叶锅、大锅、铁中锅、铜中锅、二斗焚锅、铜小锅、煮扬笊、饭扬笊、饭焚笊、龟甲笊、杂器笊、铜网杓子、金网杓子、藤网杓子、汁杓、角面桶、筛子、饭骨柳、菜骨柳、饭菜包布、饭包纸、饭包蓙、汁桶、茶桶、手桶、饭柜、饭蒸器、茶碗、皿器、菜台、水桝、水漉、漉水布、杂具包布、桐油纸、防寒纸、标旗、标灯、提灯、烛竿、篝台、灯笼、手镰、钓瓶绳、磨刀石、木槌、四斗樽。马匹用炊具：手入袋、根栉、铁栉、毛栉、木栉、杂巾、马粮囊、水与器、麦袋。

战地的饮食由炊事班集中制作，然后再分配到各作战单位。集团配餐方式便于统一管理，也暴露出战时难以应对突发事态的缺陷。7月29日大岛旅团进攻牙山成欢时，还遇到了这样一起不测事件。当时，前线共有4,000名战斗人员，三餐共计12,000份。送粮队输送8,000份的咸菜饭团时，途中遇到险恶湍流，道路阻断无法逾越。炎热天气下，饭团闷在食器内发生变质，部队面临断炊的危机。情急之下，送粮队幸运地找到一口水井，在战地赶制饼米蒸饭团4,000份配送各部队，才暂时解决了大部队饭食供应的紧急事态。

民间对战争的支援

战争后援包括来自后方民众的支援。战争初始，日本政府收到民间团体和个人自愿捐出的大量金钱和财物。1894年7月14日，陆军大臣设置陆军恤兵部，专门处理捐献金和寄赠物品的事务。恤兵部发布接受捐献金和寄赠物品的告示，对捐赠形式进行了具体指导。例如，捐献金不满1圆者不予受理，对多人联合捐赠不足1圆者例外。同时规定寄赠品的种类和体积，确保不会妨碍运输机构和兵站勤务，要求民众按指导规则有的放矢地捐纳。各地接到的金钱类捐献立即交纳中央金库，物品类由官衙统一发送至指定的地点。全国范围的捐赠活动，从战争开始一直持续到日清和谈为止。1895年5月31日，陆军大臣发布了停止对清国作战捐赠活动的公告。《马关条约》签订后，日军大举向台湾增兵，8月19日陆军大臣发出向台湾战场捐赠活动的布告。11月中旬台湾平定，陆军恤兵部发布通告，于12月10日关闭恤兵部，停止受理一切捐赠。

捐献金和寄赠物作为明治二十七八年度临时岁入交纳国库，恤兵部接受的献金总额2,209,770圆70钱5厘，献纳人数2,164,686人，寄赠物品的估价为708,634圆33钱6厘，寄赠人数949,128人。另有外国人34人捐赠，金额879圆62钱5厘。日本动员全体国民的力量支援了战争，作为一个尚不富裕的国度，国民的国家意识却惊人的进步。国民对战争的态度虽曾各执己见，但是在国家战争意识统领下，民众毫不犹豫地支持了战争。日清战争中，大和民族内在的凝聚力震惊了西方社会，欧美人在赞美声中开始警觉这一崛起的民族。

2.3 情报战争

清国的情报事情

　　成书于春秋战国时代的军事著作《孙子兵法》，在《用间篇》里最早提出了"间谍"的概念。并将间谍分为"乡间"、"内间"、"反间"、"死间"、"生间"五种类型，强调间谍活动须任用极为睿智的亲信；采用极端秘密手段；执行最机密任务的原则。间谍在历史上曾经留下许多惊心动魄的故事，他们的成就推动了国家的组合、分裂、再生的过程。清朝时，间谍活动更加有过之而无不及，但是间谍的手段主要应用在官场中你争我夺、尔虞我诈的内斗中。

　　清国的国家机构及军事体系中均未设置专门的情报机构。长期坚持锁国政策的清朝政府，唯我独尊，对外部世界的变化少有积极的兴趣。官方政治、经济、军事的对外窗口，仅限于派遣公使一途，而外交使节除了施外交礼遇外，在间谍活动上无甚大的作为。尤其在国家战争危难之时，非但没有准确提供有价值的情报，甚至严重泄漏各级军政机密，影响了国家中枢对战争的决策。这其中的代表人物，当属驻日公使汪凤藻，他在任 18 年而碌碌无为，最终因战争前的诸多失职被朝廷免官。

　　清国忽略情报收集对战争的指导作用，导致战争始终处于被动的局面。战争前和战争中，在清国国内的日本间谍活动猖獗，而清政府几乎没有实质而有效的对策。相较而言，清国情报工作反应迟钝，作战中枢多次出现人为造成的情报事故，甚至连媒体也胡乱报道不确实的战争信息，使战争的决策和民众对战争的认识产生错误判断。受西方文明熏染的最高指挥官李鸿章，也极度欠乏情报观念，常凭主观经验臆测或偏听偏信来指挥作战。西方国家外交官在战前曾多次向清国提示战争的危机，发出同情和善意的劝告。可是这位固执的清国老人不相信日本决心与清国开战，一心寄望通过列强周旋来化解清日两国危机，致使清国错过了前期备战的最佳时机。

　　清国国内长期以来存在大量的日本间谍和清国奸细，他们以各种身份搜集清国的政治、经济、军事情报。日本刺探情报的意图最初没有引起清国政府重视，相反清国为炫耀本国军事实力，向日本公开展示本国的军事秘密。1893 年 4 月，清日战争前一年，日军参谋本部川上操六次长亲自前往朝鲜和清国实地考察，从朝鲜釜山、仁川、汉城，再到清国芝罘、天津，用一个月时间对朝鲜和清国的军事现状进行了评估。李鸿章视川上操六为座上宾，采用炫耀自家实力打压对方的一贯做法，向潜在的敌人敞开了秘密，给川上的来访提供了各种方便。川上一行

○江南機器局ノ懸賞布告

新聞 [87] 廿七年八月廿七日（チャイ ナ、がゼット）

勸二台灣巡撫八賞金ヲ懸ケテ日本人及日本艦船ノ捕獲ヲ勵マシカ今亦江南機器局總弁ハ左ノ布告ヲ發シテ是等ノ所業ヲ指嗾セリ堂々タル官吏ニシラ此ノ蠻野的施政ヲ為ストハ慨歎ノ至リト謂ハサルヲ得ン即ヂ八月廿七日發申報ノ掲クル所ニ依レハ其ノ布告ノ如シ

一、日本間諜一名ヲ捕獲スル者ハ一百兩ヲ賞賜ス

二、日本間諜二内通スル支那間諜ヲ捕獲スル者ハ五十兩ヲ賞賜ス

三、日本間諜ノ居ヲ密告スル者ハ四十兩ヲ賞賜ス

四、日本間諜二内通スル支那間諜ヲ捕獲スル者ハ二十兩ヲ賞賜ス

五、日本軍艦一隻ヲ破壞スル者ハ一萬兩

六、日本軍艦一隻ヲ捕獲スル者ハ八千兩

七、日本高松一隻ヲ捕獲スル者ハ五百兩

八、戰闘後日本人ノ頭首一級ヲ持來ル支那兵ニハ五十兩

2.3.01　日军间谍收集到清国发布的各种悬赏布告。布告中取首级的悬赏条项，极大刺激了日军对清国的恐惧感和仇恨心态，成为日本兵自决拒降的主要原因之一。此图是江南机器局的悬赏布告抄文。各地取日兵首级的悬赏额各有不同，最高者六十两。取首级刑罚乃古来砍头文化使然，日本同样有类似的砍头文化。平壤战役后的清军俘虏，因越狱失败，五十余名肇事者被处以砍头刑。

在天津参观天津机器局；走访武备学堂；观摩步兵战术操练；登上北塘炮台观看炮兵操演；还利用郊游的名义，对天津周边地形进行了观察。日本间谍明目张胆的情报活动，引起清国地方政府的注意，抓获了一些日本奸细。但是在处理日本间谍的问题上，李鸿章唯恐引起外交纠纷，态度暧昧，处置宽容，甚至以礼相待，将嫌疑者释放。

　　清日战争爆发后，打击日本间谍的呼声四起，忧国之士纷纷上书，向政府提出反间谍建议。清国政府为此制定了反间谍活动的相关办法，（1）照会各国公使馆，反对西方国家在租界内隐匿日本间谍。（2）各地方官衙实行保甲制，捉拿日本和清国奸细，并严惩不贷。（3）各地官府发布缉拿告示，用高额悬赏的办法展开揭发日本间谍的群众活动。（4）禁止清国国内的日本人戴假发穿清服，冒充清国人者一律按间谍治罪。清国政府大张旗鼓的反间谍行动，虽然破获了几起间谍案，斩杀了一些嫌疑人，可是清国政府吏治腐败，人脉关系错综复杂且贿赂成风，敌特间谍活动仍然猖獗，反间谍战外紧内松，实际收效并不显著。

　　清国情报战曾经有过四次严重的过失。第一次，"丰岛海战"时，在出兵增援

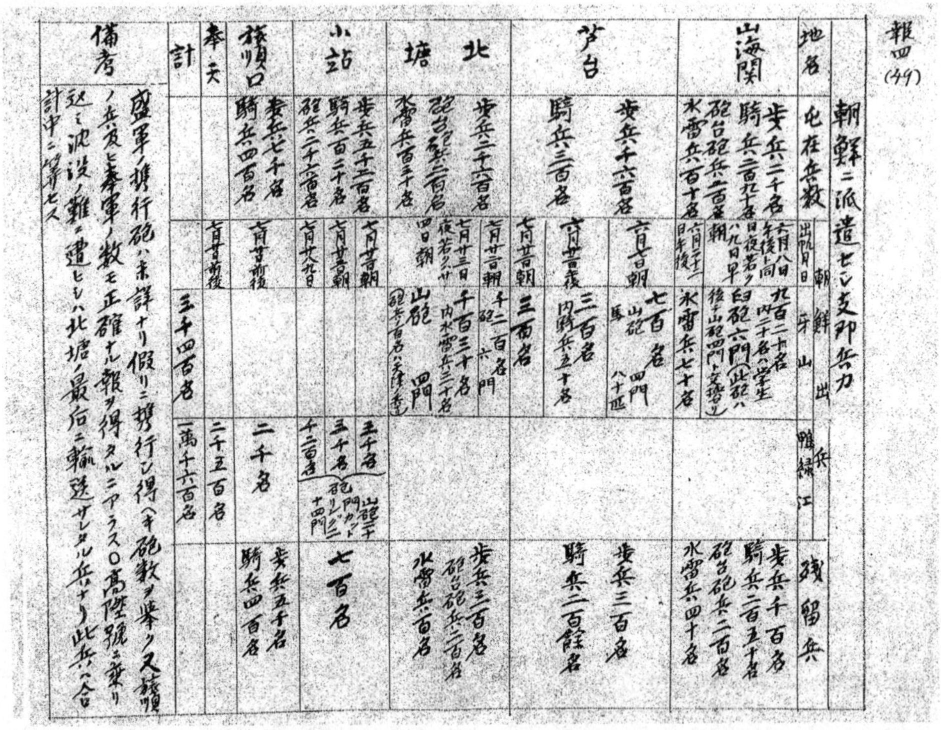

2.3.02　日本驻天津公使馆谍报中心收集了间谍提供的大量军事情报，掌握了清国军队的布防和武器装备状况。图示内容是清军派赴朝鲜牙山的作战部队、兵员数量、前往地点、装备状况的详细情报。

朝鲜和外交周旋问题上，李鸿章的情报源混乱，坚信驻日公使馆汪凤藻的说辞，错误判断日本国对清作战的决心。在日军完成战斗部署的情况下，清国才开始增兵，致使海战惨败，运兵船被击沉。各路增援朝鲜的部队赶到平壤时，成欢战斗已经结束多日。第二次，"成欢之战"时，败将叶志超向朝廷呈报虚假战报，谎称歼灭日军 1,700 余人，后再夸大至 2,000 余人，骗得朝廷嘉奖赏银 2 万两，晋升叶志超为提督，成为平壤各路清军统领。叶提督公然编造虚假情报的行径和战场上的怯懦表现，导致平壤战役再次大败。第三次，9 月 17 日的黄海海战中，日本联合舰队击沉清国军舰 5 艘，日方伤舰多艘但无沉舰。可是来自北洋水师的最初奏报却称："击沉包括吉野号在内的数艘日舰，日本联合舰队已经失去海外作战能力"，朝廷对此特授予丁汝昌奖赏以资鼓励。9 月 23 日，英国远东舰队司令官在天津拜访李鸿章，当告知日本舰队包括受到重创的"松岛"旗舰一艘未沉，全部受伤战舰已经修复，再次驶入清国近海巡航求战时。李鸿章震惊不已，绝不相信这个事实。慌忙中开始备战，催促受到重创的北洋水师带伤出海巡逻。第四次，"密电泄露事件"。事情发生在清国驻日公使馆，开战前公使馆与本国总理衙门间收发的全

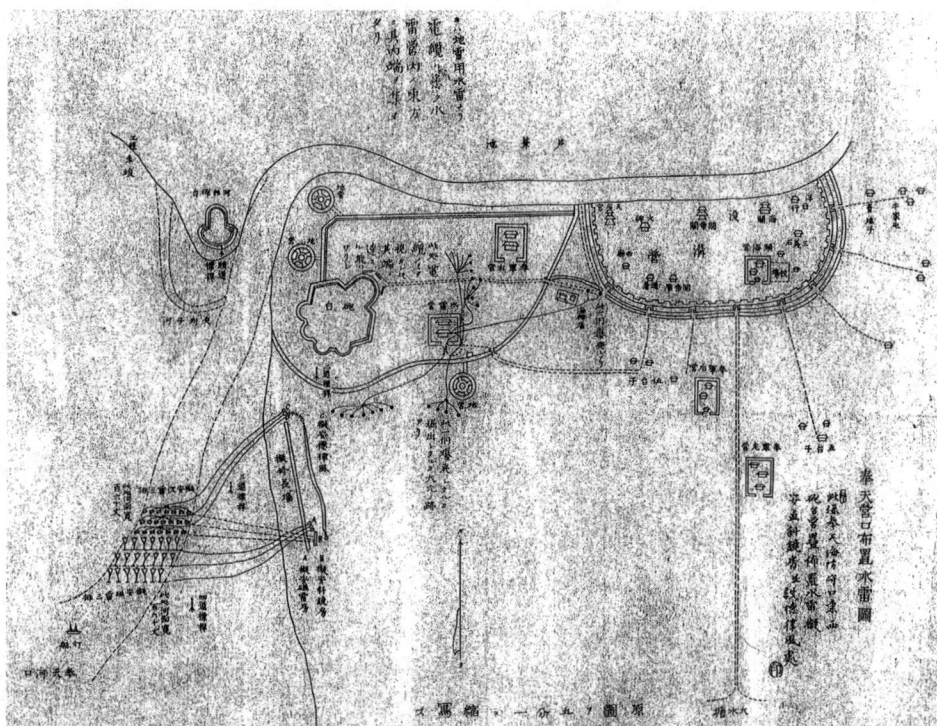

2.3.03　日本间谍获取到营口清军海防布防图。图中详细记载了清军炮台位置、军营所在地、通往海中的有线地雷和水雷数量分布。清军如此清晰明了的布防图落入敌手，足见日本情报部门的效率和清军的麻痹。

部密电被日本电信课截获破译。破译清国密电的事实一直是日本国家的最高机密，仅局限于伊藤和陆奥及相关人员知道。这个最高级机密直到伊藤博文被暗杀的三十年后，才在有限范围内公开。日本情报部门解读清国公使馆的电报密码，清国方面一直蒙在鼓里，没有引起政府的警觉，当李鸿章率和谈使团来日和谈时，竟然继续沿用这部密码本。清国人的大意和愚蠢使日本政府准确掌握清国对朝鲜国的政略、作战意图、行动部署以及和谈中清国割地赔款的底线。日本因此在出兵朝鲜的时间上比清国更加迅速，派兵数量压倒性超过清军兵力，甚至8月1日两国发布宣战布告的时间都惊人的吻合。和谈中，日本密切关注李鸿章与总理衙门间的密电，成功突破清国割地赔款容忍的底线，最终酿成清国历史上最重大的损失。

日本的情报战争

在日清战争的情报战场上，日本发动了一场具有近代特征的情报战争。由于日本重视情报战的价值，全面动员海内外谍报资源搜集清国的情报，为赢得战争的胜利奠定了基础。日本早期的情报系统并不完善，却自成体系，情报工作主要致力于以下方面：

建立情报网

政府和军队联合行动，在驻外公使馆设立谍报课，配置间谍武官、情报员、侦察员，通过旅居清国的浪人、商人、僧人、医生、学生等合法身份的居民，以及收买的清国人，构建收集清国情报的谍报网。

情报搜集

为综合判断清国的战争情势，情报搜集对象涉及军事、政治、经济在内的所有信息。一般通过收集整理媒体报道、地图、照片、书信、电报、会话、文件以及实地侦查、缴获战利品的信息分析等途径解读、提取情报。

情报应用

情报分析部门解读来自间谍网送来的情报资料，区分有价值的实效情报和战略情报，及时提供给政府和军事部门。日军海外作战部队配备随军翻译官，实时解读处理汇集来的外文战地情报。需要技术支援的高等情报转交大本营分析，遇到有时效价值的情报则迅速反馈前线，或作出相应的作战对策。战争中，日本情报部门还为前线部队提供了大量精确作战地图，地图注释的标高、地名、方向、距离、浅滩、潮汛等资料准确详细，远远超过清国人对自己国土的了解。失效或长期有效的情报资料，遵循严格的管理制度，进行整理、归纳、存档、加密以备后用。

情报评估

情报评估是作战决策部门的重要工作，通过对情报的评估为作战制定决策。日清战争著名的情报评估案例有四起：（1）外务省电信课成功破译清国密电，为日本取得朝鲜初期作战优势，以及后期和谈优势提供了决定性情报。（2）解读清国舰队最高长官丁汝昌个性，利用劝降信和军事压力瓦解北洋水师军心，成功招降、覆灭清国舰队。（3）掌握列强干涉战争的容忍底线，回避过早进行直隶作战。直取威海卫和澎湖列岛，彻底击垮清国续战决心，为和谈取得筹码。（4）日清和谈期间，为向清国施加军事压力，日军倾巢出动征清不但造成国内防御空虚，还招致列强的干涉，迫使日本无奈归还清国辽东半岛领土。此案被评价为日清战争中最愚蠢、最无谋的情报失误和决策失败例。

战前，日本在驻天津、上海公使馆，安插了直属政府的间谍领事和隶属参谋本部的陆海军间谍武官，汇集各路间谍密探送来的军事情报发往本国，为政府决

2.3.04　山崎羔三郎、钟崎三郎、藤崎秀，是日本谍报部门特训精通汉语的间谍翻译官，配属在第二军各部。三人在第二军登陆前潜入清军后方刺探军情落入敌手，被处决于金州西门外刑场。图为金州城北门外山坡上三名间谍的墓碑。

心开战提供了大量有价值的信息。代表军方的著名谍报人员有：参谋本部派遣的陆军情报官神尾光臣少佐、海军派遣的井上敏夫、泷川具和等人。战后公开的相关文献资料记载，为了推动日清战争，情报官神尾光臣按照参谋本部的意思，在提供给政府的有关清国朝廷内部的情报中，掺杂了许多煽动政府对清国开战的成分，刻意夸大清国内部好战势力执意与日本开战的动向，为政府下定决心开战起到了推波助澜的作用。战争中，神尾作为第二军情报主任参谋，屡见功绩，1916年晋升为陆军大将。公使馆海军武官井上敏夫按照参谋本部指示，亲临渤海湾航道、大连湾、旅顺要塞、威海卫要塞、天津、塘沽等地，对地理水文数据和设防情况进行了详细侦查。1905年，井上敏夫晋升特务舰队司令官，香港丸巡洋舰舰长。驻天津的海军武官泷川具和曾经向本国传递了与神尾光臣不同意见的情报，较为客观地报告了清国正在全力准备西太后的万寿庆典，并无战争意向的情况。战前，他乘帆船沿渤海岸线航行了一个月，详细调查了沿岸各海口的水深、沙滩、海泥、岩石、民船、运输情报，为日军选择登陆地点提供了有力依据。泷川具和后任朝日舰舰长，1906年任旅顺口镇守府参谋长。

　　著名间谍情报案是日军的三名翻译官山崎羔三郎、钟崎三郎、藤崎秀，在提前登陆执行侦察清军布防任务时，被清军捕获处以死刑的案件。日军后来取三人名字中的"崎"字，简称"三崎事件"。三崎事件在日本军中引起强烈震动，成为日军在金州旅顺对清兵大开杀戒的诱因之一。事件中唯一侥幸脱逃的翻译官向野坚一郎，在他的"追忆录"里记载了那段惊心动魄的经历。1894年10月，大山严第二军在花园口登陆前，派出数支侦察小队化装成清国贫民潜入貔子窝、普兰店、复州城一带窥探清军布防情报。配合侦察小队行动的山崎羔三郎、钟崎三郎、藤崎秀、向野坚一郎等军部翻译官，乘鱼雷艇接近沿岸换乘舢板登岸，分别向预定地点出发。这些翻译官是经过特别训练的间谍，在国内连续两年蓄发，剃留清式发辫，学习清国语言，且具有收集情报及绘制军用地图等特殊技能。24日，清军捷胜营马队营官荣安的巡逻兵，在东橙附近抓获钟崎三郎。25日，山崎羔三郎渡过碧流河到达王家屯，被村人抓住绑送貔子窝兵营。其他小队的藤崎秀、向野坚一郎等人也分别被清军擒获。这十名日军侦察员一并被押送金州城，途中向野坚一郎趁看守疏忽侥幸脱逃，躲入山中。金州城防副都统连顺对这些日军间谍施重刑拷问，起初，"三崎"均装作不懂清国语言，沉默顽抗。经过通宵逼供下才道出日本大军已经开始登陆花园口，意图进攻金州和大连。情报立即转呈赵怀业、徐邦道二将并通告李鸿章。10月31日夜，"三崎"等日军侦察兵被押往金州西门外刑场，按照清国斩刑典例问斩。斩首官命"三崎"面向北京清国皇帝方向跪拜，"三崎"拒拜怒骂，转而面向东方，大呼效忠天皇，终被处决。

11月6日，日军占领金州城，收缴到清军逃跑时遗弃的文书，才知晓多日失去联系的侦察小队被处死的事实。2月初，在清国当地一王姓居民的引导下，日军找到"三崎"的埋葬之所，挖开掩埋身首异处的"三崎"的三尺冻土，其遗骸惨不忍睹。山地元治师团长为三人下葬，并题碑文，对清军严刑拷打下已然招供，却仍然处以斩刑的非人道行为发誓复仇。三崎的遗体埋葬在金州城北门前的山上，碑文刻"大日本志士舍生取义之碑"，山壁上用红色朱桐油书写"三崎山"大字。辽东半岛归还清国后，三崎的遗骨被带回本国，葬于东京高轮泉岳寺。脱逃的向野坚一郎继续在清军周边单独侦察测绘，把收集到的清军布防情报交给了第一师团的乃木将军。

日本军方还善于雇用民间人士刺探清国军事情报，其中的代表人物是为海军服务的宗方小太郎。一段历史资料记述了宗方执行任务时的情形："日清战争爆发前，宗方小太郎带着海军嘱托的任务，离开汉口经上海前往山东芝罘。7月6日秘密潜入威海卫军港，为防身份暴露遭遇不测，他决意放弃原来同行的清国人，自己脱文服改野装，扮成清人模样，独自一人勇闯龙穴。8日他带病从领事馆徒步出发，10日到达威海卫，立即对港湾进行秘密观察。11日侦查到多数军舰停泊在湾内，便立即返回芝罘报告。19日领事馆接到别路侦查员关于镇远舰以下14艘清舰即将前往朝鲜的报告，22日宗方再度只身前往威海卫侦查，绘制了港内军舰和炮台布防图。28日赶回天津，向领事馆神尾少佐汇报侦查结果，31日再度潜回芝罘。日清战争爆发后，宗方是最后一个离开芝罘的日本人，继续收集清舰在威海卫和旅顺间的活动情报。由于传递的情报被清军截获，大本营命令身陷险境的宗方立即前往上海乘船逃出清国。8月29日，宗方冒充清国人在芝罘搭乘去上

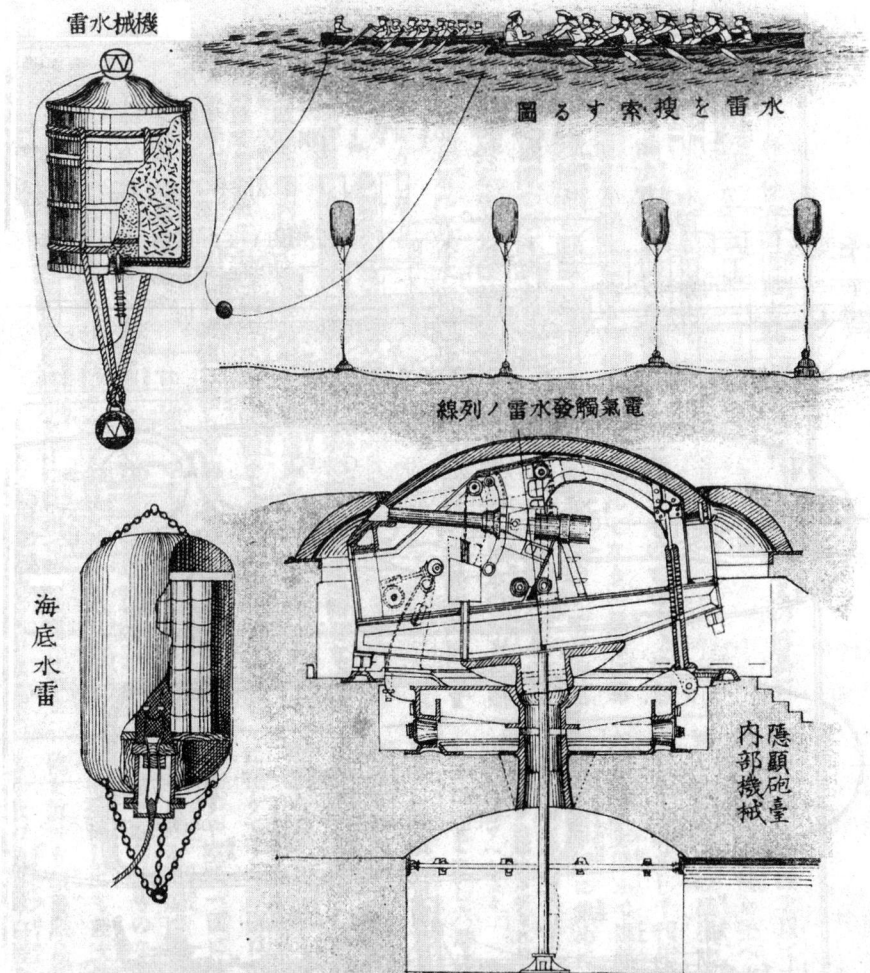

2.3.05 左图为间谍向日军提供的清军海防漂浮水雷和海底水雷情报图。地雷改造的水雷能漂浮于水面，水雷罐由锁链固定，用电线连接至岸上通电引爆。海底水雷由重物沉于水下，用电线引爆。战争中清军投放大量水雷，起到了阻吓日舰的作用，却没有任何战绩记载。上图为日军舰在入港前，水雷打捞队实施排除水雷的方法。下图是日本间谍收集的威海卫港湾内，日岛半隐藏式炮台内部机械构造的精确剖面图。

海的客船，航行途中竟然遇见 6 个熟面孔，其中一人是南京长江水师把总蔡氏。宗方冒死来到蔡氏的房间，恳求不要向他人揭穿自己日本人的身份，其余 5 个熟人都被他巧妙地躲避了过去。客船进入上海吴淞口，被清国水师军舰截住临检，所有清国官吏和西洋人都登上甲板，查问其中是否藏有日本人，船长回答此船没有载乘日本人，宗方再次躲过被捕危机。9 月 7 日，宗方到达上海，换洋服改乘英国船离开了上海，11 日无事抵达长崎。16 日收到大本营的"天皇赐予特别破格召见的内命。"因宗方小太郎为日军刺探情报成绩卓著，10 月 4 日在广岛大本营受到天皇陛下的召见，谒见历时两个小时。

日军为了应对未来的战争，在满洲、山东、台湾各地测绘制作了大量军事地图，日军称之为"测量事业"。这些军事地图在十年后的日俄战争中发挥了重大作用，是日军二度登陆东北，打败强敌俄国军队的向导。1894 年 8 月，日清宣战，大本营为了作战的需要，在第一军、第二军都增设了测量班。9 月 1 日，第一军测量班在陆军测量部地形科编成，班长步兵大尉依田正忠分属第一军司令部。14 日该班到达朝鲜京城，分成两个小组，一组进入成欢，一组进入平壤，开始测绘作业。之后两组汇合北进，在与清国的作战地域从事测绘作业。1895 年 5 月 23 日，军部所要地图全部制作完成，测绘总面积 102.72 方里（1 方里约等于 15.423 平方公里）。1894 年 10 月 11 日，第二军测量班在陆军测量部地形科编成，班长步兵大尉服部直彦分属第二军司令部。24 日花园口登陆后，立即着手附近地形的测绘作业。1895 年 3 月 3 日完成辽东半岛及山东半岛作战地域的全部制图作业，测绘总面积 166.42 方里。

1894 年 11 月 21 日，日军参谋总长下达命令，编成临时测绘部，要求对作战地域进行全面测绘制图。临时测绘部长工兵中佐关定晖从陆地测量部选拔干部，募集临时测绘雇员，施以专业职能的培训。12 月 15 日临时测绘部编成，翌年 2 月 13 日旅顺口登岸，17 日到达金州，设立测绘本部。临时测绘部以凤凰城、金州、海城、大孤山、复州附近地域为对象分成五个班，20 日各班投入测绘作业。5 月下旬，各班担任的测绘任务全部完成，6 月上旬测绘部派 4 名测量手，编入赴澎湖列岛作战的混成支队，从事测图作业。归国后的临时测图部又接到大本营前往台湾、朝鲜测图的命令，由步兵少佐服部直彦担任部长，一班至四班前往朝鲜；第五班编成独立班，前往台湾。

独立五班 7 月 26 日抵达台湾，随从近卫师团渐次南进，从事测图作业。临时测绘部 9 月 16 日到达朝鲜京城，以元山、京城、平壤、大邱附近地域分成四个班，分别在该地域从事测绘作业。朝鲜测绘任务完成后，临时测绘部再前往台湾支援第五班的测绘业务，直至 1896 年 8 月 6 日测绘作业全部完成归国。

军方投入人力财力收集清国的地理地貌情报，总面积达 7835.42 方里，为未来战争做好了前期准备。

附《情报战例文献摘录》

日本国立公文书馆、外务省外交史料馆、防卫省防卫研究所，馆藏日清战争留下的大量情报文献，其中涉及许多日本谍报员收集的情报资料，以及报刊公开的情报，以下部分摘录。

1894.6.13 神尾光臣少佐，大本营宛，天津报告《清军之动向》 11 日李鸿章下达公文，派遣叶军门及太原镇守聂士成集结芦台、山海关兵，乘汽船赴朝鲜牙山，上陆后见机围剿匪贼。李责朝鲜督办袁世凯派役员为之向导，助办远征军军需物资转运事宜。李令各营将领严明军纪，不得扰民、擅入民家市店，与他国百姓商民和睦相处，购买食物，雇用马夫须支付现银公平交易。剿匪中禁止滥杀无辜、掠夺财物、骚扰妇幼，违者军法惩处绝不宽容。

1894.6.15 福岛中佐、上原少佐，参谋总长宛，朝鲜京城报告《清国送兵器与韩》李鸿章赠送韩廷步枪 1,000 挺、弹药 10 万发。昨夜支那兵 300 携枪支弹药从京城西门进入。另我京城将兵健康良好、军纪肃严、警戒万全。

1894.6.22 神尾光臣少佐，大本营宛，天津报告《北京政府状况》 清国政府已决意出兵朝鲜，风闻外国人对李鸿章的反映多有非难之语，一曰："袁世凯公使唆使朝鲜国王请求清国出兵，李鸿章应请遂行，然北京政府内心并不赞同。"二曰："此番出兵主谋者乃李、袁及李的德国顾问德璀琳之主意，反对派总理衙门和英人总税务司罗伯特攻击论盛上。驻韩俄国公使访问李鸿章，非难出兵之举，李氏承诺待贼势剿灭即速退兵。"现清军状况：（1）卫汝贵、吴育仁出师准备，北洋海军所在一带发布戒严令。（2）卫、吴两将官派兵朝鲜奏请朝廷批复。（3）出兵事宜致电朝鲜国王。又芦台及山海关兵三百、马七十匹，20 日塘沽港乘"海定号"，待夜间满潮时出帆牙山，同行携带地雷、水雷。小站及北塘兵赴朝准备，李已上奏等待敕谕。

1894.6.27 井上敏夫海军少佐，中牟田海军军令部长宛，芝罘报告《清兵出兵报告》 近闻清国出兵沸沸扬扬，传李鸿章主战遭总理衙门责之，令李氏受夹板之气，近来喜怒无常。北京政府倾向平和主义之呼声盛上，今后清国战争之决心仍有待观察。

1894.7.2 天津荒川领事，外务大臣宛，天津领事报告《清国政府采纳开战策》 清国政府决定采纳李鸿章开战的建议，今后陆军登陆地可能选择大同江口，目前整装集结完毕，等待出发命令。

1894.7.2 上海宗方，嶋崎宛，《李氏焦急》 传说李鸿章千方百计设法避免与我国冲突，又曰派遣总税务司罗伯特赴朝鲜调停，又曰委托英德两国公使仲裁调停。本日报纸云，清廷决定派遣刘铭传赴朝鲜云云。

1894.7.7 天津派员连日报告：六月廿三四日进京上奏，胜军未动。七月一日李氏命各营加紧操练，李氏不希望开战，今委托俄公使调停。七月六日大沽派员报告，

"镇东"、"镇北"两舰修缮完毕，船渠注水明日出渠，牙山清兵三四十人搭乘"康济号"返回大沽。七月七日镇东、镇北两舰本日大沽解缆。七月九日，广东水师"广甲"舰大沽海军公所入港，传说每年广东舰此季节上访献技。七月十日"定远"、"镇远"以下十一舰停泊威海卫港内，扬威舰直航朝鲜。

1894.7.24　北京小村代理公使，外务大臣宛，《清国公债募集》　李鸿章募集多额公债，在香港上海银行及其他银行借入千万之银两用于战争。

1894.7.29　支那沪报《清帝委李鸿章重任》　昨日正午接天津电报云，皇太后、皇帝七月廿二日降密旨，委任北洋大臣直隶总督李鸿章伯，全局统筹朝鲜军事，总制南北两洋及沿海港湾防务。

1894.8.25　支那北京通信《李鸿章勋标剥夺》　八月十二日，李伯处理战事缓慢，且麾下败军伪造奏功之因由，被朝廷剥夺其名誉功勋标章。

1894.8.26　芝罘派员报告《李伯政略》　清国政府从欧洲又募集战费两千万磅，称："日本乃一贫国，财源短缺，如若拖延战争，倭兵必败，何不以为之。"欲与日本展开长期持久之战。

1894.8.29　派遣员报告《白河口防卫》　白河口防栅每日根据朝夕潮况开启闸门，放行过往船舶，闸口现已配置拦障，阻敌舰通过。水道内布设水雷，两岸配置大炮，炮台内有水雷引爆器。夜间或薄暮时，两三支探照灯搜索海面，聚焦活动之船舶，照准发炮。

1894.8.29　派遣员报告《清国募新兵》　吴淞炮台及江南船务局，每日从扬子江一带经运河汇集大批兵队，兵数约 2,5000 人，多数是湖南湖北、山东、河南新招募无纪律训练之乌合之众、山野匹夫。将前往山东芝罘威海卫一带作战，每日到达芝罘人数约 900 人。

1894.9　支那沪报刊载题《支那官吏军事义捐金》　皇帝裁可诸省总督的奏议，为补助军费开支，现役文官义捐相当武官官俸十分之三的义捐金。

1894.9.4　截获清国职员信件《袁玲禀告》　谨禀，十四日进呈一书已高览。李中堂为防止日本军舰侵袭旅顺口、大连湾，传令水雷营迅速敷设水雷防御敌舰。本营领命水兵二十名昼夜敷设，昨日从山海关又调遣二十五名，仍感人力不足。水雷兵须将电缆送至水雷间连接。五百听双线海底水雷三个、中流一千听双线水雷三个，一千五百听三线海底水雷三个已经连接完毕。日舰来袭，足可发挥效力……

1894.9.5　支那政府布告《上海来电》　支那政府布告，凡居住支那的日本臣民，战争中必须服从支那法律。

1894.9.24 《缴获李鸿章电报》 丁汝昌、龚照玙宛，智利国购入之巡洋快舰，因该国遵守中立原则，或受日本压力拒绝付货。

1894.10.3 支那政府布告《驻日汪公使处罚》 前驻东京清国公使在天津桎梏，因由乃汪氏在日本驻在时之举动，未与本国政府意向同步，亦未详细报告日本海陆军兵力状况，致使清军受制于日军，失去制敌良机。

1894.10.9 《缴获李鸿章电报》 丁汝昌、赵怀业、龚照玙各位，倭军大连湾上陆，对旅顺呈海陆夹击之势，状况与英法两舰队对我通报相符，汝等严加防备不得松懈。怀字军新营防御薄弱，令人担忧，利用现在之兵在旅顺大连两地配置成互援之势，水师六舰预定旅顺大连间往来巡航，牵制敌舰。

1894.10.12 支那沪报报道《清帝授予德国军舰乘员勋章》 英国籍汽船高升号被日舰击沉之际，德国军舰"易鲁奇斯"号将校兵十三人，救起孤岛落难清兵一百五十余名，送还芝罘，北洋大臣李鸿章奏请清帝，特颁发德国军舰有功乘员勋章。

1894.11.17 天津派员报告《李鸿章大攻击准备中》 李氏雇入外国人准备展开大规模对日攻击。德国人汉纳根赴山海关，玛库利阿（按即马格禄，Mclure John，英国人，帮办北洋海军提督）月俸两千银，出任支那舰队副提督。

1894.11.27 《清帝除奸上谕》 有上奏倭舰旅顺攻击之际，对我军布设之水雷了如指掌，敌舰避绕而过毫发无损。又前日陆军作战正酣之时，后背突然起火扰乱军心，定有奸细引导敌军袭击我军。命李鸿章、张之洞及沿海各省总督、巡抚知照地方文武诸官，严厉稽查搜捕间谍隐患。命裕禄、宋庆各军严查不得疏忽。

上海黑井大尉情报通告《清国沿岸防御》 7月28日，扬子江北口及崇明岛北方有水雷沉浮。8月1日，上海海关道通知各国领事，即日起吴淞口禁止夜间通航，昼间西洋人乘船亦须接受检查。8月2日，威海卫刘公岛南端陆地炮台增设12厘米速射炮两门。8月4日宁波镇海（甬江口）入口布设有水雷。航标、浮标、灯塔均已撤除，夜间不得接近镇海炮台。为增强南方防御力量，清国频繁向南运送兵器。8月12日，清国商船"普济"装载兵器温州出帆，切望途中捕获。8月12日，宁波、温州、福州、台湾各地港湾开始大规模敷设水雷。

1895.4.19 西海舰队司令长官男爵井上良馨《营口河口布设水雷调查报告》海军参谋官子爵桦山资纪殿。（1）清国水雷图示参考；（2）水雷罐使用地雷改装，起爆电缆连接水雷至陆上；（3）地雷型水雷分布：炮台南部七个、东南地营附近四个、市街炮台附近十个、水雷营内十八个；（4）安装起爆器海底水雷二十一个，顺海潮流漂浮运动。各种水雷在远浅滩大干潮时会搁浅望见。另据美国"佩兹拉"

号舰长介绍，清军的水雷布设后，在冬季河口结冰之前需捞回陆上，状况与我军侦察类似……

2.4.01 清日战争前，清国的有线电报应用已经比较普及，国家商用和军用电报电线形成网络。照片是清国的外国洋行使用高性能电报机作业的情景。

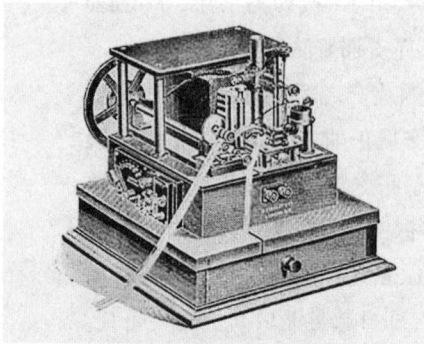

2.4.02 早期电报机是一种最简单的电信机械，分别由按键、印码设备和纸条盘组成。发报利用手压按键，按出点划信号，传递信息。收报方可人工抄录，或用纸条记录器记录对方的点划信号，即可判读信息内容。图为19世纪末，国际有线电报业流行的克鲁宾高性能电报机，是清日两国的主要通信器材。

2.4 野战通信

清国电报通信

鸦片战争后，清国引入了电报技术。1879年，北洋大臣管辖的防区首先试办军用电报线，从大沽经北塘达天津，中途连接各海口、炮台、兵营，线路距离近百里。电报通信的实用性很快得到朝廷的认可，翌年批准了李鸿章架设南北电报线路的奏请。线路从天津沿运河至江北，越长江达上海，全线总长 3,000 余里。此后，清国又架设苏浙闽粤线，将政治中心北京、北洋中枢天津、对外经贸中心上海、南粤经济重地广州连接了起来。经过 8 年的努力，清国兴建了济宁、芝罘、威海、天津、通州、北京、北塘、山海关、营口、旅顺、奉天的电报线路。北洋海防统帅中心的天津，威海卫、旅顺口海军基地，辽东半岛诸重镇间的通信网形成，加快了北洋海防军情传递的速度。全国电报业保有电线总延长数 15,000 里，专属北洋防务的津、沽、北塘、芦台、乐亭、昌黎、山海关、营口、旅顺等军事要地的军事通信网络电报线达 6,500 里。

1882 年 12 月，日本完全无视朝鲜的主权，以方便旅居朝鲜的日籍侨民为由，在长崎至朝鲜釜山间海域敷设了一条海底电缆，电缆产经权归日本和丹麦两国所有。日本对朝鲜明目张胆的渗入，令宗主国清国深感不安。1885 年，清国通商局与朝鲜先后签署了《义州电线合同》、《中国代办朝鲜陆路电线续款合同》、《中国允让朝鲜自设釜山至汉城陆路电线议定合同》等协议开通两国间的电信事业。

《义州电线合同》要旨：第一条，中国督办电报商局现奉北洋大臣李中堂奏明，以朝鲜国王咨商，自仁川港起由汉城至义州达凤凰城，请设陆路电线一千三百里，并请筹借经费，赶速设置，所有经费应由朝鲜限年归款，特此饬由华电局代筹借款，派员办理。第二条，朝鲜创办陆路电线，系朝鲜国王商请中国借款设造，特由华电局代借公款关平银十万两。五年之后由朝鲜政府分作二十年，每年归还五千两不取利息。并派熟悉电线之董事、学生、工匠人等妥为承办，以备缓急之需。第三条，朝鲜政府因中国电局垫款创设电线有裨朝鲜政务不浅，订准水陆电线工竣后，自通报之日起二十五年之内，不准他国政府及各国公司代设电线，致侵本国之事权及损华电局之利益。如朝鲜政府有欲廓充添设之处，必须仍由华电局承办以免分歧。

1886年，在清国政府的帮助下，开设了通往朝鲜的电报线。电报从奉天经凤凰城、安乐、朝鲜义州、平壤、汉城到达仁川。清国境内段线路600里，朝鲜境内段线路1,300里，全长1,900里。电报线与清国电报网连接后，直通北洋大本营天津，成为清国第一条陆路国际通讯线路。清国、日本、朝鲜之间的电信接驳后，有了稳定的电报通信业务。清日战争开战，这条国际线路在入朝清军与北洋大本营间的联络发挥了重要作用。

清国海外电报事业一直受制于国家对外政策的严格限制，外国电信资本很难涉足清国的电信事业，但敷设海底电缆线路与清国的电报网接驳工程却属例外。1871年，丹麦大北电信公司从海参崴经日本长崎到上海敷设了一条海底电报电缆，产经权归属丹麦大北电信公司所有。当时的技术尚处于单芯电缆时代，在电信专利垄断下，各国电报线路使用收益的三分之一都须支付丹麦大北电信公司。1884年，英商大东电报公司先后从上海到福州，从福州到香港敷设了海底电报电缆。1886年，清国力主自办电报，成立了电报总局，下设官电局和商电局，独立经营电信业。清国政府鼓励民间商办电信，由电报商局统筹集资建设商线，主干线京沪、长江、京通各地线路，通往沿海沿江等通商口岸，给商业繁荣带来了生机。军事线路称为"官线"，由官电局经营，官线电报诸线主要

2.4.03 李鸿章的洋务政策，推进了清国电信事业的迅速发展。1871年长崎至上海海底电缆开通。1881年上海民用电话登场。1888年清国自主成功架设海底电缆。图为清国电话局电话接线生作业的场景。

分布在满洲境内。1888 年，清国自主敷设了大陆直通台湾的海底电缆，线路全长 177 海里。

电报作为新事物在清国有许多愚昧的传说，例如，电线会惊扰墓地内永眠安寝的先祖，影响风水等，以致割断电线、砍断线杆的事情时有发生。此外，满洲地区漫长的军用电报线路跨越荒凉的旷野，朝廷无财力投入管理，只能由地方官府兼顾，线路维护保养状况不佳。从 1880 年开始大兴电信事业到 1894 年战争爆发的十几年间，线路常年暴露在野外，受到风吹雨淋的侵蚀，电线老朽化状况日益严重。清日战争中，清国电报线路经常出现不畅通状况，给北洋作战中枢的指挥造成严重障碍。

电报总局管辖的关内电报业务繁忙，各地设分局，局设董事、司事、管报生、工匠，分局之下有讯房、机房，沿途线路由绿营兵巡视，管理状况优于军用线路。电报线路是清国国家战略的重要资产，又是无法轻易移动的不动产。战争中由于清军表现脆弱，战场上连战连败，放弃了大多数电线要地，使清国经营十数年的电报线路资产相继落入日军手中。被缴获的清国电报线路，总长达数千里，转而成为日军对清军作战利用的通信工具。

战争通讯事业的另一组成部分是军事邮政。1870 年的普法战争中，德军首先创立了军事邮便制度。德国士兵在战斗空闲能经常给家人互通书信，而法国出征兵在战争期间却收不到一封家信，巨大的差别直接影响到两军士兵的战斗意志。此后，军事邮政制度便在欧美军队中广泛普及，战争时还增设临时邮政系统，用于传递官文和军人私信。战时邮政不仅是野战通信的重要一环，也是近代军队对军人人权尊重的文明表现。清日战争前，清国只有商营的民信局、侨批局、外资客邮。信息传递的方式还是倚重驿站通信，驿递通过设置间隔驿站，运用快马交替送递公文。近代虽然导入了电报通讯，但是投递重要公文或电报出现故障时，驿递仍然是军队传递信息的重要手段。尤其在战场没有电线的地方，快马送信是传递军事情报的唯一途径。

在清国洋务风潮下，朝廷官吏钟情的只是西方国家的精巧武器，对西方军队建立军人通信体系毫无兴趣。朝廷没有设立普通军邮业务，作战官兵的家书通信无法经过专门渠道进行传递。兵勇将士与亲情间联系处于长期中断状态，成为影响战场斗志的重要原因。而对面的日本军从开战到战争结束，都卓有成效地运用了军邮系统，把战场与家人的亲情紧密联系在一起。战场家书不但没有动摇军心，相反给前线将士为国而战，为天皇而死，注入了精神上的动力。

日本电报通信

电线通信

1851 年，英法之间的海峡敷设了世界第一条海底电缆；1866 年，海底电缆横贯大西洋。1871 年，丹麦大北电信公司（Great Northern Telecom）完成俄国海参崴、日本长崎、清国上海间的海底电缆敷设。日本和欧洲之间经由印度洋和西伯利亚，实现了两条国际通信线路。1872 年，日本在本州与九州之间的关门海峡（旧译马关海峡）独自成功铺设了第一条海底电缆，并与国内电信网成功对接。

1882 年 12 月，日本在九州长崎肥前国呼子横穿对马海峡，敷设了一条通往朝鲜釜山的海底电缆，电报线专属权归丹麦大北电信公司所有。电报线路开通后利用率很低，经常处于停业状态。原因之一是线路经常出现故障；之二是拥有线路产权的大北电信公司的大股东是俄国人。由于日本和俄国在朝鲜问题上的微妙立场，日本不希望往来电报被俄国人获取。1894 年 6 月，为应对异常繁忙的日清外交，日本恢复了这条海底电线的通信业务，信息从朝鲜京城经义州进入满洲境内与清国电信网连通。日清战争爆发后，两国关闭了东京、上海间的海底电报通信。日朝海底电缆成为战时唯一可以沟通日本、朝鲜、清国的最繁忙的线路。

2.4.04 明治十一年（1878），日本最初的仿制电话机完成，作为高档奢侈品在民间流行。图为明治时期的电信台场景，电话交换室设在东京有乐町，采用比利时制造的单线式单式交换机。

2.4.05 日本电信史上首次采用的女子电话接线员，最初 9 名接线员是 15—25 岁的独身女性，来自"逓信省"官员的子女，日给薪水 25 钱，是当时女性最具魅力的摩登职业。

日清战争中，日军海外作战的电信方式，采取了新设、修复、利用作战国原有电报线路的策略。日军攻入朝鲜和辽东半岛后，两国的电信不动产资源便落入日军手中。成为战利品的主要线路包括：（1）朝鲜京城至仁川、元山、义州三条干线，义州线直通清国凤凰城线。（2）清国旅顺口、金州、复州、盖平、营口、牛庄、海城、田庄台线；山东省成山角至荣城、鲍家村、威海卫、芝罘线。同时日军还架设了大量军用线路支援战场上的临时通信。

1894 年 6 月 26 日，日军大本营命令第五师团工兵第五大队，增设京城通往釜

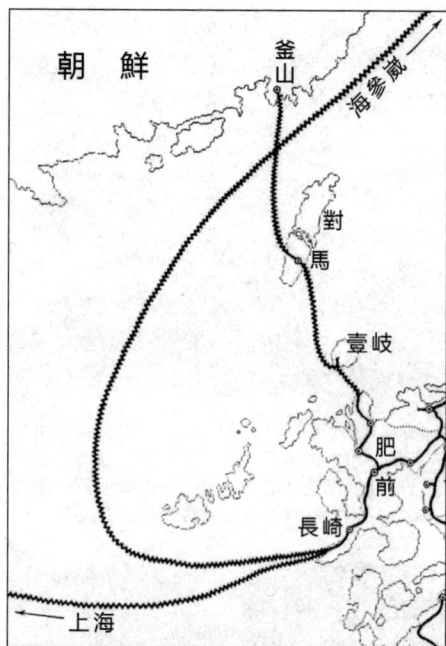

朝鲜

釜山

海参崴

對馬

壹岐

肥前

長崎

上海

2.4.06 至1886年为止，日本建成了通往海参崴、上海、釜山三条海底电缆。海底电缆通信扩展了日本的视野，加速了明治维新对外开放的步伐。与日清战争关连的长崎至釜山间海底电缆，完成于1882年12月，产经权归日本和丹麦两国所有，朝鲜国没有得到任何主权。日本对朝鲜明目张胆的渗透，令清国深感不安。

山的军用线路，实现战地双线通信。6月28日，混成第九旅团编成临时军用电信队，架通龙山驻地与京城公使馆的线路。线路同时扩展到成欢战场，继而向平壤方面推进。日军战场电信战术采用了先进后续的接力方式，首先各师团野战电信队派出先遣队，先行前沿架设线路，开设通信所。大部队抵达后，先遣队向后续野战电信队移交通信所，先遣队继续前往新的作战预定地架设线路。野战电信队向前方进军时，又将电信线路移交军特设电信部统筹管理。

9月14日，日军陆军第一军仁川登陆，设立特设临时电信部。10月1日，第三野战电信队、第六野战电信队完成平壤、黄州、浦间、旗津浦、梅谷隅、耳湖浦的电线架设任务，在安州、义州、汤山城开设通信所。电信先遣队进入清国东北后架设九连城、安东、凤凰城线路，开设通信所。11月7日，第一军兵站电信部在耳湖浦登陆，接手各地开设的通信所，解散军特设临时电信部。军兵站电信部同时着手九连城、大东沟、凤凰城、安东县、大孤山间的线路架设。12月9日，第三野战电信队架通沟连河、岫岩间的线路。27日海城通信所开设，逐次向兵站电信部移交。

11月2日，第二军所属第一、第二野战电信队在貔子窝登陆。16日，第二野战电信队完成貔子窝至三十里铺间的线路架设。17日，电信队前往旅顺口，截断清军外围线路，接入日军线路网。12月11日，电信先遣队开设张家屯通信所。第一野战电信队，7日开设北三十里铺通信所、金州张家屯通信所，逐次移交军电信部。期间金州至貔子窝线路屡次遭到清军破坏，电信队进行多次维修。12月28日，庄河通信所开通，延长线路到达大孤山，至此花园口登陆作战的第二军和朝鲜登陆作战的第一军之间，建立了直通电报线。翌年1月上旬，第二野战电信队开设盖平、复州通信所，移交军兵站电信部后，与第一野战电信队会合，前往山东战区。20日，野战电信队在龙睡澳登陆展开电信作业，战地通信服务至2月下旬。3月6日，野战电信队撤离威海卫返回金州，投入辽河平原会战。

2.4.07 朝鲜战事风声鹤唳，日军未经朝鲜政府许可，在京城和釜山间强行架设军用电线，电线全长385公里。图为外国记者笔下的日军在架设电线。在记者笔下，身材高大、带有洋人面孔的是日本兵，头戴高帽观看的是朝鲜人，与当时实际的衣冠相貌完全不符。

2.4.08 日清战争依照《万国邮政条约》规定，日本海外派遣的军队、军舰、军衙、军属的邮件，均按照军事邮件处理，一律免税投递。传送配达由军夫、士兵、雇用朝鲜和清国民夫负责。图为辽南战场，日本邮政军夫和清国民夫在邮政袋前的合影。

　　1895 年 2 月下旬，辽河平原作战开始，第一军第三野战电信队架设海城通往缸瓦寨、大高刊的电线，3 月 6 日大高刊通信所开设。此间第六野战电信队，架设海城、牛庄线路，途中受敌阻击，通信所临时改设白旗堡。第二军协同第一军作战，所属第二野战电信队于 3 月 7 日在营口、蓝旗厂开设通信所，与第一军第六野战电信队的线路接通，保障了田庄台作战。3 月中下旬，第六野战电信队白旗堡通信所移至牛庄城，架设海城、甘泉堡、姚千户屯间线路，开设鞍山通信所。为第二期直隶决战准备，南部兵站电信部接管了各地架设的通信所。4 月中旬，日清签署《马关条约》，作战军用线路架设全面停止。

　　1895 年 5 月 18 日，近卫师团新编独立野战电信队进入台湾参加作战，6 月初在基隆登陆开设台北通信所，架设通往新竹方向的线路。电信队在扫荡部队保护下，迎着抗日军的炮火冒死架设线路。6 月 18 日野战电信队开设中枥、淡水通信所，与通往福建的海底电缆接通，实现和本土大本营的通信联络。台湾作战期间，

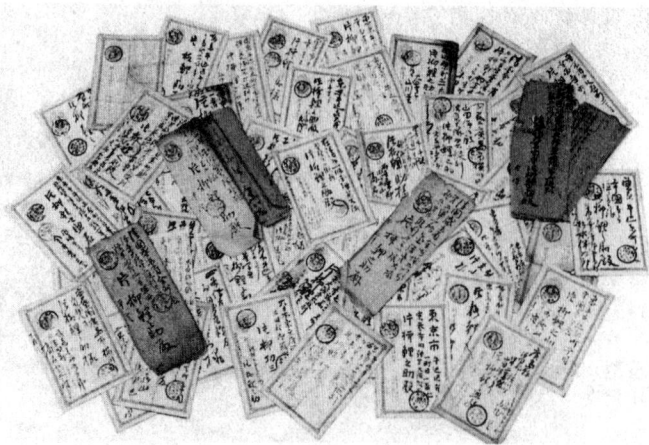

2.4.09 日清战争日本军模仿近代欧洲军队的战争经典"军事邮便"取得了成功。战场上士兵的邮件活跃了战争气氛，让国内民众了解了战争，成为新闻报道最人气的素材。军事邮件使战场实态明朗化，焕发了国民声援战争的热情。

独立野战电信队及新设陆军电信部，先后架设多处线路，开设通信所。主要线路有台北中枥线、中枥淡水线、中枥新竹线、新竹后垅线、后垅大甲线、大甲彰化线、彰化鹿港线、修复鹿港社斗街线、员林街北斗线、北斗他里雾线。南进军司令部所属野战电信队在布袋口登陆后，架设布袋口、盐水港汛、安溪寮庄、看西庄线。10月13日，第二师团设立兵站电信部，第二野战电信队东港登陆后，开设大湖街通信所，架设大湖打狗线、打狗凤山线。11月上旬，日军占领台湾，独立野战电信队归属台湾总督府直辖，全部线路移交台湾兵站电信部。

在整个日本侵台过程中，台湾抗日军民与日军展开了殊死的抗争，不但将各地原有的电线悉数破坏，还捣毁日军架设的电信线路，给日军向纵深推进制造了严重困难，电信队遇到日清战争开战以来最艰难的架线任务。

日清战争中，日军新架设和修复的电信工程线路距离为：朝鲜国807.3公里、清国本土1,379.7公里、台湾360.9公里，合计全长2,547.9公里。其中新架设线路：朝鲜614.8公里、清国本土1,087.9公里、台湾286.4公里。改修线路：朝鲜192.5公里、清国本土291.8公里、台湾74.4公里。

邮政通信

1894年6月14日，明治天皇颁布"战时邮政敕令"，启动战时邮政机制。此后，陆军大臣发布军事邮政规则、递信大臣发布邮政实施规则及野战邮政实施规则，为战场邮政设立相关法则。依照《万国邮政条约》规定，海外派遣的军队、军舰、军衙、军属的邮件，军队官兵和国内家属间的私人文件，均按照军事邮件处理，一律免税投递。军中个人发出的私信不设上限，传送配达采用由军夫担任，士兵辅助的方式，同时雇用朝鲜和清国民夫运送。

　　6月16日，混成第九旅团在朝鲜仁川登陆，旅团邮政部开设了日军出征海外的第一个军事邮局。8月12日，第五师团在釜山登陆，次日在兵站内开始邮政业务。9月12日，第一军邮政部在仁川登陆，15日邮政业务开始。邮路随即向平壤延长，与先头部队邮政部接续。11月5日凤凰城邮局、12月13日大孤山邮局开局，朝鲜和鸭绿江一线邮路开通。10月19日，前往大连湾登陆作战的第二军邮政部和军司令部到达渔隐洞，同日在船内开始邮政业务。10月26日，花园口野战邮政局开设，12月金州、旅顺口、貔子窝间的定期邮政船开始运行。1895年1月11日，第一军和第二军间的邮路开通，此后朝鲜以北的邮件全部投送到大连湾发出。山东作战军于1月24日在龙睡澳登陆，第二军邮政部立即开始收集邮件服务。战争中期的辽河平原会战，第一军和第二军邮政部在盖平、海城、牛庄、营口、田庄台之间连成邮政服务网。4月18日，征清大总督府偕行的野战高等邮政部到达旅顺口，统一管理第一军和第二军邮政部的邮政业务，一直持续到日清签订《马关条约》全军撤回本土为止。近卫师团赴台湾作战，师团所属邮政部于6月10日在基隆开始邮件业务。7月2日，台湾总督府邮政部在基隆登陆，统管基隆、台湾的全部邮政业务。1896年3月，台湾战争落幕，运输通信长官部、野战高等邮政部相继相关，邮政业务全部移交台湾总督府邮政部。

　　日清战争期间，日军从实施新谕令日起至1896年3月台湾战争结束，日军邮政部门共集信5,226,481件，配达6,823,144件，合计12,049,625件（包括反复配达次数）。其中私信总计4,647,897件，占全军邮件的88.9%。各战地平均每日发出的信件数，朝鲜为6,738件、清国本土为14,851件、台湾为12,332件。

2.4.10　清日战争中，日本首次发行两枚纪念邮票，庆祝天皇25周年银婚。从此开创了日本纪念邮票的发端。下四枚是有栖炽宫仁亲王和北川宫能久亲王的纪念邮票。两亲王将领都在战争中死去。

战地邮政储金

1894 年 12 月 7 日，日本《野战邮政为替》敕令颁布，战时海外参战人员的薪水支给可以依法得到妥善管理。因为战争期间，日本战争军费的一大部分，是用于支付从军军人和雇用者的薪水。日本兵在役制度虽然有别于清国的佣兵制，但是军队也有严格的等级给予制度。"野战邮政为替"也称作"野战邮政储金"，利用者在战地流动邮政局开设野战储金账本，通过兑换野战邮政为替印，个人储金就能方便地送给国内留守的家人，每次存取交易都会在账本上留下邮局职员的法定章印。军人、军夫、军属的薪水得到合理解决，减少了战地人员因无送金手段任意浪费和赌博的违纪现象。

敕令颁布当时，邮政储金的利息四分二厘，翌年 4 月利息上升到四分六厘，全日本加入"邮政储金"的国民客户上升到数百万。政府支付给国民的薪水，国民存入邮政储金，政府再运作邮便储金的资金，成功周转了战争急需的巨额资金。邮政储金为战争的持续、延长、胜利，提供了重要的财政来源保障，正如战后学者所评论的那样——"日本的战争是国民自费的战争"。

军事邮政制度是近代战争理念的一大进步，日本不但吸收了欧洲军事邮政的经验，而且成功地把军事邮政与军事储金结合起来，使战争的财源得到充实，起到了全民支援战争的实质效果。邮政和储金制度成为日本五十年战争的重要支柱，形成了国家经营的最大官方银行。邮政储金制度产生于日清战争，成功于日清战争，这一体制一直延续至百年后的现代，发展成邮政、储蓄、保险三位一体的、最关系到国民民生金融利益的国家机构。

2.5 战场医疗

清军战场医疗

清日战争中的清国军队，没有明确的卫生医疗编制，战场医疗处于一种涣散的无组织状态。外国观察家记载："清军忽略维持战斗力生存的卫生编制，军中没有固定的医师、卫生兵、担架员以及后方的战地医院。合格的军医和士兵比例相差悬殊，在医生欠缺的情况下，伤患者不能得到及时救助治疗，成为战斗减员的重要原因。中医疗法的缓慢疗效，无法适应近代热武器造成的创伤。清军没有免费提供医疗的制度，治疗伤病的费用和营养费须个人承担。战地医疗无法得到保障，直接动摇了兵卒战斗的士气。骑兵部队的兽医也非常缺少，作战马匹出现疾病时，经常不能得到及时救治。"

战争中，清军意外得到了民间的医疗帮助。1894 年 12 月，由外国团体组成的国际红十字会医院，对清国的伤兵和难民展开了无偿救助。红十字会医院是在清国的西方传教士组织创办的慈善机构，以国际红十字会宪章为宗旨，实行救死扶伤的人道主义。当时的红十字会医院主要设置在营口、芝罘、天津等地的西洋人居住区。

营口红十字会医院主要由外国传教士和船运业人员组成，主事者为戴利医生和契雷斯特医生。随着战争的延续，红十字会医院规模逐渐扩大，许多外国医生加入到医院中来。从 1894 年 12 月创办到翌年 4 月战事基本结束，营口红十字会医院发展到 4 所，医治清国伤兵近千人。

芝罘红十字会医院成立于 1895 年 1 月，部分伤兵从辽东半岛战场转来接受治疗。战争初期，当地外国人就开始筹划救疗伤兵和难民

2.5.01　清代延续了汉文化的医学经典，宫廷医疗颇有长进，但民间医疗普及却有所退步，战伤医疗表现更为匮乏。清日战争中，清国军队没有完善的医疗编制，仅得到西洋红十字会的慈善援助。而有史以来，华夏医学大师扁鹊、张仲景、华佗、李时珍等医学家，在日本被尊为医圣，其医术在民间广为应用。清日战争中，日军采取中西医结合的医疗手段，发挥了重要作用。

的计划，一位名叫塔斯瓦特的教会医生拜见芝罘官员，建议设立红十字会医院为战时伤兵提供治疗。在道台资金的援助下，医院很快建设起来。芝罘红十字会医院的地理位置远离辽东半岛主战场，伤病员数量不多。日军拓展山东战场后，这里接受了大量从威海卫战场败退下来的伤兵和难民。

天津是李鸿章指挥对日作战的大本营，红十字会医院成立时，曾经暗中求得李鸿章的支持，因此存在浓厚的官方背景。天津红十字会医院的规模超过营口和芝罘，当地西洋人组建了"红十字联合会"，设立红十字会医院 5 所，并派遣红十字会医疗队支援营口红十字会，治疗伤兵总数约 1,400 人。天津红十字会在山海关设立了伤兵转运机构，安置前线撤退的伤兵。旅顺陷落时，天津红十字医院派遣船只前往旅顺收治清国伤病者，由于日军担心暴露旅顺的虐杀现场，拒绝停泊在港外的红十字会轮船靠岸。

红十字会的战场救助，拯救了大量清国伤兵和难民的生命，可是红十字会的医疗活动一度陷入经费和药品不足的困境。医院负责人请求在上海的英国教士姆

2.5.02　平壤会战后，被俘虏的清国伤兵在接受日军医疗救护的情形。图中显示，19世纪末，日本医疗已经开始应用欧美的吊瓶输液技术。而清国医疗仍然停留在汤药的阶段。

威廉出面募捐筹款，当时颇有影响的《申报》馆获知此事后，立即用报馆代理"协赈所"的名义向社会筹集捐款，为红十字会医院募捐到4,500英镑、白银1,000两。继《申报》馆募捐之后，上海仁济善堂董事施善昌也以"丝业会馆筹赈公所"的名义，在报上发布"劝募北洋医院经费"的启示。经过半月余的募捐集得白银13,000两，由上海英国领事馆转交红十字会医院。瑞士国际红十字会也向清国政府捐助药品和钱物，该会闻知清日开战，寄赠药料30箱，值银3,000余两。旅居上海的外国人成立了一个红十字会募捐筹款的办事机构，由上海各外国领事、传教士、驻沪外国银行董事自发组成，协调各地红十字会医院的资金周转。

西洋人红十字会在战中治病救人的无私奉献，对医疗条件极差的清国军队来说是意外的恩惠，西方文明启蒙了清国人的视觉和思维。战后，清国政府认识到战争医疗的重要性，开始组建随军医院、前敌行营医院以及活用红十字会医院的慈善机能。遗憾的是这些启蒙的认识，一直延迟到清日战争十年以后才开始付诸实施。1905年7月，两广总督岑春煊在广州设立随营医院，为军内伤员提供医疗的场所。随营军医学堂聘请日本医学士一人，担任总教习及随营医院诊察长，雇用医疗助手、药剂师，开展军内医疗活动。这是清国军队在东西洋医学背景下，最初登场的具有近代意义的军队医院。

战争中，西方红十字会支援清国的活动受到日军的关注和监督，曾派遣代表和医师前往红十字会医院进行视察。红十字会是民间的中立组织，医疗只限于人道意义上的救助，医疗规模和条件难以适应大批战伤救助的需要。明治天皇早年曾宣布加入国际红十字会，因此战争中的日本对西方人协助清国救死扶伤的行动表现出相当的宽容。辽河平原作战期间，大本营派遣了一支特殊使命的医疗小组，前往西方人在营口设立的红十字会医院进行战伤学研究。日军陆军的研究目的，是为了解村田步枪的实战性能。军医小组在红十字医院详尽调查了负伤清兵的伤口状况。结果发现，大部分清兵中枪位置，多发生在身体背部或臀部，身体前部被弹者非常稀少。这一调查结果和前线作战兵士的报告研究表明，负伤清兵是在逃跑的状态下，被敌军枪弹命中的。按照村田步枪的设计性能，弹头在500—600米之间具有最佳穿透效果，而清兵的软组织伤口内大多数留有弹头，可见一些清兵是在逃至1,000米以上时，被无力弹头追伤所致。

清军医疗制度上的缺陷，导致清国对日作战中处于极端被动的境地。西方红十字会奇迹般地出现，无疑给清军送来及时雨。他们无所求地向清国人伸出援手，外来文明对封建王朝进行了又一次道义上的精神感化。然而，清国人却没有在他的史书上，给为大清国作出贡献的外国红十字会留下感激的纪念篇章。

日军战场医疗

日清战争的战场卫生，是日本近代第一次海外作战遇到的最大课题。日军陆军野战卫生长官军医总监石黑忠悳，负责战争中野战部队的卫生事务，统理伤病者治疗、送还后方、疾病防疫等职责。履行职责包括卫生部人员调遣、医疗物资补充、恤兵团体的指挥监督、战地各军医部编制下卫生部队的指挥监督、内地部队的卫生勤务和陆军省医务局间的统辖。

日军军医指挥机构主要分类，军军医部（第一、二军司令部各设置一单位）；占领地总督部军医部；台湾总督府陆军局军医部；南进军军医部；师团军医部；兵站军医部；威海卫占领军及混成第七旅团军医部。部门编制有：队属卫生员；卫生队；野战医院（近卫、第一、第二、第三、第四、第六师团各设两单位，第五师团设三单位）；卫生预备员；卫生预备厂（各师团设一单位，归兵站部调遣）；患者输送部（各师团设一单位，归兵站部调遣）；兵站部附属卫生部员（分为兵站监督附属、兵站司令部附属两种）。

从1894年6月入侵朝鲜至1895年12月从辽东半岛撤军，日本在朝鲜、清国本土、台湾、日本内地的出征部队和本土部队中，死亡者总数达20,159人，占总兵员数285,853人的7%。海外战役中，日军共死亡13,488人，其中病死11,894人，占死亡人数的88%。出战部队患者数为171,164人（朝鲜22,061人、清国本土83,299人、台湾65,804人）。战地入院患者数为115,419人，其中送回日本本土治疗的患者，朝鲜和清国本土共40,300人、台湾27,300人。日军在战场上的非

2.5.03　旅顺外围土城子附近战斗，日军先遣部队遭到清军的袭击。激战中日军败退，卫生队用担架搭载战伤者仓皇撤出战斗。

战斗减员比例之高，远远超出了日军的预想。

作战部队大量伤病死亡的原因，除了战斗中直接死伤外，大部分是因战地气候环境恶劣、居住状况简陋、清洁饮用水缺乏等因素引起的疾病造成的。尤其在朝鲜、辽东半岛东南部、台湾及澎湖岛作战中，部队遭遇疫病袭击的惨状丛生，痢疾、霍乱、伤寒、疟疾、脚气等疾病造成大量的非战斗减员。陆军在战中发生意想不到的脚气大流行，使战争中枢的军医总监，为明治军队创建军医制度的医学博士石黑忠悳受到各方的批评指责。1897 年，石黑辞去医务局长职务，但他创建的军医制度对军队的战伤救治仍然起到举足轻重的作用。

日清战争期间，日军卫生系统的运作机制主要表现在以下方面。

战地救护

战地救护作业是战争中日军最重视的战场行为之一，救护行动不但可以挽救生命，也能最大程度保护作战部队的有生力量，形成第二次投放战场的后备军。日清战争的战地救护，是对日军海外作战机制的初次考验。在陌生的作战环境下，日军庞大的救护、救助、救援机能，令欧美军队震惊不已。

（1）**队属卫生员**　队属卫生员在战地开设临时绷带所，从事战伤者初期的收治作业。临时绷带所的开设次数为：第一军战区 26 次、第二军战区 33 次、台湾战区 36 次。战斗负伤者的运送，由辅助担架卒和卫生队担架卒担任，有时也有兵卒或军夫协助搬运。台湾战场的小规模战斗比较频繁，队属卫生员多随作战部队转战，即时搬运伤员撤离。队属卫生员除了前线救助外，也负责向后方转移伤者，在临时开设的休养所内收疗伤者，协助各医院患者集中场所的检疫等工作。战争中，

2.5.04　金州城北门内的日军兵站医院，集中了从前线送来的伤病员。兵站收容的伤兵，多数是失去战斗能力的患者，经前期救治处置后再向后方转运。图为日军雇用当地百姓的驴马车，搭乘重伤员向后方转移的情形。

日军相继在朝鲜发生痢疾；在清国本土发生霍乱、冻伤，在台湾发生霍乱、疟疾、脚气等疾病，队属卫生员日夜辛劳，救护出大量濒临死亡的病患。

（2）**卫生队**　开设绷带所救护从第一线转来的伤病员，绷带所规模较战地临时绷带所大。日军在朝鲜及清国本土作战期间开设45次，台湾开设25次。朝鲜作战时因为缺少合适的房屋，绷带所主要使用帐篷。在清国本土和台湾，大多利用民家或寺院庙宇设所。绷带所收容伤者最多的几次分别是：平壤战斗，混成第九旅团收容200人以上，元山支队百人以上；缸瓦寨战斗，收容数200人以上；盖平战斗，收容百人以上。1894年12月至翌年3月，辽东半岛的气温降至零度以下，战斗创伤和冻伤引发伤口感染恶化，给战地救护增加了预想不到的困难。卫生队除救护伤病者外，还开设患者集合所，收集行军途中的患者转往后方，协助驻屯地野战医院、舍营医院的勤务。卫生队在清国本土的海城、貔子窝、普兰店，台湾的基隆、台北、新竹、嘉义等地的野战医院、舍营医院，有效发挥了战场作业机能。

（3）**野战医院**　野战医院是大型战地临时医疗机构，在朝鲜和清国本土作战期间共开设32次，收容患者5,011人；侵台战争期间开设野战医院5次，收容患者1,298人。朝鲜作战时，野战医院的设施条件以军用帐篷为主，在清国本土和台湾大多将民居或寺院庙宇作为医院设施。第一军凤凰城、海城作战时，战伤者和冻伤者充满野战医院，医院同时分担转送患者的业务。为了解决患者收容困难的局面，野战医院增设了舍营医院、避医院、预治疗所，协助收治重伤病患者。

2.5.05　金州第二军野战医院收容了清军俘虏中的大部分伤员。图为野战医院内，正在接受救治的清军伤员的合影。其中的少数病患是冻伤的日军军夫。

这种战地临时院所，在朝鲜和清国共设置 66 所，收容患者 23,049 人，收容规模最大的为凤凰城、海城、盖平的舍营医院。台湾战场的野战医院，在台北、基隆、新竹、鹿港、台南设置的舍营医院 15 院，收容患者 16,078 人，使伤患、病患收治混乱的局面得到缓解。

（4）**卫生预备员**　战地道路交通不畅，受野战医院的委托，以兵站卫生编制的卫生预备员为基干，开设了战地定立医院、兵站医院、患者集合所，以支援前线、兵站、后方间的医疗卫生衔接业务。兵站内收容的患者，多数是战地送来的因伤病失去战斗能力的患者，经前期救疗处置后，再向后方转移。定立医院、兵站医院、患者集合所在安全转移伤员的工作中发挥了重要作用。朝鲜战役设立的定立医院、兵站医院、患者集合所合计 12 家，清国本土共 9 家、台湾战役设 3 家，总计收容、转移患者 18,485 人。最高峰时，一家医院收容、转移患者达到 600 以上。

（5）**兵站部附卫生部员**　由于兵站卫生勤务繁重，野战卫生长官为兵站监部、兵站司令部的卫生预备员配属了临时兵站部附卫生部员。卫生部员主要是陆军卫生部员、赤十字救护员、陆军省雇用的医师及药剂师，其总数达到 2,475 人。兵站医院、患者休疗所（患者集合所、患者宿泊所、患者修养所）的卫生部员，主要辅助卫生预备员完成收治通过部队中的患者和向后方转移的任务。

（6）**患者输送部**　兵站休疗所收容的患者经陆路向后方转移的业务，由患者输送部担任。此类患者休疗所在朝鲜和清国共设立 47 所，输送患者 36,620 人。在台湾设立 8 所，输送患者 10,305 人。患者输送部同时担任绷带所、野战医院患者的转移业务。

（7）**看护妇（护士）**　日清战争是日本妇女初次作为准战斗员参加的战争。日本从军看护制度创建于 1890 年 4 月，日本赤十字社看护妇养成所第一期录取了

2.5.06　日清战争中，日本实施了女性从军看护妇制度。日本赤十字社看护妇初次被陆海军医院召集，媒体宣传报道是"日本妇女从军"的壮举，激励日本国民开始认知和接受看护妇这一新生事物。图为居住在朝鲜的日本侨民，志愿组织的"笃志妇人"救护队，在釜山兵站医院从事医疗活动的照片。

10 名女性学员入校。根据养成所规定，看护妇学习期 3 年，毕业后履行 20 年的应召义务，在此期间，国家有事时须响应赤十字社召集。后来，日本赤十字社女性应召义务年限缩短至 15 年，再后短缩为 12 年。看护妇应召规则的效力，一直续存到日军解体后的 1955 年（昭和三十年）1 月 16 日。日本赤十字社看护妇养成所毕业生规定，平时可以在日赤医院勤务或从事其他职业，战时一旦收到召集状，必须立即响应应召命令。实际上，战时，一些分娩不久、处于哺乳期间的看护妇，依然在安置好婴儿后应召出征。日清战争中，日本赤十字社看护妇初次被陆海军医院召集，媒体为此大肆宣传报道，赞誉为"日本妇女从军"之壮举，激励日本国民开始认知和接受看护妇这一新生事物。

日清战争期间，从军看护妇应召 647 人，仅限定在日本本土陆海军医院供职，不赴战场参加战斗。日清战争结束论功行赏时，由于从军看护妇的优秀表现，也成为政府授勋的对象，看护妇作为一种新兴职业人气上升。1904 年日俄战争，《日本赤十字社条例》修订了日清战争第 223 号敕令，进一步明确了从军看护妇的职责：（1）战时帮助陆海军卫生勤务；（2）陆海军卫生勤务中有监督日本赤十字社的义务；（3）救护员严格遵守和服从陆海军纪律和命令；（4）看护妇长为下士官待遇，看护妇为士兵待遇。从此日本妇女开始逐渐走向前线，成为支持战争的重要力量。

患者的后方输送

战争中，向后方输送日军伤病员，是一项繁重的工作。由于战场复杂的环境及交通设施的不健全，输送部门面临诸多的困难。清国本土缺乏优良的道路，部分地区可通过马车，但道路颠簸、行进缓慢。朝鲜山多路险，患者运送主要靠人力担架完成。

台湾从基隆至新竹间通有火车97里，每日输送力十分有限，仅有50—100人，大多数地区仍要靠担架或利用本地轿子搬运。日清战争中，日本动员所有的搬运手段倾全部力量，就是要将战场的伤病员一兵一卒都运回国内治疗调养，绝不把他们弃留海外。

　　1894年7月，朝鲜成欢战斗前后产生的伤病者，先在龙山集合，后送往仁川经海路送回日本国内。平壤战斗的伤病者，经由大同江送往旗津浦或万景台，再转海路送回。第一军在义州、安州、鸭绿江、安东、凤凰城的伤病者，集结义州，前往耳湖浦转海路送回。第三师团的伤病者，送往停泊在大孤山附近海面的舰船上送回内地。12月中旬，辽东半岛沿岸海面结冰，负责海路运输的舰船被迫停航。战场上下来的伤病者和急剧增加的冻伤患者一时无法送回日本本土，到1895年1月滞留在兵站区内诸医院的伤病者增加到4,600余人。为减轻救护压力，病症较轻者被送往大连湾、貔子窝，与第二军病患者会合，一同经海路送回。这一状况持续到三四月，黄海北岸冰冻融化后，耳湖浦及大孤山的海路再开。随着辽河平原会战的进展，4月营口港水陆运输开始，各地伤病员在海城附近集合，前往该港乘船返回日本。营口港原有的诸多设施，为伤病员周转提供了便利条件，伤病员经该港返回日本的工作，一直持续到战争结束，日军完全撤出辽东半岛为止。

　　第二军的兵站据点拥有良好的不冻港，大部病患在第二军金州作战的登陆地点花园口、貔子窝、柳树屯集合，乘船。1894年11月下旬，旅顺口陷落，日军开通旅顺港向国内运送旅顺战斗伤病员的工作。12月中旬，日军筹备开辟山东战场，从国内到来的诸多作战部队在金州登陆集结。由于霍乱猖獗，日军在金州的登陆地变成了向国内运送病患的中转站。山东威海卫作战的伤病员，集中在崮山后和刘家台救治待命，南岸作战取得主导权后，伤病员在阴山口乘船返回本土。随着北洋水师投降，威海卫港成为转运病患者的基地。侵台作战期间，日军澎湖列岛派遣部队在途中发生霍乱等疫病，多人死亡；登陆后疫情愈加严重，死亡激增。一部分病患乘海军医院船从马公港回内地宇品港；一部分转送台湾基隆兵站医院。台湾战场产生的伤病员，相继在台南、安平、打狗集中，经海路返回内地。

　　日清战争期间，日军自海外向国内运送病患主要利用以下几个港口——朝鲜：仁川、釜山、元山、旗津浦、南浦、渔隐洞、耳湖浦；清国本土：大东沟、大孤山、花园口、貔子窝、大连湾、旅顺口、营口、威海卫、阴山口、龙睡澳；台湾：基隆、布袋口、安平、打狗、东港、枋寮及澎湖岛马公港。运送船只包括以下几类："普通运送船"，搭载轻症患者，配属临时救护员；"特设输送船"，配属常设护送员和卫生器材，可搭载重症患者；特设输送船开战当年仅一艘，后又增加一艘；"医院船"，是在普通运送船内装备医疗设备，可以实施复杂医疗手术的特殊运输船，从开战至 1895 年 3 月，医院船陆续增至 7 艘。

内地卫生

从战地回国内的伤病患者，被收容在各部队驻屯地治疗。各留守师团司令部所在地和其他卫戍地，合计开设了 18 所预备医院。为了解决预备医院卫生人员的不足，特别从地方雇用医师、药剂师、看护者，补充医疗医护的人力。要塞收容的部队患者，在横须贺、下关、对马设立的要塞医院内治疗。从战地送回国内的病患，从宇品、门司、广岛、小仓上陆，临时收容在预备医院，后换乘火车或汽船，分送到各部队所管辖的预备医院。战时，广岛的预备医院收容规模最大，各院收容患者合计达 102,727 人。大部分预备医院及要塞医院的工作，一直持续到 1896 年才逐渐停止，广岛预备医院的工作延续到 1899 年。

卫生检疫

日清战争战地发生的传染性疾病，造成军队作战能力急剧下降，部分病毒甚至被伤病员带回国内，在民间广泛流行，造成巨大的灾难。开战初期，日本国内开始流行霍乱，患者 56,000 人，死者 39,000 人。战争中期，国内痢疾病爆发，全国患者 155,000 余人，死亡 38,094 人。1895 年，开赴台湾澎湖列岛的军队发生霍乱疫情，传回国内的感染性病毒迅速扩大，造成病死 40,150 人。甚至日本在两年前宣言消灭的天花病也再度复燃，患者 12,400 人，死亡 3,300 人。

面对严重传染病侵袭的势头，日本政府动员全国卫生机关以及军队卫生机关，全面加强检疫、预防、扑灭行动。军方首先在海外关口设立检疫所，对霍乱、痢疾、疟疾、伤寒等传染病进行检疫隔离。战地检疫特设两种类型的检疫所：海港检疫

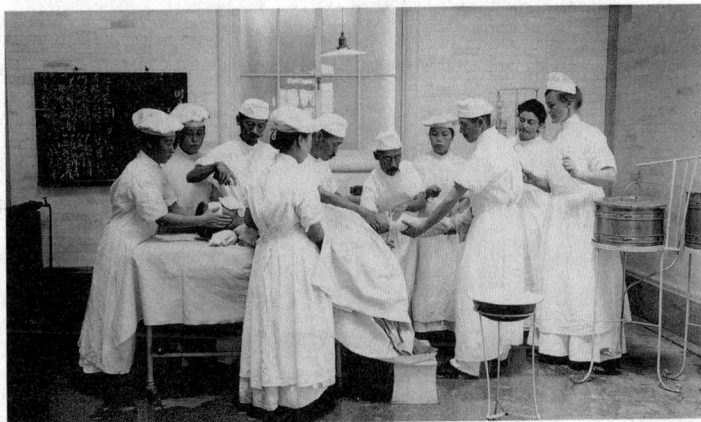

2.5.07 明治维新时代的日本医疗在西洋医疗技术的影响下有了迅速进步，各种欧美式教学给日本提供了大量优秀的医师、看护妇。大量医护人才的出现，满足了战争医疗的需求。

所和陆上检疫所。日军在清国开设海港检疫所 4 所、朝鲜 5 所，主要负责对进出人员检疫和对船舶的检疫消毒，其中规模最大的是旅顺口及大连湾检疫所。陆上检疫所，在清国开设 7 所、朝鲜 4 所。军方同时在国内的下关、宇品、神户三地施行检疫工作，1895 年 6 月以降，似道、彦岛、樱岛三地开设陆军检疫所，对凯旋部队实施检疫消毒，沿途所有火车站均设立检疫所，厉行检疫。凯旋部队归国实施严格的检疫制度，使传染病的患病率得到了有效控制。

民间救护事业

日清战争中"日本赤十字社"是活跃在战场上的医疗卫生民间组织，在陆军卫生部的指挥下，从事医疗救护工作。战争爆发时，该组织向陆军省请愿，获得军方许可，社内救护员分派本土陆军预备医院或随陆军前往战地医院服务。救护员在野战卫生长官的指挥下，依照战时卫生勤务令的条例从事本职工作。最初，负责国内勤务的救护员被派往广岛预备医院，之后随着各地预备医院的设立，相继配属各医院协助工作。赤十字社救护员同时负责给清国俘虏中的患者治疗。负责海外勤务的救护员分海上和陆上两种，海上救护员配属在患者输送船上，协助陆军省雇员负责运输船上的船员、搭乘者的医疗工作。陆上救护员配属第一军仁川兵站医院、清国各地兵站医院履行职责。战争期间，日本赤十字社派遣的卫生勤务救护人员总计 1,373 人。旅居朝鲜釜山、元山、仁川的日本侨民各医院，院长及职员共计 22 人，为军方患者提供收容、医疗、护理等服务，也有一定数量的日本居民，组成志愿人员参与伤病者的护理工作。1895 年 4 月，日清两国签订《马关条约》，6 月起赤十字社派遣勤务渐次取消，7 月至 12 月全部救护员从清国撤回。

马匹卫生

日军在战争时期的马匹卫生管理沿袭和平时期的管理条例。1894 年 8 月，朝鲜釜山附近发生牛瘟疫，陆军省立即派遣课员和数名兽医加强对牛马的卫生管理，防止用于军需搬运的牛马发生死伤减员。陆军省课员对军马卫生、军马医疗、铁蹄材料等进行详细调查，同年制定实施冬季军用马匹防寒用毛毯的供应。各师团司令部、兵站监部、兽医部，对马匹卫生直接进行指导监督，各乘马部队附属的兽医负责马匹日常诊疗管理。野战部队的马匹伤病最多的是鞍伤，朝鲜战役中，鞍伤占患马的 4.18%；清国本土作战中占 20.34%；台湾作战中占 12.6%；诸种消化不良及呼吸病的发病率次之。台湾战场马匹发病率较高的还有皮肤病，占患马的 2.5%。其他病患如咬伤、踢伤、头络伤等外伤，占全患马的 9.0%。马匹腺疫主要流行马匹特有的细菌性传染病，如鼻黏膜、喉头黏膜等炎症引起发热或淋巴结肿胀化脓。国内马匹患病率占全患马的 6.83%；清国则占 3.99%。日军对马匹疾病主因的研究表明，朝鲜及台湾作战是夏季，马匹过度疲劳、体力减弱，易引起感染和并发症。而在辽东半岛及山东战场作战时，处于冬季，马匹的健康多有增进。日清战争全战役期间，日军患马累计 54,532 匹，其中发病后杀死 8,994 匹，战斗原因造成死伤的马 207 匹，其中死马 97 匹、伤马 110 匹。

战地尸体处置

清日战争双方的伤亡数都超过万人。清军死亡推计 25,000 人，日军死亡 13,488 人，军夫阵亡 7,000—8,000 人。战地尸体处理是维护战场卫生、防止疾病扩散的重要一环。日军对战地战死者和病死者的处理，采取在各战场附近和宿营地附近，开辟临时墓地埋葬的方式。根据战场条件，分别有土葬、火葬、水葬，对应不同的官阶，设立不同等级的墓标。日清战争之初，安葬阵亡者时举行军队会葬仪式；战争中期，政府批准本国的僧侣、神官从军，协助葬仪。阵亡者的葬仪采用符合日本人信仰的宗教，由各派僧侣以诵经法式，举行超度、镇魂安葬故者。

对敌国战死者的尸体处理，日军没有采用日军规定的对死者阶级、姓名、年龄进行识别和登记造册的做法，通常在战场附近合葬，并建设墓标。金州和旅顺战斗中，战死清军以及被虐杀的平民数量极多，而在冬季进行土葬需要耗费很多劳力，故日军改而采用大规模火葬的方式处理尸体。尸体处理时，卫生方面的处置尤为缜密，必须在尸体表面施撒石灰后掩埋以抑制瘟疫扩散。

日清两军凡有过战斗的地方都有日军临时墓地安葬阵亡将士，从朝鲜到清国到处可以看见日军墓地的标记。《马关条约》签订后，如何对阵亡者墓地进行保护的议论沸起，日本政府决定将安葬在海外的日军遗骨全部运回国内改葬。对此，辽东半岛占领地总督部、山东威海卫占领军司令部、朝鲜南部兵站监部，全面收集土葬者的尸体进行火葬，将遗骨送回国内，在政府规划的陆军墓地改葬。依照遗族家属的请愿，在陆军墓地可以建设自己家族的墓标。1896 年，日本政府在台湾为作战死亡者的遗骨统一建立了永久安葬墓地。

2.6　战争俘虏

19 世纪末期的清日战争，发生在近代文明启蒙的时代，清日作为东亚两个政治经济大国，都是西方世界关注的国家。清国承袭了华夏文明的历史，日本脱亚入

2.6.01 平壤会战中清国俘虏被关押的情形。俘虏双手被捆绑，着装已经不是军服，日军看守混在其中。关押期间，俘虏营内发生了杀伤日军守卫的越狱事件，被日军镇压。

欧习得了欧洲的文明，两国都自我标榜代表了东方文明。然而不期而来的战争，赤裸裸地暴露出两国非文明的一面，最终都受到世人的指责。

清国俘虏观

在华夏数千年的历史中，俘虏的地位极其卑贱，俘虏身份等同于"死亡"和"奴隶"，是可以被任意处置的对象。"俘"乃军之所获，"虏"为奴仆也；"虏"后来用于贬称北方外族，称其为"鞑虏"，一度成为中原汉民族驱逐的对象。清代的俘虏文化史可谓恶贯满盈，满洲族为征服中原，肆意滥杀了成千上万的华夏子民。野蛮的屠俘文化同样影响到后来清军中的汉人绿营兵，屠俘、屠城在清兵的屠刀下顺理成章，没有了罪恶感。

清日战争的时代，清国朝廷没有加入国际红十字会，也不懂近代国际上对待俘虏的公约。战争中清国各地公布悬赏布告，鼓励清兵杀敌，取敌头颅邀赏。朝鲜平壤会战，日军缴获清军提督叶志超军和左宝贵军丢弃的悬赏状，文中称："夺获洋枪一杆者，赏银 12 两；枪毙倭贼一名割取首级者，赏银 30 两；生擒倭贼者，赏银 60 两。"江南机器局悬赏布告："捕获日本间谍者 100 两，捕获通敌清人间谍者 50 两，密告日本间谍居所者 40 两，密告通敌清人间谍居所者 20 两；捕获日本军舰一艘者 10,000 两，破坏日本军舰一艘者 8,000 两，捕获日本商船一艘者 5,000 两，取敌兵首级一枚者 50 两。"上海知县照会南洋水师悬赏告示："夺取军舰一艘 50,000 法郎；击毁军舰一艘 30,000 法郎，夺毁运送船一艘 10,000 法郎，夺毁小艇一艘 500 法郎，杀死将校一名 200 法郎，杀死日兵一名 100 法郎。"

2.6.02 平壤会战的被俘清兵，因杀死看守图谋越狱，激怒了日军，对参加越狱的 60 名俘虏集体砍头处死。此残暴的虐杀事件，在日本近代史上被刻意遮掩，日清战争最权威的统计资料也表述含蓄。这幅藏在美国波士顿美术馆的"暴行清兵斩首图"，曾经在美国大学的网页上贴载，并未作图示解说，被认为是宣扬帝国主义和民族差别的行为，遭到中国留学生的强烈批判。

　　悬赏布告一度激发起士兵杀敌的热情，但没有从根本上解决军队的战斗意志。战场上屡战屡败的状况下，士兵萌发出扭曲的复仇意识，士兵个体开始用变态杀戮的方式向敌军传递复仇的信息。朝鲜战场缴获清军文书中记载："上月初十日，左军侦察兵与倭探兵遭遇于中和，位置距平壤四十清里。我兵成功伏击倭兵，敌受伤者十数名，杀毙七名，活捉一名。审讯该倭兵俘虏，其手书姓名西北平，然日军进攻牙山之部署事未肯寡吐，是日下午遂枭。"

　　日陆海军内部战报记载："旅顺附近土城子战斗中，我侦察小队 11 名士兵与敌遭遇，为不做俘虏，皆自决阵亡，清兵对我兵施以无人道之屠尸。搜索中发现中万中尉的认识牌，头颅和身体被分离，两腕被切断。其余士卒戎装物品亦被尽数掠去，尸体多处屠刃毁坏，割首裸足。尸体弃于路边，其惨状令人悚然……""我军攻入旅顺口后，袭击了毅军左营，舍内一片狼藉，一隅发现数具日本兵尸体，背囊和枪剑丢弃于侧，血流凝固，腹背多处留下被刀剑反复刃刻痕迹，尸体丢弃于柴禾堆内。"日本 2 月 13 日新闻报道："清军在距芝罘南六十清里处，俘获日本前哨骑兵 23 名，有电报请示如何处理，巡抚李秉衡下令一律就地枭首。"

　　随同第二军旅顺作战的从军摄影家龟井兹明，1899 年 7 月 10 日出版了一部《从军日乘》，书中记述了一段日兵阵亡的现场："我十数名战死者的首级，悉数被敌兵夺走。大多数砍断左手，割去阴茎；中有削掉鼻子，剜出眼球者，剖开的腹内充有碎石。一骑兵喇叭卒，四肢和头颅被砍断，腹内填入石块，阴茎割断，睾丸亦被取出。徐家窑一民家院内的玉米秸下，一名身着我兵服布片的兵士，被斩断右臂，腹部横断，睾丸剜除，阴茎的龟头割掉……其残忍酷薄之状，令人眦裂扼腕，悲愤填膺。我兵见者、闻者无不义愤激昂，对清兵复仇气焰盛上。"

清国悬赏布告公开鼓励兵勇割敌兵首级请赏，刺激了日兵对清兵的恐惧、仇恨和强烈复仇心态。山县有朋司令长官向远征兵动员时表示："清兵之残忍，宁可玉碎不做俘虏。"这使得战争中日本兵被生擒者数量很少。清国军队沿用古来俘虏处刑的极端方式，亦成为引发日军对旅顺口军民屠城报复的重要原因。1895年8月清日两国履行《马关条约》规定，在清国新城和乾线堡交换战俘。但未加盟国际红十字会条约的清国军队，早已在战争中按照悬赏条例，将多数所捕日本俘虏就地处决。

清日战争中的清国军队也曾有过战争文明的称颂。1895年2月5日夜，威海卫战斗进入白热化阶段。日本联合舰队鱼雷艇潜入刘公岛湾内袭击北洋舰队，被清国军舰和岸炮发现，立即遭到猛烈的炮火轰击。日舰9号、8号、14号鱼雷艇被清军炮火击伤，或沉没或搁浅，敌兵逃跑时遗弃数具兵友的尸体。此时，清国旗舰"定远"不幸被敌鱼雷艇发射的鱼雷命中，舰体损伤，大量进水。翌日，丁汝昌接到缴获敌兵尸体和破损艇的报告。面对"定远"舰被日军炸毁，义愤填膺的水兵要求处分敌尸。丁汝昌表示："此虽敌国士兵之尸，亦系忠勇之士，理应以礼相葬。"丁提督说服部下，按照清国典式特制棺椁，郑重其事地将他们埋葬在刘公岛。日本人后来有评："丁汝昌实乃文明忠义之士。"

日本俘虏观

近代国际法确立以前，各国的内战以及国际战争中，战俘均由捕获方随意处分。

2.6.03 朝鲜大院君亲日政权全面协助日军对清国军作战。图为由朝鲜兵协助看押的清军俘虏。一向胆小懦弱的朝鲜兵，在日军庇护下，变成了仗势欺人的帮凶。

2.6.04 外国随军记者的手绘图。平壤会战的清兵俘虏正在被日兵押解前往日本本土。俘虏面容憔悴，充满了不安、恐惧的神情，不知道等待他们的将会是怎样的处置。

俘虏被任意斩杀、承担重劳役，或作为领土交换、获取赎金的对象。19 世纪面对频繁纷争，欧美人开始探索人道的战争。1863 年 2 月，国际红十字委员会创立，1864 年 8 月 22 日，改善战地武装部队伤者境遇的《日内瓦公约》签署。公约宗旨，在共同文明意识的约束下，将人道原则视为所有人类共有的，不分国家地区、种族风俗、民族哲学、道德规范，只追求生命第一的准则来共享。1886 年明治天皇反省国内的"西南战争"中，数以万计生灵涂炭的残酷事实，下诏日本国加入欧洲国际红十字会组织，誓约在战争中保障战俘的基本人权，履行文明战争的职责和义务。

1894 年 8 月 1 日，日清两国宣战；8 月 4 日，明治天皇颁布第 137 号敕令《帝国内居住的清国居民保护令》，规定"凡有固定住所，居住在日本的清国国民，只要遵守法律，服从裁判所管辖，从事和平职业，其身体和财产将受到法律的保护。"日本和清国虽然变成敌对国家，但是社会和政府继续允许旅日清国人拥有正常生活和工作的自由，允许居住日本的清国人往来于日清两国之间，甚至允许日本人与清国人通婚，允许关押在日本的清国俘虏与国内亲属书信往来。明治政府在国家文明准则规范下，给予敌国人民应有的人权尊重。

在清日战争中被日军押往日本的清国俘虏簿上，有近千人的记录。这些俘虏主要来自丰岛海战"操江"舰降兵、朝鲜战场俘虏、金州旅顺战场俘虏、威海卫战场俘虏。将大量外国俘虏押往本国，是日本历史上的第一次尝试，企图充为人质或用于谈判桌上的筹码。但对当时的清国朝廷而言，在每战必败的混乱战局中，根本无暇顾及战俘的命运，清国战俘犹如被遗弃的孤儿飘落异邦。

1894 年 8 月 23 日，日本陆军大臣公布战争俘虏处理规则。俘虏收容分成"内地收容"和"战地收容"两种方式。收容所设在各地的寺院，每个寺院安置俘虏

2.6.05　日本对清国俘虏施以人道义务，在收容设施、医疗救助、公共卫生、膳食营养、书信往来、宣教普度等方面，给予宽容待遇。图为清军俘虏前往寺庙观赏樱花的场面。

百人以下。安置待遇依照日军军阶的标准，按等级区分清军将校、下士、兵卒的居室饮食。俘虏分成班组，选定组长协助管理俘虏的日常生活。俘虏中的伤病者由各地陆军预备医院、日本赤十字社救护员负责治疗，痊愈者出院后仍回到指定的收容所。死亡者按照军人待遇安葬在陆军指定的区域，墓碑的建造以日本陆军将校下士卒的规定为基准。俘虏的被服寝具配给，从军需仓库的库存中调拨。饮食营养供给，适用《陆军给予令》第九章规定的标准，将官 24 钱，上长官、士官、准士官 18 钱，下士以下 16 钱；其他生活必要的消耗用品，采用现物支给的方法。各所配备若干卫兵，负责收容所的警戒、保安等管理事务，配置医务员负责收容所的日常卫生和健康管理。在所俘虏允许与国内家人通信，提供信件接收发送的便利条件，但信件内容需要经过检查，确定对日本安全无害方可放行。

　　战地俘虏收容所的建立是在清日马关会谈期间，李鸿章遇刺负伤后，两国签署休战条约之时，日本决定暂时停止将清国俘虏送回日本的计划，改在辽东半岛日军占领地内设置临时收容所。如果两国不能签下和谈条约、恢复和平，临时收容所的俘虏再转送日本。日本占领地设置的俘虏临时收容所，称"海城停留所"，所有关押的俘虏由占领地总督部监管。1895 年 5 月起，海城停留所的俘虏待遇，一律按照本国在押俘虏的标准给予。

　　清日战争期间，清国海陆军被俘总计 1,790 人、战伤及病患者 326 人、重症治愈者 231 名、不治死亡者 55 人。依据《马关条约》第九条，两国交换战俘。1895年 8 月 18 日，日本派遣运输船"丰桥丸"前往清国直隶省新城，收容在日本本土的清军俘虏 976 人（在此之前，清国在天津的日本领事馆先行移交日本俘虏若干人）。9 月 1 日，两国在清国盛京省乾线堡第二次交换战俘，日本交付海城停留所收容的清军俘虏 598 人，清国移交日本战俘 11 人（士兵 1 人、军夫 10 人）。

日军在战争中按照国际红十字会公约，对清国俘虏施以人道义务，在收容设施、医疗救助、公共卫生、膳食营养、书信往来、宣教普度等方面给予宽容待遇。这对不甚了解国际红十字会公约的清国军人来说，显然感到震惊。在得到人道救护时，惊异之下落泪者有之，合掌作揖施谢者亦有之，俘虏收容所里的清军官兵，纷纷赞叹日本给予的宽大待遇。战争中跟随日军的诸外国观战武官和采访记者，也向国际媒体报道了日本军队的文明表现。

日本在履行国际公约义务文明施善的同时，军队也暴露出残忍的一面。事实上，从战争初期开始，国际社会就对标榜文明国家的日本之所为抱有诸多疑问。最引人注目的是丰岛海战、朝鲜战役俘虏集体处刑、旅顺口虐杀事件。

丰岛海战是标志清日战争开始的第一战。1894 年 7 月 25 日，联合舰队击沉了一艘满载清军的英籍运输船"高升号"。当船体被弹下沉时，清军水兵纷纷落水逃难，日舰非但不营救落水者，还向已经失去战斗力的清兵射击，公然违背国际红十字会宪章，丧失了文明军队的基本道德。一千余名清军官兵葬身海底，船内供职的四名马来西亚水夫也遭到相同命运。滥杀事件的责任者"浪速"号舰长东乡平八郎，即以此为荣，毫无怜悯之心，日俄战争后荣耀地成日本海军的军神。

朝鲜平壤战役，清军被俘 513 人，朝鲜兵被俘 14 人。部分被关押的俘虏图谋越狱，

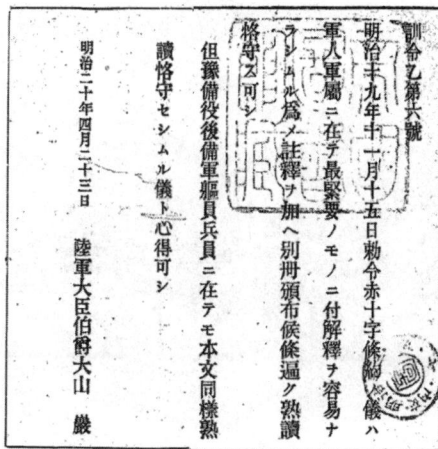

2.6.06 陆军大臣大山严发布训令。要求军人军属、后备役人员熟读《赤十字条约》，恪守条约宗旨。训令附文中尤其提到，对俘虏的仁慈人道义务。

2.6.07 为躲避日军，清兵随身的行囊内大都事先预备普通百姓的衣服，在逃跑时换装混入百姓之中。图为金州战中被俘的穿百姓服装的清军士兵。

2.6.08 日本旗舰"松岛"押解北洋舰队的军舰，从威海卫驶抵日本宇品港。清舰编入日本舰队。照片自右的军舰分别是：平远、济远、松岛、严岛。

行动中杀死看守，结果被日军镇压以失败告终。越狱事件激怒了日军，对参与越狱的俘虏严加追究，60 名俘虏被日军集体砍头处死。

旅顺口虐杀事件，史称"旅顺大屠杀"、"旅顺惨案"。1894 年 11 月 21 日，"日本第二军攻陷旅顺口，第一师团长山地元治为给遭到清兵杀害的日兵俘虏复仇，下达了对清兵格杀勿论的命令。复仇行动在城内疯狂展开，全城百姓受到株连。日军滥杀无辜的暴行受到国际舆论的谴责，野蛮行为给自誉文明的军队留下了历史污点。

明治维新的军队被史学家评价为，是具备文明素质的国家军队，日本自主强调效仿西方军队的文明善待俘虏。虽然在击沉高升号事件、平壤会战处死越狱俘虏、旅顺虐杀等问题上，受到欧美诸国的谴责，但是在战场上救护俘虏、俘虏营中对清兵优遇、战后俘虏全员返还、为阵亡俘虏埋葬立碑等，履行国际红十字会宪章精神的行为，得到了欧美诸国的称赞。时光荏苒、百年长梦，至今在日本的土地上，仍然保留着许多在清日战争中死亡的清军俘虏的墓地。

随着日本在亚洲的崛起和战争的日益扩大，日本的胜利彻底改变了日本人的"他国观"，自认大和民族是优于亚洲其他民族之上的优等民族，而他国人都是劣等的野蛮人，因而在对待战俘问题的立场上发生了极端转化。日本的昭和军队，彻底褪去了明治军队倡导的文明精神，在对待各国战争俘虏问题上，从骨子里透出了野蛮的民族劣根性。

日军俘虏收容状况

赤十字社俘虏宣传单

我国古来与外国交战，善待敌国俘虏和负伤者，久有世论记载。天皇陛下布

2.6.09 修复后的镇远号被编入日本舰队，仍然保留镇远号的舰名。十年后，镇远舰参加了日俄战争。照片是镇远舰抵达日本军港的情形。

告本邦加盟赤十字条约，其主旨即教育我军人遵守，善待，爱抚敌伤兵及放下武器之敌。战是国与国之战，非个人间的相互仇恨。敌伤兵、病兵、降兵的救护和仁爱心，此乃必遵文明之公法。即便对敌将之尸，也须以官礼相待。天皇陛下的军人，刚勇和仁爱之行为须受到表彰。

俘虏配布

国内俘虏收容所指定：东京、佐仓、高崎、丰桥、名古屋、大津、大阪、姬路、广岛、松山、丸龟等所。收容所须按规定修缮营舍，提供被服、日常用品。负伤俘虏由最近的陆军医院收容治疗，或赤十字医院医护。医院内死亡之俘虏，可埋葬在最近的陆军墓地内，各地俘虏收容所相同候也。

赤十字医院俘虏救护员任命

理事员1人、医长1人、医员1人、助手医员2人、药剂员1人、会计1人、看护妇10人、看护夫6人、使丁2人。

俘虏收容所管理报告回复

（1）俘虏使用之被服，从军需库的古品中支给。（2）雨具外套中古品支给，不足分支给伞或桐油布。（3）清国人的辫发断剃，可以各自随意。（4）暖炉或火钵按军队配置支给。（5）饮食炊事、室内外、浴室、厕所的扫除、衣物洗涤，俘虏内自行管理。（6）死亡者墓标记载文字，可在名字后添加俘虏，或俘虏二字消去。（7）俘虏从本国穿来的污秽被服，清洁后可永久保管，或根据本人意愿破弃卖却。

2.6.10　清国军舰上的神龛和官印。神龛是清国人用来供奉神像或牌位的小阁。北洋水师每条战舰上都设有神龛。图为日本元寇史料馆陈列的镇远舰上的神龛和官印。

2.6.11　日军缴获的清军炮械战利品被运回日本国。图中的十五厘克式加农炮集放在修理所库房，准备起运日本。

2.6.12　日清战争中，日军缴获大批清国武器，包括德国造克鲁伯克山炮、野炮、加农炮、加特林等各类炮械的炮弹。

陆军省俘虏物品赠与答复

日本居住外国居民时有向俘虏赠送文房用具、手绢、拖鞋、内衣裤等类日用物品的情况，根据吾国军纪规范，在允许的范围内许可。

真言宗俘虏抚恤使派遣愿

叡圣至仁的大日本皇帝陛下，1864年大日本国加盟日内瓦赤十字条约，对无加盟清国一视同仁，数百名清国俘虏配置全国各地救护，圣恩感激涕零。兹我佛教最慈悲普及怨亲平等，清人俘虏亦属人类之同胞，愿向他们的病苦幽郁慰问抚恤。陛下博爱，本宗恳谕宗教慈悲，派遣俘虏抚恤使，向全国各地俘虏演说布教愈愈感化，并惠与若干物品，奉请愿候也。

浅草本愿寺俘虏收容

12月28日清国俘虏179名（内将校3名），浅草本愿寺到达收容。俘虏患者的治疗由本愿寺近旁的部队军医往诊，或嘱托市井医师治疗，月嘱托金10圆以内，药剂费实费支付，特此申请候也。

浅草本愿寺俘虏收容所参观愿

众议院议员提出俘虏实见申请愿，许可资格及入场券发给候也。复申请之趣意，留守第一师团司令部发出参观证二百张，请查收。俘

2.6.13　清日战争永眠在日本异乡的清军俘虏墓碑。图为大津陆军墓地，与日本军人并列的清国俘虏墓碑。"清国"二字下面，原为"俘虏"二字。太平洋战争日本战败后，被用水泥填盖。

房收容所之参观须知事项：（1）俘虏收容所之参观需向留守第一师团司令部申请批准。（2）参观者须向收容所卫兵出示参观认可证，听从管理者的指挥。（3）依照管理者的安排参观，因故也会有谢绝或中止参观的情况。（4）不得有无礼的行为。（5）参观中必须肃静。（6）没有管理者的许可，不能随意讲话或赠送物品。（7）收容所内不能携带手杖或雨伞等物件。（8）参观结束后认可证须交还大门哨兵。

俘虏体格检查

俘虏体格检查在卫生面，是必不可少的要件。遵照军医官的提案，通达各俘虏收容所实施检查。检查实施时通知上方，医务局也派遣员参加。

俘虏将校死亡埋葬的件

目下清国俘虏一名，将校相当官职位者，病危至急，上官指令安葬的标准和费用。

回复：申请之趣意，可按陆军准士官埋葬标准，金20圆实费支付。

俘虏实况摄影愿

目下在东京及松山、佐仓、高崎、丰桥、名古屋、大津、大阪等清人俘虏收容所，受到我仁义仁慈之报道多见于新闻报道。然文字报道无充分之信用，浮说者云云甚为憾事。近来欧美各国及清国运用新式写真版登载报刊，新闻效果甚为优佳。故恳请陆军大臣许可摄影，奉恳愿候也。

回复：申请之趣意，关于俘虏摄影的件，摄影计划实施须事前向俘虏所在医院、收容所提出申请，得到许可通知后，由该当部门提供实况摄影方便，特通牒候也。

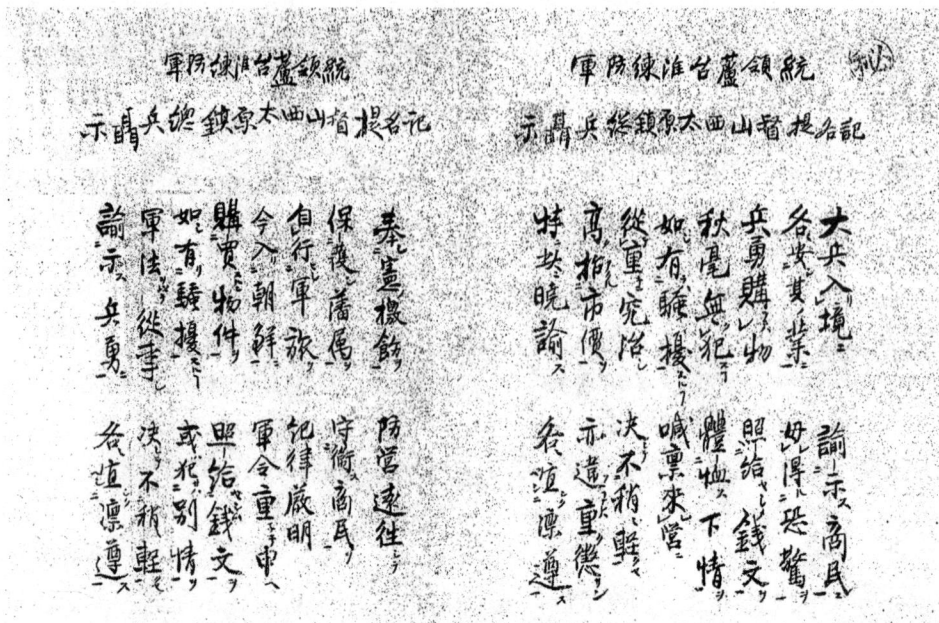

2.7.01 李鸿章要求入朝清军部队严肃军纪，对当地民众施以仁义。图为日军攻破成欢，总兵聂士成部败走时，丢弃在营中的入朝军纪纲。此为日军抄录版本，注有译文假名。

2.7 战场军纪

清军战场军纪

清日战争，清国军队和日本军队最初的陆地战斗，发生在朝鲜的成欢镇。激战中，清军聂士成部不敌日军攻势，随即出现大面积溃退。日军在成欢战地收缴到聂士成部队遗弃在兵营内的若干文件，其中一件是总兵聂士成颁布的"入朝军纪纲"，军纪纲题头"统领芦台淮练防军记名提督山西太原镇总兵聂示"，全文如下：

大兵入境，谕示尚民，各安其业，毋得恐惊，兵勇购物，照给钱文，秋毫无犯，体恤下情，如有骚扰，喊禀来营，从重究治，决不稍轻，高抬市价，示违重惩，特以晓谕，各宜凛遵。奉宪檄饬，防营远征，保护藩属，守卫商民，自行军旅，纪律严明，今入朝鲜，军令重申，购买物件，照给钱文，如有骚扰，或犯别情，军法从事，决不稍轻，谕示兵勇，各宜凛遵。

从入朝军纪纲可见，清将聂士成严令治军，约束部下将士收敛恶习，在他国领土上做文明仁义之师。但是长久以来，清军在和平环境中已经养成诸多不良秉习，临时严肃军纪，很难短期内改变军人的积习。据记载，从山西大同镇调往东北的部队，从长官到士兵多有吸食鸦片烟土之癖。军服腰带间经常斜插烟枪一枝，俗称"双枪军"，见者无不嘘之有声。

　　7月28日，清军成欢首战溃败，丢弃辎重粮草向北溃逃，军纪已经无法约束急于奔命的部队。29日，逃至新昌的叶、聂两军，因粮草短缺，开始抢劫当地百姓的粮食和财物。期盼清军驱逐倭寇的朝鲜百姓，现今却苦于清兵的掠夺，被迫四处逃难，躲避灾祸。平壤战斗中，清军各路人马坚守城池抗击日军，都统叶志超却临阵怯敌，主张放弃城池向国内退军，趁夜仓皇离城，丢弃大量军粮辎重。一万多兵马的大军于次日即发生粮草短缺事件，各路部队在溃逃中反复抢掠百姓米粮钱财，场面悲凄，民众哀叹备至。

2.7.02　聂士成行伍出身，清日战争前任山西太原镇总兵。清日战争初授命赴朝围剿朝鲜东学党农民军，后转化成对日作战。因受制于统帅叶志超，成欢之战无援溃败，退逼平壤时所部沿途骚扰百姓，令李鸿章震怒。

　　日本公文书馆的馆藏资料中经常出现清将叶志超之名，因为叶志超是清军在朝鲜与日军初次交战的将军。日军以败将相称，曰其"作战怯懦，无军人之骁勇"。亦云："成欢战中，叶将坐视聂军于不利，避敌遁逃；又谎报毙敌两千，骗取朝廷赏银和荣升平壤军都统之职。叶将平壤战役渎职战败，力主退兵。夜中弃城逃跑，被我军埋伏袭击，遭受重创。该将无视属下兵勇在逃往义州的沿途，扰民强抢劣迹斑斑……"类似记录在各种资料中不断出现。日军缴获的清军文书中发现李鸿章通报叶志超的文件。李鸿章怒斥叶志超："从义州至平壤之间，清兵沿路烧民房、抢掠财物乱暴之极，朝鲜百姓被迫逃难各方，清军连雇用当地民夫也成了难事。"李鸿章命令叶志超及各将统领，严厉禁止扰民事件的发生。10月，日军占领鸭绿江九连城及安东县，在清军弃营中发现了被清军官方收缴的，

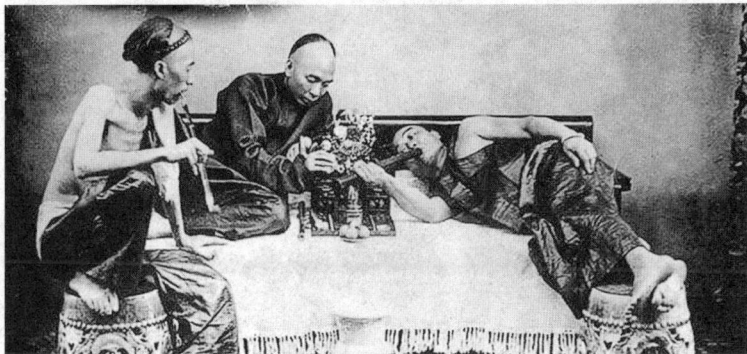

2.7.03　平壤作战的清军，在城南门外开设临时鸦片烟馆数所，供驻屯将士日常享用。每馆平均一日消费烟膏30两以上，接待军客600余人。

清兵在朝鲜抢掠的各类钱币，韩钱 4,787 贯 392 文；银块 32 贯 200 目；日本纸币 5,995 圆。其中还有李鸿章的信笺，文中称："根据日前视察委员的禀报，在平壤至义州的数十里间，朝鲜商民惊恐清军，四处逃避，竟然连地方官吏也匿藏起来。前回大军通过时，清兵或掠夺财物或抢占妇女，或放火烧屋或打碎锅碗瓢盆，其行径简直令人发指。"文件中也有朝鲜人的投诉状："清军把军马放养在耕种的田地里，肆意践踏蹂躏庄稼谷物，使我农家无法向朝廷交纳供米。清兵还闯入民家破坏门窗，拔剑横刀威胁百姓，掠夺什器，抓走耕畜家禽，苦不堪言。"在缴获的清军文书中，有一封叶志超给左宝贵的信笺，信中谎称成欢战斗大捷，"7 月 28 日夜，倭兵来袭，双方激战两三小时，迫使敌兵败退。聂士成等众将追敌于两山之间，斩杀倭兵一千余人。次日天明，突然一万六千敌兵从四面围攻而来，我方开炮猛轰，再次出击追敌。然敌军熟知地形，攻击我兵，造成众多死伤。我兵两营埋伏天安一带，敷设地雷欲诱敌一战，却因韩人奸细甚多，作战行动被敌探知未得成功。来自釜山增援之敌对我夹击，断我退路，我军数千将士孤悬海外，呼天不应，无奈我军且战且退，向忠清方向撤退，翻过险峻山道到达平壤，本战斗我军伤亡二百余名。"鸭绿江九连城战后日军收缴的文书中，有叶志超夸大成欢战绩的上奏文："我军占据有利地形，各营兵勇奋勇鏖战，放发地雷与敌血战六小时，倭敌死者约一千七百人，我军将士

2.7.04 朝鲜牙山之役日军缴获的清军战利品中，混有娼妓服装等物品，在日本国内大肆报道，传为市井笑料，评曰：此等军队岂能不败乎。图为当时《风俗画报》刊载的"清兵逸乐，营中拥妓"图，解说在平壤备战御敌的清军，接受朝鲜地方官赠送的官妓，娱乐游兴的场面。将军游妓，下卒仿之，在日本人的清国观中定格。

2.7.05　牛庄之战日军迫近，逃跑的清军在城内大肆强抢掠夺百姓财物。日本人清国观的形成，是从清国有一支腐败军队发端的，这支缺少军纪、专欺百姓的乌合之众，成为日本蔑视清国的根源。

伤亡亦达数百之多。"叶志超成欢战的上奏得到朝廷嘉奖，李鸿章传达上谕，奖赏叶志超军白银两万两，任命叶提督为平壤各路清军兵马之统帅。

　　清兵在邻国不文明的行为，成为朝鲜百姓仇视清军，转而欢迎日军的重要原因。此事惊动了清国朝廷，百余官吏大员联名弹劾李鸿章，追讨朝鲜战败的责任。弹劾上疏书中罗列清军在朝鲜会战溃败时，提督叶志超、总兵卫汝贵所辖部队沿途骚扰百姓奸淫掠夺，给朝鲜民众带来苦难之罪名。一支请来剿贼之师却是一群虎狼大盗，损害了大清国形象和皇帝的尊严。朝廷震怒之下，严令查办首犯叶志超、卫汝贵等人械送回京。叶志超被刑部定罪，判"斩监候"。卫汝贵在平壤军纪恶劣，明目张胆于中军帐狎妓宴乐，营哨官们亦相互效仿。战斗中卫汝贵临阵怯敌，平壤败逃时又纵容兵卒强占民房、抢掠财物，留下恶名。1895 年 1 月 15 日，清廷发布上谕："卫汝贵平日待兵刻薄寡恩，毫无约束。此次统带盛军，临敌节节退缩，贻误大局。并有克扣军饷，纵兵抢掠情事。罪状甚重，若不从严惩办，何以肃军律而儆效尤？卫汝贵著倚律论斩，即行处决。"16 日，卫汝贵被斩决于北京菜市口。

日军战场军纪

　　近代日本明治维新下的军队，致力于模仿吸收西方文明的治军思想和建制体系。改革后的日军成为既有西洋军队风格，又有江户武士精神，军纪森严训练有素的军队。日清战争中，日军开明接受国内外记者、武官随军观战，在全世界媒体监督下展开有文明色彩的战争，给西方文明世界留下了深刻印象。

日本近代史对军队的评价存在很大区别，强调区分"明治军队"和"昭和军队"，明治军队得到了比较正面且积极的评价。日清战争时期的明治军队，正处在政治维新和军事维新的启蒙阶段，新式军队致力于成为一支文明军队。明治军队全面接受了西方军队的军事文明、作战方法、森严军纪的治军体系。支持明治军队改革的重要一环，是其成功导入的西方治军的军法会议体制。1882年，日本军方在东京设立军法会议，组成由军人裁判军人的刑事裁判所。军队作为武装集团，战时执行超越常规伦理道德的任务，施以破坏建筑物和杀伤人命的行为，存在职务上的特殊性，不能按照固有的价值观和法律来约束战场上的军人。军法会议被赋予监督军队纪律的权力，依照军法强制约束军人的行为。1883年日本制定了《大日本帝国陆军治罪法》，1884年制定了《大日本帝国海军治罪法》，两部法律的诞生，正式启动军中军法会议职能。战争实践证明，明治军队导入西方式的军法会议，在维护军队指挥权；保证军令系统正常运行；厉行战场军纪；展示文明军队形象中起到了决定性作用。

军法会议长官由军内师团长级别的指挥官兼任，或天皇亲任的官僚——"亲任官"担任。职责履行依据不是天皇统帅大权规则，而是遵循天皇司法大权规则，施以"辩护人选任"、"会议公开"、"上诉制度"三原则，保障军法会议行使权力的正确性。军法会议的对象，适用于现役军人、军属、征用军人、俘虏以及相当者。战时随军者的身份虽然是民间人士，但也在军法会议管辖权之内。日军常设军法会议有：陆军高等军法会议（长官：陆军大臣）、军军法会议（长官：军司令官）、师团军法会议（长官：师团长）、海军高等军法会议（长官：海军大臣）、东京军法会议（长官：海军大臣）、镇守府军法会议（长官：镇守府司令长官）、警备府军法会议（长官：警备府长官）、舰队军法会议（长官舰队司令长官）。此外，在战时和事变发生时，在特定的部队和地域增设临时军法会议。日清战争中，各独立的军事部门均在战地设置军法会议，计有：第一军、第二军兵站监部军法会议；野战近卫师团第一师团至第六师团军法会议；临时第七师团军法会议；混成第四、第九旅团军法会议；占领地总督部临时军法会议；台湾兵站临时陆军军法会议；台湾总督府临时军法会议等十六个军法会议。

高等军法会议的审判，由兵科将校任命判士3人及有法曹资格的法务官2人担任。少将以上被告，归高等军法会议所裁判定罪。其他常设军法会议，由判士4人，法务官1人组成。特设军法会议由将校3人担任，行使最前线简易处罚职权，处罚对象包括敌前临阵脱逃、违抗命令等罪，对重罪者有判处枪决刑的权力。特设军法会议在前线有即时判决、即时处刑的权力，但是权力本身违背了"辩护"、"公

开"、"上诉"的三原则。这种特殊
情况下行使的职权，容易涉嫌恣意利
用军法实行"正当化杀人"的不公正"黑
裁判"。对此，规定要求特设军法会
议临时开会，最低需要召集3人以上
少尉军官，在相互作证的前提下才有
权宣判处刑。

　　早期的军法会议中，大多是兵科
将校担任判士，法律知识比较欠乏，
案件审理过程缺少合适正确的法律程
序。判士利用手中的权力，有机会压
制不同意见者，因此受到舆论的批评
指责。此后，军法会议开始追加有法
曹资格的法务官担任检察官，被审理
者可以根据辩护人制度的原则选任辩
护士（律师）。由于战时军法会议的
专业人员明显不足，1895年2月9日，
天皇发布敕令，增加有实务经验或通
过考核的官员充实军法会议，缓解战

2.7.06　日清战争中的日军逃兵受到军法的制裁。
图中漫画记录了被抓回逃兵的模样。日军逃兵主要
理由是：不能忍受军律生活、贪生怕死、担心穷困
家庭的生活等。日军战场逃兵以军夫居多。

时军法会议法务专业人员的急需。明治军队在军法会议的执法框架下，依照陆军
刑法、刑法及其他多种法律来检查、监督军纪。这些刑法不但约束军人，也适用
编入作战部队的军夫、军属、佣人等非军人雇员。

　　清日战争期间，军法会议判处适合"陆军刑法"的受刑者370人，其中重罪3人、
轻罪的重禁锢者327人、轻罪禁锢者40人。适合"刑法及其他法令"的受刑者1,481
人，其中重罪者38人、轻罪者928人、轻罪罚金者115人、轻罪其他处置者30人，
违警罪370人。以犯罪地域区分，日本国内106人；朝鲜154人；清国772人；
台湾449人。

　　陆军军法最多的罪行是逃亡罪318人（无故离队超3日者），主要犯罪群体
为军夫和佣员，达306人，军人士兵11人。战场上对民间人士的犯罪，包括对占
领地民众的犯罪，适应刑法及其他法令。其中重罪的财产强取罪，犯罪过程中施
行暴力强夺或致伤致死者20人。轻罪中风俗伤害罪者453人（财物赌博占多数）；
殴伤、殴死、凶器威胁伤人的身体伤害罪者106人；强奸、强奸未遂的贞操侵害

罪 11 人。

上述犯罪对象主要发生在随军的军夫中，军夫犯罪率高的问题始终令军部当局十分头疼。军队虽然制定森严的军法，但是在混乱的战场环境中，隐蔽犯罪现象仍然存在。如携带武器，以收缴战利品的名义，暴行胁迫、抢夺百姓财物；私闯民宅调戏和强奸妇女等罪，因发现率和举报率低，证据证言不足，无法确认和定罪。军法会议按照军法条款公正判决违规人员，对已经判刑或未判刑者的处置，由军内的宪兵队、禁闭室、后方监狱行使拘留关押权。定罪和未定罪者谓之囚徒，拘禁在部队所在地建筑物内，日常课为劳役或送往内地服刑，日清战争中，送回国内的判决及未判决的囚徒累计达 411 人。

日军战场纪检最为引人注目的执法，是陆军纪检机构内专设的"陆军检查"部门对军官的监督。根据"陆军治罪法"第 31 条和 32 条的规定，"陆军检查"部门拥有犯罪搜查、证据收集、处分治罪的特权；对宪兵将校、师团副官、旅团副官、警备队司令官、各所管长官、团队将校、大队区司令官、监狱长、卫兵司令官、下士等各品阶的军官实行纪检。处罚条例依据，（1）陆军检查部门特别规定的法规，（2）陆军刑法，（3）刑法，（4）其他法令。显然军队内部对军官实施的纪检监督，要超过对普通士兵的程度。日清战争中，陆军检查部门依法处罚的军官达 4,780 人。日本国内媒体报道，军法会议之严厉非同一般，甚至对抢夺朝鲜老夫妇烟袋，偷窃居民食物的案例，也作为违纪犯罪行为，予以严格处罚。

宪兵是军内实施军法的武装。战争中，宪兵编入作战部队，并以军事警察、民政官衔协助执法。随着占领地域不断扩大，占领地司法宪兵不足状况日渐严重，大本营不断收到请求增补宪兵的报告。但是宪兵并非通过简单的行政手段就能增募，因为宪兵必须具备相当的执法知识。对此，大本营下令在预备役步兵科和后备役中选拔下士和上等兵，进入东京宪兵队进行为期两个月的宪兵职务集训。第一期增募人员包括

2.8.01 19 世纪，清国有影响的报刊数量很少。上图为清国《申报》，中图为英文《北华捷报》报社大楼，下图为《万国公报》。

将校 10 人、下士 100 人、上等兵 700 人，第二期翌年 4 月增募下士 30 人、上等兵 300 人。这些宪兵在经过短期集训后，分别派往海外作战地域执行任务。其中派往清国的宪兵，将校以下 689 人，派往台湾 293 人。《马关条约》签订后，各路作战部队返回本国，海外宪兵即刻召回，辅助国内宪兵勤务。1895 年 12 月，日军从辽东半岛完全撤离，原在此担负任务的将校以下宪兵 290 人整编后被派往朝鲜，隶属朝鲜占领军临时电信部管辖，担任军用电线的保卫任务。台湾战局遭遇本地民众的顽强抵抗，日军不断扩大军队的投入规模，宪兵编制也相应扩大，增募将校 50 人，准士官以下 1,800 人，经过集训教育后，于 1895 年 9 月派往台湾协助军事行政及司法警察的执法。

明治军队的森严军纪，得到国内和西方新闻媒体的高度评价，赞誉日军是亚洲拥有近代文明理念的独特军事集团。在森严军纪的努力和国际舆论监督中，日本自认实现了维新国家打造文明军队的预想。然而，日军的所有行为并非都那样文明，在战场生死相搏的战斗环境中，诸多士兵在执行上官命令中失去理智，发生冲动型犯罪，戮杀已经放下武器的敌国军人和无辜百姓。明治军队在旅顺虐杀事件留下的历史污点，受到世界各国及本国人民超越百年的批评。

2.8 战争媒体

清国战争媒体

清日战争作为近代战争所表现出的一大特征，是重视媒体对战争的作用。通过媒体向国际社会陈述自国的战争立场，求得列强的支持。媒体成为作战国主张战争合法性和为战争行为狡辩的重要工具。清日战争是在国际社会的注目和监督的大背景下展开的，带有浓厚新闻色彩、透明度较高的战争。战争双方以严格的宣战形式和降伏形式，通过媒体向世界宣告了战争的开始和终结。媒体的近代化，推进了战争的明朗化，引导国际社会知晓和理解战争。

19 世纪末，清国的主流报刊均系民间创办，不是代表政府的喉舌，朝廷一般不通过报刊向国际社会发布官方信息。清国向国际社会发言的唯一途径，是总理衙门和各国公使馆间的对话。数百年来清朝实行严厉的愚民政策，国人被禁止过问政治，报刊媒体更在严控之列。鸦片战争后，远离政治中心北京的上海，西方人申请办报受到相对宽松的待遇，在很长一段时间里，清国的报刊媒体几乎被西方人垄断。

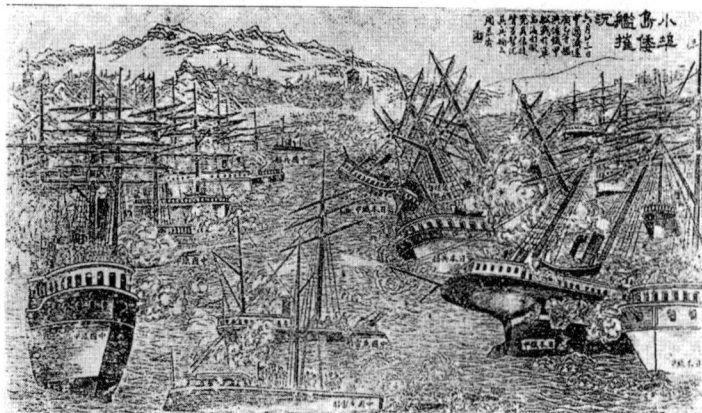

2.8.02　清国媒体《上海新闻画报》报道丰岛海战新闻，图绘"倭舰摧沉图"，声称中国济远、广乙等舰在小阜岛与日舰激战，轰沉倭舰，大败日舰队。不实报道受到日本媒体嘲讽。

　　清国代表性的媒体主要有以下几家：《万国公报》，原名《教会新报》（Church News），创办于上海，主办人美国监理会传教士林乐知（Young John Allen），1894年10月，该报发表过青年孙中山的《上李鸿章书》。《字林沪报》，初名《沪报》，上海早期著名报纸，由英国人F.H.巴尔福担任主笔。《北华捷报》由英国侨民奚安门（Henry Shearman）创办于上海，主刊英国快讯、上海英侨动态、中外商务情报、广告及船期公告，在华南华北较有影响。《申江新报》亦称《申报》，外侨资本创办于上海，英国商人安纳斯脱·美查（Ernest Major）经营，是有广泛影响的商业性报纸。《镜海丛报》，1893年7月创刊于澳门，由葡萄牙人弗朗西斯科·斐南迪（Francisco H.Fernandes）主办，有葡文、中文两种版本。清日战争中，清国各种报刊都不同程度刊载过与战争相关的内容，但受清国政府的限制，报社不能派遣记者随军采访战争的过程，只能转载外国报纸的报道，外国公使馆的小道消息，或道听途说捕风捉影的故事。因此报道的信息量、新闻的时效性、内容的真实性大打折扣。

　　清日两国的第一战"丰岛海战"，拉开了战争的序幕。朝廷最初接到清国战舰击沉日本战舰的错误情报，朝廷上下一度亢奋不已，群臣间大谈倭奴小国不堪一击的快事，报刊媒体也争相报道大捷新闻。《上海新闻画报》刊载的"倭舰摧沉图"，更有声有色渲染了丰岛海战大捷的战事，一时误导了民众对战争真实状况的认知。清国报刊发布的新闻，是日本情报部门获得信息的途径之一，清国报刊许多错误报道在日本的报刊上作为笑料被加以更正。

　　清日战后的1896年，李鸿章访问美国，接受《纽约时报》记者的采访，记者问："阁下，您赞成将美国或欧洲的报纸介绍到贵国吗？"李鸿章回答说："清国办有报纸，但遗憾的是清国编辑们不愿将真实情况告诉读者，他们不像你们的报纸讲真话。清国的编辑们在讲真话的时候十分吝啬，他们只讲部分的真实，而且他们的报纸也没有你们报纸这么大的发行量。由于不能诚实地说明真相，我们的报纸就失去了新闻本身的高贵价值，也就未能成为广泛传播文明的方式了。"李鸿章虽然有勇气指责报社编辑的吝啬，却一字不敢批评政府一贯管制新闻的做法。

清国政府在新闻报道上一贯采取极端保守的态度，战争中拒绝外国记者随军采访，拒绝外国武官随军观战。清国排斥媒体的做法，增加了本国战争立场的不透明性，使西方社会只能听到日本一面之词，诱导国际舆论朝有利于日本的方向倾斜。西方社会舆论认为，清国出兵朝鲜的目的仅仅是为了巩固其宗主国的地位，继续维护朝鲜野蛮的独裁政治。日本出兵则是致力于朝鲜的国家独立，摆脱附属国被压迫的状态，是争取自由解放的正义一方，日本的国际公关取得了成功。

在国际舆论被动的状况下，对丰岛海战的国际审判，判决结果却是让受害方清国一败再败，甚至被指责成挑起战端的祸首。这种一边倒的倾向，一直持续到1894年11月。直到日军在旅顺口滥杀无辜事件被西方记者曝光，国际社会才开始对清国表现出有限的同情心。可是当清国俘虏和民众遭到屠杀时，国际社会却听不到清国政府的呼吁申冤。媒体的沉默和政府的懦弱无力，让西方世界感觉清国对日本行为的认同。清国朝廷对旅顺虐杀事件的态度，秉承了清国既往内战中屠城文化的观念，战胜国对战败国屠城，似乎并无可谴责的理由。面对日军的所作所为，是西方诸国的报刊挺身而出，站在人道的立场上，向全世界揭露日军的野蛮行径。一个泱泱大国遭到如此深重的外来侵略和伤害，政府却视而不见、默默无声，以至于国际

2.8.03 日清战争时期，日本国内的主要媒体、各新闻刊物的社长和主编的画像。最著名的是《时事新报》主编福泽谕吉，他的评论成为日本维新政治潮流的先导。明治时期，宽松的新闻报道政策，支持了明治维新脱亚入欧的步伐。

社会无法应和被害国的立场，去追究加害国的责任。而日本作为加害国，却及时通过媒体歪曲事实、自我辩解，继丰岛海战非文明之举后，再次从政治困境中逃避了罪行的谴责。

日本国战争媒体

清日战争是亚洲地缘政治中，两个文化近似、肤色相同、政治异类国家间的较量。当事国在全力投入这场战争时，全世界的目光都汇集到这块东方大陆的战场。脱亚入欧的日本决意挤入西方强国的行列，因此战争中必须遵循国际文明的规则行事。政府启动了国家所有的宣传机器，通过媒体机能的运作，宣传本国的开战立场，主张战争的正当性，向国际社会作出开放战争的姿态，试图赢得欧美列强的理解和支持。伊藤博文相信，利用媒体攻势取得国际舆论的支持，就等于拿下了战争一半的胜利。日本在战争媒体的思考上积极主动，让全世界看到日本是为了解放处在水深火热中的朝鲜人民。日本的舆论战达到了预期目的，国际社会认同了明治军队的文明和维新政府的言论。

2.8.04　从军记者战场上的采访报道，对日本国民的胜战意识，以及朝鲜、清国观的形成起到了决定性影响。图为编入第一军，来自各报社的从军记者在朝鲜战地的合影。

2.8.05　第一师团的随军新闻社记者在军舰甲板上的合影。按照第二军规定，随军记者须统一服装，不携带武器。持长枪棍，携皮包、水壶、望远镜，左臂系白色袖标，由军兵站部统一调遣。

日本的战争公关主要采用了以下做法：（1）允许外国武官随军观战；（2）允许外国新闻记者随军采访；（3）允许国内的报刊记者、从军画师、照相师、僧侣、神官等人随军采访和工作。虽然在执行过程中军方设定了许多限制，但做法本身增加了战争透明性，给国际社会留下文明战争的印象。

战争期间，为了作战和媒体采访报道的需要，日军在部队编制中增加了翻译官编制。最初出兵朝鲜时，从居住朝鲜的日侨中募集翻译人员214人。对清国本土作战，由于日本和清国早年往来人口较多，习得汉文的人才充实，开战之初应募翻译官者相当踊跃。战争之初，在大本营设立了翻译官调配统辖部门，由步兵大尉小泽担任翻译官调配工作。第一军出征朝鲜时，翻译官编制配给得到了充分保证。第二军编成和金州旅顺作战展开后，翻译官开始出现严重不足。战争后期，近卫师团、第四师团配给的翻译官，是临时从熊本的九州学院募集的40余名学生，以及在国内的贸易研究会、外语学校、兴亚会、买卖商人中募集的翻译120人，以支援辽东半岛会战和对台湾作战。全战役中，各部队配属的汉语翻译（内含少数英语翻译），总计276人。其中大本营配置31人，其他分属各作战师团，每个师团约20人。从事翻译的人员，均属于陆军省的雇员，授予判任官待遇，学识渊博的知名者授予高等官待遇。翻译官的职责涉及笔译、口译、俘虏沟通、民政事务、间谍任务等诸多领域。战争中，日本翻译官战死12人、病死9人，成为日军中死亡率较高的特殊兵种之一。

混成第九旅团到达朝鲜京城附近驻屯地之初，驻京城日本公使馆武官即按照大本营指示，派遣数名报社通信员，随从旅团司令部及团以下部队从事战地采访活动。随着战争的扩大，海外出征军陆续增加，国内各报社通信员的派遣数也逐渐增多。8月中旬，大本营公布新闻记者从军规则，规定记者从军须办理从军愿手续、交付从军许可证，在出航和归朝时须向有关部门报告等条例。随军记者在战地高等司令部监督将校的管理下，从事战地采访报道活动。

1894年至1895年的战争期间，日本国内66家新闻报社，总计派遣记者114人。政府和军方还批准从军画师11人、照相师4人、僧侣55人、神官6人。最早获得特别许可的僧侣是真宗大谷派宗管，编入作战部队前往朝鲜宣教。此后天台宗、真言宗、净土宗、临济宗、日莲宗、曹洞宗等教派宗管，陆续向大本营提出愿书，先后被派往战地，分配在各部队从事宣教、伤病员慰藉、阵亡者追吊、法要、葬祭活动。日本神教教派有金光教、神宫教，于1896年1月开始前往战地从事慰灵招魂等葬祭活动。

2.8.06 活跃在战场上的新闻记者，经常冒生命危险进入最前线采访报道战况。记者讴歌军队勇战的同时，也取得了日军非文明战争的素材，在后来新闻管制松懈的时期，陆续向日本社会公布出来。

日清开战后的 9 月 6 日，根据欧美诸国的请求，大本营发布外国人随军规则，限定随军的外国军人必须来自中立国家，规定随军人员保证在履行申请手续、人员限制、严守军事机密等义务的条件下，由外务省受理审查批准。战争期间，大本营批准的外国新闻媒体的随军新闻记者共 17 人，其中有欧美著名的《纽约世界》、《伦敦时报》、《黑白画报》等大报的新闻记者。批准诸列强陆海军武官 7 名，并且允许英、德、俄、法、美各国的海军军舰，在事前通告日本海军的情况下，可以接近日清两国交战的海域，观察海上作战实况。

2.8.07 联合舰队返回日本港湾，接受国民上舰参观。日本百姓纷纷登上创伤累累的赤城舰，赤诚舰长为战争付出了生命代价，让国民亲眼目睹体验到黄海海战的惨烈。国内媒体大肆报道黄海海战的新闻，赞颂日本联合舰队的勇猛，欢呼日本取得海战的决定性胜利。

日本采取战争明朗化的做法，受到西方国家的好评，开创了近代明治维新国家对外战争的新闻先例。国际社会从战地采访中，了解报道真实的战况新闻，促进了日军在国际舆论监督下的战争文明。战地媒体报道中最令国际社会震撼的事情是，美国记者关于日军在旅顺口屠杀清国俘虏和平民的事件，报道揭露了日军所谓文明军队的假面具，在世界各国引起广泛谴责。这些战地报道的文献资料，后来成为各国学者潜心研究这段历史的重要依据。

2.8.08 日本媒体全面报道战场新闻，激励国民支持战争的热情。平壤大捷、攻占旅顺、夺取威海卫，一系列的胜利彻底改变了日本国民对大清国的认识。日清战争的报道采取图文并茂的印刷技术，受到民众的欢迎。

开战之初，日军大本营出于情报资料保存的目的，在陆地测量部编制中增设了写真班，由步兵中尉外谷钲次郎和两名测量手组成。第二军出征时，该班跟随军司令部在旅顺口、威海卫战斗中从事战场摄影取材。8 月台湾南进军编成时，晋升步兵大尉的外谷钲次郎等一行四人编成台湾写真班，前往台北随第二师团从事战地摄影取材任务。除了军方摄影以外，民间人士在战场上的摄影活动也非常活跃，著名摄影家龟井兹明伯爵自费组成摄影小队，随第二军拍摄了大量战地实况照片。1896年，小川一真写真制版所应用的从美国引进的写真铜版印刷技术，为博文馆出版社成功印刷发行了数部反映日清战争题材的影集及画册。其中秘籍大型本《日清战争写真帖》全三册精装本呈献皇家图书馆馆藏。1992年，龟井兹明的后代，出版了龟井兹明的日记《日清战争从军写真贴》，收录了大量记录日清战争的珍贵场面的照片。

列强各国派遣的随军武官和记者，纷纷发表对战争的感想，评价两个东方大国在战争中的对抗情形。以下部分是随军武官和新闻记者发表的若干评论片段，从中可以窥见当时中立列强对战争的感受。

2.8.09 旅顺要塞陷落，令日本全国沸腾。新闻媒体当日发出号外，满街的报童呼喊日军占领旅顺的消息。旅顺一日便崩溃失陷，使清国朝廷失去了对抗日本小国的信心。

英国卿爵查尔斯（日清交战录22号）

余所见，黄海海战两舰队都缺少巡洋舰。如果日本有足够的巡洋舰，就能比较容易发现清国运兵船的迹象，阻止大东沟清军在鸭绿江口登陆。护送运兵船的清国舰队主力，就会顾此失彼，无法全力投入作战。日本舰队结束黄海海战的次日，似乎感觉到清舰主力出航动机，再次返回该海域时，清军长达一日一夜艰难的登陆作业已经结束。清国舰队也缺少足够的巡洋舰，使清国缺乏远海作战的勇气，海水的深浅左右巨型战舰的机动性，近海作战"定远"、"镇远"两舰难以发挥自身的优势，如果清军拥有足够的巡洋舰就会增加远海胜算的机会。

外国记者手记（日清交战录16号）

两周前随军参加了平壤战斗。日军从汉城向平壤进军，一路跋涉之艰难，文笔无法言表。沿途郡邑的村镇已经被清军尽数掠夺，居民四散逃离，部队向当地居民求食求水，竟然找不到一个人影。朝鲜山多，道路崎岖，部队所到之处常常是人迹罕见的未开垦地。武器、弹药、辎重由随军的军夫搬运，过山开路、渡河架桥，凭借马背和人力把重武器运往前线，士卒们克服疲劳和艰难、生气勃勃到达平壤。这是一支英武的军队，服装端正、纪律严明、武器精锐。经过辛酸跋涉

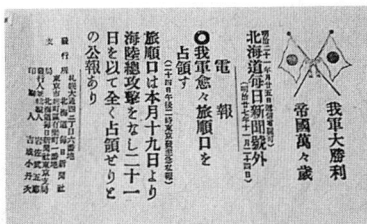

2.8.10　江户末期，欧洲的照相机在日本成为时髦物。明治时代，照相机开始流行。日清战争中，日军增设写真班，为研究战争留下大量摄影素材。图为第二军占领金州后，写真班在金州城头摄影的情形。

2.8.11　日清战争中，日军接受中立国派出的观战武官和记者，通过他们向世界报道日本的文明军队。图为金州城内，日军将校和随军外国武官的合影，二列右三是第二军司令官大山严大将。

2.8.12　战场从军僧侣的宣教活动，是新闻媒体报道的重要话题。日本佛教和武士道洗脑式教育，是支撑日军勇战的精神基础。图为威海卫战斗间隙，某部队士兵在冯家窝村倾听僧侣布教的场景。

之苦，没有挫伤他们战斗的勇气，在平壤激战中表现出无畏的武士精神。

某外国将校评旅顺战（日清交战录 28 号）

此间听闻旅顺口战斗中，许多关于清军怯懦表现的报告，实令余难以置信。清军最终没有坚守自己的阵地与日军战斗到底，从清军在阵地上留下极少的尸体数可以证明这个事实。清军构筑的互成掎角状的东西炮垒，交叉对射可置敌于死地。可实战射击中效果极差，对日军没有形成威胁，反而清军在敌攻击下士气先行崩溃，许多清兵在日军到达之前就退出了守备地点，只有西面一个堡垒少数兵勇死守阵地。余观察到，清军阵地的位置明显高于日军的位置，而且有良好的遮掩，如果清兵炮手的射击精度高些的话，就会将日军炮兵消灭。然而，清军只有来自西面炮火的猛烈攻击，东面和旅顺口附近阵地的炮势微弱。在东西方向一小时的相互轰击下，清军炮火只有炸伤日军军马一匹的战果。清军防御阵地设计上存在缺陷，相互间分离，无法统一指挥支援，结果被敌分割孤立。日本炮兵选择的阵地在战术上也非常不理想，但能巧妙运用射击距离和角度技法，以准确的弹着点有效压制清军的火力，使得清军各个堡垒被完全孤立。

清军失败的重要原因之一是怯懦，战局常常并非败势，兵士就会先行丢弃阵地和武器逃跑。旅顺口作战前的金州防御亦见清军怯懦之相。攻防当日，清军金州防御兵力 8,000 人，日军兵力 1,300 人，结果清军防线不堪一击，尚无多少伤亡便大举遁退，还遭到日军长距离的追击驱散。余在大连湾战地，观察到日军攻城炮厂的作业，辎重纵列昼夜兼行，炮车在只有两三匹马牵引下，需要通过最差的崎岖山路，于 21 日拂晓总攻前赶到作战位置。18 日日军出发前，余断言炮兵绝对无法按时抵达预定位置，结果炮兵比司令部还早到达，天明时分进入射击作战，实令余叹服。日本步兵的勇气无法准确而论，因为清军太弱，弱军前显不出兵将之勇。但是日军战术规范、井然有序，在敌阵面前攻击态势严谨不乱，可见是一支训练有素的军队。

英国海军大佐尹库鲁评黄海海战

黄海海战是特拉法加大海战以来，全球范围内发生的最大规模的海战。这场海战对于海军学生而言，显然可以获得诸多教益。清国海军不出外洋，沿着近海游弋是败战的主要原因。观察报道称，清军巨舰"镇远"号在战斗之初，两门巨炮就失去作战能力，如果情况属实，此问题将令人注目。余观察同类军舰，巨炮都安装在防护炮塔之内，是机械故障还是受到攻击破损，让余费解。结果对敌舰作战只能依靠两门六英寸炮和其他小炮，这种火力只相当于小巡洋舰的战斗威力。本海战给人留下深刻印象的是，最新登场的龟舰（装甲舰），拥有能抗击普通穿甲炮弹攻击的屏障。"定远"、"镇远"两舰的装甲防护在战斗中表现优异，经受住日舰炮弹的猛烈攻击。此次海战使用的近代战舰在海上角斗，双方战舰都表现出优秀的性能，但是日本海军的果敢和优秀的军事技能使其赢得了战斗的胜利。

《美国时报》新闻（日清交战录 29 号）

黄海海战日本舰队战胜清国舰队的事实，证明合众国的海军必须进行改良。本战斗中，日舰运用巧妙的机动航行轨迹，破坏了敌舰的队形。假如本次作战换清国为美国，不知道会有怎样的结果。因为在清国的军舰上，编有英国和德国的军事顾问，而且本国指挥官也是政府选拔的优秀人才。他们在欧洲军校经过严格训练毕业，在航海、战法中应用欧洲国家的作战教条，都是成绩优秀、出类拔萃的军官。而日本舰队中没有一名参战的外国指挥官，却把誉冠亚洲的清国舰队击败。我国太平洋一线虽然拥有可以与日本海军匹敌的舰队，但是事实证明日本舰队显然是一支令人担忧的海上力量。

美国《纽约世界》随军记者克里曼观察报道

日本军队拥有超出想象的诸多优秀之处，令余感慨备至。其一，他们是一支沉默的军队，部队在行进中始终保持肃然寂静，没有奏乐、没有旌旗招展、没有喧哗，组织井然、军势威严、沉默有序、疾进向前。上至大将下至士卒，充满了爱国的精神，一见即知是一支精强雄烈的军队。其二，日军不但拥有与欧洲诸国比肩的武器、器械、兵法、组织和统辖部队的军官，而且拥有完整的野战医院配置体系。无论在战时或平时，当有负伤兵出现时可以立即得到救助治疗。每个士兵都备有防腐药和绷带，一旦受伤马上涂敷防腐药缠上绷带，就能自行实施前期治疗。轻伤者送到最近的本营，重伤者可以躺倒于地，等待卫生队前来救援。从这一点上看，诸国的卫生体系远远不及日本。其三，日本军夫的胆量令人感叹，余在阵前观察战况时，常能看到军夫活跃在战场的身影。枪林弹雨下，军夫奋勇输送支援前方的弹药，救助伤员下火线，履行自己的职责。余曾遇到一个没有携带任何武器的军夫，始终是面带笑容，充满乐观情趣。他说当敌军涌来时，没有一点怯懦，手里拿着一块石头随时准备应战。战场上几乎所有的日本人都表现出勇敢的武夫精神。其四，日军缜密的作战规范值得赞誉。日军作战勇猛却不轻敌骄傲，即使对不堪一击的清军也慎重处理每一个细微的战术行动。假如和训练有素的德国军队作战对垒，想必也会是棋逢对手的劲旅。

法国记者卡雷斯考和拉露两氏的观察报道

我们随军详细观察了日军的作战行动，得出日军是世界上值得赞誉的强大军队的结论。荣城登陆作战时，万余兵卒和数千军夫井然有序，完成庞大的登陆行动。我等上陆后，日军已经展开了安民行动，布告清国居民不要惊慌，日军绝不骚扰民众。近村的一民家大门上竟贴有"此家有产妇，不得入内惊扰"的日语大字条，着实令人叹服。军夫斗志激昂、吃苦耐劳，战地食物仅是一个饭团两个梅干，却在风雪严寒中艰苦奋斗，为保证战斗进程绝不迟滞。有一件印象深刻的战地观察，日本兵对勇猛抵抗的清国俘虏表现出仁厚的优待，对病人、负伤者给予人道的治疗和安置。日本民族的仁爱心在这场战争中被展现给了世界。而清国军队之残酷刑法令人悚然，对日本俘虏斩首、断肢、切睾，实乃野蛮人之行径。

英国著名女性旅行家、游记作家伊丝贝拉手记

清日战争爆发时我正在清国满洲旅行，宣战后的形势日趋险恶，清国各地人心惶惶。失去制海权的清国，赴朝军队不敢继续在海上运送，只能从满洲与朝鲜接壤的国境地带通过。各路大军经过奉天附近时，纪律涣散，每日有百十人窜入奉天城内，强抢民家财物，甚至升级到团伙掠夺。常闻清军散兵半夜闯入小旅店

2.8.13 日本媒体渲染日军的仁义之举，哀悼敌国战死的将士。图为日军的从军僧侣，在金州山东会馆为战死的清兵举行吊唁法会，诵经、默哀、磕头、立碑，同样的法会也在旅顺口举行。

无钱住宿，强行掠夺，令店内狼藉才弃之而去。清军败退后，日军进入满洲，军队纪律森严，工作秩序井然，毫无倨傲不逊之行为，旁观者一目了然、肃然起敬。

日清战争，日本成功地运用了近代宣传媒体作为辅助战争的武器，在欧美国家之间巧妙进行政治公关，让全世界相信日本对清国的战争，是拯救朝鲜于水深火热、为朝鲜争取独立解放的文明战争。日本的媒体公关混淆了视听，使日军成为发动正义战争的一方。而清国孤陋寡闻、忍气吞声，全然不知应该运用媒体的作用揭露日本的谎言。当清国的臣民遭受到旅顺虐杀事件这样的厄运后，清国民间媒体微弱的呼声没有与西方各国的谴责形成共鸣，使悲惨事件不了了之。国土被践踏、生灵涂炭，清国的报刊媒体似乎超脱于战争之外，继续热衷于西洋舶来之壮阳大力丸的广告。

2.9 战争科技

清国战争科技

鸦片战争以来，清国的洋务运动经历了长期而缓慢地认知和理解西方科技的过程。在半个世纪排斥西方文明和崇洋媚外的两种茫然模糊认识中，孤陋寡闻的清国人，最终输给了在相同起跑线上的日本小国。

清国和日本在接受西方军事技术的观点上，采取了不同的立场和态度。清国的国家财力雄厚但观念愚昧，在朝廷官吏的眼里，只要拥有了和西方同样的军事器械，就自然有了强大的国家。为此，清国坚持走购买与仿造之路，几十年下来没有独自创新的技术成果。日本的国家财力单薄，明治维新的军队意在彻底摆脱陈腐的军事观念，在购买欧美各国的近代化军事技术过程中，走吸收消化的创新之路。19世纪末，日本在许多科技领域内，已经成为能与西方列强比肩的后起之秀。清日两国在这一问题上的不同态度，在战争中得到了不同结果，清国人为顽固迂腐的观念付出了沉痛的代价。

19世纪中叶以来，清国从抗击外来侵略的失败中看到了东西方战争文化的差距。以李鸿章为首的洋务派认识到，蒸汽动力和火药在军事领域的广泛应用，正在推动近代战争方式的变化。战争已经从兵卒面对面的冷兵器格斗，转化成远距离热武器的对抗。清国人对洋枪、洋炮、洋舰船的热情急剧上升，国家投入大量银两购买先进的武器装备。在进口武器的同时，政府也在各地兴建兵器制造厂，计划通过全面仿造外国枪炮军械，实现增强清军战斗力的目的。清日战争爆发前，清国已经拥有江南机器制造总局、天津机器制造局、金陵机器制造局、湖北枪炮厂、四川机器局、山东机器局、吉林机器局、广东制造枪弹厂以及福州船政局、黄浦船坞、大沽船坞、旅顺船坞等军工企业。

在洋务运动风潮中，清国政府无统筹、无计划地盲目引进，浪费了大量的资源。各地总督管辖的陆军，通过多种渠道从欧美各国购买西式武器，由于缺少章法、各自为政，以致购入枪炮的国别、种类、规格繁多且新旧混杂，造成清军中普遍存在枪械种类繁多、弹药各异、操作复杂的状况，给战斗作业、弹药补给、枪械维修带来极大困难。各兵工厂仿造生产的枪炮器械更是五花八门且工艺不达标，许多枪炮无法安全射击，自制的弹丸即使可以发射却缺少精度。工厂生产效率低下、进度缓慢，仿造的枪支尚未定型投入使用，国际上又出现性能更好、价格适宜的新枪械。汽船仿造的情形也大体类似，自制的数艘舰船成本高昂、速度缓慢，燃料消耗过大。

2.9.01 1890年江南制造总局成功仿制英国阿姆斯特朗式12英寸后装填弹式加农炮，并批量生产。图为清国科技人员在调试仿制德国造七厘米口径的山野炮，以及自制的各型号的炮弹。

清国人走单纯仿造抄袭之路没有达到预期的结果，军方拒绝购买品质低劣、价格昂贵的国产武器，以致各军工企业滥制的枪炮弹药大量积压滞销。失望的政府和军方开始转向另一个极端，采取紧随国际武器发展新潮，实时购入外国最新式武器的策略，清国因而成为当时国际军火市场上的大买家。但是，在清国引进武器的历史记录里，只留下李鸿章的身影，整个大清国似乎只有李鸿章才是武器行家。西

2.9.02 日本仿造的意大利炮用"测远器"，有"垂直基线式"、"地上基线式"两种。通过光学望远镜瞄准目标，实施攻击。当时的测远器十分笨重，无法在野战中使用，主要装备在本土海防的远程炮观测所内。

洋人看破了大清国的愚昧，各国武器商抓住这一漏洞，纷纷钻营李鸿章的衙府，竞相推荐本国的新式武器，因为洋商知道，只有李大人才能授权清军购置他们国家的武器。

欧洲著名的兵器制造厂内，经常可以看到清国武器采购大员的足迹和他们讨价还价的风采，清国成为欧洲最重要的军火商户。清国军事科技发展的战略思考

2.9.03　1872年，日本完成本国海底电缆电报的研究实验，在关门海峡成功架设拥有自主权的海底电报电缆。

缺少消化、吸收、创新的观念，只想通过购买和仿造的捷径，一举增强自国的军力。结果清国人没有真正掌握到欧洲人的枪炮技术，本国的基础科技工业也与日本拉开了距离。清日两国军事科学技术的差距，不仅体现在枪炮武器领域，在后勤支援、卫生医疗、食品供给、物资投送等与战争密切相关的领域，差距也日益加大。当日本明治维新向西方科技看齐，国内拥有数千公里的近代化铁路时，自恃傲慢的清国，却在铁轨上奔驰着独创的"铁路马车"。

日本战争科技

19世纪的欧洲是当时世界上最繁荣的军火市场，在一批批拖着长辫子的清国官吏采购团附近，混杂着许多相同肤色的亚洲人面孔。他们身着西洋服，头戴洋礼帽，颇具绅士气度，是在武器工学方面具备很强专业知识，对最新武器技术充满兴趣的日本学者。前者貌似钱囊充裕，大有买回欧洲所有新式武器的豪气；后者显得谦逊好学，试图将欧洲的技术带回自己的国家。在对近代军事科学技术的获取态度上，日本人采取了与清国完全不同的考虑。明治政府在完成了军事体制构造的转变后，接着下大气力在新世代战争技术领域刻苦钻研，发展本国的武器工业，企图打造一支拥有先进科技支持的近代化军队。

枪炮研究

明治十三年（1880），东京兵工厂的村田经芳大佐，参考法国库拉M1874和荷兰堡蒙M1871步枪的综合性能，制造出日本式步兵枪，取名"村田式"步枪。13年式口径11毫米、全长1,294毫米、重量4,150克、初速436米/秒、射距2,400米。改良版18式减少了重量和长度，全长1,275毫米、重量4,098克。19世纪80年代，世界的枪械技术从单发射击向连发射击跃进，日本追随世界潮流，在村田单发步枪的基础上着手研制连发步枪。1894年完成连发步枪的研制，量产后首先装备近卫师团和第四师团，在对台作战中投入使用。日本最早研制出品的连发步枪称作22式村田枪，口径8毫米、全长1,210毫米、重量4,000克、初速594米/秒、射距3,112米、装弹数8发。经过实战验证，连发步枪的口碑不如单发式步枪优秀。

村田 13 式和 18 式单发步枪是日军对清国作战的主战枪械，其性能在实战中得到好评。村田大佐的功绩使他晋升为少将，后来成为贵族院议员。

明治初期，日本各藩阀的陆军主要装备从欧洲各国进口的炮械。法国在与德国的战争中惨败，彻底改变了日本陆军的建军方向。军事编制由法式转向德式，陆军炮械开始从德国克鲁伯兵工厂进货。1880 年，日本军方从发展军国的长远考虑出发，掀起兵器独立论的热潮，主张应用本国现有资源和材料制造国产炮械。当时担任陆军大学讲师的法国人布留内指出："兵器独立是发展军国的必需条件，日本若采用钢制火炮，现有的资材和工业基础很难起步。按照日本现有条件应该借鉴意大利青铜式火炮技术，使用资源丰富的铜材制造七厘米山野炮，是走出眼前困境的捷径。"布留内的劝告说服了军部。翌年，军部立即着手意大利火炮技术的引进和制造。从 1883 年第一号七厘米国产青铜铸造山炮诞生至 1886 年，日本用两年半时间完成了全国野战炮兵部队的装备更新。日本火炮的发展迅速，大阪炮兵工厂先后生产出九厘米臼炮、九厘米加农炮、十二厘米加农炮、十五厘米臼炮等炮械。在意大利技师古利劳少佐的指导下，又相继研发生产出铸铁制十九厘米加农炮、二十四厘米加农炮、二十八厘米榴弹炮，并且装备了意大利式的炮用测远机。

火药研究

1771 年德国人发明了用于黄色颜料的物质"苦味酸"，一百年后，人们在偶然的爆炸事故中，发现"苦味酸"具有强烈的爆炸特性。1885 年法国人制造出以"苦味酸"为主原料的炮弹，并取得了相关专利。但"苦味酸"容易与金属炮弹壳发生反应，产生敏感度很高的苦味酸盐，极易发生意外爆炸事故，"苦味酸"炮弹的实用性受到了质疑。1893 年，日本火药技师下濑雅充在炮弹内壁涂布漆料，又在内壁与"苦味酸"之间注入石蜡，使金属弹体与"苦味酸"隔绝，成功制作出实用意义上的苦味酸炮弹。同年，日本海军拟采用苦味酸炮弹装备舰炮用于实战，命名该炮弹为"下濑爆药"。下濑爆药是一种爆速达 7800 米／秒的猛烈炸药，虽然其钢板穿甲性不强，但是猛烈的化学反应能产生 3,000 度以上高温冲击波和瞬间分解 3,000 片以上弹片的威力，对敌舰表面构造破坏性极大。爆炸的炮弹像酒精一样引起难以扑灭的火灾，还会产生对人体有害的化学物质。1895 年，由于清国北洋水师早期覆灭，清日两国外交和谈成功，战争结束，"下濑爆药"没有赶上对清国舰队的作战。在黄海海战中，如果日本海军装备了下濑爆药炮弹，按照日舰命中清舰 754 发炮弹的战果推计，清国北洋舰队的损失将无法估量。1904 年日俄战争时，"下濑爆药"投入实战，为毁灭俄国波罗的海舰队立下卓越功绩。下濑爆药作为日军的杀手锏，在很长一段时间内实行了严格保密措施。下濑雅充的功绩受到日本帝国的高度赞誉，1899 年下濑被授予工学博士学位，担任海军下濑火药制造所所长，继续从事火药研究，1908 年成为日本帝国学士院会员。

下濑爆药虽然是一种优秀的炸药，但其化学物质的不稳定性仍然是危险的隐患，曾经给日本舰队带来了难以名状的惨痛灾难。1905 年，日本联合舰队旗舰"三笠"号，在结束日俄大海战返回基地佐世保港时，舰内弹药库里存放的下濑爆药炮弹发生自爆事故，三笠舰大破沉没，死伤达 699 人，其中死者 339 人。第二次世界大战期间，下濑爆药因为自身的安全缺陷被稳定性良好的 TNT 炸药取代。

食品研究

1877 年，在日本近代史上规模最大的内战"西南战争"中，出现了一种称作"缶诘"的新食品（罐头）。当时，战场食品中的副食补给一直是军方棘手的问题，仙台人氏中泽彦吉、马桃太郎等人为此开发出由牛肉、胡萝卜、土豆、酱油等调味料组成的肉菜混合型罐头。西南战争期间，共向政府军提供了近 3,000 盒罐头食品，创下战场近代化食品应用的最早记录。日本在日清战争前没有间断对罐头的研究，因为牛肉罐头作为携带口粮中的副食，动物性蛋白质和盐分的补给效果优良且符合日本人的食品口味。但是日本国内制造设备和生产落后，国产罐头无法满足军队的需求。1893 年，日本从美国进口 25 万日圆的罐头补给部队，可是欧美罐头风味与日本人的饮食口味相差很大，派发补给中出现不受欢迎等诸多不利情况。为了适应战时的需要，日本研究出适合日本人味觉习惯的新型牛肉罐头菜单，委托美国食品公司制造。日式牛肉罐头的制造规程，甚至连酱油调味料也必须使用"日本制造"，由日本运往美国罐头工厂。委托美国制造罐头的同时，日本国内相继开发出鲸鱼肉"勇鱼大和煮"罐头，输往前线 2,800 盒。战争中，陆军消费的牛肉、鱼肉罐头食品，达 2,515,738 日圆。

日本海军罐头食品的使用量远超过陆军。海军罐头种类和陆军有所不同，应对长期孤立海上，远离陆地的特征，

2.9.04 1877 年，日本吸收欧美军用食品经验，研究出具有本国食品新特色的新食品"缶诘"。这种能保存食品的罐头，在"西南战争"中表现卓著。图为日清战争中，日军曾使用的罐头商标。战争中最受战场士兵欢迎的罐头，是符合日本人饮食习惯的牛肉、鱼肉罐头和蔬菜罐头。

更注重罐头品种的搭配。《海军粮食条例》规定的"副食"罐头品种有：肉类罐头"煮牛肉"、"烧牛肉"、"干牛肉"；鱼类罐头"煮鲑鱼"、"煮鳟鱼"；蔬菜罐头"菠菜"、"胡萝卜"、"蘑菇"、"芸豆"、"萝卜叶"、"牛蒡"、"笋"、"鲜生姜"等。但国产罐头存在密封质量欠佳，长期储存出现腐败的问题。战争期间，海军从欧美等国进口大量罐头，同时制定国产军需罐头生产标准，加速国产罐头的开发和制造。日清战争中，最受日本陆海军士兵欢迎的是国产"牛肉大和煮"、"佃煮"等和式罐头，其味觉以适合日本人固有的饮食口味著称。1893年，

2.9.05 日清战争时期，北海道罐头工厂的车间一角，这里向朝鲜、清国战场提供了大量的罐头食品。由于日本人对食品口感的挑剔以及本国罐头密封技术设备落后，国产罐头远远满足不了战场罐头食品的需求。

海军实施《海军粮食条例》、《海军粮食经理规定》，规定"甲食"、"乙食"、"丙食"三种类型。甲食为舰船海军兵食品供给标准；乙食海军陆上兵食品供给标准；丙食海军"监狱粮食"供应标准。丙食在重量上与乙食相同，只是乙食中的肉类由大豆替换，调味料"大酱"、"酱油"用咸盐取代。

兵食的营养素供给是日本陆军饮食改革的课题。1891年，陆军实施《野外要务令适用》规则，规定编制中的13匹粮秣驮马，细分主食驮马8匹、副食驮马3匹、马粮驮马2匹。还采用携带活牛、活猪随军的方法，在适宜的时期宰杀以补充肉类食品，增加士兵营养素的摄取量。1889年6月，第三师团军医部根据欧美各国军队食粮配制标准，开发出日式肉面包进行了实用评估。在名古屋陆军医院，19名看护学学员分成两组进行试验。试验使用掺有牛肉的硬面包，每片100克，一日供量6片，用汤茶辅助进食。结果每餐食用硬面包所需时间为30—40分钟，每人每日汤茶饮用量1,707毫升。试验报告《行军演习和战时携带口粮适否考案》，得出了支持牛肉面包的结论。从营养学的角度出发，掺肉面包比传统"白米饭"拥有更多的营养素。虽然面包质地过硬，味道和日本人习惯的口味相差很大，每日三餐都似乎在挑战士兵的忍耐性。但是牛肉面包的营养、运输、保鲜、即食等特性，在战场上显示出独到的实用性。日清战争中，牛肉面包正式登场使用，干面包和牛肉的应用，改变了日军战场的饮食结构。军方动员国内著名的糕点会社和食品工厂，为军队制造干面包、饼干等食品。面包、饼干食品经过不断地研究、开发、推陈出新，新食品源源不断运往前线，在战场实用性方面获得好评。

如何保障战场上纯洁水的供应，是日军前线作战部队的重要课题。明治十八年（1885），陆军大臣大山严组成的考察团从德国归国，带回当时德军装备的军用水壶样品。水壶用玻璃制成，在外部装上可斜挎在肩上的皮革套。1886年，这种被称作"吸筒"的水壶，在日本陆军中装备了10万套。日清战争中，这种"玻璃水壶"在战场广泛使用，但是壶内卫生状况不良、壶体破损现象严重，战场上频繁传来需要增补的报告。朝鲜战场的战斗发生在夏季，炎热条件下作战，水壶用水远远满足不了日常需求。兵站部门从民间征集木桶盛装煮沸后消毒的水，由军夫送往前线。辽东半岛作战，日军一直存在饮用水严重不足的问题，不洁净的饮用水导致疾病流行，成为日军非战斗减员的主要原因之一。

脚气病研究

1882年，日本海军从智力的瓦尔帕莱索港至美国夏威夷的一次远航途中，发生了严重的脚气病。定员280人的"龙骧"号舰，有125人受到脚气病的袭扰。当时的战舰主要靠风帆动力行走，按照规定，有限的蒸汽动力仅供进港和进攻敌舰时使用。由于近半数的非战斗减员，使战舰无法正常航行，只能起用蒸汽动力急速赶往锚地，舰上的将校军官也下到舰底，帮助火夫燃烧蒸汽锅炉。"龙骧舰"靠岸夏威夷后，在水兵饮食品中增补了大量蔬菜，经过连续两个月的修整，水兵的脚气病全部治愈。

航海引发脚气病降低战斗力的事实，引起海军军部的重视。海军主船局、医务局、会计局三局组成特别调查组，详细调查了脚气病发生的原因，得出以下结论：

（1）明治初年以来，海军实施的改善水兵饮食为目的的海上津贴制度，大部分水兵没有合理使用，而是储蓄下来寄给家人，使本人饮食状况不佳。

（2）脚气病群体与日本人"精白米"饮食文化有着内在关联。人体所需三大营养素，蛋白质、脂肪、碳水化合物的比例失调，碳水化合物的摄取量明显高于蛋白质的正常比例，舰上生活存在蔬菜严重不足的问题。

（3）远洋航海诸舰中的脚气患者，除饮食外没有摄取其他必要的营养品。一些额外摄取滋养品的水兵几乎没有脚气患者，或是因为他们的家境良好，或是士官待遇以上的乘员。

（4）明治十五年，日本军舰在朝鲜海域执行任务时，出现大量脚气病患者；而在同一海域执行任务的英国海军却没有发生脚气病，英日两国水兵的食品结构存在差异。

（5）脚气病容易发生在高温、潮湿、群居、重劳动、精神压抑的环境。

根据以上结论，海军在"海军兵学校"进行了分组饮食试验，在菜单中加入"干面包"、"炼乳"、"腌牛肉"、"腌猪肉"等高蛋白质食品和蔬菜。根据试验结果，海军制定出《标准食粮表》，采用英国海军舰上的"洋食"取代"和食"，标准食粮规范在日本海军诸舰上实施。1884 年，海军"筑波舰"沿着"龙骧舰"相同的航海路线行驶，严格按照《标准食粮表》配餐，在 287 天的远洋航海中，280 名船员仅有 16 人患脚气。同年，海军公布《舰船营下士以下食料给与概则》，废除了以往的《金给制度》，规定下士以下官兵的食品，由舰船专职官从市场上统一购买。"食料给予概则"提出的食材有：米、蒸饼、干蒸饼、牛肉、腌猪肉、腌牛肉、鱼肉、鸡肉、蛋类、大酱、醋、蔬菜、豆类、麦类、茶、猪牛油、牛酪、植物油、砂糖、牛乳、香料、酒类、盐、咸菜等。

1886 年，为了彻底消灭脚气病，兵食全部效仿欧洲海军标准，强制实行一日三餐"面包食"。面包种类包括"生面包"、"干面包"，白米仅作为一种副食，每星期供应五次。每日营养比例规定，热量 4,000—4,500 卡、蛋白质 200 克、氮炭比 15—17、维生素量控制在脚气预防量的 2.5 倍以上。日清战争爆发前五年的食品统计显示，日军舰上兵食的营养标准已经和英国海军持平。

明治二十二年（1889），海军士兵每日平均粮食营养状况为，蛋白质 191 克、脂肪 45 克、糖质 716 克，热量 4,155 卡，脚气患病率 0.33%。明治二十年代中后期，为了确保兵食有新鲜牛奶和牛肉供应，军舰上也曾饲养一定数量的活奶牛。1894 年日清战争爆发，为适应战时物价高涨对食品供应的影响，海军追加制定了《战时给予规则》，以确保海军作战兵的粮食供应，维持营养摄入水准。通过对海军 1890 年至 1895 年的战前战中粮食供给及营养素摄入统计比较可见，1894年士兵营养素的摄取量达到最高水准。

军马改良

江户幕末，各地藩阀势力在欧洲军事思想影响下，试图建立西洋式的骑兵部队。1867 年，

2.9.06　日本的原产马称作"在来马"，最早是从蒙古经由朝鲜传入的，在岛国地理环境下，逐渐繁衍成八个分支品种。日本马较欧洲马体格小、气力弱，难以胜任战争负荷的劳作。图为长野木曾马和冲绳宫古马。

2.9.07　军马改良成为日本对外战争最重要的研究课题之一，经历了失败和成功的长期过程。图为日本引进的阿拉伯和欧洲种马，分别为适合骑兵作战的"轻种马"和体形粗壮力大、适合炮械牵引的欧洲改良型"重种马"。

法国皇帝拿破仑三世赠送给日本26匹纯种阿拉伯马，日本想用作种源改良马。彪悍的阿拉伯马是伊斯兰战士最珍爱之物，战马在沙漠和草原上能展现优秀的机动性和突击性。当时的欧洲，炮兵作战部队中的地位举足轻重，军马肩负着装备骑兵军团和牵引重型大炮的使命。

1868年，日本新政府意识到，要想建立一支欧洲式的近代化军队，必须改良日本马的血统。日本原产马最早是蒙古马血统，经由朝鲜东渡日本，在日本地理环境下长期生存繁衍，演变成日本马。日本马相比欧洲马体格小，气力弱，很难胜任艰辛的重负荷劳作。国家全面引入马种改良计划后，急于大量快速增殖洋马，结果稠密的近亲交配严重稀释了洋马血统的遗传比例，日本马的品种改良计划没有达到预期效果。1887年，日本陆军保有的马匹数为5,376匹，其中3,330匹骑乘马、1,070匹驮马、976匹炮兵用车驾马，马匹平均体高只有135—138厘米，与平均体高150厘米的欧洲军马相差十多厘米。这一改良计划的失败，证明生物的品种改良，非一朝一夕可以解决，需要经过数代科学遗传的长期努力才能实现。

1894年日清战争爆发，军部下达征集赴海外作战军马的命令，规定马匹身高必须超过142厘米。当年日本全国饲育了约150万匹马，军部从中严选出35,000匹候补军马，可是选拔的军马很少有达到军部条令规定的标准。第二方面军在清国辽东半岛登陆时，军马屡屡骚动，互相撕咬、蹶踢、嘶鸣，严重影响预定的登陆作战计划。第六师团炮兵连队在管制这些性情暴躁的军马时，发生270名士兵被马咬伤和踢伤的事故。以往看似温顺的日本马，在战场上竟然不守纪律、气性暴躁，兵士不得不经常冒生命危险安抚马匹的情绪。从几项规定数据对比来看，日本军马与欧洲军马存在明显的差距，标准体高：日本军马规定143厘米、法国军马156.7厘米、德国军马161.2厘米；体重：日本军马规定328.9公斤、德法军马478.9公斤；标准牵引能力：日本军马规定414公斤，而德国军马仅373.9公斤、法国军马399公斤。相比之下德军、法军的军马体格健壮负担却较轻。按照日本军马的标准，实际征用的军马离规定标准值相差很远，难以肩负战场的重荷劳作。

日清战争后，日本军马部对军马展开诸多研究，改善军马气性成为当务之急。参照欧美的经验，研究人员发现"去势"能明显改善马匹的性情，而且去势的军马比普通军马体魄强健，较少嘶鸣，尤其适合侦查部队使用。然而给军马去势的计划在日军中遭到长期抵制，因为日本军人普遍认为脾气粗犷之马是好马，无法接受割掉战马睾丸的理念。

1900 年，义和团运动爆发，日本加入八国联军侵攻北京。在对清作战中，日本军马的表现受到联军的讥讽嘲笑，日本和联军军马体高相差 22 厘米，体重相差 70 公斤，欧美军马奔跑时速 27.8 公里、日本军马时速只有 17.8 公里。欧美军马温良顺从，60 余匹编制的马队只需 30 人照料，日本军马则必须每匹配备一人监管。每节火车厢内，联军可载 15—18 匹军马，只用一人监管即可。日本军马在车厢内暴躁喧哗，踢坏车辆的恶作剧频发。更有甚者，那些

2.9.08　明治维新 60 年以来，日本用科学的手段改良了落后的日本马，军马体格达到了与欧美马的水平，被誉为"东洋大马"。图为有欧洲和阿拉伯马血统的日本改良马。

没有去势的日本牡马，在战斗中撒野追逐雌马，扰乱阵形队列，被联军批评为"一群不听话的野兽"。此后，日本国内开始厉行"军马去势法律"，除种马留用外，所有牡马都必须去势。凡抗拒牡马去势者一旦发现，惩罚马匹所有者 100 日圆。

1904 年，日俄战争爆发，日本马经过十年的改良，6% 的育成马得到外来种马的血统，育成马平均体高达到 147.6 厘米。但是日本马总体水平仍然不佳，无论体质和数量与俄国马比较都呈明显劣势。日军用缴获的俄国军马和日本马做了对比试验，同样吨位的大炮，俄国马只需六匹就可以轻松牵引，而日本马八匹都十分吃力。战争中，日本军部再次觉悟到，改良日本马是军队近代化最亟待解决的问题之一。

1906 年，日本实施第一期"马政 18 年计划"，将国内总马数的 70% 用西洋国优良牡马进行品种改良，改良计划获得了空前的成功。1924 年，实施第二期"马政 12 年计划"，计划的主旨并非采用西洋马种，而是挑选能适应日本气候风土，

有耐久力体格的马种进行混血改良。1932 年，全国实施育成马调查结果显示，全国的日本马中阿拉伯马血统占 8.7%、英国纯种血统占 7.2%、法国盎格鲁—诺曼马血统占 24.2%（适用于炮车牵引）、法国佩尔什血统占 21.6%（适用于驾辕）。育成马体态健壮高大，即便是民用马也达到了 145.4—157.6 厘米的体高。明治维新六十年以来，日本发奋图强，科学改良落后的日本马，终于使日本军马体格达到了与欧美马同样的水平，被誉为"东洋大马"。昭和十四年（1939），日本强化"种马统制法"，进一步确保了日本马的质量源。日本侵华战争期间，军部发布征集军马的选定条件，规定入选军马的体高必须达到 160 厘米，在中国战场投入的军马总数达 24 万匹。

军人体格

1894 年 12 月，野战卫生部长官石黑忠悳向全军通报了一项《日清兵体格比较》的研究报告。报告注重研究作战对手清军士兵的体格状况，客观评价清军的战斗力。报告指出，以往日军士兵普遍认为清国军人体格高大、强健，身体素质优于日军。开战以来，野战卫生部门对清军俘虏的体格状况进行了研究。野战卫生部曾经向各战区的师团军医部长下达了对战场上俘虏的敌兵实施体格状况调查的命令。体格检查统计对照显示，以往日兵对清兵体格状况的评价缺少依据。这些模糊的猜想，来源于清国征兵公示的身体标准规范，因此得出清兵体格高大、强健的结论。事实上，日清两国选兵采用的身体检查卫生学标准存在较大差异，日军采用欧美军队提出的卫生学标准。野战卫生部按照卫生学标准的体检方法，对各场战斗中俘虏的清军战俘，实施了体格状况的精密检查。以 77 名战俘与 14,218 名日本兵体格检查的结果比较来看，以往的观念是片面的。清国士兵年龄高于日本兵，平均差值高达 8 岁 5 个月，甚至有 16 岁未成年军人投入战场的记录。清国兵的平均身高超过日本兵 1.8 厘米，胸围超过日本兵 4.6 厘米。清兵骨架虽然超过日兵，但是平均体重指标低于日本兵 6.5 公斤。日本兵注重体能训练和营养供给，身体肌肉量高于清兵，平均握力超过清兵 10 公斤，力量

2.10.01 日本占领朝鲜后，设在仁川的日军公署。市内秩序恢复，商业繁荣。1895 年 4 月 18 日公署外张贴布告，朝鲜人才知道清日两国战争结束，清国战败签署《马关条约》的消息。

供给日兵占有优势。两国兵的力量比较结果显示，日本兵在战场上手臂动作能力优于清兵。肺机能是评估军人战斗力最重要的指标，通过呼吸机能测验发现，日本兵超过清兵 0.33 厘米，肺活量超过清兵 502 毫升。日本士兵的战场运动机能及情绪稳定能力也优于清国士兵。《日清兵体格比较》研究结论认为，以往对清兵的认识是片面的，日本兵拥有体格上的综合优势。

2.10 战地民政

19 世纪中后期，大清朝陆续开放"龙祥之地"，在满洲推行移民政策，以期达到增加满洲人口，抵御来自北方的俄国人对清国领土蚕食的威胁。以山东一带汉族人为主流的移民，越过渤海湾，大举迁居满洲，在未开垦的处女地上建立起自己的家园。1882 年（光绪八年），清朝廷在满洲设立招垦总局；1883 年满洲第一家近代机器工业制造厂吉林机器局建成；1885

2.10.02　第一军越过鸭绿江占领安东县，设立了第一个民政机构，负责占领地民政事务，驻清国公使小村寿太郎任第一任行政厅长官。图为安东县开城，居民进出城接受日军检查，商业秩序恢复。

年吉林电报局成立。朝廷派遣官员在满洲各地设立衙门，管理那里的臣民。至甲午战争爆发前，已经成为颇具规模，拥有上百万人口的繁茂之地。

自满洲人入主中原以来，五千万汉人被血刃于屠刀之下，汉人群体划归为低等身份的族类，被奴役愚化。面对近代发生的数次外来侵略，汉族民众精神上处于极端矛盾的徘徊和煎熬中。在他们的国家观里，满洲人、英国人、法国人、日本人，同属外来异人对中原进行侵略，无论哪个异邦人来统治这块土地都是一个样，百姓只求安定平稳的生活。逆来顺受的民众，终于在清日战争中表现出惊人的麻痹，没有誓死捍卫大清江山的热情。

战争中，日本在占领地推行了一系列安民政策，日本人的行政比清国官吏公正清廉，迎合了百姓的心理。战争没有破坏战地的经济环境，日军推行的民政措施稳定了当地的社会局面，促进了经济的恢复。1894 年 10 月下旬，第一军越过鸭绿江占领了安东县。10 月 31 日，军司令官制定了民政厅机构编制及权限，于 11 月 1 日在安东县设立第一个民政厅，开厅办理民政事务，驻清国公使小村寿太郎担任第一

2.10.03 1894 年 12 月 31 日第二军金州行政厅前，按照日本习俗装点元旦饰树。行政厅发布告示："今日除夕午后至明日元旦，一般事务不受理。"

任行政厅长官。12 月 9 日，小村长官归朝后，由行政长官移交步兵中佐福岛安正接任。混成第十旅团占领凤凰城后，军司令官任命工兵大尉仓辻明俊主理民政。11 月 4 日，凤凰城创设善后总局，开放商品交易市场绥抚民众。第三师团占领岫岩后，兵站司令官炮兵少佐押上森藏设立公议所，向当地绅民发出告示，安抚民众，宣布即日起开始民政工作，受理民间诉讼。12 月中旬，第三师团占领海城，设立善后公署，炮兵中佐村木雅美任署长，实施民政，20 日，善后公署改称民政事务所。随着占领地的逐渐扩大，民政事务日渐繁多。1895 年 2 月 8 日，第一军司令官设立安东县县政本厅，制定临时民政厅组织机构，确定职权范围。军司令部及独立师团司令部任命民政厅长官担任高级主事，

统辖各地设立的支厅或民政事务所。3 月 6 日，第一师团占领营口，第一军司令官派遣福岛、村木两中佐前往营口，知会各国领事营口被占领事宜。步兵第十八联队第一大队担任营口守备，大队长石田正彦少佐兼理民政，负责当地港口及外交事务。大本营随后派遣式部次长三宫义胤出任营口理事官，管理当地的外国人及关税事务，归第一军司令官直辖。三宫理事官于 4 月 4 日在营口上任，12 日，理事厅开始办公。4 月 10 日，大孤山民政事务所开设，步兵少佐熊泽安定出任所长。

1894 年 11 月 7 日，第二军第一师团攻陷金州，随即开设临时行政部，恢复当地秩序，一等领事荒川巳次出任金州知事。旅顺口陷落后的 12 月 3 日，开设旅顺临时行政厅，归属军兵站监管辖，外务书记官郑永邦出任书记官。1895 年 1 月 16 日，大本营任命陆军少将茨木惟昭出任金州行政厅长官，掌管金州民政事务，统辖第二军管辖下的各民政事务所。3 月 23 日，旅顺行政厅统归金州行政厅管辖，改称行政署，由步兵少佐渡边胜重代理署长。3 月 14 日以降，日军占领区域扩大，盖平、复州、貔子窝相继设置行政署。20 日，步兵中佐栗屋干任盖平民政署长；27 日，宪兵少佐小笠原尚弼出任复州民政署长；28 日，步兵少佐太田贞固出任貔子窝民政署长，各地陆续开始实施当地的民政事务。

日军占领地的治安维持，目的之一为了安定民心，赢得敌国民众的好感。目的之二是为了将来占领地领土化的长远战略意图。当时国际上对占领地转化成属

2.10.04 日军第二军在金州的行政机构发布若干安民告示，恢复了地方秩序。图为金州城原副都统府前，行政机构开设的粥棚，向无粮贫民施粥救济的场景。

领地有不成文的政略，（1）占领地需达到一定的占领日时；（2）占领和统治需得到其他国家的承认；（3）占领地住民对占领者民政机构的服从。日军在进入清国境内时，重视设立民政厅并温和对待当地民众，就是为了达到永久占有清国土地的目的。日清战争期间，日军在清国本土的占领地，先后设立民政厅11处。第一军11月1日在安东县设立民政厅、4日凤凰城设立善后局、12月14日岫岩设立善后公署、24日海城设立善后公署、4月14日营口设立理事官厅、4月10日大孤山设立民政事务所。第二军11月7日金州设立行政部、12月3日旅顺口设立行政厅、3月27日复州设立民政署、3月20日盖平设立民政署、3月28日貔子窝设立民政署。山东省威海卫战区，由于当地百姓绝大多数逃往芝罘和内地，民政事务所工作主要转向维持兵站线秩序，设立的民政事务所仅月余便撤销。

在占领地的行政实行文官民政还是武官军政问题上，山县代表的军方和伊藤代表的文官之间出现对立，结果握有战地统帅权的军方占了上风，占领地临时民政管理采取了武主文从的军政方式。1895年11月，辽东半岛还付清国的工作开始，各地民政支部从11月下旬至12月下旬逐次关闭，返回日本。

日本占领军实施民政的重要政策之一，是向汉族人宣传"恢复中华"的攻心战。宗方小太郎一篇《开诚忠告十八省之豪杰》的安民告示文，用揭汉人历史伤疤的手段，动摇他们的清国意识。全文曰："先哲有言曰：'有德受命，有功受赏。'又曰：'唯命不于常。'善者则得之，不善者则先哲有言曰失之。满清氏元塞外之一蛮族，既非受命之德，又无功于中国，乘朱明之衰运，暴力劫夺，伪定一时，机变百出，巧操天下。当时豪杰武力不敌，吞恨抱愤以至今日，盖所谓人众胜天者矣。

2.10.05　金州城繁荣的北大街，街道尽头可望见金州城楼。金州临时行政部规定，要求保护居民的财产及营业权。图为日本兵混杂市民之中，居民生活已恢复平静，商贩同样可与日兵讨价还价。

今也，天定胜人之时且至焉。熟察满清氏之近状，人主暗弱，乘帝弄权，官吏鬻职，军国渎货，治道衰颓，纲纪不振，其接外国也，不本公道而循私论；不凭信义而事诡骗，为内外远迩所疾恶。曩者，朝鲜数无礼于我，我往惩之，清氏拒以朝鲜为我之属邦，不容他邦干预。我国特以重邻好而敬大国，是以不敢强争焉，而质清氏，以其应代朝鲜纳我之要求，则又左右其辞曰：'朝鲜自一国，内治外交，吾不敢闻。'彼之推辞如此也。而彼又阴唆嗾朝鲜君臣，索所以苦我日本者施之。昨东学党之事，满清氏实阴煽之而阳名镇抚，破天津之约，派兵朝鲜，以遂其阴谋也。善邻之道果安在耶？是白痴我也，是牛马我也。是可忍也，孰不可忍也是我国之所以舍樽俎而执旗鼓，与贵国相周旋也。抑贵国自古称礼仪国，圣主明王世之继出，一尊信义，重礼让。今蔑视他邦，而徒自尊大，其悖德背义莫甚矣。是以上天厌其德，下民倦其治，将卒离心，不肯致心，故出外之师，败于牙山，歼于丰岛，溃于平壤，溺于海洋。每战败衄，取笑万国。是盖满清氏之命运已尽，而天下与弃之因也。我日本应天从人，大兵长驱。以问罪于北京朝廷，将迫清主面缚乞降，尽纳我要求，誓永不抗我而后休矣。虽然，我国之所惩伐在满清朝廷，不在贵国人民也；所愿爱新觉罗氏，不及耸从士卒也。若谓不然，就贵国兵士来降者证之。夫贵国民族之与我日本民族同种、同文、同伦理，有偕荣之谊，不有与仇之情也。切望尔等谅我徒之诚，绝猜疑之念，察天人之向背，而循天下之大势，唱义中原，纠合壮徒、革命军，以逐满清氏于境外，起真豪杰于草莽而以托大业，然后革秕政，除民害，去虚文而从孔孟政教之旨，务覈实而复三代帝王之治。我徒望之久矣。幸得卿等之一唱，我徒应乞于宫而聚义。故船载粮食、兵器，约期赴胁。时不可失，机不复来。古人不言耶：天与不取，而受其咎。卿等速起，勿为明祖所笑。"

2.10.06　日军占领下的金州城内，闲散、无业、无所事事的居民，常三五成群集聚在圣帝庙内，传播每日道听途说的新闻消息。

2.10.07　金州城内没有沟渠排水系统，雨后泥泞不堪，市政作出规划，整顿街巷的生活环境。图为行政厅雇用的民工，在街道中间挖掘修造排水沟。

　　沦陷地的清国百姓很快接受了日军的宣传，适应了日军在占领区的施政。占领地许多乡绅、市民、贫民，自愿向日军请求保护，百姓代表恳请日军宽大施恩，垂怜拯救百姓于流离之苦，谓日军为拯救我等的大明国大元帅。《日清战争实记》记载："占领后的九连城，当地居民提箪食壶浆迎我王师，携鸡猪肉献与我军。"从军记者写下感言："三皇治世，五帝为君，推贤让能，皆揖让而有天下；柔远亲迩，以仁义而待闾阎。诚谓其民为邦本，本固邦宁也。我兵将西征，始为天下来耳。""东西旦夕相望，庶民子来，古人之言，不欺我也。"第一军山县司令长官发布安民告示，免除当地百姓本年度赋税，招抚逃避战乱的居民回家。安民告示促使清国人自愿为日本军队效力，许多民家大门贴出"顺民"、"良民"字样的条幅，类似情形几乎在各个战区的战场都可见到。在清国上下复杂的民族主义感情中，日本成功利用了汉清间的民族矛盾，引导部分清廷官吏和民众甘愿为日本奉献。占领地亲

2.10.08　金州城下的马市，每日聚集众多招揽生意的清国人马车，人畜喧哗，热闹非凡。清日战争，带旺了这里的生意，车老板们每日都会在这里等待日军兵站的货运差事。

日局面形成的主要根源，来自汉族人对清朝侵占中原以来，实行残酷统治结下的宿怨，华夏子孙在精神、肉体上经历了近三个世纪的磨难。

日军的民政机关根据占领地本地实情，展开了各具特色的工作。主要施政内容包括：对强取豪夺危害地方的奸商施以处分；对贫民及饥饿群体的救助；严控物价，稳定市场经济；城市农村居民户口人口调查；招抚逃跑的地方官员或新选吏员参与当地行政；制定城门出入取缔规则、道路取缔规则、船舶进出取缔规则、市场取缔规则、城市清洁法、家畜饲养场清洁法、传染病预防规则、税务征收规则、兵器取缔规则等法规，在军宪兵队的监督下实行。司法警察依照刑事诉讼法的法规开展公务；为救护地方饥民，向百姓施与缴获的米、盐等物；用相当的代价收买富豪的储蓄再施与百姓；卫生方面为地方百姓施疗种痘。日军民政机关按照清国律令及与其他各国间缔结的条约、规则、惯例，对出入营口的船舶实施课税管理，实施耕地税，对占领地耕地租税征收状况进行调查。

日军民政机关不仅管理清国人的社会秩序，同时也对占领地内的日本军人和侨民施以同等的法治约束，严格管理从日本国内前来清国经商的日本人。占领地设立的警察，担任非常庞杂的监管任务。职责涉及对违反者的谕说（教育开导）、检视、检证、救护、告发受理、唤问、拘留、逮捕等业务，其中对日本人违反者的处理件数占相当大的比例。占领军在清国实行颇具成效的民政政策，成为当时国际社会赞赏明治军队的话题之一。

金州是日本占领辽东半岛的大本营，也是日清战争中，日本在清国最主要的行政中枢。在中国历史上，明太祖洪武八年（1375）设立金州卫，此后金州成了

2.10.09　金州城居民的商品买卖受到保护。驻屯部队的军需无法承受市场物价的暴涨。为稳定物价，行政厅发布公定物价标准，派遣宪兵监督市场，使市场秩序得以安定。

明王朝在辽东半岛的军政中心。明成祖永乐十七年（1419）倭人来犯，辽东总兵刘江率金州卫军民大破倭寇于望海埚，使倭人不敢再犯辽东。《马关条约》签订后，日本取得了辽东半岛，拟在金州建立辖都，因为金州地处割断辽东半岛南北的战略要地。当面对欧洲列强咄咄逼人的干涉时，陆奥外相甚至仍然坚持保留金州的要求，遭到三国的拒绝。

日军占领金州后，第二军多数部队集中城内。为了取得金州安定的政治经济环境，日军在金州的管理上投入了最大限度的行政机制。日军巧妙利用汉人仇视大清的历史情结，在短期内取得了治理金州的成效。日军金州行政厅设在清国原副都统连顺的衙门内，面积十分充裕。行政厅开厅后，先后发布了《金州城行政规则》、《金州通商规则》、《大日本帝国军本营示》等用以治军、抚民、兴商的临时律令条例以安民心。

《金州城行政规则》

第一条　金州城设立行政厅，管辖城内、城外及附近各村落。

第二条　金州城行政厅职权归属有交战权的第二军司令官，管辖范围包括金州城及附近的占领地。

第三条　金州城行政厅设知事1名、属员若干，知事及官员由军司令部任命。

第四条　行政厅守卫及巡逻，配置宪兵若干名。

第五条　知事行政需考虑日本驻军的利益，对于重大行政事务的实施，须在军司令官指挥下与兵站交涉，在兵站监督下协议实施。

2.10.10　金州城北门的宰牛风景，驻地的日本兵也在好奇观看清国人屠宰畜生的民俗。牛被捆绑于木桩，用麻绳紧缚四足，类似给马足安装蹄铁一样。

2.10.11　金州城陷落后，申请进入占领地经商的日本商人逐渐增多，市场上出现了另样的繁华。图为日本人经营的杂货店。

　　第六条　知事行政需考虑日本驻军的利益，管辖内的清国人民和外国人民适用万事公法，当出现符合公法的死刑者时，须得到军司令官的许可方能执行。

　　第七条　知事对占领地域内的日本国民的不法行为拥有管理权，依据陆军刑法、治罪法、惩罚令实施处罚。对于大型案件需移交师团或兵站部处理，犹豫不决的案件需请示军司令部定夺，依照军律处分。

　　第八条　知事对管内的人民财产及营业施以监查，其实况需向军司令部报告。军的师团、旅团、司令部及兵站部，向行政厅管内的清国臣民发布命令及处分意见。

　　第九条　知事为了行使职权，若需要聘请清国臣民协助行政及司法事务时，有权以支付薪水和奖金的方式雇用。

　　第十条　金州行政厅的办公经费，从军监督部支办。

2.10.12　柳树屯兵站门前民工市场一景。战争中，清国百姓为了生计，争先恐后应募日军的招工。图为清国百姓聚集在兵站门前，盼望能分得一份差事。

2.10.13　得到搬运差事的清国百姓，在为日军劳作。图为往来大栈桥的民夫，给日军兵站扛运军需物资，岸边的物资堆积如山。

《金州通商规则》

第一条　此规则在日本军队占领金州期间，为图彼我双方人民的利益，在金州行政厅职权下执行。

第二条　此规则在金州占领地，日本商人若与清国人民通商，需向大本营申请，取得特许商人资格后方可进行交易活动，此类商人仅限认定的少数。

第三条　特许商人在金州行政厅知事指定的地段，与持有金州行政厅发给特许的清国商人进行买卖交易。超出规定地段和与规定以外的清国或日本商人交易，将被吊销特许商人资格。

第四条　金州通商所需货物的运输，由陆军提供专用运输船两艘，在宇品港和大连湾之间开设定期航班。

第五条　通商交易地的日本商人和清国商人之间的买卖授受，均需在金州行

2.10.14　柳树屯天后宫的临时市场，日本商人在这里贩卖杂货和食品。柳树屯是日本运输船停泊的要地，第一、第二军的军需都在这里中转。战地市场拥挤了大量军人、军夫，物品不足价格昂贵，超过国内数倍之多。

政厅履行规定的手续，在厅职员监督和保护下交易。出现违反的情况将被罚款或吊销营业资格。

第六条　物品的价格在双方商人合意基础上成立，遇到争议价格需要认定的情况，由金州行政厅知事确认原货价格，指定和限制相关收益。

第七条　日本商人和清国商人之间的交易发生纠纷时，最终由金州行政厅裁定。

第八条　作为日清两国通商的保护费，双方买卖成立金额的百分之一，须纳付金州行政厅。

第九条　取得买卖许可的清国臣民，可以在日本军营及设施内设立卖店，进行物品买卖。

第十条　日清贸易商会的人员，限定在金州城内规定的场所，许可开设杂品展卖所，其规则另行制定。

金州行政厅开厅施政，参考和延续了战前清国金州衙门的部分施政惯例。其中包括，纳税、物产调剂、清日钱币兑换、物价制定等方面。

一、纳税（清国行政延续）

地租和耕地分类四种:（1）红册地（汉人耕作）；（2）民册余租地（汉人耕作）；（3）旗册地（旗人耕作）；（4）旗余租地（旗人土地、汉人代之耕作）。地租分物纳和银纳两种，旗人仅纳物，汉人物银皆纳。金州红册地141,970亩，年额纳税银2,086两，征米3,466石8斗（平均每亩纳银1分2厘5，征米2升4合）。旗册地、旗余租地42万亩，年征米2,000石。丁银（汉人户税），每户年额1钱8分。丁钱（旗人兵役税），若免兵役，五年期间每年交纳银1钱1分。畜类税，牛马每头课税 105 吊，政府收入仅二三百两。船税，10 万斤货物大货船课税 34 两，10 万斤以下货物课税各异。小船课税 20 吊至 40 吊不等。

地方劳力市场现状，常雇耕作夫年薪 150 吊；春播临时日雇 780 文；夏忙临时日雇 1 吊 120 文；秋收开镰临时日雇 1 吊 120 文；冬季农闲临时日雇 500—600 文。

二、地方物产流通（清国行政延续）

谷类：高粱、苞米、谷子、小麦、黑豆、黄豆、荞麦、红豆、绿豆

树木：松木、榆木、柳木、柞木、槐木、莉木、桃木、杏木、枣木、葡萄

蔬菜：白菜、黄瓜、茄子、芸豆、大葱、萝卜、大蒜、西瓜、地瓜、甜瓜、红萝卜、芹菜、山菜、菠菜、香菜、方瓜、韭菜、菜豆、梅豆

鱼类：刀鱼、沙鱼、扒皮鱼、加吉鱼、大口鱼、梭鱼、白票鱼、民子鱼、鲁子鱼、细鳞鱼、黑鱼、吹库鲔鱼、火龙鱼、劳板鱼

海菜：海葛子、海蒿子、鹿角菜、龙须、下锅乱、牛毛菜、海紫菜

禽类：鸽子、鸡、鸭、野鸭、海猫子、雁、鹰、鸦

兽类：狐狸、兔、犬、猫、山羊、牛、马、猪、驴、骡

矿物：金沙

三、清日钱币兑换（日本行政条例）

大日本帝国一等领事官金州行政厅知事荒川示

懋迁（贸易）所以裕民生而货币所以便懋迁也，兹以大日本帝国通宝价位比

2.10.15　位于辽河入海口的营口，是辽东半岛的海关，开放为通商口岸后，成为这一地区最繁华的商业都市。图为日军占领下的营口市街，耸立的大商行牌匾上书这家店铺销售绫罗绸缎纱绉绢、洋广杂货、山海干菜等货品。

照清国铜钱，开列于后以示行情。但是冀以大日本国银货或铜货换银两，若铜钱者随时来禀，请行政厅照市交给不错。

为书示严切晓谕事，照得我军自抵金以来，在以爱护人民为心，毫无扰斯。以励谕商民，设局供给我军需用各物，价值只应从公决，不宜渔利熏心，高抬时价。兹查得所卖货物价值太昂当此货物短少之倾，自不能不价稍高。然我军为此保护，尔当虽无天良，为此书亦教切晓谕尔商民人，等认期冬发天良，从公论值，取量定价，毋使我军退有后言，属允当自示之后，如尚前误，抬高价定，且我国法律最辨，决不姑宥尔商民人等。其为凛遵，勿谓言之不顾也。切切特示。

大日本国通宝价位：1 圆银货→换清国铜钱（日本 1 文钱相同）1,140 个；50钱银货→以两个换 1 圆；20 钱银货→以五个换 1 圆；10 钱银货→以十个换 1 圆；5 钱银货→以二十个换 1 圆；5 钱白铜货→以二十个换 1 圆；2 钱铜货→以五十个换 1 圆；1 钱铜货→以百个换 1 圆

四、市场物价（日本行政条例）

金州城内外商人等知悉：

大日本帝国军人来金保护商民，仁义安静、诸凡公平。本城商民人等所在市卖粮草、菜蔬、果品、鱼肉、零星咆物等等，但应按公买卖，不准误招高价。设有要价高昂，不但军人不甘，本局亦专派人各街查实，送行政厅究辨，决不宽贷。

自此城乡商民人等均知，再若价太高，本局查实，送厅究辨。为此将粮价值开列与左，各宜遵照，勿得玩视，是要切切。

今同行政厅公议拟定价值开列与左。

青豆每斗：东戈三吊五百；苞米每斗：东戈三吊三百；高粱每斗：东戈三吊；黑豆每斗：东戈五百；绿豆每斗：东戈四吊五百；十米每斗：东戈六吊；小麦本每斗：东戈五吊八百；小麦南每斗：东戈五吊二百；木材百斤：二吊五百；黍草百斤：二吊五百；林楷百斤：二吊；木炭百斤：十吊；白菜百斤：二吊五百；猪肉百斤：五百；白面百斤：二百四；鸡每只：一吊八百；大口鱼每斤：一百五；苞米饼子每斤：一百五；鸡蛋每个：大戈十六个；豆腐每斤：大戈十二个（备注：东戈＝清国钱；一吊＝164 文；一百＝16 文）

《金州行政厅知事告示》

为出示晓谕事照得经营事务原有一定时刻，兹拟定每日十二点钟时放炮一声，俾军民人等均知其时，以期集事。为此先行出示，凡城内外军民人等皆知炮声有因，

无须闻而惊慌，是所切要。特示。

大日本帝国一等领事官金州行政厅知事荒川

明治二十七年十二月八日示

《大日本帝国军本营示》

所谓国家用兵以问罪，本军施政以卫民，法之至善也。本军陷金州城，以镇抚为先，漫不加杀戮，是以兵勇爱惜不拮抗者。现施治体养全、好生之道，就中不干军事商贾老幼，打杖之日不幸受伤，恐惧忍苦者，殊属可怜，本军救恤者迄禀，请寓金州厅内专员及早治疗，宜浴再生之恩。又闻死者无葬，隐蔽旷日，错虑迷生，亦请该府设法措置。以慰游魂，死者瞑目，生者甘心，是一举两得者矣。

明治二十七年十一月十二日特示

现开政厅金州厅衙门厚施仁政，公平听讼，务法旧制，一从习俗，以便尔等有众。厅务一切事宜，饬大日本帝国领事官荒川已次办理，尔等有众，速来瞻依，不狎不恐，须浴德泽。

钦命大日本帝国陆军大将伯爵大山

明治二十七年十一月十二日特示

2.11 清国观形成

日本的清国观

千百年来汉唐文化的传入，对岛国日本的文化产生过重要影响，使日本民族成为敬仰华夏文明的异邦。日本文化人豪言："真正传承了汉唐文化的是日本民族，因为在中华历史上，北方鞑靼人（元朝、清朝）两次对中原的洗劫和统治，间断了汉族人对汉唐文化的传承。数百年的浩劫，汉唐文化被迫渗入鞑靼人的文化杂质，失去了其本来面目。鞑靼人劣质的沉淀，导致曾经在世界上辉煌的大汉衰退，而日本民族却无间断虔诚地传承了汉唐文化的精粹。大陆传入的汉字、儒教、忠义、勤勉的精髓，成为今日日本文化的根干。当满清夺取汉人天下的时候，大和民族和大汉民族一样对满清怀有憎恶感，因为满清对中原的豪夺、占领、改变了华夏民族的文化。" 日本人对汉文化的忠实情结，延续到19世纪末叶，最终在一场

2.11.01 第二次鸦片战争，英法以武力打开了清国的大门，清国不堪一击，暴露出东方大国的颓势，"东亚病夫"的清国观开始形成。图为陷落后的天津大沽炮台。

2.11.02 1890 年的清国政治中心北京，有二百余年历史的王朝。19 世纪末，国家面临着内外日益深重的矛盾，腐朽的大清王朝的根基正在发生动摇。

不期而来的战争中，彻底破灭了日本人的梦境。

近世数百年来，大清国对日本国坚持傲慢的国家战略，两国之间心存芥蒂由来已久。军事上，清国兵多将广，日本无摇撼之力；文化上，数千年华夏文明博大精深，日本自叹不如，大和人内心深处隐藏着复杂的民族劣等感。在岛国人的朦胧臆想中，海那边就是富饶的土地和丰衣足食的"东方天堂"，一睹大陆的金碧辉煌和肥沃土地，成为他们长久以来的梦想。丰臣秀吉晚年二度出征高丽，欲打开通往中国大陆之门，但明军的豪勇给他留下耻辱的怨憾。日清战争把日本人带到梦寐的"天堂"，当远征兵进入清国时目睹的却是贫困的世相和无秩脏乱的国度，强烈的反差改变了日本人心中对东方大陆的憧憬。对大中华文化固有的"赞赏"、"崇敬"心理开始崩溃，隐藏在内心的劣等感，迅速向"差别"、"轻蔑"的意识逆转。一种新型的近代清国观开始形成，大和民族自身的优越感迅速转变成时代思潮的主流。

1860 年，日本赴美使节左太夫在《航美日录》中记载了香港的见闻，"我徘徊在香港的大街上，看到数十名支那人被英国兵用铁棍驱逐，就像追赶犬马一样酷苛。见此情形，同样作为黄种人，

2.11.03 19 世纪末的上海，充斥着外国资本的渗透，在西洋技术文明冲击下，传统手工业受到严重挑战。图为上海灯红酒绿的欢乐场，这里的清国人自私而不懂政治，关心的只是鸦片、妓女。

内心感到由衷的刺痛。"1862 年，日本作家高山晋所作《游清五录》记载，"上海的港湾内欧洲诸国的商船、军舰云集如林，陆上诸国的商馆壁壁相连如广大的城郭。这块土地被英夷所夺，变成自己的家园，清国人成为他们的奴隶。清国人居于穷巷陋室，贫者们拥挤在极端不洁的环境中生活。大街上清国人会自觉地避开英国人、法国人，把过路优先让给洋人通过。上海虽然还是清国的属地，此时此刻已经成为遍地蛮夷的乐园。华夏古国这个日本的文化恩师，东洋文化的据点，如今被清朝权贵败落在西洋列强的手里。那些昔日朗朗吟诵华丽汉诗的人们，眼下在洋人面前变得懦弱无力。"

近代的清国，仍然坚持奉行以古来中华文化为基础的华夷思想，对周边国家实行宗主与藩国的朝贡体制秩序。数百年来，清朝排斥西方文化，对抗西欧列强武力打开其国门的企图。鸦片战争、中法战争，清国人表现出敢与外来势力一搏的大国形象。清国朝廷对日本近代维新巨变同样存在偏执的嘲讽和蔑视，认为明治新政府是不法篡夺王朝政权实行的独断新政。批评明治维新是"朝令夕改、视如儿戏"；"改变风俗、荒唐无稽"；"穿西服、说洋话、焚书变法"的政治变革。大清国在倭国面前屡试大国锋芒，现出大国沙文主义的孤傲，"征日论"在朝廷庙堂时有浮现。

1876 年 1 月，日本驻清国特命全权公使森有礼（30 岁），赴任途经天津时，

2.11.04　大清国对反国家体制的人，采取了严厉的镇压手段。图为关押在木笼中示众的犯人。

2.11.05　二百年来，汉民族受到满清的奴役和欺压。野蛮残酷的刑罚无情蹂躏着华夏子民。

2.11.06　清国史上最残酷的刑罚"凌迟"，将人体上的肉一刀刀一片片割去，让受刑人在痛苦中慢慢死去。凌迟被西方文明斥为最原始的野蛮。图为西洋人拍摄的北京刑场上女人被凌迟处刑的场面。

与时任直隶总督兼北洋通商大臣李鸿章（53岁）有过一次谈话。通过谈话纪要可见，当时代表大清国执掌洋务的重臣李鸿章，都在意识形态上对西方文明和明治维新存在巨大偏见，至于那些深居宫苑的皇家权贵、井中之蛙的大臣、善良的草民，就更不懂那些近代文明的新鲜事了。

李鸿章："近来贵国的变化实在令人刮目相看值得赞誉，然有一点却不敢苟同，就是贵国盲目模仿欧国风习改变自国古来的服制。"

森有礼："改变服制其实道理非常简单，如阁下所见我国古来的旧服，宽大爽快非常适合那些无所事事悠闲的人，可是对大多数勤耕劳作的人却完全不适。也许这种服饰适合于古旧的时代，但面对今日时势的进步，则感传承服制多有不便，故改变旧式服装用新式洋服代之。我国人民自愿改变服制的意向显然利大于弊，对国家而言更是益处良多。"

李鸿章："一般而言衣服之式样，乃是人们追忆先祖遗愿的一种取向，作为子孙之辈应该对此尊重，万世传承才对。"

森有礼："毫不怀疑如果我国的先祖能活到今日，想必也会采取我等子孙相同的做法。一千年以来，日本人的祖先敬仰贵国服式的优雅，传承了古唐这一文化。历史上我国人民无论何事，均以善于模仿改造之能事，光大民族文化成为倭人的一大美风。"

李鸿章："贵国的祖先采用我国的服制是最贤明的做法，我国的衣服纺织非常方便，贵国可以应用自己出产的丝物纺织。可是模仿现今的洋服，想必需要花费莫大的财物和不必要的劳作。"

森有礼："虽然如此，但从我等的角度审视，贵国的衣服和洋服比较，其精致性与便利性不及半分。也许粗杂的大褂比较适合长垂的清式发辫，却不适合我国人民的自然体貌，除此之外，贵国的其他物品也都不一定适合我国。对于洋服不了解之人，看似经济上费工费时，实际上却并非如此。世间之事如阁下所知，勤劳是富贵之本，怠慢乃贫穷之源的道理。旧来的衣服宽大爽快却不轻快，不轻快之服必导致对勤劳的怠慢，怠慢就一定招致贫困。现在采用

2.11.07　清国女人缠足，穿着三角小鞋，她们行动艰难，即使在炕上也不脱去鞋子。丑陋的缠足是玩弄和摧残女性的典型野蛮文化，是华夏文明中歧视妇女和男性性变态的极端表现。满清入主中原，意图废除缠足未能成功，顽固陋俗束缚了华夏的女性。

新服或许有些费事，但人类的进步必须推陈出新，将来才一定会得到无限的回报。"

李鸿章："是吗？阁下赞赏模仿欧风，废弃旧来服制，有如将自国的独立委身于欧洲的制度，岂不是遭人唾弃，羞耻之事吗？"

森有礼："其实对外来事物的取舍并无他人强迫，完全是我国人民自己喜好的事情，故没有丝毫羞耻之处。鉴于此种思维方式，我国古来极力吸收和采用亚洲、欧美及其他各国的长处为己所用。"

李鸿章："不过我国决然不会进行如此变革，只是不得不在武器、铁道、电信等机械方面，积极吸收西洋的东西，因为这些东西正是那些国家最优秀之处。"

森有礼："大凡将来的事情好否，谁都难以预料。清朝开国最初推行的服装式样，喜欢的人也许并不多。"

李鸿章："此乃我国的变革，但决不掺入西洋的风俗。"

2.11.08　历史批评西方人向清国输入鸦片，清国人自身的丑陋和嗜好的劣根性同样受到指责。

森有礼："虽谓之变革，然而贵国的变革却是强迫的变革，贵国人民不是经过一段苦痛的忌嫌期吗？"

李鸿章："此乃我等为勤皇笃志的结果……请问阁下你对亚洲和欧洲的交际，将来的发展有何高见？"（作为汉人的李鸿章，在听到森有礼最后的一言，内心受到隐隐刺痛。自清朝以来汉人被强迫剃发留辫，穿着满洲式样的服装，汉人的确遭到不情愿变革的悲剧。故李氏急转话题，将亚洲文化的讨论引向亚洲经济。）

森有礼："这是一个大问题。各国人民、各种宗教为着各自的权威争斗，世界两大洲的人民运用着自己的智慧，进行着卓绝的相互竞争。在此竞争中，最拙劣者当属亚洲人，亚洲与欧洲若能互角比肩，恐怕还需要几百年遥远的日时。也就是说，今日的亚洲人仍属于下贱、野卑、禽兽的档次。"

2.11.09　旅顺的清国人大多是来自山东的移民，他们辛苦开垦这里的土地，成了新家园的主人。图为旅顺口东新街商店的乡绅，代表小康生活的阶层。从身着服饰、手杖、水烟袋、鸟笼、妇人的小脚，可以感受到辽东半岛清国人文化生活的侧面。

李鸿章："为什么会这样？"

森有礼："古来对妇人之贵重乃天定之理，亦即妇人是人间之母，是一个家庭、一个国家之母。然而在亚洲，妇人被视为卑贱之流，受到非道德的待遇，甚或与兽类通论。拙劣的亚洲人在论及妇人下贱之时漫天谬误，非我多言想必阁下也深有感触吧。"

李鸿章："实乃奇谈怪论，请问阁下是基督教徒吗？"

森有礼："拙者即不是基督教徒也不是佛教、伊斯兰教徒，什么教也不信奉，是地地道道的俗人，只是平素信奉不伤害，严守正道为天理的人，让我做一个自欺欺人的人却是非常难的事。"

李鸿章："阁下的大才着实让人惊讶，能说出孔子般的话来，令人敬佩。以阁下的大才博学，为什么贵国还会有'征韩论'这等浅薄之轻举呢，大概不会是贵国不堪忍受欧洲负债的缘故吧。"

森有礼："如果只是一味地考虑他人的计划而不去做自己的事，那么自己终将一事无成。"

李鸿章："那是当然，可是现在贵国继续不断向外国借贷莫大的资金，那么将来也许会成为招致亡国的根源。"

森有礼："如果连负债的事都不敢去做，那么就不会有我国通过欧洲负债取得的实益。"

李鸿章："何以见得？负债决然不是一件好事。"

森有礼："我国以前没有外债之时，人民不懂经济的方法，也不知国家的事情。自国家小负外债以来，民间引发过赞否论，但人民从中习得了经济的方法。明治维新国家发展百业待兴，通过借贷获得的利润，还能颇有盈余的支付借贷，以呈现大大的实效。如此运作看似风险的借贷，结果我国的负债改善了国家的财政。"

李鸿章："贵国的负债和服制的改革使贵国人民得到幸福，确实是让人喜悦之事。可是负债如果日益增加，贵国的独立亦将日益受到束缚，为了贵国的将来，建议贵国对欧洲的负债不应超过现在的规模。"

森有礼："阁下之恳情感谢之至，希望阁下有机会访问日本，如果访问可以实现，阁下的日本知友及我国人民都会欣然欢迎。"

李鸿章："谢谢，若有机会定会前往。"

明治维新初期，日本人对华夏大陆有着谦和的心态，日本敬仰和畏惧这个名列世界第一的经济大国。在谦逊自强的信念下，明治国家发生了日新月异的变化，

2.11.10 清国人性格温和，言行和缓。对男女关系有严格约束，男人可以妻妾成群，女子不能与丈夫以外的男人相会。图为金州有妻妾两人和满堂儿女的一家。

2.11.11 清国音乐的旋律，让第一次接触大陆文化的日本兵倍感好奇。图中金州街头卖艺的清国人，身着棉袍、手持古琴，特有的唱腔音调，吸引前来欣赏的市民和孩童。

2.11.12 金州城圣庙（关帝庙）内驻屯了日本骑兵。庙内立着两座明清皇帝御赐的石碑，上书"文武官员军民人等至此下马"。图中的清国百姓对日本人充满好奇，在墙外偷窥这些异邦人。

西方文明引导日本文明崛起，进而影响亚洲文明领导地位的转移。清国人开始向进步的日本学习，前往樱邦求学的热潮不息。

清日战争的爆发，终于打破长久以来两国人彼此观念的平衡。当日本人踏上憧憬已久的国度时，心中的美好开始崩溃，清国大陆不再是他们梦寐的天堂。战争让清国人不再妄自尊大，日本人不再自愧谦卑。这种本质上的逆向转化，在两国人对彼此文明的急速认知下产生。

1894 年，为了应和战争新闻的需要，日本《东北新闻》社向出征军发出布告，公开募集远征军人、军夫和家属间往来的私信、手记、日记。刊载的书信可以匿名或真名发表，根据投稿者的愿望，发表的报纸由报社负担邮资寄往投稿人指定的地址。募集战场书信，成为获得战地新闻最有效的办法，中央报纸《国民新闻》以及东京、大阪的诸多报社纷纷效仿。战地书信可以在报纸上登载，激发了军人、军夫、家属投稿和写作的热情。充满真实感和亲民性，反映战场士兵心声的新闻，符合读者的心理需求，报刊发行量在岛国激增。

2.11.13 清朝末期，火车进入东方大陆。清国朝廷和保守派官员一度把修建铁路、应用蒸汽机车视为"奇技淫巧、失我险阻、害我田庐、妨碍我风水"的举措，大力制止，致使铁路建设缓慢。清日战争时，清国仅有的铁路在运送兵员上发挥了重要作用，图为清国早期的火车头。

日清战争对大多数日军将兵来说，是第一次有机会到海外接触邻国的事情，亲身体验海外生活。20 万出征海外的部队形如庞大的战地采访团，可以直接将自己的亲身经历告知国内的同胞。战争期间大量的私信、日记、手记在新闻报刊上发表，对日本人近代清国观的形成产生了极大影响。

近世江户时代，日本的文化繁荣发达，民间识字率超过欧洲水平。明治维新时代，文化教育更融入欧洲文明，维新军队堪称是一支有文化的集团。士兵军营生活中有写信、写日记和做笔记的习惯。在战争环境里，常用自身的价值观和文化教养观察外国的事物，将直白或偏见的所见跃然纸上，字里行间流露出大量对清国人轻蔑歧视的文句。士兵的日记在国内报

2.11.14 十九世纪，文明世界已经步入蒸汽机应用的时代。让西洋人惊异的是，清国人发明了一种"进化"的马抬轿子，作为新型载客的交通工具。

刊上登载，使清国的文化成为被日本民众侮蔑讥笑的对象，恶化了日本民众对清国大陆的印象。

19世纪，清国朝廷为了抵御来自北方俄国的蚕食，废除了满洲土地的封禁令，满族以外的汉族人可以合法移住满洲地域。满洲本族人在辽东半岛的人口稀少，大多数移居满洲的人口来自山东。他们新家园的经营刚刚起步，就遭遇战争的侵扰，成为清日战争的主战场。日本人看到听到的都是一个新开垦的处女地上的事物，便主观地把拥有数千年中原文化的内地与之相提并论。通过大肆渲染"弱清"的形象，振兴大和民族的优越感，消除自古以来日本人心中劣等感的阴影。

日本的新闻报刊在战争期间，登载了大量从军官兵的手记，阅读这些历史记载，可以了解日本人清国观形成的过程。以下摘录部分代表性的手记片段。

一军医手记。清国拥有博大精深的儒教、佛教、道教的汉民族文化，平仄押韵的诗文充满了诱人的魅力。自从外来满人统治了唐文化以来，优秀汉文化的正常发展受到了阻碍。清国男人蓄发结辫、女人缠足自残、吸食鸦片、厕所不洁。清国的政治迂腐，偌大的国家统治在一个老太婆手中。清军士兵作战怯懦，与东方大国形象背驰。清国的臣民生活在贫困饥饿、肮脏不洁的带有野蛮土族文化的国度。

一士兵家信。父母大人（中略），初见朝鲜的平壤，这里的官吏穿着袍装，全员随身携带一杆75厘米长的烟管，腰间悬挂装有打火石和烟草的烟袋。韩民皆穿白衣恰似我国护士的衣着；头上佩戴黑帽子，有如我国神社职人的乌帽。人民贫困潦倒，茅屋破烂、街道肮脏，泥泞中混杂恶臭的粪便。据闻朝鲜政府幕僚朴泳孝向国王提议卫生改革案中有一段描述，"自王宫后庭通往街巷道川，两侧垃

2.11.15　清日战争的失败，令旅居日本的清国侨民脸面全无。虽然日本国发布了在日清国人保护令，但他们在精神上备受痛苦。图为走在大街上的清国人，受到日本孩童的嘲讽讥笑。

坂如山、屎粪遍地，外人观之而畏，诽者笑者多也。不啻所见，极其不美，其蒸发之气，必酿疫疠也。"王宫所见竟然如此大伤雅致，民窟中之粪便遍野更望而生畏。可是在野外的大同江边，无数丹顶鹤栖息岸畔，在薄雾中犹如来到仙境一般。平壤战后，在通往义州的路旁，清军丢弃很多同胞的尸体，被野狗和乌鸦啄食，清国人是如此对待自己的兵士吗？义州城内的房屋被逃走的清军焚烧，百姓四散逃离，我军几乎找不到可以宿泊的房屋。

一士官报告。9月16日平壤陷落，我军战场扫除队在路边发现一位身着锦袍的重伤老者，其他伤兵忍痛照料此人。观其威严定非一般人等，遂逐级上报师团司令部。野津师团长得知后即令担架队将此人迎来，可是老者已经绝命。其随身携带的文书上缴司令部，野津长官疑此人为清将叶志超。遗物文书之一是朝廷赏状，"直隶提督叶志超一军，朝鲜牙山、成欢一带地方与倭军作战，奋勇之至毙敌两千余人，特奖赏该军将士白银两万以资鼓励"。遗物文书之二是叶志超妻子和女儿家书数封。遗物文书之三是成欢作战清军布防略图。我军将此人细心安葬，同时为清军猛将左宝贵，在阵亡之处立碑以示敬仰。日后，叶志超再度出现满洲境内，被厚葬之老者何许人也身份终究未明，据猜测乃叶志超为顺利逃亡所安排之替身。

一士兵日记。越过仅一江之隔的鸭绿江到达满洲境内，这里的房屋宽大、食粮充裕，与对面的朝鲜如天上地下一般。清国居民的暖房设备"炕"非常舒适，便所却肮脏不洁。自家的便溺流入街道与冰雪交融令人窒息，所到之处唯恐如厕。清国男人的辫子形如黑蛇缠首，女子则以缠足为美事，脚足甚小，步行艰难，男女吸食鸦片者形如枯槁。

一士官手记。大雪和刺骨的寒风中，我队进入山东荣城。登陆的龙睡澳湾通往荣城，沿路积雪一尺有余，人马步履艰难。荣城的民家周围没有石垒，上等的房顶铺有炼瓦，下等家屋铺草顶，还有各种各样的房顶。当地食物非常简陋，军队用井不甚完备，尤其厕所不洁让

2.11.16　《怯懦清军讽刺画》。上图描绘偌大的清国外强中干，甚或不敌倭女之力。下图是嘲讽清军在战场上胆小怕死，倒骑毛驴意欲逃跑的指挥官，命令足蹬轮滑鞋欲逃的士兵冲锋。

人困惑。荣城登陆后，雇用当地的民夫协助搬运军用物资。发放工资时，民夫常因工作强度和约定钱数因由向上官投诉。清国人欲望未达到时，会直白地表露出来，爱国心对他们来说并不重要。

一战地记者手记。在台湾战地，军队的必需品"卖春业"盛行，妓女的梅毒伤害了许多当地的军夫。军夫的行动比较自由，每日工薪50钱之多，是青楼的常客。性病的蔓延降低了军夫的工作能力。某支队在编军夫90人，感染梅毒者达20人之多。卫生长官向大本营报告危机，建议开设有检疫制度的战地公娼所。根据占领威海卫时的经验，日军接受了清国地方官的建议，对私娼实施严格检疫，结果士兵和军夫几乎没有感染梅毒的案例。大本营解除限制日本民众渡航台湾的规定后，来自广岛、东京的卖春妇开始大批涌入台湾。在基隆、台北、新竹等地旅行的日本妇人，身缠红毛巾赤足步行，下雨天衣裳提至大股如似半裸，暑日暴露肌肤在大街上性感行走，毫无羞颜之丑态，被台湾人谓之：此乃从倭国渡来的"女军夫"是也。

一新兵家信。小生随山县大将军攻入九连城，清兵从平壤慌乱逃跑时，烧家屋，毙牛马，丢弃在路旁的清兵尸体惨不忍睹。我军占领九连城，清兵不战而退，丢弃大量军需物品，精米2,000石、牛马、大酱、酒、酱油、器物、衣类，堆积如山。各队分得各种战利品，解决了军需供应不足的困境。清国境内非常寒冷，为御寒我兵拆民房、砍山林充作薪木，杀猪宰牛补以辘肠。清军作战怯懦，我军未至闻风便逃，实乃"弱清四百余州之豚儿汉"。年中我军可取直隶平原，实在可喜可贺。

一士兵手记。登陆不久亲睹许多清国人的生活习俗。穿黄衣者多为乞食者，曰之"乞丐"。男人多穿黑衣，前头剃顶，后头梳留长辫。女人两足甚小，呈三

2.11.17　刘公岛清兵的春梦。绘中芝山道人诗曰："守营海港几连旬，苦战何思赌一身，抱膝宵宵眠不洁，梦游北里掳佳人。"图借清兵的一宵春梦，讽刺清国军队的素质。

角状，行走困难极不稳定，男女体魄皆不强壮。清国人情淡薄，对我军之仁惠呆然滞木。一日盖平城外，目睹野犬数匹刨开浅土，抢食清兵尸体之肉，乌鸦盘旋于侧待其残食，目击惨状令人悯然。我军雇用清人之牛车，运载军需货物往来此间，从车轮下露出尸骨，惨相不可名状。然清人并无顾忌，大胆剥去死者衣物己用，实乃非人情之所为。近日气温转暖、冰雪交融，道路泥泞、步行艰难，所到之处都可看到土民家中饲养猪狗数只，人畜粪便臭气弥漫，肮脏之状纸笔难以描述。军医部发出通告，要求兵卒军夫注意卫生，谨防传染疾病。

一将校手记。3月3日我军三个师团包围牛庄，4日拂晓发动进攻时，清军大部已经开始向后方遁逃，部分清兵藏入民家与我军展开巷战。下午3时，城内第一富豪家三层大院内500清兵从枪眼向外射击，负隅顽抗。我工兵赶到，在大院外面安放炸药准备炸毁院墙，就在导火索即将点燃的瞬间，院内清兵挂出白旗，打开了大门，500清兵成为俘虏。3月8日，田庄台战斗在辽河东岸展开，我军侦查部队越过西岸，对敌阵地实施火力侦察后随即撤回。晚上11时，听到彼岸清军阵营内锣鼓震天，据说在为击退日军祝捷庆功。我阵士兵初次听到如此大声响的清国音乐，留下颇为深刻的印象。田庄台清军的防御线很长，战术上弊端诸多，战略上亦无作为。清军将校显然未受过近代战法教育，士兵战技训练也相当粗糙。我军攻入辽河对岸，骑兵纵火点燃房屋，迫清军大队溃退，许多士兵脱下兵服换上民服匿入街巷之中。

一位曾经做过老师的日军士兵，在《日清战争从军秘录》中记载了营口周边地方的见闻。我军初入营口城，见到许多绅商门口均挂有用英文字书写的店号，让我军认为此店是英国人的财产。后来打听才知道，这些商店都是清国人的店，

2.11.18　清国战败后，儿童间轻蔑清军的游戏大流行。两伙孩童装扮日军和清军交战，结局都会以清军败战而告终。图中败阵的清兵遁逃，日军乘胜追击，清兵的长辫子被拖住，顶子上的孔雀翎被拔下。

因为害怕我军抢掠，故花钱请人用英国字招摇店号，借英国馆的名义掩人耳目。这些商绅受到我军的教育，亲眼看到战后我军给贫民分发米谷，纷纷为我军击掌称赞。商绅们安心地摘下英字招牌，反而开始咒骂清国官吏对百姓横加盘剥，称自己是"大日本帝国良民"、"顺民"云云。

营口素来夜中盗贼出没，当地商家在家屋上修有岗楼，家丁持武器值夜轮守。田庄台陷落后，盗贼收藏许多清军丢弃的枪支，公然越过辽河横行抢劫。商家无奈向日军请求保护，我军组织巡查队每夜巡逻抓捕盗贼。有夜贼袭扰商家时，市民立即知会我军巡察队抓捕。捕获的盗贼全部将其发辫割断，逐出城外不许再度入城。城内各城门口有我岗哨兵昼夜把守，检查过往清国人有无造假辫子者。5月的一日，在南门外抓获七八个造假辫子的贼人，被商家卫队处刑斩首。临刑前贼人们被牵引着在城内

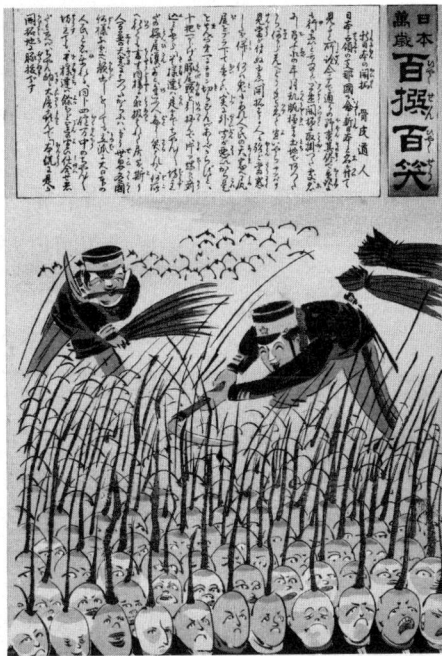

2.11.19　清日战争日本媒体的讽刺画《百撰百笑》图。日兵在开镰收割象征清国人愚昧的长辫。清国观的形成，加速了日本人对东方大陆人的轻蔑。

游街，他们似乎并不怕死，迈着坚实的步子，环顾四周，怒目而视。临近断头台时，面向人群狂喊乱叫"兄弟，吾先行一步"、"早点随我来也"、"好好干，为兄弟报仇"、"不必悲伤，吾即去也"狂言撕裂震撼。看热闹的清人如蚁集鼎沸，平气会话者有之，嬉笑者亦有之。见此情景实在令人不可理喻，那些罪人面对死亡没有一点恐惧心态吗？难道清人对自己同胞之死没有一点同情心吗？甚或喜欢聚众观看此种斩杀的残酷场面吗？此乃与我等大先辈为国家从容而死，取静寂的态度完全不同，真乃天地有别。他们的祖先有过"人之将死其言也善；鸟之将死其鸣也哀"的名言，而今他们的子孙面对同胞间的杀戮，耳伏于地闻哀，目眺天际叹悲，想于恸哭之中吧……

市街到处充满了"丑业妇"，不分昼夜公然行业。她们成群来到我兵营叫卖，我兵卒故意放声高喊清国语"不好"、"不要"斥责驱赶，可是她们并不在意，仍然平气颜笑。此乃附近村庄集聚而来的村妇，据闻营口街市的娼妓竟有三千之多。营舍地每日来一姓张的少年乞食，可是身上穿的衣服并不寒酸，每次给五钱铜钱后，少年就会非常努力地干活。一日，少年的脚被开水烫伤，兵卒立即送到军医处治疗，

后又护送少年回家。兵卒回来说姓张的少年不是乞食者，而是有钱人家的子弟。意外的报告让众人不解，有钱人的儿子怎会来兵队乞讨残食呢，实在有违日本的常识。兵卒发誓不是谎话，让众人前去看看便知。众人三三两两来到少年家查看，确实是一个殷实的富户，看到少年乞来的残饭放在笤箪内干燥，大概是少年父母的嘱咐所为，令众人困惑不解。

　　一摄影士官手记。花园口登陆后，金州沿岸诸炮台守军闻我军将至，便闻风而逃，炮台被我军轻易占领。进入拥有当今世界最新锐大炮的炮台，着实让人惊讶不已。兵员室内食具、食器散乱，散发掩鼻恶臭，到处布满尘埃垃圾，不洁之状难于言表。所到沿岸炮台竟无一个便所，只是在一角落排列许多砖石，出恭之人蹲于之上，粪便坠于坑内。堆积之粪便撒盖生土，谓之发酵制肥。各炮台恶臭满盈，方圆一公里四方之外亦闻强烈异臭。清军最新锐炮台内部甚至还运营粪便生意，听闻"干大粪百斤，东戈五百文，银货二十四钱"，买卖兴隆。

清国军队观

　　日本人清国观的形成，与日本对清国近代军队观的形成有着直接关联。两百多年前，满洲外夷侵入中原建立了大清王朝，清国虽然拥有庞大的军事力量，临君东亚，但是在朝廷愚民政策的干预下，兵勇没有"国家"的理念。这支没有精神支柱的武装集团，尚武精神已黯然无色，早年称雄东方大陆的铁骑也不复存在。十九世纪中叶，随着英国人的鸦片在东方大陆泛滥，清国人的肉体和精神意志被摧残，偌大的清国军队败在有数量劣势的英军枪炮之下。1885 年清法战争，清军再战不胜；1894 年清军与日军作战屡战屡败。清国军队在全世界面前彻底暴露出自身的懦弱，铸成了清国军队观的形成。

　　清法战争让清国意识到近代军事装备的重要性；李鸿章的洋务运动使清国人

2.11.20　清日战争讽刺画《斩首顺序图》。讽刺清国上斩下互推战争责任的官场风气。斩首顺序：皇帝、恭亲王、李鸿章、丁汝昌、宋庆、叶志超、卫汝贵、马玉昆、聂士成、方伯谦，罪名"因怯懦失事之罪处斩"。

接触到许多近代战争的事物，大量洋枪洋炮开始列装清国军队。清国人虽然注意到引进近代武器装备的重要性，却严格禁止军队兵士接受西方式的精神教育，唯恐外来的维新思想影响军队。长期以来，清军没有特定的建军思想，没有为国而战、保卫国家民众的概念。士兵与国家间的契约关系，仅仅停留在吃军饷，为皇帝打仗的狭隘观念上。

19世纪中期，八旗军和绿营军在内战消耗中迅速衰落，朝廷放松了军事制度上的中央集权，取而代之由各省督府自办军事。各省采用兵饷自筹自支，饷源渠道多样的方法，组建带有地方势力色彩的自家军。国家军队参与经商筹款，军队的面貌从本质上发生变化，腐败开始动摇本来就脆弱的军队战斗力。军队涉足动产和不动产经营，欺压民间利益；利用军队特权向洋人采办军械，走私军火牟取暴利，军队变成了拥有特殊通行证的合法经商集团。清日战争前夜，这支经过200多年退化的军队，作战能力低下，军队如同一盘散沙，没有严格军纪，成为一群不堪一击的乌合之众，无法与外来的坚船利炮抗衡，从根本上失去了应付对外战争的价值。

清日两军在朝鲜、鸭绿江、辽河平原一线，以及金州、旅顺、威海卫、台湾战场发生过多次重大战斗，两军对垒之际，清军防线几乎都在一两日内便被击垮崩溃。清国北洋经营十数年的远东著名"旅顺口要塞"，在一日之内便告陷落。镇守旅顺口的道台龚照玙，尚未见到日军的影子，就率先携家眷逃往芝罘。守军三将黄仕林、赵怀业、卫汝成也相继逃离旅顺。下属的兵士公然打开银库掠夺官银。造船所的官、民、军相互配合盗走贵重机材从海上逃走，旅顺口还未开战便风声鹤唳，陷入一片监守自盗的内乱之中。清军宣称卓有战绩的海城之战，组织数倍于敌的大军，前后发动大小七次攻城战，本欲夺回海城，却久攻不下，没有给日军本质上的打击。海城周边清军主力被日军少量守城部队拖住，确保了第二军全歼威海卫北洋舰队的作战计划。

战场上各路清军部队存在一个共同特点，就是从将军到兵勇普遍胆小怯战。炮声一响，官兵惊慌失措，皆如惊弓之鸟，战之魂飞魄散、退之蜂拥而去，逃跑速度之快，丢弃武器之多，堪称近代战争史上一大奇观。清兵身为保护国家百姓的军人，私下却早已议好逃跑妙法，换装民服潜入百姓中间，试图借敌国不杀民间百姓之仁义蒙混过关。旅顺口战斗，到处可以看到丢弃的记有"兵勇"字样的清兵军服。这项独特的把死亡危险转嫁到自国民众身上的逃跑术，令西方国家舆论大为惊叹，批评清国军队对无辜民众的非人道行为。

清国军队缺乏适应近代战争的指挥官，官长因循守旧，不懂近代军事，作战经验大多数还停留在剿灭太平军时代的旧式战争观念上。指挥官作战素来只注重正面攻防,忽视侧面迂回之敌。日军每次战斗中都会采用正面佯攻,两侧迂回的包抄战术,当清兵看到退路要被日军切断时,恐惧之中只好放弃阵地夺路而逃。战争中的大多数战例是清军防御,占据有利地形,拥有坚固阵地,步兵具备稳定姿势的射击条件。但在实际战斗中清军没有实现预期的作战效果,射击姿势不规范,致敌伤亡率极低。日军战场调查显示,清军单兵平均射出的子弹数量很高,命中率却极低。原因是战时清国募集了大量新兵参加战斗,多数新征兵在入伍前没有见过洋枪洋炮,也没有经过正规军事训练和实弹射击体验。仓促开拔战场,上阵开枪开炮,惊恐之中只会对天鸣炮或距敌千米之遥乱射。

清军炮兵尤其缺少近代作战常识,炮兵配置在各步兵营内,火力分散,不能有效集中炮火威力打击敌军阵地,炮兵射击的弹着点经常落在日军阵地的前方或后方。成欢初战,炮兵阵地因位置不佳,炮弹够不着敌军阵地,无法支援步兵作战,战斗中几乎没有作用。相反每次大规模对抗战中,清军阵地都遭到日军准确的炮击。清军的作战方式仍然沿用冷兵器时代的集团冲锋式战术,步骑兵爱用震天杀喊之声一拥而上的威慑力来冲垮敌军。平壤和旅顺战役,清军都尝试了步骑兵集团冲锋的进攻方式,但是在日军步枪阵前损伤惨重,起不到任何战术突破效果。

清日战争双方合计动员参战人员近百万,双方的死亡率远低于冷兵器模式的作战,阵亡数字与战争规模不成比例。清军死伤推计 35,000 人(战斗死推计 25,000 人,其中台湾 14,000 人);日军死亡 13,488 人(战斗死 1,132 人,疾病死

2.11.21 黄海海战后西洋人的讽刺画"重拳"。出乎全世界的意料,大清帝国被倭人小国重拳击倒。新的清国观开始在全世界人们心目中形成。昔日的草原铁骑不再,高傲的大清国走上了彻底衰败的不归路。

12,356 人）。按照近代武器性能，枪炮具有超越较大范围的杀伤效果，热武器能有效杀伤更多的战斗员。考察死亡数字不成比例的主要原因，是每场战斗清军都会适时掌握有利逃跑的机会，及时脱离阵地，使双方都减少了拼死相搏的阵亡数。战争文献中，很少有清军弹尽粮绝拼死抗战的记录，参战各路人马弹粮军需基本充足，只是在逃跑时将军需视为沉重负担被大量丢弃，人为造成了无弹无粮的困难局面。成欢、平壤、鸭绿江作战，清军的逃跑，给在后勤供应出现困境的日军，留下了大量军粮及军需物资。仅平壤一战，清军就遗弃军粮，米粮 2,900 石、杂谷 2,500 石，相当 15,000 名清军一个月的用量。

清国引以为豪的北洋舰队作战不利丧失了制海权，日军海上运输线畅通无阻。黄海海战中，北洋水师在作战中表现果敢，勇于和日本舰队拼杀一比高低，创造了近代世界海战史上著名的战例。但是清国北洋舰队终究被日本舰队降伏，留下了百年耻辱的记录。日本学者认为，北洋水师提督丁汝昌受儒家和佛学影响，为拯救数千将士生灵免遭涂炭，宁愿自己背负历史骂名而死，此乃彼之大义，可歌可泣。也有学者认为，按照黄海海战后北洋舰队的实际损伤状况，李鸿章避敌保船的策略从战术角度解释应属上策，只是陆军太过无能而招致舰队覆灭的命运。战后北洋水师的主力战舰有 9 艘被编入日本海军舰队。清国大连湾、旅顺口、威海卫的海防阵地被日军占领时，炮台完好率高达 80%，无情的数字鞭挞了近代清国军队的素质。

清日战争的失败震撼了大清帝国，清国人的自尊心受到伤害。偌大一个清王朝败给一个弹丸小国，而且输得如此惨烈，颜面无存。朝廷官场纷纷奏上，辩称失败的原因乃清军武器不如倭寇所致，意图减轻失败的责任。事实上，近代清国的武器装备与世界列强国家军队相比，仍呈中上等水平，参战的陆军三分之二作战部队，装备了西洋和仿洋枪炮，进口连发步

2.12.01 清日交战时清国中上阶层的贵妇。在她们的眼里，金钱、鸦片比战争的胜负更为重要。

2.12.02 与上层贵妇同样，贫困愚昧的清国百姓不知战争是何物。在她们的眼里，赖以生存的粮食比战争的胜负更为重要。

2.12.03　清日战争北方打仗，南方歌舞升平。广州娼妓业繁盛，珠江沿岸聚船七八里，聚成水上村寨。妓院以船为房，以脂粉为业，地方政府把娼妓当作税收源。图为移动式妓院的花船。

2.12.04　战时上海繁华街一角的贫民，民众关心的只是生计。大清朝的统治没有给他们带来富裕生活，却将他们愚化成了甘愿逆来顺受的政治文盲。

枪的性能超越日军村田式单发步枪。清军配备当时世界上先进的速射炮（重型机关枪），战斗火力对日军构成威胁。海军从德国、英国进口新型战舰，组成强大的北洋舰队，定远、镇远两战舰，更是盛气凌人，称雄亚洲，武器之不精良之说难以服人。

历史的真实不能完全认同那些惯用的"身陷绝境"、"弹尽粮绝"、"敌强我弱"、"被迫撤离"等颇有开脱战败责任的词汇。清日战争中，清军的处境恰恰与惯用语的状况完全相反。战争失败并不耻辱，从反省中站起来，再去赢得战争。清国人没有这样做，只在耻辱的呻吟中怨天怨地，最终未能从自身的弊端中找到正确答案。

日清战争，日本人心目中的清国军队观，直接影响了日本国民清国观的形成。清国军队不再是亚洲强大的武装力量，这支无法保卫国土、保护国家百姓的乌合之众，成为日本军队、日本国民的笑柄。国家腐朽政治下的清国军人，从高级军官到一般兵勇，从军事教养到精神素质都无法与明治军队相比。大清国劣等的军队，又将中华推向欧夷、倭夷的手中，华夏的近代史从此开始了半个世纪大浩劫的悲剧。

2.12 战争与民众

战争与清国民众

历史上的汉民族有过遭受外族侵略、改朝换代的经历，清朝是统治汉民族历史最长的外来者之一。清王朝为了防止汉民族在政治上东山再起，两个半世纪以来一直对汉族人实行着愚民政策。近代以来，衰退的泱泱大清国，到处充斥着吸大烟、裹小脚、无所事事、丑陋奇怪的人群，被西方文明视之为未开化的野蛮之国。大清国是皇家的私有财产，朝廷只需百姓缴纳国税，无需民众对"国家"有政治责任。愚民政策下的民众，在酷吏压榨下逆来顺受，民众不懂也不关心国家的命运。当国家受到外来侵略时，偌大的国家没有支援战争的民众组织力量。

清日战争在清国民众心中没有引起浓厚的仇日心理，民间的抗日热情低于官方。西方媒体评论，清国的汉系阶层对日本人的进入抱有某种期待，甚或寄望新的外来势力推翻满清的统治。清国在欧美的侨民对国家发生的战争表现出冷漠，当问到他们对战争的态度时，许多清国人都会直言表示不愿意为清国皇帝打仗，清国人关心的只是自己眼前的生意。代表清国新一代青年的天津水师学堂的学生表示，对抵抗日本既没有信心，也无兴趣。清国朝堂上高谈阔论与日本开战时，看不到民间组织参与、支援国家战争的迹象。战争似乎与民众群体毫无干系，人们仍旧继续他们往日的生计。高傲的清国人历史以来蔑视近邻的倭邦小国，自信可以打赢这场战争。西方人用惊异的目光鄙视精神麻木的东方人，那是一群病入膏肓、灵魂需要拯救的痴人。

2.12.05　清日战争时北京皇城根下，天子脚下的臣民生活疾苦，民生凋敝。百姓为求得一碗稀饭糊口，不得不四处奔波。国家造就了逆来顺受的草木愚民。

2.12.06　西洋人描绘的逃亡清军散兵图。清兵为逃命混入民间，将危险转嫁到无辜百姓身上。图中逃跑士兵在食店充饥，过路百姓拾得清兵丢弃的枪支。

然而，战争对清国民众来说是一种双重灾难，民众成为两国军队侵扰的受害者。第一主犯是自家的清兵，史上清军军纪涣散素来有名，所到之处烧杀抢掠、肆意奸淫、恶贯满盈。赴朝清军总兵卫汝贵在朝鲜犯下扰民事件震怒朝廷，被斩决于北京菜市口就是仰天一例。清国的败兵善于伪装贫民模样，混藏于百姓之中，将死亡的危险直接转嫁予民众，无辜百姓成为敌军滥杀的对象。日军是战争的第二主犯，战斗中对战地民众赖以生存的房屋施以破坏、强征牲畜资源，甚至大量屠杀无辜的旅顺百姓。辽河田庄台战斗，日军为减少伤亡，令工兵将拥有万余居民的民房全部烧尽，数百条民船化为乌有，百姓在寒冬中流离失所、无家可归。

日清战争日本人第一次面对该如何支配异民族的课题，这对占领军能否赢得民心至关重要。1894年10月26日，第一军鸭绿江渡河战斗占领安东县九连城，当日，山县司令官向部队训令，"我军作为文明国军队必须严格军纪，尽快恢复民众的日常生活秩序，将良民和对抗分子予以分割区别。"10月30日，山县向伊藤首相报告关于占领地设置民政厅及法制事项，请求任命文官小村寿太郎担任民政厅长官。11月1

2.12.07　战争的罪过是把无辜民众卷入战争。民众成为独裁集团代表的所谓国家利益的牺牲品。这张珍贵的历史照片，记录了旅顺虐杀事件中，一家妇孺老幼，逃避日军屠杀的真实场面。她们恐惧无助的神情透出民众永远是战争受害者的无奈。

日，山县以占领军司令官名义制定"第一军管民政厅组织及权限条例"，民政厅配置长官 1 人，书记 6 人，配备宪兵、警官。临时军管治安条例规定，对清国人犯罪的处置，轻罪和违警罪由民政长官裁决；重罪和军事犯罪禀请第一军司令官裁决。日军人对清国军人军属的犯罪，通报所属部队司令官处置。清国人之间发生民事件由民政长官裁决。军管区内对清国人给予保护，根据军队作战需要雇用当地民夫，征购军需物品，免除百姓一年租税。花园口登陆的第二军司令官大山严，10 月 15 日发出训令，"我军人平素有与人为善之教示，在敌国领地须严禁不义举止。随军之军夫缺少教养，须特别严格管制，防止占领地民众反抗，影响我军国之威严。"两支侵入清国的大军及时发布战地军纪条例，对军内无教养的士兵和军夫起到了约束和震慑的作用。

明治维新体制下的军队为了塑造文明军队形象，政府向国际社会公开战争，批准超过百名的国内记者、外国新闻记者、外国武官随军监督战争。日军每占领一个重要市镇，都设立战地行政机构，迅速恢复当地民众的日常生活，行政部门开设施粥所接济贫困百姓，开放集市和劳务市场活跃经济。《报知》（1894.10）报道，"时下我军驻屯金州，清国百姓秩序井然，城内犹如国内一样平静。当地支那人皆已归顺，小商贩用日文单语在大街上叫卖，砂糖、香烟、馒头物品丰盛。清人主动与我兵交谈，说我军是朋友，清军是敌人，清人争相报名应征日军运输夫谋取生计。每当我军凯旋归城，后面会跟随许多迎送的清人，实感我皇恩威在外域之隆盛，却不思议支那人此乃一种如何的情感。"旅顺虐杀事件发生后，行政厅于 12 月设施米场，连续向穷民赈恤 30 天；1 月行政厅发布安民告示，呼吁百姓回归；2 月返回家园人口上升，街

2.12.08 日清战争的前夜，日本国内政治经济矛盾重重，民众生活贫困不能温饱，国家需要一场战争来化解日益严重的国内矛盾。贫困的民家，丈夫从军服役，女人只能靠做廉价女工、女佣、耕种来维持一家生计。图中是依靠打柴为生的妇人。

头商贩增加；3月旅顺口举家回归人口增至 300 余户。

满洲战地的百姓为了生计，成为日军募集民工的主要对象。民工每日劳作可以领取相应的报酬，按照职业分类，报酬金额存在较大差异。自带骡马车辆的劳务是最受欢迎的职种，因为日军军需物资在战区的搬运输送，一直是困扰作战部队的薄弱环节。第二军占领金州城后，军部兵站向本地住民发布民工招募告示，很快得到当地民众的踊跃响应，报名者络绎不绝。在金州城根骡马市的广场上，每天都热闹非凡，从各地汇集大量应募的清国骡马大车，等待日军兵站的军官前来派发运输营生。清国人组成的大车队不但给日军运输日常用品类的军需物资，还运输武器弹药、转运伤员。在金州、魏子窝、柳树屯沿岸村镇，以及山东荣城龙睡澳、辽河营口、牛庄等地的民工市场，云集求职的清国民工形成规模。穷苦的百姓在贫困饥寒之中都想争得一份报酬优厚的临时工作。在百姓看来，这些外来入侵者，不像那些盘剥搜刮他们的清国官吏那样凶神恶煞，所劳所得一切都来得合情合理。在日军临时行政厅管理下，战地民众的生计很快恢复平静。劳工市场、交易集市又出现往日热闹叫卖的场面，人群中有商人、小贩、平民、衣衫褴褛的乞丐，以及采购军需的日本军人和管理市场治安的宪兵。更为惊奇的是，在集市摊位上还有日本民间商贩的叫卖，那些东洋玩意颇受清国百姓喜欢。在皇家、朝廷、官吏、文化人眼中的一场暴力战争，在这片土地上却显得自然祥和，这是数百年清王朝愚民政策统治的结果。历史没有理由责备仅仅为了生存的民众，在那些贫民之中，或许有我们先祖求生留下的足迹。

2.12.09 日本是多地震、多暴风雨、多灾害的岛国。日清战争前，国家自产米粮不足，粮商趁机哄抬米价，各地粮米暴动事件频发。图为日本贫困人家的餐桌上，只有很少的米饭和咸菜。

　　1895年4月，清日签订《马关条约》割让台湾，台湾民众陷入被抛弃的困境。日军以武力接收台湾遭到台湾居民的顽强抵抗，一场旷日持久的日军侵台战争爆发。5月25日台湾岛民宣布台湾民主国建国，"总统"唐景崧号召民众抵抗日军入侵，呼吁各国承认台湾民主国政府。6月7日，日军占领台北，唐景崧逃往大陆，刘永福率领黑旗军继续与日军抗战。6月10日，日军设立台湾总督府，把台湾并入日本的新版图，实行"皇地皇民化"的殖民政策。总督府配置治民部、财政部、外务部、军事部等民政机构，桦山资纪军令部长任代总督。6月17日，台湾总督府在原清国巡抚衙门正式开厅办公，向岛民发布新条律令：第一条，断发；第二条，禁鸦片；第三条，解缠足；第四条，夜不闭门；第五条，毁竹围；第六条，施行火葬；第七条，鸡猪课税（超过一只一头以上者课税）；……条令诸项严重伤及台湾人的利益和风俗习惯，加深了台湾人与日军抗争的决心，日军对拒不执行者施以严厉惩罚。7月中旬，以李春生为代表的地方士绅，向总督府提议设立"保良局"实行上传下达总督府政令的职能，尽快平息日军的滥杀行为，保护台湾良民。保良局将抗日分子和一般民众分离处之，不安定的民心很快镇静了下来。8月5日，保良局发布《保良局章程》，代表台湾岛内汉族系居民，要求总督府处罚滥杀无辜民众的造事者，制止日军士兵的暴行，同时镇压清廷残党及土匪的袭击抢夺，保护台湾民众的正常生活。保良局与总督府积极协调，使总督府民政得以顺利展开。保良局在安定台湾混乱局面和保护台湾民众中发挥了重要作用，受到台湾人的拥护和占领军的好评价。此后，保良局在台湾各地增设分部三十余所，其职能和影响力直至日军完全平定台湾实行文官政府为止。

2.12.10　日本最底层阶级的代表是支撑日本纺织、火柴等轻工业的女工大军。她们每日劳动时间长达十数小时，在低廉工资、恶劣劳动条件和生活环境中奉献自己的青春。图为纺织厂作业的女工。

战争与日本民众

日清战争在日本民众各阶层中表现出不同的态度。战争狂热首先在知识界蔓延，福泽谕吉在《时事新报》著文称："日清战争是文明和野蛮的战争，不单纯是人与人、国与国之战，而是新旧两种文明的冲突，为了人类文明的进步，无需讨论任何纠缠不清的战争理由。"宗教界的基督教团体宣称："这次战争是大日本帝国前进的天职使然，是日本向世界披露自身民族优秀的良机。"大批失宠的江户末期武士阶级，趁战争之机露出好战的面目，在各地组织义勇兵、拔刀队，疯狂鼓吹战争。《东京日日新闻》（1894.6.26）社评："维新变迁，阶级打破，士族阶级成为社会多余的阶层，面对战争的契机武士们不甘心长久以来之寂寞，积极为战争摇旗呐喊，在民间煽动战争。"海外的日本侨民自发组织了爱国联合会，争相传阅战争公报，为战争募捐，学生自发组织起来军训，立志随时准备回国参战。日本人的爱国激情和国家责任感，受到西方民众和媒体的注目。

战争中，日本最底层的民众并不关心也不清楚政府必须开战的理由，民众最关心的仍旧是自己的生计。战争的前夜，日本国内处于经济萧条的恐慌之中，民众疾苦的生活正在动摇新兴国家的根基。报刊文章中经常使用"最黑暗的东京"、"贫天、地饥、寒窟"的词汇描述劳动阶级的生活实态，指责明治维新新型资本主义国度，正处在深刻的阶级矛盾之中。国家支持的商品海外出口战略，酷刻压低劳动者赁金，取得低成本产品，而廉价商品的出口，又不断冲击邻国市场，政府实行的政策加速了国内外经济和政治矛盾。1890年，自然灾害导致米价暴涨，引发"北陆米粮暴动"事件。政府坚持低赁金水准，采取从朝鲜进口廉价米粮的措施满足国内需求，鼓励过剩人口向朝鲜移民的政策。面对不稳定的国家政治经济局面，政府需要一

2.12.11 贫困家境的女儿被送到青楼为娼。各地妇女相继出走南洋、欧美、俄国、清国等地，那里到处可以看到日本人繁盛的娼街。图为明治时期横滨港娼街的妓楼。

场战争转嫁日益严重的国内危机，摆脱各在野党对执政党的攻击。

透过战前民生统计资料，可以窥知支持日本经济的织物、生丝、棉纺、陶瓷、洋火等产业状况，以及日本底层平民的生活状况。爱知县是与东京、大阪齐肩的工业基地，集聚了国内数万名劳动者。纺织工业劳动者待遇在所有行业中最具代表性，业界女子就业者占劳动者的 60% 以上，劳动条件和劳动强度极端苛刻。织物工厂员工每日劳动时间 12—16 小时；制丝工厂 11—17 小时。97% 以上的员工在工厂住宿，每日工厂开工时间从早晨四时开始，工人除了劳动就是睡眠，长时间劳动所得赁金却非常低廉。按照技男、技女、工男、工女的技术能力，制丝工厂日赁金平均 5—25 钱；织物工厂 5—15 钱；住宿费日额 5—7 钱；按此收入支出，见习工几乎呈无收入状态。大多数工厂员工契约规定，工作未满一年者不给赁金，甚至有 5 年无赁金的恶质企业，纺织业的残酷剥削现象在当时的日本仅仅是冰山一角。

日本国内充斥大量从事皮肉生意的女性，娼妓遍布各地。过剩的娼妓涌向南洋、欧美、清国等地，在那里到处可以看到日本人繁盛的娼街。1893 年 6 月，加拿大温哥华港的木制货箱中，发现数名躲藏的日本人卖春妇，企图偷渡登岸被发现抓获遣送。1894 年 5 月，横滨港发往华盛顿的英国商船，在搬运大木箱时不慎翻倒，藏在其内受伤呻吟的女人被发现，箱内开有通气的孔洞、面包和饮水等生活用品。登陆新加坡的在留日本人 450 名，其中从事正业的只有 20 人，剩余的 400 余人都是从事皮肉生意的男女。大量的娼妓被揭发遣送归国。分布在南洋各国的繁华街，到处可以看到日本娼妓的身影。西伯利亚东部地区的日本娼妓 471 人，几乎都是九州一带的女性，政府不得不下令阻止妇女渡航海外，并对她们实施保护。

日清战争的胜利，激发了日本花柳界的大繁荣。各地游廓娼街、贷座敷、酌妇、私娼迅速增加。游廓大店游兴金 80 钱、中店 30—35 钱、小店 12—25 钱、私娼 10 钱。福冈县的门司港，经常可以看到私娼五六十人，集体乘坐屋形船进入停泊在湾内的外国船买春。1896 年 4 月至翌年 1 月，赴台湾的日本军民总数 27,790 人，其中 3,860 名女性中的 70% 从事卖春职业。战前东京市不满 2,000 人的艺妓，战后增加到 2,600 人，1899 年上升到 3,120 人。娼妓业的繁荣，也导致私生儿数量的激增，引发了又一新的社会难题。

1894 年，明治政府推行义务教育已经 8 年，可是国内日益严重的贫富差别，使贫困阶级的劳动者为了生计无法接受正常的文化教育。爱知县内的纺织劳动者中，小学毕业程度的男工占 21.3%、女工占 3.2%；文盲男工占 20.7%、女工占 70.9%。浅井、本多、山源洋火生产厂 470 名工人中，未接受义务教育不满 10 岁的童工 87 人，83.1% 的男工不满 15 岁，42.3% 的女工不满 13 岁，平均每日赁金 1 钱 5 厘至 3 钱，熟练工 5 钱。日赁金尚不及日军兵卒的日伙食标准。战争时期，兵卒日伙食费 5 钱至 6 钱，合计月伙食费 3 圆 50 钱至 4 圆。社会下层劳动者和市井平民的生活状况，成为日本国内难以解决的社会问题。

明治政府需要发动一场战争来化解深刻的社会矛盾，缓和国家所面临的政治、经济、民生的危机。1894 年政府诱导了战争，日、朝、清间的战争爆发，政府倾国有财力全力支援战争。当时国库可以用于战争军费的全部资金有 2,340 万圆，战争期间政府又发售四次军事公债，筹得 1.25 亿圆军费。从银行和其他途径借款，确保战费 2.25 亿圆。政府募集公债过程中用爱国心作掩饰，煽动诱惑国民的战争热情来认购和投资公债。政府第一回 3,000 万圆的公债目标额，募集到 7,690 万圆，超过了预定额度的一倍以上。巨大公债募集引发了市场物价的动荡，金融市场走入低迷，直击民众的日常生计。新闻报道："东京府下大小工厂熟练技工严重不足，

2.12.12 日清开战，日本百姓集聚在火车站，怀着复杂的情感，欢送出征海外的士兵。日本下层民众对战争没有兴趣，在政府爱国主义鼓噪下，他们送儿上前线，将贫困生活所用的物品捐献给前线的士兵。

赁金高腾，尤其制铁和机器制造等军需工厂，技工流动现象严重。许多民生用品的中小企业濒临倒闭。商业界呈现不景气状况，中流以上阶层十有八九开始节制日常购物，造成产品滞销，劳动市场雇用过剩。民众赖以生计的米粮、砂糖、石油、酒、酱油、醋、大酱、药品等物价高腾，民众陷入不安的恐慌之中。日本政府宣布对清开战的第二日，大阪200余名贫民前往米谷交易所抗议米价暴涨，险些酿成暴动。8月下旬，佐渡相川贫民聚众抗议米价高腾，被警察制压。

日本下层民众最初对战争毫无兴趣，甚或不清楚朝鲜国是在东面还是西方。但是纯朴民众在政府爱国主义的鼓噪下，即便生活贫困也还是从口中省出十个八个梅干钱捐献给前线的士兵。当血气方刚的青年士兵战死沙场时，民众指责政府把宝贵的金钱视为埃芥；当隆重欢送出征的士兵因伤病返回家乡时，激昂的村民指责他们是不该回来的胆小鬼；当日军连战连胜的报道掀起狂热时，民众关心的是战争胜利后可以获得多少敌国的土地和赔偿金。这种情形代表了日清战争中日本下层民众的一般心态。

出征日军的主要集结地是广岛一带，经附近港口乘运输船前往朝鲜和清国。日军大规模集结，给广岛民生带来沉重压力，收容兵员的军事设施不足，只能征用当地民家或公共设施充作兵舍。战时统计，借用民家4,308户、寺院112户，叠3,635块，平均每户收容兵员8.8人。民家借用费参考旅店一宿两餐的标准，下士30钱、兵卒24钱。由于外来人口激增和民众收入的突然增加、造成市场物资短缺、人工不足、物价高腾，广岛经济陷入一片混乱。狭窄的市街人头涌动、肮脏不堪，百姓对出征兵态度冷淡。出征士兵的集聚，繁荣了当地妓业，引发性病蔓延。恶德商人甚至在输往前方的军用罐头木箱内混杂石块，趁机牟取暴利。国民省吃俭用为前线士兵捐献的慰问品，到达军人手中时只剩下一两成，大多数物品或被守备队、

2.12.13 日清战争胜利，日本市民热烈欢迎出征海外的兵士凯旋，四处飘扬"皇军奉送"、"天皇万岁"、"军人万岁"的旗幡。狂热喧哗的车站，昼夜迎送一批批归还部队，夜晚施放祝贺的焰火。

非战斗人员、军夫中饱私囊，或被贪污横流。靠发战争财暴富的政客奸商受到国内舆论的谴责，市民中开始出现厌战嫌军的情绪。

日清战争胜利，日本民众向政府施加压力，希望从大清国得到更多的利益。《马关条约》的签署，日本政府给国民提交了满意的答卷，使国内矛盾得到缓和。两亿五千万两白银的战争赔款和利息，超过了日本国四年的财政收入。巨大赔偿金的使途，暴露出日本与西方列强在军事上争高低的野心。赔偿金中，临时军费7,895万日圆；陆军扩张费5,680万日圆；海军扩张费13,925万日圆；八幡制铁所创立费58万日圆；30年度临时军事费及一般会计贷记321万日圆；军舰和水雷艇补充基金3,000万日圆；31年度一般会计贷记1,200万日圆；帝室御费编入2,000万日圆；教育基金1,000万日圆；灾害准备基金1,000万日圆；明治36年3月末余额370万日圆。战争赔款的部分用于国民的学校教育，使适龄儿童可以免费入学。部分赔款储存到伦敦银行，使日本作为拥有国际硬通货的国家，挤入金本位的欧美列强的行列。台湾成为新的国有移民地，大清国的开放港和无税自由通商，加速了日本经济的快速增长。国民生活水平日益提高，明治维新国家出现了前所未有的繁荣。

战争与朝鲜民众

朝鲜利益的争夺引发了清国和日本两国武力交恶，朝鲜成为日军进攻清国的跳板。日军进入朝鲜之初，政府和广大民众对非请自来的日军表现出明显的厌恶情绪。日军很难在当地雇用到民夫，征集粮食也遭到民众的抵触，部队军需给养开始出现困难。

《日清战争从军秘录》记录了当时日军初入朝鲜的见闻。朝鲜与日本同属东洋人种，拥有相同的黄色面孔，却与大和民族没有相同的风俗。街市上往来的朝鲜人穿着白色服装，宽大的衣袖、裤子、鞋子皆为白色，仅仅在头顶冠上一顶黑色的帽子，远远望去人群就像一幕白色的帷幔。朝鲜人性情温和但懒惰，没有进取心，不论贵贱都迈着平稳的步履，嘴上含着三尺长烟管往来于市。妇人短衣长裙，未婚者不能外出，即婚者外出时则须遮住颜面，如若

2.12.14 英国报纸刊载的日本绘画《陆军将校妻儿别》，影射战争残酷的亲人离别情结。图中将校、妻子、儿子的各自表情，描绘得栩栩如生，意寓深刻。

被外人窥视就会看作一大耻辱，因此妇人们大多深居简出，在陋室居住，度过一生。令人惊讶的是亲眼目睹到传闻中朝鲜人不洁的风俗，道路四周随处可见出恭的粪便，臭气袭鼻令人作呕，斜目窥睨唯恐踩上肮脏之物。支队从元山登陆后，余奉上官命令带领八名兵卒前往当地电信局发报，与京城司令部联络，可是电信职员已经闻风逃走，电信机器也已经封存。盛夏炎热中，队伍艰难行进在荒野的道路上，昼间气温高达四十余度，夜间温度又降至二十度。强烈日照下很多兵卒和军夫患上"日射病"，牛马不堪重负相继倒下。余和中尉、卫士、翻译、军夫各一人，赶往元山至京城之间的金城县，执行征粮任务。其实朝鲜人怠惰性非天生所有，懒散气质形成的原因是国家恶政所致。这个国家的上等物品被大清国不平等交易榨取，山多地少，贫瘠土地上的民众非常穷困。据说贪官污吏知道某家有财物可以搜刮时，就会捏造罪名将该家长投入牢狱，然后要求其亲属用金物赎人。朝鲜官吏盘剥百姓的技巧名目繁多，百姓的生存环境雪上加霜。明目张胆剥削下的民众，变得不思进取，宁可逆来顺受一日劳作一日闲，也不愿成为被官家盘剥的"富人"，此等光景在金城县与官家的接触中留下了深刻的印象。

8月14日下午4时，余一行来到金城县厅。县衙门的建筑似一座神社庙殿，屋檐下有圆形的立柱，建筑正面为一条八间屋幅宽通往市街的道路，中间建有一座楼门，天顶涂布红漆，门楼上面吊下一口大鼓，击打此鼓就意味着出现紧急事态，兵丁就会立即前来衙内集合受命。官厅正面回廊两侧大门，一扇绘有下山虎，一扇画有盘云龙。室内大厅约有60平方米，地面全部用木板铺装。懒散模样的值日官见到我等一行，拿来长条板凳让坐，自己先去通报本县知事。不久，西北方向忽然响

2.12.15　日清战争中，由十五万民众阶层组成的军夫队伍有力支持了战争。军夫随军转战各战场，发挥了重要作用。图为外国记者所绘，平壤战役军夫担架队正在抢救和转运伤员的场面。

起音乐，奇妙的笛音夹杂大鼓声，声调一高一低犹如鬼魂之泣。余问何来此等古怪音乐，翻译官说是本县知事知悉我等到来，摆驾威震壮势。二十余名官吏顺次进入厅舍，在道路两侧地上跪下躬身垂头，接着八名身着赤色唐木绵上衣的兵丁，扛着生锈的火绳枪列队于两侧，再后是身着与兵丁同样服装的乐队，四名铜锣手、两名大鼓手和喇叭长笛手在用力地吹奏。知事侍从鱼贯而入搬来虎豹毛皮的坐垫、烟管、手箱、官印、痰器、八折小屏风摆在大厅，异样的忙碌不亦乐乎。终于，本县知事开始登场，两侧官吏面向知事数回磕头作揖，然后知事登上台阶，坐入中央虎豹皮的座位上，拿起烟管点火吸烟，似乎没有注意到我等的存在。余一行向知事致礼，知事只是斜视，稍稍点头显得傲慢无礼。翻译官说："此次我日本军为了安定贵国的秩序，建立独立国家，万里迢迢来到贵国。一路艰辛，人马劳顿，今带来银两欲征购一些米谷。"知事嚷嚷开口道："本县近两三年连续灾害歉收，百姓饥寒交迫，没有多余的米粮。本官实无力相助，对此深表遗憾。"余听如此薄情之语，顿时火冒三丈、横眉怒视，情不自禁把手放在剑柄上。中尉向余小声说不得胡来，必须忍耐才行。翻译官继续好言请求，知县最后表示最多仅能相助两三俵粮食（每俵合四斗），并同意我等今夜在官衙过夜。言毕，知事一行起身告辞，诸官员亦起立匆匆离去。我等一行被晾在大厅内，目目相视，极为不爽，深感朝鲜人不友好的冷淡。

赴朝作战的清将聂士成在他的《东游纪程》一书中，也记录了清日战争前朝鲜社会的百态。清光绪二十年（1894）二月，聂士成率领武备学堂学生经盛京省珲春城越图们江，抵达朝鲜的庆兴府，勘察测绘朝鲜东北海岸地形。亲眼看到朝鲜民众的贫困生活和社会闭塞落后的情形，"所到之处城镇荒陋至极，一目便知民之困苦。庆兴府虽乃重镇，然府城墙不过八尺乱石堆砌而成，城内无规划格式的街道，民居仅是草房茅屋，门前污秽不堪。""朝鲜民情太惰，种地只求敷食，不思蓄积，遇事尤泥古法，不敢变通，读书几成废物，平居好游，文理欠通，笔谈数十句，多半费解，谈时务辄加菲薄，可憎可怜。"

聂士成一行在明德站曾遇到十多个孩童列队向他行礼还呈信一封，原来这是些学童，他们没有学校和书本，仅能读《千字文》。学童恳求来自"天朝"的将军施舍些银两"俾为学之资"，当下聂士成和同行的学生纷纷解囊赠送一些银两给学童。朝鲜是坚持官妓制度的国度，明朝时便有前往朝鲜的特使批评这种制度，但朝鲜依然坚持旧制。聂士成在咸镜城受到当地官员以歌妓款待，力辞之下，朝鲜官员解释此乃朝鲜古制不足为怪，平壤城内艳丽官妓更是随处可见。

朝鲜边防废弛，地方政治腐败，富宁府府尹向来访的聂士成抱怨，自任职四年以来，财政亏空达四千余贯，虽提出辞表却不得朝廷批准，请求大国将军见到国王时求情准予。在会宁府和府尹谈话中知道，该重镇的兵力守备原本马兵和炮兵各 120 名编制，竟然只是纸上谈兵。重镇镜城府 500 士兵编制由清军训练而成，300 驻守府城，其余 200 分派附近十邑村镇，以区区 500 士兵防守偌大的地方实乃天方夜谭。朝鲜防军装备十分落后，那些接受清军新式训练的士兵，所配长枪也是早年清国赠送朝鲜的军械制造厂制造，枪膛内甚至没有来复线，如同鸟枪。八百年来，以儒教立国的朝鲜和清国一样，愚昧的沉睡已经把自己变成列强的囊中之物，朝鲜宫廷在不思进取的颓废中把自己的国家推向崩溃的边缘。

出征兵家属

日本国家战争机器，运用义务征兵制度向战场输送大批廉价的战争资源——士兵，但国家对士兵家属的扶助没有制定相关的扶助政策，贫困家属的生计成为影响海外出征兵情绪的不安定因素。日清开战后，内务省提出请求，由地方县、市、町、村自力向贫困士兵家属提供善意的扶助。扶助采用邻保制，（1）志愿者向贫困者捐赠义援金；（2）地方行政官衙活用现有财政制度扶助贫困者；（3）地方行政官衙扶助贫困者制度化。通过对广岛县 4,116 户从军者的家属调查显示，接受市、町、村或志愿者扶助的贫困者 737 户，占总数的 17.9%；接受亲友扶助的 558 户，占总数的 13.6%，军人家属的扶助状况根据地域的不同存在较大差异。广岛各地民间结成"军人优待会"，通过对清作战胜利的事实，借以提高军人在社会上的地位，认知天皇制度下军队存在的必要性。在政府行政指导下，民间扩大对出征兵的慰问，鼓励接受扶助的贫困者向从军者详细介绍受到扶助的状况，勉励他们无后顾之忧，踊跃杀敌。战争期间，民间通过战地邮政，为前方士兵邮寄信件达 1,204 万封。《爱

2.12.16 牛庄巷战是清日战争两国士兵近距离肉搏战的经典，双方兵产生较大伤亡。3 月 4 日，日军为吊唁阵亡士兵，在牛庄城外建造一座日式临时墓地，墓地周围设置栏栅和神社用鸟居。

知县幡豆郡留守家族扶助状况》调查资料显示，
当地社会团体对贫困出征兵士的家属，通过各
种支援手段给予扶助。金钱援助方式以乡里的
捐助为主；地方行政官员以慰问形式直接过问
困难户或减免税金；耕种农忙季节，乡里间为
困难户提供劳力形式的支援。国家指导和地方
政府展开的扶贫行政，巩固了战时后方民生基
础，深化了民众与战争的关系，中央和地方的
关系进一步得到加强。

　　对战争遗族的支援，各县、市、町、村的
实施状况均有不同。按照本地的经济情况给予
抚恤救济。《爱知县内各郡市战死者遗族及负
伤者抚恤方法》记录了战争前后，该地区对战
死者遗族及负伤者的抚恤方法。抚恤组织形式
以民间团体为主，通过分配民间捐助的"义捐
金"，对战争遗族和负伤者施行抚恤救助。日
清战争时期，国家财力尚无能力扶助出征兵留

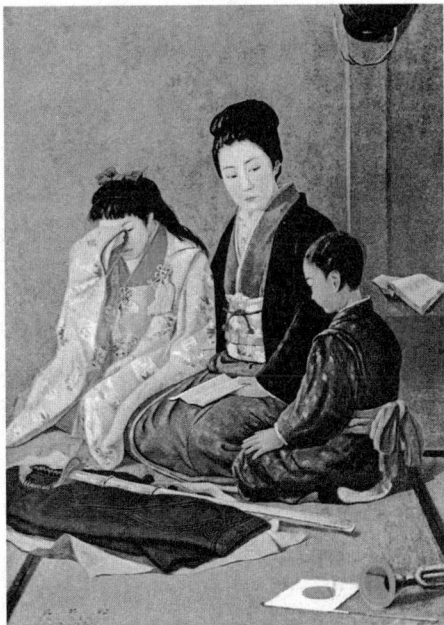

2.12.17　明治二十八年（1895），皇室献画中
的名画《军人的遗物》。绘画入木三分地描绘出，
战争中阵亡将校的妻子和孩子们的悲痛心境。

守家属，也不能抚恤战争遗族和负伤者时，民间自发的凝聚力表现了岛国的民族
个性。维新国家的民众意识形态逐渐从"人民"的概念走向"国民"的理念，奠
定了五十年国家战争"军国国民"的基础。

战争与宗教

　　自汉唐文化传入日本以来，佛教成为日本人信奉的主要宗教。宗教在日清战
争中发挥了重要作用，因为日军中士兵的大多数信奉佛教。日清战争中，大本营
批准日本宗教界佛门各派亲往战地布教的请求。军方期待从军布教僧通过对战场
士兵的精神感化，提高士兵勇敢战斗的意志。战争期间，大本营批准"从军僧"
宗教人员为，神官 6 名（神教）、僧侣 55 名（佛教），佛教门派的从军僧有净土
真宗 26 人、净土宗 8 人、真言宗 7 人、禅宗 6 人、日莲宗 5 人、天台宗 3 人，人
数占宗教人员的 90%。从军僧主要传布"真俗二谛"说，在精神上激励士兵放弃
对死亡的恐惧。"真俗"是阿弥陀如来救世的说教，主张人死后身体虽然埋入地下，
灵魂却会到达佛祖极乐世界，得到超度。"俗谛"是为天皇、国家尽忠带有政治
信仰倾向的说教，教导我等生活在世俗凡界之军人若修得俗谛，就会有不惜生命、

奉公尽忠的力量。

从军僧侣的活动涉及广泛，（1）战地巡回布教慰问官兵、宣讲教义、授予名号、惠赠佛书；（2）访问战地医院，对伤病员施以佛道精神安慰，特殊场合下直接参与护理伤病者；（3）宣讲安心立命的佛教精神、严律军人风纪、维护个人卫生、向佛教徒开设教筵；（4）奔走各地说教化缘，协助募集战争公债，参与恤兵献金活动；（5）抚恤敌军俘虏，巡回各地俘虏营宣讲佛教，主张平和的佛家道义；（6）为战死者亡灵追吊供养、火葬遗骸、土葬奠事（包括为清兵阵亡者做奠事）、护送战死者遗骨及遗物返乡；（7）慰问战后归国军人、军属、伤病者、与遗族共缅哀思。

战场上的从军僧尽职尽责，从事繁重的宣教行善活动。《从军布教要点》记载，从军僧侣随同第一军巡回朝鲜、鸭绿江、盖平、海城、缸瓦寨、营口、牛庄战地，随同第二军巡回金州、旅顺、威海卫战场，面向基层营旅开展布教、恤兵献金、慰劳吊祭等活动，为稳定战场士兵的心态建立功劳。僧侣的教诲虽然不是冲锋号令，却能激昂士兵奋进决斗的勇气，犹如蒙受佛陀慈悲的眷爱，踊跃奔向来世往生的弹雨之中。宗教在战争中的活动，确立了教团在军事援助中的地位，从军僧侣"军队布教使"得到陆海军将士的广泛尊敬和爱戴。

真宗大谷派从军僧在战争中的宣教独具特色，布教活动早在战争开始之前就率先进军海外。大谷派主张"死乃救也"，为国而死是通向极乐世界之门的说教，大谷派的"死救"论影响深刻，甚至成为战后军队对军人教养的必修课。大谷派曰："佛家有'惭愧'二字，惭对己、愧对人，惭愧乃罪之耻也。世间之翻弄乃为恨而恨，恨乃罪恶之源。"大谷派僧在从军为士卒超脱死亡苦难的同时，也主张兵戈无用论，否定军队存在的意义。

日清战争的时代，日本国家战争救护支援政策体系尚不存在，战伤、战死的

2.12.18 绘画《军人遗族魂祭图》，描绘战争中失去亲人的家族，沉溺在悲痛之中。尚未懂事的孩子拿着清兵模型，嘴里喊着冲杀游戏。

2.12.19 靖国神社创建于明治二年（1869），旧称东京招魂社，主祭为国事殉死的日本军人和军属。合祀对象的资格审定有严格规定和顺序。合祀不以本人和遗族意愿与否，完全由神社方判断决定。日清战争新合祀者13,619柱。图为日清战争时期的靖国神社。

抚恤安置只能依赖地方县、市、町、村提供人道扶助。日本各界宗教团体也独自在国内外，积极展开人道的恤兵献金扶助行动。佛教界反对战争，主张天下和顺、兵戈无用，念愿祈求和平。佛道五戒之第一戒即不杀生戒，因此从军僧在军事支援中，按规定需回避军事行为，僧侣不但抚恤自家军人，对朝鲜、清国的民众也施以救济。金州陷落后，真言宗从军僧五人，前往金州民政厅请求设立"悲田院"，拯济占领地的鳏寡百姓，施与当地土人药品数千包治病救人，聊以菩萨大慈大悲之仁。天台宗浅草寺住持对拘留在本寺别院的清军俘虏施教，引用唐代僧侣传来的"诸恶莫做，众善奉行"之语，批评战争的无情杀戮，向清兵俘虏分发观世音菩萨的御影数百枚。比叡山慧日院住职巡回抚恤大津、大阪的俘虏营，其中东本愿寺的小栗栖香顶僧通晓清国言语，引领3名清军将校和179名士兵参观佛寺书院，与他们一起恳谈，宣讲"怨亲平等"、"清国乃佛教母国"、"两国民乃同胞"的观点，希望清兵日后回归自己国家开拓传布佛道的功德，小栗栖的诚意交流博得清国官兵的尊敬。

1895 年 2 月 24 日，大本营在广岛比治山陆军墓地举行战殁者供养招魂祭，天台宗、日莲宗、真言宗、曹洞宗、日莲宗妙满寺派、通融念佛等宗管法师，联合为陆军战死者举行追悼大法会。会场入口两面交叉国旗，三方幔幕十面幢幡的中央立塔一座，树立之塔婆上书"为外征陆军战死病殁群灵追善供养塔"，灵前摆放供奉果物。上午 11 时 50 分开幕，各宗管法师朗读追悼文，军乐队奏乐，法师烧香诵念佛经，遗族、政府官员、文武官及夫人、学校学生参列烧香进典，下午 3 时追悼会结束。翌日，吴海军基地举行海军战死病殁者追悼大法会，各县、市、町、村均在僧侣的主持下陆续举办征清日军殉难者祭奠会。在赞美、追悼战争阵亡士兵的同时，各地民间团体先后建立了纪念日清战争的石碑，其中在陆军墓地也有数座清国阵亡军人的墓碑。

2.13.01　明治二十二年（1889），日本近代君主立宪制的首部宪法——《大日本帝国宪法》公布。该部宪法也称"明治宪法"、"帝国宪法"，现在亦称"旧宪法"。"明治宪法"是亚洲首部真正实行过的近代宪法。在1947年制定《日本国宪法》（和平宪法）前的大半个世纪里，这部宪法没有经过任何修改或变更。"明治宪法"是在伊藤博文等人主导下编成的，确立了天皇的权力和地位。天皇拥有皇位继承权、统治大权、官制大权及任免大权、统帅大权、编成大权、外交大权、戒严大权等权力。在军事和外交上，天皇是日本陆海军统帅，决定陆海军编制及常备兵数量，天皇有宣布战争与缔结和平等诸条约的权力。图为《大日本帝国宪法》公布大典的盛况。

　　一个凡人的个体，当因任何理由和原因成为军人，参与了正义或非正义的战争，他于公的行为代表了国家战争机器赋予的使命，国家是战争罪恶的代表。而他个人的战斗行为，表现了他本身固有的善恶本性和道德准则。军人的肉体消灭化作阴魂，又回到一个普通民众的立场，成为普通人的化身。清日战争无论是正义还是非正义战争，无论清兵或日兵的战场行为如何超出伦理道德的规范而受到谴责，作为已经化为魂灵的普通人，仍然应该接受国家的祭奠和家族的缅怀。

2.13 军国与天皇

日本军国之路

　　1882年7月23日，朝鲜发生"壬午事变"，清日两国在朝鲜支配权上的纠纷明朗化。1883年爆发的清法战争清国败战，法国人废除了清国和越南间的宗属国关系，给日本伺机废除清国和朝鲜的宗属国关系带来启发。在对清国的政策上，军阀山县有朋认为，欧洲列强与日本相距遥远，凭日益壮大的日本军力，欧洲尚不构成威胁，日本中长期假定的敌国应该是近邻清国。山县强调，日本不充实军备，国家独立就不能维持，更没有富强可言。伊藤博文认为，在军备充实工作完成之前，应尽量避免对清国推行强硬政策，外交上对清国妥协，军事上脚踏实地地加速扩张，当前的主要目标是将朝鲜从清国的宗属关系中分离出来。

1889 年 12 月，当选第三代帝国议会内阁总理大臣的山县有朋，在议会发表了"国家独立自卫之路"的施政演说。提出日本须奉行两条基本对外政策，（1）主权线守护策；（2）利益线保护策。主权线的外侧即利益线，利益线范畴就是邻邦的朝鲜。保护在朝鲜的利益是维持日本帝国与诸欧洲列强对话不可欠缺的条件。日军担负守护主权线和保护利益线的重大责任，加大陆海军的军费额度，对日本的命运而言是不得已而为之的事情。目前，俄国正在兴建西伯利亚铁路，意图驱逐欧洲人在东亚的势力。铁路一旦成为俄国人手中的利器，就会吞并邻国朝鲜，威胁日本，铁路每延长一寸，就意味着日本的寿命短缩一寸。

1892 年 8 月，俄国开始在远东的海参崴建设军港，11 月俄国太平洋舰队访问日本炫耀武力，给新成立的伊藤内阁极大刺激。面对俄国海军和清国海军的日益强大，伊藤赞同了海军的扩张计划，追加建造 10 万吨规模的军舰，决意迅速建立与强国相匹敌的海军舰队。军备论的渲染，燃起内阁议员对局势的危机感，议会支持伊藤军备计划，顺利通过了年度预算。

1894 年日清战争开战前，日军对陆军编制进行了改革，旅团作为独立的战役战术单位被列为常备编制。日军设立常备军和后备军，战时可动员兵力增至常备军的 3 倍。海军设定击败清国北洋舰队主力舰"定远"、"镇远"的目标，国家发行海军公债 1,000 万日圆，增加建造"松岛"、"桥立"、"严岛" 3 艘松岛级国产战舰，装备口径 32 厘米、炮身长 12 米大炮。为适应南下作战的需要，日本在绝影岛建设舰用煤炭基地，开设吴港、佐世保港海军基地，

2.13.02　明治天皇（睦仁，1852—1912，1867—1912 在位）是近代日本君主立宪制下的第一代天皇，国家维新的明君。在发动日清战争的立场上，明治天皇的个人态度较为消极。

2.13.03　一条美子皇后（1849—1914）是聪慧贤淑的女子，明治天皇的贤内助。日本近代史上赞誉她有仁慈、博爱、谦让、贞节的妇人品德。

2.13.04 明治维新国家主张全民教育，政府在全日本推行初等教育，提高国民的识字率和计算能力。日清战争时期的明治军队，已经形成了一支拥有基础文化的武装力量。图为明治小学生必须人人掌握的珠算教育。

加强对马海峡要塞海防工事的建设。

日本在俄国和清国两大强敌的影子下，脚踏实地地进行了 10 年扩军备战，陆军整编七个师团，兵员 12 万人，全国可动员总兵员 24 万人。海军炮舰数 28 艘，水雷艇 24 艘，总吨位 6 万吨。明治天皇采纳福泽谕吉倡导的"脱亚入欧"的维新政治理念，一支强大的由近代武器装备的国家军队在东亚形成。帝国宪法支持下的军事野心，在宪法发布一周年纪念日上公然露骨宣布。国家颁布了授予"武功卓越者"金鵄勋章的制度，专门授予战争中战功卓著的军人。金鵄勋章的制定，标志日本完成了向军国演变的前期准备，正式开始对外实施军事扩张行动。日本鼓噪军国主义的举动，引起俄国的高度关注，俄国驻日公使警告日本外相："日本想以俄国作为假想敌，是极端不明智和危险的行为。"

武士道军人

1873 年，日本国颁布"征兵令"，国家从法律上确立了"国民皆兵主义"的政策。新政府试图将旧式的"藩阀军"并入"国家军队"，受到各藩阀势力的抵抗。1877 年日本爆发西南战争，内战中的国军打败了藩阀军。随后，日本政府统合国军、藩阀军、江户时期遗留的武士，全力打造日本国真正的国家军队。

日本 264 年太平盛世的江户时代，在军事缓和的社会背景下，武士作为特殊阶级受到全社会的尊重。这种从 10—19 世纪延续下来的武士阶级，是以战斗为天职的宗族成员。在漫长的历史变革中，武士主导了中世社会的发展，完成和构筑了近世社会的体制。长期以来，抽象的理想主义精神伦理，在全民意识形态中定格，即"武乃本分，其勇乃武士的价值，武士的价值乃对君主的忠义"，这种支配武士价值观的理想境界"士道"在江户时期发扬光大。

江户的消亡和明治时代的诞生，近代军队建设最大的议题就是用什么精神来支配军人的头脑。为政者利用了旧江户武士的伦理说教，将其理想化成"武士道"，作为军人的精神支柱。改头换面的"武士道"伦理与东方大陆的尚武精神有较大区别，它融入儒家的克己奉公的做人道德准则，宣扬"忠节"、"礼义"、"武勇"、"信义"、"质素"的五德宗旨。过度主张"忠义重于山岳，死轻于鸿毛"的"忠义论"，强调要做侠肝义胆、以死报效君主、誓死不降的侠士。日清战争后的"武士道"伦理，进一步演变成"武士道代表国家主义，是与国民道德等同的民族道德"。完全蜕变成一种过激的民族道德准则，助长了日本军国主义的形成。

明治维新的确立，奠定了明治军队改造的基础。根据君主立宪制的原则，首先明确了天皇是日本陆海军最高统帅的地位，把军队统合到天皇君主的旗下。其二，在征兵制度框架下，重编军队的组织机构。其三，对军人实施国家意识的精神教育。一个新兴制度下的国家军队，运用"武士道精神"的利器，全面展开了对军人的洗脑。

明治初年，新兵教育导入"为国尽忠"的思想，强调个人必须服从国家大义，为国而死是士兵的职责和荣光。这个时期，全军没有统一的教材，在基层连队广泛出现了自发型的军人养成读物"兵士手册"。这类读物通俗易懂，详细解说了国家、军队、个体三者间的关系，诱导士兵理解国家军队的政治涵义，在思想上成为符合近代军队准则的兵士。直至日清战争前，连队内广泛流传诸如《兵卒教育录》、《兵

2.13.05　明治维新国家推行女子教育，全国男女平均识字率达73％，其中男子识字率约93％，女子约50％。图为女子学校上课的场面，学生用后背为依托，悬挂临摹用字帖练字。以此还可以修正女子正确的体姿。

卒必携》、《兵卒口授问答录》、《兵卒教授书》、《兵卒教科书》、《步兵须知》、《兵卒的乳母》等类"兵士手册"读物。读物开篇所讲便是，作为天皇的军人必须具备"忠节"、"礼义"、"武勇"、"信义"、"质素"五项德行。手册用通俗问答的解说方式教育士卒，例如《兵卒教科书》问："什么是爱国？"答："爱国是爱自己的国家，大日本帝国乃万世一统的君主所赐，开国以来反对外国侵略成为世上最生光辉的邦国。此备受爱戴、夸耀、名誉的邦国是我先祖生息守卫的土地，如今传给她的后世来保护。"问："军队为什么必要？"答："国家设立军队是为了防止外国的侵略，人民免受欺辱。拥有强大的军队，国家就可以安如泰山，对外扬威素著，对内高枕无忧。"《军人读本》解说军队的必要性，"军队有如家的壁、院的垣，若家无壁，何以保护财物，若院无垣，夜中岂能抵挡犬狼？男子履行皆兵义务，是我等保护君国的职责所在。"《入营之心得》教育国民兵役之理，"国民为了保护国家，纳付他们的血税，商人不能用金钱买断服役，富贵者不能以其富有鄙视贫者，贫贱者不能因其贫而卑贱，兵役乃为维护人权平等之所为。"强调为兵役者不能有身份和贫富差别，道义上的平等是日本"军队论"中的人性基准。《兵卒教科书》教导，"兵卒对人民不能有骄傲不逊的举动，骄横跋扈乃兵卒最易招惹民众厌恶和诽评的原因，一人的丑行殃及一队的声誉。故兵卒以温顺、恳信与民接触，才能受到民众的爱戴和尊敬。"《兵卒必携》问："枪为何物？"答："从大而论，枪乃护国之器；从小而语，枪是护身之物。"提示拥有武器与维护个人安全和保护国家安全的关系。《兵卒口授问答录》问："当

2.13.06 1882年1月4日，天皇向陆海军人下赐《军人敕谕》。宣扬"忠节"、"礼义"、"武勇"、"信义"、"质素"的五德宗旨，提出了以传统武士道精神与维新理念结合的新思想，为日本军国主义的发展奠定了坚实的思想基础。敕谕强调，天皇对军队拥有绝对统率权，明确天皇统帅陆海军的权威，确立军人的精神和军纪的根干，以及军队不干预政治的基本原则。

你结束了现役，复员回到故里，日夜守护在父母的病榻前时，接到国家召集预备役归队的通知，此时你该如何对应？"答："职守军人的忠节是天皇军人的本分，即便是两亲有病在身，但是为了国君和祖国，应该立即响应召集。"主张士兵即使完成了现役期，当面对国家大事时，即使舍别亲人也不能不响应国家的召唤。《兵卒口授问答录》问："从窗户泼水或它物可否？"答："禁止从窗口投弃流动物及其他物品，禁止在窗户晾晒干物，禁止在窗台上切物或钉钉子。"问："大小便允许在何处施之？"答："厕所以外禁止其行为。"教育军人必须恪守军人特有的道德规范，彻底纠正平民式的不检点惯习。《军人自诫》强调，"日本军队兵士的军事技能并不亚于欧美，但是我国军人的'精神'尚不如欧美人卓越，兵士必须意识到这种精神落后的危机感。战而胜必先精神胜之，消除私利乃忠勇兵士的必备要素。"《兵营小话》忠告新兵，"军队是国民的学校，受到军队的教育只会提升自身的利益，陶冶对国家的情操。学习军队的阶级、命令、服从，就会懂得军队的体面和森严纪律对战斗的重要性，军队等同于国民道德的大学校。"

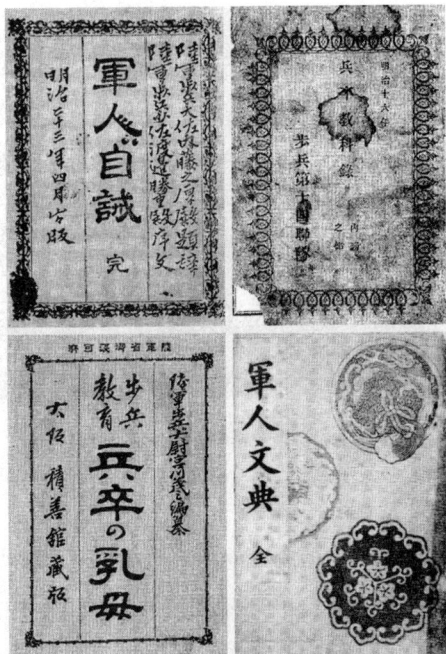

2.13.07　天皇的军人教育，是在严格洗脑过程中实现的。全军没有统一教材，各部队自发编印了军人养成通俗读物，详细解说国家、军队、个体三者间的关系，诱导士兵理解国家军队的政治涵义，在思想上成为符合近代军队准则的兵士。图为馆藏的陆军军人教材手册：《兵卒的乳母》、《兵卒教科录》、《军人自戒》、《军人文典》。

兵士手册中也有煽动战争意识的说教。《军人文鉴》论说："现在欧美诸国，对我国虎视眈眈垂涎三尺，企图辱我民族、蹂我疆土，迫我成他国之奴。""某国（指清国）傲慢自尊，侮辱和轻蔑邻国忌惮无礼，今回朝鲜之乱最为甚之，其罪不可赦也。""愿磨锋此日本利刃，朝砍某国（欧美国）、夕斩某国（清国），杀之杀之、斩之斩之，将五大洲凶残的种子一扫而光，拯救他们的亿万生灵于水火，乃天地一大快事。"如此言辞厉色，深刻反映出当时的日本人缺少自信心、恐惧外国人、民族劣等感的内在心理，故用攻击性言辞发泄内心的空虚，激发兵士的战争意志。"兵士手册"也记载其他各种类型的范文。如《军人文典》、《庶事百般祝文五千题》、《兵营实话剑光灯影》、《佛教演说达弁之述》等，记有军人给家人、友人写信时，如何用军人的口吻表现适合社会意识的范文，以及迎接新

2.13.08　1873 年日本国首次发布征兵令，兵役制度成为强大国家军队的支柱。但是兵役制度冲击了和平生活的民众。民众视兵役为瘟疫，采用多种合法和不合法手段逃避。图为讽刺征兵令的漫画。

兵的激励范文、欢送老兵的勉励范文、战争中表忠誓言的范文、凯旋祝词的范文、对阵亡将士的吊辞文、僧侣诵经的范文等。日清战争中，身处异国他乡的日本军中，每次作战后都会听到超度战死者亡灵的木鱼诵经之声。一名战地僧侣为一名死去的普通兵士诵经辞，曾经作为范文记入兵士手册。文中诵曰："惜哉！鸭绿江岸畔，我兵待机陷阵之刻，一阵幽风拂过，勇士莫名突染风寒，终成异域之不归客，忠魂毅魄回声无音，远去归休也，呜呼哀哉！"战场上为国捐躯，谓之"为公而死"，祭辞曰："人间盖之天下皆有一死，然因天命而死，非高贵豪杰之人，无令人敬仰之理。我军人之死非天命也，乃为国家大业之忠死，其死之名誉受四千万同胞敬仰，亦受外国人之仰慕。为国之名誉而死，死得其所，虽死犹荣。"战争之死是公的"献身"和己的"灭私"过程，也使个体最大程度上受到敬仰。军人对死的赞美形成武士道军人对死特有的价值观，因此当日清战争中发生大量士兵死亡时，日本社会做到了超乎想象的平静和忍耐。

　　日本军人的洗脑教育，从根本上改变了军队的素质，军人在武士道精神的驱使下视死如归，成为有强大战斗力的作战部队。清日战争结束后，两国根据条约交换战俘，清国仅向日本交付一名正规士兵俘虏，其余者宁死不屈，为帝国天皇尽忠。日本新武士道精神教育的军队，纪律森严、作战勇猛，令西方列强震撼。列强们开始重新评估日本对世界的威胁，呼吁警惕东方"黄祸"的崛起。

天皇的士兵

　　明治维新废除了士、农、工、商（四民）差别的封建制度，倡导在"四民平

2.13.09　日清战争爆发，明治天皇驾临广岛大本营，在这里生活工作 7 个多月。在大本营二层木结构小楼内，天皇御所仅 79 平方米，生活简朴、日夜辛劳，时时关心远征将士。战胜后，这里成为全体国民的敬仰之地。

等"原则下"全民皆兵"的建军方针，提出了男性国民不论贫富贵贱、地位高低，都有为国服兵役的义务。明治国家的兵役制度，彻底改造了旧藩阀的军队体制，成为强大国家军队的基础。

在近代战争史上，日本军队给各国留下了勇战的印象。日本皇军的产生是在明治维新框架下，新政府采用国家征兵法令，立法迫使民众服从的产物。1873 年，国家发布征兵令，强制性的兵役制度冲击了和平生活的民众。同年 5 月发生了由数万民众参与的，包括反对政府征兵政策者在内的农民暴动，7 月农民暴动被政府军镇压。

明治政府最初的征兵令附加了免征兵役的宽松条项，如身高不满五尺一寸者、残废者、官府奉职者、官公立学校学生、海外留学者、医科学生、一家户主、嗣子、承祖孙、独子独孙、户主 50 岁以上的养子（后改为 60 岁）、徒刑判罪者、代理生病父兄持家者、兄弟服兵役者、捐纳 270 圆替代料者（兵役免除缴纳金）等。免役条项为中等以上富裕家庭的适龄男子逃避兵役敞开了合法门路。此后政府在逐年扩军背景下，于 1879 年、1883 年、1889 年、1895 年、1904 年、1918 年、1927 年、1939 年、1941 年、1942 年，陆续修正了征兵令，民众被征集兵役的条件日益苛刻，宽松的优待条件几乎全部被废除。

近代史上的日本兵役征集采用了抽签制度，每年从兵役适龄的身体检查合格者中，抽签确定正式从军者，被选定者无论贫富贵贱必须服从本人投签的结果。日清战争前的 1893 年，日本征兵检查合格者约 12 万人，抽签当服兵役者占 17%，实际征召约两万人。日俄战争前的 1902 年，检查合格者的中签率 47%，征集现役兵 56,000 人。日俄战争胜利后的 1910 年，全国检查合格者约 158,000 人，征集现役兵 104,000 人，中签率 66%。国家逐年扩军，检查合格者中的现役兵中签率年年增加，给不愿意从军的民众带来巨大压力。

日本国民和世界上的其他国家民众一样，并非天生勇敢的民族，民众有着渴望生活，不愿战争的天性。日本的士兵也非天生就是勇敢的战士，同样有着懦弱的性格。这些最初踏入军队大门的普通民众，曾经有过各种各样五花八门的逃避兵役的怯懦故事。恐惧战争死亡的心理和不愿家庭失去劳力而中道败落的顾虑，驱使他们用多种合法和不合法手段逃避兵役。

兵役被视为瘟疫，回避兵役的风潮从明治的日清战争开始一直延续了下来。仅大正三年（1914），全国十八个师团就有 1,678 名逃避兵役者，翌年又有 1,651 人逃避。逃避兵役者使用的手法，在文献中有多种记载。第一类，兵役者本人或家属与公职户籍吏、医师、产婆共谋，修改户籍登录簿的年龄逃避兵役。第二类，祈祷求神，保佑自己不中签。自称能回避兵役的神职人员，吸引求签者祈祷趁机牟取暴利。其中涉及欺骗钱财的神官达二百名之多，每次收受 5 圆至 200 圆的高额谢礼。第三类，贿赂征兵检察官。黑社会背景的慈悲团、爱民团，暗地里专门调查逃避兵役的作弊者和收受贿赂的征兵检查官，以向官府揭发为由敲诈高额钱

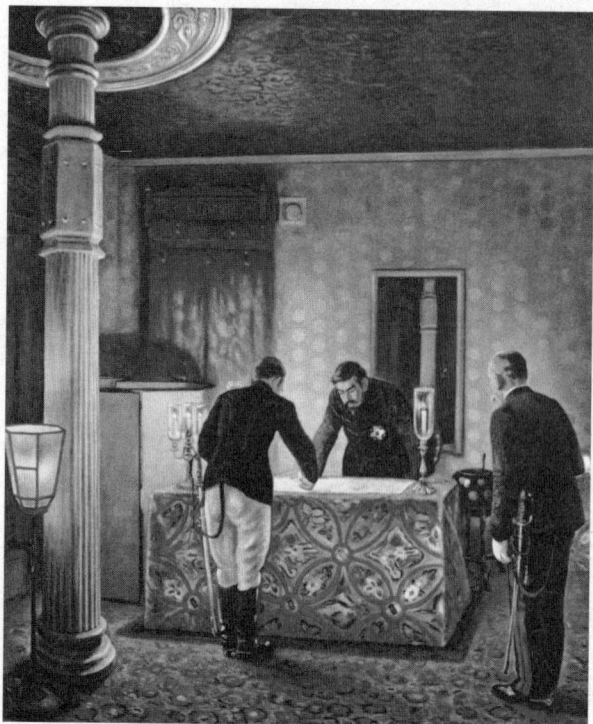

2.13.10　明治天皇对日本和清国开战，抱有消极的态度。但是天皇作为国家的象征和国军统帅，又尽心尽力参与了战争，以致历史对天皇人格的认识留下诸多矛盾的印象。绘画为天皇在广岛大本营内亲裁军务，深夜听取参谋次长川上操六报告前方战况的情形。

财。第四类，借口身体疾病理由蒙骗军医体检官，如假冒近视眼、体检前绝食让身体衰弱、体检数日前吃下腹泻药故意虚脱，体检当日喝下大量酱油伪装心脏病、破坏耳膜自残，更甚的手法是故意感染梅毒或淋病。在逃避兵役的人群中，中等文化教育以上者占三分之二。在这些手法中，民间流行回避兵役的合法行为是求神，兵役者家属、妻子通过在神社佛坛前祈祷企望求得"不中签"。祈祷回避兵役的迷信，在日本国家五十年战争历史中，曾经流行全国各地，从来没有间断过。

2.13.11　日清战争中，明治天皇主持监修多首军歌，成为激励出征军人作战的动力，得到日本国民发自内心的崇敬和爱戴。

　　报刊媒体对回避兵役的情况做过大量报道，京都、姬路、大阪、东京当局的宪兵队，对检举揭发的回避兵役不法行为实行了严厉查处，使回避兵役行为更加隐秘。民间回避兵役主要有两方面的因由。一是兵役者本人不愿意从军，在地狱般的军队中生活为战争送命。二是家庭主要劳力被抽壮丁，政府没有切实可行的补助支援办法，家庭生活从此没有了着落。

　　1881 年 4 月 13 日的《朝野新闻》，记载了一民家回避兵役的故事。上总国夷隅郡市野乡村的镰田半兵卫，自征兵令颁布以来，遇到了未曾想到的难题，因为镰田一家适龄和即将适龄的子女共有九人。首先是家中长子，征兵令规定长子有免役优遇，故可不用担忧。家中次男成了兵役的主要对象，为回避兵役只好将

2.13.12　明治天皇最忠实的追随者一条美子皇后，在战争中身先士卒，全力支持天皇的军政事务。皇后在宫中开设一间包带制作所，组织皇亲国戚的女眷和宫内女官为前线医院制作包带。图为包带制作所内，身着白衣的女士们的作业场景。

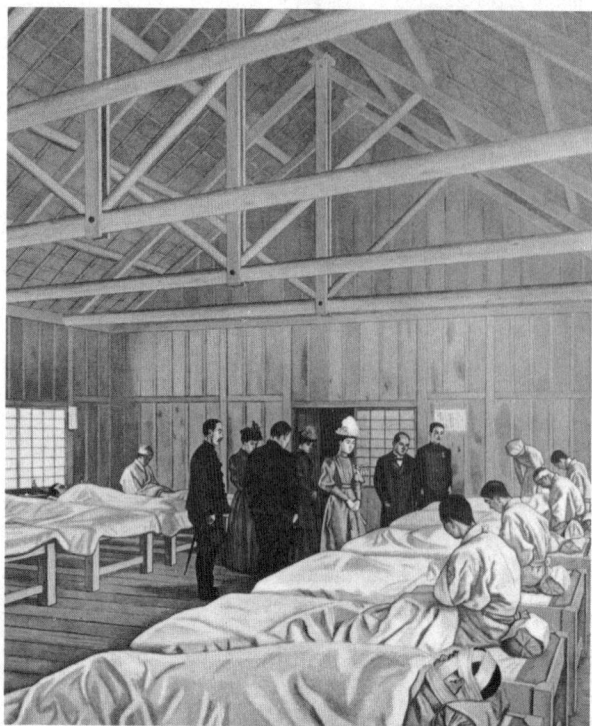

2.13.13　一条美子皇后前往各地医院，探望战场负伤入院的伤病员，寄予勉励慰语。她把御成婚 25 年进献的真棉捐献前线，赐假肢给在东北战场冻伤失去手足的士兵。日本国民高度赞扬明治皇后，称其为"国母"。皇后的言行，为明治天皇仁慈博爱的形象奠定了牢固基础。图为明治皇后探望广岛医院的伤病员。

他送给别人家作养子，因为做养子可免兵役，次男也有了着落。可是家中三男末吉即将满兵役年龄，父母家老一直为他犯愁，在附近村落寻遍了可做养子的人家。当时征兵令规定做养子人家的养父必须年龄满五十岁，否则即便做了养子也得服兵役。镰田寻得的家境较好人家，候补养父都不足五十。无奈之下只能把末吉许给了同郡久我原村一户无子的贫穷老汉做养子，外加丰厚的彩礼，相约待末吉年满兵役年龄即送来做养子。可是末吉还没有满兵役年龄，国家征兵令做了新规定，这回即使三男做了养子也不能回避兵役。镰田一家惊诧无术不知如何是好，是祈求神佛保佑？还是断食躲过体检？或自残跛足？欲尝试种种手段却没有勇气，末了只好凑借 270 圆兵役免除缴纳金（代人料），办成了免役。接着是四男的兵役摆在了面前，镰田思来想去，"代人料"之法乃是家境贫困之途，家中已经再难凑足这笔钱财。镰田与村长商谈，最终得出了只能求神别无他法的结论。四男长太郎只好专心求神保佑，祈求体检不合格免除兵役。三月征兵长太郎参加了体检，也许是求神虔诚所归，长太郎竟然因沙眼之疾被免除了兵役。父母大喜过望，坚信定是神佛保佑所致，将积攒下来的"代人料"全部捐献给了神社，以谢神明保佑恩典。可是得意的心情没有持续多久，五男七太郎即将兵役适龄，这回又将如何是好，镰田的长叹又将继续……

　　明治十六年（1883），为平息庶民间不公平的呼声，征兵令废止了代人料优遇条项，规定以前实施的免役制度只适用于和平时期，而在战时将不适用。征兵令的改正，让各地百姓如晴天霹雳。《朝野新闻》报道，随着征兵令的改正，在闭塞的偏僻山村出现了一些奇怪的不实传言。鹿儿岛县伊敷村落间流传，有老婆的适龄者可以免服现役，愚钝的村民相信了误传，一场争夺新妻的大战在许多地方轰轰烈烈展开。数百户村庄的适龄男子争先恐后寻求嫁女，短期内竟然平均每日有六七对新婚婚媳产生，村中无论美颜丑貌的处女全被娶尽。名古屋爱知县地方出现入学骚动，家长用尽伎俩让男儿进入官公立中学校，以期回避兵役。由于可免役养父年龄增至 60 岁以上，一时间穷困潦倒的鳏寡翁媪的价值突然飙升，选其做养父的行情达到二百圆左右。双方交易成立后，养父老人前去官场役所申告登记确立养子身份，许多专为周旋牟利的个人和公司应运而生。回避兵役在全国各地掀起了参拜神社的热潮，祈祷人群络绎不绝。为了回避兵役，求神的祈祷变成了诅咒，亲兄弟间、邻居间、友人间，祈祷自己不合格，诅咒他人中签，人际关系霎时间变得紧张起来。求签者风雨不误，踏破神社殿槛，着实难倒神明。结果那些散尽钱财虔诚祈求却又中签从军的人，内心愤愤不平，忌恨咒骂神明不公。

　　日清战争以前，日本军人的地位低下，民众在兵役问题上存在较重的小农意识，因此演绎出许多逃避兵役的愚昧故事。这些纯朴的乡下人，带着海边腥风和乡间尘土踏入军队的大门。经过军人脱胎换骨的彻底"洗脑"，被塑造成为天皇而战的忠实战争机器。

战争与天皇

　　"日清战争非朕的战争"是明治天皇睦仁战前所讲的一句名言。天皇在阁僚制造的外交形势面前，迫于群臣"国家利益"的压力，最终承诺和宣布了这场"不本意"的战争，流露出日本皇权最高地位者当时苦闷的心境。日清开战后，明治天皇作为国家的象征和国军统帅积极参与战争，又给历史对天皇人格的认识留下诸多矛盾的印象。

　　1889 年 2 月，日本公布《大日本帝国宪法》，起草者伊藤博文在宪法纲领中定义了天皇的君权，在法律上赋予

2.13.14　日本军人的最高荣誉金鹞勋章。金鹞勋章制定于明治二十三年（1890），分"功一级至功七级"七个等级，只授予有战功的军人。图为功一级金鹞勋章。

2.13.15　"征清军休战野营之梦"图，描绘清日战争即将结束，将校在梦中浮现归乡的情景。

天皇最高的权力。《帝国宪法》的出台，实际上缩小了民众权益的基本范围，君主立宪制中国家议会权力也被削弱。《帝国宪法》第 11 条规定，"天皇为日本陆海军的统帅"。第 12 条规定，"天皇决定陆海军的编制及常备兵额数量"。第 13 条规定，"天皇有宣布战争与缔结和平等诸般条约的权力"。伊藤博文在所撰《宪法义解》中，注释了"统帅权"、"编成权"、"战争与和平权"的概念。

（1）统帅权乃至尊之大权，是帷幄大令专属的权力，由参谋总长、军令部长辅佐天皇行使的权力，统帅权非属内阁及国务大臣之职责。

（2）编成权乃至尊之大权，是帷幄大令专属的权力，由责任大臣辅翼天皇行使的权力，议会不能干涉。

（3）作为天皇专属的君权，有宣布战争与缔结和平等诸般条约的权力，议会不能干涉。

帝国宪法将国防计划、作战计划、用兵计划等军事大权从国务权力中独立出来，军部大臣可以直接帷幄上奏、呈请敕裁，内阁会议不能干涉军政事务。这种人为构造的两重外交、两重政府体制，使议会失去了外交机能，助长了内阁少数人的秘密外交，增长了国民在不知情中卷入战争的危险性。

日清战争是近代日本天皇立宪制下的战争，战争在无视这一宪法的情况下发生和展开。6 月 15 日和 7 月 1 日内阁两次重要会议的决定，在上奏天皇之后均未获得裁可，加大了天皇和内阁之间的裂痕。8 月 1 日天皇裁可的宣战诏敕公布后，内阁决定在宫中三殿（贤所、皇灵殿、神殿）的伊势神宫、孝明天皇后日轮东山陵（先帝陵）举行祭典式。土方久元宫内大臣向天皇询问派遣敕使的人选，天皇答道："其仪式实无必要，今回的战争不是朕之本意，诸群臣等将国家导向战争，违背朕意迫朕许诺，朕若去神宫在先帝陵前奉告会甚苦内心。" 土方劝谏："陛下放弃镇魂祭仪会招致众议。"天皇大怒："汝触朕心头之痛，朕不想再看见汝！"土方表胆退出。天皇愤然道出了对伊藤首相和陆奥外相逆自己本意引导战争的不满。翌日，明治天皇虽内心不悦，但仍作出向宣战奉告式典派遣敕使的人选，由九条道孝掌典长前去伊势神宫，岩仓具纲掌典前往孝明天皇陵，锅岛直大式部长代拜大典，天皇本人仍然拒绝出席 8 月 11 日宣战奉告的主祭仪式。

　　天皇与阁臣之间出现严重对立的原因，历史研究者始终没有定论。一种说法根据《明治天皇》一书认为，长期以来天皇勤学来自大陆的儒学，主张温、良、恭、俭、让的儒家思想，忌避武力流血的杀戮。1877 年的西南战争，日本内部相互残杀已经使一万两千人失去生命，贫瘠复兴中的国家没有战胜东方大国的能力，战争必定导致与清国交恶，使日清两国的关系破裂，天皇因而反对把维新国家的人民带入战争中去。力图和平环境、维新政治的明治天皇不赞成战争，拒绝出席宣战奉告祭天典礼，在进退两难的状况下只能以公的代表国家的天皇"明治天皇"和私的代表自己的天皇"睦仁天皇"来表达君主的两种立场。作为"明治天皇"，在维护国家利益的立场上，即使不愿意参加宣战祭天仪式也得派特使代替本人祭天。作为"睦仁天皇"，在宫中三殿公开表明不出席宣战奉告典礼的个人立场，体现与历代天皇不同的个性。睦仁天皇的成熟，燃起他督导国家维新政治的愿望，但是日本天皇立宪制的国宪，决定了天皇被虚拟神化的傀儡地位。

　　另一种说法认为，天皇是伊藤博文为首的一代政治家树立起来的君主，在国家政治中仅仅是象征，没有实质的政治军事权力。为了使国家军队拥有精神上的支柱，统合军人服从命令的意识，日本政府于 1882 年 1 月 4 日发布了《军人敕谕》，提出"忠节"、"礼义"、"武勇"、"信义"、"质素"五德，确立军人必须具有的精神，强调天皇在军人心中至高无上的位置。敕谕同时明示，天皇作为大元帅统帅日本的陆海军，仅代表军人的精神地位和服从军纪的根干，天皇不得干预政治。

　　睦仁天皇 16 岁继位，日清战争时已经是 43 岁的壮年。睦仁经历了从青年天皇到壮年天皇的时代，努力想成为一个拥有个人意志，不被他人支配的真正天皇，试图实现日本"大帝"

2.13.16　英国画报刊载从军画家的作品"京都归来兵得意的气色图"。日清战争的全面胜利，确立了军人的社会地位，军人成为受到尊敬的阶级，优越感如日中天。

的梦想。天皇志趣的表露加大了他和伊藤、陆奥之间的距离，使他们有意疏于向天皇报告战前事态。7 月 19 日，德大寺向陆奥转达天皇对政府干涉朝鲜内政以及对大鸟公使的不满时，陆奥对天皇的不满保持沉默，甚至在没有向天皇奏请裁可的情况下，独自向清国发出 5 日期限的最后通牒。日本对清国的通牒文发出后，21 日遭到英国政府的抗议。由于反驳英国的抗议书必须奏请天皇裁可，战争事态因此再也无法对天皇隐瞒下去。22 日夜伊藤和陆奥不得不向天皇上奏并通知枢密院议长，报告日本向清国发出最后通牒以及大鸟公使断然包围朝鲜皇宫对朝开战的事实。天皇知道国家已经被拖入战争的边缘，对伊藤和陆奥故意违反宪法中天皇拥有外交大权和战争大权的条项充满愤怒。可是现实中，天皇没有能力公开反对内阁群臣的决定，国家需要安定团结，天皇不希望因此失去家族在国家的地位。伊藤和陆奥联合内阁大臣署名，以逼宫之势上奏对清宣战书，迫使天皇陷入没有回旋余地的境地，天皇和伊藤、陆奥之间从此产生了隔阂，埋下了不信任的伏笔。

1894 年 8 月 1 日，日本政府发布天皇裁可的对清宣战诏敕，伊藤和陆奥完成了全部战争必需的军事、外交、法律上的准备，以及天皇对战争的认定。明治天皇在清日战争问题上与内阁存在分歧，但是作为一国之君，国家利益永远高于个人的感情，战争伊始，睦仁天皇便全身心地投入到战争中去。

2.13.17 日清战争后，日本皇宫内建造了武勋纪念馆，陈列了大量来自清国的藏品。图为归国将士向皇室献上的《战利品》绘画。

日本近代史上，明治天皇给世论留下"军人天皇"的印象，理由是日清战争期间天皇亲临广岛大本营，督导了整个战争的过程。战争初期，"大本营"最高指挥机关设立在参谋本部内，8 月 5 日大本营移至宫中正殿，9 月 15 日移至广岛。从 1894 年 7 月 17 日大本营召集第一次御前会议至 1896 年 3 月 30 日召集最终会议为止，大本营共召开过 90 次御前会议，平均 6.9 日一次。天皇常驻广岛大本营的举措，给全军树立了天皇阵前指挥战役的国君军人形象，鼓舞全国军民一致对外，支持战争。

日清开战之前，在主战派煽动下，民众掀起对清开战的狂热情绪；宣战后，没有底气的民众开始出现厌战情绪。士兵心情凄凉，怀着赴汤蹈火的悲壮情感出征，大名华族（贵族）

也开始表现出不支持的态度，伊藤内阁受到舆论的批评，面临倒阁的困境。此时，明治天皇主动出现在大本营，挽回了大名华族和旧藩主对战争的支持，也唤起民众的拥护，反对党势力停止了对在野党的攻击，举国上下形成效忠天皇一致战争的局面。

1894 年 9 月 15 日至 1895 年 4 月 26 日，天皇亲驾广岛大本营 7 个月有余，全国各地汇集而来的数十万部队，在天皇的感召下从广岛周边军港向朝鲜和清国大陆出征。大本营设在广岛城内原第五师团司令部一栋二层木造结构的小楼内，明治天皇生活在二楼一间 48 畳（约 79 平方米）的临时御所。室内只有椅子、桌子、书架、屏风，以及为臣下预备的三把椅子，就寝时把桌子合并起来围上屏风就组成了寝床。天皇为体验战场士兵的生活，每日穿着自己并不喜欢的军服正装与臣下共事。侍臣欲为天皇寻找一张舒适的安乐椅，天皇认为前方将士正在艰苦环境下作战，制止了侍臣的好意。冬日暖炉前烤着冰冷的双手时，他想到的是身在满洲的将士忍寒受冻的情形。天皇作为日军统帅，亲临全军阵前日夜辛劳，在精神上鼓舞了全国军民胜战的士气。天皇虽然亲临阵前，实际上并不参与作战计划的制定和决定战斗过程的细节。天皇主动出席大本营御前会议，主要是听取战况报告，关注军队伤亡，共享胜利的捷报。

日清战争中，明治天皇主持监修了多首军歌，成为激励出征军人的动力。著名军歌《丰岛之战》、《黄海之战》、《平壤大捷》、《成欢之役》、《勇敢的水兵》、《妇人从军歌》，在前线部队中掀起传唱的热潮。天皇最忠实的追随者是一条美子皇后，战争中她身先士卒，全力支持天皇的军政事务。皇后在宫中开设一间包带制作所，身着白衣督励女官们努力为前线医院制作包带，把御成婚 25 年进献的 28 贯目真棉赐予前线；还为在满洲战场冻伤失去手足的士兵赐予假肢。2 月和 3 月，皇后连续巡回东京、广岛的军人医院，慰问负伤士卒，寄予勉励慰语。国民高度赞扬皇后的德行，称其为"国母"，为明治天皇仁慈博爱的形象奠定了牢固基础，得到日本国民发自内心的讴歌和爱戴。明治天皇作为国君、大元帅指导战争，对日本取得战争胜利产生了深远影响。传统的日本武士道精神和武士对天皇的忠诚，造就了近代明治军队强大的战斗力。

军国的崛起

近代第一次对外战争的全面胜利，标志日本进入军国崛起的时代。对于日清战争中立下汗马功劳的军人和政客，日本天皇论功行赏授予他们最高荣誉。1895 年 8 月 5 日上午 11 时，明治天皇在宫中举行授爵式、爵位奉授式、勋章亲授式。

依勋功特升授侯爵者

伯爵 伊藤博文　伯爵 山县有朋　伯爵 西乡从道　伯爵 大山严

依勋功特升授伯爵者

子爵 野津道贯　子爵 桦山资纪

依勋功特授子爵者

川上操六　伊东祐亨

特赐菊花章颈饰 特叙功二级 赐金鵄勋章者

彰仁亲王

叙大勋位 赐菊花大授章者

内阁总理大臣 从二位勋一等伯爵　伊藤博文

特叙功二级 赐金鵄勋章 赐旭日桐花大授章者

监军 陆军大将 从二位勋一等伯爵　山县有朋

陆军大臣 陆军大将 从二位勋一等伯爵　大山严

海军大臣 海军大将 从二位勋一等伯爵 西乡从道

特叙功二级 赐金鵄勋章 赐旭日大授章者

陆军大将 正三位勋一等子爵　野津道贯

海军大将 从二位勋一等子爵　桦山资纪

特叙功二级 赐金鵄勋章 叙勋一等 赐旭日大授章者

陆军中将 从三位勋二等　川上操六

海军中将 正四位勋二等　伊东祐亨

明治廿七八年战役建功者授赐年金千圆者

彰仁亲王　山县有朋　大山严　西乡从道　野津道贯　桦山资纪　川上操六
伊东祐亨

　　日本著名外交家、政治家、日清战争主战者、日本外交大臣陆奥宗光，授予正二位勋一等伯爵，荣誉授受时，陆奥重病卧榻之中。1897 年 8 月 24 日殁，享年 53 岁。所撰写的回忆录《蹇蹇录》，是一部关于日清战争的日本外交史，成为研究近代日清战争的重要文献之一。

2.14 战争的反省

清国战争反省

　　1818 年，流放在大西洋圣赫勒那孤岛的法兰西前皇帝拿破仑，在会见英国派往清国商谈两国通商遭拒，愤然而归的外交家阿美士德时说："中国是一个沉睡的巨人，当他醒来时，世界会为之震撼。"（ci repose un géant endormi, laissez le dormir, car quand il s'éveillera, il étonnera le monde quand la chine s'éveillera, le monde tremblera.）拿破仑并非赞赏这个守旧的东方古国，却也一语道破在沉睡巨人的躯体内，隐藏着巨大的能量。

2.14.01　慈禧太后在清日战争战和态度上诡异，战败后继续维持旧有体制，国内矛盾日益尖锐，义和团运动和八国联军入侵，加速了大清朝的灭亡。

拿破仑睡狮之语的二十余年后，清国便开始屡屡受到西方国家的侵略，却始终未唤醒这个过度沉睡的帝国。十九世纪末叶的清日战争如同一针强心剂，终于惊醒了沉睡中的巨人，敲响了大清帝国末途的警钟。在清国版图的脚下，一个数百年来被轻蔑的弹丸小国，日本人竟把自己打得一败涂地，清国人在倭人面前服输了。

清日马关媾和谈判，李鸿章与伊藤博文在第一轮会谈中有一段告白："在欧洲人眼里，清国和日本是亚洲中两个卓越的大国，我等系相同人种有类似的文化，社会的相似之处也很多。作为敌人我等更应该是兄弟，从对立关系转向相互重视的立场。""的确，日本正在发生着惊异的变化，阁下以往的指导，对我国的进步和发展有深刻的意义，然而余与阁下一样未能引导我的国家，令老朽深感惭愧之至。""余认为今回的战争得到两个好的结果，第一是欧洲的陆海军作战方式，被黄色人种成功应用得到了验证。第二是沉睡的中华开始觉醒，日本给予清国的刺激，相信对我国将来的进步会发生最有益的影响。""我国人民对贵国抱怨之声甚多，然而与抱怨之感怀相比，余个人也许应该感谢贵国唤醒了吾中华国人。"

数年后，清国有识之士发起的戊戌政变失败，梁启超在《戊戌政变记》中写道："唤起吾国四千年之大梦，实自甲午一役始也。"沉睡的巨人、大梦的唤起、感谢日本唤醒吾中华国人，言中了东方古国近代史的进化规律，

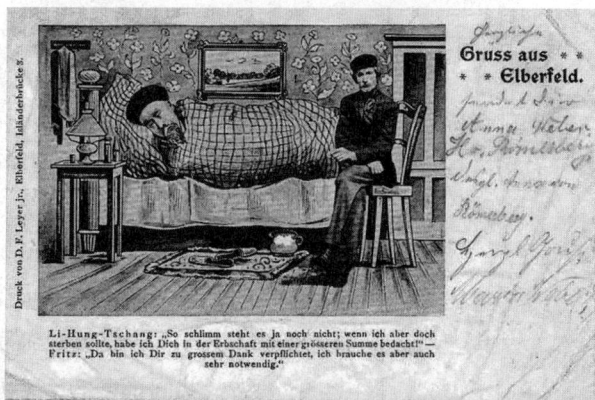

2.14.02　清日战争欧洲讽刺画明信片：李鸿章："还没到最坏的时刻，但我还是要死了。我指名由你来继承我的大钱库。"弗里茨："我欠你的恩情，但我需要你给我真实的东西。"

2.14.03 清日战争失败，欧洲列强开始明目张胆对清国大肆瓜分。然而在清国这片野蛮的土地上，看到的却是清国人的自相残杀和麻木的神经。照片中是清国的巡警，正在协助洋人抓捕反抗他们的清国臣民，透出了一副地地道道的奴才嘴脸。

2.14.04 日本对朝鲜的军事介入，把清国拖入战争的泥潭，朝鲜成为清日角逐的舞台。垣后的俄国密切注视这场战争中俄国人的利益。清日战争实质上是多国利益的争夺战，清国是战争最大的输家。

虚弱的国家总是在外来势力的刺激下，才对自身的弊端有所思考。

清日战争大清帝国战败的结果，国家对外抗争的战略矛头从西洋人转向东洋人。代表清国的权贵大梦初醒，但他们对这场战争失败的原因没有进行深刻反省。政治上继续顽固维持弊端百出的国家机器，军事上加强引进欧美兵器创建新军，试图重新打造国家军事利器。清国朝廷对战败的麻木和挽救国家战争创伤的无作为，给列强瓜分大清国土、疯狂掠夺资源敞开了国门。在国家沦陷边缘的大背景下，被满洲奴役250余年的汉族人终于开始了他们的革命。

以近代清国文化人为代表的改革派，深受日本明治维新思想的影响，在维新理念驱使下逐渐步入历史舞台。清国战败，《马关条约》的签订，改革派代表人物康有为"公车上书"，主张维新变法，拯救大清国。提出以强敌为师，变法维新，通过日本明治维新式的改革，实现大清国富国强兵的目标。谭嗣同还提出将内外蒙古、新疆、西藏、青海卖给俄国和英国，其资金充作国家的改革经费和战争赔偿金，以维护大清国存在。戊戌变法失败，光绪皇帝身陷囹圄，谭嗣同等人就义，康有为、梁启超被迫流亡日本。保守的改革派张之洞向朝廷呈"立国自强疏"，虽主张自强运动，却慑于朝廷势力，对维新态度摇摆不定，最终倒向清廷保守派旧势力。

孙文是决意从根本上推翻清王朝体制的坚定派，在广州领导武装起义，开始中华民族主义的变革运动。孙文的"三民主义"学说奠定了国民革命的纲领，为中华"新民主主义革命运动"打下基础。孙文在革命最困难时期，曾游说日本援助革命党，提出与日本结盟共同推翻满清，亦云："吾人之目的在于灭满兴汉，革命成功之时，即使以诸如满、蒙、西伯利亚之地悉与日本当亦无不可。"在特定时代背景下，为推翻大清王朝争取革命成功，类似这样的言论透出革命党人无奈的焦虑。《马关条约》签署后，列强加速对清国的瓜分，以农民为主体的义和团，用聚众排外的过激行动捍卫自己的家园。中原大地纯朴农民的愿望，最终被清国朝廷利用，又被只会残杀本国人的清军和八国联军剿灭。

19世纪，世界进入近代文明开化启蒙的时代，蒸汽机的广泛应用改变了战争的模式。清日两国经过军备竞赛，摆脱了传统冷兵器为主，近距离对垒的古战经典。全新的战争较量在军事体制、武器装备、兵站体系、情报网络、宣传媒体等多领域全面展开。一位欧洲随军观战武官在剖析清国人战败原因时指出："清军在军事上存在三方面失利的要素。一、清国军队没有独自的后勤体系；二、清国军队没有高效的指挥系统；三、清国军队没有建立左右战争的情报网络。"这道出了清国军队在军事体制和战术上的弊端。

清日战争中，清国的战争责任制非常含糊。一场近代战争就是一次大规模军事作业，把战争的统帅指挥权交予身为地方政务官、商务官、外交官的直隶总督兼北洋通商大臣李鸿章，有违近代战争的军事思想。清日战争没有军人独自组成的指挥系统，文官过于干涉武官的指挥权，武官在战争中的指导地位被轻视。

清日两国在战争中存在诸多不平衡要素，国家政治体制的腐败是导致清国失败的主要原因。正如时代世论所云：

2.14.05　俄国人窥视清日垂钓、鹤蚌相争的大戏。

2.14.06　三国干涉，列强规划着各自的利益。

2.14.07　清国战败国土沦丧，列强的野心真相毕露。

2.14.08　康有为（1858—1927），著名思想家，清朝体制改良主义者，对近代国家变革颇具见识。1895 年 4 月清日战争失败，他联合北京会考书生，发动"公车上书"，反对《马关条约》。请求皇帝"下诏鼓天下之气，迁都定天下之本，练兵强天下之势，变法成天下之治。"

2.14.09　孙中山（1866—1925），中国近代革命的先驱，推翻清朝帝制的坚定革命家。1894 年春起草《上李鸿章书》，提出多项改革建议，未获李鸿章重视。清日战争清国军队惨败，更印证了清朝必亡的预见。1895 年 2 月 21 日孙中山的"兴中会"正式成立，以"驱除鞑虏，恢复中华，创立合众政府"为纲领，向清朝封建体制宣战。推翻封建帝制创建共和国，是孙中山对中华历史最重要的贡献。

"洋务运动仅撷拾泰西皮毛，汲流忘源，遂乃自足，而对政治社会改良实为弥缝补苴，偷一时之安，轮到今日被人取笑，其心酸自知。"在清国政治体制下运作欧美近代化，学其皮毛不求其本，必然会产生近代化军事的怪胎。近代国家军事的进步不仅着眼于新式武器的改良，军事体制、兵站体系、医疗保障、情报网络、宣传媒体等多领域的实力，都对战争胜负产生重要影响。

清代的军史文献，除了较多渲染敌军武器之精良，抱怨清军武器之落后外，很少有对自家军在政军体制中的弊端进行反省的记录。两支国家军队在军政领域内存在的巨大差异，决定了清国军队即使拥有更精良的武器，也难以取得战争胜利。

时代背景下的两个帝国，同样处在皇帝和天皇的君主政治框架体制中，大清的皇帝和皇太后每日生活在虚假阿谀的万岁声中。而明治天皇却是务实国事的典范，得到日本国民发自肺腑的爱戴。军人为天皇而战、为天皇而死，虽死犹荣，与为饷银讨吃军粮的清国佣兵形成天壤之别。战争的失败，让清国人无奈默认了这样的历史事实——日本的政治文明是先进的。

从历史表现来看，清国组建的近代军队，是为镇压国内反清势力而建立的武装，不具备抗击外来势力的素质。清英战争（鸦片战争）、清法战争、清日战争的失败，都印证了清军不敌外国军队的素质。相反，清朝军队在剿灭太平天国、义和团等国内战争中屡建奇功。当历史的镜头回放袁世凯训练的北洋精锐新军时，这支自誉与欧美比肩的皇家军队，却在抗击外力上躲躲闪闪毫无作为，最终变成与孙中山革

2.14.10 清日战争实记报道《战死者名誉》，刊载了日军对清作战中阵亡的将士肖像，国民从中感受到了战争的残酷。但是国家和国民没有反省，日军的胜战和战争利益，冲昏了民众的头脑。军队万岁、军人是守护神，军人的地位如日中天。民众对战争的肯定，奠定了国家走向军国之路的基础。

命敌对的军事力量。

在大清国守旧的集团社会里，官吏是以效忠皇帝为最高己任，大多数官僚没有近代国家应有的爱国心。即便是主张学习和引进洋务的李鸿章也是以自家集团的利益为首要，国家利益置于其二。当清日战争决定北洋舰队命运的关键时刻，他首先想到的是如何守住自己多年精心打造的这支"自家军"，最终选择了避敌保船的策略，而非为国决一死战。有了自己的军事力量就会拥有权力和地位的稳定，狭隘的军权观念在清朝权贵中普遍存在，乃至延伸到近代中华革命时期。

近代日本的明治维新与清国全然不同，国家以神秘天皇作为精神支柱团结了一国民众，建立起强大的军国主义集团。他们的人民和军人在天皇精神的凝聚下，无论战争正义与否，意识中只有为国家和天皇而战的概念。国家的利益就是个人的利益，应该用生命的价值去完成至高无上的使命。战前二十年，日本军组建近代化师团、旅团，完善了欧洲军队风范的指挥系统，导入了欧美文明在军队的人权理念。日本军人与欧美军人的爱国心相比，又多了对天皇绝对服从的神圣义务。1882年的军人敕谕中写道："下级服从上级就是执行天皇授予的命令，作为军人必须牢记于心"，近代日本军人严正军纪的核心规范就是服从。在拥有这样精神特质的军队面前，没有精神武装的清国军队是无法匹敌的。

清日战争失败、《马关条约》签订、国土割让、巨额战费赔偿，李鸿章被淹没在大清国一片讨杀的浪潮中。世论并不知道此时的李鸿章，正在替皇帝背负历史上最大的冤屈。老谋深算的李鸿章从一开始就清楚战争的历史责任，他的所有重大决策都通过总理衙门和军务处，呈请皇帝作出有案可查的裁可，这个历史事实，使朝廷不得对他行使杀戒。李鸿章是一个高龄勤奋的老人，政务上担任北洋通商大臣，周旋于北洋外交事务；军务上承担大至旅顺、威海卫防卫的运筹帷幄，

2.14.11 英国报道日军的"战地火葬场"。出于缅怀和防疫的目的，战死者遗体被细致安放在木棺内，军夫顺序抬进火葬场焚烧。日本用牺牲换来胜利，全面动员起国民对战争的热情，军国主义的形成一发不可收拾。

小到亲自圈定购买何国何种规格的枪炮的责任。清国的洋务被通说成李鸿章的洋务，国家军事改革的大小事务维系在这个身缠各种要务的老者身上。无怪外国列强评说，清国和日本的战争实际上是李鸿章和日本的战争。中外历史文献所见的清日战争，满篇是李鸿章背景下的典故。那些在朝堂上谗言作俑的满洲贵族官僚，希望看到以汉人李鸿章为首的北洋陆海军一败涂地者大有人在。

伊藤博文所著《机密日清战争》中，披露了日清战争前后，破译清国大量密电的事实，终于洗清了李鸿章的历史沉冤。百年后再观清日战争，不能不惊异中外历史对李鸿章的评价。在欧美列强的眼里，李鸿章失败的大手笔非但没有伤及他的仕途，反而展示了他个人的才能和魅力，西洋人认定李鸿章是近代清国代表文明智慧的伟人。战争落下了帷幕，大清帝国并没有很好地反省自己的失败。经过清日战争后十七年的余震，古国大地上迎来了历史巨变。1912年，曾经有过十代帝王，二百六十八年历史的老帝国宣告终焉。

日本战争反省

日清战争是近代日本史上最初的对外战争，胜利的结果是全面动员起国民对战争的热情，军国主义的形成一发不可收拾。当时市井间记录这样的情形，"日清战争、连战连胜、军队万岁、军人守护神，军人的地位如日中天。贵族、富豪、官吏、商人、百姓，凡是家有女儿的父母亲，都有收军人为婿的强烈愿望。"民众对军人崇拜的原动力，来自与军人共同作战的天皇。日清战争的大胜利，天皇为地位低下的军卒赢得了从无有过的荣光。天皇制的社会基盘一举扩大，天皇不再是隐居深宫内的神秘贵族，而是受全军爱戴的陆海军大元帅。日本军事体制和天皇制根干的形成，确立了日清战争的政治和军事意义。

日本思想家福泽谕吉在《日清战争是文明和野蛮的战争》社论中标榜："日本是以世界文明进步为目的展开的战争，战争不是人与人、国与国之战，而是一场信仰的较量。日本在亚洲国家率先理解文明世界的理念，力图彻底摆脱独裁国家制度和野蛮文化，日清战争因此成为日本迈入文明国行列的起点。1886 年日本加入国际红十字条约组织，1887 年加入巴黎宣言，在日清战争中的表现让欧美国家相信，日本已经成为代表亚洲崛起的文明国。战争中日本军虽然有过野蛮的行为，但是西方社会依然接受维新之国为文明国的一员，而守旧的清国仍属尚未开化的野蛮国。"

日清战争的实践，标志近代军事技术进入变革和飞跃的阶段。明治维新下的军队，从英国学到了先进的海军，从德国学到了先进的陆军。这支新式军队战胜了大清国陆军，黄海海

2.14.12　清日战争纪实插绘"殉国勇士之墓"，祭奠阵亡的英灵。绘中诗意：古老松下，荞麦地里，在英雄洒热血的亭边，掩埋烈士之躯，奉清酌庶羞祭奠英魂。

战中日军的表现，被公认为世界海战史上，近代舰队作战的杰出典范。清国重装甲主力舰定远号，在日本舰队包围攻击下未被击沉，证明了大舰、巨炮、重装甲的划时代意义。速射炮大量搭载的日本轻舰队取得海战的胜利，同样证明海战机动性、攻击性的重要性。古典的倚仗舰首利角撞沉敌舰的近接战斗概念，已经落后于时代。日本舰队使用单纵阵在战斗中表现出优良的机动性和攻击性，显示海战战术中单纵阵比常用的横形阵、梯形阵更利于穿插分割敌舰和运用舰侧炮火力的攻击优势。单纵阵的变形丁字阵在十年后的日俄大海战中得到应用，日本舰队在对马海峡一举摧毁了俄国波罗的海舰队。日清战争时任海军军务局长的山本权兵卫，后来被誉为日本近代海军的师祖，反省了黄海海战日本舰队"赤膊上阵式"的作战缺陷，提出了维持舰队攻击力和防御力平衡的作战概念，此后创建了日本引以为豪的六·六舰队。

明治时期创建的陆军，后来成为世界上最骁勇善战的战斗体。但在日清战争中，陆军暴露出后方组织不完备的致命弱点，尤其是兵站组织、卫生防疫等的缺陷，

2.14.13 旅顺口战斗，日军战死40人，负伤241人。第二军将校和外国从军武官，为攻克旅顺阵亡的将士举行战殁祭奠式。图为山地师团长在阵亡将士灵前宣读祭文悼词。

削弱了部队的战斗力。各场战役结果显示：

一、朝鲜战役，由于制海权得手的时机滞后，兵站供给不济、粮食弹药匮乏，战斗几乎陷入被动的境地。为筹集粮草支援前线作战，不得不在现地强制征购军需粮草，引起当地百姓的不信任，留下战地民政处理的难题。

二、作战部队独断专权滋生，平壤作战急功近利，不等待大本营命令，独自决策先行展开。作战虽然得手，其胜利是建立在大量伤亡和清军自体缺陷基础之上的。日本军方独断专行的特质，自日清战争胜利以后日益滋生乃至一发不可收拾。

三、日本陆军在战斗教条中，强调攻击部队全力冲进，施以突贯攻击的作战法。为实现冲锋陷阵的战术方式，军中强调士兵的忍耐精神和为天皇效忠虽死犹荣的教育，用不怕死的精神支持这种拼死的战术方式。拼死冲杀有时降低了战术的合理运用。

四、防疫体制的缺陷是日军最薄弱的环节，40%的出征军人染患疾病，战地没有特效的救治方法，不得不送往后方进行治疗。日清战争全战役中，日军阵亡者13,487人，病死者11,894人，占死亡总数的88%，防疫成为战争伤亡的最大缺陷。

日清两国间的战争，是明治维新以来日本国民面对的一大课题。在战争与和平的议论中，日本民众同样默认了弱肉强食的战争逻辑。日清战争胜利的结果，日本获得与欧美列强比肩的同等地位，激发起日本国民的狂热。社会文化人纷纷发表战后的感想，福泽谕吉："去年来的大战争使国光腾耀，大日本帝国的成就如恍惚之梦，感人之泪独自涓流，战争提高了'崛起之国'国民的自信心。"历史评论家德富苏峰："日本人从此进入了世界的生活。"文豪高山樗牛："日清战争从根底撼动了国民幼稚的思想，给予国民更加明白觉醒的意识。"历史评论政治家竹越三叉："世界的日本乎，亚洲的日本乎，二者择一也。作为'亚洲的日本'，日本正在成

2.14.14　1894 年 12 月 9 日，在东京上野召开清日战争胜利祝捷大会，博物馆庭前，皇太子殿下和川上操六同座观看。大型演出描述战争中，日军勇斗清兵的战斗场面。

为世界的对手，站在世界的高所，依照世界'大运动'的道理，在地方的、地理的、人种的大运动中，发生着'伟大'脱骨的变貌。作为'世界的日本'，亚洲的日本正在迎头赶上，改变世界的容貌。"

日本意图以国际优等生的形象，挤入欧美列强的行列。战争爆发之初，欧美报纸广泛报道了日清战争的新闻，当时欧美的普通市民不知道日本是何等国家。以为那只是东方的一叶孤岛，是臣服清国的属国，好像那里的民众爆发了反抗宗主国的战争。正当欧美民众还在疑问倭人之时，日本毁灭了东方最大的北洋舰队，清国陆军岌岌可危，清国大臣已经踏上了媾和之路。

日本媒体标榜明治的新军，"我军努力模仿欧美战争文明的规则，得到西方各国舆论的认同赞赏。第二军司令长官大山严在大连湾作战前通达全军，'今日之战是文明战争，我军乃仁义之师，严厉禁止一切暴行和掠夺行为，对占领地人民予以保护。'朝鲜战斗部队出现给养困难时，军中没有发生掠夺强抢事件。满洲的大风雪里，将士在'雪中进军'曲的军歌中痛苦忍耐着饥寒。日本军队初出茅庐的杰出表现，向全世界宣告日本是新崛起的东方文明之国。"

世界强腕大英帝国是明治维新的支援国，战前和战争中几乎都站在日本一方。日本清楚地认识到，今后若排斥俄国对朝鲜、清国、日本的窥视，就必须实现日英同盟牵制俄国。战后英日两国间撤销治外法权，缔结了各种新条约。然而日英关系中日本在许多方面都是一厢情愿，因为日本需要国际领袖大英帝国来承认大

2.14.15 日清战争胜利，广岛举行胜战祝宴会。会上最受欢迎的演出是军事学校的学生，扮演日清两国舰队的阵势，模仿黄海海战大胜清国北洋舰队的节目。

和优等生在国际上的地位，通过日英同盟关系壮势。英国在大清国拥有诸多权益，英国同样需要日本充当维护英国在清国利益的盾牌，在远东抑制俄国人的势力。日英两国相互友好，完全建立在相互利益基础之上，表演着互相利用的外交游戏。

日清战争最初的战争目的是解决朝鲜问题，夺取对邻国朝鲜的控制权，把清国、俄国势力的威胁从家门口赶出去。由于清国军队表现软弱不堪一击，助长了日本对清国发动全面战争的野心。日本获得了战争胜利取得割地赔款的重大利益，明目张胆在欧美列强面前横枪夺爱，引起包括同盟国英国的警觉。列强不希望新出茅庐的优等生挤进老牌强国的势力范围，分食他们在清国的利益。继而三国干涉还辽，日本被变相赶出了清国大陆，失去了对辽东半岛的领有权。坐山观虎斗的沙皇俄国成为最后的受益者，日俄两国从此结下宿怨。日本痛心思过、卧薪尝胆，决心来日再与俄国对决。

19 世纪末，沙皇俄国为实现南下扩张战略，开始了修建西伯利亚铁路的宏伟计划。由于地理气候的原因，俄国在远东没有不冻港，整个冬季俄国的远东军港完全封冻失去作战机能，一直以来只能租借日本的港湾度过寒冬。俄国南下的霸权计划如果实现，就势必取得在朝鲜和清国的不冻港，对日本构成战略威胁。日清战争的三国干涉，俄国人如意得到远东最重要的军港"旅顺"，为实现南下梦想跃进了重要一步。

日清战争的结果，日本军队全面确立了在国家体制中的地位。1878 年军部参谋本部独立；1889 年军方的帷幄上奏权确立；1893 年军令部独立；1900 年"军部大臣现役武官制"制定；1907 年获得军令制定权。明治国家的军事在天皇虚拟统帅权根干下，军部政治独霸的构造形成，军人开始超越一切，获得至上的权力，

2.14.16　靖国原乃"和平定国"之意，神社内是祭祀明治维新时期，在战争中的军人亡殁者。随着近代日本军国主义的崛起，和平定国的初衷演变成激励战争的精神支柱和象征。保存在圣德纪念绘画馆的一幅绘画"靖国神社行幸"，描绘了明治二十八年（1895）十二月十六日至十八日，日本国内连续三日在靖国神社举行的临时大祭，将日清战争中阵亡将士的灵柱（记名小木牌）13,619柱，送入神社合祀，慰勉在天亡灵。

由此引导日本进入半个世纪的战争泥沼。1894年日清战争；1900年北清战争（义和团事变、八国联军出兵）；1904年日俄战争；1914年日德战争（第一次世界大战日英同盟）；1918年出兵西伯利亚（五国联军干涉俄国革命的七年战争）；1937年日中战争；1941年太平洋战争。五十年战争历史给卷入战争的各国人民带来深重灾难。

日清战争中的日本国民，在狂热的战争气氛中全面支持了战争的延续。日本民众赢得了压给明治政府的战争赌注，民众和国家获得了同样多的胜战荣誉和战争利益。遥望彼岸的清国民众却要用辛劳血汗为清朝政府承担败战的战争责任，这样的梦魇在中华民族身上持续了半个世纪。战争是战争狂人制造的恶魔，然而狂热叫嚣战争支持战争的国民，在自身的受害和受益中，同样负有重大的历史责任。

早期的明治维新，日本曾经作为亚洲文明的楷模，吸引了来自清国、朝鲜众多求学的革命家，为本国的变革作出了惊天动地的大事业。日本老师没有谦虚谨慎，发扬光大明治维新的精神，被一群骄横跋扈的军人用残酷的战争，玷污了明治维新的初衷。1945年8月15日，不思反省的日本成为战败国，逆人类文明意愿而行的日本，终于在全世界面前低下了高昂的头。

第三章

清日战争大事记

3.1 长崎事件

　　"长崎事件"是发生在清国海军北洋水师和日本长崎市民之间的一个冲突事件。事件悄然过去了百年被人遗忘，现代日本人几乎不知晓这一事件的历史情节，现代中国人也不很清楚事件的来龙去脉。然而长崎事件在清日关系史上如同一根导火线，对清日间军备竞赛的升级和两国战争的爆发产生重要影响。长崎事件后日本人的清国观发生急剧转变，处理事件的主要当事人李鸿章，没有从失误中吸取应有的教训。

　　1886 年 8 月，清国水师提督丁汝昌率领北洋舰队定远、镇远、济远、威远等 7 艘战舰，结束在朝鲜海域演习任务后取道日本归国。事前北洋大臣李鸿章与日本政府商议，希望舰队归国途中在长崎港维修保养战舰，得到了日本政府的许可。8 月 1 日，7 艘战舰进入长崎港寄岸补给保养。8 月 13 日夜 8 时 30 分，清舰部分水兵登岸购物休闲，数名水兵在丸山游廓寄合町的"贷座敷"妓楼游兴，因为言语不通与店家发生争执，进而动粗损坏了店内物品。店家即刻通告丸山游廓内警署派出所，请求巡警前来维持治安，两名巡警接到投诉后立即赶到现场。

　　"贷座敷"是明治政府为推行娼妓解放令实施的一项制度。该制度许可娼妓租借妓楼，交纳楼主租金即可开门营业的一种卖春业。贷座敷制度的实施不但没有减少娼妓，反而促使政府的卖春合法化，其娼卖兴隆甚为繁盛。日本九州的长崎地方是海上贸易的重要港口，商业贸易十分兴隆，外国的泊港船只和往来阔绰的商人是丸山游廓卖春坊的主要客源。

　　街道维持治安的巡警，一般不佩带枪械刀剑，只配备警棍。前来的巡警在听取主客双方陈述事情经过时，因双方语言不通而不得要领。清国水兵坚持己见，当仁不让，加上巡警也有所袒护店家，双方语气激昂，继而发生肢体碰撞。恼怒的巡警以干扰执行公务之由将两名清国水兵逮捕，其余水兵见状趁乱逃离而去，两名水手被带回派出所问话。稍许，派出所前赶来十数名清国水兵，其中一人是在贷座敷参与动粗逃走的水兵。该水兵神情激昂用手指点划着巡警，向其他水兵述说着什么。该水兵被在场的人认出是在贷座敷妓楼参与动粗者之一，巡警也准备将其逮捕。此时，该水兵突然拔出日本刀向巡警砍去，巡警挺身夺刀时手和头部受伤。其他巡警合力而上将该水兵按倒夺下日本刀，厮打过程中该水兵的头部也受到打击伤。被逮捕的几名水兵被押往滨町警察署，次日送交清国驻长崎领事馆。当日清舰水兵登岸时，提督丁汝昌曾下令各舰水兵不得私自携带械器上岸，即便是水兵规定随身佩带的割绳小刀也不许。但是登岸观光水兵中，有数人在街町的刀具店购买日本刀，想带回收藏。事件发生后在清国水兵中引起强烈不满，终于酿成日后的大骚乱。

8月15日下午5时，约300名水兵上陆休闲购物，因为前两日发生摩擦的缘故，街道常备巡警又从梅香警察署临时调集2名巡警，使警力增至3名，加强繁华街道的巡逻。水兵们在酒屋、小吃店、贷座敷楼寻乐至夜，许多人仍没有返回码头的意思，这在游廓欢乐街通宵寻欢也属正常之事。一名清国水兵见两名巡警在低语交谈，便径直迎面走了过去，从两人中间穿过，稍许该水兵返回再次从两人中间穿过。两巡警为了不让水兵无理取闹，身体相互靠拢阻止水兵通过，该水兵则从后面迂回绕过。接着巡警继续沿街行走，刚才的水兵又走上前来，故意与巡警擦碰，将巡警的帽子撞歪，该巡警忍了回去。这时又过来另外一名水兵，握紧拳头在巡警的面部比划说着什么，巡警不懂其意仍然克制忍耐。突然，水兵冷不防抢夺巡警的警棍，另一名水兵则从后面推挤，其他巡逻中的巡警见状，立即跑过来制止水兵。双方相互发生了肢体碰撞，进而升级为打斗，顷刻间20余名清国水兵围将过来参与乱斗。一名巡警见不抵清兵势众，踉踉跄跄跑回梅香警察署求援。可是当日警察署的巡警为预防霍乱病，分别去各街道巡视去了，一时无法将人员集合起来，只好请求长崎警察署前来增援。长崎警察署紧急集合了一名带剑巡警，8名带警棍巡警赶到现场。此时现场已经一片狼藉，200余人的水兵和周边居民正在乱斗之中，从思切桥发展到广马场街、舟大工町一带。

原来，清国水兵的骚动引起附近居民的愤

3.1.01　1886年8月，清国北洋舰队寄港长崎。13日夜，部分水兵在丸山游廓妓楼游兴，因故与店家发生争执，并动粗损坏了店内物品而和维持治安的巡警发生冲突，进而引发清日双方大规模械斗事件。

3.1.02　1891 年 7 月，清国北洋舰队应邀访问日本，丁汝昌率 6 艘战舰赴日，这是他第二次访问日本。日本对北洋水师竭尽礼仪，所到之处夹道欢迎，亲善礼炮隆隆。7 月 9 日，天皇召见丁汝昌及北洋水师要员，礼仪隆重。图为停泊在长崎港湾内的北洋舰队"定远"号旗舰。

怒，居民中散居的浪人武士拿出刀剑棍棒围攻街内的水兵，也有住民在楼上向清兵扬泼沸水或投掷瓦片砖石，一时间乱斗现场双方人数急增至近千人之多。乱斗在当地住民间引起恐慌，许多人携家财或扶老携幼逃离街町。闻讯赶来的巡警立即参入混战，用刀剑警棍和清国水兵对战。打斗中又陆续赶到外所的巡警，警方人数增加至 30 余人。不久局面得以控制，数名水兵被逮捕，其余水兵逃进清国领事馆内。当日恶斗结果 1 名巡警死亡，1 名巡警重伤，居民多人负伤。清国水兵 1 人死亡，16 人负伤。事件平息后，16 日，2,000 余日本住民在清国领事馆前抗议示威，引起两国外交纠纷。

长崎事件的最终调查统计，日本巡警死亡 2 人，重轻伤 26 人。清国水兵 5 人死亡，6 人重伤，38 人轻伤。为表彰事件中坚持职守的警员，长崎官府向警部、巡警等 32 名当事人颁赏，赞扬他们在平息清国水兵骚乱中，为保护住民安全尽职尽力。

北洋水师寄岸长崎，李鸿章原本想利用这个机会，在日本民众面前展示定远、镇远巨舰，以此炫耀清国舰队的强大。不想却发生水兵和当地人殴斗的事件，据提督丁汝昌的电报称，有数名水兵被杀伤，李鸿章闻知勃然大怒。8 月 20 日召见日本驻天津领事波多野章五郎，质问事件的情况。以下是两人的谈话记录。

李鸿章："近来有否收到贵国的来信？"

波多野："最近什么信函也没有收到。"

李："前日我国军舰在贵国长崎寄港维修，带兵官来电报告，我国水兵和贵国巡警间发生打架事件，我国水兵死伤多人，此严重事态备受我国政府关注。"

波多野："这是什么时候发生的事情？因为何事引起打架？死伤多少人？"

李："详细情况和原因尚不甚明了。大概是本月 16 日（清阴历），少数清舰水兵上陆购物入浴时发生的事情。在骚动中，我水兵死 5 人，伤 41 人，死伤合计 46 人。贵国的巡警乱暴至极旁若无人，实在令人憎恶，那些巡警应该属于长崎县管辖的吧。"

波多野："是的，应该归长崎县管辖。贵国的兵舰有几艘停泊在长崎？"

李："有镇远、定远、威远、济远等数艘军舰。倘若巡警归长崎县管辖，那么长崎县官衙岂不是对我大清国等闲视之吗？"

波多野："上陆的水兵是否携带武器？水兵一般随身不离的割绳小刀，骚乱时应该是带在身上吧？"

李："据电报所云，水兵上陆时，带兵官命令不准许带小刀上岸。如果我水兵携带器械，就不会伤亡四十余人了。贵国的巡警用日本刀，砍杀我手无寸铁的水兵，令我大清国愤怒之极。为什么贵国长崎的警察见我清国人就如此憎恨？三四年前贵国巡警就杀害一名我清国人（明治十六年十月清国人在日吸食鸦片事件中遭杀害）。日前，舰队带兵官来电，请求即刻开战，已经被本官制止。当然，开战并非难事，我舰船之巨炮皆处于战备状态，随时开战都没有问题。"

波多野："贵国的舰船是从元山经过海参崴再到长崎的吗？"

李："就是上次本官与贵官面会时，请求我舰船途经贵国时，在长崎港稍作停留，对舰船施以保养修缮，请贵国给予帮助的事情。骚乱发生时一艘舰已经修复，第二艘正在修复之中。看来今后我国兵船只能在香港、上海维修，不会再依赖贵国的帮助了。"

波多野："贵国舰队司令官丁汝昌和英国人琅威理也在舰上吗？"

李："是的，丁汝昌和琅威理均在舰上。一般来说，兵船寄港，水兵上岸购物乃平常之事，而贵国巡警居然无礼阻碍我水兵行路。倘若我等煽动清人妨碍贵国在天津的住民，贵国会作何感想？现在，清日两国关系乃是最要好的时节，可像这等意外不爽之事却常有所闻。平心而论，贵国的人民还是友好的，至于警察却欺人太甚令人憎恶。"

波多野："其实我国的巡警，都是懂得道理的，不做毫无理由伤害人的举动。我国有非常严厉的警察法，即使对制服乱暴者也不能随意使用乱暴手段。"

李："假如确系我国水兵在贵国做出了乱暴之举，长崎县衙如果将该水兵交给我带兵官处置，就不会发生如此打架，相反多数的巡警围攻我水兵造成我水兵伤亡。长期以来长崎县衙与我国领事关系良好，此事归根结底是贵国警察憎恨我清国人挑起的事件。"

波多野："我国不同于美国，职业上日清两国没有竞争，我国人民一点也没有憎恨贵国人民的理由。"

李："此乃差矣，这里发生的事件是人民和人民的事，是官兵和官兵的事。不能用美国来作比较。"

波多野："阁下说官兵吗？我国的巡警与士兵有严谨的区别。从事战争行为的称作兵，在民间管制和逮捕乱暴者称之为巡警，须注意其中的区别。"

李："事件发生后，贵国外务省已经派出调查委员，本国公使也派出参赞，故也请贵领事向本国发出电信，妥善处理解决这一事件。"

波多野："承诺阁下的委托，相信我国政府能让贵国得到满意的结果，本官失礼先行告辞。"

两日后，李鸿章再次接见日本驻天津领事波多野章五郎，与前日的态度大不相同，显得和颜悦色，语气温和。

李鸿章向波多野言道："最初接到从长崎发来的电报，拙者一时大怒不能抑制，想必北京的醇亲王初闻此事也是怒不可遏。然而我等乃担任国家大事之人，像巡警和水兵这样的打架，交给该当职务的人处理就行了，只要该职务者公平无私，就不会令我等如此辛劳。今回警察和水兵的打架，如同小孩间之打架，父母只要两相无私相互平抚就可以解决了。为小孩间的打架再波及父母间的争吵就不好了。贵政府如果公正无私地解决此事，我想我大清政府也不会心存怨意。我作为伊藤大臣、榎本大臣的友人，素来主张平和主义，而且也曾和盐田大臣推心置腹谈过心，本官毫不怀疑贵政府可以公平无私地解决此事。其实15日警察和水兵发生打架前，清舰应该禁止水兵上岸才对，结果专门配置了两艘小船供水兵上岸，不能不说我们这边也是有不妥当之处的。"

李鸿章态度的转变是在听取了详细报告后，得知事件的全部经过自知理屈，故使出狡猾的外交手段，有意把巡警对水兵的治安维持行为，比喻成小孩间的打架，试图将事件大事化小，小事化了。

9月28日，清国驻长崎领事馆向北京总署提交了事件报告，情况与李鸿章知晓的事实存在较大差异。

清国报告

8月13日，水兵和人力车夫，因乘车价钱发生争执，日本巡警前来不闻事由，用警棍暴打水兵，水兵奋起还击后逃走。警察署听闻报告后，派巡警数名抓获另外

3.1.03　丁汝昌生前两次到访过日本，率领的舰队为大清国赢得骄傲，也令日本舆论胆寒。图为提督丁汝昌率舰队访问日本时留下的纪念照片。

一名乘人力车购物的水兵，带回警察署吊起来殴打。

15日，水兵休假上岸购物，傍晚大半水兵归舰，尚且滞岸者不足百人。日本巡警事先在街内埋伏，蓄意报复我兵。于街中故意与水兵肢体碰撞触怒对方，水兵愤怒之下与巡警发生对打。

我水兵没有武器，也不知道街道各处警察设有埋伏，当一个巡警开始动手后，其余警察均一哄而上与水兵混战在一起。水兵们防不胜防，只听夜空警笛四起，无数警察从四面八方赶来助战，水兵们欲乘日本人的小船回舰也遭到拒绝，众殴之下，我水兵死者8名，伤者42名。

次日，日本两千余人手持武器，包围领事馆，骂声不绝于耳。如果不是领事官发出警告，呼吁遵守国法，就会酿成大事变。

提督丁汝昌命令一概不许购买日本刀，水兵从巡警手里共夺取刀剑4把。

负伤水兵的伤口均在背部，显然水兵不是与警察正面对战，而是被从后面追杀的结果。

水兵所持的武器，只是随手从路边拾到的看板、木柱、木柴之类的东西，在场之人均有目共睹。

日本巡警刀剑棍棒出手后，其他日本街民或投砖石瓦块，或于楼上向水兵泼洒沸水，围攻助杀。

巡警预先召集街民等候号令，一齐向水兵发动攻击。

清国在日本居住的侨民对日本巡警暴行愤怒已极，强烈要求对事件，彻查追究。

日本警察的暴行，虽然不代表日本国家的意思，但却是地方官不顾两国邦交之礼仪设计的阴谋。贵国如何公正处置此一事件，我们将拭目以待。

日本驻清国公使馆的盐田公使，根据本国长崎县官府的报告，对上述清国驻长崎领事馆的报告书提出反驳。

日本报告

日本警察以维持治安为分内之职，没有不问是非就用棍棒打人，故意引起争斗的理由。

何为报复？13日治安维持中的巡查在已经负伤的情况下，仍然把肇事者送到贵国领事馆，何来报复之说？

13日水兵在游廊店内损坏器物或与车夫争执，15日数名水兵在警察亭前故意撒尿等，均是巡警过问的职权范围。

13日巡警没收水兵的刀鞘一根，15日该刀鞘的刀却再次出现在争斗现场，即是持械证据。据调查，长崎清人的店铺有协助水兵匿藏器械之嫌。

15日提督丁汝昌命令上岸者一律不许购买日本刀，是对13日水兵有私自购买日本刀事情的警告，防止因此再引起事情发生。

长崎住民听说日本巡警被水兵惨杀而引起公愤，各自拿起武器与水兵对抗，那是于情于理没有办法的事情。至于骚乱后，水兵们欲乘日本人的小船回舰遭到拒绝，此时本地住民的感情已经受到伤害，拒绝服从官命也在情理之中。

洞察事件的全部经过，13日丸山町贵国水兵弄伤巡警事情发生后，对此暴行不但不反悔，反而于15日又在广马场街、舟大工街杀伤警察，扰乱该地的法规和治安，此罪行按照日本法律是决然不可赦免的。

贵国驻长崎领事馆的报告，和本大臣听到的事实龃龉甚远。此次骚乱事件，我国参与治安维持的巡警全员负伤，其中明记的刀剑伤者2名，其他均为扑打伤。

8月18日，据井上外务大臣的文书记载，死亡巡警1人，死因为殴打至死。另外1名带剑监督巡警，负伤入院后于次日死亡。

清日双方各执己见、互不相让。而事实的真相是，停泊在长崎港湾中的清舰提督丁汝昌，听闻13日的打架事情后，立即下达了禁止水兵上陆的命令。15日，英国人副提督琅威理向丁汝昌提议，舰船既然已经停泊于陆地附近，如此盛夏炎热之时，禁止水兵上陆对健康不利。如果采取充分的预防措施，上岸也不会有什么问题。于是，丁汝昌接受了琅威理的建议，命令水兵一律不得携带器械上岸，禁止水兵购买日本刀具，结果还是发生了骚乱事件。

事件发生后，清日两国派出调查委员，日本外务省派遣取调局长，清国公使馆派遣参赞官，前去长崎参与调查。长崎县知事日下义男和北洋水师副提督琅威理也商定了会见谈判日程，双方力求事件不再扩大，在两国较低级别的官阶中妥善处理。可是8月25日清国政府决定聘请在上海的英国法律家道拉蒙特出阵谈判，对此日本政府外务省也决定聘请美国人法律顾问迪尼松出席谈判，双方又各自提出了事件调查成员，组成调查委员会。日方代表：长崎县知事、取调局长、美国法律顾问迪尼松。清方代表：清国驻长崎县领事、清国公使馆参赞官、英国律师道拉蒙特。9月6日，长崎县厅第一次调查审理"长崎骚乱事件"。日清双方各自唤问证人释明事件当日的经过，双方互不相让无法得出确切的结论。不久，清国公使徐承祖和井上外务大臣在东京会晤，期待在高官层解决纠纷。会晤期间，徐公使向清国聘请的英国律师道拉蒙特透露，每日的雇用费高达 200 两清银。徐承祖和井上的高层会谈没有获得一致意见，此后李鸿章接朝廷旨意要求尽快解决骚乱事件。12 月 6 日，清国公使徐承祖和井上外务大臣通知长崎调查委员会，分别解散各自的调查委员会。

此后，清国政府通过德国驻日公使探听日本政府的意向，驻清国的英国公使也向日本盐田公使提出解决方案。井上外务大臣表示，事件中巡警行使职权虽属分内之责，也不能说没有过度的地方，毕竟造成水兵多人死伤。而且不希望因为此事件，伤害清日两国的友谊，愿意通过政治协商的方式最终解决纠纷。德国驻日公使通知德国驻清公使，向北京总署原清国驻英国、法国公使的曾纪泽转达了日本政府的意向。

曾纪泽是曾国藩的长子，清国资深外交家。1878 年出任英国、法国使节。1880 年出任俄国使节，成功修订了《里瓦几亚条约》，与俄签订了《伊犁条约》。清法战争后，作为清国政府谈判首席代表与法国谈判，为清国争得不付赔偿金的

功绩。他主张为了清国的将来，清国应与日本结盟乃上策，曾纪泽因此被认为是解决长崎骚乱事件最合适的人选。曾纪泽说服了清国朝廷的各位大臣，使双方同意用政治协商的方式消除分歧。采纳英国公使向盐田公使提出的，不以赔偿金的方式，而是以两国慈善基金的形式，向双方死伤者支付抚恤救济金的方案。

1887 年 2 月 8 日，日本外务大臣井上馨和清国钦差全权大臣徐承祖代表两国签订了条约。条约记载：明治十九年八月十三日及十五日；光绪十三年七月十四日及十六日。地点长崎，发生了日本巡警和清国水兵之间的争斗事件。事件的因由，皆因双方语言不通产生误解，故而引发殴斗，造成彼此均有死伤的结果。事件发生后，两国政府共同对争斗事实进行了调查，以戒今后不再发生此类事件。调查中双方委员会采取了众多当事人的证言，延长了审理日时。本件毕竟是彼此长官意料外之事，两国

政府不希望因此事件成为相互间的友谊的障碍，故以和平为大局，兹两国大臣议定如下。本件的审理和惩罚处分，根据两国各自的司法官厅，参照自国法律斟酌处理，相互不予干涉，两国政府深信彼此均能秉公处之。今后两国政府均对各自的文武官吏施以训令，为两国永远交好，务必谨慎从事为重。两国大臣在协定书上共同画押，昭以信守之约，协议签订后相互收受了慈善基金会救恤金。清国方面支付日本，清银合 15,500 日圆；日本方面支付清国 52,500 日圆。打架的结局，以两败俱伤的形式和解告终。清国方面的死伤人数多，所以日本方面支付的抚恤金额超过清国。长崎事件的政治解决，暂时平息了清日两国间的纠纷，却在日本朝野和国民间滋生了反清情绪。民间对博大精深的中华文化、汉字、儒学、礼仪，以及对东方大陆怀有的美好憧憬，被清国水兵的狂妄无礼打破。

一段时间后，李鸿章奉召陪同清国皇帝和皇太后去山陵地游兴，进京时访问了各国公使馆，其中也拜访了日本公使馆，日本盐田公使向李鸿章寒暄："长崎事件无事了结乃我等之大庆。"李鸿章从鼻缝中发出"哼！"的一声，嗤之以鼻，再未谈及此事。本来战舰寄港长崎，意在在日本面前炫耀本国战舰实力，不想自国水兵在他国惹事遭到杀伤，让李鸿章愤怒难平。加上派遣长崎的事件处理委员会，为大清辩护不力，徐承祖和井上外务大臣谈判亦无结果，最后不得不自己亲自出马收拾残局，想来越发肝火上升，终于抑制不住心中怨恨。他在德国顾问汉纳根面前放话："下次倭人若栽到我手里吾决不轻饶！"李鸿章此一豪言，后来成为无大国风范之劣评，在外交界流传。

长崎事件平息后，1887 年 3 月 14 日天皇颁布敕令："立国之急在我海防，一日不可迟缓。"下令从皇室库存中，拨款 30 万日圆作为海防捐款。首相伊藤博文、民间大学者福泽谕吉等名流在全国各地游说，贵族、富豪、大名竞相慷慨解囊为海防捐款，半年内海防捐金额超过 200 万日圆。同时政府还发行海军公债 1,700 万日圆，支援海军军备建设。

李鸿章经过长崎事件的教训，认为大张旗鼓在亚洲邻国造势，才能炫耀大清国海军力量的强大，压制敌对者的气焰。1889 年 6 月 29 日，清国海军舰队 8 艘军舰，在提督丁汝昌、北洋水师副提督英国人琅威理、南洋水师副提督吴安康的率领下访问朝鲜，舰队在仁川湾泊港。此次航行的北洋水师战舰 5 艘：定远、经远、来远、致远、靖远；南洋水师战舰 3 艘：寰泰、开济、镜清，全体官兵近两千人。当大清宗主国的舰队驶入属国朝鲜人的眼帘时，人山人海的朝鲜人被眼前巨大的战舰惊呆了，目光中闪烁着不可思议的敬畏神情。驻在朝鲜京城的日本公使馆武官海军少佐井上良智，委托近藤代理公使向清国转达参观战舰的愿望。在袁世凯主持的晚宴上，海军提督丁汝昌爽快同意了近藤代理公使的请求，包括旗舰"定远"在内的所有战舰都可以随意参观。7月6日，舰队从仁川港出航，经釜山、元山、俄国的海参崴后返回本国。清国舰队朝鲜之行成功宣扬了宗主国的强大，挫伤了朝鲜意欲独立的念头，对俄国人也起到一定的警示作用。

1891年6月清国舰队受日本海军大臣西乡从道的邀请再度来日，北洋水师提督丁汝昌率定远、镇远、经远、来远、致远、靖远6艘战舰赴日。6月29日，抵达长崎，途经马关、神户短暂停留，7月5日，到达横滨港，所到之处受到了当地民众的友好欢迎。7月9日，明治天皇召见清国北洋舰队提督丁汝昌，会见在"极为缜密礼仪"下进行，因为当时正值俄国皇太子（后来的尼古拉二世）在日本遭到暗杀未遂事件不久的敏感时期。7月10日，榎本外务大臣举行游园会招待丁汝昌和舰队将校军官，日本陆海军将校及各界文官、新闻记者90人出席了招待会。作为对等礼仪，清国北洋舰队提督丁汝昌在定远舰上举行了盛大招待会，应丁提督和驻日李公使的邀请，众议院议员、贵族两百多人登舰参加了宴会。出席招待会中，有被誉为"日本海军之父"的胜海舟，胜伯爵被巨大的战舰惊呆。定远与同港停泊的日本主力战舰高千穗、扶桑比较，舰体之大、铁甲之厚、大炮之巨，绝非日舰堪能相比，唯一可比之处只是日舰水兵的体格素质超过清舰水兵。深受震撼的胜海舟此后再不相信日本舰队的战斗力，公开持反对清日战争的立场。就在他的得意弟子、联合舰队司令长官伊东祐亨在歼灭清国舰队北洋水师后，胜伯爵还为丁汝昌写下追悼文，并公开在报纸上发表。他指责日本愚蠢追随欧美列强的侵略政策，与其说是在和大清国争斗，不如说是与欧美列强对抗，暴露自己的野心，随之发生的三国干涉事件证明了胜海舟的预见。

清国公开最新锐战舰展示自己的秘密，令日本人耳目一新，有恐惧者、悲观者、感动者、愤恨者，更多人深感处在清国威胁的包围之中。在返回的火车上，"定远舰"成为议员们议论的主要话题，甚至忘记了车上用餐。政治大员们一致赞同日本必须增添数艘巨大坚牢的军舰，否则一旦日清间出现战事，日本舰队将难敌清国舰队。持冷静镇定立场的是一同登舰观摩的少壮将校东乡平八郎，在参观定远时看到大炮上晾晒衣物，认定清国水兵一定是纪律混乱斗志缺乏的部队。他放出"清国不足为惧，必为我军击败"的豪言。

定远、镇远姊妹舰来航，日本媒体界大肆渲染报道。形容此次北洋舰队的来航，堪比江户幕末美国舰队"黑船来航"的阵势。6艘大型战舰浩浩荡荡驶过长崎、马关、神户、横滨，横断大半个日本列岛。远处望去巨大的烟囱吐出浓厚的烟云，遮掩了半边天际，给人留下震撼的印象。街巷的住民、各种职业者，带着饭团干粮从远处赶来观赏巨舰风景。报纸赞誉丁汝昌是李中堂的爱将，大度豁达风采独具，四十五六岁的壮年军人。在对大舰队观瞻兴致的背后，日本人心中深深埋下了定远、镇远两舰令人窒息的阴影。此后，围绕定远题材的文学作品，《不如归》《不沉的定远》《野麦岭》、《第二的元寇》、《勇敢的水兵》等小说流行文坛，宣扬勇敢的日本海军战士，勇敢击沉定远舰的美谈。

李鸿章的威慑意图达到了预期目的，深深刺痛了日本民族的自尊心。在日本政府、军人、知识层、庶民层的共通情感驱使下，一致要求国家加速扩建日本海军，支持政府倾国家财力打造一支超过北洋舰队的日本海军。1884 年，日本海军已经着手的海军建设十年计划，在北洋舰队第一次来访后被要求加速提前实现。舰队规模已达到 42 艘战舰，其中新增战舰 32 艘，包括大舰 6 艘、中舰 12 艘、小舰 12 艘。北洋舰队第二次来访后，进一步加速了日本海军的扩张速度，包括建造装备 32 厘米口径巨炮的三景战舰松岛、桥立、严岛，进口英国建造的世界最新锐最快速的战舰"吉野"号。从北洋舰队初次来日至清日战争爆发，日本每年的军费支出，占国家财政总支出的 11.7%。日本仅图强八年，海军的战斗实力就超越了清国的北洋舰队。

3.2 高升号事件

击沉高升号

1894 年 7 月 25 日，清日两国军舰在丰岛海域遭遇，双方间的海战拉开了清日战争的序幕。交战中清舰广乙号负伤脱离战场搁浅自爆，操江号不战而降，济远号战中脱逃，三艘清国军舰完全放弃了护卫送兵船的职责。混战中一艘悬挂英国国旗的英籍商船高升号，自视为英国籍船，孤傲地通过战斗海域。日舰浪速号观察到船上乘载大量清兵，立即放空炮两发命令商船抛锚停船。上午 9 时 15 分，高升号被迫在肖帕尔岛附近投锚接受日舰临检。"浪速"舰派临检官见善五郎大尉和蒿谷少机关士乘坐舢板登上高升号。临检证实，船籍系英国印度支那汽船公司所有，属上海怡和洋行的财产。"高升"号受雇于清国政府，船内载有 1,200 余名清兵、菲律宾人 3 名、水夫 64 名、船长等西洋人 8 名。商船前往目的地朝鲜牙山，船内载有大炮 12 门和大量弹药，确定是增援牙山的清国军队。

临检官返回复命，浪速号舰长东乡平八郎认为，高升号违反了日本政府向清国政府发出的最后通牒期限，下令捕获高升号，命该船和乘员降伏随行。高升号

3.2.01　操江号是日本海战史上缴获的第一艘清国军舰。7 月 25 日，操江号与高升号和日舰不期相遇，在日舰鸣炮警告下升白旗受俘。军舰乘员 83 人，其中包括丹麦籍电报技师弥伦斯 1 人。

船长高惠悌主张，本船出港于 7 月 25 日之前，不在日本政府通牒期限之内，因此保留返回大沽港的权利。此时，甲板上气氛鼓噪，清军官兵拒绝投降，纷纷拿起枪械与日舰对峙。两舰船相距 300 米，双方用旗语对话达四小时之久，交涉未取得任何进展。高升号与浪速号对峙交涉中，搭乘高升号随清军前往牙山的退役德国军事顾问汉纳根，在清军、英国船长、日本海军之间调解未果。

下午 1 时许，浪速号升起攻击信号旗要求高升号乘员即刻离船，并向高升号发射鱼雷一枚，可是鱼雷没有命中高升号。高升号舰桥桅杆升起红色警报旗，汽笛嘶鸣通告全员弃船逃命，船上清军顿时大乱。船长等西洋船员趁混乱跳入海中逃命，会游泳的清兵也争先恐后跳入海中，甲板上清兵向逃跑者开枪射击。浪速号 15 厘米速射炮朝高升号开炮，炮弹命中动力汽罐，蒸汽和煤烟喷出，接着船体多处着弹发生倾斜，清兵从甲板上滑入海中，落海逃生的清兵同时遭到日舰水兵的射击，下午 1 时 46 分高升号沉没。

日清两国海军在丰岛海域的遭遇战，使清军蒙受巨大损失。济远舰重伤，死 13 人、伤 27 人；广乙舰负伤搁浅自爆，死 10 人、负伤 40 人、18 名水兵被英国军舰救助；操江舰投降，82 名清兵成为俘虏。高升号搭乘的清兵溺死者 1,030 人、菲律宾人 3 名、水夫 64 名。日舰浪速未实行国际赤十字救援义务，只派舢板小舟营救了船长等 4 名西洋人船员，同船其他 4 名英籍船员未能获救。当高升号开始下沉时汉纳根落海逃生，和大约 170 名乘员随波漂流至肖帕尔岛附近。在汉纳根

3.2.02　丰岛海战中，广乙舰与日舰对战，在"浪速"和"秋津洲"舰的合击下，负伤脱离战场。"广乙"在卡劳林湾附近触礁搁浅后，清兵点燃火药引爆自沉。而后，清兵分两路离开战舰上陆，一路登上附近荒岛。

的帮助下，112 名清兵被德国军舰搭救。高升号事件的发生，使清军在朝鲜半岛的作战力量，失去了 1,200 名精锐部队和 12 门大炮火力，日本方面确保了在朝鲜战斗力的绝对优势。

　　丰岛海战后日本大本营内呈现的一幕，桦山资纪军令部长宴请作战归来的舰长。处于兴奋状态的东乡平八郎向出迎的同僚豪言，"我成功了！"，大家为之一番赞誉祝贺。听到此话的秋津洲舰长上村彦之丞，面带讥讽的笑意说："东乡你可真是个乱暴的家伙！"（暗示东乡击沉高升号运兵船之事），众人哄堂而笑。

事件的葛藤

　　日本海军在公海悍然击沉英籍商船的事件之后，英国国内舆论哗然，政府照会日本公使，向日本提出严重抗议。英国远东舰队司令官斐利曼特（Edmund Robert Fremantle）获悉高升号被日舰击沉的消息，立即派军舰前往朝鲜近海出事地点搜索证据问罪日本舰队。

　　这一事件震惊了日本朝野，政府唯恐事件招来国际社会的全面谴责，极力为自己的行为掩饰。7 月 29 日，日本政府命令法制局长官末松谦澄前往调查。末松谦澄首先向高升号船长、乘组员、搭乘清国军舰操江号的丹麦人询问事情经过。并且向各位西洋人惠与高额救恤金，安慰受难者无辜卷入事件。高升号船长得救恤金 2,000 圆、一等驾驶手（大副）1,500 圆、导航员 800 圆，8 月 4 日以后分别

3.2.03 日兵登上自爆后面目皆非的广乙舰。清国水兵死10人，负伤40人。离舰乘员分两路脱逃，一路在朝鲜上陆求救，一路18人登孤岛被英国舰救获。

予以释放或出院。日本政府的做法试图让英国人知道，日本政府对事件的处置是以诚相待毫不怠慢的。接着陆奥外务大臣指示召见英国驻日本代理公使，会见中报告了调查的全部结果，指出当发现帝国军舰的不幸行为造成的伤害时，政府立即对遭难者给予了相当的补偿。代理公使表示已经知道了事情的经过，会立即将调查结果电告本国政府。

高升号事件在国际社会引起广泛议论，8月1日英国剑桥大学和牛津大学的国际著名法学学者，先后在《泰晤士报》上发表文章，评论日本行为的正当性。主张"日本向清国发出最后通牒的时限是7月25日，而清国无视警告于25日继续向纷争地域增派军队，清国显然在挑战日本的通牒，没有缓和朝鲜半岛紧张局势的诚意。高升号商船的性质由此转变成敌国船舶，击沉高升号符合战时国际惯例。"事件造成的影响虽然因为英国法学学者的文章使世论趋于沉静，但是8月3日英国外务大臣给日本驻英国公使青木发去书面信函，指出："英国政府对本事件的态度，认为日本政府应负主要责任，具体结论须待详细报告判断。"英国官方没有因为世论对日本的批评趋于沉静，就认同知名学者的意见，坚持主张日本应负的责任。

8月5日英国远东舰队司令官斐利曼特照会日本联合舰队司令长官及海军大臣："前月25日，日本军舰浪速号明目张胆击沉正在从事正当业务的英国船高升号。7月26日，法国炮舰里昂号经过沉没船时，救下漂浮在高升号桅杆上的45名清兵，听取了事件的经过。同时又得到英国副领事的通报，报告了德国原陆军少尉、现清国陆军少将汉纳根对事件的详细陈述。今本官用日本语询问贵官，肇事者浪速号的行为，是否是遵奉贵官的命令之所为？贵官是否已经承知该行为的经过？"

联合舰队司令长官伊东祐亨接到英国舰队司令官斐利曼特照会后，回复道："前月25日，麾下军舰浪速与清国军舰交战中，遇到一悬挂英国商船旗的汽船，然该船搭载清国军队，且配有护卫军舰，浪速要求该船投锚接受临检，结果知道该船正在运送增援牙山的兵力和武器，双方交涉达四余小时，浪速命该船随行遭拒，而清军制伏船长占领该船，此后受到浪速舰的攻击，并派出小艇救助乘员。浪速舰长已经向本官报告了事情经过。至于贵官询问浪速的处置方法是否是本官的命令，本官认为，按照当时的状况，两国已经处于交战之中，即便意外遇到局外中立国的商船，如果载有敌国的军队，便可视为参战协助者成为处置对象。浪速舰长的行为可视为执行拙者的训令，虽然发生了不幸的结果，但拙者认为浪速舰长的处置是临机不得而为之的行为。日清两国的战争冲突，使贵国的商船及船员被意外卷入，拙者甚为痛感有加，高升号救助的西洋船员已于事件翌日送回日本。以上事件经过，本官已经报告本国政府，今贵官的照会本官亦将报告本国政府。"

7月28日，获救的高升号船长等西洋人，被送往日本佐世保医院，仁川的英国远东舰队司令官斐利曼特致函伊东司令长官，请求引渡高升号船长等西洋人。8月8日，英国远东舰队司令官斐利曼再致函伊东司令长官："今后无论在何种情况下，日本帝国军舰若临检英国在远东的商船，都是不能容忍的。因为对于大英帝国女皇支配下所属的商船，本官有保护的义务，请阁下予以承知。"

8月12日，伊东司令长官回复英国舰队司令官斐利曼特："8日所述英国商船临检请求，拙者已向麾下各舰通达。但是此事在国际战争法上，超出了本职的权能，对此我国驻贵国公使将转达令贵国政府满意的照会。"

8月30日，英国舰队司令官斐利曼特向伊东司令长官通告了救助清舰广乙号残兵的情报。丰岛海战后，清舰广乙自爆，其残兵70人逃进附近的陆地，英国军舰在清兵的请求下，搭乘英国军舰送回清国，此乃同情和情谊意愿的作为。现在英国军舰两艘在距牙山30海里之处待机和搜索，基于单纯同情的理由，接收公法上认定的遭难军人，凡乘舰者均不能携带任何兵器类物。本官之作为纯属同情，恳请谅察。本官将严格遵奉英国女皇陛下在清日战争中完全中立的立场。

8月7日，日本驻英国公使馆的法律顾问巴伦·阿里森达·希伯特，约见英国外务次官巴鲁奇，为日本击沉英国船事件的责任问题辩护，两人对话要旨如下。

希伯特："拙者今日拜见贵官，想必阁下有什么想要询问的事情吧。"

巴鲁奇："拙者关于日本海战的消息，尚未有最新的确报。"

希伯特看到巴鲁奇手里的朝鲜地图，便详细介绍起近期战事的情形，"如今朝鲜牙山的清国军队已经败北溃散，京城皇宫的战斗实际上也已经结束。"巴鲁奇似乎并没有兴趣，随即将话题转向英国外务大臣金伯利（Kimberley）致函青木公使，关于英国船高升号沉没的事件。

希伯特："拙者听说了信函的事情，可是眼下英国外务省对信函中发生的事情，也许知道的不够详细。拙者作为一个普通人，对遭遇不幸事件的人深感同情。然而在军事上，特别从国际公法的视角来看，日本外务省与英国外务省持有的意见本同末异。"

巴鲁奇："这是另外一个议题。问题是日本国的一艘巡洋舰，在日清 1885 年条约中双方有出兵权的地方，击沉了一艘属于英国的商船。日本人没有命令英国商船停船以及妨碍清国出兵的权力。"

希伯特："完全如阁下所说，可是贵官忘记了一件事，即东京英国代理公使在最终调停日清两国纠纷时，提议的 7 月 20 日为止的期限，该日期意味着最后通牒。此后的日时再宣布交战将毫无意义，即便是欧洲诸国的政府也不会如此解释。"

巴鲁奇："道理是这样的，可是日本政府不是对英国公使的提议又延续了 5 日的犹豫期吗？最后通牒的有效日期是日本政府作出的。"

希伯特："最后通牒是谁作出没有究明的意义。拙者想说明的最后通牒是战争的一方作出的，而且通牒期限经过。既然觉悟到早晚都会发生战争，再延续战争日期是没有意义的。"

巴鲁奇："可是并没有发布开战宣言。"

希伯特："拙者也承认这一点，国际公法学者，特别是英国公法学者认为，不需要正式的宣战布告，仅仅军队开赴边境的举动就足以表明战争的意向。贵官一定还记得 1870 年普法战争的始因，单纯因为一封被政治利用的电报，德国和法国间发生了战争。日本政府与此相比履行了谨慎的手续，通过英国政府转达清国政府通牒期限。在清国超越期限继续增兵的情况下，日本政府就有理由视为是主动挑战最后通牒的交战意图的。"

巴鲁奇："然而战争实际上还没有开始。"

希伯特："是的，浪速舰命令高升号停船时尚未开始，可是在数分钟后，济远舰向浪速舰发射了鱼雷，拙者认为鱼雷发射就意味着交战。"

巴鲁奇："目前这件事并没有得到证实，济远舰面对强大的三艘日舰，很难想象会发射鱼雷先行攻击挑战。"

希伯特："拙者相信两国军舰相峙时，济远舰首先开炮是不容置疑的，而且济远舰还挂出了休战旗，以休战旗迷惑近敌是有特定的企图的。"

巴鲁奇："清国巡洋舰开炮的因由，也许是浪速舰叫停高升号之所为。"

希伯特："高升号系英国船亦可视为清国船，如贵官所述那样，高升号若是英国船，那么清国就没有干涉的权力，船长有权履行停船、临检、随行的职责权。若是清国船，清国就有干涉舰船行为的权力。现在英国政府之所以无法抒发苦情，是因为当时属于英国籍的船已经被清军控制转变成属于清国的船，日舰理论上虽然不能对其开炮，现实中又没有不开炮的理由。"

巴鲁奇："该船系英国船，既然浪速已经命令其停船，就没有继续攻击的理由。"

希伯特："应该是这样的，但是事发的顺序导致事情的变化，因为日清间的战端是因为济远舰引起的，开炮的当时就等于实行了战争法。根据战争法，交战国在战时有权叫停中立国运送战争禁输品船舶的权力，高升号当时正是在输送士兵和战时禁用军器，这一点我想贵官是承认的。"

3.2.04　高升号在海上航行两日，搭乘的清兵疲惫不堪，焦虑不安，他们不知道等待的将是死亡的厄运。

巴鲁奇："当然，可是完全没有必要令船舶沉没、乘员溺死。"

希伯特："这应属于另外的问题。战端既然已经开始，浪速舰长两次派出小艇登船向高升号传达跟随命令，与清国军人交涉长达四个小时。然而交涉不但毫无效果，反而该船被清军控制，船长也成了清兵的俘虏，这是国际公法所不允许的。"

巴鲁奇："虽然是这样，但没有必要让其沉没。"

希伯特："这仍属于另外的问题。浪速舰长发出高升号跟随命令时，船长遵从了命令，但是清国人拒绝降伏，阻止了船长的行为。根据汉纳根和船长的证言，高升号船长已经失去该船的指挥权。清国人威胁船长的生命，妨碍降下小艇离去，从法律的概念上说，高升号已经被劫持。即使当时桅杆上仍然悬挂英国旗，事实上已经不属于英国所有，因为代表该船的船长已经失去自由。目前，俘虏船长的行为，还不清楚是搭乘该船的清国士兵自发所为，还是清军将校之命令所为。如果是清兵自发的行为，法律上意味着该船落入海盗之手；如果是清军将校的命令，意味着清国皇帝陛下的士兵，代表清国政府开始与日本政府战争。在这种情况下，浪速舰长采取军事上的处置是完全正当的，有必要打击被敌兵夺取的借以抵抗的船舶。"

巴鲁奇："可是没有必要让其沉没。"

希伯特："这一点在个人情感和公法上是不能混淆的。如果浪速舰长不采取粗暴的处置措施，法律上对舰长本人不会有丝毫责备。然而，当时海战中的其他同伴军舰正在追击逃跑的清舰，极有可能遭到清国舰队的埋伏，浪速舰有随时投入作战的义务。在这种状况下，浪速若心存仁义留下清兵占领的高升号，自己却有可能陷入被清国舰队击沉的命运。"

巴鲁奇："虽然这样的推理合乎逻辑，可是对于落水的清兵为什么还要开枪射击呢？"

希伯特："后来的情报让我们知道了事情的真相，正如汉纳根证言的那样，日本小艇上穿着军服的士兵向沉没中的高升号开枪，的确存在所述的事实。贵官应该阅读过高升号船长陈述事件的报告，当时高升号沉没时船上的清兵，正在向跳海逃生的船长和其他欧洲人射击，甚至也向己方落水的清兵开枪。一些跌入海中的清兵，继续向周围射击阻止日兵营救行动。为了救助欧洲人，保护他们的生命，愤怒的日本兵向船上或水中的清兵开枪，阻止他们疯狂的行为。英国公众因从上海、天津传来的不公平电报所产生的误解和迷惑，实在令人遗憾。汉纳根是清国的盟友，他的证言不是公平中立的证言。有害的报道经常是在压迫下陈述的谎言，因此不能不等待高升号船长和大副的进一步陈述。英国船的船员被日本国官吏作为囚人扣留之说，纯属无稽之谈。事件后诸位遭难者被送往佐世保海港疗养，数日后送往长崎，而且给予相当额度的抚恤金。正如媒体报道的那样，英国海军司令官没

3.2.05　在日舰"浪速"号的攻击下，高升号气罐爆炸，船体倾斜开始下沉。清兵纷纷落入海中，日舰放下救援舢板向高升号划去。除了西洋人，日军拒绝救助任何清兵。

有向日本政府要求引渡的事情。"

巴鲁奇："拙者也没有听说有过引渡之说。"

希伯特："应该是这样的，然而此事件在日本人中引起强烈震动。拙者希望日本的政治家对于此种突发情况，不能失去虚心平气的判断力。"

巴鲁奇："拙者最初不相信事情的此等经过，一直等待详细的消息，拙者坚持主张浪速号没有让英国船停船的权力。阁下还记得美国南北战争，因英国船多伦特号引发战端的历史吧？"

希伯特："'多伦特事件'与本事件有所不同，当时美国军舰命令英国邮船停船，南方的外交使节数名被捕，美国指责南方外交官派遣委员运输战时违禁品，美国人因此就不能再给英国人面子了。"

巴鲁奇："拙者私下告诉阁下，今回英国的沉船事件，不仅是非常不当的事情，而且属于极端愚昧的事情。"

希伯特："拙者和阁下抱有同样遗憾的心情，然而拙者至此的辨明，希望把最适当的议论看作事实是重要的。如果仅仅为了一个军官，英国和日本国的友谊关系发生变化，这将会是更严重的遗憾。英国和日本两国修正条约中创设的大事业就会因此破弃，贵国给予日本的一切将会化为泡影。到目前为止，日本国对英国感谢之意是毫不踌躇的，用稍微夸张的言语来说，英国是将日本从束缚压制下解放出来的救世主，现在正是日本国民对英国充满感激的时期。拙者虽然使用了夸张的言语，相信阁下也赞同这一点吧。像李鸿章'亚洲是亚洲人的亚洲'的主义说，清国人多年来谋划、诱惑，企图联合日本排斥西洋诸国，日本人坚定地拒绝了清国的邀请。李鸿章也许只希望欧洲亲近他，当看到欧洲同样亲近日本时，内心增加了嫌忌的排他心理吧。"

巴鲁奇："可是，日本国为什么要采取这样的方针？"

希伯特："理由是，不相信清国人的信念和主义，日本对于执著反对西洋诸国文明的退步主义，不仅仅采取非协同的政策，而且不相信清国的外交政略，现今的朝鲜事件就可见其本色。故高升号事件，如果审判过于苛求日本的过失，对英国来说是不可取的下策。因为来自英国的压力，容易失去已经建立的日本国对英国的好意。日本为了维持与英国的亲密交往，凡正当的不论何种事情，行动起来都毫不踌躇，绝不做贬低两国信用的蠢事。"

巴鲁奇："那么支付赔偿金应该是上策吧。"

希伯特："关于赔偿金的问题，首先需要确定权力。根据拙者的意见，现在在这里议论这件事是不合适的。作为难以处理的事情，需要经过艰苦的谈判，采取诚意的方法，才能得到满意的结果，此乃上策。"

巴鲁奇："既然贵下不愿意讨论这个议题，是否可以得到希望获得的东西？"

希伯特："相信这不是一件容易的事。假如英国海军军官处理本事，会采取怎样的处置方法？拙者期待能有一个深思熟虑的建议，相信拙者会依照同样的方法处置。"

巴鲁奇："是吗？如果袒护英国海军将官，英国人也会不深究事件中的曲直。如阁下所述，即便浪速舰长有不当之处，日本政府也会偏向他的一样。"

希伯特："拙者想，英国政府也许认为，日本政府对本国官吏有不当行为时，会采取放任自流的态度，其实日本政府不喜欢这样做。相信许多捕风捉影找出来的证据，一定会与真实的版本相异。"

巴鲁奇："英国政府对于本事，眼下不会采取任何处置方法。本官在拿出最终处理意见之前，不能不等待更充足、更详细的报告。"

日本驻英国公使馆的法律顾问巴伦·希伯特与英国外务次官巴鲁奇的会谈结束。从谈话状况可见，巴鲁奇对当时的国际法并不甚精通，而且双方得到的关于事件过程的情报存在较大差异和失真的情况。日本雇用的谈判高手，成功诱导了英国政府的观点倾向，使强硬的英国在国际法面前退却。

日本公使馆法律顾问希伯特的父亲老巴伦博士，因涉及间谍案被迫离开祖国，来到日本担任幕府对外事务顾问。儿子巴伦·希伯特从小活跃在翻译界，明治时代开始被日本外务省录用，在外交交涉中颇具手腕，得到很高评价。尤其在修订《日英通商航海条约》的外交活动中，堪称竭智尽力的有功之人。高升号事件，希伯特又一次成功地让日本政府走出困境。

旅顺要塞陷落后，日军从缴获的大量机密文书中发现，英国海军曾经多次向清国透露日本联合舰队的军事情报，对此日本政府指责英国违反了战争局外中立的原则。机密文书例，一、8月16日刘含芳发、龚照玙收电报，英国领事透露，11日午后2时英国司令官斐利曼特的军舰，在旅顺和芝罘海面监视到日本军舰的航迹。二、8月16日李鸿章给卫汝贵、左宝贵、马玉昆的训令，英国司令官斐利曼特告知，倭军军舰准备沿大同江进入，参加登陆作战，我军需敷设地雷加强防御，截断敌军。三、8月18日盛宣怀从英国司令官斐利曼特处获知，日本舰队袭击威海卫后，其半队返回大同江。四、9月25日刘含芳发、龚照玙收，英国舰队7艘集结仁川港，1艘舰在大同江侦查探知，日本商船10艘，其内满载士兵，1商船故障修理中。五、10月9日李鸿章给丁汝昌、赵怀业、龚照玙电，英法两国舰队电报报告，日军计划在大连湾登陆夹击旅顺，旅顺守军务须加强防备不得懈怠。六、

10 月 28 日赵怀业给龚照玙电，英国司令官斐利曼特告知，日联合舰队军舰 11 艘、水雷艇 2 艘在大东沟附近活动。

丰岛海战第一炮

清日战争第一炮发生在丰岛海战，揭开了清日战争的序幕。历史上关于丰岛海战第一炮，清日两国各执己见，都主张对方先开第一炮挑起战争。1894 年 8 月 1 日，清国光绪皇帝发布对日宣战谕旨中称："（我舰）迳行至中途，突有倭船多只，乘我不备，在牙山口外海面开炮，轰击伤我运船。"同日，日本国明治天皇颁布对清宣战诏书中称："清国更派大兵于韩土，要击我舰于韩海，狂妄已极。"两国均以国家最高文书，陈述对方首先开火的主张。此后两国的各种历史资料均依此据记载，延续了各自的历史认识。

3.2.06　"浪速号"舰救援舢板搭救了高升号船长等四名西洋人，眼看着落水清兵死于非命。

丰岛海战是一场遭遇战，清国方面的责任者是北洋水师济远号管带方伯谦，日本方面的责任者是联合舰队吉野号，第一游击队司令官坪井少将。清国方面文书记载了当时的战斗经过。7 月 25 日，济远、广乙舰护送增援牙山运兵船返回途中，当日清晨天气晴朗无云，能见度良好。7 时 30 分左右，在丰岛海面南方发现三艘舰船煤烟，经辨认是日舰吉野、浪速、秋津洲三艘快速巡洋舰。该舰驶至丰岛南侧海面时，突然掉转船头向北，以单纵阵向济远、广乙迎面扑来欲拦截我舰航路。7 时 52 分，双方军舰相距 3000 米时，日本第一游击队旗舰吉野号，突然用左舷炮向济远舰发炮轰击。接着秋津洲、浪速也用左舷炮向济远轰击，我舰济远、广乙被迫应战，自卫还击。

日本海军记载战斗经过："23 日，联合舰队奉命出航朝鲜海域，阻止清国通过海路向朝鲜牙山增派作战部队。24 日上午 9 时，舰队巡航至朝鲜全罗道南岸的济州海峡，未发现清国运兵船踪迹。吉野、秋津洲、浪速为前导的第一游击队，进而转向朝鲜西海岸群山浦外巡航侦查，本队则留在群山浦附近待机。25 日凌晨 4 时 30 分，第一游击队驶抵安眠岛附近海域，原定在这里和仁川直航过来的八重山、武藏两舰会合，却始终没有发现三舰的踪影，也没有收到任何联络信息。坪井少将此时判断，或许三艘舰船驶错了集合地点，也可能已经到达丰岛附近的安眠岛，抑或战斗已经打响被清舰击沉，种种不祥之感油然而生，坪井决定立即前往安眠岛。6时30分，先头航行的吉野舰，发现丰岛方面两艘南下的汽船煤烟，少许便确定是两艘军舰，但属于哪国尚且不知。坪井少将命令各舰进入警戒备战状态，同时命舰炮填装礼炮弹，准备向对方国军舰鸣炮致礼。鸣炮礼是近代欧美各国海军，在两舰相遇时惯用的礼节，即使双方舰船交战前，也像绅士一样先相互鸣炮致礼之后再战。少许，发现前方的军舰是清国济远、广乙两艘战舰，正加快速度向我方驶来，吉野、秋津洲、浪速也迎头向清舰驶去。在当时的政治背景下，日清两国将要一战的局面似乎已经不能避免，但是两国政府和西方列强仍在做最后努力，外交友谊尚存，普通鸣炮礼节仍需一表。上午7时52分，两舰队间距离缩小至3,000米左右，旗舰吉野升起将旗欲鸣礼炮时，突然济远舰21厘米大炮向吉野舰射出第一炮，高大的水柱在吉野舰旁炸开。坪井司令官立即下达战斗命令，迎击济远舰的进攻。一时间，海上两舰队之间硝烟弥漫，炮击声震耳欲聋，战舰的汽笛不断发出刺耳的嘶鸣，震撼海面。

1930年4月，东京帝国大学法文学部田保桥洁教授，发表了《近代日支鲜关系研究》的论文（日本、支那、朝鲜）。1940年3月，应朝鲜总督府委托，又新著《近代日鲜关系研究》两卷，2,100页。关于丰岛海战的责任问题，田保教授根据诸多旁证作出如下推论："济远管带方伯谦，面对数倍于己的敌舰，不可能有先行攻击的意图。清舰此航的本务是护送运兵船，任务正在随行中。况且清舰和日舰相比，舰少速慢呈明显劣势，在远离基地的公海上作战，必会以卵击石、燃火自焚。按照正常理智的情况，当军力处于不对称状况下，弱小的一方一定会尽量避免战斗。"论文中引述了日本舰队参谋釜谷忠道大尉的一段记述：7月24日，舰队奉命侦查牙山和牙山湾附近的清国舰队，命令要求第一游击队，如果遭遇到清国的军舰是弱小的，就没有必要发生战斗，如果双方势均力敌或强大就有必要实施攻击。当吉野舰在丰岛海面发现济远、广乙舰后，坪井司令官表示敌舰大小强弱或优势劣势无法判断，只有一战才能见得分晓，无论如何先打了再说。随后我舰执行了司令长官的命令，7时52分在距敌3,000米处向济远舰先发射出第一弹。

丰岛海战后，联合舰队司令长官伊东发给大本营的第一封电报，报告了先行攻击的战况。田保桥洁教授的论文，批评了1926年山本权兵卫海军省主事《山本权兵卫和海军》的回想录，篡改了联合舰队伊东司令官的电报内容，将日舰先行攻击改成济远先行发炮，翻弄历史真相。论文提交东京帝国大学申请学位时，因为论文没有延续历史的一贯说法，论文审查委员会担心影响日本军名誉，追究东京大学的责任，拒绝了田保桥洁教授的学位申请。

田保桥洁教授故去多年后，收藏在大本营副官部《着电缀》内，山本权兵卫篡改的电报原文被发现，证实了田保教授论文的正确性。译电官解读的伊东联合舰队司令官电报记载："7月28日上午8时45分发，午后3时17分着。25日7时坪井司令官率吉野、秋津洲、浪速舰为了与八重山、陆奥丸舰会合，回航至丰岛附近时与清舰济远、广乙舰相遇，我舰未发礼炮便投入战斗准备状态，即刻开战炮击。经过1小时20分猛烈攻击后，敌一舰逃往牙山方向，一舰向直隶湾遁去……"时任大本营大佐的山本权兵卫，以电报字句不明确为由，在电报纸括号内加笔篡改了语句："济远舰从我舰侧面通过，施放鱼雷袭击我舰，我舰随即开炮应战。"伊东司令官先行攻击的电文变成了被迫应战，原文的趣旨因此发生了本质变化。陆奥宗光外相在《蹇蹇录》中继续发挥了山本权兵卫的篡改，"7月25日丰岛海战是由清国军舰先行对我舰袭击引发，本次战斗胜败与否姑且不论，谁是谁非却是非常明白的，我国在战时国际法上没有任何可以担心招致非难的理由。"对高升号事件，陆奥抱怨与日本保有良好关系的英国，写道："朝鲜事件之初，英国的举动总是同情清国，不免为我国民众厌恶。英国如此做法是担心远东两大国交战，会影响本国在远东的政略及通商利益。一直以来，英国重视与清国的关系超过日本，英国总是抱有清国必胜的恻隐之心，故在日清开战前后，远东舰队司令长官斐利曼特之举动显得怪异，今亦不能辨其是否居心所为。当然这不能代表英国对日本抱有恶感或敌意。但在高升号事件上，英国政府过分责备日本，实乃令人遗憾之至。"

高升号裁判

长崎海事裁判

8月4日，英国政府设在长崎的英国海事裁判所开庭审理高升号事件，法庭唤问高升号乘员组当事人。8月7日，法庭结审，作出以下判决。

高升号船系属可操纵帆形装铁船，登录吨数1,355吨，公认番号7000号。巴露·凡尼斯公司制造，船籍属于伦敦港，印度支那汽船公司使用。

本船7月23日从大沽港出帆，未装载本船货物属性的货物，满载清国兵1,100人，前往朝鲜国牙山。7月25日高升号行驶顺利未有异常，上午9时，本船在肖帕尔岛附近收到日本军舰浪速号停船信号，投锚接受日舰临检。停船位置于肖帕尔岛北东，相距1海里四分之一处，水深20米。浪速舰两度派小艇前去高升号交涉，命令船长及役员从该船离去，受到清国兵的阻拦。下午1时，浪速舰向高升号发射鱼雷 1 枚未命中，接着侧炮 5 门，甲板炮塔机械炮连发，攻击时间约 1 小时，致高升号沉没。炮击开始时，船乘组员以及清兵跳入海中逃生。其中有船长托马斯·拉依达·伽露思瓦希、大副留思·亨利·塔姆琳、导航员里尼阿思·艾邦塞斯塔、菲律宾人等 4 名生存者。

裁判所经过对前记事件详细案查后，作出以下判决。

Ⅰ.认定高升号适合航海，必要的条件完全满足要求。

Ⅱ.高升号沉没前及沉没中，船役员及乘组员的行为正确，没有可指责之处。

Ⅲ.高升号沉没之原因，是受到日本国军舰浪速号炮击所致。

Ⅳ.高升号灾难发生时，船长和乘组员没有可以避免灾难的手段。

Ⅴ.本裁判所对船役员及乘组员没有任何可以指责的要项。

Ⅵ.本裁判费，6 英镑 4 先令视为正当。

　　1894 年 8 月 7 日 于长崎

　　裁判长英国领事 约翰·艾·库因 署名

　　克普由鲁库号船长 约翰·米切鲁 署名

　　道露美朗号船长 托马思·依·卡维卢 署名

3.2.07　高升号沉没事件的审判法庭。高升号船长获得日本给予的高额救恤金，经过海军医院治疗后得以自由。高升号船长谴责清国军人占领运输船和向落水者枪击的野蛮行为，宣誓不再为清国服务。

上海英国海事裁判

8 月 17 日，上海英国海事裁判所开庭，审理高升号事件的损害赔偿责任案。裁判最终判决日本政府不负责任，日本军舰的行为正当，裁判同时对英国政府提出了批评劝告。列席本裁判的英国海军提督，在裁判后给英国政府发去电报："基于高升号的击沉属于正当行为的考虑，英国裁判对日本政府没有提出任何的要求。"由于清国政府与印度支那汽船公司之间在战前签订有相关雇用定约，清国事先在天津的香港上海银行预付英国汽船公司 4 万英镑作为损失赔偿预备金。约定万一因战事船舶发生事故，清国向汽船公司赔偿上述金额，高升号商船在本次事件中的损失实质上已经得到了保障。

1895 年 9 月 6 日，英国外务省将印度支那汽船公司的索赔清单送交清国，额度约 4.6 万英镑，清国对索赔坚决反对，主张应该由造事者日本赔付。在高升号事件问题上，日本外交注重国际法的研究和运用，与英国法学者在国际法规的对话中遥相呼应。在高升号事件的调查和处理上反应迅速，处置有节，游刃于国际法的模糊边缘，扭转了政府的被动局面。清国最终反而成为事件的责任者，被索赔英国船高升号的全部损失。此后，清英两国的索赔交涉断断续续延续了 8 年。1902 年，大清帝国在极端衰弱的背景下，光绪帝迫于压力最终在《为高升轮案现拟通融商结事奏折》上签字"依议 钦此"，赔偿金额 33,411 英镑，折合库平银 266,595 两。（1901 年清英《和约》协定，白银对英币的汇价：1 两海关银兑 30.078 便士，1 英镑相当于 7.98 两海关银。）

　　英国主持的两次裁判，事实上并未主持公道，行为上明显偏袒日本。裁判结果认定了 7 月 19 日日本向清国发出战争通牒的有效性，以及击沉高升号的正当性，从论理上确立了战争的合法性。日本因此以"1894 年 7 月 25 日"为日清战争的实际开战日。

3.3 旅顺虐杀事件

旅顺事件舆论战

　　1894 年 11 月 24 日，一艘从大连开出的通信船"高砂丸"号，在朝鲜大同江渔隐洞的日军兵站补给基地靠岸。第二军兵站特使步兵大尉木村政养，给南部兵站监部带来了大山严司令长官的电报，要求即刻发往广岛大本营。电文报告："第二军以第一师团为右翼，混成第十二旅团为左翼，攻城炮厂正面主攻，于 21 日拂晓向旅顺要塞清军诸炮台展开攻击。第一师团上午 8 时 30 分占领毅字军操练场西方炮台群，下午 2 时进入旅顺口，4 时占领黄金山炮台。混成第十二旅团上午 11 时 30 分占领八里庄东南炮台，22 日占领旅顺海岸诸炮台。第二军死伤将校以下 102 人，敌军死伤及俘虏数详情尚且不明。缴获清军大量火炮和弹药等战

3.3.01　美国随军记者克里曼在清日战争中，撰写了大量赞扬日本文明军队的报道，成为受日本人尊敬的好朋友。可是旅顺报道的真言吐露激怒了日本人，彻底变成了日本人的恶敌。图为克里曼的自画像。

利品,歼敌兵力2万。署名　大山严大将　11月22日上午8时"电报从渔隐洞立即发往平壤,又经开城、京城、大邱、釜山中转,再通过海底电缆传往本土广岛。大本营于当日午后四时收到急电,随即转发伊藤内阁。外务大臣陆奥宗光下午5时40分收到这份"军受第683号"电报,6时12分向天皇发出"祝旅顺大捷御上奏愿"贺电,并通告日本驻各国公使日军占领旅顺的消息。

11月24日,"旅顺大捷"号外快报在东京市街散发,25日,国内各大报社一齐大版头条报道旅顺大捷的新闻。文中不乏狂欢喜悦之词:"急待的旅顺陷落之快报,如头上霹雳万雷贯耳"、"渤海的咽喉、东洋的要害,世界之大军港被我军魂攻破"。日本到处挂满了国旗,街头上洋溢着节日气氛,官民祝会庆贺胜战,学生持炬上街游行。连日来被市民冷淡的政府军事公债,25日在东京股票交易所暴涨,报界形容"其势宛如巨鼎突然涌出之水",日本国民沉浸在狂热的沸腾之中。

11月29日上午,英国伦敦《泰晤士报》的特派记者托马斯·克温乘坐的"长门丸"号轮,从旅顺返回广岛宇品港。30日,克温约见外交大臣陆奥宗光。是夜,陆奥惊闻克温对旅顺战况的陈述和质问,感到重大事件即将来临。会见结束后,陆奥立即给在东京留守的外务次官林董发电,指示通过日本驻俄国公使通达日驻德、英、法、美、意、奥公使,密切注意国际舆论对我军在旅顺口占领地暴行事件的动向。目前事件真相尚未公开发表,要求诸位公使尽快收集欧美各国媒体的反应,详细报告至急送到外务省。电文简要介绍了与英国记者的谈话内容,英国记者克温:"日本军战斗大捷后,在占领地肆意杀害俘虏,其中包括当地平民,尤其是妇女和孩童。此事实已经被欧美各国新闻记者目击,各国舰队的士官,特别是英国海军中将亲眼目睹了暴行现场。此事件很快在各地披露,日本政府将采取怎样的善后对策?"陆奥回答:"如果事情真像阁下所述的那样,本官实感痛叹,但是政府尚未收到大山将军的任何报告,现时日本政府不能发表任何意见。日本军队素来军纪森严,若真发生此类事件必定有其因由,也许因此造成了不幸的事件。本政府如何处理此事尚不得而知,待井上书记官归京上御听取。"

12月1日,克温的新闻记事电报从广岛发出。12月3日,电报在伦敦《泰晤士报》上发表,报道了他与陆奥的谈话内容:"清国军抵抗日军攻势直至最后败退,清兵丢弃武器换上民服,混藏于市井之中,在百姓家屋继续开枪抵抗。旅顺攻势前,由于清兵虐杀日本兵俘虏,引发日军为战友报仇,要求上官采取根绝行动。此后,日军开始在市内掠夺屠城,对放下武器的清军俘虏和平民百姓一律惨杀。事件后,大量的军民尸体被焚烧……"

12月11日,美国《纽约世界》记者克里曼在横滨给美国总部发去短文电报。12日,克里曼的电报内容发表在当日报纸最醒目的位置。"日军 11 月 21 日进入旅顺，对包括老少妇孺在内的非武装住民肆意滥杀，屠杀场面和尸体惨状不堪言表，三日连续大量屠杀，市内居民所剩无几。日军令人战栗的与文明社会背道而驰的行为，玷污了日本自誉的文明，重新回到了野蛮的时代。外国随军记者在恐怖虐杀中不堪目睹，集体愤然离开日军的杀人现场。"

12 月 13 日，《纽约世界》继续以"日军的残虐行为"为题，社评日本人伪装的文明。正在美国上院审查中的《日美条约改订协议》，开始出现反对批准的议论，日本长久以来期待的日美改订条约面临搁置的危机。15 日，日本国内《时事新报》、《日本》发表"旅顺杀戮和道德"的社论，辩解"杀戮行为非军务职守，是对敌人罪恶的'打扫'。漠视敌人对我兵卒的肆意虐杀，就是我军自身违背了人性道德。"

陆奥向驻各国公使传达日本政府应对紧急事态的口径，指示媒体不能操之过急强硬与欧美舆论对抗。须采用歪曲事件真相、混淆视听、封锁进出日本的消息、收买欧美媒体的策略来平息世论对日本的谴责。16 日，陆奥指示驻美公使栗野，利用美国人情报员豪斯，给《纽约世界》送去日本官方的声明，其中八条概括了日本政府为旅顺虐杀事件辩解的要旨。（1）清国兵脱去军服穿上民服潜逃。（2）日军杀死穿民服的人，大部分是伪装成平民的清兵。（3）当地住民在两军交战前已经离开战地。（4）少数残留的清军向日军开枪继续顽抗。（5）清兵虐杀日本兵俘虏，激发日军复仇的愤怒。（6）日本军人一贯严格遵守军规纪律，非肆意滥杀。（7）各国从军记者斥责美国记者克里曼歪曲的报道，一时避寒离开的记者已经返回前线再度履行职务。（8）旅顺陷落时俘获的 355 名清兵俘虏

A JAPANESE MASSACRE.

The World's War Correspond-
ent Reports a Butchery
at Port Arthur.

A THREE DAYS' REIGN OF MURDER.

The Defenseless and Unarmed Inhab-
itants Slaughtered in
Their Houses.

THE BODIES UNSPEAKABLY MUTILATED.

All the Foreign Correspondents, Horrified by
the Awful Atrocity, Left the Army
in a Body.

(Copyright, 1894, by the Press Publishing Company,
(New York World.)
(Special Cable Despatch to The World.)
YOKOHAMA, Japan, Dec. 11.—The Japanese troops entered Port Arthur on Nov. 21 and massacred practically the entire population in cold blood.

The defenceless and unarmed inhabitants were butchered in their houses and their bodies were unspeakably mutilated. There was an unrestrained reign of murder which continued for three days. The whole town was plundered with appalling atrocities.

It was the first stain upon Japanese civilization. The Japanese in this instance relapsed into barbarism.

All pretenses that circumstances justified the atrocities are false. The civilized world will be horrified by the details.

The foreign correspondents, horrified by the spectacle, left the army in a body.
CREELMAN.

3.3.02　美国《纽约世界》记者克里曼虐杀报道的原版版面。英国牛津大学著名国际法学教授艾伦特，发表论文谴责日本是"披着文明外衣有着野蛮筋骨的怪兽"，旅顺虐杀行径暴露了日本人野蛮本性的真面目。

3.3.03 大战在即，旅顺居民一片恐慌，纷纷逃离家园躲避战争。来不及避难的居民被卷入悲惨的虐杀事件中。能够及时逃难的居民，大多是富甲一方的有钱人，一般贫民几乎没有可以逃难栖身的地方。

受到良好待遇，两三日后将送往东京。

《纽约世界》编辑部收到豪斯带来的日本政府声明文，在 17 日早晨头版新闻栏目刊登。同版面与其有关的数篇评论文章，"日本政府在《纽约世界》发表公开声明"、"日本的告白"、"国家的自我反省"、"克里曼旅顺虐杀报道的证据"、"述说实事求是的真实"、"责任追求与国家名誉的谋求"、"令华盛顿惊愕的新闻"、"日本政府关于战争最初的通信"等也引人注目。美国政府非常关注《纽约世界》12 日刊登的克里曼报告，除了新闻的爆炸性外，一直以来该报社长普里查是克利夫兰总统的有力支持者。这次日本政府巧妙地在《纽约世界》发表声明澄清事件原委，受到美国政府的欢迎。17 日，其他报纸也相继转载了日本政府的声明，克里曼独家新闻由于缺少其他情报源的支持，而且当事国清国的驻美国公使、外交官、武官皆无反应，新闻的真实性开始动摇，并受到各方质疑。被日本政府买通的《华盛顿邮报》、《旧金山纪事》、《纽约时报》纷纷发表文章，批评克里曼无根据的虚报。18 日，美国上议院在日美新条约公开审议中，没有一个上院议员对日军在旅顺的虐杀事件提出异议，日本政府终于成功地从困境中脱出。

《纽约世界》记者克里曼在清日开战后，跟随第二军战地采访，写下许多赞美日军的报道。在亲身经历旅顺屠杀事件后，彻底改变了他对日军的认识，回到横滨立即向本国报社发出简短的记事电报。外交大臣陆奥封锁进出日本的消息指示下达后，国内诸口岸对外国记者的报道邮送渠道采取了严格管制。克里曼担心在旅顺写下的大屠杀纪实原稿遭到没收的危险，甚或危及自身安全，故采取两路分送的办法把原稿寄出，一路经由旧金山，一路经由温哥华，原稿于 12 月 19 日到达《纽约世界》编辑部。

12月20日《纽约世界》的报纸版面，按照社长普里查的指示，第一版四幅、第三版三幅编入插绘，大标题"旅顺大虐杀"，中小标题"日本兵虐杀两千非武装人"、"三日恐怖杀戮"、"大山大将及下官未制止虐杀行为"、"市街各地遭到掠夺"、"日本兵在杀死的男女老幼尸体旁狂笑"、"店主被军刀砍杀"等。克里曼写道："日本为了朝鲜的解放，采取突如其来的介入，进而发展成野蛮的战争。事情的性质已经不是文明与野蛮间的纠葛，日本终于揭开自身的假面具，在最后的四日里，征服军的足下彻底蹂躏了文明。"报道中详尽描述了旅顺事件的经过，包括：清国军兵如何与日军战斗；住民如何出迎却遭滥杀；妇女孩童如何被惨杀；逃跑者如何被枪弹追杀；住民如何被掠夺；三日杀戮如何持续；第二军司令部参谋部的法律顾问说了哪些让外国记者震惊的话，等等。《纽约世界》对事件的详细报道，成为全美最受关注的大新闻。伦敦的所有晚报全部转载克里曼的纪事，其他各国的报纸也相继转载。虐杀事件的幽灵在世界上空游荡，美国人原本对日本人文明的好感在一瞬之间崩溃。

《纽约世界》20日的报纸迅速送回日本外务省陆奥的手中，陆奥及政府阁僚没有想到事件竟会如此严重。事件发生至今已经一个月，日本国民尚不清楚事情的真相，必须对外国从军记者"多余的话"实行取缔。22日，日本国内报纸《日本》《二六新报》分别发出社论，要求对外国记者实行严厉取缔，公开点名非难美国记者克里曼的夸大报道，国内世论连日出现了对外国记者围攻的局面。大本营关于从军记者的问题提到桌面上来，决定从1895年1月8日开始，不再增加批准内外记者随军的申请，请外务省陆奥和林董通知各国公使。面对日军罪行的暴露和世界各国的谴责，日本政府被迫于12月25日发表声明，为自身的野蛮行为做最后辩解。声明文与《纽约世界》16日公布的声明文内容基本相同，声明如下：

"旅顺之战比其他战场付出了更多鲜血的代价，是不容置疑的事实。外国从军新闻记者发出的报道，尤其是美国《纽约世界》的报告过分夸张了事情真相，在国际社会起到了不良的煽动效果。旅顺陷落之际，多数清兵脱去兵服，着用非战斗人员服装，潜入旅顺市街继续开枪抵抗。清兵害怕被俘后处刑，素来有变装助命的习惯，期以平民身份免遭杀祸，变装清国兵携带武器藏身于空屋中顽抗至终。战斗中，我兵报告敌兵变装抵抗事态，上官也确系发出过如果遭遇平民模样住民抵抗，允许开枪格杀的命令，士兵执行了此项命令。当地和平的住民，在日军进攻旅顺数日前已经逃往外地，旅顺战斗结束，秩序恢复后，住民们再度返回了住地。战后查验死伤者的身份，判明许多外面罩有民服的人，内面服装却是清兵军服。

3.3.04　旅顺战中，沿海边逃跑的清兵遭到日军军舰的炮击堵截。图为外国从军特派员发表的绘画，旅顺湾边，清兵横尸累累，场面凄惨。

旅顺死伤者大多数是刀伤，比较枪伤呈现更凄惨的光景，因此造成外国记者夸张的结果。日本兵被清国军俘虏，遭到虐杀和用火烧死，甚至对死体进行残酷的屠尸，激发了日本兵的愤怒。日本兵素来严格遵守军规，没有虐待和杀害非抵抗的降服清兵。旅顺陷落后，355名清军俘虏均受到良好待遇，战后两三日内已经押往东京。克里曼的纪事确实在世界范围引起轰动，可是最近《华盛顿邮报》、《旧金山纪事》、《纽约时报》、《时事新报》、《大阪每日新闻》都发表文章谴责他在捏造，日本不希望克里曼言论代表政府的政治倾向……"

12月28日，上述内容的声明文作为公函，分别发给各国驻日本公使转呈诸外国政府。公函题头：《关于旅顺口占领误闻误报及通知日本驻各国公使的要件》。题头强调文："关于旅顺口发生的事件，出现各种诋毁我军队名誉的误报，致使欧美外国人产生不快的感情，造成对日本不利的结果，本国政府起草上述辩明书通知各驻外公使以正视听。"

克里曼等外国记者的报道公布后，在欧美各国掀起轩然大波，各界名流纷纷谴责日本人的野蛮行为，日本政府终于不能忍耐来自国际舆论的批评。1895年新年过后，在政府的筹谋下国内舆论开始公开对外国记者的报道进行全面反击。各报刊媒体断章取义，公布克里曼的纪事，当作对日本恶意诽谤的活靶子共讨。《日本》报发表题为"外国记者的不敬"一文，指责他们肆意捏造虐杀模样，用想象来谩骂诽谤，"实乃令人憎恶的混蛋"。其他如《自由新闻》的"虐杀事件的虚报者"、《万朝报》的"看外国新闻记者如何诽谤我军"、《大阪每日新闻》的"克里曼何许人也"、《中央新闻》的"新闻记者的心事"、《时事新报》的"旅顺口虐杀事件的辩驳"、

《都新闻》的"法国记者的叹赏"、《国民新闻》的"我军的真实""仁为慈行"、《读卖新闻》的"奥西氏对克里曼的批驳"、《东京日日新闻》的"旅顺口虐杀事件"、《报知新闻》的"虐杀事件的通信者"、《二六新报》的"日本军决无虐杀之事"等，批判的话题一直持续到3月清日马关和谈，休战为止。

逗留横滨的克里曼受到来自各方的压力，原来关系良好的新闻媒体都公开回避远之，不再采访这位曾经颇受欢迎的美国记者，克里曼同时感觉到危险的存在。1月2日《报知新闻》称："克里曼为参加战地采访来到横滨，是受到尊敬的美国人。可是他在《纽约世界》虚伪的报道伤害了日本人，他的恶意激起了日本人的愤怒。畏惧的克里曼只能在横滨的一隅孤独徘徊，可怜兮兮、战战兢兢的回避着一切。"《报知新闻》的报道很快被《二六新报》、《都新闻》、《万朝报》、《自由新闻》转载，并借题发挥，发表嘲笑讽刺的感想。1月8日，身陷险境的克里曼登上"贝鲁"号轮，离开横滨前往旧金山。

1895年1月4日，《旗帜》的记者威利阿斯，在横滨乘加拿大邮船恩普雷斯号离开日本，15日抵达温哥华。威利阿斯此前发表的《旅顺的真相》曾在北美引起极大关注，下船后立即接受了《每日世界》报的采访。在三日逗留期间，举行了清日战争演说会，众多听众前来倾听他亲身经历的旅顺虐杀事件。27日，威利阿斯前往美国旧金山与克里曼汇合，在基督教青年会馆举办幻灯讲演会。威利阿斯在各地讲演，用当时最新技术"幻灯"公开了用新式轻便相机在旅顺拍摄到的虐杀场面。讲演分三部，第一部日本旅行，第二部平壤战斗，第三部旅顺，入场人数最多时达500人以上。讲演中述说，旅顺虐杀最后只剩下36名幸存者，被日军征用抬尸。威利阿斯的活动激怒了日本，其演讲活动遭到在美日本人的骚扰。一名居住在纽约署名日本留学生的人，在《纽约时报》上投稿，非难美国人报道的旅顺虐杀事件，文章前文批判《纽约世界》克里曼，后文指责《旗帜》的威利阿斯，讥讽威利阿斯因对日本武士和刀剑概念认识不足，作出诸多捕风捉影不正确的记述。威利阿斯奋起投书反击，"如果你真想知道事件的真相，我可以用亲眼见到的流血场面与你对话，作为目击者我可以作为事件的证人，你个日本学生没有资格问这问那。"接着《纽约时报》又出现一位女士的文章，纠缠武士的话题，威利阿斯再度投书反论，前后进行过三次针锋相对的论战。《纽约时报》是美国最大的报纸巨头，陆奥曾指示驻美公使馆收买该报对外舆论的喉舌。《纽约时报》在报道旅顺事件的大新闻中，公布的新闻价值远远低于《纽约世界》，甚至有国会议员说："你想知道世界最大的新闻吗，那就去看《纽约世界》。"

旅顺事件目击者

日本陆军

进攻旅顺的大山严第二军是虐杀事件的罪魁祸首，但不是整个第二军所为。花园口登陆作战的第二军下辖两个师团、一个混成旅团及其他附属作战编制。第一师团是进攻旅顺的主力，候补梯队第二师团因旅顺清军防线一日之内便告崩溃，未投入作战。第一师团师团长中将山地元治下属两个旅团，第一步兵旅团旅团长是少将乃木希典、第二步兵旅团旅团长是少将西宽二郎。旅顺作战的日军第一师团作为事件的制造者，在事后三缄其口，保持沉默，严格执行司令部严禁扩散的命令。战争结束后日军陆续返回本国，国内对旅顺事件的议论已经转向欢迎远征军的凯旋。归国的从军士兵在闲暇中，开始执笔整理战时写下的随笔手记，部分真实的纪事后来作为印刷物遗了下来。《征清奇谈从军见闻录》、《西征行军记》、《日清战役从军手记》、《从军实记》、《远征日志》、《从军日记》、《日清戰争凯旋みやけ》等私藏本，成为重要的历史文献。

日本海军

陆军辽东半岛登陆作战展开，海军联合舰队在沿海呼应陆军作战。由于陆海军通信联络不畅，海军对清军阵地的炮火攻击没有获得明显效果。23 日，海军接到旅顺口陷落的战报，25 日和 27 日联合舰队各舰许可数十名海军将兵上岸，在第二军士官的引导下，进入旅顺诸炮台和市区。海军水兵巡视了旅顺市街，亲眼目睹了虐杀现场留下的悲惨疮痍。乘坐"千代田"、"浪速"舰从军的《国民新闻》、《中央新闻》记者也被允许登岸，记录下了令人战栗的现场笔记。

外国武官

日清战争之初凡宣布中立的国家，该国武官可用"观战"名义申请从军观察清日两军的战斗。1894 年 9 月 5 日，大本营制定《外国武官从军心得》规则，要求希望观战的各国武官，必须提交随军申请书，经由本国驻日公使馆、领事馆向外务省申请。外务省大臣陆奥宗光与远征军司令长官协调后，请示大本营批准，最后由司令长官根据各部队随军的可能状况发出从军许可。日清战争中，大本营批准的从军外籍武官合计 7 人，获准进入第二军从军观战的外籍武官有：法国武官子爵拉布雷、英国武官炮兵大尉丢布勒、旅团医官特依拉、美国武官陆军步兵中尉奥布拉恩、俄国武官陆军大佐瓦伽库奥库，在旅顺战斗中目睹了事件的经过。当外国记者的报道在欧美各国掀起轩然大波时，在旅顺的从军武官几乎都保持了

3.3.05　1895 年 2 月 2 日，欧美各国转载《画报》杂志报道的照片。这幅"日本军人和他们的摄影艺术家"照片，震撼了西方世界。标题为"The fall of port arthur: the entry of the victorious army"。

沉默。陆奥接到驻外公使馆的报告："目前各外国公使馆的从军武官，还没有向本国政府报告此事件的迹象，如果有报告的举动定会产生侮辱我军的后果，我政府必须作出必要的处置，让大山大将加以防范，以避免今后在外交上的被动局面。"

事件发生的当时，旅顺港湾内外有各国海军舰队停泊和游弋，密切注视清日两国间的战斗。英国远东舰队司令官斐利曼特率领圣丘利奥、马求利、艾道卡、库利森特、阿卡、堡帕斯等舰在旅顺湾集结。美国军舰、俄国军舰、法国军舰也在旅顺湾附近游弋瞭望战况。各国海军都想知道，誉冠全球的三大要塞之一旅顺要塞，是怎样与东洋小国战斗的。战斗结束后，湾内各国军舰的水兵士官纷纷上岸实地观察。11 月 25 日，英国舰队斐利曼特司令官也进入市街，旅顺口尚未清理的累累惨状被各国水兵目击。

外国民间人士

日清战争中，日本政府和大本营，批准随军外国记者 17 名，英国人 8 名、美国人 5 名、法国人 4 名，审查批准程序参照武官从军申请方法实施，其中也有未获批准的申请者。9 月 14 日，大本营制定《外国新闻记者从军心得》条例，对取材活动作出各种限制。国内外记者的战地取材手记，必须接受监督将校的检阅后才能向外发出。当司令部认定某从军记者属于有害人物时，会立即吊销从军资格，通报在日公使馆、领事馆给予处罚。从军条例要求申请者必须遵守条例规定，决不容忍违背军部意向的事情发生。

旅顺事件发生时，跟随第二军从军的外国新闻记者进入了虐杀现场。美国《纽

3.3.06 《日清战斗画报》报道，突入旅顺市街的日本兵，对清国人实施了惨无人道的屠杀。其中包括大量无辜的平民百姓。

约世界》记者克里曼、美国《纽约先驱》报记者伽卫卢、兼英国《旗帜》《黑与白》两报记者威利阿斯、法国《喉舌》报记者拉哥利、英国《泰晤士报》记者克温等5名外籍记者参加了战地取材，亲眼目睹了旅顺虐杀的悲惨场面。5人中的3人，克温、克里曼、威利阿斯分别发出了震惊世界的报道，伽卫卢、拉哥利两人则按照日本政府的意向保持沉默，伽卫卢甚至公开否定克里曼的报道。21日，日军扫荡旅顺市街时，第二联队偶然捕获两名在清国采访的西洋人，一人是在芝罘的《路透社电信》记者英国人哈特，一人是他的翻译，丹麦人奥贝鲁库。两人专程从芝罘赶来旅顺采访，11月18日入住旅顺"美丽饭店"。哈特是英国士官出身，清日战争前来到清国，在芝罘做通信记者，曾是英国《泰晤士报》记者克温的旧友。奥贝鲁库在清法战争中因向清国走私武器，被法国宣判死刑逃往清国居住，因精通汉语成了哈特的翻译。两人见证了旅顺虐杀事件的震撼场面，也做了日军的俘虏，在等待身份证明的保释期间，两人一度协助英国记者威利阿斯的取材活动。

一个未被日军捕获曾经目击事件的意外人物在战后出现，据称是一位屡遭厄运、自称"詹姆斯·艾伦"的冒险家。艾伦出身英格兰棉商之家，纨绔子弟的他在败尽家产后，开始了穷困潦倒的生活。他当过船员，合伙向清国走私过武器，两次做过日本海军的俘虏，在军舰内被监禁一个月后，又鬼使神差地被带往旅顺。日舰在接近旅顺港时，他跳海躲过向他射击的枪弹成功上岸，却又被清国兵当作密探抓获。审讯后的艾伦被释放了出来，又染上疟疾住进旅顺的旅馆疗养。艾伦的命运就这样莫名其妙地与日军侵攻旅顺的时间吻合，成了虐杀事件的知情者。1898年，英国伦敦威廉海涅曼公司出版了艾伦所著 Under the Dragon Flag 一书，后译成日文版和中文版，中文版题为《在龙旗下》，副题"甲午战争亲历记"。

这部书详细描写了旅顺虐杀事件的过程，作为旅顺事件为背景的文学首屈之作，博得了广泛的喝彩。但作品近似小说文体，作为史料应用缺乏严谨的考证，作者本人的真实性在学术界也存在异议。

日本民间人士

日清战争中，日本随军记者114人、画师11人、照相师4人、神官6人、僧侣55人，合计190人。跟随第二军参加金州、旅顺作战的日本民间人士，目睹了战斗的全过程。日本民间人士尽管不赞成本国军人在旅顺滥杀无辜的举动，但仍然严格遵守了军部三缄其口的规定。战争结束后，新闻记者、画家、照相师、僧侣、军夫，关于旅顺事件的相关纪事、绘画、照片才得以部分公开。

乘坐"千代田"舰的《国民新闻》记者国木田，12月8日发表了旅顺的记事，文中婉转回避了虐杀事件，用书信手法暗示对战争的憎恶。"爱弟，兄在战场亲眼目睹了众多的死者，那是用刀剑、枪弹杀死的清兵。兄在海岸附近看到一个倒在荒野的清国人，鼻下蓄有胡须，年龄三十四五，鼻高浓眉，躯体高大，一眼看去就是强健之人。他仰天横卧两足直伸，一臂直角弯曲，一臂置于体侧，腹部露出，半眼张开。兄顿足正视之，熟视之，悯然中环顾四周。冻云漠漠，荒野茫茫，天地陆海，俯仰凝望其中。'战'之文字，怪之字、恐之字、臭之字、咀嚼人间的魔物之字，千岁万国的历史如大蛇横断之字，此乃不思议之字也。今兄仅闻到、言到、读到"死"一字耳。见此死躯忽然生出意味深长之字，却感出口难言。兄熟读军事、历史、小说、诗歌，其美好境界今随横卧荒野之躯逐流。望着战死者的躯体，似乎给兄一个想象、传递一个信息、解开一个千年之谜。读诗咏绘，浮想源氏平氏的战争，也无感这种人间之残酷，吾仰天长叹，百思费解也。"

日本政客及学者

日清战争日本军队的随军人士中，有数名谓之"从军代议士"的帝国众议院议员。长谷场纯孝、蒲生仙、柏田盛文、折田兼至、肥塚龙五议员，跟随第二军转战各战场，经历了旅顺口陷落的过程，目睹到血淋淋的地狱场面。从军代议士亢奋狂语："旅顺一亿五千万圆大金打造出的万丈舞台，在弹指一挥之间被我军溃破，实乃壮大之快举。"从军代议士在司令部将校的监视保护下行动，以游山玩水的心态观摩战场的豪壮场面。《读卖新闻》采访蒲生议员，标题"蒲生代议士战地实况谈"一文，记载了他当时的行动，"21日夜日军攻入旅顺口市街，我四名议员身先士卒，手持松明火炬，也参与了清国兵搜索的行动。在一民家院前忽然发现户内有人异动的身影，随即前后搜索包抄围堵。户内之男欲夺路逃出，被柏田、折田的日本刀斩杀。"堂堂议员不判别对方是否清兵或百姓，挥刀便杀，置人于死地，国家的政治形象被践踏。《读卖新闻》辩解道，"当时暴风寒雨、黑夜昏暗之中，自然会有误杀情况发生。"

有贺长雄是第二军司令部参谋部的法律顾问，有德国、奥地利留学经历，在元老院做过书记官，1891 年担任陆军大学国际法讲师。1894 年日清战争开战，所著《万国战时公法》成为日本国际法权威之作，总理大臣伊藤博文经常向他咨询国际法方面的问题。有贺接受从军命令后，就任第二军司令部法律顾问，亲身经历了旅顺虐杀事件。在日本与欧美舆论战中，主张清日战争和旅顺虐杀事件的正当性，为日本违反万国红十字会宪章的战争责任雄辩。战后，有贺赴欧洲从事研究活动，1896 年 3 月用法语完成《日清战役国际法论》的著作。归国后该书译成日本语出版，由于书中涉及旅顺虐杀事件中凄惨的场面，一般人不能自由阅览。1913 年，有贺长雄受聘袁世凯的法律顾问，1915 年因反对日本提出的"二十一条"，受到日本国内"非国民"的责难。

明治时代的贵族龟井兹明伯爵，是见证旅顺虐杀事件的重要人物之一。龟井早年留学英国和德国，习得西洋美术学，对英德两国最新摄影技术兴趣浓厚。1894 年日清战争爆发后，34 岁的龟井自费组成二十余人的从军摄影班，随第二军转战辽南各地，拍摄了日清两军的战斗场面，其中包括旅顺虐杀事件的场面，摄影件数多达 600 余幅。精选出的 300 余幅，做成精装影集《明治二十七八年战役写真贴》献给皇室惠存。珍贵的历史镜头真实记录了战争的一幕，成为百年来研究日清战争最有说服力的历史文献。1896 年，36 岁的龟井兹明去世，留下生前的从军日记原稿。1899 年，龟井的《从军日乘》出版，1992 年《日清战争从军写真帖》副题"伯爵龟井兹明日记"公开发表。

清国军人

参与旅顺战斗的清国兵作为受害者、目击者、见证者，都是最有发言权的证人，可是那些经历虐杀现场的清兵，在逃亡中几乎全部被日军杀戮。能目击事件过程，又从日军手中成功脱逃保全性命，还可以报告日军暴行的清兵几乎不存在。11 月21 日，日军攻入旅顺市街的当夜，天气骤变，也有趁夜从海上或陆上逃出旅顺市街躲过杀戮的清兵，但对三日间旅顺市街的状况均不知情。旅顺金州附近的战斗，日军俘虏了 355 名清兵，这些俘虏也没有留下对事件的证言。

3.3.07 旅顺陷落，市内军民遭到血洗。位于旅顺中新街的集仙茶楼剧场内，依然传出锣鼓之音的喧哗。冲进剧场的日兵，惊愕在血流成河的城市角落，竟然存在这样一群精神麻痹之人。图中舞台上穿戏装的演员群立，剧场内没有一名观众。

报刊媒体

12月日本报纸报道了旅顺市街的新闻。《邮便报知新闻》报道："21日，旅顺市街的战斗仍在进行，炮声枪响如雷贯耳，尸身遍地，惨如地狱一般。可是从新街的集仙茶楼剧场，却悠然传出戏剧演出的腔唱和锣鼓声音，剧场内没有一名观客。'此乃何等无神经之人竟如此大胆'，荷枪实弹的士兵被惊得目瞪口呆，他们面对的似乎是无生命的木偶。"《国民新闻》报道："剧场内10岁至15岁的少年演员约有百十余人，包括这里的大人在内，剧团总计200人，都是旅顺道台从北京、天津请来的戏班子，也有说是北洋水师提督丁汝昌带来的。市街战中剧团的17名大人被枪弹毙命，其余剧团人员在接受第二军司令部审查后，被命令从25日开始，每日昼夜各开场演出一回，为日军官兵庆祝大捷，迎送新年助兴。""旅顺剧场180人的演员生存了下来，他们不知道剧场外发生的大事件，只有那些大胆走出剧场，想窥探事件的人遭到杀害。"

《读卖新闻》记载，"22日血雨腥风的深夜，占领军宪兵在街头抓到一名二十四五岁的清人美妇和一个十三四岁的女孩，两人惊魂落魄、战战兢兢地在街上徘徊。妇人被捕后述说自己的遭遇：'妾身乃天津妓女，被一清军高官赎身，一个月前来到此地。忽昨日发生战事，妾等心惊肉跳、恐怖战栗，潜入一民家待死他乡。岂知一清兵遁入民宅，脱去兵衣换上民服，见妾等在此避难孤单无助便非礼辱之，饮泣哀怨之中流落街头。'宪兵见妇人容姿服饰非平庸人家，慰喻二女此处系危险境地，带二人至清国人夫处照料。"

3.3.08　侵入旅顺的日兵屠杀了市内大量清兵和无辜居民，其状惨不忍睹。因怕招致国际舆论的谴责，日军征用军夫和清国人组成抬尸队，埋葬、火化尸体。照片是龟井兹明11月24日在旅顺口北方郊外拍摄的埋尸现场。

　　11月9日金州失陷，清军旅顺外围作战失利。消息传到旅顺，市街陷入一片混乱。17日，道台龚照玙慌乱中携家眷乘汽船逃往芝罘，留守旅顺的黄仕林、赵怀业、卫汝成三将见大事不妙，也相继逃离旅顺，大批百姓纷纷从陆上、海上出逃避难。造船厂的一些官吏趁乱争夺和盗走贵重机材，装上民船从海上逃走。更有胆大妄为之清兵，公然打开银库掠夺官银。滞留市内不知内情的穷困百姓，在日军攻入旅顺口时才开始向四面八方避难，混乱中遭到日军的杀戮。

　　11月24日，第二军司令部下令清点残留清国人数，决定采取发给良民"免杀护身符"的紧急措施。凡被认定安全的良民，均发给一张白布或纸片，上书墨字，盖有检印。各队根据实际情况发给清国人，字样内容各异，"顺民证明　第二军司令部"、"商人者无害　军司令部"、"顺民者　勿杀"、"某大队本部役夫"、"此者不可杀"、"良民"、"此者不可杀　某联队"、"顺民不可杀　某队"，也有门柱上贴纸标记"此家人不可杀""此家男子六人不可杀"等。得到字符的清国人将字符贴在胸前、挂在颈部、绑在臂上提示免杀证明。

　　11月26日，旅顺占领后第六日，军司令部发出命令处理被杀戮的清人尸体。外国记者报道，旅顺口仅存36名清国人被日军指定为民夫，与日本军夫组成"扫除队"。《万朝报》报道存活者有六七十名贫民。清国人称"扫除队"为"抬尸队"，指定从事清理市街的尸体，运往野外掩埋的工作。抬尸队成员在最近距离目睹了旅顺虐杀事件，成为证明事件的重要目击者。然而，清国朝廷没有从这些侥幸存活者那里获取证言，为国家的耻辱留下历史记录。日本人龟井兹明在埋尸现场，拍摄到一帧清国民夫在日军监督下掩埋死难者尸体的照片，证实了抬尸队的存在和旅顺虐杀事件的真实。

野蛮对决的证言

1894 年 11 月 21 日傍晚，日本兵侵入旅顺口市内，震惊世界的旅顺虐杀事件在这里发生。事态从两军作战中的相互复仇，发展成对无辜民众的肆意滥杀，制造了震惊世界的惨案。第二军司令官大山严，在旅顺虐杀事件发生时没有及时制止山地师团的杀戮行为，以致虐杀持续到 24 日才传出有限制止的命令。事实上，屠杀行为延续到 26 日，此时旅顺口已经无人可杀，暴行自然终止。

清军的暴行

11 月 18 日旅顺口外围土城子附近的战斗，日军遭到自花园口登陆以来，清军第一次顽强抵抗，战斗中有日本兵成为清军的俘虏。日军《陆海军战报》记载："旅顺附近土城子战斗，我侦察小队 11 名士兵与敌遭遇，为不做俘虏自决身亡，清兵对我兵施以无人道之屠尸。搜索中发现万中尉的认识牌，头颅和身体分离，两腕被切断。其余士卒戎装物品也被尽数掠去，尸体多处被屠刀毁坏，割首裸足的尸体被弃于路边，其惨状令人悚然……""11 月 21 日前锋第二联队攻入旅顺市街，在街口看到四颗日本兵头颅被悬挂在枭首台上，掉落在台下的头颅正被两条饿犬撕咬。士兵见状挥剑斩杀了饿犬，含泪将头颅带回……""我军攻入旅顺口后，袭击了毅军左营，舍内一片狼藉，一隅柴禾堆内发现数具日本兵尸体，背囊和枪剑丢弃于侧，血流凝固，腹背多处留下被刀剑反复刃刻的痕迹。"

《二六新报》记载："攻入旅顺的联队，看到我军士兵三人的头颅悬挂在路旁柳树上，示众之首被割去鼻子、耳朵。接着又在民家门梁上发现两颗用铁丝吊着的日本兵头颅，死者尸体丢弃在路旁。身首分离，被切开的腹部内填入石块，右臂切断，睾丸割除。"龟井兹明《从军日乘》记载："我十数名战死者的首级，悉数被敌兵夺走，大多数砍断左臂，阴茎被割去，其中有削掉鼻子、剜出眼球者，剖开的腹内充有碎石。一骑兵喇叭卒，四肢和头颅被砍断，腹内填入石块，阴茎割断，睾丸亦被剜除。徐家窑一民家院内的玉米秸下，一名身着我兵服的兵士，被斩断右臂，腹部横断，睾丸剜除，阴茎割掉……其残忍酷薄之状，令人眦裂扼腕，悲愤填膺。"

《支那通信》记载："驱使清兵野蛮行为的原因之一是清国发出悬赏金，鼓励清兵取日本兵首级换取白银奖励。首级一颗 50 两，抓捕日本间谍 100 两，报告间谍居所 40 两，缴获军舰 1 万两，破坏军舰 8,000 两。各地奖赏额略有差异，金州附近布告取日兵首级者 60 两。"

日军的暴行

　　日军旅顺口虐杀事件缘于两个起因。其一，自日清战争开战以来，日本国内报道日清战事一直是连战连胜、各战大捷、清军不堪一击，夸耀日军所向披靡的战果。可是 11 月 18 日旅顺口外围土城子战斗，日军遭遇到了预想不到的挫折，重创了第一师团长山地将军的自尊心，山地将军因此恼羞成怒。其二，19 日双台沟附近，山地师团张接到报告："我骑兵侦察兵约 20 名在土城子被清兵俘虏，侦查队长中万德次中尉和随同士兵，首级被清军砍下并断肢割除睾丸。"还亲眼看到卫生兵担架上，被虐杀后肢体残缺不全的士兵尸体。清军的野蛮之举再次激起山地复仇的怒火，在日军攻入旅顺口时，下达了"除妇女老幼之外，一律格杀勿论"的命令。在强烈复仇心的驱使下，日军开始疯狂的报复行动。在街市内搜索发现，逃亡的清兵换装改扮成当地住民混杂在百姓中间难以辨认，躲藏在民家的清兵继续开枪负隅顽抗。司令部接到报告后随即下达第二道命令："凡穿着平民服装，疑为清兵的青壮年者一律诛杀。"之后旅顺的大街小巷到处是杀人的现场，不论清兵与否皆视为清兵，百姓中老幼妇女也成为虐杀的对象。

日兵的证言

　　第二联队某二等兵日记，"余等进入旅顺町，看到道旁木台上的日本兵头颅，即刻怒发冲冠，见人就杀。溃散的敌兵扔下武器四处逃散，我兵追逐那些毫无目标奔跑的人群，用枪弹和刀剑杀死他们。道路上死尸累累，阻碍了正常进行。清兵躲入民家，余等不问是兵是民皆屠戮，各民家内大抵都有两三名或五六名死者，血腥气味甚恶，复仇的感觉愉快之极。"

　　第二联队某上等兵日记："19 日步兵第三联队在土城子与清军苦战死伤者甚多，进入旅顺时山地将军下达了诛杀命令，增加了我兵破竹之势的鏖杀勇气。市街内凡遇到青壮年悉数诛杀，各路兵士杀气腾腾、勇气勃勃。"

　　第二联队上等兵伊东连之助给友人的信在报纸上转载："余等 22 日薄暮进入旅顺市街，街市内外死尸累累、腥风袭鼻，碧血染靴滑步难行，只能踏上清兵的尸体向前迈进。""我十余名兵士在双台沟追击五六十清兵，将其中过半斩杀。余有生以来初次尝到杀人的感觉，最初虽感恶心难当，经过两三次就自然不畏不惧。第二回砍杀清兵之首令余永生难忘，那一刀砍去似如秋水，身首分离，头颅朝前

3.3.09　旅顺陷落后，日本联合舰队进入旅顺港内，这座天然优良港湾在东洋实属少见。图为山地师团长巡视被占领的港湾，背景湾内，停泊着联合舰队的军舰。

方三尺余处抛出，一柱鲜血向天迸腾穿出……如此动魄体验余不再胆怯，其实斩首只需胆力，有了胆力斩杀功夫自在其中。"

第二联队士兵加部东常七《日清战役从军手记》："本联队占领黄金山炮台之后，闯入市街在各家各户搜索，昏暗中遇见清人就毫不留情砍杀。小队在街区搜索前进，忽然在民家暗处发现一敌兵，我大喝一声，此人一瞬惊呆，刺刀就深深捅进对方的胸膛，他痛苦地紧紧握住枪剑，我用力拔出刺刀，那紧握枪剑的四指被刀刃割断，身体向一侧倾斜，再补一刺便魂飞魄散。"

12 月 28 日午后，第二联队二大队六中队的"忘年会"上，中队长大尉庄司平三郎面戴天狗面罩起舞，为在旅顺及黄金山炮台杀敌立功者庆功。第一名一等卒杀敌 28 名；第二名上等卒杀敌 21 名；第三名一等卒杀敌 17 名，全中队 11 名兵士杀死敌兵包括清国平民 166 名。第二联队的第八中队 233 名士兵中，杀死清国人 15 人以上者 18 名，杀死 30 人以上者 2 名。第三联队在宿地附近杀死清国人700 余名。

第二军司令部法律顾问有贺长雄《日清战役国际法论》记载："11 月 22 日午前10 时，第二军司令部开进旅顺口市街，目击到尸身遍地的悲惨光景惊愕不已。市街北入口不远处有一座'天后宫'寺庙（出海祈求海神保佑的祭拜处），道路两侧民屋相连，户内户外到处是尸体横积在路中央，通行无法落足必须踩在尸体上面才可以通过。船坞广场向东西方向辐射的东街、中街、西街，每条街道皆尸体满地，死体总数少说有两千具之多。沿海湾向西逃亡者遭到路上的射击，海中漂浮许多被射杀者的尸体。22 日至 24 日三日间，市街内经常可以看到三三两两用绳索连环捆绑着的清国兵，被赶往市外处决。旅顺战斗开始前，市民大部分已经逃离，市街遭到清兵的掠夺，我军进入旅顺时，市内已呈空虚状态。一些来不及逃离的小商贩和贫民混杂在溃逃的清兵队伍中，被当作战斗人员消灭，尸体至少两千余具，其中五百余人是非军人。”

旅顺口战斗时，清将宋庆军对占领金州的日军展开攻势，第一师团第一旅团长乃木希典少将奉命回师增援金州。21日，率部队经土城子、三十里堡，途中围歼从旅顺退往金州方向的数股残敌，560名已无战意的清军均被杀戮。22日上午11时，乃木军包围大毛家莹附近旅顺口败退的八九百清军，射杀360余名，其余500余名清兵被乃木士兵赶下海岸绝壁，逼溺海中。

日本记者的证言

《大阪每日新闻》随军记者相岛勘次郎报道：“22日早起寒风凛冽，街市内被杀死的敌兵不计其数，大街小巷到处是堆积的死尸。有死在大街正中者、家屋内枪剑刺死者、双手紧握枪剑姿态倒在石阶上者、两眼直视不瞑目者……腥风惨淡的画面袭人，心冰骨寒。”

《国民新闻》随军记者笔名枕戈生：“旅顺市内已成尸山血河，野地里、山丘中、海面上，到处是死尸累累的惨相，旅顺口被杀死的人数远超过报纸上报道的数字。入城两日来，被杀死的敌兵尸体阻碍了街区道路，我士兵只能踏尸而行。”

《时事新报》随军记者堀井卯之助：“旅顺各街遍布死尸，身首分离者、脑门劈开者、脑浆溢出者、肠子流出者、眼球冒出者、手足切断者，尸身上布满浑浊的血液让人毛发竖立，倘若此景让翠帐红闺中的贵妇人和女子所见，必会当即惊死于地。”

《东京日日新闻》随军记者甲秀辅：“街巷死尸遍地狼藉，五六人或十数人倒在一起，发出袭人的血腥恶臭。此时此景泛起对爱新觉罗末世怜悯的念头，面对如此惨烈的修罗道场，余无法想象此乃我文明军队之所为。”

《中央新闻》社随军记者水田荣雄，乘坐联合舰队军舰“浪速”号停泊在旅顺湾，是最后一位上陆的新闻记者。25日，水田被允许登岸巡视采访，毫无心理准备的水田，突然面对旅顺市街凄惨的光景，惊恐得哑口无言、张口结舌，他感叹："即便是才笔纵横之士，也难以在纸上再现旅顺的惨状。"水田数日观察每日操笔，写下亲历人间地狱恐怖的手稿，记事寄出时被军方检查官删去许多内容。记事写道："旅顺市街大约有四五百住家，矮小的家屋并列在狭窄道路的两侧，清人自誉旅顺是富甲繁盛之市街。如今此繁华街道，家家门窗洞开，户户散乱清人的鞋帽和陶瓦碎片，房屋外的栅栏被全部捣毁。市街上除了往来的日本兵和扫除的民夫，几乎看不到清国人的踪迹。街道和家屋周围游动着几十条濒于发疯的恶狗，是主人逃跑时留在家的爱犬，数日不食已经瘦弱不堪，踉跄若跌变成了野犬。几条恶狗在争抢着一个清国人的头颅，被撕咬得面目皆非。""前面是一个水雷艇修缮的小型船坞，船坞前面的池中漂浮着清国人的尸体、带肉骨的大腿、长长的内脏、沉入水中的头颅，抬尸队民夫正在受命打捞处置这些遗体。""市街中心向南延伸三条街道，东新街、中新街、西新街，走进中新街两侧民家窥视，屋内器物和炕席上沾有斑斑血迹，阴冷的屋内似有冤魂恶鬼啾啾之声，久久执著地抓住悸动不安的心肉。""环顾道路左右，五个我军兵卒在院中燃烧篝火取暖闲谈，临时马厩的五六匹军马一列排开，门口一兵卒正用斧头劈砍屋门取木作薪，旁边放着一个被砍下的驴头。道旁小土台边几个蠢蠢蠕动灰头土脸的支那人，战战兢兢像地狱的幽灵，他们胸前挂有日本兵发给的纸片，上记'第二军司令部顺民证明'附有军官检印。这些人是被充作'扫除队'的民夫，正在搬运战场上清国人尸体，他们有幸留下一条免杀的性命。"

外国记者的证言

日军步兵第二联队侵入旅顺市街时，外国随军记者聚集在白玉山上观望，日本兵疯狂的虐杀行为映入各国记者的眼帘。美国《纽约世界》记者克里曼在12月20日发表的记事中写道："日本军冲入旅顺市街，看到了用绳子吊挂在正街门上、被削去鼻子耳朵，沾满凝固血液令人战栗的日本兵头颅，激起士兵杀戮的怒吼。战前大山严司令长官训令'我军要以仁义文明之仪作战'，此时此刻面对悬挂的战友头颅，士兵们完全丧失了仁义的理智，只有疯狂复仇的发泄。我似乎感觉到野蛮对野蛮的复仇即将到来，可怜的旅顺人将如何承受疯狂杀戮的灾难……""我看到一个清兵跪在地上祈求饶命，可是日兵的枪剑仍然刺穿了他的胸膛，军刀砍下了头颅。""角落里一个跪着的老人几乎被拦腰斩断。""屋顶上男人被击中跌落了下来。""一个倒在路边的男人，被枪剑从后背突刺数十回。""不远处从悬挂赤十字旗医院大门跑出的非武装平民被枪弹杀死。""头戴毛皮帽子的商人，跪在地上作揖乞求留下性命，士兵依然枪杀了他。翌日我再次看到这个商人的尸体时，已经分不清他的模样。""驱赶仔马、驴骡、骆驼的惊慌人群，携带小孩的女人冒着刺骨寒风向旅顺西面逃亡，当奋力穿过海边的浅滩时，被赶来的步兵中队挡在前方，列队排开的枪弹射向了人群。""两个男人拼命渡过冰冷海水的浅滩，其中一人带着两个小孩。疾驰而来的骑兵中队砍杀了一男，带小孩的男者被逼向海中，像落水狗一样遭到枪弹的射杀。""海面上许多满载男女老少拥挤的小船缓缓向海中逃离，岸边的日军向远离的小船射击，海上日军的水

3.3.10 旅顺虐杀事件的罪魁祸首，第二军第一师团长山地站在渤海湾岸冻结的冰块上豪语抒怀："若无此雪地冰封，吾将山海关一气攻下。"旁边是被日军奴役的旅顺贫民。

雷艇也向小船开炮，十几艘小船和乘员被击沉，落水的人发出声嘶力竭的呼叫。""整个旅顺笼罩在血雨腥风的恐怖之中，无气力的人们遭到冷血动物的无情惨杀。""日军上演了史上最黑暗的一幕，我曾赞赏过东洋崛起的文明，今日这些所谓的东洋文明却在异邦的土地上自掘坟墓。"

英国《旗帜》记者威利阿斯1月7日报道："21日下午1时半，炮兵三中队和步兵向能俯视市街港湾的山丘上移动，4时15分第二联队向市街进军。清国黄金炮台向日军发射两三发炮弹企图阻止日军，弹着点偏离，没有任何效果。接着炮台突然停止炮击，清军放弃阵地，丢弃炮台开始溃退。日军通过一座市街的小铁桥，一幅悲惨画面映入目中，18日战斗落入敌手的战友头颅挂在两根立木之上。再往前又看见房屋檐下挂着用绳子串通的两个日兵头颅。在被虐杀的战友面前日本兵爆发出怒吼，狂喊着冲入市街，开始发泄燃烧的仇恨。日本兵完全丧失了理智，见人便杀，甚至连街上游走的骡马、猫狗也不放过。我等四个英国人在市街看到商人、店主、住民恐惧地向敌人下跪磕头，悲哀的白发老人、青年、壮年被斩杀在家屋的门口……""杀人者为他们的行径诡辩，声称面对血肉模糊、毛骨悚然被惨杀战友的头颅，即便是最有人情味的欧洲军队，也会作出复仇的野蛮行为。"

英国《时报》记者克温1月8日报道："21日下午2时日本军进入旅顺时，清军正在向市外退却，凭借房屋的遮掩拼死抵抗，大批的人群由东向西溃逃。惊恐万状的清兵似乎意识到，眼前最好的办法也许就是脱掉军服，变装躲藏起来。冲入市街的日军从各个家屋进进出出，寻找一切可以杀戮的对象，许多人跪在地上身躯弯向地面哀愿乞求，征服军毫无怜悯地将他们杀害。""以往我对温和的日本军颇有好感，此时此刻却发现被他们的假面欺骗。英国和美国随行的陆军武官在日兵的疯狂面前惊愕战栗，谴责这简直是野蛮行为，伪善面具后露出的狰狞。""我小心地向北面海边走去，到处是混乱逃命的人群，一条条逃难人的小船搭载超过乘员两倍的难民向西面移动。赶来的日军骑兵部队从海岸开枪射击，射程内的人被尽数杀死。一个年老者带着十岁十二岁男孩跳入海内，被骑兵的刀剑砍杀。""一个被枪弹追逐的农夫一度被击中倒下，看到他艰难爬起来拼命继续逃向远处，伤势也许会让他永远倒下。""搜索中一个男子从家屋跑出，立即遭到多方向交汇的枪弹，倒下的男子努力抬起垂下的头，15 分钟的痉挛中不断发出痛苦的哀鸣，相距十几步狂笑的日本兵又射出致命的枪弹杀死了他。""眼看如此凄惨的死，我无法制止这些杀人魔手，每当脑海中浮现那时的场景，心中的悲哀让我哑然无语。"

11 月 22 日清晨，枪声密集扫荡再开，惊醒了倦眠中的克温和克里曼，两人寻着枪声方向环视旅顺市街的光景。"一夜之间市街面目皆非，大街小巷遍布清国人的尸体，许多尸体就像被野兽利齿咬过一样。死者眼中的泪水冻成了冰，伤口流出的血液结成冰柱。一个被砍头的死者，头颅滚向两三米远处，一只恶狗正在疯狂地啃食，旁边的日本哨兵在无情地狞笑。商店主的尸体压在人堆中，一个已经没有牙齿的白发老人惨死在商店入口，腹部被切开，肠流满地。克温大胆挪开几个男子的尸体，看到下面压着一个面部苦痛的女子和小孩的尸体。在街角的一个大约二十五人堆积的尸堆旁，日本兵在燃烧篝火取暖，火苗烧着了死者的衣服。尸堆不远处，一个两鬓斑白、满脸皱纹的老人被切断喉咙，眼睛和舌头向外凸出，旁边还有一个被拦腰砍断的尸身……"

威利阿斯和哈特在市街巡视，昨日看到悬挂日本兵头颅的桥头附近，躺着数名刚被杀死的清国人，伤口仍然流着鲜血。不远的枪响处，日本兵拽着三个清国人的发辫，拖出家屋就地枪毙，气息尚存的伤者艰难向前跑了一段终于倒下，地上留下一行夺命的血迹。两人来到哈特吃过饭的餐馆，曾谈笑风生的厨师死在炕上，跑堂的三个年轻人也刚刚被杀害，三人相拥在一起，鲜血慢慢从炕沿垂下。轻微的血滴音就像砸在心上一样难过，哈特痛苦的喃喃自语："如果我们早些时间从旅馆来到这里，也许他们不会这样死去。"

虐杀事件的隐匿

旅顺虐杀事件发生后，伊藤首相和陆奥外相紧急展开"沉静化"外交工作，避免事件在欧美诸国进一步扩大。面对国内外媒体的报道，虐杀事实已经无法再掩盖下去。政府严厉要求国内的新闻媒体，在报道中回避血淋淋的虐杀情节。第二军大山司令官及部下担心杀戮行为引起国际舆论谴责，玷污"文明义军"的名誉，特别制定了对事件的统一辩答要领。一、当被问及"日军进入旅顺，为什么不区分兵士和百姓皆混同杀戮"时，答："造成军民混同杀戮的原因，（1）旅顺口是敌人的军港，市街内民间人士大多是服务军队的职工，同属敌类。（2）我军受到敌兵从民屋内的射击抵抗，事实证明大多民家都有遗弃兵器弹药的现场。（3）旅顺战斗展开前，大多数住民早已离开旅顺，扫荡时市内薄暮黄昏能见度不良，无法判断是敌是民。"二、问及"21日以降战斗已经结束，为什么仍然对没有战斗力的敌兵继续杀戮。"答："俘虏中的被杀戮者皆是顽固不化之人，或抵抗逃跑之徒，为防止意外故对敌施以惩戒。"

11月26日，第二军司令部下达"尽快打扫战场，迅速处理清国人尸体"的命令，同时各处张贴告谕文，告诫扫荡中的将兵"要安抚市民各行其业，对放下武器自首的清兵不得杀戮"。军副官部有贺长雄参考法国和意大利等国《战场埋葬规则》条例，立案《尸体扫除手续》条例规范。尸体处理应先确定死者身份、登记携带品，葬坑深度两米。可是面对如此大量的尸体，按照规范处理，在人力物力上根本不可能实现。旅顺正值寒冬季节，冻土坚硬无法挖掘深坑，即使火葬也没有设施和燃料，而且没有清兵兵籍簿和旅顺住民户籍簿，死者的对照登记无法进行。为了尽快执行打扫战场的命令，宪兵队雇用日本军夫和召集幸免遇难的清国人，组成战场"扫除队"清理市街道路上的尸体。尸体从市街运到郊外的洼地用沙土掩埋，由于人手严重不足，冻僵硬直的尸体像枯木一样横竖堆积在一起，尸体处理陷入困境。

11月28日，一艘悬挂清国龙旗、红十字旗、白旗的清国船进入旅顺湾请求入港，乘船者是天津私立红十字会的人员，同船成员还有英国陆军军医。商船负责人随身携带各种规格的官方证明文件与日军交涉，入港的目的是救护旅顺战中负伤的清国伤兵返回天津治疗。第二军司令官大山知道旅顺虐杀现场死尸遍野远没有清理完毕，况且也没有存活的清兵伤员。此种血淋淋现场若被来人所见，必会成为欧美新闻的佐证，遂断然拒绝了红十字会的请求。日军拒绝红十字会船入港实施人道义务的行为，在欧美媒体曝光受到舆论的强烈指责。

1895年的1月14日，第二军下达《尸体扫除手续》条例，由混成第十二旅团指挥处置旅顺一带敌军的尸体。按照清国人不兴火葬的习俗，《手续》条例备注，"敌尸以埋葬为主，但无法埋葬时可以火葬处置"。其中第四条埋葬场所和方法，要求战斗当局的军医部和卫生员，依照下列条项谨慎实施：（1）应用埋葬法处置时须避免日后因风雨造成尸体露出。（2）埋葬地点须选择与村落道路隔离的掩人耳目之场所。（3）防止因尸体腐败对水源、大气污染引发传染疾病。（4）尸体集体会葬时，由随军僧侣实施祈祷亡灵的仪式。

3月，大本营派遣特派员视察旅顺行政厅，详细听取了战后民政恢复报告，行政长官郑永昌详尽介绍了尸体处置作业的情况。由于1月正值寒冬季节，尸体采用埋葬法处置遇到了极大困难。根据《尸体扫除手续》条例，只能改用火葬法才能迅速处理尸体。在实际作业过程中，仅1,500余具尸体的火葬就颇费苦心。"烧却队"在旅顺市郊外找到一个砖瓦厂，利用砖瓦厂釜炉替代尸体烧却炉，燃料使用清军遗留在港内的大量煤炭。政厅请海军搜取破船上的引火木材和煤炭，每炉一次可以烧却五六十具尸体。金州方面处理清兵尸体，在西面郊外设立了临时火葬场。火葬场用土石围成，高十一尺（约3.3米），正面五间（约9米），横面四间（约7.2米），屋顶铺设锌皮板材，烟囱用白铁皮做成，全面积约66平方米。烧却尸体总数1,200具，所需人工费、石油燃料费、搬运费，合计1,302日圆。1月下旬，气温逐渐转暖，阳光普照，冻土温度上升，各处传来有半枯骨骸露出的报告。尸体腐败与雪水交融会污染地下饮水源，带来公共卫生的问题。21日，政厅决定实施尸体挖掘作业，对所有尸体采取火葬法处理。

火葬处理的骨灰装进大口清式棺材，埋入白玉山东北麓山脚下。1月18日，行政厅从金州唤来6名清国僧侣及随军日本僧侣8名，在掩埋清国死难者处建立了一座"清国兵战殁者"墓碑。两国僧侣按照各自的佛家礼仪，共同为亡灵诵经祈祷。日本僧侣出资建造一座石碑，周围用木栅栏圈围，石碑的表面、背面、左面、右面铭有梵文碑字。

表面一行竖字（梵文）："寶塔者為清人亡魂離苦得樂也"

右面两行并排竖字（梵文）：偈曰"劍樹刀山飛鳥蹤炮彈兩打空鐘 個中何別親兼冤旭日長輝鐵峯（左行）"下接"露"字

左面一行竖字（梵文）："經曰: 一切有為法如夢幻泡影如露亦如電應作如是觀"

背面落款（梵文）："大日本帝國真言、臨濟、天台、真宗特派僧建焉　維時明治二十八年一月十八日"

从军僧侣目睹了旅顺战场的悲凄场面，以佛家礼仪为军人虐杀行为向死者表以哀悼。从军各派僧侣战场集资为死难者建立石碑超度亡灵，展现佛家以慈悲为怀的善举。日本媒体报道："呜呼！我国人一视同仁博爱义侠，此乃心诚善慈之举也。"

日军占领旅顺口后，随即开设了旅顺占领地行政署，12月13日发布《旅顺口行政署行政管理规则》，宣布从12月16日开始行政作业。国内任命的行政署文武官员250名，从佐世保港启程直航旅顺。16日实施《旅顺口施米细则》，在市街开设施米站，面向当地住民施米 30 日，每人每日给米四合（1 合米约 150 克），呼唤当地住民返回住地开始生计。12 月中下旬，旅顺口本地的残存住民接到日军命令，重新开始赖以生计的澡堂、猪肉铺、制粉所等行业店铺的营业。

光绪二十一年（1895）正月，旅顺口仍处在血雨腥风的阴影压抑之中，逃出的市民很少返回家园。旅顺市中心的集仙茶楼大戏院每日挤满了日兵观客，观看日本艺人前来慰问的表演。1 月 26 日，旅顺行政厅在各处张贴安民告示，要求市民各归其业，对放下武器自首投降的清兵不纠其命。27 日，政厅下属宪兵开始调查旅顺口住民的人口状况，继续向没有粮食的百姓施米救济。2 月，旅顺回归人口逐渐上升，街头贩卖馒头、包子、菜类的商贩增加。日本本土前来做买卖的民间商人，获得进入旅顺经商的许可。3 月，在外避难的旅顺住民，举家回归，人口上升至三百余户。

野蛮文化的悲剧

旅顺虐杀事件中丧生人数，在欧美报刊和日本报刊中均有报道，由于现场被有组织地隐秘处理和缺少权威性统计，真实数字不得而知。《东京朝日新闻》（12.1）报道："据山本记者所见，第三联队宿营地附近埋葬有 700 余名清兵遗体。乃木少将追击逃亡金州的清军途中杀死 362 名清兵，埋葬在老铁山附近，军参谋官报告埋葬者 3,000 余名。22 日早晨，清点旅顺市街的死者，其数 300 人许，又增斩杀抵抗者数十名。"《万朝报》（12.4）报道："此役敌的死伤者远超过平壤和九连城之战，旅顺市街死尸累累，无插足之地，26 日清点死者 3,000 余人。"《读卖新闻》（12.10）报道："此战毙敌总数 5,000 人以上，市内死者 1,200 余人。21 日至 22 日之战，敌死者约 1,000 名，俘虏 63 名，8 名被送往野战医院治疗。""21 日，金州战即死将校 7 名，下士官 32 名，兵卒 464 名。22 日至 24 日，旅顺败兵在金州附近死者 280 名，金州周围死者 1,056 名，海中溺死和枪杀者不在其内，俘虏约 300 名，41 名伤者被送往金州野战医院救治。今回旅顺之战杀敌数合计 6,000余。"12 月 9 日，第二军参谋长向大本营报告旅顺战斗结果："旅顺口清军守敌死者约 2,500 人；金州方面及金州和旅顺之间敌军死者约 2,000 人，概算合计约 4,500人。现在我军医院接受治疗的敌伤员 40 余人，355 名清兵俘虏准备解送本国。"

旅顺虐杀事件以日本三缄其口、迅速处理虐杀现场、安抚救济住民、公开否定国际社会舆论，以及清国朝廷的沉默而告终。事件没有留下多少人证和物证，致使百年以来旅顺虐杀事件犹如云山雾罩，成为难以彻底清辩的历史事件。

旅顺屠城事件不能不痛感清国自身的表现，当无辜的清国百姓遭到外来侵略者屠杀时，他们赖以依靠的皇帝、太后、朝廷大臣无动于衷，大清国没有人站出来为国家的民众喊屈叫冤，声张屈辱。却是那些被视为红毛绿鬼的西洋人，在遥远彼岸向无助的东方民众，发出正义怜悯的呼救声。皇家军队贪生怕死，大量军人假扮百姓私换民服自顾逃命，将危险转嫁到无辜民众身上。这种自家人转嫁生死危机的恶劣行为和杀人者的野蛮行为，同样受到历史公论的鄙视。

旅顺虐杀事件，如果说日本军队对清军大开杀戒是事出有因，出于对清兵残虐行为的复仇，那么大量杀害无辜的清国百姓，就无法自圆其说自身的文明和道德，是彻头彻尾的野蛮本性的大暴露。在血淋淋事实面前，日本军人第一想到和做到的就是隐灭罪行，混淆是非，让这个负有历史罪责的事件销声匿迹。在清国政府软弱外交的背景下，日本一系列善后工作取得了成效，西方世界的谴责战没有持续下去，国际社会似乎很快淡忘了这个血淋淋的历史事件。1895 年 2 月 6 日，美国国务卿致函日本驻美国公使栗野，日美条约最终修订案获得参议院表决通过。2 月 17 日，天皇御批了美国批准的日美改正条约案，3 月 21 日两国在华盛顿交换批准文书，3 月 24 日日美新条约公布。旅顺事件背景下，日美两国的改正条约仍得以通过，标志着代表西方文明的美国人，继英国人之后也承认了日本是文明国家的一员。旅顺事件问题上，尽管国际舆论抨击日本人的野蛮行为，批评日本的文明大倒退，但是国际社会仍然接受了日本。

旅顺虐杀事件是东方人复仇文化的产物，杀人伦理和杀人手段，直接引导了复仇升级的恶循环。这场国家性质的屠杀，灾难性地又一次降落在具有儒教性格的华夏后裔头上。日本侵略清国的战争是外来异族对华夏文明的浩劫。在大清国文化的历史观里，日军屠城旅顺符合清朝有史以来的战争文化，战胜者斩尽杀绝战败者，是战争认定的逻辑。正是这个屠夫逻辑，满洲蛮夷曾经狂屠天下，将数千万中原人变成刀下之鬼。爱新觉罗的战争伦理默认了旅顺事件的合理性，从而对事件自肃沉默，放任自流。事实上，紫禁城内的大清朝廷，骨子里透着战争复仇的渴望。一旦他们胜利了同样会按照自己的野蛮逻辑，作出与日军相同的事情。清国人和日本人虐杀行为的本质，赤裸裸表现出了各自同类蛮夷文化的野蛮属性。

英国牛津大学著名国际法学教授艾伦特，发表论文《日清战争中的国际法》，谴责日本是"披着文明外衣有着野蛮筋骨的怪兽，旅顺虐杀行径暴露了日本人野蛮本性的真面目。如此自誉'文明国'的日本人，仍需要一个世纪以上的文明进化"。历史终究是历史，事件的经过无法遮掩清兵对日本兵虐杀的事实，也不能隐灭日本兵肆意屠杀清国人的罪行。作为近代史的一部分，旅顺虐杀事件是清日两国各自固有的野蛮文化所酿成的历史悲剧。

3.4.01 第二军司令官大山和联合舰队司令官伊东，联名写给清国北洋水师提督丁汝昌的劝降信。原文用英文书写，图示英文直译的日文版，是联合舰队报大本营之翻译备案版，1895 年 2 月 25 日译成。

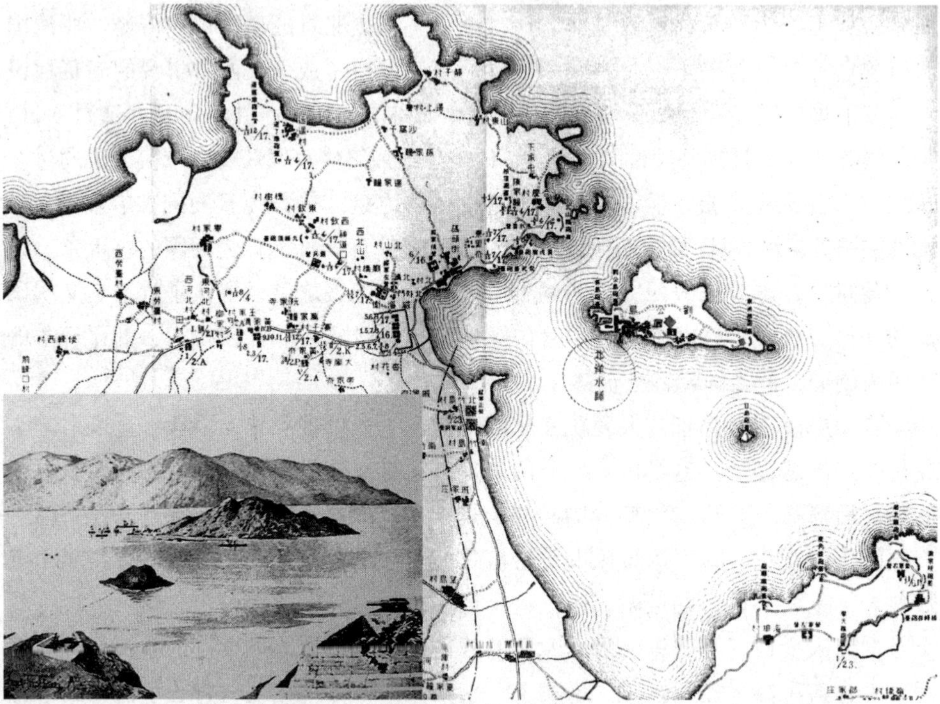

3.4.02 威海卫是远东著名的不冻良港，三面环山，刘公岛扼守湾口。日岛、黄岛、牙石等岛位于刘公岛两侧，以强力的炮台火力，构成了防御的天然屏障。刘公岛要塞是清国海军北洋水师的大本营。

3.4 北洋水师降服始末

1894 年 1 月，陆军第二军司令官大山严在出兵威海卫前，与联合舰队伊东司令官商议，联名给清国北洋水师提督丁汝昌写一封劝降信。大山认为伊东司令官和丁汝昌有多年友情，对丁汝昌的性情比较了解，期待劝降能动摇丁提督抵抗的决心。劝降信由第二军司令部随军法学科顾问文学士有贺长雄，按照大山司令官

3.4.03　威海卫城池三面环山，在北棉花山、南佛顶山、西古山的环抱之下，气势宏大，在城左门西北隅环翠楼侧立有倭寇碑，右下门是西门。

提出的要点用英文起草，劝降信写好后却不知如何送交给丁汝昌。22 日，恰巧英国远东海军舰队旗舰和三艘战舰出现在荣城湾。英舰司令官斐利曼特中将请求在湾内停泊三日，观察日军登陆作战，请求得到伊东司令官的许可。23 日，大山司令官抵达荣城湾，伊东和大山商议，劝降信可以委托英国斐利曼特司令官，转交给丁汝昌提督。

劝降信《致大清国北洋水师提督丁汝昌》，信函原文用英文书写，后译成日文上报大本营备案，现馆藏国立公文书馆，全文如下：

仅呈一书致丁汝昌提督阁下。

时局变迁，吾等不幸成为敌国，然今日之战乃国与国之战，非吾等个人间之反目，吾与阁下之情谊依然如昔日之良友。今此一书非催促阁下归降，吾深知阁下之苦衷及败局之深刻。从国家与个人利益衡量，取中庸之道从长计议乃为上策，故诚以言表。

凡天下大事，当事者迷，旁观者清也，吾等焉能沉默不与友言乎？熟虑之下渎告阁下深思。开战以来，贵国陆海军连战连败，其原因乃平心静气、审时度势为难事，凭阁下之英明，定知其中之奥理。贵国败至今日，非君臣一两人之罪过，实为从来墨守成规之制度所累。有史以来，贵国奉行学而优则仕之吏治，千年历史证明此制度并非完美。贵国如此一来孤立独往于世界，自然会永远失去完美之物。今日变化中之大千世界，夜郎自大、孤陋寡闻之国，焉能不败乎？

如同阁下所知那样，三十年前日本帝国亦曾历经辛酸的过去，国家几乎到了洋夷入侵的危难边缘。此后帝国废弃旧制推行维新治国之方略，辟得国家图强之路。今贵国若也能图维新、思改革，乃将国家之幸，否则早晚不能逃脱灭亡之命

3.4.04 日军龙睡澳登陆。士兵从运输船换乘小船顺序上陆。此时的山东境内，已经白雪皑皑，气温降至零下。雪地上集结了大量部队。

3.4.05 日本联合舰队封锁刘公岛出海口，防止清舰脱逃。用舰炮火力轰击清军炮台，配合陆军进攻清军阵地。

3.4.06 威海卫港东岸谢家所炮台阵地及探照灯台，装备德国造15厘米、12厘米加农炮。大炮瞄准具采用准星式，尚不具备光学瞄准系统。

3.4.07　西岸祭祀炮台中央阵地，炮台能遥望刘公岛山丘上的诸炮台。图为陷落后的炮台内部，留下完好的巨炮和兵舍内清军生活的散乱痕迹。

3.4.08　暴风雨后，威海卫湾外气温骤降，增加了日舰作战的难度。图为冻结挂冰的鱼雷艇，一时失去了作战机能。

3.4.09　联合舰队鱼雷艇夜袭作战，定远舰遭到日舰鱼雷攻击，舷部大破沉没。图为日军登上搁浅破损的定远舰，甲板上一片狼藉光景。

运。此理数必致气数，这一奥理在本次战争中得以窥见，否定其理必至其厄运也。臣子虚伪之卑谦，乃为博得主子欢心所致，久而久之壮志便会颓而废之，当国家委以重任之时，即不堪大任亦无所作为。贵国拥有广大之疆域和最古的文化，如果旧帝国能改革一新，其基础则会永远稳固于不败之地。论理不易，其事在理，时间可明鉴矣。

阁下若全军降服，舰船献与，这与主子荒废国家社稷比较而言，实乃区区之小节。请阁下倾听真诚友人肺腑之言，吾以屹立世界的日本武士之名誉向阁下发誓，阁下或暂时云游吾国，待它日贵国振兴之时，必有大展宏图之机会。有史以来，弃小节而忍辱负重，成大事者比比皆是。如法国元帅麦克马洪，曾是阿尔及利亚总督，后降于法国，法国人无羞辱与他，他的政绩和名望使他成为法国第二任总统。又如土耳其奥斯曼帝国的帕夏，在普雷乌纳战役中一败涂地，降服后成了敌军俘虏。忍辱负重的他归国后并无影响仕途，后荣耀陆军大臣，立下改革军政建立伟业的功劳。阁下如若归顺吾国，天皇陛下定会大度赋予阁下与吾等相同之待遇。天皇陛下曾经对举反叛旗帜归顺的藩阀，如榎本海军中将、大鸟枢密顾问官等，不但予以容赦而且赋予显赫要职，发挥他们之才干为国效劳。如今摆在阁下面前只有两条路，一条乃固守旧规，冒大厄为己任玉碎使然；一条积蓄余力，从长计议，请阁下务必深思熟虑谨慎择之。

贵国武将之书翰，大多以豪言壮语运酬，表面忠勇无敌，实则弱不可击。吾等相信阁下之贤明，必然有别于他人之上。今日致书阁下，实发自内心之真诚友情，绝非轻率之举，阁下若能理解书中之意，愿意采纳鄙见，实行方法容吾等再向阁下具陈。

明治二十八年一月二十日　伯爵 大山严顿首　伊东祐亨顿首

1月25日，丁汝昌收到劝降信，未给日方任何答复，把劝降信传寄给李鸿章，表示绝不降敌，率领舰队誓死抗战到底。然而，回味劝降信内容寓意深博，字里行间对敌国并无贬毁谩骂之词，却一针见血道出清国制度之弊端和振兴之路，细细品来令丁汝昌感慨有加。

威海卫防卫战，丁汝昌按照李鸿章避敌保船之命，躲在港湾内拒不出港，各舰的舰炮奋力支援陆军与敌作战。2月5日，定远舰命中敌鱼雷严重进水，丁汝昌命定远驶入刘公岛南端搁浅，旗舰帅旗移至镇远舰。7日，敌军猛烈攻击沿岸各炮台，日岛炮台被摧毁军心大乱，北洋鱼雷艇队独自从东口突围逃走，港湾防御对敌舰完全失去威胁。清军内部从上官到士兵相继出现降敌骚动，以致公开向丁汝昌提出降敌请呈。清军雇用的外国军官也向提督进言，劝其降服日军，安抚人心。丁汝昌坚持向诸将官表示，援军即将到来，吾等决不降敌。9 日，靖远号被弹沉没，舰队和刘公岛面临纵深打击，陆军鼓噪哗变要求降敌求生。面对数千军兵的性命，此时的丁汝昌为手握他们的生死大权而悲感交集，他终于被逼至降伏的选择之中。

2 月 12 日上午 10 时 20 分，清国水师广丙号舰长程璧光，以军使身份乘镇北号炮舰，悬挂白旗前往停泊在威海卫東面阴山口海面的日军旗舰松岛号，向伊东司令官递交了丁汝昌书写的请降书。请降书原文如下（括号内系本书注释）：革职留任北洋海军提督军门统领丁为咨会事：

照得本军门前接佐世保提督（丁汝昌率领北洋舰队访问日本时，伊东司令长官时任佐世保镇守府司令长官，信中使用伊东旧职）来函（劝降信），只因两国交争未便具复。本军门始意决战至船没人尽而后已，今因欲保全众生灵，愿停战，将在岛内现有之船舰及刘公岛并炮台、军械献与贵国。只求勿伤害水陆之中西官员、兵勇、民人等命，并许其出岛归乡，是所切望。如彼此允许可行，则请英国水师提督作证，为此具文。咨会 贵军门请烦 查照即日见复，施行须至咨者

右咨：伊东海军提督军门 光绪二十一年正月十八日

伊东司令长官与丁汝昌早年有过交

3.4.10 联合舰队夜袭刘公岛北洋舰队。数艘鱼雷艇趁夜幕潜入刘公岛湾内，寻找清国军舰。清军陆基探照灯引导大炮攻击敌鱼雷艇。

3.4.11 下图日军突破清军防线，派小艇潜入港口，水兵砍断清国设置的防护铁栅栏，成功引导鱼雷艇通过清军封锁线进入刘公岛湾内。上图奇袭北洋舰队的 22 号鱼雷艇，遭到清军炮火攻击重伤。沉没中，艇长等七人拒绝离开，愿与战舰共存亡。翌日，清军在艇内俘获数具伤亡和自决的日兵尸体。

3.4.12 凌晨4时，伊东司令官发出实施第二次奇袭刘公岛内北洋舰队作战命令，清舰威远遭日舰鱼雷艇攻击，在威海卫刘公岛栈桥附近沉没。

往，颇知丁之性情，判断此请降书不会是诈降，决定同意清国降服将校及其他官员、雇用外国人、兵卒在履行不再与日军作战的誓约后予以解放。伊东立即派通信兵将请降书和本人意见转送山东作战军大山司令官。大山司令官接到书信，对丁汝昌要求解放陆海军人及希望请英国水师提督做保证人的提议表示拒绝，遂派军副参谋长、炮兵中佐伊地知幸介和法学科顾问文学士有贺长雄前往松岛旗舰协商。下午1时，一行从虎山出发，因道路受阻，直到下午4时才到达陆海军联络点皂阜村附近的松岛舰上。可是转达陆军大山司令官意见的时机已经太迟，海军伊东司令官已经根据当时情况作出了自己的决定。

伊东司令官在接到请降书之后，向威海卫黑濑炮兵部长下达停止对清舰炮击的命令，伊东认为继续炮击清舰会动摇丁汝昌降服的信心，导致清军加速破坏现有兵器和军舰，对我军取得港口不利。伊东考虑请降书中，除了丁汝昌请求英国舰队司令官做保证人的条件外，其余条件都可以允诺。下午2时27分，伊东司令长官用英文给丁汝昌写了回函，让程璧光转交丁提督。临行前伊东闻说丁汝昌病卧寝榻，托赠柿饼、香槟酒、葡萄酒等慰问物品。

伊东司令长官回函："贵书拜读仰越，降服条件委细谅承仕候，小官拟于明日此时接收贵下所有舰船炮台及其他一切军用物品。移交完毕后，小官派一舰船将阁下所定人员护送至双方指定的地方。然小官仍有所见存念，如前函（伊东与大山司令官联名的劝降信）之陈述，为了阁下一身的安全，在战争结束前贵下可来我国，日本保证给予充分的厚遇，待战争终结阁下再大展宏图。如果贵下希望回归乡里，小官亦满足贵下的愿望。至于英国舰队司令官做保证人的条件，小官认为没有必要，小官以军人名誉和信用承诺受降的保证。搁笔之际，望贵下于明朝10时确答我方。

明治二十八年二月十二日　联合舰队司令长官　海军中将 伊东祐亨"

2月12日，镇远舰上的丁汝昌，盼李鸿章之援军不至终于绝望，命令炸毁镇远号，欲与战舰同归于尽，舰上官兵和外籍军官均反对做无谓牺牲。丁汝昌感到窒息般压抑，却又无法挽救败局。堂堂大清帝国北洋水师毁于自己手中，一个被

3.4.13　威海卫炮台相继失陷，刘公岛成为一座孤岛，完全暴露在日军炮火攻击之下，北洋战舰在湾内四处躲避，被动挨打，全无还手之力。清军九艘鱼雷艇突然从港湾西口鱼贯而出企图逃跑，其中八艘被日舰围堵俘虏。

革职留用的败将还有何颜面留存于世。悲凄之中丁汝昌退回仓内，唤来威海卫水陆营务处提调牛昶昞，命其将提督印毁坏，自己草草给李鸿章留下一纸电文："吾虽决意与舰同归于尽，然人心溃乱，大势已去矣。"随即饮毒身亡。丁汝昌死后，牛昶昞持提督印和丁提督给伊东留下的回函，代表清军与伊东联合舰队司令官谈判降服事宜。

13日上午9时，北洋水师程璧光乘炮舰镇中号，带来丁汝昌的回函，面交伊东司令长官。函曰："伊东军门大人阁下，倾接复函，深为承诺生灵免遭涂炭感激，承赐礼物，际兹两国有争不敢私受，谨以璧还并道谢忱。来函约于明日交军械、炮台、船舰，为时过促，因兵勇卸缴军装，收拾行李，稍需时候，恐有不及，请展限于华历正月二十二日起，由阁下进港分日交收刘公岛炮台军械，并现在所余船舰，决不食言。耑此具复。肃请台安。诸希乘察。不宣　丁汝昌顿首　正月十八日　外，缴呈惠礼三件。"

伊东司令官见程璧光身着丧服询之，程悲痛叹道："昨日丁提督书完此函，又给李中堂留下一封电文后，将遗留后事托与雇用英国人马库鲁副提督（Mclure John，苏格兰人，原在英国商船奉职，受聘出任清国北洋水师副提督）。丁提督感泣阁下之好意，已经没有余恨遗念，面向北京方向叩拜，昂首饮毒自尽了。其部下定远舰长刘步蟾、刘公岛陆兵指挥官张文宣亦随后自杀。"伊东闻之感叹惜至，让程璧光回去转达日方要求，在清国人中选任谈判代表，继续谈判降服事宜，并且书下一封英文回函交予程璧光带回。

伊东司令长官回函："余兹清历正月十八日接丁提督书函，从军使程璧光口中知悉昨夜丁提督去世，余深感悲叹之至。来函承知军舰炮台及其他军械受领之事，

3.4.14　联合舰队炮械技师修复了赵北嘴、谢家所炮台重炮，从陆上和海上同时向清国舰队发动总攻击。日兵押解清兵俘虏，强迫炮手向日岛和刘公岛炮台开炮。岛上清军大炮阵地的炮声戛然而止，日岛弹药库中弹起火。

附加延期至清历正月二十二日之条件，本官在清方保证以下条件前提下给予承诺。条件是能代表清国陆海官兵的责任者，在公历2月13日下午6时来我松岛舰，就军舰、炮台及其他军械交付事宜，并实施护送清国士官及外国人员离开威海卫事宜的详细步骤进行谈判。丁提督给本官最后的信函中约定，交付时刻及其他细目当于明日与本官协议。然，丁提督现已去世，立即委任可以代表丁提督遂行协议的官员甚要。为此目的，来我旗舰的官员必须是清国官员，外国官员固辞，本官用名誉保证接待此官员。公历千八百九十五年二月十三日　明治二十八年二月十三日　于松岛　伊东祐亨"。

　　程璧光返回锚地后，伊东司令官为丁汝昌提督独自承担降服之责，保护舰队兵勇生命而死感慨备至。上午11时伊东集合全舰官兵，通告了清舰最高司令长官丁汝昌的死讯，命令全舰停止奏乐表示悼意。

　　13日下午6时，刘公岛道台牛昶昞作为威海卫清国陆海军代表来到松岛舰，伊东司令官拿出事先准备好的降服手续书，根据其中的要旨开始谈判。同席官有联合舰队参谋长出羽大佐、参谋岛村少佐、军副参谋长伊地知幸介、法律顾问士有贺长雄、炮兵大尉石井忠利，会谈至10时结束。谈判中，牛昶昞要求允许归乡的清国陆海军人，可以自由通过日军占领区，该请求立即遭到军副参谋长伊地的拒绝。降服兵被要求14日下午5时在竹岛村上陆，翌日由日军护送出日军占领地后解散。由于伊东司令官曾书函承诺丁提督，缴械交付可以延至16日上午9时，故16日最后离开刘公岛的降服兵上陆地点定于养马岛附近。对此议案牛昶昞坚持上陆地点为芝罘，双方没有达成协议，决定此件移至翌日下午2时再议。翌日午后谈判再开，牛昶昞提出原定陆路护送解散的清国兵勇非常恐慌发生骚乱，希望

3.4.15　丁汝昌留下写给联合舰队司令官伊东的降信，委托程璧光代办降事，自己决意引咎自杀。信中曰：
伊东阁下，倾接复函，深为生灵感激，承赐礼物，际兹两国有争不敢私受，谨以璧还之。

增加海路护送，此议被伊东司令官拒绝。对于昨日未达成协议的上陆地点一案，
出自伊东司令长官的厚意，决定免于缴获军舰康济号，用以搭载丁汝昌等人的灵
柩前往芝罘。但是康济号免缴的条件是必须解除武装（其实该舰并非正规军舰，
兵器装备只有步枪 10 支，古水雷 3 枚）。降服清国官兵，搭乘康济号的一切权利，
交付牛昶晒全权处理。

　　15 日暴风雨，联合舰队诸舰多数开进荣城湾避难，阴山口只留下松岛旗舰、
浪速、高千穗、水雷艇两艘，继续监视刘公岛出口，临检
从刘公岛西口出港，前往芝罘逃难的当地百姓船只。16 日
上午，清国军使再度来到松岛舰，递交了清国海陆军士官
宣誓书、兵员表。雇用外国人的宣誓书中记载，为清国作
战之署名者，宣誓释放后绝不再战。降服清国陆军将校 40 名、
下士以下 2,000 名（护军正营、副营、前营、后营），海军
将校 183 名、学生 30 名、下士卒 2,871 名，海军雇用外国
人 10 名。道台牛昶晒诉说，前日暴风雨的原因，刘公岛上
陆兵员甚为混杂，为了保证秩序不出枝节，希望我舰队 17
日入港。伊东司令官决定，筑紫、赤城二舰和数艘水雷艇
先行进入刘公岛港内担任警备，其余诸舰 17 日入港。下午
3 时二舰从刘公岛东口进入，水雷艇前往西口拆除航道内防
材，确保翌日大船无事通过。

3.4.16　北洋水师提督丁汝昌肖
像。1891 年丁汝昌率六艘军舰
访问日本，在东京上野彦马照相
馆的留影。

3.4.17 威海卫诸炮台失陷，靖远舰中弹沉没，舰队和刘公岛面临纵深打击，陆军鼓噪哗变要求降敌求生。丁汝昌被逼至降敌自杀的选择，悲泣中给李鸿章留下一纸电文，遥望北京饮毒自尽。

17日，伊东司令长官和清国威海卫道台牛昶昞在《降服规约书》上最终签字调印，此后联合舰队浩浩荡荡进入刘公岛港湾。日清双方签署的《降服规约书》共计十一条。

第一条　依照本规约，清方须提出希望获得安全护送的清国及外国士官的名簿。名簿需注明人数、官职、位阶、姓名，雇用外国人须注明其国籍。

第二条　中西水陆文武官员，保证不再参与现在日本和清国间的战争，以书面形式宣誓。

第三条　在刘公岛上的陆兵武器弹药存放于一定的地点，其地点通知日军。刘公岛兵员于2月14日下午5时始，至同月15日正午止，在竹岛上陆。同日正午开始，日本护卫兵护送登岸缴械的清兵，通过威海卫日军占领区后解散。

第四条　威海卫清方责任者，代表清国舰队士官，提出数名交付各军舰及炮台的委员，此等委员于2月15日正午以前移交其所担任的舰船、炮台内炮械、枪支弹药以及兵器目录。

第五条　允许清国海陆军士官、兵员及外国人，依照第十条规定，搭乘康济号舰退出威海卫海域。

第六条　退出威海卫的清国海陆军士官及外国人，允许携带只限私有动产的物品（武器除外），且日军认为必

3.4.18 程璧光为清国舰队广丙舰管带，受提督丁汝昌委托，担任递交降信使者。晚年，程璧光任民国海军总长等职，1918年被暗杀身亡。

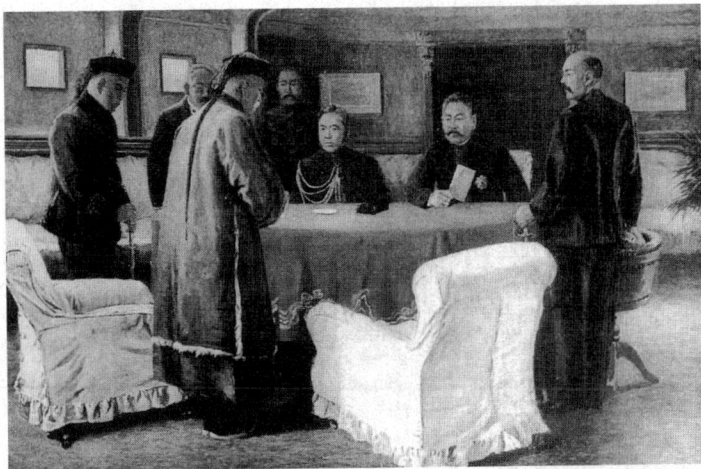

3.4.19　刘公岛道台牛昶炳，作为丁汝昌的后继长官，代表威海卫清国陆海军，前往阴山停泊的松岛舰，与伊东司令官谈判，双方就降伏条件达成了协议。

3.4.20　北洋水师降服，联合舰队浩浩荡荡开进威海卫港湾。照片中间沉没舰是靖远号，右侧沉没舰是威远号，市街下方建筑是丁汝昌提督的官衙。

要时可以实行临检。

第七条　劝告刘公岛本地居民不必畏惧，继续居住安分营生。

第八条　2月16日上午9时，日军开始登陆刘公岛，着手接收炮台、军用品及收容各军舰。但是在本谈判终了后，伊东司令长官认为有必要时，有权派遣数艘军舰先行进入刘公岛港内。清国海军士官支那人及外国人，2月16日上午9时仍可留居船内。2月15日正午，当清军陆兵摆渡上陆完毕后，经陆路归乡的清兵，按照日军规定的路线，在日方卫兵护送下离开日军占领区。

第九条　欲离开威海卫的老幼妇女及其他非战斗人员，2月15日早晨开始在东西口，可以乘支那民船离开。届时日本海军派遣水雷艇或小汽船实施临检，检查范围仅限人员及行李。

3.4.21 北洋海军提督府大门悬挂李鸿章题"海军公所"匾额，两侧边门绘有秦琼、尉迟敬德神像。大门外东西两侧各有乐亭一座，为庆典迎宾鸣金奏乐之所。

3.4.22 北洋海军公所内，建有古典式样的牌楼，东辕门和西辕门。西辕门外建有了望楼一座，登楼举目远眺，湾内要塞之壮观景致尽收眼底。

第十条 伊东司令长官为尽本国之义务，慰藉丁提督亡灵，免缴汽船"康济号"，搭载丁提督等官之灵柩返乡。康济号的使用权由威海卫清国海陆军代表牛道台自由处分。丁提督等官之灵柩，须于2月16日正午至2月23日为止的期间，搭载康济号送出港外。康济号兵船上的武器装备保证全部卸装，2月15日午前日本海军士官登船验查。

第十一条 本规约既定，战争即属已毕。在威海卫的清国海陆军若向日本海陆军抵抗，此规约将全部无效，日本陆海军立即重新开始战斗。

2月14日正午，军参谋副长伊地知返回大山司令部复命，有贺学士16日返回，石井大尉17日返回，报告清军降服始末。大山司令官依照日清双方签订的《降服规约书》下达命令。第二师团步兵两个中队前往北竹岛村警备。第二、第六师团

3.4.23　按照清日两军降伏协议，刘公岛降伏清兵先乘船摆渡至威海卫港集合，然后从陆上遣散。图为下船登岸的刘公岛陆军将士，秩序井然。

3.4.24　威海卫上陆的刘公岛降伏清兵，在日军监视下，沿协定的路线通过占领区。图为约3,800名被缴械的清国士兵和非军人被遣散释放。

各派遣两个步兵中队，负责15日上陆的降服兵受降。两师团各派遣一个步兵大队，担任护送降服兵通过占领区的任务。

2月15日，上述各部队到达指定位置。16日，刘公岛清兵上陆开始，可是从刘公岛开来的渡船突然改变航向，朝北岸水雷营栈桥方向驶去，并未按照原定位置在北竹岛村停靠。原来军参谋步兵中佐神尾光臣，上午10时乘坐搭载降服兵的炮舰，引导清军登岸受降。途中知道在北竹岛村登陆多有不便，故临时改变预定航线驶向北山嘴水雷营栈桥上陆。降服兵陆续经栈桥上陆，至日落时分，约有3,800名清国的陆兵、水兵及非战斗人员登陆。神尾中佐是最后的上陆者，圆满完成了刘公岛陆兵的登陆任务。登陆期间，北竹岛村警备诸队，陆续赶到北山嘴水雷营栈桥上陆地点执行警备任务。上陆的清兵立即由各路护送队按照预定路线护送，一直持续到17日凌晨3时结束。清军护卫前营、后营、水兵2,025名，在初村前哨线外释放。972 名护军正营、副营，在道头村、小北山村、草庙集释放。

按照清日双方签订的《降服规约书》，17 日联合舰队开进威海卫港。日方接收了刘公岛诸炮台、水雷营、官衙、诸仓库、舰船等清军资产，并且派工兵炸毁威海卫诸炮台军事设施，称雄亚洲的清国北洋水师覆灭。威海卫作战结果，清国舰队沉没舰船，定远、来远、威远、靖远、宝筏、附属 2 号鱼雷艇、二樯帆船 7 艘。降服主战舰，镇远、济远、平远、广丙、镇北、镇中、镇南、镇东、镇西、镇边等 10 艘；从港湾西口突出逃走的 9 艘鱼雷艇，除左队 1 号成功逃走外，其余包括福龙号在内的 8 艘鱼雷艇均触礁被俘。教练船康济号被日军解除武装后交还清军，用于遣散降服清兵返回芝罘。

2 月 17 日，清日双方战舰和港口交接完毕。傍晚，刘公岛所剩一千余名海军将校士卒等，在道台牛昶晒带领下登上康济号。蒙蒙细雨中，一声凄厉长鸣的汽笛，

3.4.25 降服后的镇远舰回航至旅顺口大船坞修理。舰体上画有白线方框的部位，是被日舰炮火破坏，指示需要修缮的部分。

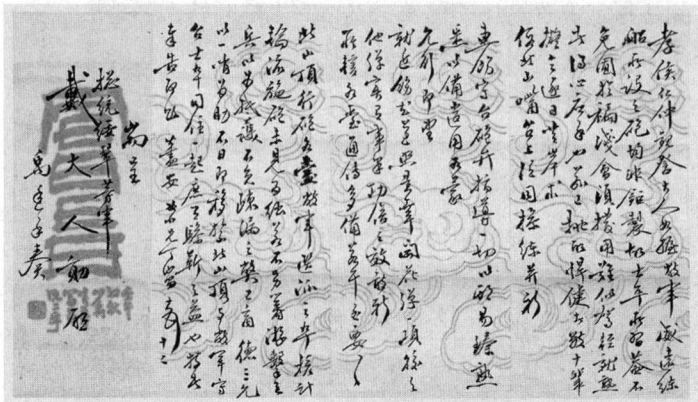

3.4.26 丁汝昌为北洋防卫不辞辛劳。图中手迹是丁提督关于威海卫防御事宜，写给戴大人的信函。丁汝昌书法浓纤折中、行走若云、饱含才气奔腾之气相。

划破刘公岛尚存硝烟的长空。刘公岛港内日本联合舰队各舰降半旗，鸣放唁炮致礼，丁汝昌等人的灵柩在丁汝昌之子的守护下登船。康济号拉起沉重的锚链，缓缓离开曾经留下无数记忆的刘公岛驶向芝罘。

日本联合舰队伊东司令长官，背负其他长官批评他"对敌过于仁慈"的指责，采取了对敌国降军施以大义之怀的做法，受到日本国内和海外舆论的感佩，西方列强称赞日本人的文明之举，在近代战争史上留下美谈佳话。

威海卫之战，日本舰队三艘鱼雷艇损伤沉没、主战舰无沉没记录。战舰乘员战死23人、负伤26人，舰队陆战队员死2人、事故死2人、病死1人。1名自杀死者崎辰次郎，2月4日在威海卫港湾内偷袭清舰实施鱼雷攻击时，因鱼雷发射管冻结不能及时发射，错失良机而自责，于后日剖腹自杀。

大本营利用辽东半岛封冻季节发动山东作战方略，歼灭清国北洋水师夺取威海卫要塞，折断了清国旅顺、威海卫两只守卫渤海湾门户的锐利犄角，达到了保障直隶决战使用渤海湾通路的战略目的。第二军司令官大山向大本营请求，第二军作战目的的达成后，期望早期返回辽东半岛，大本营须及时调拨运兵船只回送部队。大本营考虑，输送大部队回归辽东半岛，可能会影响直隶平原大决战的时期。目前山东作战已经吸引了清国大批军力，威海卫作战结束后，如果状况可能的话，第二军从山东内地在陆上向直隶平原合围。1月31日，大本营根据威海卫实际作战进度状况，考虑实施合围作战，后勤支援上会出现很大困难，同意大山司令官的早期见解。2月4日，大本营发出威海卫作战目的达成后，迅速从海上撤回辽东半岛的训令。2月12日，北洋水师的降服大势已定，前进中的清军增援部队也放慢了进军速度。2月17日，清日两军完成全部受降交接，大山司令官命令部队，以不与清国援军接战为度从威海卫撤军。2月22日至3月1日，诸部队返回旅顺口，按预定计划完成撤军。

清国北洋水师全军覆没，丁汝昌在战争中的表现引起诸多非议，许多细节成为历史悬案。战后日本史学家分析，丁汝昌是农民出身的陆战将领，本无海上作战经验，却被任命为北洋水师最高长官，指挥亚洲最大舰队作战，在世界海战史上实属罕见。李鸿章与丁汝昌乃同乡，丁靠裙带关系被重用在朝廷早有异议。李鸿章对性情温和的丁汝昌斥责不加顾忌，作战指挥亦横加干涉，导致丁汝昌在决策上缩手缩脚，难以实现其外海作战之主见。作为清国舰队的最高长官，实质上已经丧失了独立指挥作战的权力。丁汝昌上下关系人缘极好，当黄海败战受朝廷责难时，便有上下级官员挺身为之辩护喊冤。12月26日，英国《泰晤士报》报道："丁汝昌提督因作战不利被清廷革职处罚，清国舰队任职的外国军官联合公开声明，对丁汝昌的定罪和处罚不当，如若实施处罚，我等立即辞职。清廷闻知此况，立即发布敕令继续留用丁汝昌指挥北洋舰队。"

丁汝昌最终选择了死，或许那是最明智的选择。他一人的死，换来了数千人生存的希望。百年来历史对丁汝昌的评价各有褒贬，论作战能力丁汝昌非称职的舰队最高长官。但工作兢兢业业、品性温良，对上忠于朝廷，对部下及受雇外国军官以礼相待，受到将士的拥戴和尊敬，符合一个忠良军人的形象。丁汝昌作为一个封建时代的代表人物，充其量只是一个爱大清国的爱国者，这是历史无法选择的政治立场。历史沉重的一页翻了过去，无论降将或爱国者之说多么是非矛盾，丁汝昌毕竟用死的代价换来了数千人的生命，这些生命又衍生了今日新生命的价值。人性的逻辑，让历史再现丁汝昌受人仰慕的一面。

3.5 清日战俘交换记

1895 年 4 月 17 日，清日两国签订《马关条约》，战争宣告结束。《马关条约》第九条记载，本条约批准交换后，两国立即交换对方国俘虏。条约要求清国保证：

1. 对待日本俘虏不得虐待和处刑。

2. 释放在军事上犯有间谍罪被捕的日本国民。

3. 对在交战中曾经为日军提供过情报，以及与日本有过种种关系的清国臣民不予处刑。

战争结束后的数月内，日本政府频繁向清国政府照会查证本国战俘的下落，迟迟才得到清国政府关于"俘虏数字尚且不明，待准确数字查明后即时答复"的

3.5.01 丰岛海战，清舰操江号不战便降，82 名清军水兵作为清日战争最初的战俘，被遣送日本国。图为西洋记者的素描"操江降舰的清兵"。

电文。主管北洋外交事务的李鸿章，在签署《马关条约》后讨声四起险象环生，行政职能处于瘫痪状态。如何处理日本战俘，对不熟悉国际红十字会组织公约的清国军队而言尚无先例。加上战后辽东半岛电信往来还未恢复，驻留各地清军部队的俘虏报告无法通告，日本战俘的调查统计实际上处于搁置状态。

1895 年 8 月，日本政府与清国政府约定，于 8 月 17 日和 9 月 1 日在清国本土分两次引渡战俘。第一次在天津新城，引渡关押在日本各地战俘营的清军俘虏 976 名。第二次在清国盛京乾线堡（甘泉铺），引渡关押在海城战俘营的俘虏 598 名。清国在天津引渡日本国俘虏若干名（文献实数不详），盛京乾线堡引渡日本国俘虏 11 名（步兵第十一联队一等卒乡田爱吉、军夫 10 名）。清国境内两次俘虏引渡交换作业均圆满顺利，引渡完毕后，双方签署移交领收书。以下是日本国立公文书馆馆藏，清国俘虏引渡报告。

报告 1《俘虏还送复命书》
天津新城俘虏送还实况

陆军大臣侯爵大山严殿
外务大臣子爵陆奥宗光殿

我等还送委员，遵奉陆军大臣、外务大臣训令，前往清国移交战争中捕获的清军俘虏。1895 年 8 月 10 日，拘留在东京、佐仓、高崎俘虏营的清军俘虏汇集横滨港，转乘"丰桥丸"运输船，从横滨港出发前往神户港。原定 8 月 10 日午后丰桥丸在横滨拔锚，12 日晨时到达神户，搭载从各地俘虏营汇集在神户港的俘虏。由于丰桥丸在横滨出港的时间推迟，直到翌日凌晨 4 时开船，12 日中午才进入神户港。到达神户港的俘虏，暂时在凑川神社内休息，下午 7 时移至大黑坐剧场住宿。随同的还送委员入住大黑坐附近的宿舍。12 日午后，丰桥、名古屋、大津及广岛各所的俘虏陆续到达神户港。13 日上午 6 时，神户港集中的俘虏陆续通过栈桥登上丰桥丸。大阪俘虏营的俘虏原定 12 日午后到达神户，出发前因发生霍乱病疫情，为

3.5.02 清日战争，法国画报刊登的被俘清国士兵图，押送中的俘虏佩戴清国特色的木枷和锁链。

隔离感染者推迟了出发时间。在铁道局协助下，大阪俘虏乘火车直进神户港栈桥，立即转乘丰桥丸。13日上午10时，丰桥丸拔锚离开神户港向三津浜方向航进。14日凌晨2时到达三津浜港，上午6时半，松山俘虏营的俘虏开始上船，8点半登陆结束。9点整，丰桥丸满载还送的清军俘虏离开三津浜港，一路平稳航行，下午5时10分通过马关海峡。15日至17日之间航行顺利，无特别记述的事件。

　　18日凌晨1时30分，距清国大沽东面七海里处停船，待天明后继续向白河河口方向航行，上午6时距大沽五海里处投锚。几位大沽栈桥会社的美国职员登上本船通告船长，昨日两名日本绅士投宿大沽通知本社，搭载清国官吏及千人清国人的专用船明日到来，请在满潮时立即引领该船入港。还送委员长决定暂时停止前进，等待上陆时机。上午11时10分，两艘小蒸汽船靠近本船，两名日本人登上丰桥丸，来者是梶川步兵大尉和天津公使馆神尾中佐、荒川领事派来的大杉书记生，协助还送委员移交清国战俘的外交官员。大杉书记生告知，荒川领事收到天津海关道盛宣怀的书状，故派遣梶川大尉前来听取还送委员安排移交清国俘虏事宜。随船的还有两名清国人，镇海副将汪恩孝、日文翻译张文成，一同登上了丰桥丸。梶川步兵大尉、大杉书记生带领委员递交名片，引导清国官员进入本船食堂入座，双方开始以下对话。

　　汪恩孝："今回贵船送还清国战俘，我等二人受命前来办理接受事宜。"

3.5.03　金州战斗的清兵俘虏。照片注释该俘虏是在逃跑时，扮成农民模样被抓捕的，民服内是军服。俘虏受到数回审讯，均不愿交待任何口供。

　　村山邦彦："我等还送委员和本船，是受日本国政府还送俘虏之命前来贵地的，请问贵官是否持有接收俘虏的资格委任状。"

　　汪："我等并未带来。"

　　张文成："如需交换委任状，贵委员应先交付与我等，我二人才能向贵委员交付委任证明。"

　　村山："交付我方授权证书前，我等必须先确认贵官接收俘虏的资格，否则难以履行交接公务。请问贵国委任俘虏接收公务的责任者是哪位官员？"

　　张："现在新城的天津镇总兵罗荣光。"

　　村山："既然如此，本委员应该向天津镇总兵罗荣光移交俘虏。"

　　汪："为何不能在此地引渡移交？"

村山："贵官前来本船接收俘虏，但并不知晓如何移交受领之仪。"

汪："天津镇总兵罗荣光命令本官受领俘虏，然后回航新城。如果贵方可以直接送往新城，就请自便。"

村山："送往新城当然可以，本船沿白河向前行进，在转弯之处如果贵方船只准备好了，可以改乘贵船送往新城。然后本官等共往新城，面会天津镇总兵办理引渡手续。"

汪："那就按照贵官提出的方法去办，请贵官一同乘我方小蒸汽船前往新城。"

双方结束以上谈判，还送委员命令将两舷堆放的俘虏行李，移向四艘清国船上，还送委员分乘小蒸汽船前往新城。下午1时30分，丰桥丸开船沿白河逆流而上，5时到达新城。新城位于白河右岸南方500米，一行人等到达城北门。日文翻译张文成与委员长表示，先行进城向总兵罗将军通告，请各位暂时等候。

日落时分，还送委员开始指挥俘虏下船登陆。清国新城知县蒋文霖赶来，热情引导委员们进入一屋休息。稍许，天津镇总兵罗荣光乘轿来到休息处，向各位还送委员寒暄致意。

罗："本日各位千里迢迢渡清，来到大沽送还我俘虏，本官深表谢意。然本官近日患病在身，未能亲自前往接收俘虏，实乃有失职责，甚为失礼。故本官委托蒋文霖知事等负责交涉，处置相关交接事宜。"

村山："贵官病中还亲自出城来访，我等表示感谢。关于俘虏还付程序，可按照贵官指示，由我方委员与贵方委员诸君共同协商办理，移交场所准备在何处

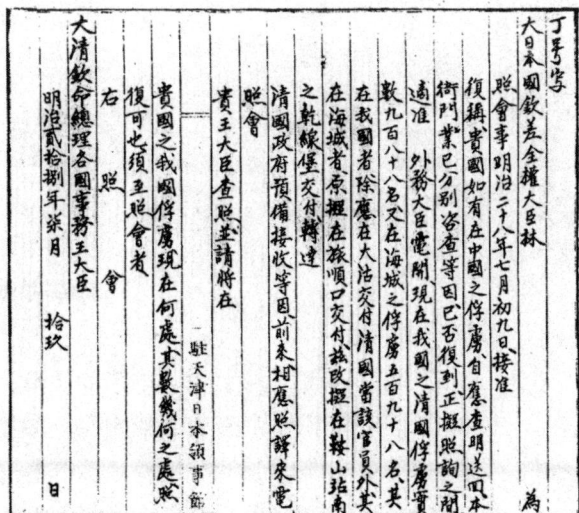

3.5.04　清日《马关条约》签署后，日本政府频繁照会清国政府，询问本国战俘的下落，迟迟没有得到明确答复。李鸿章承认，清国武官即便是总督者亦不通公法为何物，其部下对公法原则所述之旨明了者更是稀少，战斗中逆待日本俘虏的事完全可以想象。图为日方战俘查证交涉之公文。

3.5.05 丰桥丸是英国造运输船，日清战争中被征用运兵及物资。战后担任运送清国俘虏返回清国本土的任务。该船定员206名，改装后一次送战俘976名。

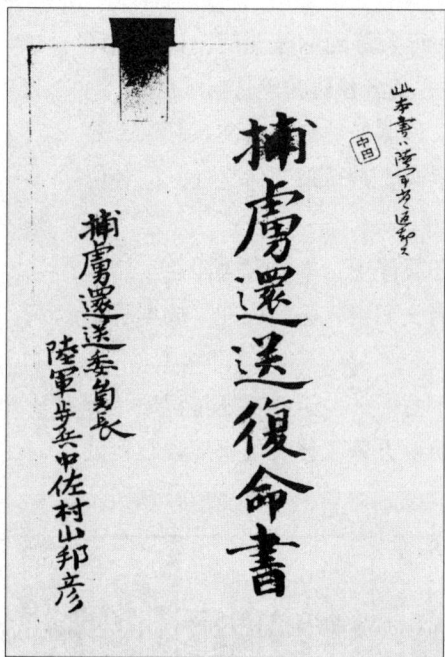

3.5.06 1895年8月18日，日清两国政府在天津新城完成第一次俘虏送还作业。图为俘虏送还委员长、陆军步兵中佐村山邦彦的"俘虏还送复命书"报告。

进行？"

罗："请在新城内受渡。"

村山："承知。"

以上罗荣光总兵的寒暄在双方的问答中结束。按照罗总兵的指示，上陆俘虏在引兵带领下整列进城，由双方委员按照名簿清点人数。人数核对完了之后，向清国方面递交了俘虏名簿、死亡诊断书、病历等文件。清国委员向我委员交付了由天津镇总兵罗荣光签署的俘虏移交受领书，还付手续结束已经是晚8时10分。引渡的俘虏中，患病者被送往城郭内，健康者安排在外廓营舍，清国委员向他们分配晚餐饮食。

当日到达新城后，清国受领委员及罗荣光将军，对委员的态度甚为诚恳，尤其在我委员入城和离开新城之际，鸣放三响礼炮致意。在我等一行离城去河岸乘船时，清国官员一路送行，我委员受到郑重礼遇。

我还送委员一行乘清国小蒸汽船"快顺"号到达天津，来到日本驻天津领事馆与荒川领事、神尾中佐面会。翌日，向本国发送"移交俘虏完毕"电报，结果电报通信不通。19日午后，在天津面会清国引渡的日本俘虏，向他们询问引渡前后的情况。日兵下士俘虏报告，我们在天津遵照命令居住在城内，有食物保证，每日还支给15钱的生活费。此地有亲戚或故友的人，还许可进城探望，对此我等深表谢意。

20日上午9时，接到荒川领事的通知，清国官员陶大均送来请帖，约定上午10时在李鸿章宅邸，接受李大臣会见。参加会见人员有神尾中佐、大久保少佐、土居军医及村山邦彦，此外还有领事馆书记生一名。一行进入李宅邸客室，李大臣与各位一一握手，并引至别室请客入座，客座前的桌子上放有待客的食品。双方开始了以下要旨的谈话。

李鸿章面向村山道："今回俘虏送还，承蒙关照，大清国对此表示谢意。"李大臣特别谈到，日本当局对俘虏的待遇，以及还送过程的精细安排，表示敬意和感谢。

村山："本官遵奉当局大臣训令，已将清军将校以下976人，于昨日在新城引渡给天津镇总兵罗荣光。在还送途中及狭窄的船室条件下，我委员给予各位将校俘虏以适当优惠的待遇。"

李："船中之事衷素以待，深表谢意。"接着李大臣询问了村山、大久保少佐、土居军医的职务出身及俘虏运送船的名称、吨位等。

李鸿章面向村山道："归朝后请向当局大臣和日本国民转达我国对贵国关照我俘虏表示的感谢之意。"村山当即表示敬承转达。

神尾："贵国在战时俘获的日本兵数，至

3.5.07　永眠在异国他乡的清军战俘，按照日军相关规定，被安葬在陆军墓地。此碑是吕姓、刘姓者之墓，碑名上故清国下面文字，原为"俘虏"字，第二次世界大战后"俘虏"二字被用水泥填盖。

今尚未全部判明。我国政府和国民期待贵国，能够早日将真实数字释明。"

李："此事实在是一件令人遗憾之事，之前贵国政府已经多次来电催促询问实数，本官亦命部下尽快核查，目前实数尚不得而知，调查结果得出后我国将尽快告知。贵国武官在万国赤十字公法学问上颇有研究，遵循公法原则办事。本国武官，即便是总督者亦不通公法为何物，其部下对公法原则所述之旨明了者更是稀少。况且总督之兵分散各战斗区域，难以确定士兵之所为，战斗中逆待日本俘虏的事完全可以想象。眼下俘虏实数尚且不知，本官如前所述继续催促查明，报告得出后立即通知贵国。"

谈话中触及台湾之事，问答一二，双方各有不快之感。此时，侍从告知已经准备好客餐，双方谈话终止，转入餐食。李大臣举杯向在场各位致谢，餐后李鸿章和神尾中佐致谢辞，送至门口顺次握手告别。

翌日下午6时，应邀在医学堂会谈，清国方面出席者盛宣怀、罗丰禄、伍廷芳、陶大均、林联辉、张文成。日本方面神尾中佐、井上大佐、细谷少佐、荒川领事、梶川大尉及我还送委员一行。会谈数刻后，引入食堂宴会厅，共进晚餐至晚10时，宴会后我等告辞离开医学堂。

21 日，我等委员前往码头乘两艘小蒸汽船返回大沽，返还借用的小蒸汽船。因为战后清国国内外电信尚未恢复正常，故与本国电信一直未正常沟通，委员一行等待本国的回归命令。清国官吏同意在未决定归国日之前，提供小蒸汽船一艘给予方便。

凌晨5时在栈桥乘船时，遇见返还的清国俘虏将校数名，询问他们今后会怎样安排。答曰："前日移交结束后，根据谕旨，将校多半恢复旧官职继续奉公，待命期间发给旅费返回乡里探亲，实乃皇恩浩荡，令人感怀。听说贵官一行就要离开清国，我等特前来送行告别。"言谢之间便泪流满面，我委员向各位将校慰抚一一告别。小蒸汽船到达大沽港时已经下午3时半，下午4时大沽收锚。小蒸汽船"快顺"出港后，领事馆神尾中佐、梶川大尉接到海关道转来的国内电信命令，滞留在天津的还送委员集合出发归国。

22 日，我等乘小蒸汽船前往旅顺口，上午8时30分到达旅顺港。大久保少佐上陆与通信部协议与国内电报联系，电信官告知已经收到大本营立即归国的电报命令。同时知道在大连湾和日本之间定期往返船"东京丸"，将于明日拂晓出港，返回宇品港。村山一行决定立即前往大连湾，赶乘回国的东京丸。

23 日凌晨5时，船从大连湾出港，24 日午后风起浪高，入夜风雨至，船体摇晃甚剧，25 日上午在对马神崎港避风。晚7时拔锚前往马关，26 日夜登陆检疫，翌日到达宇品港。27 日在广岛，还送委员长宣布解散，各地派遣来执行还送任务的委员即日返回任地。同日午后，本职前往神户处理残留公务，30 日午后返回东京复命。

此番俘虏还送过程中的卫生报告及还送中使用的经费，别件详细记载。

以上报告候也。 明治二十八年十月　俘虏送还委员长　陆军步兵中佐　村山邦彦

3.5.08　位于大阪的陆军墓地，安葬日清战争中日本军人阵亡者13,249名，也有他国军人的墓碑，记名清国人碑5座，图为清军战俘杨永宽之墓。

附《清国俘虏还送途中卫生概况》

1895 年 8 月 10 日，东京俘虏还送委员一行，携行东京、佐仓、高崎所在俘虏317名，从东京新桥停车场，分批发送俘虏前往横滨港

集合。当日 12 时 50 分俘虏登上御用船丰桥丸，11 日凌晨 3 时登船作业完毕后出航。12 日下午 6 时 50 分到达神户港，13 日上午 7 时 40 分丰桥、名古屋、大津、广岛、大阪各收容所的俘虏陆续到达，568 名俘虏陆续登陆，同日上午 9 时 5 分拔锚出航。14 日凌晨 2 时到达伊豫三津浜，7 时 30 分松山收容所 91 名俘虏登船完毕，9 时出港离开日本前往清国。乘船俘虏总数 976 名，内含病者 47 名，伤者 9 名。乘船前已经患病者，东京 1 名、佐仓 1 名、丰桥 2 名、大津 7 名、大阪 37 名、广岛 5 名、松山 3 名，其病症大多为轻症，大津所重症患者 2 名，起卧动作困难。航海中得天气良顺、风平波静之惠，八天航行中没有新患发生。俘虏输送船航行记载主要日志内容如下。

时值夏日乘船者人数多，船舱内气温高，极易产生腐败不洁空气，故下层船舱俘虏允许自由到上层甲板换气。为防止船室内空气污染，每夜看护长手经常注意巡视检查各室卫生状况。

大津、大阪、广岛、松山护送俘虏随船的医官、看护长手，作为公差出使清国，途中看护有病俘虏，将病状详细记入病历书，日后交付清国政府。

御用船丰桥丸，英国制造海军所属运输舰，排水量 4,080 吨、全长 104.9 米、宽 12.2 米、吃水 5.1 米、动力 650 马力、时速 10 海里、定员 206 人、通风管道设备 12 套、储水槽 54 座。执行俘虏还送任务时，丰桥丸在横滨、神户两港地注入淡水 380 吨。舰用淡水蒸馏设备，平均日蒸馏淡水量 1,800 加仑。船内卫生状况属于一般清洁等级，只是在 17 日前，船员中曾发生霍乱病，严格实行过消毒措施，两周以来未再发生新患。本次输送人数众多，高度警惕潜伏病毒，防范疾病再发。

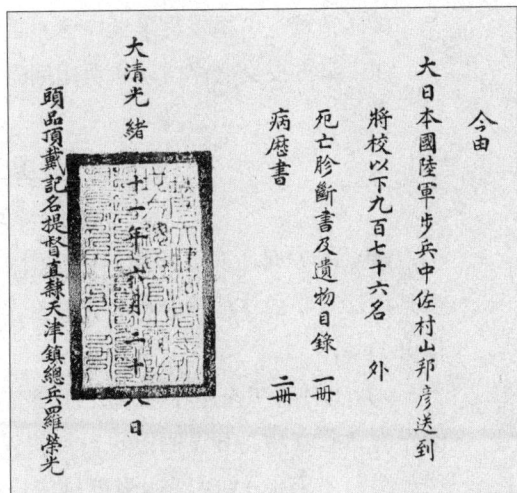

3.5.09 清国头品顶戴记名提督直隶天津镇总兵罗荣光，接受日本送还的战俘后，代表大清国向日本还送代表，开出俘虏验收收据文书，盖有官印一枚。官文记载，今由大日本国陆军步兵中佐村山邦彦送到将校以下九百七十六名外，死亡诊断书及遗物目录一册，病例书二册。大清光绪二十一年六月二十八日。头品顶戴记名提督直隶天津镇总兵罗荣光。

船中食物提供采取适量标准，主食每人每日精米六合、副食提供猪肉罐头、杂鱼茄子、牛蒡大酱汤、腌制南瓜、生姜、萝卜、咸菜等。给水状况，船上严禁饮用生水，除每餐有水供应外，每日供茶水两次。

气象状况，航海九日中八日晴天、一日雨天。寒暖状况，华氏 71 度至 87 度（21.7—30.6 摄氏度），平均八十四度四分（29.1 摄氏度）。水温华氏 71 度至 82 度（21.7—27.8 摄氏度），平均七十九度四分（26.1 摄氏度）。风向多东北风，风力约一级。

续航九日期间共实施三次入浴，两次冷水浴、一次温水浴。

患者病类表及药物消费表，如下表所记。

以上报告候也。明治二十八年八月十九日（1895 年 8 月 19 日）

俘虏还送委员陆军一等军医 土居宗明

俘虏还送委员陆军一等军医 本多仓二

清国政府俘虏收受济证明

今由大日本国陆军步兵中佐村山邦彦送到将校以下九百七十六名。

另，死亡诊断书及遗物目录一册、病例书二册。

附 1《俘虏患者病类表》

附 2《药物及消耗品消费表》

附 3《俘虏还送费用细目》

附 4《清国俘虏接受济证明书》

大清光绪二十一年六月二十八日

头品顶戴记名提督直隶天津镇总兵罗荣光

注：日方提交之俘虏还送费用细目，其全部费用由清国政府负担。

报告 2《俘虏交换报告书拔萃》
盛京省乾线堡俘虏交换实况

1895 年 9 月 1 日，日清两国在清国盛京乾线堡（甘泉铺）交换战俘。清国俘虏是在辽东半岛作战中被俘，关押在海城俘虏营的俘虏，合计 598 名。交换日本俘虏 11 名。

9 月 1 日正午至下午 2 时，俘虏交换作业无事终了。俘虏交换的前日，我军给俘虏惠赠衣物，开设酒宴，对将校俘虏惠与洋伞和军靴。当日早晨，我委员前往乾线堡，上午 11 时到达附近村庄。护送俘虏的卫队，骑兵两小队、步兵一中队。俘虏队伍随同卫队到达乾线堡南面村庄，在路边停止待命。我委员来到清国在乾线堡村庄准备的村屋"会合所"，此时清方代表邹立桂（鞍山驻军营官）、沈思瀛（下金厂驻军营官，曾驻法国公使馆武官），已经先行到达。

清方代表询问，我方作业委员正在北面村庄休息等待，是否可以请他们过来。我委员答道，立即请他们过来。两位清方代表，言语举止温良谦逊，看上去就知道有经常与西洋人交往的经验。稍许，清国俘虏交换委员八名来到会合所，双方会谈开始。

首先，日本委员代表提出，俘虏交换请先渡让我军俘虏，之后再还付贵军俘虏，清国委员当即允诺。我代表告知，前日惠与俘虏诸品和设宴款待，但是为了防止俘虏逃跑，我方用绳索连环绑缚前来，请贵军给予理解（海城战俘营的俘虏曾经频发逃跑事件）。清国委员回复曰，前日我方赏与日军俘虏每人银四两及衣物，并准备与日方以相同形态捆绑贵军俘虏再行移交。又曰，清国人看到贵国人之发型甚为恐怖，不得不将俘虏剃发，并附以清式假辫发，故请贵军给予体谅。邹营官言道，我方统领寿山（袁寿山系袁崇焕之后裔）已到此地，如无障碍是否许可面会，我委员许诺。稍许，寿山到来，此人想必是为监督八位委员执行公务受命而来。

当日道路泥泞，车辆行进极为困难，我军俘虏大部分已经到达。清军俘虏在我军护送下乘大车到达会合所门前，双方的交换作业开始着手进行。乾线堡南面俘虏集合所，清国委员开始清点俘虏，袁寿山带领八位委员的作业场面混乱，纷扰嘈杂不可名状。我委员立即制止清国委员的作业方式，要求按照我委员制定的顺序，由指定的点检官清点俘虏，纷乱的场面开始恢复平静。交付作业顺利结束后，我护送卫队在路上整列，齐步通过双方委员面前。稍后双方委员回到会合所，互换俘虏引渡领收书。此时，清国委员告知，辽阳徐知州（徐庆璋）前日来到鞍山站，现在已经备好酒宴，准备招待贵国委员。我委员再三推辞最后只能顺其厚

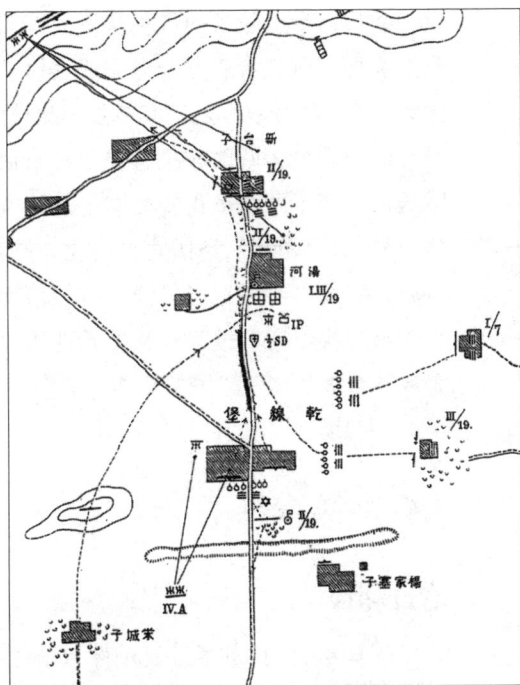

3.5.10 1895年9月1日，日清两国政府在盛京省乾线堡，完成第二次俘虏交换作业。清国俘虏是在辽东半岛作战中被俘，关押在海城俘虏营的俘虏。图为乾线堡的地形图。

意，委员们带上随身的各种洋酒及糕点，一列排放在餐桌上。小宴会开始，徐知州致酒词，对日清双方合力完成俘虏引渡作业表示谢意，袁寿山统领及各位委员频频点头，称赞双方之诚实厚意。此日俘虏引渡会合中，清国委员始终欢容以待，赴宴前我委员为两国和平解去了随身武器以表诚意。散席前，清国方面向我委员赠送白银四十两，被我委员谢绝，清方又让我委员的侍者代以授之，被我委员断然拒绝。下午3时，清国官员向我委员辞谢离去，当日的俘虏交换至此无事结束。事后，我委员听当地居民说，在村落南端埋伏有身着"兵"字军服的清兵，监视我委员交换俘虏的过程。又据其他居民说，在乾线堡附近村落隐藏约一万清兵，警戒不虞事态。

3.6 李鸿章马关行

清日和谈

1894年11月，朝廷开始试探和谈的可能性，请求英、法、德、俄国公使出面调停。11月5日，美国表示愿意调解两国间战争纠纷。11月21日，旅顺口要塞陷落，在美国公使田贝（Charles Harvey Denby）的斡旋下，日本政府同意双方在日本举行会谈。事实上这仅是日本在欧美列强面前作出的表面姿态，日本需要更多的谈判筹码。政府、军队、民众在连战连胜的狂热情绪驱使下，一致主张扩大当前的战果。

1895年1月31日，清国皇帝光绪派遣的议和大臣抵达下关。日本政府代表借口授权委任状不符规格，拒绝了清国谈判代表的谈判资格。要求清国派遣恭亲王或李鸿章那样有名望、有签署重大决议权的人作全权代表。日本蓄意拖延和谈时期，就是为了抓紧时间扩大辽东半岛和山东半岛的军事战果。山县大将向大本营提议，待沿岸解冰期到来，即发动对北京的军事攻略。海军参谋长山本权兵卫主张，大本营不能坐等列强的干涉。伊藤首相反对山县过于急进的意见，倾向山本的思虑，最后采取了两种意见的折中方案。先取山东威海卫歼灭清国北洋舰队，之后以旅顺要塞为基地实施直隶作战计划。但是伊藤首相同意直隶作战的先决条件是，必须先实施日清两国间和平谈判程序后再做决定。

2月12日北洋舰队覆没，清国派遣日本的媾和使无功而返。光绪帝召集军机大臣紧急议事："战事至此危机，伤及宗庙社稷，如今战和彷徨，诸爱卿有何见地……"话未毕便长息悲叹、声泪哽咽。主战派翁同龢不知所措，李鸿藻则劝皇

3.6.01 清国特使李鸿章乘德国商船"公义号"汽船抵达日本马关。图为停泊在湾内准备登岸的李鸿章特使船。

上罢免李鸿章纠其责任。幕后的西太后慈禧亦哀状涕零，此时无论众臣怎样挤兑李鸿章，她相信也只有他才能帮助大清国渡过危机。2月16日，日本政府通过美国驻日本公使，向清国开示了和谈条件：（1）赔偿战争军费；（2）承认朝鲜独立；（3）割让土地；（4）重新缔结两国未来交际的相关条约。如果不具备以上和谈诚意，或派遣不具备谈判全权身份的使节都将毫无意义。

　　军机大臣堂议的结果，决定派遣李鸿章交涉和平。2月22日，李鸿章被召入京参加朝会，议论的中心是日本要求割让领土的问题。李鸿章坚决反对割地说，翁同龢主张倘若清国可以回避割地，即便巨额战费赔偿，清国也可以忍辱负重。大臣孙毓文、徐用仪认为当前形势急迫，若回避日本割地条件，和平交涉将无法继续。朝堂上亦有主张效仿早年俄国皇帝迁都，最后打败拿破仑的古典。迁都案遭到激烈反对，被斥责为放弃国家宗庙社稷的逃跑主义。最终只剩下割让领土一案，李鸿章坚持不可割地，若议割地，立即归国。同时奏请皇上此行和谈让翁同龢一同前往，翁同龢坚称本人非洋务派，固辞赴日参与和谈。下朝后李鸿章连日奔走英、法、德、俄国公使馆，请求各国列强进行外交斡旋，但游说没有得到预期的结果。德国公使忠告："如果清国不打算迁都的话，势必面临割地的灾难。"英国公使遗憾地表示"清国不付出巨大牺牲，就无法抵御日本对北京的占领"。国家危难中的李鸿章，注意到欧美列强渔翁得利的新动向。3月2日，李鸿章上奏皇帝："倭人窥我领土由来已久，如今乘连胜之势迫大清割地，看来若不应和日本之要求，恐怕局面将更加严峻。今日之屈辱乃为将来之伸张，若奋发图强，中兴大清非难事也。"翌日军机处给李鸿章下达了赴日和谈全权的承认谕旨。

　　2月19日，陆奥外相收到美国驻清国公使的电报，清国政府拟任命内阁大学士李鸿章为和谈全权使，要求通告和谈地点。日本外务省立即回电，忠告为防止前次不符规格的全权委任状重蹈覆辙，最好先将全权委任状内容电告日本。清国依照日本要求先发去汉文本委任状。日方提出部分内容不明确，要求附加英文本。由于英文本与汉文本的文意有诸多不合之处，日方要求以英文本作为会谈基准，双方对汉文和英文本的内容又做了若干修改。3月4日，日本政府正式接受清国政府的和谈请求，会谈地点定为日本马关。清国政府通过美国公使向日本转达，按照国际公法惯例，全权委员有权使用密码电报与本国通讯，希望日本政府许可。密码通讯的要求很快得到日本政府的批准。

李鸿章出发前向朝廷提议，为减轻和回避败战国在媾和中的不利地位，以及日本漫天要价，清国需要联合美、英、法、德、俄、意等列强干涉和谈，对日本施加压力。此举虽然系引狼入室之举，但面对清国当前的最大利益，已经没有其他可以选择的良策。

3月14日，李鸿章这位身系国家命运的73岁老人，带着皇帝"承认朝鲜独立、割让领土、赔偿军费"的授权，踏上赴日和谈的苦涩旅途。李鸿章的随行官员33人、仆从90人，乘中立国德国的商船"公义号"、"礼裕号"从天津大沽港出发，19日到达日本福冈县北部的小城门司港。两国代表在山口县赤间关市（1902年改称下关市）的旅馆"春帆楼"举行会谈，从3月20日开始至4月17日结束，前后经过七轮会谈，最终签订了日清媾和条约，清称《马关条约》，日称《下关条约》。

清日两国第一轮和谈于3月20日下午4时15分在春帆楼举行。李鸿章一行下午3时入会场楼下小憩，在超过约定时间5分钟后进会议室。李鸿章精神抖擞，伊藤博文全权大臣和李鸿章全权使握手致礼，请各位来宾入座。两国参与和谈交涉的官爵氏名如下：

日本：全权弁理大臣伯爵伊藤博文、全权弁理大臣子爵陆奥宗光、内阁书记官长伊藤巳代治、外务书记官井上胜之助、外务大臣秘书官中田敬义、外务省翻译官陆奥广吉、外务省翻译官楢原陈政。

清国：头等全权大臣一等肃毅伯李鸿章、参议官李经芳（李鸿章养子）、参赞官罗丰禄、参赞官伍廷芳、参赞官马建忠、参赞官卢永铭、参赞官罗庚龄为翻译官。

伊藤博文和李鸿章之间做了寒暄性的谈话，语言使用英语，日本方面翻译为外务书记官井上胜之助，清国方面翻译官为参赞官罗丰禄。

伊藤："阁下数日海上颠簸，饮食起居可好否？"

李鸿章："幸运自己仍老健，回想和阁下天津会晤以来已经十年有余。在这期间阁下不辞劳苦为国建功立业，而我等尚未为国尽力徒然老矣，想来余深感惭愧。"

伊藤："阁下之赞语，实在过誉了。"

李："几日的航海好在天气舒适，仅一日遭遇风暴，使我船停泊荣城湾 24 小时，不然会提前一日到达日本。"

伊藤："阁下从哪里乘船的？是天津港吗？"

李："是的，在天津埠头乘船，刚刚到达就听说阁下为我等做了细致周到的安排，对此深表谢意。"

伊藤："当初也选择了其他地点，但是考虑双方会合之便利，故确定了这个偏僻所在，如有不便的地方请多多包涵。"

李："阁下选择如此山清水秀的好地方，溢于言表。"

3.6.02　引接寺位于山口县下关市，宗派系净土宗、山号关龟山、本尊阿弥陀如来。引接寺周边环境幽雅娴静，是大清国全权代表李鸿章的下榻之所。引接寺与春帆楼间的小道，因发生李鸿章刺杀案，被命名"李鸿章道"成百年名迹。

伊藤："他事请稍许再慢慢叙谈，我希望双方先查照彼此的全权委任状。"

李鸿章解开一个黄绢包裹的小包，从画有龙腾图案的圆筒中取出英文版大清国委任状递给伊藤首相。伊藤也恭敬地从一锦袋内取出英文版大日本国委任状递给李鸿章。伊藤把清国委任状递给陆奥子爵传阅，李鸿章将日本委任状递给李经芳传阅。

清国委任状："大清国大皇帝敕谕，现欲与大日本国重敦睦谊，特授文华殿大学士直隶总督北洋通商大臣一等肃毅伯李鸿章为头等全权大臣，与日本所派全权大臣会同商议便宜行事，定立合约条款，予与署名画押之全权，该大臣公忠体国夙著勋劳，定能详慎将事，缔结邦交，不负朕之委任。所定之条款朕亲加查阅，果为妥善便行批准。特敕。"

日本国委任状："保全天祐践万世一系之帝祚大日本帝国皇帝，此书昭示万民。朕为恢复与大清国之和平，维护永久之友谊，兹授与内阁总理大臣从二位勋一等伯爵伊藤博文、外务大臣从二位勋一等子爵陆奥宗光特命全权弁理大臣，授以记名签字之全权。该大臣奉公诚信、敏捷、谨慎，定能与清国特派全权大臣，共议缔结两国媾和条约，所议定之各条项，朕亲阅认定其妥善后批准生效。"

委任状交换后，李鸿章请求宣读一文书，伊藤首肯。清国代表罗丰禄朗读英文书状："清国皇帝陛下特命全权大臣提议，本和平谈判伊始，两国应首先承诺休战日，在规定的时间内立即停止水陆交战。此番本大臣授与商议签署回复永久和平之全权，有达成此目标之诚意。在有效之和谈前，首先立约休战是极其必要的。"

伊藤："阁下的备忘录容明日答复，阁下查阅过余等的委任状认为可以吗？"

李："格式非常正规，没有遗憾之处。"

伊藤："如无疑议，请阁下接受余等的委任状，余等也接受阁下的委任状。"

李："可以，阁下对余的委任状满意吗？"

伊藤："当然（微笑），只是余的委任状有我天皇御亲署名，而阁下的委任状只有国玺印，没有贵国皇帝陛下的亲署。"

李："按押国玺印乃我大清国之惯例，与他国亲署有相同效力。我国向他国派遣使臣，委任状一律用国玺而非亲署，此乃恒例。如若他日像贵国一样进步了，说不定皇上也会亲自署名。然，余想这种变更还需几多岁月。"

伊藤："余并无以此为难阁下之意，说来清国何故不认同他国的例规呢？"

李："在我国的礼仪中，臣下对君主是不能有违礼仪的。"

伊藤："清国皇帝陛下乃聪明之君，此种礼仪一定会改变的。贵国前回的使节空手而归，着实令余等深感遗憾。然而当时贵国所交付的委任状不但不完整，反让余等认为贵国没有真实求和之诚意。因此今回阁下履行使命前，余等为贵政府实现求和之愿望尽到了最大努力。阁下是贵国政府德高望重的人物，定会洞察到这些事实。余等首先希望确认，贵国是真诚为求和而来的吗？"

李："我国政府对于求和充满诚意，如果没有诚意，余也不会被任命全权使臣远道而来，请阁下谅察。余是阁下的旧知，于公于私都应该开诚谈话，切望阁下有相同感怀。"

伊藤："余深感责任之重大，虽明了阁下谈判之诚意，只是还期望阁下凭借素来的经验和肚量，做出妥局的气度。"

李："在欧洲人眼里，清国和日本是亚洲中两个卓越的大国。我等系相同人种（黄色人种），有类似的文学，社会的相似之处也很多。作为敌人我等更应该是兄弟，从对立关系转向相互重视的立场。两国之间为一些不同认识争斗不休，对友好关系是不益的。阁下比任何人都深知我等东洋人在西洋人眼里的位置，西洋人坐山观虎，现在正是黄色人种应该提防白色人种的时期，余庆幸今回的战争消除了我等间结成联盟的障碍。"

伊藤："余在天津时，曾为贵国提出许多改革的进言，可是多年来完全没有任何变化，余感到非常遗憾。"

3.6.03　日本明治神宫藏画"下关讲和会谈场景"。正面者伊藤博文、陆奥宗光，背面者李鸿章、李经芳，旁侧分别为双方的书记官。李鸿章身旁放有从清国带来的清式痰盂。会谈初日，李鸿章发表了感慨的演讲，认为本次战争让永眠的中华开始觉醒。

李："的确，日本正在发生着惊异的变化，阁下的指导对我国的进步和发展有深刻的意义，余与阁下一样未能诱导我的国家，令老朽深感惭愧之至。余相信我朝今后也会改革，然，我国地广人多，有二十一省大行政区，改革比日本要花费更长的年月。余意中的改革愿望并未破灭，余曾经在阁下面前预言过未来的改革，阁下还记得吗？余认为今回的战争得到两个好的结果，第一是欧洲的陆海军作战方式，被黄色人种成功应用得到了验证。第二是永眠的中华开始觉醒，日本给予清国的刺激，相信对我国将来的进步会发生最有益的影响。我国人民对贵国抱怨之声甚多，然，与抱怨之感怀相比，余个人也许应该感谢贵国唤醒了中华国人。如前所述，清日两国乃东洋之大国，科学的知识日本与欧洲均势，清国又有莫大的天然资源，所以两国联合起来对抗欧洲不是不可能的事情。

伊藤："余相信天为全人种而公平，如果清国从内心希望改良政治，阁下的愿望最终实现是不容置疑的。

李："余念愿踏遍贵国，寻找我国进步之源，然，余已高龄古稀，纵然学习阁下伟业之经验，欲憾余年不多矣。

伊藤："我国的进步乃我皇陛下威德的结果，绝非余等之力所及。

李："贵国皇帝陛下聪明睿智，御身心全倾于国事令人敬仰，然，若没有辅佐陛下的贤相，没有陛下对阁下的信任，总理一国亦难当大任。余毫不怀疑明君贤相国运昌隆之理。"

伊藤："（话题转移）阁下希望继续留在船上吗？"

李："否，余闻听贵方已经郑重准备了下榻之所，希望尽快上陆入宿，不辜友人之厚谊。"

伊藤："阁下准备何日上陆？"

李："余明日上午10时上陆。"

伊藤："下一次会谈何日进行？"

李："全凭贵方便利，余何日皆无异议。"

伊藤："明日下午2时会合如何？"

李："上午10时上陆，下午2时30分可以参会。余有幸与阁下旧知再会，希望阁下没有隔阂，充分开示其所备。今回余老体肩负重任，望阁下不弃多年之旧谊，体察余之苦衷完成使命。"

伊藤："完全理解阁下之贵意（微笑）。中堂老健却有上等丰肉，余相信阁下有充足的精力重责大任。"

李（回笑）："阁下之体较余虽小却精气满身，其力量胜余数倍，运营国家政治，建功立业足矣。余虽念愿为国尽微薄之力但余龄无多，想来也是遗憾之事。敢问阁下贵庚几何？"

伊藤："余的年龄55岁，比阁下幼18年。"

李："即便精力尚在，但余知天寿，今后无从所知。"

伊藤："相信阁下健康长久，继续为国堪当重任。"

李："感谢厚意，阁下与陆奥子爵同宿一处吗？"

伊藤："不，宿处分别。"

李："贵国皇帝陛下现在广岛吗？"

3.6.04 清日媾和会谈的下关，同样给日本人留下历史记忆。1864年，江户幕末时代，因日本锁国攘夷，引发与英、荷、法、美等列强的武力冲突，史称"马关战争"。惨痛的失败引导日本走上接受西方文明的开国之路。图为被列强占领的马关炮台。

伊藤："去年 9 月 13 日来到广岛，亲裁陆海军和内外一切政务。"

李："经常听到贵国皇帝陛下亲操国事的逸闻，阁下近来也非常繁忙吧？"

伊藤："是的，非常繁忙，余经常往复于东京、广岛之间，不得不主理内外一切政务。"

李："余已到达贵国，今日会谈之要旨希望和本国政府通电，可以否？"

伊藤："当然，阁下之要求特别许诺，只是前回张邵二氏来日时没有允许。"

李："多谢厚意，张邵二氏招致不完美之态，余亦感羞愧，乃因彼二人疏于外国事务之故。"

伊藤："长久以来，张氏担任美国公使，怎能疏于外国事务。"

李经芳（插话）："张氏只是一般的公使，没有担任今回和谈的经验。"

伊藤（转眼望见伍廷芳）："张邵二氏的失败，恐是此人的过失吧？"

听罢，伍廷芳顿生怒颜，李鸿章大声笑起，李经芳立即解围。

李经芳："伍氏仅仅是授命陪同张邵二氏，委任事项并不知情。"

伊藤："无论是否知情，既然陪同，那伍氏也就免不了责任。"

李："当时阁下并未主张专门人选，所以余之老体就未前来。"

伊藤（微笑）："在外交上专门之事相互重叠并非仅仅清国才有，常因当时情况复杂才出现此种倾向。外交上不遵循各国的规例，就会出现尴尬的窘境。"

李："贵国贤臣辅弼皇帝陛下国运隆隆，而在我国欲不适用，旧弊难破成为改革的最大障碍。"

伊藤："然而在我国，要做成一件事获得国会通过，也不是一件容易的事。"

李："在我国有比国会更难办的御史（监察官），阁下知道吗？"

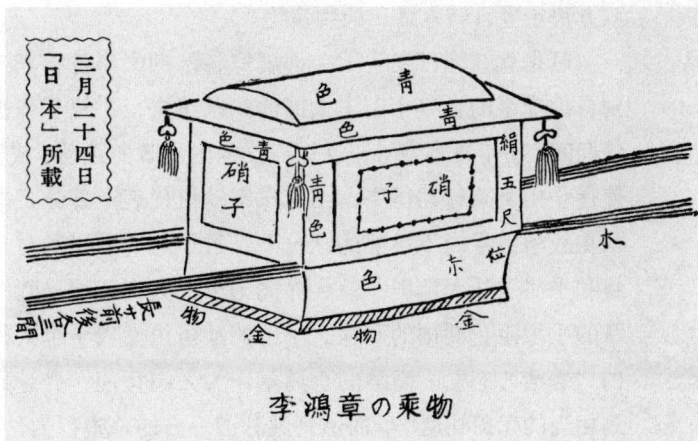

李鴻章の乗物

3.6.05　清日媾和会谈期间，李鸿章从清国带来的专用座轿，用青色织物和玻璃装饰，由四人轿夫合抬，属于清国高官待遇。刺杀事件发生后，李鸿章座轿被媒体广泛报道。

伊藤："余在天津和阁下会谈时说过，御史是自汉朝以来的古代旧制，可以说有害无利，应该断然废除，阁下还记得吗？"

李："当然，可是在我国谁要提出废除御史必会招致杀身之祸，虽然有文明思想之人士进言，有时偶生效果，但在暗愚时期却会授人以柄。"

伊藤："贵国应该通晓西洋事情，余认为对贵国是有益无害的良事。我国外交有人称是'陆奥外交'，像这样精通外务的人才一人足矣。"

陆奥（面向李鸿章）："现在贵国的总理衙门是哪位亲王主事？"

李："是恭亲王。大鸟氏现今为何官职？"

陆奥："大鸟氏现任枢密院顾问官。袁世凯近况如何？"

李经芳："他现今在河南。"

陆奥："什么职务？"

李："有官名非现职。"

李："刚才宣读之备忘录，想请阁下明日给予口头答复。"

伊藤："承知，熟读后口头或书面答复。"

下午 4 时 15 分，日清两国第一轮会谈结束。

3 月 21 日第二轮和谈会议。伊藤答复李鸿章休战请求的四项条件：（1）占领大沽、天津、山海关；（2）解除占领地清军的武装；（3）日本控制天津至山海关间的铁路；（4）清国承担休战期间的日军军费。

李鸿章没有想到日方会提出如此苛刻的条件，即时抗议日方的无理要求。双方僵持己见没有结果，李鸿章要求三日犹豫时间，当日会谈结束。

3 月 24 日第三轮和谈会议。李鸿章决定暂时回避休战议题，要求直接进入媾和交涉，请日方开示和平条约案。伊藤表示倘若中止休战条件案，以后将不再协议。双方决定翌日转入媾和谈判议程。

可是就在当日发生了一件震惊各国的大事件，李鸿章在返回驿馆的途中，遭到自由党系的青年小山丰太郎的暗杀袭击，手枪子弹击中李鸿章左眼下面颊。会谈期间，由于日本警察正在镇压国内的反政府运动，放松了对使节团的安全保障，使得小山刺杀行动得手。小山作案动机代表了部分日本激进分子的立场，主张日本在战争战果尚不足够的状况下，过早与清国讲和对日本极为不利。如果现在就将和平拱手让予清国，就会养虎为患，大清帝国早晚会再度反目，故用暗杀李鸿章的手段阻止两国的和谈。小山的动机虽然属于个人行为，却符合相当多日本人的"恐清心态"。高龄的李鸿章作为大国特使，身赴敌地媾和谈判，不但没有受到相当的保护礼遇，反而遭到胜利国一方的杀害行为，严重违反了万国公法条例。

深受震惊的日本天皇和政府内阁，唯恐被国际社会指责为卑怯狭隘、丧失文明的野蛮国家。

暗杀事件的无礼待遇在国际社会引起轩然大波，协调和谈的美国公使表示："欧美各国对事件的感觉坏到了极点，向日本政府提出忠告，应该立即同意李鸿章提出的休战请求。"俄国公使扬言："本事件的发生，清国完全有理由请求列强干涉和帮助。"连日来日本全国民众对日本人的国权主义恐怖行为表示愤慨和忧虑，媾和使团收到大量来自日本国各地的慰问信、电报、慰问品，引接寺门前集聚众多的慰问群众。3月27日，天皇要求伊藤立即允诺休战，并签署了无条件休战敕令。28日李经芳代表在春帆楼与双方签署了日清休战条约。但是日本坚持把台湾和澎湖列岛排除于停战地域之外，确保媾和谈判进程的筹码。

3.6.06　小山丰太郎系自由党浪人，为阻止清日和谈，暗杀李鸿章未遂，被捕入狱判无期徒刑。1907年2月11日，根据《皇室典范增补条例》，恩赦释放出狱。被日本激进派誉为"壮士"。

4月1日第四轮和谈会议。陆奥外相向清国代表开示媾和条约案，翌日病榻上的李鸿章对日方的和平条约中割地赔款案提出详细反论文书，采用拖延战术给北京政府更多的商讨时间。朝廷上光绪帝和各大臣间意见不能统一，三国公使的调停也无法进行。伊藤约见李经芳，强调若出现谈判破裂的情况，征清大总督将率大军出兵清国，要求尽快答复日方提出的要求。

4月10日第五轮和谈会议。会谈在伊藤和李鸿章两人之间进行（陆奥患流感缺席），病榻上的李鸿章强硬反对日本关于割让台湾、辽东半岛、2亿5千万两战费赔偿金的要求。伊藤提示在广岛的60艘送兵船正在整装待发，昨夜至今晨已经有20艘通过下关海峡，胁迫李鸿章13日前给予答复，李回答14日午后4时答复。此间，李鸿章每日给总理衙门发回大量电文报告会谈进展情况，往来的电报均被日方截获破译。伊藤完全掌握了清国决意回避谈判破裂局面的底线，进而采取了更加强硬的立场。

4月15日第六轮和谈会议。11日、12日、13日间，李鸿章和伊藤在会议外频繁传递文书继续交涉。15日的第六轮会议持续进行了5个小时，李鸿章坚持要求缓和赔偿条件，请求伊藤给老朋友留面子，伊藤仍然没有做出让步。李鸿章连发密电奏请朝廷，光绪皇帝同意签约，下达"即遵前旨与之定约"的命令。无可奈何的李鸿章只能屈负清国天下之骂名，答应伊藤翌日签署条约。退出会谈室时，李鸿章面对伊藤扔下一句"没有想到阁下是这样严酷执拗之人"，愤然离去。

3.6.07   清日媾和谈判，李鸿章承受日本苛酷的压力和清廷内的无端诽谤，还遭遇暴汉袭击身负重伤，病榻上仍表示愿意以死换回大清国的利益。照片留下了李鸿章负伤后衰弱无奈的神情。

4月16日，内阁书记官长伊东、外务大臣秘书官中田敬义和清国参赞官罗丰禄、伍廷芳，共同起草核对媾和条约的日文、中文、英文文案。4月17日上午10时召开第七轮和谈会议，双方在讲和条约书、条约误解防止议定书、威海卫担保占领及日军驻在数量、占领费用负担别约、休战延期至5月8日两国皇帝条约批准期限等文书上签字，日清媾和条约即日成立。预定两国皇帝批准书的交换时间为5月8日，李鸿章请求休战期限从17日延至21日，休战同时适用于台湾和澎湖列岛。上午11时40分签字调印式结束，国际法上清日战争终结。条约签订的当日午后，李鸿章的清国使节团速速离开了马关归国。

5月7日，内阁书记官长伊东授命全权，为日清双方交换两国皇帝批准的《马关条约》书抵达芝罘，在德国人经营的酒店"广仁堂"与清国全权伍廷芳、联芳会合。会合前数日，因三国干涉的好契机，清国朝廷出现了要求延期交换批准书改订条约的动向。当日，伍廷芳、联芳向伊东转达了总理衙门延期交换批准书的训令，会议交涉直至深夜没有结果。8日，伊东全权通知清国代表，同意延期3日交换批准书，表示3日后下午1时出港离开清国，态度坚决强硬，没有商量余地。芝罘大酒店焦躁不安的伍廷芳、联芳等待朝廷的训令，下午4时仍然没有北京的电报。这一日朝廷内骚动非常，战和议论两立，光绪帝左右彷徨，举棋不定。三国干涉的德国、俄国公使先后造访总理衙门，警告应该按最初的约定交换批准书，拖延术只会给敌方再开战火制造借口，清国外交上的失误必会失去国际上的信任，把国际舆论对清国的同情推向对日本的支持。总理衙门综合判断利弊，奏请光绪帝得到了最终允可。5月8日晚9时30分，芝罘大酒店广仁堂两国会议再开，正式交换批准书的手续，交换手续作业进行到同日深夜11时30分全部结束。此时此刻，清日媾和条约《马关条约》成立生效，两国战争结束。

日本媒体报道

马关和谈是世界近代史上的重大事情，亚洲两强经过武力较量后，在谈判桌上依靠外交努力解决了争端。清日两国的和平会谈在日本掀起浪潮，大清帝国终于屈尊漂洋过海来到谓之弹丸的小国乞求和平。内外交困的大清朝廷，昨日还在庙堂上众议，要对李鸿章施以斩罪配流刑，今日又不得不请他出山拯救大清国。一直以来以主导清国洋务闻名的李鸿章已经成为世界瞩目的人物，在敌国日本也是格外受到尊敬的开明人物。和谈期间李鸿章作为大清国重臣、政治家、军事统帅，自然成为日本各类新闻媒体追踪报道的焦点，给史上这一大事件的过程留下许多珍贵的记录。本书摘录若干媒体报道，以期洞窥百年前彼岸一隅曾经发生的逸闻逸事。

《清国媾和使顾问科士达其人》（报知 1.22）　昨 21 日上午 7 时，清国媾和使顾问美国人科士达前期抵达横滨。世上对科士达其人有种种传闻，其在任华府国务卿时与陆奥氏的公私交情颇深，美国南北战争期间乃北军一功勋勇将，曾担任墨西哥、俄罗斯、西班牙公使，后任美国国务卿，是著名的大外交家。据闻该氏与李鸿章交情甚密，今回清国战败所处危难情急之中，李鸿章泣求该氏出任媾和顾问，该氏无法薄情推辞，故同意前往云云。

《清国乞和公使美国顾问判明》（东京日日 1.23）　清国聘请前任美国国务卿科士达担任清国乞和公使顾问，然美国诸新闻报道云，美国国务卿格礼山公开表示，正在前往日本的清国乞和使顾问科士达氏履行的使命，完全系该本人之私人行为，与合众国政府没有丝毫关系。

《李鸿章督师转任》（时事 2.14）　昨日北京来电，支那官报登载上谕，李鸿章被罢免直隶总督一职，由南洋大臣两江总督刘坤一接替后任。此乃张之洞向朝廷密奏之结果，李鸿章转任湖广总督，统领湖广军务并负责对日军事事务。另闻近日清国朝廷授与丁汝昌之勋章因败降之罪被剥夺。

《敌舰降伏始末和外人处分》（东京日日 2.20）　日军 15 日占领刘公岛，允许该岛守备清军及外国人等整理行李离开。然而对豪威氏（曾在法国邮船"悉内"号被逮捕并宣誓不为清国效力后释放）施以再逮捕令，根据海军军法会议进行审判。其他外国人均换乘英国军舰"塞邦"号前往上海。镇远及六艘炮舰领受完毕，期待定远舰可以打捞浮上。

《李中堂闻败报饮泣》（报知 2.21）　2 月 9 日上海《申报》转天津电报，

威海卫军舰与倭奴鏖战，定远舰被击沉，丁帅以死尽忠。一鱼雷艇逃入芝罘其余艇舰皆灭，李鸿章闻此恶报顿刻痛哭流涕。如果李氏知道了丁汝昌降服始末，又会作何感想乎。

《清国舰队降伏往复文书》（东京日日 2.22）　联合舰队伊东中将向大本营递交清国舰队降服始末往复书信三件。

丁提督降书一。"伊东司令官阁下，本督所意决心与贵国一战到底不惜舰毁人亡，然今为保全千百将士生灵免遭涂炭请求休战。刘公岛湾内之舰船以及炮台兵器全部献与贵国，但是必须保证威海卫内海陆军及外国人、官员、兵勇、民众之生命安全不受伤害，请让他们离岛回归家乡。若可以承诺上述事项，请英国舰队司令长官作仲裁证人。本函特向贵司令长官照会，查照后请于即日答复为盼。此旨照会 光绪二十一年正月十八日 革职留任北洋海军提督丁汝昌"

伊东司令官回复书。"贵函面授，所陈要项之旨趣均保证承诺。小官明日受取贵军所有军舰、炮台及一切其他军器，时刻及其他细件，小官明日书面向贵官确答与协议。前类军器一切引渡完毕后，小官派军舰一艘，将贵官书面记载之诸将士配以警卫，送往双方认为方便之场所。小官真诚为了贵官之安全及贵国将来之利益，请贵官来我国等待战争终结为宜。贵官若来我国，保证上宾礼待。至于请英国舰队司令长官作仲裁证人，小官认为全无必要，小官之信用以日本武士之名誉担保。对此书函，请于明日午前十时前回复，特待贵答。 明治二十八年二月十二日 于日本帝国军舰松岛内"

丁提督降书二。"谨启，此间接启贵答书，为阁下承诺生灵免遭涂炭感激之至，所赠惠礼深表谢意，但在两国交战之中恕不能私受，谨此奉还。依照阁下明日交付和受取军器之要望，恐时间短促不及，兵勇武装解除、旅装整理等诸事甚多，交接手续望延至清历正月二十二日（2月16日），届时请贵军进入刘公岛接受军舰、炮台、军器等，吾绝不食言。草草敬具 丁汝昌 追申：伊东司令长官阁下，赠送惠礼物品三种谨此奉还，致候。"

《李鸿章铜像》（读卖 2.25）　清国豫省向德国定做李鸿章铜像一座，近日趋于完工。该铜像高一丈有余，原计划安放在威海卫或旅顺口清国北洋水师大本营内。可日前两军港均被我军占领，铜像安置地失去着落。有追随者欲置北京，然李鸿章在京城官场根基不固，何时被毁难以预料。又议应安置天津，然清国昨今国家沉浮，岂能容与区区李鸿章一隅。现今李氏自身安危难保，比选址安置铜像更重要之事，乃先保住自身安危和地位，目前铜像尚存德国。

《丁汝昌生命保险三万英镑》（每日 3.1）　丁汝昌提督十年前在香港英国生

命保险公司加入三万英镑的生命保险，由于丁在威海卫战中死去，保险公司立即派遣职员前去调查。生命保险契约中规定，自杀的情况下不支付保险金。如果丁提督的死因确系自杀，此保险金受领将会遇到困难。

《〈降服劝告书〉有贺长雄起草》（东京日日 3.9）　据知情者云，1 月 13 日前后大山大将请来随军法律顾问有贺长雄言道："此度威海卫总攻击，敌军如拼死一战、破釜沉舟，无法捕获敌舰时，我军将不得不彻底粉碎敌军战斗力，轰沉敌舰，以至于生灵涂炭，此乃无益无谋非明智之举。若将此利害关系说与丁提督知晓，劝其降服岂不事半功倍。伊东海军中将是丁提督的旧友，以伊东的名义劝降或许会取得良效。丁是受过欧洲军事教育、具有识时务能力之人物，应该尝试劝降之可能。然而，用汉文贯彻降服之意颇有难度，采用英文乃为善策。书写思路先论述当前清国类我幕末，缺乏忧国忧民之士，如众心团结必能解救四分五裂之丑状。现清国形势既然如此，虽拥有坚船兵甲又有何用。今丁提督暂时降服，他日机会成熟必能大展宏图。引述史上法国大将麦克马洪、我国榎本海军中将等降将为例开导于他。"大山司令官请有贺长雄以伊东海军司令长官名义，沿此思路起草一封给清国北洋水师丁汝昌提督的劝降书。此稿审时度势，议论古今，循序渐进，以理服人，经过数稿修改切磋于 1 月 16 日完成。

《媾和使节李鸿章抵达马关》（东京日日 3.20）　清国媾和使李鸿章乘两艘汽船悬挂黄龙国旗，在水警太湖丸的引导下，于上午 8 时半进入当地港内。

《春帆楼清使节满意》（东京日日 3.21）　李鸿章静于船中身着绯色锦服，坐于虎皮太师椅上悠闲读书之模样。随同前来的厨师侍从四十余人，今有侍者登岸购买鱼类蔬菜等物，为李全权一行做餐饮准备。同行官员伍廷芳到达会谈场所视察，两层建物春帆楼主人藤野已经离开，室内陈设金色屏风，摆置各种盆景显得幽静高雅，春帆楼周围配备警官宪兵严密警卫。伍廷芳对日方之安排表示满意，提出使团为购买日常用度方便，希望贷用一艘小汽船得到我方即刻应允。

《媾和使节李鸿章马关登岸》（时事 3.22）　李鸿章略感风寒仍决定下午 3 时与我全权会见。2 时半许，在县警察官护卫下李鸿章一行乘小野田丸蒸汽船到达阿弥陀寺町镇守神社前。从船到栈桥之间需经过一段石阶，两名侍从谨慎搀扶李全权越之，实乃清国大员之风采。据闻李鸿章小病后面色健润，佩戴一副金缘白玉眼镜，上身着黑色官衣，下身茶缎裤子，足蹬薄靴，身高五尺六寸，高大过人。一行官员 9 名、护卫 6 名登上东栈桥。李经芳先上陆和前来迎接的日本官吏寒暄，山侧聚集甚多遥望清国大人物的本地百姓。李鸿章乘坐专门预备的坐轿，李经芳以下官员乘人力车，通过夹道整列的宪兵警卫直接前去谈判所春帆楼。

《清日两国全权第一回会见》（时事 3.22）　　两国全权会见一个小时余，李鸿章 4 时 25 分从会谈所门口出来，乘轿前面带笑容，乘轿后抚摸胡须若有所思之模样。其后的李经芳、罗丰禄、伍廷芳等随行乘人力车，途中通过警戒宪兵队和观看的群众，经镇守前栈桥换乘汽艇归船。

《李鸿章上陆入住引接寺》（时事 3.22）　　李鸿章媾和使节团一行，14 日乘两艘德国船从天津出发直航日本。抵达日本的李氏父子一行使节团官吏，预定本日上午 10 时从"公义"号改乘小汽船上陆。上午 9 时同船携带之物品先由浮舟移岸，转运下榻宾馆"引接寺"。同行上岸者有厨夫七八名、侍从十五名。李鸿章坐前日之轿，其余官等乘人力车在海陆宪兵严密警戒下前往引接寺，沿路观看清国新奇之群众杂沓纷乱。

《李鸿章奇闻》（报知 4.2）　　李鸿章有一莫名之癖，每当会见陌生人物时都会询问对方有无子女、财产多寡等私家事，本人却不感唐突。一日新任上海领事艾美卢丹初访李鸿章，李氏问过官职后就开始询问领事的子女和私家财产。当领事介绍过自己清贫情况后，李氏回道如此重要官职却不富裕甚感奇怪。

《李鸿章二夫人》（报知 4.2）　　按照清国人风俗，娶数名妻室不以为怪。妻室又称大夫人、二夫人、妾等，据闻李鸿章之第二夫人乃丁汝昌之妹。

《李鸿章的电报费》（报知 4.9）　　李鸿章一行在日期间所用电报费高达 15,000 日圆，曾两次向马关邮电局预先支付电信费用，第一次 9,000 圆、第二次 6,000 圆。

《李鸿章旅馆一面向海》（报知 4.10）　　李鸿章下榻旅馆一侧面向大海，前五日马关市西部渔业组合赠送李氏大鱼槽一座，其内放入活鱼七十余类，李氏愉快至极。李氏负伤后经常下床瞭望大海欣赏槽内游鱼面带喜色，有时与李经芳等高官商讨要事时爱用一柄细杆挑逗章鱼、海鼠。一日，水槽一片玻璃破碎，槽水骤然涌出，室内一片汪洋，七十余类活鱼跃出槽外，其中一只章鱼飞入庭院，以奇怪八脚附着在敷石上行走，众鱼仰天跳跃，在场人皆拍手欢笑称奇不止。是夜，狼藉七十鱼类再度装入新槽之中。

《暴汉袭击李鸿章》（东京日日 3.25）　　3 月 24 日下午 4 时半，李鸿章会谈后归途中在引接寺拐角，遭遇暴汉小山六之助袭击，小山阻挡李鸿章轿夫，于两米距离向李氏开枪，立即被宪兵阿部、新条警部当场押捕。弹丸击碎李氏眼镜片，穿入左眼窝缘中央下方一厘米，到达额骨前壁处，鲜血涌出。闻知李鸿章负伤消息，伊藤首相、陆奥外相、伊东书记官长即刻赶往现场探望。此时李氏卧于长椅之上，医师正为其抢救包扎，市街场面分外混杂。其实我警卫对来使保护颇为尽力，清方亦表示满足样子，今遇不测实乃令人百感遗憾之至。

《凶徒小山的本性》（东京日日 3.26）　狙击犯人小山六之助当日穿着缟棉股引、绀色袜子、草履，上衣污秽，头顶未冠乃异形书生容貌。父务农业颇有家财，曾当选县议会议员，六之助系长男，数年前上京在庆应私塾修学。由于品行颇为放荡，父母亲戚禁其归宅，甚至废弃长嫡改次男义八郎为嫡子。小山入壮士讲谈师伊藤太郎门下做弟子，多与浪人狂汉交往，艺名谓之"痴狂"。

《御慰问李鸿章》（东京日日 3.26）　刺杀事件发生后，天皇陛下甚忧，为国家发生不名誉行为深感遗憾愧疚，两陛下遣特使中村侍从武官赴马关慰问。24日，伊藤、陆奥、伊东再次前往李氏下榻探望，李氏向伊藤语道，此等事情吾早有心理准备，又言已与属下交代，虽然负伤但不能影响两国谈判的进行，治疗日程由医者安排。事件发生后警方下令除谈判关系者及专门服务者外，无关之人等一律禁止接近使团。

《遭难后的李鸿章》（国民 3.26）　山口县知事、后藤县警部长因警卫不力发生刺杀凶案已经提出辞职。李氏负伤后李经芳立即急电国内，泊在湾内"公义"、"礼裕"两船内滞留的数十名侍从于下午6时陆续上岸服侍主人。随行官员义愤填膺，主张李氏搬回湾内"公义"号船上休养，美国和谈顾问特使科士达及洋医反对回船，应当留在旅馆静养。

《李鸿章自杀未遂》（艺备日日新闻）　此题目报道刚刚印出，政府立即命令县警阻止发行。此别有用心之人企图歪曲李鸿章遭到日本人暗杀事实，实乃缺乏待客道义的狭隘民族败类。

《李鸿章遭难事件和欧美新闻论评》（日本 4.2）　李伯遇刺之报道传至欧美诸国，各国舆论为此不平，又将俄国皇太子遇刺事件搬出，再驳日本文明之假面，又云日本虽取得武力战争的胜利，却败在道德战争之下。德国、英国的舆论虽平稳，但日本因此事件形象大损，此风气若不杜绝，将来日本人也会遭遇同类伤害。

《小山痴汉的妄动使帝国处于不利谈判立场》（官报 3.30）　政府无可奈何同意与清国缔结休战条约。大日本国皇帝陛下深虑，今回暗杀事件有碍和平谈判正常进行，兹命承诺一时休战，责伊藤内阁总理大臣全权办理条约签署。条约的休战期为三个星期，有效至4月20日正午满期，倘若期间谈判破裂，休战即刻无效。小山痴汉之妄动，实乃无谋之举。

《重要休战附加条件成了水泡》（东京日日 4.2）　媾和会谈开始，李鸿章提出，和谈条约议定之前先签订休战条约。对此日本方面提出了签订休战条约的四项苛刻条件，伊藤答复李鸿章的休战请求，受到李鸿章的拒绝。由于发生了暗杀事件，天皇陛下命令我全权代表无条件签订为期三周的休战条约，结果日方先前提出的重要休战附加条件成了水泡。

《无条件休战获美国好评》（东京日日 4.3）　无条件签订休战条约的决定得到美国和欧洲各国的好评，美国总统和国务卿发来电报赞扬日本的宽仁。而日本人却感到对清国过分恩惠，内心矛盾苦涩难言。

《李鸿章负伤后最初的会议》（东京日日 4.12）　本日下午 4 时，伊藤首相、伊东书记官长（陆奥外相患流感缺席），清国李鸿章及代表，召开伤后第一次会谈。当日李氏身穿白色服装，胸前悬挂眼镜，伤处贴一小药膏，乘轿沿山路进入春帆楼。谈判为时两小时余至六时结束，会谈似乎进入重大难关之阶段。双方知道此休战期间若不能达成和平条约，战争就会推进到北京城下盟约的险恶穷地，延长休战期间不再有望。

《日清媾和条约调印》（国民 4.17）　本日上午 10 时，日清两国正式签署和平条约。下午 3 时 30 分，李鸿章一行在严密安全警备下，换乘“公义”、“礼裕”两船，拔锚起航离开马关。

《伊藤首相发表演说》（东京日日 4.18）　昨 17 日午后伊藤首相在春帆楼招集大浦知事、有田警部长、市会议员，对清国使节停留期间给予的诸般协力表示谢意，同时为和平条约的成功签订表示祝贺。伊藤首相发表了短暂演说：“今天具有历史意义的《下关条约》，在诸多外国势力的关注下，我陆海军仰赖天皇陛下的威严，取得了古今未曾有过的殊荣。它在世界上壮大了日本的名誉和国威，此乃国家之喜、民众之幸，请诸君永远记住今日在马关诞生的历史荣誉。”

·名词释义·

【马关】

历史上，日本官方正式定义的地名没有“马关”。“马关”的由来，出自古地名“赤间关”的传承逸说。“赤间关”中的“间”字，日本语汉字发音是“马”音，故有“赤马关”之称，简称“马关”。江户幕末期（1864），赤间关要塞炮台发生过与西欧四国列强舰队的炮击对战事件，通称“马关战争”。明治二十二年（1889），日本国实施市町村制，“赤间关”改称“赤间关市”。按照地名传承和历史事件延伸的认识，清日战争和谈的官方文书中，清国称“赤间关市”为“马关”；日本称“赤间关市”为“下关”。故和谈条约存在清称《马关条约》、日称《下关条约》之别。日本民间爱用“马关”一词，有赤马镇守关隘之吉利说，当时的报刊也通用“马关”，官方文书记载中亦常见马关的使用。1901 年，山阳本线从神户开通至赤间关市，取该地站名为"马关站"。1902 年，"赤间关市"更名"下关市"，"马关站"亦改名"下关站"。然而长期以来，当地人仍保留"马关"的记忆，至今下关市仍然举行每年一度热闹非凡的"马关祭日"。

【引接寺】

山口县赤间关市"引接寺"建于 1560 年，本尊"阿弥陀如来"之古刹。清日战争第二次和谈期间，引接寺是清国全权特使李鸿章的下榻馆所，也曾是朝鲜通信使往来日本的下榻之所。引接寺和春帆楼会谈议所之间相距约 300 米，为安保起见日方专辟一条安全小道，让李鸿章每逢会议时乘轿往来于榻所和会所春帆楼之间，著名的李鸿章遇刺事件也发生在这条小道上。小道见证了《马关条约》的历史故事，日本人特别命名为"李鸿章道"。现在下关市政府特别指定为文化财保护遗迹。

【春帆楼】

日清媾和谈判会场，最初预选了长崎、广岛等候补地。经多方考虑，伊藤博文作出了马关"春帆楼"为会谈场所的决定。"春帆楼"之名是伊藤博文题名而成，因签下著名的《马关条约》而闻名于世。明治二十八年（1895）三月二十日至四月十七日，日清两国代表在春帆楼举行过七次会谈。春帆楼早期的主人是藤野玄洋，用来开设诊所。藤野殁后，藤野夫人改业经营日本料理旅馆，以擅长毒河豚鱼名菜而闻名日本。伊藤、陆奥等知名人士曾数次光顾春帆楼，留下深刻印象。借用该地作为会谈场所，除便利清国特使登陆之外，距离天皇所在广岛大本营也不很远。至今春帆楼会议场所的会议室仍然保留当年会谈布置的场景，是日本国指定的文化财保护遗迹。

3.7 金玉均之死

暗杀金玉均

朝鲜维新改革家金玉均在上海遭到暗杀，加速了清日战争的爆发。暗杀事件触动了日本国民的感情，"征韩论"、"征清论"的社会舆论急剧膨胀。日本军方利用事件在国内引起的强烈反响积极备战，两个月后乘朝鲜东学党农民起义的契机，实施了对朝鲜、清国的军事行动，从小规模军事对峙发展为大规模战争。

3.7.01　金玉均是朝鲜开化派首领，力图仿效明治维新改革朝政。甲申政变失败后逃亡日本政治避难。1894年3月被朝鲜王妃闵氏派遣的杀手洪钟宇暗杀于清国上海，因尸体被凌迟，引发日、清、朝三国关系恶化。图为金玉均遇刺场景绘画。

　　金玉均（1851—1894），出生于朝鲜忠清南道没落贵族家庭，朝鲜李氏王朝后期的政治人物。1872年科举及第进入政界，从玉堂承旨升至户曹参判。1875年江华岛事件，金玉均有感日本明治维新的进步，希望借用日本维新经验推进本国富强之路。1882年赴日本考察，筹集改革资金，后与洪英植等人结成开化党，力图朝鲜的政治改革。1884年，开化党在日本势力支援下发动"甲申政变"，发布了新政纲领和组成内阁。开化党的政变宗旨，意在废除朝鲜旧制，排斥清国宗主国干涉，确立明治维新模式的独立国家地位。但是新政权仅三日天下，就在清国袁世凯驻军的直接干预下失败，金玉均等人被迫逃亡日本。

　　1884年12月4日，朝鲜京城新设邮政局庆典，开化党利用庆贺晚宴，在政府官员和外国使节与会之机发动了政变，史称"甲申政变"。当日美、英、清公使到会，日本竹添公使抱病缺席，开化党洪英植、金玉均、朴泳孝等人出席。会场周围埋伏身着清国人服装的日本士官学校的学生和公使馆警备军人，以待预设炸弹爆炸为号在混乱中杀死政府大员。晚10点，日本人福岛春树事先准备的甘油炸药没有按预定时间爆炸，便临时决定放火点燃会场北邻的草屋，大火致使会场大乱。来宾纷纷向外出逃，宫廷重臣闵泳翊被当场刺成重伤。混乱中，其他要员没有按照日本人预先埋伏的路线逃跑，暗杀行动失败。金玉均随即跑到日本公使馆，带领在那里待命的日本兵向宫廷方向冲去。福岛将未爆炸之弹再安放在国王近所"昌德宫"引爆，大呼清国叛乱军正向王宫发起进攻，让国王赶快请日本公使馆警备队前来保护。

5日未明，日本士官学生和一个警备中队控制了"景祐宫"大门，守旧派政府要人被相继拉出处死。5日清晨，开化党发布新内阁成员名单，6日上午，发表朝鲜改革新政纲领，甲申政变成功地控制了局势。此时被困在昌德宫的闵妃密令右议政卧彰砦，速请清国驻朝鲜的清军出动救援，并向市井散布日本人杀死大臣，将国王和王妃监禁的消息。市井间民众反日情绪和对开化党的敌意迅速扩大，京城街道出现骚乱，事态开始出现对政变新政府不利的局面。6日下午3时，清军吴兆有率500清兵攻入"宣仁门"，袁世凯率800清兵攻进"敦化门"，在市民遥相呼应声援下夺回了"昌德宫"。洪英植等7名士官学生在劫持国王中被清兵悉数斩杀，日本人见大势已去，被迫退兵逃走。金玉均、朴泳孝等9人与日本公使馆员一同乘千岁丸号从仁川逃向日本，徐光范等3人在日本又改往美国避难。

政变前后，开化党得到日本人在武器、密谋、实施上的鼎力相助。然而，日本政府拒绝承认参与了政变，强硬要求朝鲜政府承担政变中公使馆被毁，日本人被杀的责任。强迫朝鲜签订了《京城条约》，赔偿日本在事件中的损失。当时日本还不具备与清国正面对抗的军事能力，两国派重臣李鸿章和伊藤博文，通过外交谈判在天津签订了《天津条约》。《天津条约》日本争取到在朝鲜的派兵权，动摇了清国在朝鲜的宗主国地位。两国在朝鲜问题上针锋相对，加速了双方的军备竞赛。

"甲申政变"失败后，开化党势力被清洗，朝鲜宫廷保守派重掌大权。闵妃与金玉均等人恩怨深重，派出杀手潜入日本，企图暗杀金玉均等流亡政客。日本政府出于保护目的，将金氏等人软禁在小笠原诸岛、北海道、东京等地，躲避朝鲜刺客的追杀。十年海外流亡生活的金玉均身心俱疲，有意与清国合作，借大清之力推进朝鲜的改革。1894年3月，闵妃派出的刺客洪钟宇，诱使金氏去上海与清国高官李经芳会晤，拿出5,000圆资金作诱饵，在美国租界的日本旅馆内将金氏杀害。

金玉均的被暗杀现场很快被租界警察控制，清国上海衙门黄县令前往会同调查。金氏命中三弹倒在廊下，左颊骨下至脑部贯通弹一发，腹部弹一发，左肩至后背贯通弹一发。警察署英籍署长向赶来的日本国上海总领事大越成德询问："现场调查已经结束，金氏尸体是否由贵国收取？"大越："金玉均系流亡日本的朝鲜人，没有加入日本国籍，本国没有领取尸体的理由。因为案件发生在租界日本人旅馆，故我领事官前来判明犯罪现场和犯罪人。既然犯罪人同是朝鲜人，本件应交予清国政府在司法上处理。贵警察署立会裁判所或与清国上海县令进一步调查后，将尸体交付前来接收的朝鲜人或引渡给北京。"傍晚，嫌疑人洪钟宇在吴淞附近民家被抓获，

3.7.02　19世纪末，政治腐败、经济贫弱的朝鲜，贪官横行，民不聊生，国家陷入崩溃的边缘。图为朝鲜国王高宗李熙及其垂垂老矣的两班大臣。

警察署长再次询问大越总领事，嫌疑人是否引渡给日方？大越答复："嫌疑人没有日本国籍，对于和日本毫无关系的被告人没有裁判权。洪钟宇是朝鲜人，按照条约应当引渡给清国政府。"警察署长领会了大越领事所言之意，表示今夜将嫌疑人引渡给清国衙门会审。

　　警察署立会裁判所与清国上海县令对嫌疑人会审，上海黄县令："汝为何杀害金玉均？"洪钟宇："我承认杀害了金氏，因为金氏在朝鲜犯下大罪，杀害过许多无罪之人，挟持国王祸乱朝政，使国王陷入多年苦闷，此贼不杀，朝鲜、日本、大清各国都会受其苦害。我是奉国王命令杀此大逆不道之人，追杀对象共有4人，还有1人在大阪，2人在美国，在美国者已经加入美国籍无法执行命令。"县令："既然如此，你有追杀令吗？"洪："有，该令现放在大阪的一人那里。"县令对大越领事说："洪氏自称奉本国国王之命杀死金氏，如确系属实此乃该国英雄，须照会朝鲜政府和我国上司澄明裁定，现在此人不能判罪。"县令："按照大清国例，尸体必须有人领取，既然金氏同行者北原延次愿意领取，那么尸体可交与"东和洋行"店主吉岛，再由北原领取。"吉岛和北原联名在受领书上签字后领取了尸体，预定后日乘本国西京丸轮归国。但是县令不同意出航日期，要求一周后才能出发，待本官向本国道台禀请后，3月30日上午10时前给予答复。

　　30日上午10时，北原把金氏遗体放入棺内，办理完通关手续，可是黄县令没有出现。大越总领事劝告北原，朝鲜政府认定金玉均是逆贼，若将其遗体运回日本公然举行葬礼，设置永久墓所是不妥当的。北原则坚持黄县令已经裁定金氏遗体可以运回，不接受大越领事的建议。30日下午6时黄县令会见大越总领事，表示原承诺尸体带回之事恐有变故，需要等待袁世凯的答复，请领事大人命令北原留下金氏遗体。大越反驳道："北原已经办完通关手续，带回遗体是他的自由。如果说清国官吏为了进一步取证调查，需要留下遗体的话，本官可以用职权命令北原。如果说要等待袁世凯的答复或贵县令想用职权阻止遗体发运是没有道理的。"夜10时左右，北原将尸体运上栈桥准备上船，遭到县令属下的阻碍。当地警察署的巡警也赶来码头，将金玉均遗体和有关文件书信全部没收，存入虹口捕房。原来黄县令将此案禀报江海关道观察使聂仲芳，聂即电告南北洋通商大臣及总理衙门，转告清国驻朝鲜代表袁世凯。当夜江海关道署接到朝鲜汉城回电："金玉均系朝鲜叛臣，脱逃已久，洪钟宇系朝廷官员，此案

3.7.03　数世纪以来，朝鲜成为明清两朝的属国，政治、经济受到长期支配，朝鲜必须臣服宗主国的管辖。照片是清国使节访朝时，朝方仪仗迎接的情形。

理应解归朝鲜定夺。"北原延次运尸回国受阻，无奈于31日独自乘西京丸返回本国。

　　朝鲜宫廷闵妃派得知金玉均被暗杀的报告，立即电报朝鲜驻天津督办徐相乔会见李鸿章，请求清国政府将洪钟宇和金氏尸体一并交给朝鲜国处理。李鸿章同意了朝鲜的请求，要求租界警署将金氏遗体和嫌疑犯洪钟宇引渡给清国政府。英国当局为了朝鲜半岛的安定，防止俄国人借此事件介入朝鲜内政，决定将金氏遗体和嫌疑犯引渡给清国。4月6日，徐相乔抵达上海，清国衙门又将金氏遗体和洪钟宇移交给徐相乔。由于当时没有去朝鲜的便船，衙门禀请两江总督兼南洋大臣刘坤一批准，派军舰"威靖"号专程将洪钟宇和金氏灵柩送回朝鲜。

　　金玉均在上海被朝鲜刺客暗杀的消息传到日本，社会舆论激愤，朝野上下纷纷谴责政府的软弱政策。4月10日，民间玄洋社派遣斋藤新一郎、冈本柳之助急赴上海，面会大越领事欲取回金玉均遗体。当两人抵达上海时，金的遗体已经引渡给朝鲜政府。金玉均的遗体运回朝鲜后，朝鲜宫廷对金氏遗体处以凌迟刑。5月20日，日本友人会为金玉均在东京浅草寺举行约两千人参加的葬仪，众议员犬养毅等社会名流指责政府，将金氏遗体解回朝鲜是对日本帝国的极大侮辱，要求对清国采取报复措施。金玉均葬礼的翌日，玄洋社成员约见外务大臣陆奥宗光，请求政府对清国宣战，以雪朝鲜和清国强加日本之耻辱。日本国内反清、反朝鲜的呼声高涨，"征韩论"、"征清论"在新闻媒体连日大肆渲染报道，政府与社会舆论保持了相同默契的步调。金玉均被暗杀事件演变成日本挑战大清国的导火索，加速了朝鲜半岛的紧张局势。

李鸿章谈话报告

　　外务大臣陆奥宗光 殿

明治二十七年（1894），松方正义外交官补前往北京赴任，途中经过天津，由领事荒川巳次引见给李鸿章。4月4日午后，松方拜访李鸿章，谈话中触及金玉均被暗杀事件的话题。内容包括李鸿章所述对犯人洪钟宇及金玉均氏遗体处置的清国立场，以及朝鲜国王的态度，是我国对外政策有参考价值的文件，特向外务大臣报告。

会见当日，清方李鸿章和翻译官候补道罗丰禄，日方松方正义外交官补、荒川巳次领事两人在座，相互寒暄问安后，开始了以下谈话。

李鸿章："松方外交官补是经由哪条航路经过天津的？"

松方正义："经由上海过来的。"

李："那么想必已经知道了金玉均的事情吧？"

3.7.04　朝鲜地方官吏出行前呼后拥，百姓观望如瞻怪物一般新奇，地方官勒令百姓家门紧闭不得喧哗。图为19世纪末朝鲜的官民。

3.7.05　图为朝鲜京城昭义门。昭义门别名西小门，创建于1396年，初名昭德门，1744年改建并改名昭义门。昭义门是城内居民向城外搬运死尸的城门，门外有杨花津刑场。金玉均的尸体解运朝鲜后，就是在这里凌迟示众的。日据时期，昭义门于1914年被拆除。

松方："不，从上海出发后才听说此事。"

荒川："从3月29日上海发行的报纸记事中知道，一个名叫金玉均的朝鲜人被同国人洪钟宇杀害。大概阁下也是从上海报道那里知道的消息吧？后来嫌疑犯怎样处置了呢？"

李："应该是已经送还朝鲜国了。"

荒川："送还给朝鲜国，阁下是否想过洪钟宇会被怎样处分。"

李："正如我们知道那样，金玉均早年欺骗国王，阴谋政变杀害过许多人，朝鲜国王对除掉这种极恶之人的人，相信会给予重赏。金氏在日本滞留9年余，日本官民中怜悯金氏者甚多，作为朝鲜政府的一员，出逃后在没有本国人任何援助下，在他国却不愁衣食住行，受到优厚待遇，是谁在给予他经济上的支援，实乃令人不可思议。特别是金氏本次上海之行，听说带有5,000圆的资金，如此巨额钱财即便一般的资产家也难以拥有，金氏一流亡者却随身所持，着实让人费解疑虑。"

荒川："金玉均在日本滞留期间，得到上等的衣食住行之事，小官完全不知。从上海新闻的记事中知道，金氏不住在帝都东京，而是漂流北海道及小笠原岛等地。如果像阁下所云受到官民金钱上的厚遇，就没有理由居住在那个偏远荒凉之所，显然金氏在日本居住中的费用并无值得怀疑的地方。但是在这个世上，无论何人当陷入困境之时，应当有人怜悯和同情，即便是外国人也不会见死不救，此乃人间之天性。至于5,000圆金额的资金，小官也抱有疑念，相信日本人绝对不会提供如此巨额金钱给他。"

李："洪钟宇数度试探刺杀金玉均，据说皆因日本政府的通力保护而不得机会，像金玉均这样的反逆之人，有何保护之道理？"

荒川："日本政府对金玉均并非给予了特殊保护，凡居住在我国的任何外国人，政府都有保护他们安宁生活的义务。"

李："到现在为止，朝鲜曾经屡次请贵国政府将金玉均送还朝鲜国，每次都被拒绝。同样也向榎本公使请求过，亦被拒绝，无法明白是何理由。"

荒川："还是第一次听说这样的事。其拒绝理由小官完全不知，这应该属于国际公法方面的事情。在日本和朝鲜之间尚没有缔结罪人引渡条约，在欧美各国也有国事犯流亡的特例，但一般多以不干涉为主。也许根据这样的理由日本政府才拒绝的。至于把金玉均送还朝鲜的事情，应该属于日本驻朝鲜公使处理的公务吧。"

李："听说金玉均在贵国官场的交际甚广，连朝鲜公使都远不及此人的魅力。"

荒川："洪钟宇的供述中，朝鲜国王视金玉均为玷污国法的恶徒，发誓斩草戮之。"

李："是这样吗？国王被金玉均欺骗，图谋脱离清国的保护，建立独立国家。国王已经醒悟，对金玉均恨之入骨。"

荒川："无语……"

李："闻说，与金玉均交际的贵国人士都憎恨洪钟宇，想图谋为金氏报仇雪恨。"

荒川："如此担心之事，应该完全不必要才对。"

李（笑……）："竹添氏现在怎样？"

荒川："竹添氏是以文学为乐的人，不用挂念。"

会见中关于金玉均话题的谈话结束。李鸿章又转话题，询问天皇两陛下银婚庆典日的情形，再其他杂谈一小时余结束。以上特别报告仅供参考。

明治二十七年四月六日 天津一等领事荒川巳次

＊松方正义（1835—1924），江户末期萨摩藩武士出身、明治时期的政治家，历任1891年、1896年的第四代、第六代日本内阁总理大臣。

凌迟金玉均之尸

1894年4月7日，清国军舰威靖号搭载金玉均遗体和嫌疑犯洪钟宇从上海出航，9 日抵达南阳湾。此时，甲申政变中被杀害大臣的遗子们，陆续前往京城准备替父报仇。朝鲜政府派遣朝鲜国利运社汽船苍龙号出迎清舰，11 日早晨仍未见清舰船影。政府官吏焦虑不安，再遣小蒸汽船汉阳号载乘武装士兵前往搜索。原来 9 日威靖进入南阳湾港后，因修理船舵耽搁了时间。12 日中午，清国威靖号进入仁川港湾，下午 4 时汉阳号和威靖号在月尾岛附近接舷，清吏将金玉均的遗体和嫌疑犯洪钟宇移交给朝鲜官吏。移交中没有举行欢迎式，威靖号离开时两次吹起喇叭奏响乐器，在致意中缓缓远去。

汉阳号逆汉江而行停靠杨花津，岸边 20 余名兵士威武站立，书写"大逆不道玉均"字样的纱布旗插立在旁。约 40 名民夫从船上卸下用麻绳致密捆扎的清国式大棺，棺上有临时钉上的"大逆不道玉均"木牌。汉阳号靠岸后，清国官吏登船检验，数只日本人乘坐的小舟欲接近汽船，汉阳号上守卫灵柩的士兵端枪拔剑，呵叱驱赶靠近的日本人。连日来居住朝鲜的日本居留民，风闻金玉均遗体在上海被引渡给清国政府，清国又派兵船专程护送朝鲜，朝鲜宫廷已经做好凌迟处刑金氏遗体的准备。来自本国的报纸也记载了种种过激悚然的报道，引起侨民群起激愤。日本仁川领事馆探知，日本侨民中的一些年轻人蠢蠢欲动计划妨碍法场行事，故在遗体到来的数日前便向侨民发出不得蛮动的警告。港岸边布置了数名便服警察，对企图骚动的日本人随时采取逮捕行动。领事请求附近的日本军舰舰长命令水兵们自制，不得出现任何差错。日本人的克制使清国和朝鲜政府在移交金氏遗体的过程中，没有发生任何意外事件。

汉阳号卸下金玉均灵柩后，继续向上游的龙山航行。当初洪钟宇成功刺杀金

3.7.06 金玉均遗体被分解，头颅吊挂在用木杆做成的三脚架下面。旁侧立一木牌"谋反大逆不道罪人玉均当日杨花津头不待时凌迟处斩"、"曝尸三日"。三脚架上挂幡旗上书"大逆不道玉均"。

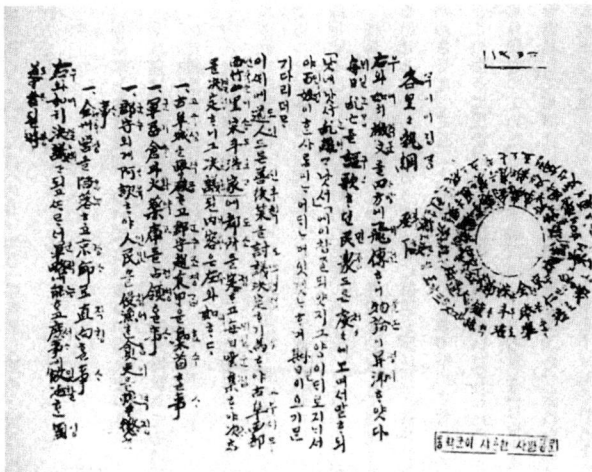

3.7.07 19世纪末，朝鲜东学党农民军举兵反抗朝廷的残酷统治。东学党发布檄文：一、弗杀人、弗伤物；二、忠孝双全，济世安民；三、遂灭夷倭，澄清圣道；四、尽灭权贵，复国安邦。图为东学党联名的檄文纲领。

玉均，在朝鲜宫廷掀起一阵鼎沸喝彩，原想归国后定会有百官出迎的式典。可是实际上仅有数名官员在龙山相迎，没有出现大型欢迎场面，甚至洪钟宇前往龙山的轿子也得自己雇用。4名兵士严阵护卫洪氏进入京城王宫，洪钟宇心中不免增添了几分失落感。

宫廷内大臣云集议事堂，议论该如何处刑金玉均，对金玉均怀有刻骨仇恨的大臣，纷纷杂谈自己的见解。"逆贼金玉均在何处行刑？""大概在京城公开处刑吧。""可能是西小门外的刑场。""不会在那里吧，尸体在运途中会惊动西洋各国公使前来观望，应该是杨花津刑场。""有道理，还是尽快在杨花津处刑以免后患。""金玉均的家族也应该三族同刑。""金玉均的养父已经病死，生父还关在牢中残喘余命。""那就给其父行绞首刑，金氏的妻女呢？""听说妻女已经贬为奴婢，现在行方不明。""是吗？那就把洪英植的遗骸也刨出一同处刑。""可是已经埋葬9年，都变成骸骨了。""那就挖出来对其再度行刑。"按照朝鲜的旧习，犯有大罪之人的处刑时，不允许任何人为其求情，否则求情人与犯人同罪同刑。在政府对金玉均施刑评议决定前，金宏集有过下问："既然是已经死亡的尸体，是否应该就这样埋葬较为妥当……？既然陛下圣虑，也只能按照裁许的方式执行。"实际上戮尸刑的提议者并非国王本意，而是闵妃套用国王名义的一言堂。

4月14日，京城杨花津刑场，行刑执行吏已经准备好各种戮尸刑具。晚8时，处刑开始，由壮卫使、义禁府都事现场督刑。金玉均灵柩被打开，棺内充满大量石灰，裸尸取出后置于一侧，背部有三处验尸留下的刀痕，面部有枪击后的痕迹。棺内放置金氏遇害时穿着的日本式绢质和服一件，上面染有血迹。行刑吏将金氏遗体的首、手、足切断，两手两足分别捆扎起来，头颅吊挂在用木杆做成的三脚架下面。旁侧立一木牌告示，上书"谋反大逆不道罪人玉均当日杨花津头不待时凌迟处斩"，公示"曝尸三日"，三脚架上靠一杆"大逆不道玉均"的幡旗。15 日，朝鲜官报登载了金玉均处刑的报道："议政府草记，即见京畿监司状启，逆贼玉均尸身载来京江，云矣尸身检事体既然。莫令京兆欣曹按当日举行使之报首。以为禀处之地如何？传曰：允。"16 日夜，刑场官吏来到行刑现场，将身体躯干投入河内，一侧手足送庆尚道曝尸，一侧手足送咸镜道曝尸，头颅置于京畿道竹山曝晒示众。京城在留的日本人潜入杨花津刑场，拍下暴尸现场的照片，收集散乱的毛发和衣类，秘密送交敬慕金氏的田延次郎从上海带回日本国内。

朝鲜宫廷在凌迟处刑金玉均遗体后，又发布灭金氏家族三代的通告，对 1884 年政变以来活在世间的金氏亲属、同党一律处斩。并且掘开甲申政变已经被凌迟的开化党主谋洪英植的坟墓，取出尸骨曝尸泄愤。20 日，金玉均的生父被处以绞刑，金氏的妻子和女儿在逃亡中去向不明。1894 年 12 月，日军镇压东学党农民起义军时，在忠清道沃川附近偶然发现金氏妻女立即保护了下来。两人饥寒交迫，处于极端凄惨可怜的困境，她们甚至不知道金玉均已经被恶人杀害的事情。

洪钟宇是朝鲜赴法国的首届归国留学生，当时政府派出的留学生主要面向美国和日本。洪钟宇的父亲义禁府都事洪在源，自费送儿子赴法国留学。洪钟宇毕业后从法国经东京回国，在东京结识了政府派遣的刺客李逸植，为了日后能有高官厚禄的仕途，接受了闵族暗杀金玉均的计划。洪钟宇暗杀金玉均成功，不想却引起朝鲜、日本、清国间的外交纠纷。在朝鲜宫廷的努力下，洪钟宇被引渡回朝鲜。

朝鲜宫廷视洪钟宇为大功者，准备封以官位。日本政府则劝告朝鲜政府不要对洪钟宇封官加爵，以免两国间出现麻烦。"甲申政变"身负重伤长期在香港疗养的宫廷重臣、闵族巨头闵泳翊向宫廷发来电报称："洪钟宇乃忠臣，为雪君父之仇挺身而出，应予叙任赏勋之典。"国王在闵妃催促下接见洪氏本人问话，朝廷在日本的劝告下，需要谨慎考虑封官之事。当时朝鲜的国情并不安定，全罗道民乱蜂起，宫廷担心封官举动引起负面效果。

5 月 7 日，临时代理公使衫村濬派遣大分书记官与大院君内谈，大院君表示："闻说洪钟宇在上海暗杀金玉均，闵氏一族赞赏有加，亢奋不止，曾准备在洪氏归国时举行欢迎式，授予其高官之位。然而，按照我国吏法惯例，授予高位高官必须先通过科举，所以洪氏也必须经过科举后才能授予高官之位。近日由于日本方面的请求，封官评议改变了说法，准备授予洪氏中等官职。另外，洪钟宇原本和金玉均是亲密友人，洪却突然变脸行杀害之举，此乃毫无仁义可言。仅仅为了世利就作出如此妄动，并非闵族所说的真诚忠臣之人，对此我对闵族的轻举表示叹憾。如今日本政府出面，冷却了闵族发热的头脑，我认为是一件值得庆贺的好事。"

洪钟宇封官受到国内外反对势力的抵制，但是闵妃一族在宫廷的势力压制了外来势力的要求。6月，宫廷授予洪氏官职，此后他先后担任过地方裁判所长官和济州岛长官。清日战争后，朝鲜国宣布独立时，洪钟宇向内阁进言，取国名"大韩帝国"被政府采纳。洪钟宇暗杀金玉均事件留下了许多历史疑点，闵妃派的闵泳骏后来透露，洪钟宇曾经和他说过："以前接受过李经芳的许多帮助，李大人对我等的恩情绝对不能让日本人知道。李大人告诫说，如果这些事泄露了出去，会造成严重的后果。"可是这些如此极端秘密的事情，最终还是让日本人得知。

金玉均之墓

金玉均的墓在东京都青山灵园的外国人墓地，灵园内安葬了许多为争取自由民权运动的日本人和外国人。金玉均死后百年的 2005 年，持有青山灵园墓地管理权的东京都政府，在灵园设置告示板："截至 2005 年 10 月止，墓地使用者如果没有提出再申请，将视作无亲缘关系被移除。"都政府告文是针对 193 墓的所有者，因长期滞纳管理费为对象作出的。灵园内金氏墓地已经 5 年以上，没有纳付灵园每月 590 日圆的管理费。金氏因为没有直系子孙，养子后裔又已在别处设立了专门墓地，青山墓地管理费的纳付就被放置了下来。金氏墓地灵园管理费的纳付，超过了告示规定的期限，朝鲜一代开化党领袖的墓地面临被移除的危机。在朝鲜近代史上，对金玉均力图改革有比较积极的评价，也有指责金属于亲日派的批评，长期以来金玉均成为有历史争议的人物。此番墓地骚动事情，在国内外相继报道，引起韩国政府的高度重视。韩国政府向日本政府提出，此墓地因具有深刻历史意义，希望在该

3.7.08　金玉均墓安置在东京都青山灵园外国人墓地，墓碑自然巨石，碑高 3 米、宽 1 米，厚 15 厘米，正面刻篆字"金公玉均之碑"，碑文忧国忧民悲壮豪情，享年 44。

地继续维持原貌存留，日韩政府达成了相互谅解的意向。12 月韩国驻日本大使馆向东京都交付了全部滞纳的管理费，金氏之英灵得以继续安息永眠。

金玉均墓在日本有两处，一处东京都港区青山灵园的外人区，一处东京都文京区向ケ丘的真净寺。本国金玉均出生地有本家墓地一处，墓碑"古筠金玉均先生追慕碑"一座。位于东京都港区青山灵园的金玉均墓，是金氏死后由"故金玉均氏友人会"倡议，东京新闻社等 17 社，联名设立"金氏追悼义金"组织的社会义捐金修建的。1894 年 5 月 20 日，金玉均的葬仪在浅草东本愿寺举行，参加葬仪者两千余人，许多社会名流参列，将金氏之遗发和衣服纳入墓内。墓地幅 15 尺，2 尺角木质墓标，上有板茸屋顶。金玉均死后十年，金氏养子金英镇观荒凉之墓叹曰："木碑荒凉、风雨将颠、坟土颓圮、稿草交加"，心中凄凉备至。明治三十七年（1904），犬养毅（后当选第 29 任总理大臣）等名流，改用石碑重建了现在的墓碑。墓碑为自然巨石，碑高 3 米、宽 1 米、厚 15 厘米，正面刻"金公玉均之碑"大字及碑文，背面金玉均名号、生年月日及简历。碑文系甲申政变同盟者朴泳孝（李氏朝鲜哲宗的驸马）撰文，兴宣大院君之孙李埈镕书写。

碑铭之汉文恸泣悲曰："呜呼！抱非常之才；遇非常之时；无非常之功；有非常之死，天之生金公若是己耶。磊落隽爽、不泥小节、见善如己、豪侠容众，公之性也。魁杰轩昂、特立独行、百折不屈、千万且往，公之气也。扶神檀之国家；奠盘泰之安；翼圣李之宗社；基天壤之麻者，公之自任之志也。公仕于朝，未始不显矣；得于君，未始不专矣。然顽壬奸戚，缔比盈廷；偷狙恬嬉，壅遏恣弄；恺切之言，适招众怒；深远之虑，反致众疑。内而政令多岐，生民愁苦；外而邻交失道，喷说纷至。国畿不能自立而有朝夕之忧，慨然奋决，谋欲以清君侧。至开国四百九十三年甲申冬，纠同志奉乘兴于庆祐宫，处置朝廷大事。越三日，扈上归昌德之阙。余孽族清将犯顺，众寡相悬，空拳张斗而势莫能支，谨以身投日本使馆。因而渡海，间关为命。众奸畏公，甚而且仇公，必欲甘心于公，前后遗刺客项背相望。公防之密而且得庇护之力甚至，终不得售然。公亦一日未安于漂游之中，南移不毛，北迁穷发，其困苦逼阨多人所不堪。处之晏如，未尝介于怀。论东方事，每谓三国不为从，不可以角紫须之杰鳌。忽以甲午之春，飘然振衣于春申之浦，而为凶人洪钟宇所掩击，尸还故国遭肢解之辱。日本之志士且愤且怒，悲哀之如亲戚。以遗衣招魂而葬之青山之阿，于今已十有一年矣。议者或谓，公躬逢圣明，位亚公孤，从容规谏，敷陈心膂，言必听计必用，事无不可成者。乃举措乖激，迹涉太暴，至于败不旋踵。且既豪载求全，则固宜静处俟之，韬光炼精，视可而动。乃不审势量时，经就危地，终以取祸，其自轻亦甚矣。此非知公之言也。

方权奸跋扈，国势缀旒，不可徒以口舌争，则不忍沽自洁，坐视君国之危而不救。故宁一借奋雷之击，以扫清乱本而及其事去，不屑为沟渎之谅。苟吾身在焉，吾君可安，吾国可保，所以萍蓬异域，益坚益壮。而若其西行之事，意甚微，人莫有窥之者，不幸中途摧折，使千古寂寂。盖公之事，不可以成败论，当视其志焉已耳。忠而见谗，信而被疑，从古何限，未有如公之遇之酷。而公之志始终一贯，至或诗歌饮博，风流如乎而不荡；禅门静悟，枯僧如乎而不舍。一片尤爱之丹，郁勃嗃砖，金石可透。而今也则亡，斯人也有斯命，其天欤！公卒之年，日清战役起，人谓公之死有以激之。国人始稍知公志，咸思奋兴而继之，公虽死为功于国大矣。公嗣子英镇，将建碑以伸孝思。谓吾与公有生死谊，请为文，不能以文辞。泪笔无言，告后之人，使知之公为非常人。"

　　大朝鲜开国五百十三年 甲辰二月十八日

　　正一品锦陵尉　朴泳孝撰从二品　李埈镕书

　　金玉均墓碑背面铭字

　　金玉均 字伯温 号古愚 别号古筠 开国四百六十年辛亥正月 二十三日生 壬申文科及第 历任至户曹参判 甲午被害 享年四十四

　　大韩光武八年三月二十八日

3.8　清国密电破译集

　　1909 年 10 月 26 日，指导日清战争的日本前首相伊藤博文，在清国哈尔滨火车站被朝鲜人安重根刺杀身亡。伊藤伯爵死去三十年后，他的生前遗著《机密日清战争》在度过了漫长的密效期后，悄然在内部印刷发行。这部满载大量国家机密的著作，使人们终于明白日本人是如何成功帷幄赢得日清战争的。著作中开示了一件隐藏很深的历史秘密，就是日本从开战前就已经秘密破解了清国驻日公使馆与清国总理衙门之间的往来密电。日本人一直准确掌握清国出兵朝鲜和战争赔偿谈判中的机密情报。清国的战争中枢大量的最高机密电报被破解，注定了清国必然输掉这场战争。

　　1886 年 8 月，清国北洋舰队寄港日本长崎，期间发生了一件清国水兵与当地日本人冲突的事件。事件中一个名叫吴大五郎的日本人偶然拾到了一本清国人的小字典。小字典内的汉文字纵横两侧，标注了 0、1、2、3、4、5、6、7、8、9 的小数字。电信专家立刻判定这是清国人电报用汉字译电本，从译电本中数字的组合方法，明白了清国人制造密码的方法。

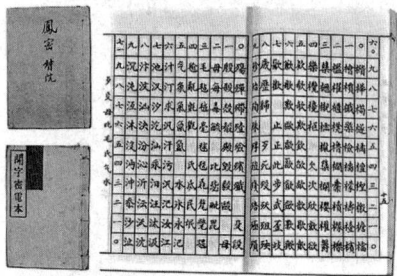

3.8.01 清国电报译电码基础排列式样，横竖边侧数字是查找汉字的坐标。最早的汉字译电码，是 1873 年法国人威基杰（S·A·Viguer）参照《康熙字典》部首排列方法，挑选的 6800 个常用汉字编辑而成，取名《电报新书》。

1894 年 6 月，日清两国围绕朝鲜问题关系日益恶化，准确掌握清国对朝鲜的外交政略和军事动态，成为政府亟待解决的课题。6 月 22 日，陆奥外相设圈套，故意给清国公使汪凤藻递交了一份用汉语书写的政府文书。次日电信课就顺利截获了清国公使馆向总理衙门报告该政府文书的电报。从电信密码技术角度来说，破译一封内容完全知晓的电报，能为解开密码构成规律提供帮助。时任电信课长的佐藤爱麿凭以往的破译经验，结合早年清国人制造密电码的方法，仔细对照研究清国密电的内容构造，成功解读了清国公使馆的电信密码。

当时被破解的清国密电码，作为国家最高机密仅限定几个当事人知道，绝大多数高级官员并不知情。尤其让日本政府庆幸的是，清国人在媾和谈判期间没有更换新密码，居然继续使用公使馆已经失密的电码本。清国的过失使日本轻易掌握清国出兵朝鲜的战略意图，以及清国割地赔款决策的国家最高机密。

日清战争结束后，日本政府对战争中有功人员论功行赏时，向为战争作出重大贡献的电信课长佐藤爱麿，秘密授予三等勋章和养老年金的特别奖赏。佐藤的功绩使他仕途辉煌，后来成为著名的外交家，连续七年担任日本驻美国大使。其养子佐藤尚武在以后的日本政坛，也是步履轻云，成为日本国有名的外交家和政治家。

本书引用的文献是伊藤博文所著《机密日清战争》中记载的全部破译电文。《机密日清战争》的前身，是 1933 年日本政府的内部刊印物《秘书类纂》，因书中涉及大量国家机密被禁止发行。现代版《机密日清战争》是 1967 年原书房出版社整理伊藤博文所藏文件之后，经过汇编的发行物，作者冠名伊藤博文。文献《机密日清战争》，对研究日清战争史具有重要意义。本书忠实抄录原著记载的电报内容，从中可以窥视日清战争的历史内幕。

破译密电文，按电文日时顺序排列，分为以下四部分。

1. 日本破解清国密电的诱饵文。

2. 宣战前清国公使馆与总理衙门间密电。

3. 马关和谈期间李鸿章与总理衙门间密电。

4. 李鸿章与总理衙门间其他密电。

密电原文中存在诸多错字、猜字、未解读文字○，属于破译中出现的技术问题所致，本文按照原文错误字样忠实抄录。

原著中所载电报原文，有注标点符号和未注标点符号的文法现象。1894 年清日战争时期，清国汉文中尚未推行标点注记法，未加标点的电报属于汉文原型。1910 年，日本颁布《句读法案》，才开始推行国定教科书标点符号基准。日清战争时期，日文原型也不加注标点符号。所见有标点符号的部分电文，是《机密日清战争》编辑出版时后加入的，但考虑其标点有可商榷之外，故本文抄录时将标点去除。

本书抄录之电文，采用中国语国标 GBK 码字体统合日本语汉字。文字输入中，个别中文汉字与原文的日文汉字笔画和字形存在差异，读者若获取准确的破译原文字，请鉴原著。

十九世纪末的清朝总理衙门府规定，凡因紧急公事、皇帝下达谕旨或督抚上奏，都可使用电报。由于电报价格昂贵，清政府明令，电报必须简洁精练，公务电报不得繁琐啰唆，非紧急公务不许随意发电，各级官员必须严格遵守。中法战争期间，李鸿章给总理衙门发电报一封，全文记："密罗丰禄本日戌正电报基隆失陷鸿巧亥正。"此十八字电报范文准确表述了六项所规范的内容，但电报正文只有"基隆失陷"四字。其中"密"是公文密级，"发电人"罗丰禄，"时间"今日八点来电，"内容"基隆失陷，"落款"鸿乃李鸿章，"巧亥正"十八日晚十点整。

马关和谈期间，李鸿章庞大的使节团内有多位电报专业人士，如日文英文翻译、电报拟稿、电报加密、电报发送等人员。马关和谈乃国家重大政务，李鸿章不敢怠慢，每日昼夜与总理衙门密切电报往来，日本电报局全面提供服务，所花费巨额银两在日本报界披露，传为市井新闻。本书电报字数统计约两万字，国际电报按照每字 0.3 两白银计算，合计清 6,000 两白银。

1 日本破解清国密电的诱饵文

■1894 年 6 月 22 日，陆奥外相设圈套，递交清国公使汪凤藻一份汉语外交公文，如下文示。

为照会事顷准

贵暦光绪二十年五月十八日來文稱

貴大臣接奉

貴政府訓令不容我政府所擬剿定朝鮮變亂以

及辦理善後事宜等語至於朝鮮國現在情形我政府不能與貴政府同見甚以為憾惟徵之既往事蹟朝鮮一邦洵為朋黨相爭內訌踵起之場其慘狀可見而究其事變所以屢起必乎於全其自主之責之道有所關如又就疆土相接與貿易相通而言之我國之於朝鮮其利害甚切關繫尤重我政府終不能將該國如此慘狀附之拱視傍觀且情形既如是我政府尚措而不顧則不啻有乖

於與朝鮮交隣之素誼亦未免有背我國自衛之道之誚我政府所以百方措畫以求朝鮮國安之要業經陳明在前我政府不能附之默視今而遲疑無所施為以曠時日則該國變亂彌久彌大是故若非設法辦理以期能保該國将來邦安而圖政得其宜我政府竟不能撤兵即我政府之不肯輕容撤兵之議者非止遵照天津約款之旨而然亦係善後預防之計也本大臣即經披瀝意衷如是設若有與貴政府所見相違我政府斷不能餝撤現駐朝鮮我國之兵也為此照會須至照會者

■ 6 月 23 日日本外务省电信科，顺利截获清国公使馆转发总理衙门的电文，经过解析破译后的内容如下文示。

2　宣战前清公使馆与总理衙门间密电

■六月六日前六時五十分　天津發　江
汪公使宛 李氏電
查光緒十一年中日議定專條內云将來朝鮮若有變亂事件中國要派兵應先行文知照事定仍即撤防等語本大臣今接朝鮮政府文開全羅道所轄民習兇悍附串東學教匪聚眾攻陷縣邑又北竄陷前遣練軍往剿失利倘滋蔓日久貽憂於上國者尤甲申敞邦兩次內亂咸賴中朝兵士代為戡定茲援案懇請酌遣數隊速來代剿俟悍匪挫殄即請撤回不敢續請留防致天兵久勞於外等語本大臣曡其情詞迫切派兵援助乃我朝保護屬邦舊例用是奏春諭旨派令直隸提督葉選帶勁旅星馳往朝鮮全羅忠清一帶相機堵剿剋期撲滅務使屬境八安各國在韓境通商者皆得各安生業一俟事竣仍即撤回不再留防合函照約行文知照以上各節速即備文知照日本外務衙門查照

■六月七日後二時五十分　東京發　支
李氏宛　汪公使電
奉電導己行文頃晤外務云派兵護商事非得已業電令彼使知照總署竝切誡大鳥及統將嚴束兵士毋生事端請中國人嚴切申誡云惟困文內屬邦二

■六月廿三日後三時廿五分　東京發　號
李氏宛　汪公使電
頃外務文稱貴政府不容我剿定朝鮮變亂及辦理善後我政府不能同見甚以為憾惟朝鮮朋黨相爭內訌踵起究其事變必於全其自主之道有所關如我國於朝鮮利害關繫尤重終不能將該國慘狀付之扶視如措而不顧不啻有乖于隣之誼亦背我國自衛之道所以百方措畫以求朝鮮國安而遲疑則該國變亂彌久彌大故非設法辦理期保將來邦安而政得宜竟不能撤兵我之不輕撤兵非止遵照天津約旨示善後豫防之計本大臣披瀝意衷如是設與貴政府所見相違我斷不能撤現駐朝鮮之兵等因謹電文祈轉署俄使謂倭派兵本亭〇苟可收場彼而自撤俄京尚無電致

字大費辦諭彼欲使舘商請酌改已正詞拒之意猶未解祈裁示

■六月八日前十時十五分　天津發　歌
汪公使宛 李氏電
文內我朝保護屬邦舊例前事歷歷可證天下各國皆知日本即不認朝鮮為中屬而我行我法未便自亂其例固不問日之認否礙難酌改

■六月八日前十時十分 天津發
汪公使宛　李氏電
昨駐津倭領事持外署電來謁謂韓事多警日本已派兵往保護使署領事及官民鴻（鴻章）告以漢城仁釜各口現俱守靜中國派兵專剿內地土匪竝不至漢及通商各口汝國但不必派兵致人騷疑該領謂兵已派末言多少鴻謂如已保護官斷不可多且非韓請派斷不可八內地致華倭兵相遇生衅該領允即轉電外署與伊藤

■六月九日前十時廿五分　東京發　魚
李氏宛　汪公使電
外務僅以伊政府未視朝鮮為中屬照覆收科不復請改聞倭派三千餘兵己陸續發確數難探

■六月十二日後六時三十分 天津發　青
汪公使宛　李氏電
袁道臨電時大鳥已帶兵四百赴漢城頃據仁川電
接倭領事函稱倭馬步兵十二日到仁抵港後卽赴
漢又閱稅司接祥領事信其政府已僱商船十四隻
運兵來仁到港時請勿廷礙查漢城無事全州已復
已屬外署詰問竝請各國員查詰倭調兵過多自非
意國護舘究屬何意望向外務試阻

■六月十三日後八時三十分　東京發　蒸
李氏宛　汪公使電
遵電面詢伊藤據稱恐韓亂丞道遠接應難故派兵
稍多然連軍需止十艘云言外有留兵代議善後意
經力阻始俟亂定彼此撤兵隨後當與均處妥商
辦法屬致意據韓使云接現電初八賊盡滅確否

■六月十四日前一時三十分　天津發　眞
汪公使宛　李氏電
韓政府出告亦云賊盡散韓軍自辦善後欲我撤兵
現令表與大鳥商奪望轉告伊藤

■六月十四日前十一時七分　東京發　眞
李氏宛　汪公使電
韓使以賊平告外務彼云大鳥無電不足信各報謂
韓送此説冀謝外兵應請飭袁確查果實再與倭商
撤兵姑戒韓靜持勿怠

■六月十六日發　諫
汪公使宛 李氏電
袁與大鳥議明中倭各留兵四分之一俟賊盡平全
撤其續來兵不止岸原船回以為可須候倭延覆乃
日來五千兵全冀仁川登岸又商令勿八漢城鳥雖
自定漢已大譁韓商民多逃避望切商外署伊藤重
兵宜早飭調回國否則華亦必遣重兵恐誤大局

■六月十六日前十一時三十分發　元
汪公使宛　李氏電
韓政府出告賊聞我兵上岸卽退散現飭韓兵分找
提捕餘孽可平我軍往探屬實全羅道已八競州守
撫韓師洪派兵追捕無須籍客軍之力自應與倭互
商照乙酉條約事定仍卽撤兵不再留防以免韓人
疑懼各國生心現袁道與大鳥始商鳥雖允撤尚遲

疑望晤外署及伊藤切實言之如彼留兵在韓則我
亦當酌留轉非了局

■六月十六日後六時五分　東京發　元
李氏宛　汪公使電
聞倭派兵增至五千餘意叵測正擬電聞適外務晤
稱韓亂未平擬倂力共剿賊速滅而帽有光往與力
辦妃請電商謂鈞處如實有辭和可允作罷論至所
言善後意在更華韓政另函陳祈轉署

■六月十七日後三時五十五分　東京發　鹽
李氏宛 汪公使電
倭志在留兵脅議善後經與力爭伊藤始允約無大
抗眞恐是外務至斥為徐私意罔翻議復經承辦乃
定仍謂必探確賊盡平為度奉元（十六日付）電
卽往告以偵其情則謂大鳥竝無電至察倭頗以我
急頓撤兵為怯狼謀惻遉其布置若備大整似宜厚
集兵力〇伐其謀俟餘孽盡平再與商撤可期就節
祈轉署

■六月十七日後六時十三分　天津發　寒
汪公使宛　李氏電
頃倭領事轉送陸奧電報大畫三條與元電畫同韓
賊已革草我軍不必進剿倭軍更無會剿之理乙酉
伊藤與我訂約事定撤回又倭韓條約認韓自主尤
無干預內政之權均難於約外另商辦法請直接回
復

■六月十八日後二時十分　東京發　咸
李氏宛　汪公使電
管見俟撤兵後再持其干預之説載應奉寒電令直
接回復極是正辦惟倭兵甫集難保不脅韓構釁必
我執持嚴備有進有退而後可如均意決候示卽赴
外務回復嗣電可否用總署新法

■六月廿日前七時五十五分　東京發　銑
李氏宛　汪公使電
遵電切商陸奧謂商民慌避容電查情形再議辦法
往復申辦終無撤兵意轉云善後三案已電彼使知
會總署屬催覆信擬俟接添兵抵韓信卽往復絕又
餘匪萬一復煽客否合剿再請均示統祈轉署

■六月廿日後四時五十分　東京發　霞

李氏宛　汪公使電

倭要我三端細覆奉論微示其意献就管見擬三四案一倭認韓為中屬二華允倭會剿三亂定照約撤兵四中日皆不干預韓政惟勸韓自行請釐此以認屬易會剿隨我相持彼肯收場固好否亦講之有辭如均意可祈轉署裁示仍俟添兵抵韓後再興開談

■六月廿一日後八時廿五分　東京發　嘯

總理衙門門宛　汪公使電

倭派兵後辯論大要節徑電津轉陳想蒙鑒察頃奉北洋大臣轉電敬悉倭高三端彼利連覆管見俟添兵抵韓後再覆庶更有備曾電津請示并請轉達大署著現知均處已覆倭使故卽日道北洋電示覆諭倭庶電致三端知倭使己先知照故像於銑電述意仍由津轉謹覆

■六月廿一日　天津發　巧

汪公使宛　李氏電

總署覆嘯二電俱悉汪擬策前二案皆不妥韓為中屬各國無異詞倭卽不認亦不能損我權利何必興辦會剿從此生事萬不可免尊處覆電同是云

■六月廿三日後三時廿五分　東京發　號

李氏宛　汪公使電

頃外務文稱貴政府不容我剿定朝鮮變亂及辯理善後我政府不能同見甚以為憾惟朝鮮朋黨相爭內訌踵起究其事變必於全其自主之道有所關如我國於朝鮮利害關擊尤重終不能將該國慘狀付之拱視如措而不顧不啻有乘干隣之誼亦背我國自衛之道所以百方措畫以求朝鮮國安今而遲疑則該國變亂彌久彌大故非設法辦理期保將來邦安而政得宜意不能撤兵我之不輕撤兵非止遵照天津約旨亦善後餘防之計本大臣披瀝意衷如是設與貴政府所見相違我斷不能撤現駐朝鮮之兵等因謹電聞祈轉署俄使謂倭派兵本亨〇苟可收場彼必自撤俄京尚無電致

■六月廿五日後三時三十五分　東京發　養

李氏宛　汪公使電

倭之干預以韓不能自治為詞查汰貪汚尤所注意想由我切勸朝鮮立將內政清釐則〇〇〇〇庶占先手不獨倭衅可弭實以為韓至計敢請鈞裁

■六月廿六日後十一時廿分　東京發　禡

李氏宛　汪公使電

探悉倭添兵未發事亟但衆彼無精勇多不足患

■六月廿六日前六時二十分　天津發

汪公使宛　李氏電

俄皇己諭駐倭使函勸倭與華商同時撤兵再妥議善後望密探所言何加

■六月廿八日前六時十分　東京發　敬

江氏宛　汪公使電

探悉俄使昨晤外務勸撤兵後再商善後本日倭會議從〇〇〇尚未定韓使逢榎本密告若由韓廷自懇撤兵並連請內政當有濟云

■六月廿九日前六時十二分　天津發　宥

汪公使宛　李氏電

袁急電倭續來兵三千餘下辰加千兵來漢烏請韓偽華保護屬邦限日內覆如認屬卽失和云俄議若何望速覆

■六月廿九日後五時　韓京發

汪公使宛　袁氏電

新法日兵近薄據韓京內外韓依托不忍華屬日京何動止俄使何調處乞速示華電阻

■六月廿九日後十一時三十五分　東京發　宥

李氏宛　汪公使電

頃訪俄使適佗往來出訂明晨往談倭邇我至此恐乏轉圖如失和諒須撤使各口商民共五千餘身家財產應否由署商托與國保護抑由滬雇船載回祈商署示遵

■六月三十日後三時十五分　東京發　沁

袁氏宛韓京　汪公使電

尊電已轉津倭舉動讅甚俄使兩赴外務商撤未允現接俄京續電命再力勸云

■六月三十日後三時三十五分　東京發

李氏宛　汪公使電

俄使述兩赴外務商勸皆託詞推定不允撤惟得其
我兵決不先犯中國一語昨晚接俄京續電命再力
勸今尚往商有實信再來告云袁宥申電倭兵近蒞
據韓京內外韓依託不認不認華屬華軍阻斷等語
頃外務次官來稱大鳥昨電華兵現入內地想餘匪
未請問使舘知否答云無電統祈轉署

■七月一日前十時五十分　韓京發　勘
汪公使宛　袁氏電
沁電感悉倭如有釁意乞隨時速電便飭在此華兵
備

■七月一日後五時五十分　天津發
汪公使宛　李氏電
宥沁電轉署俄使力勸倭有實信否袁續電韓覆倭
只按條約自為不答保屬語雖首齬倘倭出力可了
擬在漢切勸云華軍現入內地剿匪署電請少待如
有失和確據再令撤回

■七月二日　東京發　豔
李氏宛　汪公使電
俄使忌○議戒勿往約得實卽告迄尚無信密探愈
○能由喀使電詢否商民籌護迫切須豫定辦法以
慰其望乞再商署示悉

■七月四日後二時五十五分　東京發　肅
袁氏宛韓京　汪公使電
俄使力勸後倭覆稱須善後籌定始可撤兵已電俄
京請示察倭非略佔便宜終難歇手云倭邊備日嚴
絕無轉急恃俄勸語如尊慮

■七月四日後二時五十五分　東京發　筆
李氏宛　汪公使電
頃俄使遺員來告向倭力勸後昨據覆稱須善後籌
定始可撤兵已電俄京請示察倭非略佔便宜終難
歇手云密探可報略同畫倭海陸設備日嚴終無轉
意僅伏俄勸恐尚不得力祈轉署

■七月五日後四時三十分　東京發　肴
李氏宛　汪公使電
昨奧使以和意來勸謂中日失和適資俄利俄出調
停殆難得力就大局論方當聯倭防俄○稍○就不

宜開寡以致兩傷干預弱小西國事所恆有等語查
俄使本勸撤兵後妥協善後似亦不以干預為非惟
倭務成騎虎必令先行撤兵雖俄兩次出勸卒未能
允若中國比時○與○辦善後亦不得○管見我誠
允○辦擬親赴外部開議與議令將漢城兵○駐各
口再商善後商妥彼此撤兵中國為大局計不惜辦
就以示變通彼允則寡猶可弭於俄意亦不背不允
則是有意尋寡便可決計進兵候鈞意以可採再
請轉署否則速請各○出場公議調處亦是一法統
乞迅賜裁覆

■七月十二日後四時三十分　天津發
汪公使宛　李氏電
總署現與小村議商據稱候政府案復英俄法美德
均電飭駐倭使力勸撤兵何如

■七月十四日午前七時三分　天津發　文
汪公使宛　李氏電
倭日逼韓革內政似無撤兵意如何定議祈確示

■七月十五日前一時五分　東京發　震
李氏宛　汪公使電
密探覆稱前日大鳥電以勒辦案欵韓已悉遵應否
撤兵為請伊藤川上謂我願既遂可卽收戈省探撤
兵之說本此昨晨俄使又奉國電往商午後復會議
陸奧井上輩據自由黨議堅謂韓僅面從撤兵非計
伊藤不能固爭前議遂寢云祈轉署

■七月十六日　東京發
李氏宛　汪公使電
密探稱倭以我遲逗意益肆現又脅韓不認屬非速
進兵韓雖了局云現我辦法祈示悉

■七月二十日後二時五十分　東京發　嘯
李氏宛　汪公使電
倭閔我進兵氣已內沮護商事遵電向美使託定祈
轉署聞袁已回確否

■七月廿五日前十時五十五分發
上海道臺黃宛　汪公使電
密報廿一日倭兵突入韓宮韓拒而敗水原亦因韓
兵欄阻致寡曾否與葉軍遇釜電阻斷無確耗頃聞

倭添兵五千卽赴仁川祈轉中堂簡援事急華報如
阻京津要信可電駐美使転東請代達此問華商倭
官加捕保護我居口宜致法報之

■七月廿六日後三時三十三分　天津發

注公使宛　李氏電

廿三倭兵船在牙山口遇兵船彼先開砲接仗由陸
赴壤之軍甫入韓境英俄與法德美又合力令倭退
兵未知何如

■七月發

李氏宛　汪公使電

倭既先犯我惟祈全力與持若不痛摧之倭和後患
何甚

■七月廿七日　東京發

李氏宛　汪公使電

聞倭又備兵五千待○計共二萬○○志可知必我
集雄師簡後應○制勝祈轉署

■七月三十日　東京發

天津行

總署沁午電日本擊我兵輪業已絕好開釁出使日
本大臣江鳳藻應卽撤令同國遵旨電○轉電江使
云

■八月六日後七時五十分　橫濱發

　頃倭延下令居留華人詞訟歸地方官審判倭人
在華我宜照辦請電稟總署通飭遵行

3　马关和谈李鸿章与总理衙门间密电

■明治二十八年三月廿日午後九時十分發

總署宛　馬關　李鴻章電

廿二辰抵馬關派全權伊藤陸奧亦至約期會晤廿
四申齊集公所互閱敕書妥協伊陸言住船不便
諄請移寓公館預備整潔允明日移以便就近議事
函請先停戰意以遊移約廿五再會議並開所索條
款容續電聞伊藤言別來十年中國毫未改變成法
以至於此同為抱歉探知前六月七日有運兵舩多
隻出馬關約五千人云往澎湖臺灣確否遼瀋揄關
（山海關）軍情若何乞示請代奏鴻敬

■明治二十八年三月廿一日發

總署宛　馬關　李鴻章電

頃會議伊藤等交到停戰要款云日本兵應占守大
沽天津山海關所有池堡壘我軍駐各處者應將一
切軍需交與日本軍隊暫管天津至山海關銕路由
日本軍務官管理停戰限期內軍事費用應由中國
支補如允以上各節則停戰限期及兩國兵駐守劃
界及其餘細并商等語要挾過甚礙難允行伊以限
三日即覆又詢所索條款伊謂已預備俟此議覆到
再給閱商看來昨添調出口之兵恐仍諭北將分攻
揄關津沽請密飭各軍嚴備堵剿為要乞代奏候旨
電覆鴻章有日

■明治二十年三月廿三日午後六時
三十五分發

李氏宛　北京總署電

奉旨李鴻章兩電均悉第二電中未載辯論之詞不
知日內又有續議否閱所開停戰各款要挾過甚前
三條萬難允許必不得已或姑允停戰期內認給軍
費但恐只此一事仍難就範昨令奕劻等與各公使
面商均以先索和議條款為要可告以中朝既允議
和無不推誠相與可允必允無須質當其停戰期內
認給軍費一節可以允許若彼仍執前說則以難允
各條姑置勿論而先索和議中之條款勿將朝廷誠
心議和之意切實講解婉與磋磨總以前得議款為
要倘有辯論續電提要以聞各國公使中俄德英三
處均已致電本國矣再此時約款尚未交到李經方
熟悉彼中情形諒能得其底蘊宜如得密籌釜底抽
薪辦法使和議不至中阻應飭談員盡力為之此數
日內各海口再無警信談大臣電末數語大意已諭
劉坤一王文韶等知之矣欽此泌

■明治二十八年三月廿四日午後五時
三十分發

總署宛　馬關　李鴻章電

泌電奉旨謹悉廿五會議當告以前三條地未失先占無此情理設限滿和議未成京幾門戶險要何恃囑其另議辦法伊堅不允故略停頓今已辦定駁覆文約申初面交將停戰姑置勿論索取議和條款至認給軍費一節系停戰常例所有似不足動之俟議款接到再電聞據倭新報兵船廿隻在大沽北塘海面游奕查察商輪來往貨物廈門電廿五年倭兵已在澎湖西島登岸倭主派小松親王赴旅順現師其志不小慾甚奢觀停戰議略如此要挾已見其端恐難就範請代奏鴻勘未

■明治二十八年三月廿四日午後七時四十五分發

總署宛　馬關　李經方電

中堂今申刻會議已將停戰擱起向索議和條款允於明干面交歸途忽有倭人持手鎗將狙擊中左頰骨血流不止子未出登時暈絕伊藤陸奧來慰問姑令洋醫調治此事恐不能終局矣再伊面稱現要攻取臺灣茲聞經方請代奏勘酉

■明治二十八年三月廿五日發午後四時四十分發

李氏宛　北京總署電

奉旨李鴻章廿八未刻電及李經方酉戌兩電均悉覽奏殊深駭愕事機不順竟至于此李鴻章以過七之年脩使異城受此重傷醫藥能如應手甦醒之後精神脈氣如何槍子能否取出軫忱之懷刻不能釋著李經方即時電覆和議條款勒於今午面交茲談大臣不克親到看其將條款先行送交即日電達此節彼已經面勒即封送前來亦與面交無異彼正在歙曲之時李鴻章據理與爭或不至終祇不與狙擊一事是否出自〇人抑別有指使設法権探以聞欽此豔

■明治二十八年三月二十五日後五時五十分發

總署宛　馬關　李鴻章電

昨夕面傷稍瘥即致伊藤等以遇此可悼之事翌午不能會議面談約款擬令李經芳屆時代往晤索頃陸奧來厴晤經芳問病交到覆函稱因此凶虐狂悖

之事萬分憂愁舉國上下皆抱此情懷該大臣等應先奏明日皇難免稍有擔延俟〇可以知會李參議當迅速並辦等因並據密稱伊藤今早俟日皇派來御〇詢傷渡已乘輪親赴廣島稟商明渡日可回原擬條款或冀少滅稍遲亦必送到鴻受傷時昏暈輵中血滿褂袍元氣大傷幸步位恰當類骨若上下半寸必即致命實仰托聖主洪福諸醫詢視再四子嵌骨縫礙難取出皮肉醫痊約須月餘現惟靜養俟和欵送到再力疾安慰隨時電聞兇手已得俟其訊有端倪令伍廷芳前往看審促令重辦再頃陸奧送日後電旨因李中堂受傷特派看護婦兩名帶親制之繃帶前往云請代奏豔西

■明治廿八年三月廿七日發

總署宛　馬關　李鴻章電

日外部送到日皇明降諭旨中國現在雖與我國兵爭未息而按照儀節格式欽派頭等全權大臣前來締結和局經朕遣派全權大臣等前赴馬關會議我國應有責成確道萬國通例優待中國欽使方與國家體面相符並應優豫護衛以資保安朕業已疊降特旨飭令文武官員懍遵辦理去後現查遂有不法凶徒下賤已極竟敢傷及中國頭等全權大臣之身朕心深為憂惶惓惜其兇犯自應飭吏按照國律內最嚴之例辦理茲特明降諭旨通飭官民欽道旨意保我國家榮耀聲名庸不致再有此等狂悖不法情事而損我國之光譽也云鴻東

■明治二十八年三月廿八日發

李氏宛　北京總署電

日廷既以護衛不周宣示兇犯可聽其自辦不必觀審以示大方且舊約已廢非比和好之國亦礙難于預也江

■明治廿八年三月廿八日發午後六時五分發

總署宛　馬關　李鴻章電

欽奉東冬兩電諭旨感激涕零槍子難出據醫云無大妨礙只好暫顧目前幸精神飲食漸複堪以仰慰聖厪今午陸奧來臥室密談並呈節略云倭皇電諭將前所不許不索要欵之停戰一節現行應允惟須

限以期限以界彼已將停戰節目預備今晚可令經
方往取以期藭定早辦等語俟節目取到再酌辦電
聞似無庸先電各路將師又外署抄送兇犯小山豐
太郎供稱東京群馬縣人因鴻主戰不能保持和局
屢欲前往中國行刺今聞來馬關欲殺害廿八甫到
擬狙擊胸部誤中左眼下云並未供另有指使俟其
定案後電陳請代奏鴻江申

■明治二十八年三月二十九日發

總署宛　馬關　李鴻章電

敬勘電言倭將攻取臺灣頃陸奧所擬停戰草約首
欸聲明除業經派往臺灣澎湖兩處攻戰外其餘均
行停戰鴻力爭一律停戰彼執不可謂舣與兵已早
往電報不通勢難禁止因令改為奉天直隸山東地
方停戰暫為保護京師瀋陽之計約稿業經電呈窺
倭志必奪據臺灣廿八伊藤言及鴻謂與香港為鄰
英不甘心伊謂無損英之權利如肯將臺灣送與別
國亦必笑納等語不知前議押與英商何如祈飭台
撫竭力固守為要陸奧謂倭主見好於鴻故令東北
暫行停戰而將前索要欸及認給軍費一概不提伊
藤不日由廣島回議和條款即開送恐其奢念仍未
稍減屆時再電聞請代奏鴻支亥

■明治二十八年三月三十日發

李氏宛　北京總署電

今午接支亥電約稿現尚未到不知何遲滯澎湖
廿九失守歌酉

■明治二十八年總來三月三十一日午後
五時五十分發

李氏宛　北京總署電

奉旨李鴻章初四初五電均悉停戰六條已於五畫
押不提前索各款而仍攻臺灣其注意可測惟議和
條款到時李鴻章務當詳審斷酌設法盡力磋磨總
期必成而後已不可畏難避謗廢棄於半途致誤大
局是為至要澎湖於九日失守已送經飭臺灣統帥
竭力備禦押與英商一議本系○文○說因既經開
戰料事萬不能辯已作罷論停戰約飭總署即日分
電各路將師並申諭唐景崧加緊嚴防矣欽此魚

■明治二十八年四月一日午後發

總署宛　馬關　李鴻章電

本日未正日本交到締和條約訂明第四日內未正
回覆或將約內各欸全行承允或將某欸更行商酌
等因第一欸清國認明朝鮮確為完全無闕之獨立
自主凡有虧損獨立自主體制即如該國向對清國
所修貢獻典禮等嗣後全行廢絕第二欸清國將管
理下開地方之權併將該地方所有保壘軍器工廠
及一切屬公物件永遠讓與日本第一下開劃界以
內盛京省南部地方從鴨綠江口起溯該江流以抵
三叉子從此向迆北畫一直線抵榆樹底下從此向
正西畫一直線以抵遼河從該線與遼河交會之限
起順該河流而下抵北緯四十一度之線再從遼河
上劃線起順此緯度以抵東經一百二十二度之線
再從北緯四十一度東經一百二十二度兩線交會
之限順此經度以至遼東灣北岸在遼東灣東岸及
黃海北岸屬盛京省諸島嶼第二臺灣全島及所屬
諸島嶼第三澎湖列島散在東經一百十九度起至
一百二十度北緯二十三度起至二十四度之間諸
島嶼第三款本約所載及粘附本約之地圖所劃疆
界俟本約批准交換之後兩國應各選派官員二名
以上為公同劃定疆界委員就地踏勘確定劃界若
遇本約所定疆界于地形或治理所關有礙難不便
等情各該委員等妥為參酌更定從速辦理界務以
期奉委之後限一年竣事但遇各該委員等有所更
定劃界兩國政府未經認准以前應據本約所定劃
界為正第四欸清國約將庫平銀三萬兩交日本國
作為賠償軍費該賠款分為五次交完第一次交一
萬萬兩嗣後每次交五千萬兩第一次應在本約批
准交換後六個月之內交清所余四次應與前次交
付之朝相同或於期前交付又第一次賠欸交清後
未經交完之欸應按年加每百抽五之息第五欸本
約批准交換後限二年之內日本國准清國讓與地
方人民願遷居讓與地方之外者任便變賣所有田
地退去界外但限滿之後尚未遷徒者宜視為日本
國臣民第七欸日本軍隊現駐清國境內者應於本
約批准交換之後三箇月內撤回但須照次款所定
辦理第八欸清國為保明認真實行約內所訂條款

聽允日本軍隊暫行占守下開各處盛京省奉天省
山東省威海衛日本查收本約所定應賠軍費第一
第二兩次之後撤回佔守奉天府軍隊末次賠欵交
完之後撤回佔守威海衛軍隊但通商行船約章未
經批准交換以前日本仍不撤回軍隊所有日本軍
隊暫行占守一切需費應由清國替辦第十款本約
批准交換日起應按兵息戰云科士達擬清總署密
告英俄法三公使現日本已將和局條款出示其最
要者一朝鮮自主二奉天南邊各地臺灣澎湖各島
盡讓與日本三賠兵費庫平銀叄百兆兩查日本所
索兵費過奢無論中國萬不能從使一時勉行應允
必至公私交困所有擬辯善後事宜勢必無力辯且
奉天為滿洲腹地中國萬不能讓日本如不將擬索
兵費大加刪減並將擬索奉天南邊各地一律刪去
和局必不能成兩國惟有苦戰到底以上情節並祈
詳密告知三國公使至日本所擬通商新約詳細節
目一時務乞勿庸告知各國恐見其有利可霑彼等
將協而謀我云云鴻按第六欵雖訂通商條約節目
甚多並添開口岸六處北京沙市湘潭重慶梧州蘇
州杭州七處皆各國多年願望不可得者容即繼電
請先核明代奏詳示鴻陽酉

■明治二十八年四月一日午後發

總署宛　馬關　李鴻章電

日本和約第六款日清兩國所有約章因此次失和
自屬廢絕清國約俟本約批准交換後速派全權大
臣與日本全權大臣會同訂立通商行船章程及陸
路通商章程其兩國新訂約章應以清國與泰西各
國現行約章為本又本約批准交換之日起新訂約
章未經實行之前所有日本政府官吏臣民及商業
工藝行船船隻陸路通商等與清國最為優待之國
禮遇護視一律無異清國約為下開讓與各款從兩
國全權大臣畫押蓋印日起六個月後照辦第一現
清國已開通商口岸之外應准添設下開各處立為
通商口岸以便日本臣民往來僑寓從事商業工業
製作等所有添設口岸均照向開通商口岸或向開
內地鎮市章程一體辦理應得優例及利益等亦當
一律享受一直隸省順天府二湖北省荊州府沙市
三湖南省長沙府湘潭縣四四川省重慶府五廣西
省梧州府六江蘇省蘇州府七浙江省杭州府日

本政府得派領事官於前開各口駐紮第二日本國
得駛入下開各口附搭行客裝運貨物一從湖北宜
昌溯長江以至四川省重慶府二從長江駛進洞庭
湖溯入湘江以於湘潭縣三從廣東省溯西江以至
梧州府四從上海駛進吳淞江及運河以至蘇州府
杭州府日清兩國未經商定行船章程以上開各口
行船務依外國外船隻駛入清國內地水路現行章
程照行第三日本臣民運送清國各口一切貨物隨
辦理運貨之人若貨主之便於進口之時若運進之
後按照貨物原價輸納每百抽二抵代稅所到地地
方勿論政府官員公舉委員私民公司及有何項設
立之名目為何項利益有所課徵抽稅鈔課雜派一
切諸費勿論其根由名目若何均當豁除日本臣民
在清國所購之經工貨件若自生之物一經聲明系
出口以至由口岸運出之時除勿庸輸納抵代稅外
亦照前開所有抽稅鈔課雜派一切諸費均當豁除
又日本船隻裝載清國內地所需經工貨件若自生
之物運販清國通商口岸一經輸納口岸通商稅鈔
除勿庸輸納進出口稅外亦照前開所有抽稅鈔課
雜派一切諸費均當豁除但逐時所訂洋藥進口章
程與此欵所定毫不相涉第四日本臣民在清國內
地購買經工貨件若自生之物或將進口商貨運往
內地之時欲暫行存棧除無庸輸納稅鈔派徵一切
諸費外得暫借棧房存貨清國官員勿得從中干預
第五日本臣民在清國輸納稅鈔及規費可用庫平
銀核算外亦得以日本國官鑄銀元照公定之價輸
納第六日本臣民得在清國任便從事各項工藝製
造又得將各項機器任便裝運進口止交所訂進口
稅日本臣民在清國製造一切貨物其於內地運送
稅內地稅鈔調雜派以及在清國內地沽及寄存棧
房之益即照日本國臣民運進清國之貨物一體辦
理至應享優例豁除亦莫不相同第七清國約博采
專門熟練者之說務速疏黃埔口吳淞沙灘雖在落
潮時亦須足二十幅深永勿任其阻塞若遇上開讓
與各節內有更須訂定章程者應於本款所定通商
行船約章內備細載明云請飭總署迅速酌核應准
應駁之處或擬要密商赫德速覆但令不得告知各
使又第二款本約批准交換後兩國將是時所有俘
虜盡數交還清國約將申日本所還俘虜並不加以虐

待或置於罪戾清國約將認為軍事間諜或被嫌逮繫
之日本臣民即行釋放併約此次交仗之間所有關涉
日本國軍隊之清國臣民悉豫寬貸宜飭有司不得擅
為逮繫云此條似介酌准請代奏鴻陽成

■明治二十八年四月二日正午發 總來

李氏宛 北京總署電

德使初七日來署問候中堂是否全愈次言近接外
部電已電駐日德使會同英俄從事勸解德使已先
于初二日向日本外部言令將條欵即行交出並勸
令不要 1194 〇索條欵令中國為難日本已領會
未便電告中堂云當向稱謝並告以即日電知可覆
電謝之庚午

■明治二十八年四月三日午後發

總署宛 馬關 李鴻章電

魚庚電敬悉連日與科士達商擬複伊陸說帖以賠
費太多讓地太廣通商新章與西國訂約不符委婉
開導駁斥累數千言應於十一四天限內令經方赴
公所面交閱校頃據科士達面稱日外務狀師德理
生來晤與論大略向勸伊陸相護德密稱前伊藤見
鴻傷重馳往廣島求倭主暫行停戰而左右武員不
允伊與力爭始准至約內賠費讓地各節皆由武員
力持伊陸不能強阻空言開導亦屬無益等語看來
此事竟難結局請代奏鴻庚未

■明治二十八年四月四日發

李氏宛 北京總署電

奉旨李鴻章連日密電議欵十條均已閱悉日本要
挾過甚索費奇重索地太廣萬難遷就允許此次伊
藤陸奧同任全權待該大臣情誼不薄該大臣想當
與之盡心聯絡竭力磋磨此事諒匪一二次辦論所
能了來電擬辦駁數千言俟交閱後見其如何答
復再為酌商早美使田貝至總署信云接駐倭使臣
電日本擬請添派李經方為全權大臣隨同李鴻章
與日本商議和約此節於事是否有益伊藤陸奧有
無論及該大臣體察應否如此辦理即日電覆候旨
定奪欽此蒸

■明治二十八年四月四日午後發

總署宛 馬關 李鴻章電

項日外務送來海城野津大將電稱初八專華人特
函知照鞍山站華軍已定約停戰並照公法持白旗
吹喇叭為華人所阻函不能達初二又派青木參謀
乘馬帶葉人持白旗吹喇叭前往知照近鞍山站北
一里遇華軍步兵七名騎三名開槍迎擊中傷所帶
華人一名甚重青木折回是停戰之諭中朝並未送
到請催欽差轉電速辦等情鴻查田莊臺潰退後其
時電報只能到錦州以東石山站計石山站赴鞍山
站專馬繞送須三四日交到望速電催袁世凱專馬
速遞免滋口舌為要鴻蒸申

■明治二十八年四月五日午前發

總署宛 馬關 李鴻章電

蒸電諭旨敬悉伊藤陸奧日前合議時曾論及交情
與公事無涉本系各國通例自鴻受傷後該國上下
禮誼周至不過敷衍外面暫行停戰已算人情至議
約大事必不肯相讓雖與之盡心聯絡恐無甚益昨
請示各欵如何應准駁尚未經分條明晰詳示鴻實
無邊從今日所交說帖不過總統辯駁仍祈將賠欵
割地二端必不能允之數斷酌密示以使相機彌縫
其通商欵內第一第二兩條添開口岸現交說帖聲
明暫緩作覆彼必再四追求可否以沙市重慶杭州
姑亦乞酌示至經方隨辯一節伊藤初六來寓提及
意以鴻傷痛未愈不能至公所會議而伊陸自負職
任之大亦不敢帶來敝寓商議僅令往來傳宜亦非
敵體但於事亦未有實益轉貽象謗鴻故婉卻之茲
既申田貝轉致自應敬候諭旨請代奏鴻真已

■明治二十八年四月十五日午後發

總署宛 馬關 李鴻章電

午前接皓馬電並號電旨敬悉即約伊藤在公所會
商賠欵讓地二端無可商改遵旨即與定約大致照
三月練洽兩電改定各欵而於第六欵通商小節目
酌刪易僅有四條威海衛駐軍一節試其人數曰一
萬餉數曰歲二百萬再四磋磨允兩國各認一半鴻
僅允五十萬伊謂此約批准在煙臺互換限廿日留
軍費始可照允蓋因原約第十欵批准交換日起始
按兵息戰端兵久屯各處恐生事端故急催互換應
否廿二繕清約稿廿三已正畫押萬難久待鴻於畫
押後即登輪回津再將和約原本專員送京敬候批

准請代奏鴻馬亥

■明治二十八年四月十七日發

李氏宛 北京總署電

廿二午後始接廿一亥電不及進呈須俟明早請旨發電計已刻斷不能到前旨既令定約畫押原係一事應由尊處酌辦貴體是否已愈並電複養酉

■明治二十八年四月十七日午後九時發

李氏宛 北京總署電

奉旨李鴻章兩電均悉留軍之費減至五十萬互換

4　李鸿章与总理衙门间其他密电

■七月十二日午後四時三十分 天津發

汪公使宛 李鴻章

總署現與小村議商據稱候政府複英俄法(露佛)美 (米) 德 (獨) 均電飭駐倭使力勸撤兵何如鴻

■七月十二日午後十時十分 東京發

李氏宛 汪公使

頃密探報稱倭以各國出勸已定議撤兵和商雲枬轉署

■七月十四日午前七時三分 天津發

汪公使宛 李氏

倭日逼韓革內政似無撤兵意如何定議祈確示

■七月十五日午前一時五十分 東京發

李氏宛 汪公使

密探複稱刻日大島電以勉辦案款韓已悉遵應否撤兵為請伊藤川上謂我願既遂可即收戈刻撤兵之說本此昨晨俄使又奉國電往商午後複會議陸奧井上輩據自由黨議堅謂韓僅靡從撤兵非計伊藤不敢固爭刻議遂寢云祈轉署

■一千八百九十五年四月四日午後十時十七分

上海發　翌五日馬關着

李鴻章總督　友滬

訪得譚參將有勝前在湘果營以祝由術取槍彈極神效擬請其來伊甘出結包醫不痛友滬會請其為

友人治瘡吸取血塊應手而愈似非妄談求速複

奉旨李鴻章連日密○議欵十條均已閱悉日本要挾過甚索費苛重索地太廣萬難遷就允許此次伊藤陸奧同任全權待該大臣情愛不薄該大臣想當與之盡心聯絡竭力磋磨此事諒匪一二次辦論所能○來電稱擬辦駁數千言俟交閱後見其如何答覆再為酌商○早美使田貝致總署愈云○駐倭使臣電日本擬請添派李經方為全權大臣隨同李鴻章與日本商議和約此節於事是否有益伊藤陸奧有無論及該大臣體○應○如此辦理即日電覆候旨定奪

■四月六日午後 總來

奉旨現在李鴻章傷痛未癒著添派二品頂戴前出使大臣李經方為全權大臣隨同李鴻章與日本派出全權大臣商議和約欽此文 (十二日)

■一千八百九十五年四月六日午後二時臺北發

下關李鴻章總督宛

○○澎戰三日勢孤援阻遂至不守臺防加密敵未來犯軍民心固似可無虞昨忽傳敵力索臺將允其請之說或係謠言而臺民駭慟誓不兩立謹呈近狀以備鈞酌議款如何祈示幸甚○○想已複元○○○○○○

■四月六日午後 李發

昨將駁覆說帖送交伊藤等今午接覆答稱所交說

帖並匪和約底稿逐條覆答之詞亦未將中國所欲允之意說明用兵以後所索之款匪尋常議事同比望即將款能否全數應允或某款不能應允實在說明勿再延緩等語鴻查說帖大意於讓地一節言奉天南邊割地太廣日後萬相安賠費一節言中國財力短絀萬辦不到匪大加刪減不可通商權利一節言子口半稅減為值百抽二並將一切稅鈔豁除與各國定章不符又機器電改造土貨運入內地免稅亦難准行以上已擬要回覆而彼嫌未說明所欲允之意注意仍在讓地賠費兩條實在著落答欲和議速成賠費恐須過一萬〇讓地恐不止臺灣但鴻斷不敢擅允求集思廣益指示遵行停戰期祇賸十餘日事機急迫求代奏請旨示覆為幸鴻文中（十二日午後四時）

■四月七日發

臺北巡撫衙門

密新彼力增台未允惟無確報正在焦慮接電知軍民心固可保無慮慰甚盼甚仍將近情隨時電知議款尚無頭緒傷疤漸痊鴻文戊（十二日）

■秘電 七日夜到

奉旨李鴻章十一日電奏悉據稱現交說帖不過總統辯論請將賠割地必不能允之數斷酌密示等語兩端均關重要即如割地一端奉省乃陪都要地密邇京師根本所關匪取讓臺灣則兵爭所未及之地人心所繫又何忍取棄資敵雖不能悉行拒絕亦應權其利害輕重就該大臣之意決定取捨迅即電覆至於賠費一節萬萬以外已屬拮据彼若不肯讓則力難措辦可將實情告之該國既欲議和諒不致始終固執想必該大臣相機操縱何如至通商一條緩商最妥已由總署棄密餉（赫德）籌酌各國皆未告知至口岸七處重慶沙市梧州可允京師湘潭大有妨礙蘇杭兩處均系內河亦多不便駁則俱駁稅則應仍照各國通例若有減少則各國均霑進項愈絀賠款更難措手此層須先與申說李鴻章日來第祝眠食如何起居能照常否再議覆及欽此元申（十二日午後四時）

奉旨昨據李鴻章十一日電奏已將讓地一條由該

大臣決定取舍電覆需費通商各節應行磋磨之處亦大概諭知矣複據十二日申刻電奏所交說帖但云奉天南邊割地太廣而於台澎如何置辦並未敘及電後又稱讓地恐不止台澎畢竟說帖數千言中及面晤伊藤等時曾否辯論及此電語過於簡略要之南北兩地朝廷視為並重非至不得已極盡駁論而不能得不忍輕論割棄資敵願太奢不能盡拒該大臣務須將何處可允何處萬難照允直將已見詳功敷陳不得退避不言以割地一節歸之中旨該大臣接奉此旨一面將籌定辦法及意中所欲言者切實奏覆一面遣李經方前往先將讓地應以一處為斷賠費應以萬萬為斷與之竭力申說彼信中有某某款不允之語不嫌反復辨駁至停戰期限該大臣傷痛未痊似與之商議展期在我亦屬有辭著李鴻章測量辦理欽此元申（十二日）

奉旨據依克唐阿電稱初七早倭兵三千餘至鞍山站交戰竟日別隊至吉峒峯前接來電云倭於初八專人函告停戰為華軍所阻彼時華軍尚未得戰之信倭軍應先得信何以初七日尚複進兵又據劉坤一電奏內時有倭船遊孌錦州海口天樹廠釣魚臺等處近岸放槍礮並帶小船等語停戰期內不應如是著李鴻章詰問伊藤等飭禁為要欽此元申（十三日午後六時）

■八日總來

第六款通商稅則但云輸納值百抽二抵代稅一切諸費均當豁除等語似盡廢正稅半稅之通例來電僅云子口半稅減為值百抽二恐有誤會昨飭總稅司校計去年各稅關二千余萬若統按值百抽二計算須短征一千萬歲入少此鉅款非特國用頓虧且現籌償款匪指關稅訂借更難指辦彼雖云以西約為本可執此力爭萬不可允至讓地一節如讓奉南則宜多留北地如海城亦不肯讓則西界應至海城為止將牛莊營口及遼之全河統歸中國可保徵稅之利如讓臺澎前澎西各小島坐落必須詳細查考畫分清楚如彼所指經緯度恐有吞若按緯度則南澳汎頭均可混入澎界總以英圖經線一百十九度以東為止便可不至矇混至裝造機房等項尚不關要可酌允元酉正（十三日午後六時）

■四月八日午後 李發

前電甫發伊藤專人請經方到寓密談謂此次停戰由伊力持乃允各武員預兩兵馬軍械齊足必欲分路直攻北京再行議和現期已迫斷難再展經方即將現擬各款大略告知想讓地賠費兩項須俟面議再定伊謂此二款最為緊要尊意欲將奉境全行收回萬辦不到南北兩處拘要割讓僅讓一處亦斷不行該國已用兵費實系太巨所索三萬萬即欲減小能減無幾此我國上下文武熟商而定特據實密告經方與反覆辨駁毫不口嚮將此兩款如何還併切實聲明方可再行會議倘中朝嫌我國開併太大不欲商允則我國當別有辦法時曰甚迫限於明日一回信勿再遲延誤事等語經方只得將原擬約款節略帶回別辦鴻再四籌思時迫事急姑據鄙見將奉天之鳳凰廳安東寬甸岫巖四處邊境割讓海城俟後再說較之伊所劃經緯線界已小大半澎湖既被佔據亦暫允見賠費即遵電諭一萬萬應之明日再將約稿送交看其能否轉圖會議後再詳晰電奏讓北地以海城為止賠費以一萬萬外為止倘彼真不足意始終堅執屈時能否久添乞預密示否則只有罷議而歸停戰展期已絕望請飭各將師及時整備為要請代奏鴻寒酉正（十四日午後六時）

■八日總來

納內暫留兵隊費由華給恐亦不少如能說定償款若干一總在內較妥再赫德言江沙控深二丈若不費無數之銀即不能控如此之深若不控深將引為違約之咎疆我所難未可輕許須與商酌為要元交（十三日午後八時）

■四月八日正午 李發

元申（十三日午後四時）兩電奉旨敬悉據伊藤等專員來稱須先將某款應准駁應逐條切實聲明送交閱校方能約期會議現已據鄙見將原約各款斟酌而將讓地賠費兩款提出別函請訂期會商並將擬駁原約各節詳細回復別備節略一併於今晚送交俟其回信如何方能面議澎湖已失昨接唐撫電敵未來犯軍民心固似可堅守斷不敢輕先割棄已於具備節略中駁論及此但窺倭意仍逐日由廣島運兵出口恐添赴臺將有南北並吞之志旨飭

讓地以一處為斷極是正論自應如此立言不知將來能否辦到倭原圖所畫奉天經緯線度竟連遼陽田莊臺營口均包在內遼陽未失尚易辦駁此外倭兵已據之地彼已設官安民極力爭論未易退讓只可俟會議時察酌妥議似難由我預為決定總之敵所已據處爭回一分是一分其所未據處絲毫斷不放手也賠款一節前說帖今節略內均將力難多措實情告之而伊等十二函覆竟稱中國自家為難之處並不在此次應議之列焂強可知通商一節前後節略均令將稅則照各國一律添口僅先允重慶一處余俟會議時再酌停戰期迫廿日後相機商展若彼不願議和恐難多展姑為嘗試傷痛情形傷口已痊生肉第祝尚可勉支想眠食俱減未能照常若訂期會議當密授機宜令經方代往元酉電遵告知伊藤等但原約未能禁倭船游變海面請代奏鴻寒午（十四日）

■十日夜　總來

奉旨李鴻章十四日午刻電十五午辰刻三電均悉所稱敵所已據處爭回一分是一分所未據處絲毫斷不放鬆李鴻章於此事通籌熟計全局駁論允許皆有實驗與朝廷規畫之處度能深相體會閱之稍慰系懷至請豫示允添之處底難即時懸定仍恐使李鴻章相機應變規其措詞緩急以為迎拒之方彼既垂涎金州臺灣之礦此利尤鉅該大臣現與力爭兩處土地不允固善必不得已或許倭以礦利而土地人民仍歸我有此姑備一說無非為保全境土起見伊藤口稱雖緊為武員所迫觀其避人密語稍似尚可與言總應以中東和齋大局收關母令西國收漁人之利所索條款往返磋磨正為將來不肯爽約永保和局地步令李經方將此意向伊反復開陳勿為無益費詞遂商之止停戰展期仍當以傷痛未痊據情與商陸奧和照鞍山站一事已電謝長順等通飭各營勿得違約生事矣欽此諫（十六日）

■十日夜　李發

伊藤約同會議言停戰期迫即時約款酌減改空丐勿再有改易內開一讓地劃界須鴨綠江口起溯至安平河口又從該處涉鳳凰城及營口畫成折線以南地方所有名城市邑皆包括在界線內並遼東灣東岸及黃海北岸盛京省所屬各島嶼又臺

灣全島及所屬諸島嶼又澎湖列島照英圖東經一百十九度起以至東經一百廿度及北緯廿三度起至百廿四度之間諸島嶼鴻查此劃界寬甸已不在內營口至金州均在界線之內一中國將庫平二萬萬兩賠償日本軍費分八次交清第一第二次各交五千萬在本約批准交換後起第六月交一次其剩款約六年內分仍按十二個月交一次從交款第一次起未經交完之款按年加每抽五之息但中國無論何時可將應賠之款全數幾分交清照算免想一保明認真實行約內所訂條款允日本軍隊暫佔守威海衛又於所訂第一第二次賠款交清通商行航約章批准交換後清國政府商定辦法將通商口岸關稅作為剩款本息之抵押日本充撤回軍隊倘不確定抵押辦法未經交清未次賠款之前日本應不允撤回但通商行船約章未經批准交換以前雖交清賠款仍不撤回軍隊所有日本軍隊佔守一切需費應由中國支解以上三條伊藤聲明此系文武熟商再三校減盡頭辦法請三日內回信兩言而決能准與不能准市鴻與反復辯論兩點鐘伊毫不相讓看其口氣過強複申論營口為通商萬不能讓伊云兵力所得舉國炊爭我亦不能讓鴻云臺灣日兵所未及亦不能讓伊云彼水陸雲集無慮不能得應請早讓賠款二萬萬鴻勸其再減五千萬亦堅不允似此乘勝貪求患不願實非情理所能論伊云三日回信倘不准定即添兵廣島現泊運船六十餘隻各載兵數萬小覷專候此信即日啟行鴻力竭計窮懇速清人日定奪再東文約條約尚未細看大致於通商添口重慶沙市蘇州杭州四處已減三處原約第三條稅則亦自刪去余俟查明縱電望速校酌電複為幸清代奏鴻諫亥

■十一日午時　李發

頃細閱伊藤昨改訂第六款通商除刪去順天湘潭梧州添口外餘四處照舊蘇杭生意久已歸似無甚礙又將原約通商第三條所稱進口出口值百抽二抵代稅概行刪除係因連日辯論通例正半稅不容減改故自行刪去而將第四第五第六原條向前移置其第七條疏浚吳淞江亦刪現約通商共只五條可無甚駁亦原約第八款留軍占守奉天府亦經駁刪僅暫占威海衛一處其留軍需費議在償款內

總算伊仍不允應俟事定試明人數再議再諫電奉旨敬悉金州已據固難爭回彼壓測臺灣甚久似非允以礦利所能了事伊等驕狂太甚屢屢以西人攬利開導毫不為動經方亦無能解說英已坐視未知俄廷意見如何請代奏鴻洽午（十六日午時）

■十一日午後夜發

頃接伊東函稱昨呈所改約款實係既尾盡頭辦法務祈四月內切實回復前交節略所稱中國為難情形我已細看細想故至無可再減之處賠款減三分之一分交款期較長留軍占守減去奉天一處賠償剩款抵押不指地而指關稅不提內地釐稅不提控吳淞此皆貴國易於籌款便於償費又滿洲奉天前索地界設戰事日進一日將來無所底止到時再行議和斷不能奴此便宜等語鴻思所索各款想臺灣倭兵未到即款相讓無理已極斷難輕允伊伊面談語已決絕今又來此函似是美更應如何應交之處伏候速示遵辦諸代奏鴻洽

■四月十二日午前　李發

頃伊藤送閱野津大將十七日海城電云遵照戰法備文與華將派青木參謀往商華將終不承認不得已飭該參謀即回海城但留弭與華將聲明我軍紮守境界最外線為蘇甸城高爐溝長嶺子雪裏站把會寨鞍山站馬家店田莊臺營口等外倘來紀擾即是中國違約請轉告李欽差等語伊謂停戰期迫倘華將再此如悖謬只得布告各國廢停戰約云鴻嘯（十八日）

■一千八百九十五年四月十二日　午前十一時五十分　北京發

下關 李總督宛

嘯電悉華宮不諳西例故不就商停戰之事前已電令前敵各軍在原紮處所專兵不動現又加電諭囑諒不至有違停戰之約希轉告伊藤為要巧（三月十八日）

■一千八百九十五年四月十二日　午後五時　馬關發

上海 沈子梅宛

昨電承忱傷已收口轉邁電悉如仍在滬乞妥為照

料調〇〇即回揚和議棘手成否難知儀嘯（三月十八日）

■一千八百九十五年四月十二日　午後十一時二十分　上海發

下關　李中堂宛

諫電由〇轉來男十三發熱頗重未赴〇頃稍痊已令張士達往接俟到再稟現議棘手可冀成否忱切邁虎代嘯（三月十八日）

■四月十二日午後　總來

奉旨李鴻章十六十七兩日電奏三件均悉日本繼若改定酌減條款難通商各條所爭回者甚為有益想兩大款關係最重賠費已減三分之一若能再與磋磨減少若干更有稍紓財力讓地一節台澎外欲全占奉省減退無幾殊覺過貪前電姑許礦利該大臣慮其不充為今之計或允其割臺之半以近澎臺南之地與之臺北與廈門相對仍歸中國奉天以遼河為三省貿易之路牛莊營口在所必爭著該大臣將以上兩節再與謁力辨論冀可稍益大局伊藤連日詞氣極迫儻事至無可再商應由該大臣一面電聞一面即與定約該大臣接奉此旨更可放心爭論無虞決裂矣欽此嘯

■四月十三日午前　李發

頃接嘯電奉旨敬悉伊藤十七晚送到哀的美敦書詞已決絕無可再商昨雖復函駁論亦置不理即使會晤再行磋磨割臺之半奉省劃界至營口而止牛莊已不在內營口稅利所在各節自當力與辨論皆恐難望轉圓且停戰第六款內稱如期內和議決裂此約亦即中止云若議不合必立決裂察看近日倭人舉動已遣運兵船廿餘艘由馬關出口赴大連灣並令法美觀戰探事人隨隊往前敵其意可知事必至於無可再商恐非一面即與定約不可不得不先奏明鴻效未（十九日午前十一時）

■四月十三日午後　李發

頃派伍廷芳往伊藤外告知總署已電飭前敵將帥勿再違約據伊面稱華軍不諳公法動輒妄為恐不俟停戰期滿已先開伏並催允定和約復信謂廣島已派運兵船三十餘艘出口赴大連灣小松親王等

明日督隊繼進若再商改約款故意遲延即照停戰款內和議決裂此約中止辨法等語是其愈逼愈緊無可再商應否即照伊藤前所改訂條約定約免誤大局乞速請旨電飭遵辨鴻效酉（十九日午後六時）

頃陸奧專員來稱接海城兵官電准遼陽統文稱已接到總署停戰信想鞍山站被日兵佔據系在停戰畫押之後應請退出該統陽現有練三十萬散佈各處一時知照不到恐其生事尋請速退往海城等語陸奧以日兵據鞍山站系未得停戰信前之事斷難退出設再生事關係甚重恐停戰亦成虛文貽累他處鴻謂由砂山站送信至遼陽約在四日不知趕潯及否望速電致依將軍為要再奉署元酉變兩電咸豐十年英法留兵未別給費擬援此例駁之吳淞控沙亦難酌許擬商改正半稅通例斷不容減為值百抽二奉南讓至海城為止恐彼猶不足其窺覦者營口關稅之利金州礦產之多不獨海口險要也至澎湖附近各小島倭圖甚明經緯度亦有界畫不至混入南澳汎頭鴻刪辰

■四月十四日午後　李發

効三電尚未奉覆未初伊藤專員來催以前限定四日回復限期已到立等覆信不得已令經方往伊寓密陳一切先許以臺灣礦利餌之伊以民人不歸節理礦亦無用又遵電旨割之半以近澎臺南之地與之伊謂一島兩國分治後患甚大且我國兵力正厚原冀開拓疆土半臺亦萬不能允又議讓營口稅關磋磨再四伊亦堅拒謂前兩函已說定無可商改此等費辭何益廣島運兵船六十餘艘現裝十萬人已陸續開駛由小松親王等帶往大連灣旅順准兩進攻若不照我前改約款我之權力實系無法禁止務即日會商定訂經方謂鴻傷痛甫愈第祝委頓今日不及往略晤伊謂本不能因爾請託姑候至明日四點鐘面晤定議過期即作罷論事關重大答照允則京師可保否則不堪設想不敢不候電複即行定約電諭想已在途明日午前當到鴻不至失信庶無決裂請代奏鴻哿酉

■四月二十日　午後　總來電

臺灣為兵爭所未及無理強索大拂民心今既無可挽回將來交涉殊多費手希於定約後先與聲說中

國退讓以後祇能將日本未認准百姓內遷及變賣田產兩節曉諭明白倘庶民不服因而生變即與中國無涉此層必須辯論在前免亦他日再生枝節皓（十九日）

■四月十四日　夜到總來電

奉旨李鴻章十九日三電均悉十八日諭各節原冀爭得一分有一分之益如竟無可商改即遵前旨與之定約欽此號（二十日）

■四月十六日　午前　李發

馬兩電悉昨與伊藤商定讓地劃界一節未添營口之遼河以河心為界則東岸彼西岸仍歸我賠款一節未添如從條約批准互換起三年內能全數清還除將已付兩年半利息於應付本銀和還外餘仍全數免息云計似可省息銀一千數百萬想外洋款不易借貸伊藤亦知中國支絀謂外國借債可三四十年分還期長利輕力亦稍紓可備參酌又第五款讓地遷民一節未添臺灣省應於本約批准互換後兩國立即各派大員到臺限於本約互換後兩個月內交接清楚云磋磨再四始元照辦鄙見似宜派唐巡撫就近與日員妥議至臺民願定否曉諭不服恐生事變與華官無涉伊謂交接後責在日官必不怪華唐撫前電有臺民誓不兩立之說務祈密諭未交接以前妥為撫循開導又第六款通商內地租棧一節刪去官員事得干預又納稅用庫平與關平不合日本銀圓難強收此條全刪又日商僅准在通商口岸用機器製造合置聲明至日本連兵船多隻由馬關出口赴臺旅屬實原約雖定於批准互換後停戰未互換前彼此均應按兵不動明日畫押當再商辦經迪請假省親自係未知已定約畫押請飭勿來乞代奏鴻養辰（二十二日午前八時）

■四月十五日　午前到着總理衙門來

二十日酉戌來電悉昨奉旨十九日三電均悉十八日所諭各節原希爭得一分有一分之益如竟無可商改仍遵前旨與之定約欽此以二十日午刻電發想此間必可接到希仍遵旨辦理以免貽誤馬（二十一日）

■四月十五日　總來

停戰廿六日期滿如已定約畫押此後前敵各軍如

何佈置貴大臣應與日使商定辦法本即電複以便知照各營遼守馬

■四月十七日 李發

本日已正齊集公所議定約後彼此前敵各軍如何辦法伊藤等訂明再展停戰廿一日以俟批准互換並於約後別立專款一併畫押蓋印如不批准立行廢止又展至廿一日互換即四月十四日半夜初彼此會同畫押鴻意請旨如定可批准互換必無他虞前敵各軍新募之營似可逐漸抽撤以省餉需而免沿途擠生事伊等諄請何日批准何日派員互換俟鴻到津探明先給電報不必再由田貝轉電並候酌辦擬未刻到輪即行開駛和約原本到大沽口先專員馳呈軍機處核辦再正發電間奉養酉電敬悉事已定押已畫不及候旨頑軀傷已收口想槍子未出筋終率制有華醫奇術來獻擬帶至津試辦到津後即奏請假廿日調界請先代奏鴻漾未（廿三日午後二時）

■十九日午時 李發

頃又據伊藤函稱十七晚送去一信原欲貴大臣知現在確實情形盡頭地步但問允不允而已無可再商事開來函似誤會尚有可商之處率再重言申明十六面遞改定條款實係無可商無可改此打仗後約款與尋常議約不同前照送來節略減改數處因為和局起見若再誤會仍可商改致有決裂其責成非日本之咎更有言者來函所稱各節日本不以為然無庸再行商議等語事至無可再商似只有遵旨即與定約請代奏鴻效午

■四月廿日夜 李發

午前接皓馬電並號電旨敬悉即約伊藤在公所會商賠款讓地二端無可商改遵旨即與定約大致照三月諫洽兩電改定各款而拾第六款通商小節目酌加刪易僅有四條威海衛駐軍一節試其人數日一萬餉數日歲二百萬再四磋磨允兩國各認一半鴻僅允五十萬伊謂此約批准在煙臺互換限廿日留軍費始可照允因原約第十款批准互換日起始安兵息戰兵端屬久各處恐生事端故急催互換應否准行乞速電示遵辦現議廿二繕清約稿廿三已正畫押萬難久持鴻於畫押後即登輪回津再將和約原本專員送京敬候批准請代奏鴻馬（廿日）亥

第四章

清日战争图记

4.1 清国北洋水师战舰

【定远】 装甲炮塔舰（北洋水师旗舰）

[长度]89.5米 [宽度]19.2米 [吃水]5.88米 [排水]7,220吨 [航速]14.5节 [定员]329名 [动力]6,200马力 [兵器]炮30.5cm×2、15.2cm×4、7.5cm×4、机关炮×10、鱼雷管×3

[简历]德国制造，1881动工，1881.12下水，1884竣工，1885.10交付清国北洋水师，担任清国舰队旗舰，为北洋水师提督丁汝昌坐镇旗舰。1894.9.17黄海海战参战，1895.2威海卫刘公岛之役遭受日军鱼雷艇奇袭搁浅沉没。照片是清法战争期间，竣工后的"定远"舰被中立国德国政府暂留制造厂船坞的摄影。

（清国海军军舰旗）

【镇远】装甲炮塔舰

[长度]91.0米

[宽度]18.3米

[吃水]6.3米

[排水]7,314吨

[航速]14.5节

[动力]7,200马力

[武器]炮30.5cm×2、15.2cm×4、机关炮×10、鱼雷管×3

[定员]363名

[简历]德国制造，1881动工，1882.11下水，1885.11竣工交付清国北洋水师。1894.9.17黄海海战参战，1895.2.17被俘编入日本舰队。1904日俄战争参战，1911除籍、担任靶舰，1912出售解体。

【来远】　装甲巡洋舰

[长度] 82.4 米
[宽度] 12.0 米
[吃水] 5.1 米
[排水] 2,900 吨
[航速] 15.5 节
[动力] 4,400 马力
[武器] 炮 21.0cm×1、15cm×2、机关炮 ×8、鱼雷管 ×4
[定员] 270 名
[简历] 德国制造，1885.9 动工，1887.3 下水，1887.12 竣工交付清国北洋水师。1894.9.17 黄海海战参战，1895.2 威海卫之役被日军鱼雷艇击沉。

【济远】　装甲巡洋舰

[长度] 72.9 米
[宽度] 10.4 米
[吃水] 5.18 米
[排水] 2,300 吨
[航速] 15 节
[动力] 2,800 马力
[武器] 炮 21.0cm×1、15cm×1、机关炮 ×11、鱼雷管 ×4
[定员] 202 名
[简历] 德国制造，1883.12.1 下水，1885.11.2 交付清国北洋水师。1894.9.17 黄海海战参战，1895.2.17 威海卫之役被俘，编入日本舰队。1904 日俄战争参战，1905.5.21 除籍。

【平远】　装甲炮舰

[长度] 60.0 米
[宽度] 12.2 米
[吃水] 4.2 米
[排水] 2,150 吨
[航速] 10.5 节
[动力] 2,400 马力
[武器] 炮 26cm×1、15cm×2、机关炮 ×8、鱼雷管 ×4
[定员] 202 名
[简历] 清国福州马尾船政局制造，1866 动工，1888.1 下水，1890.5.28 交付北洋水师。1894.9.17 黄海海战参战，1895.2.17 威海卫之役被俘，编入日本舰队。1904 日俄战争参战，9.18 触雷沉没，1905.5.21 除籍。

【致远】　装甲巡洋舰

[长度] 76.2 米
[宽度] 11.6 米
[吃水] 4.6 米
[排水] 2,300 吨
[航速] 18.5 节
[动力] 5,500 马力
[武器] 炮 21cm×3、15cm×2、机关炮 ×20、鱼雷管 ×4
[定员] 202 名
[简历] 英国制造，1886.9.29 下水，1887.7.23 竣工，1887.11 交付北洋水师。1894.9.17 黄海海战参战，中弹沉没。

【操江】　炮舰

[长度] 47.8 米
[宽度] 8.6 米
[吃水] 3.3 米
[排水] 640 吨
[航速] 9 节
[动力] 400 马力
[武器] 炮 16cm×4
[定员] 91 名
[简历] 清国江南制造总局制造，1869.2 动工，1869.7 竣工交付北洋水师。1894.7.25 丰岛海战被俘，编入日本舰队担任朝鲜水域哨戒。1903.10.26 除籍，编入兵库县港务局检疫船，1965 年解体。

【广丙】　炮舰

[长度] 71.6 米
[宽度] 8.2 米
[吃水] 4.0 米
[排水] 1,000 吨
[航速] 16.5 节
[动力] 2,400 马力
[武器] 炮 12cm×3、8cm×1、机关炮 ×8，鱼雷管 ×4
[定员] 110 名
[简历] 清国福州马尾船政局制造，1887.7.28 动工，1891.4.11 下水，12.18 竣工交付广东水师。1894.9.17 黄海海战参战，1895.2.17 威海卫之役被俘，编入日本舰队。1895.12.21 在澎湖海峡遇风暴沉没。

【镇北】 炮舰

[长度]38.1米
[宽度]8.8米
[吃水]2.9米
[排水]430吨
[航速]10节
[动力]450马力
[武器]炮8cm×1、12磅炮×2、机关炮×4
[定员]54名
[简历]英国制造,1879下水,1881.8.22竣工交付北洋水师。1895.2.17威海卫之役被俘,编入日本舰队,负责国内水域警备杂役。1906.6.8报废,1909.11.20出售。

【镇东】 炮舰

[长度]38.1米
[宽度]8.8米
[吃水]2.9米
[排水]430吨
[航速]10节
[动力]450马力
[武器]炮8cm×1、12磅炮×2、机关炮×4
[定员]54名
[简历]英国制造,1879年下水,1881.8.22竣工交付北洋水师。1895.2.17威海卫之役被俘,编入日本舰队,负责国内警备杂役。1906.6.8报废,1907.1.17出售。

【镇西】 炮舰

[长度]38.1米
[宽度]8.8米
[吃水]2.9米
[排水]430吨
[航速]10节
[动力]450马力
[武器]炮8cm×1、12磅炮×2、机关炮×4
[定员]54名
[简历]英国制造,1879年下水,1881.8.22竣工交付北洋水师。1895.2.17威海卫之役被俘,编入日本舰队,负责国内警备杂役。1908.5.23移交文部省,成为商船学校教练船。

【镇中】 炮舰

[长度]36.6 米

[宽度]8.8 米

[吃水]3.0 米

[排水]440 吨

[航速]10 节

[动力]450 马力

[武器]炮 8cm×1、12 磅炮 ×2、机关炮 ×4

[定员]55 名

[简历]英国制造，1881 下水，1881.8.22 竣工交付北洋水师。1895.2.17 威海卫之役被俘，编入日本舰队。参与 1900 年八国联军出兵，杂役船。1909.11.20 出售。

【镇边】 炮舰

[长度]38.1 米

[宽度]8.8 米

[吃水]2.9 米

[排水]430 吨

[航速]10 节

[动力]450 马力

[武器]炮 8cm×1、12 磅炮 ×2、机关炮 ×4

[定员]54 名

[简历]英国制造，1881 下水，1881.8.22 竣工交付北洋水师。1895.2.17 威海卫之役被俘，编入日本舰队。参与 1900 年八国联军出兵，杂役船。1906.6.30 报废,移交司法省监狱局,用作汽船。

【福龙】 鱼雷艇

[长度]42.8 米

[宽度]5 米

[吃水]2.3 米

[排水]120 吨

[航速]24.2 节

[动力]1,597 马力

[武器]机关炮 ×2、鱼雷管 ×3

[定员]20 名

[简历]德国制造，1886.9.24 交付南洋水师。1894.9.17 黄海海战参战，攻击日舰西京丸未果。1895.2.17 威海卫之役被俘，编入日本舰队。1904 年日俄战争参战,1908.4.1 除籍。

4.2 日本联合舰队战舰

【松岛】　巡洋舰（联合舰队旗舰）

［长度］89.9米　［宽度］15.6米　［吃水］6.4米　［排水］4,278吨　［航速］16节
［定员］360名　［动力］5,400马力　［武器］炮32cm×1、12cm×12、机关炮
×8、鱼雷管×4
［简历］法国制造，1888.2.17动工，1890.1.22下水，1892.4.5竣工交付海军。
1894.9.17黄海海战参战，担任联合舰队旗舰，被清舰镇远击中重伤。修复后参加
大连、旅顺、威海卫、澎湖岛作战。参与了1900年八国联军出兵和1904年日俄战
争。1908.4.30远洋航海归途中，在澎湖岛马公锚地发生弹药库爆炸事故沉没，现
地除籍解体。

（日本海军军舰旗）

【桥立】　巡洋舰

［长度］89.9米

［宽度］15.6米

［吃水］6.4米

［排水］4,278吨

［航速］16节

［动力］5,400马力

［武器］炮32cm×1、12cm×11、
机关炮×6

［定员］360名

［简历］日本横须贺造船部制造，1888.
8.6动工，1891.3.24下水，1894.6.26
竣工交付海军。参加日清战争、日俄
战争。1922.4.1编入海军陆战队杂役
船、练习船。1925.12.25报废、出售、
解体。

【严岛】　巡洋舰

[长度] 89.9 米
[宽度] 15.6 米
[吃水] 6.4 米
[排水] 4,217 吨
[航速] 16 节
[动力] 5,400 马力
[武器] 炮 32cm×1、12cm×11、机关炮 ×5
[定员] 360 名
[简历] 法国制造，1888.1.7 动工，1889.7.18 下水，1891.9.3 竣工，1892.5.21 交付日本海军。参与日清战争、八国联军出兵、日俄战争。1919 编为杂役舰、潜水母舰、潜水学校校舍。1925 年报废、除籍、出售、解体。

【吉野】　巡洋舰

[长度] 109.7 米
[宽度] 14.2 米
[吃水] 5.18 米
[排水] 4,216 吨
[航速] 23 节
[动力] 15,900 马力
[武器] 炮 15.0cm×4、12cm×8、机关炮 ×22、鱼雷管 ×5
[定员] 360 名
[简历] 英国制造，1892.3.1 动工，1892.12.20 下水，1893.9.30 竣工，1894.3.6 交付日本海军。参加了日清战争、八国联军出兵、日俄战争。1904.5.15 在山东海域雾中和友舰相撞沉没，1905.5.21 除籍。

【筑紫】　巡洋舰

[长度] 64.0 米
[宽度] 9.7 米
[吃水] 4.1 米
[排水] 1,350 吨
[航速] 16.4 节
[动力] 2,887 马力
[武器] 炮 25.4cm×2、12cm×4、机关炮 ×1、鱼雷管 ×2
[定员] 177 名
[简历] 英国制造，通过智利国二手购入。1879 动工，1880.8.11 下水，1882.8 竣工，1883.6.16 购入，9.19 交付海军。参加了日清战争、八国联军出兵、日俄战争。1906.5.25 除籍，编入杂役船，1908.11.24 报废、出售。

【浪速】 巡洋舰

[长度] 91.4 米
[宽度] 14.1 米
[吃水] 5.6 米
[排水] 3,709 吨
[航速] 18 节
[动力] 7,604 马力
[武器] 炮 26cm×2、15cm×6、机关炮 ×6、鱼雷管 ×4
[定员] 325 名
[简历] 英国制造,1884.3.22 动工,1885.3.18 下水,1886.2.15 竣工,1886.6.26 交付日本海军。参加了日清战争、美西战争、八国联军出兵、日俄战争。1912.6.26 在北千岛物资运输途中触礁,7.18 沉没,8.5 除籍。

【高千穗】 巡洋舰

[长度] 91.4 米
[宽度] 14.1 米
[吃水] 5.6 米
[排水] 3,709 吨
[航速] 18 节
[动力] 7,604 马力
[武器] 炮 26cm×4、15cm×6、机关炮 ×6、鱼雷管 ×4
[定员] 325 名
[简历] 英国制造,1884.3.22 动工,1885.5.16 下水,1886.4 竣工,1886.7.3 交付日本海军。参加了日清战争、美西战争、八国联军出兵、日俄战争、青岛作战。1915.10.17 胶州湾遭德军鱼雷艇鱼雷攻击沉没,10.29 除籍。

【秋津洲】 巡洋舰

[长度] 91.8 米
[宽度] 13.1 米
[吃水] 5.3 米
[排水] 3,150 吨
[航速] 19 节
[动力] 8,400 马力
[武器] 炮 15.2cm×4、12cm×6、机关炮 ×8、鱼雷管 ×4
[定员] 330 名
[简历] 日本横须贺造船部制造,1890.3.15 动工,1892.7.7 下水,1894.3.31 竣工交付日本海军。参加了日清战争、美西战争、八国联军出兵、日俄战争、青岛作战。1921.4.30 编入潜水母舰、特务艇。1927.1.10 除籍、7.29 出售、解体。

【千代田】 巡洋舰

［长度］92.0 米

［宽度］13.0 米

［吃水］4.2 米

［排水］2,439 吨

［航速］19 节

［动力］5,678 马力

［武器］炮 12cm×10、机关炮 ×14、鱼雷管 ×3

［定员］350 名

［简历］英国制造，1888 年动工，1890.6.3 下水，1891.1.1 竣工，1891.4.11 交付海军。参加了日清战争、米西战争、八国联军出兵、日俄战争、青岛作战。1924.12.1 编入杂役船、练习船。1927.2.28 报废、除籍。

【高雄】 巡洋舰

［长度］69.9 米

［宽度］10.4 米

［吃水］3.9 米

［排水］1,774 吨

［航速］15 节

［动力］2,300 马力

［武器］炮 15cm×4、12cm×1、机关炮 ×1，鱼雷管 ×2

［定员］226 名

［简历］日本横须贺造船部制造，1886 年动工，1888.10.15 下水，1889.11.16 竣工，1890.8.23 交付海军。参加了日清战争、八国联军出兵、日俄战争。1911.4.1 除籍，1912.3.27 出售。

【扶桑】 装甲海防舰

［长度］67.0 米

［宽度］14.6 米

［吃水］5.4 米

［排水］3,777 吨

［航速］13.0 节

［动力］3,500 马力

［武器］炮 24cm×4、17cm×4、鱼雷管 ×2

［定员］204 名

［简历］英国制造，1875.9.24 动工，1877.4.17 下水，1878.1.11 竣工，1878.6.11 交付海军。参加了日清战争、日俄战争。1908.4.1 除籍，1909 年出售，1910 年解体。

【爱宕】 炮舰

[长度] 47.0 米
[宽度] 8.2 米
[吃水] 2.95 米
[排水] 614 吨
[航速] 11 节
[动力] 950 马力
[武器] 炮 21cm×1、12cm×1、机关炮 ×1
[定员] 103 名
[简历] 日本横须贺造船所制造，1886.7.17 动工，1887.6.18 下水，1889.3.2 竣工，1890.8.23 交付海军。参加了日清战争、八国联军出兵、日俄战争。1904.11.6 在日俄战争旅顺湾作战中触礁沉没,1905.6.15 除籍。

【赤城】 炮舰

[长度] 47.0 米
[宽度] 8.2 米
[吃水] 2.95 米
[排水] 614 吨
[航速] 10 节
[动力] 950 马力
[武器] 炮 12cm×4、机关炮 ×6
[定员] 126 名
[简历] 日本吴造船部小野浜工厂制造，1886.7.20 动工，1888.8.7 下水，1890.8.20 竣 工，1890.8.23 交 付海军。参加了日清战争、八国联军出兵、日俄战争。1911.4.1 除籍、出售。1921 年用于货物运输，1953 年在大阪解体。

【八重山】 通报舰

[长度] 96.0 米
[宽度] 10.2 米
[吃水] 4.0 米
[排水] 1,609 吨
[航速] 20 节
[动力] 5,400 马力
[武器] 炮 12cm×3、机关炮 ×8、鱼雷管 ×2
[定员] 126 名
[简历] 日本横须贺造船厂制造，1887.6.7 动工，1889.3.12 下水，1890.3.15 竣工，1890.8.23 交付海军。参加了日清战争、八国联军出兵、日俄战争。1911.4.1 除籍，1912.3.23 出售。

【比叡】　护卫舰

[长度] 70.4 米

[宽度] 12.5 米

[吃水] 5.3 米

[排水] 2,250 吨

[航速] 13.0 节

[动力] 2,270 马力

[武器] 炮 17cm×3、15cm×6、机关炮×2、鱼雷管×1

[定员] 300 名

[简历] 英国制造，1875.9.24 动工，1877.6.11 下水，1878.2.25 竣工，1878.5.22 交付日本海军。参加了朝鲜京城事变、日清战争、日俄战争，负责海图测量。1909.7.20 除籍、出售、解体。

【大和】　单帆炮舰

[长度] 62.7 米

[宽度] 10.6 米

[吃水] 4.6 米

[排水] 1,480 吨

[航速] 13.0 节

[动力] 1,600 马力

[武器] 炮 17cm×2、12cm×5、机关炮×1

[定员] 229 名

[简历] 日本小野浜造船所制造，1883.11.23 动工，1885.5.1 下水，1887.11.16 竣工交付海军。参加日清战争、日俄战争，主役特务舰、测量舰。1935.4.1 除籍，移交司法省少年刑务所，作为练习船。1950 年解体。

【天城】　单帆炮舰

[长度] 64.3 米

[宽度] 9.1 米

[吃水] 4.0 米

[排水] 936 吨

[航速] 11.5 节

[动力] 720 马力

[武器] 炮 17cm×1、12cm×1、12cm×1、8cm×3

[定员] 148 名

[简历] 日本横须贺造船所制造，1875.9.9 动工，1877.3.13 下水，1878.4.4 竣工交付海军。参加日清战争、日俄战争。1905.6.14 除籍，编入杂役船、练习船。1908.11.24 报废、出售。

【武藏】 单帆炮舰

[长度]62.7 米
[宽度]10.6 米
[吃水]4.6 米
[排水]1,480 吨
[航速]13.0 节
[动力]1,600 马力
[武器]炮 17cm×2、12cm×5、机关炮 ×1
[定员]230 名
[简历]日本横须贺造船所制造，1884.10.1 动工，1886.3.30 下水，1888.2.9 竣工交付海军。参加日清战争、日俄战争。主役特务舰、测量舰。1928.4.1 除籍，7.6 报废，10.3 移交司法省少年刑务所。

【西京丸】 邮船巡洋舰

[长度]97.7 米
[宽度]12.5 米
[吃水]8.9 米
[排水]2,913 吨
[航速]12.0 节
[动力]397 马力
[武器]炮 12cm×1、机关炮 ×3
[定员]208 名
[简历]英国制造，1888 年下水，日本邮船会社所属客船，日清战争爆发被海军征用，改装成巡洋舰参战。船体系商船构造，装甲、武装、速度贫弱。黄海海战中负伤，遭清国鱼雷艇攻击，幸免脱逃。1921.5.7 出售，1927 年解体。

【鱼雷艇】 Creusot 型

[长度]33.7 米
[宽度]3.35 米
[吃水]0.87 米
[排水]54 吨
[航速]20 节
[动力]525 马力
[武器]机关炮 ×1、鱼雷管 ×2
[定员]20 名
[简历]日本小野浜造船所自行组装法国 Creusot 公司制造的鱼雷艇。日清战争期间，舰队拥有同类型艇 19 艘。威海卫刘公岛奇袭战中，第 5 号、6 号、9 号艇鱼雷攻击"定远"舰成功。6 号艇长铃木贯太郎，1924 年升任联合舰队司令长官，1945 年日本第 42 任内阁总理大臣。

4.3 黄海海战图记

4.3.01　黄海海战的历史镜头，照片左侧是清国舰队煤烟航迹，中右侧是日本联合舰队战舰。

联合舰队海战报告（1）

◀ 清国战舰　◀ 清国旗舰　◀ 清国鱼雷艇
◁ 日本战舰　◁ 日本旗舰

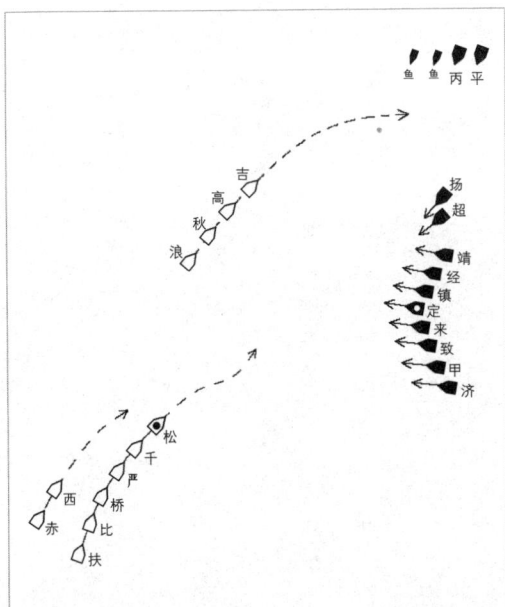

1–1　中午十二时五十分，敌舰队鳞次横阵队形迎面接近我舰，定远舰先行开炮。吉野率第一游击队向扬威右翼迂回，松岛距敌三千米时向敌舰开炮，其他诸舰随即迎战。

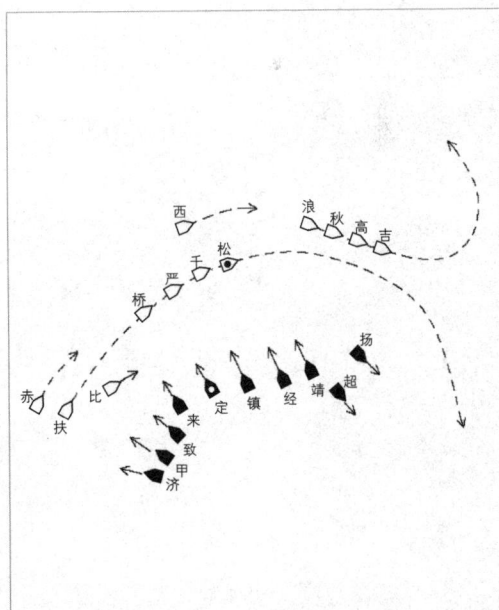

1–2　下午一时八分敌超勇舰中弹。一时十五分，敌舰扬威、超勇中弹起火脱离队形。我第一游击队及本队各舰被弹重轻伤。午后一时二十五分，赤城坂元舰长战死。

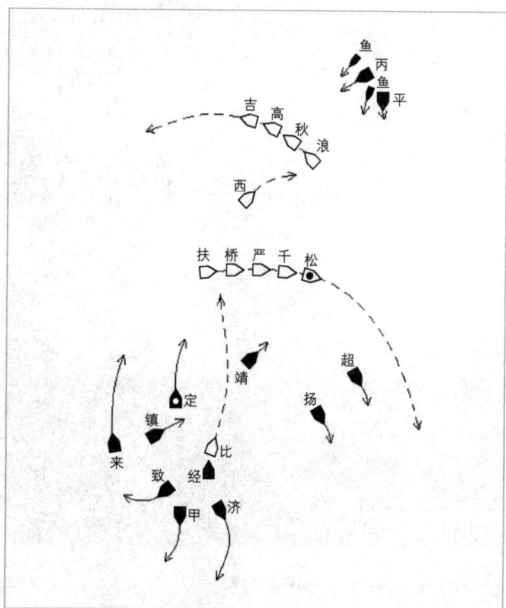

1-3 下午一时三十分敌舰超勇沉没。我舰比叡在敌重围中苦战，此时敌平远、广丙、鱼雷艇压向我第一游击队。敌舰扬威负伤脱离战场，独自朝北方遁去。

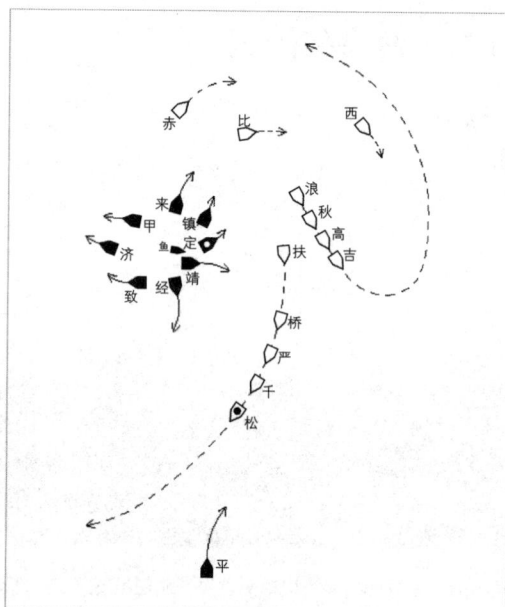

1-4 下午一时四十分，比叡奋力脱出敌舰包围向赤城靠拢。第一游击队观察到孤单无缘的西京丸发出的求救信号，立即左满舵大弧形向西京丸方向绕去。

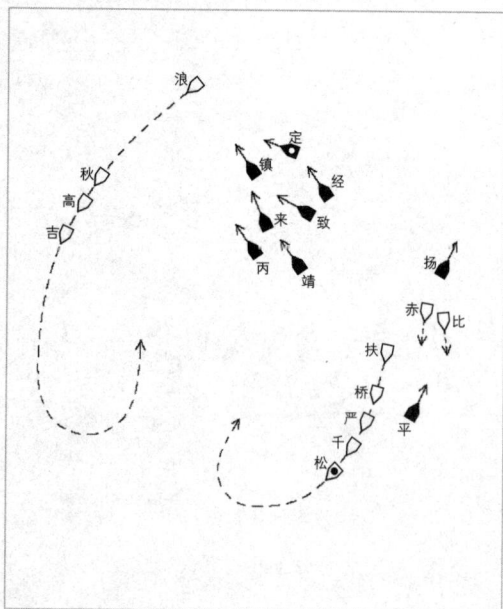

1-5 下午二时三十五分，比叡、赤城脱出敌舰追击。我舰队夹击下，数艘敌舰被弹起火。西京丸远离舰队序列，遭敌舰平远、广丙、鱼雷艇围攻击，桦山资纪幸免厄运。

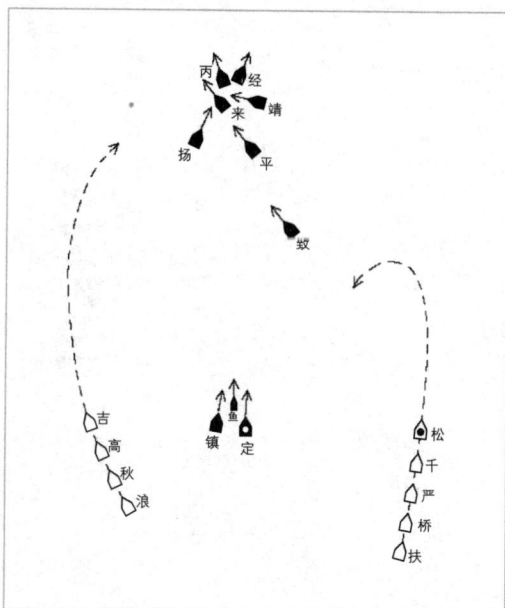

1-6 下午三时三十分，敌舰致远受重创沉没，清舰队阵形大乱，济远先行逃跑，其他敌舰也遁走，吉野率第一游击队穷追不舍。此时松岛旗舰距定远舰约两千米。

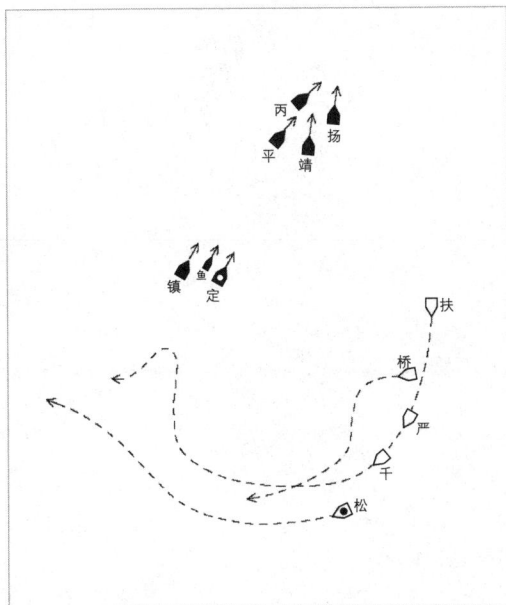

1–7 下午四时七分，松岛舰被弹舰体大破，紧急升起"不管旗"，通知本队诸舰各自为战，全力攻击敌主力舰定远、镇远。桥立舰从队形中脱离，欲替补负伤的旗舰。

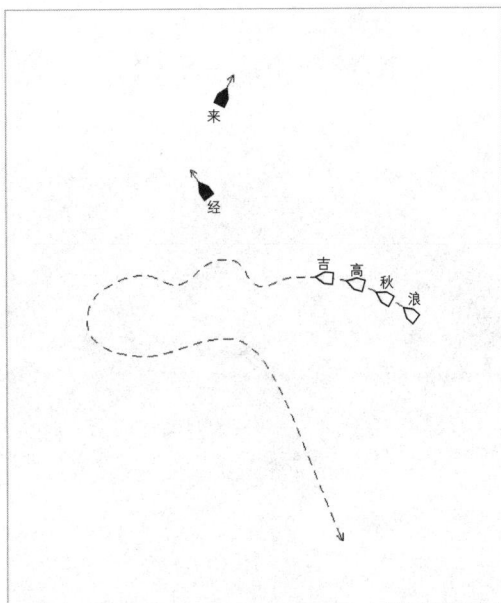

1–8 下午五时二十九分，第一游击队击沉敌舰经远，吉野继续追击逃敌。敌舰定远与本队逐渐拉开距离，退出战场。松岛发出命令旗，召回远离舰队的第一游击队。

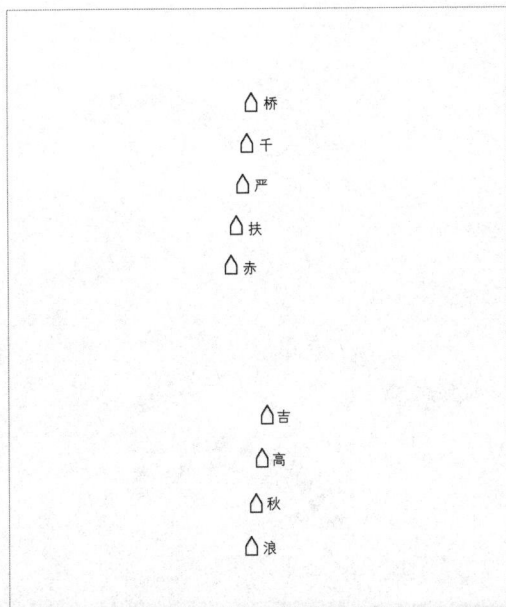

1–9 晚八时，联合舰队旗舰由松岛舰移向桥立舰，舰队序列恢复，回航本国吴军港方向。战斗尚未完全结束时，负伤的西京丸在比叡舰护送下向大同江方向遁去。

4.3.02 日本圣德纪念画馆大壁画"日清役黄海海战"。下方舰船是悬挂北洋水师黄龙旗的清舰，正在向日舰发炮。日舰比叡盲目闯入清国舰队包围之中，遭到清舰围攻。

联合舰队海战报告（2）

4.3.03 北洋水师旗舰定远成为日舰的主攻目标。下午三时定远首无装甲部中弹，舰舱起火，海水涌入。危机中，致远舰赶来救援，护卫定远与敌舰对抗，直至中弹沉没。

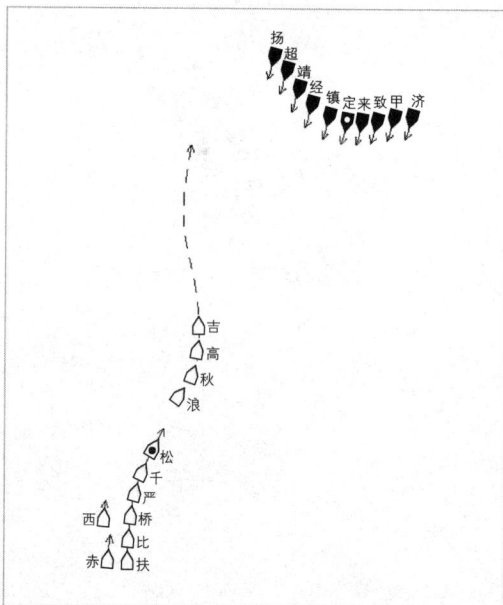

2-1 中午十二时五十分，敌舰队横阵队形接近我舰，我舰采用单纵阵队形向敌舰左侧横切过去。旗舰定远相距约六千米先行向我开炮，其他诸舰亦相继开炮。

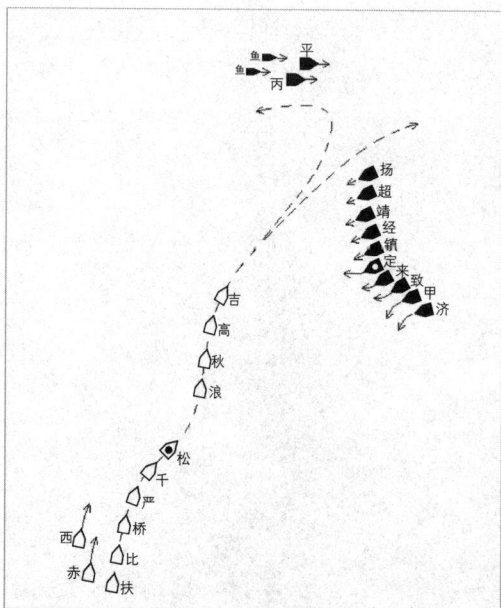

2-2 我舰高速突击静默忍受敌弹密集攻击，吉野在接近敌舰靖远三千米最佳射击位置时开炮应战，诸舰一势向敌舰发起炮击。此时松岛的针路在北东二分一位置。

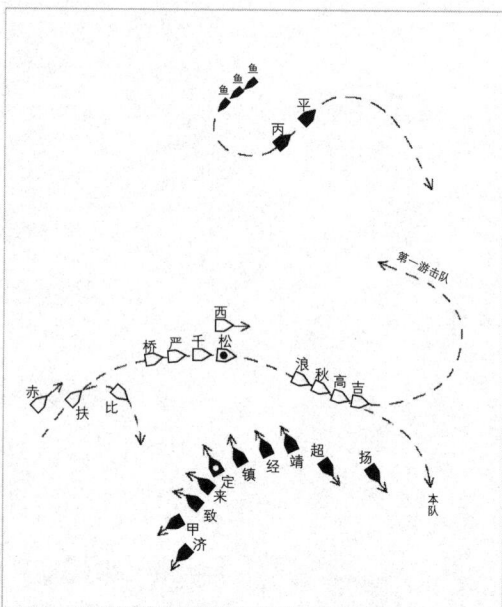

2-3 吉野和超勇相距一千六百米距离，超勇舰要害机关部中弹起火。来远向比叡和桥立之间突进，比叡转向迎敌。松岛的针路位丁东方，桥立和定远相距三千米。

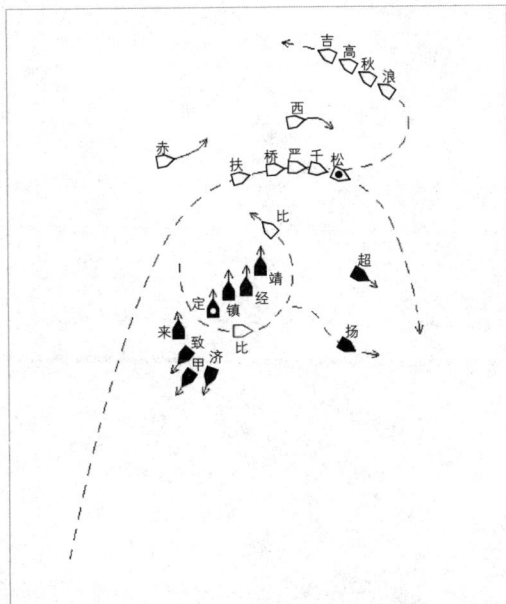

2-4 比叡闯入敌舰队，左舷中敌三十厘米炮弹，死伤惨重、舰体起火。比叡的穿插支离了敌舰队形，清舰队形混乱。负伤超勇运行不畅，扬威带伤脱离战场奋力遁逃。

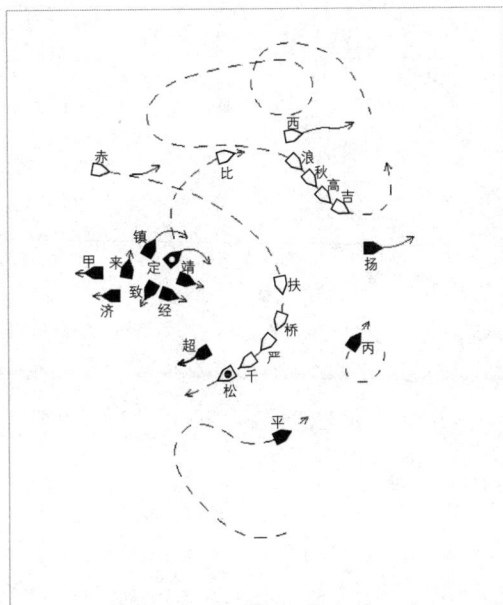

2-5 平远、广丙从大鹿岛附近冲出攻击本队，清国造平远小舰炮弹击中松岛船舱爆炸。平远被弹发生火灾与广丙遁逃。赤城舰陷入敌舰围攻，西京丸处于孤立境地。

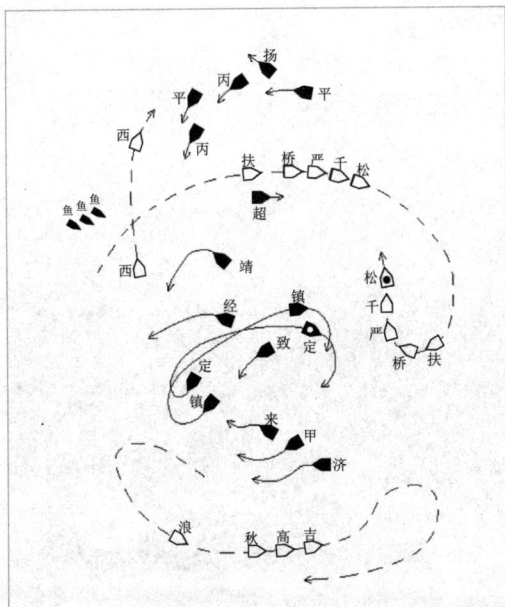

2-6 下午三时二十五分，镇远舰三十厘米炮弹命中松岛主炮，损害惨重。松岛针路为正南指向。西京丸受敌鱼雷攻击未遂，又遭两艘敌舰炮击，十余水兵战死。

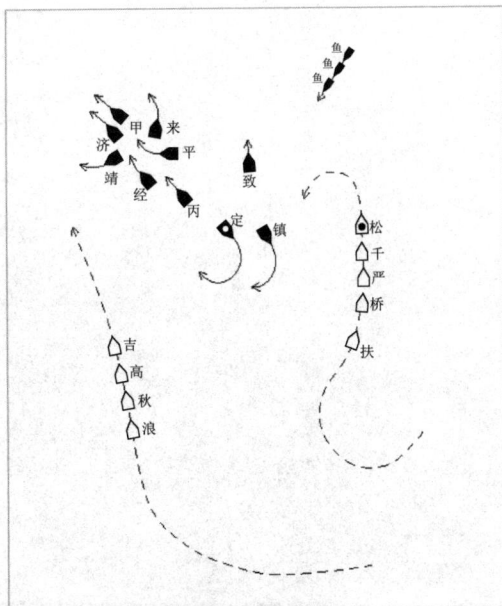

2-7 下午三时四十七分，致远舰中弹倾斜沉没，其他敌舰带伤逃走，定远、镇远陷入孤立困境。吉野舰继续追赶遁逃敌舰。四时五分重伤的松岛舰令各自为战。

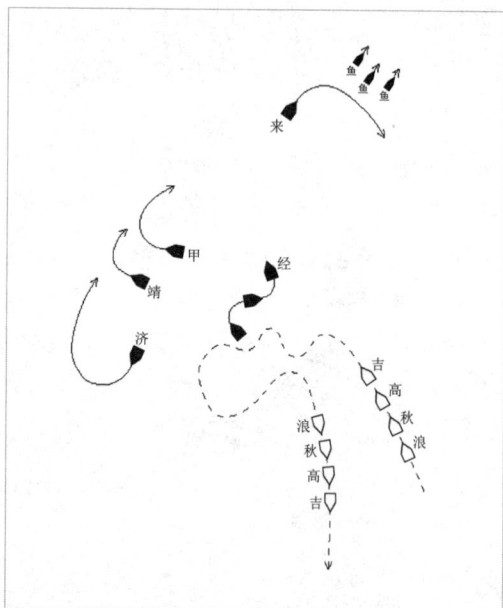

2-8 吉野在距敌两千五百米距离击中经远，下午四时三十分经远舰沉没。吉野舰继续追击至天色渐暗，接到本队回归旗命令，于下午五时三十分放弃追击返航。

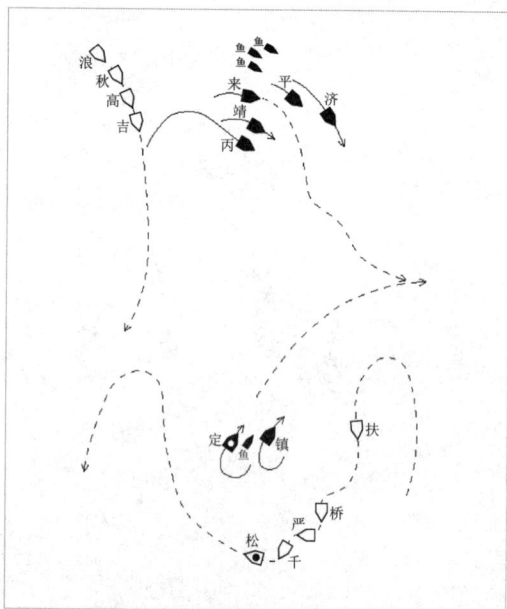

2-9 下午四时二十五分，松岛被弹，大炮故障，再次发出随意作战命令。本队各舰仍然紧随旗舰航迹。定远、镇远且战且退，退出战场。本队无意恋战，亦从战场退出。

4.3.04 北洋水师受到重创，受朝廷命令加紧修复伤舰，旅顺船坞内修复工作夜以继日。据外国记者素描画所见，定远舰被弹累累，大吊车正在为受损部更换零件。

4.3.05 联合舰队松岛旗舰受到重创，图为停泊在国内港湾内的松岛号，舰体前部左舷黑色部分，是命中镇远舰30厘米炮弹造成的贯穿性弹孔。

联合舰队海战报告（3）

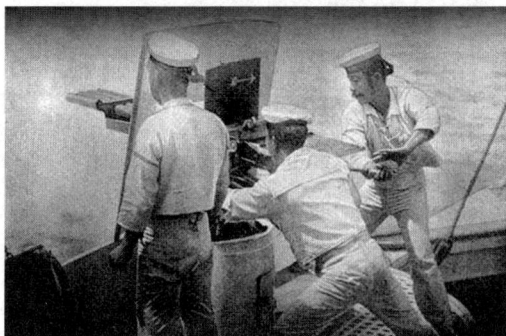

4.3.06 清日海军战舰都装备有37毫米5管手摇速射炮，近距离具有密集猛烈火力。主炮手瞄准射击，右侧炮手摇动射击驱动柄，左炮手为主炮手矫正射击精度。

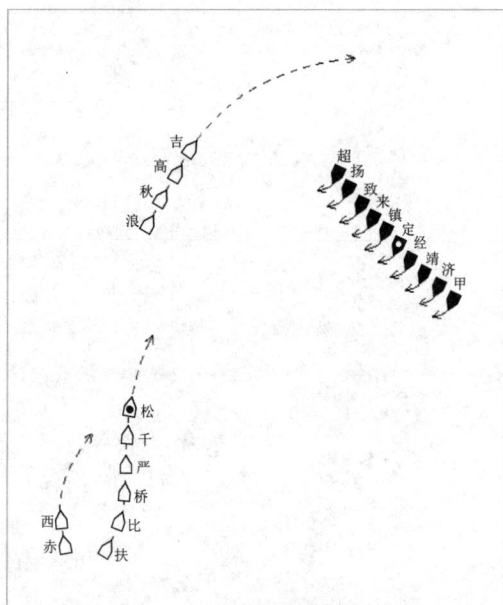

3-1 中午十二时五十分，第一游击队距敌约六千米，敌舰定远先行炮击，其他诸舰亦先后开炮。第一游击队加大速度以单纵阵形向敌舰侧翼横切扑去。

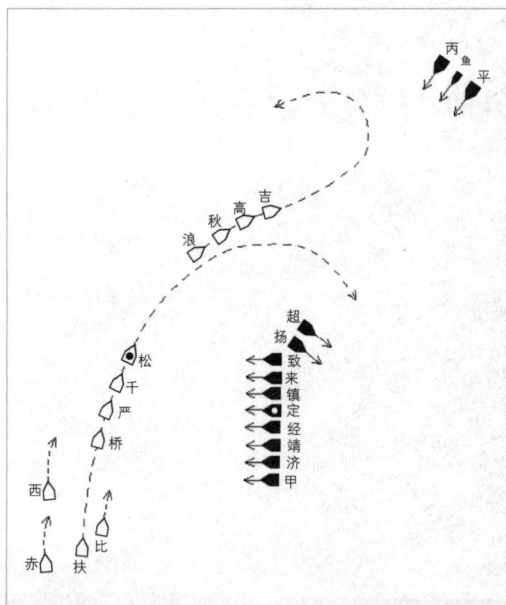

3-2 第一游击队距敌约三千米，用侧舷速射炮向敌舰攻击，超勇被弹起火，脱离舰队阵列逃走。比叡、赤城、扶桑速度缓慢滞后于本队，成为清国舰队攻击目标。

3-3 清国舰队初期攻势凶猛，一发榴霰弹在比叡舱内爆炸，十九名水手死伤。严岛舰的后部水线附近轮机舱被炸，桥立舰主炮塔被摧毁。

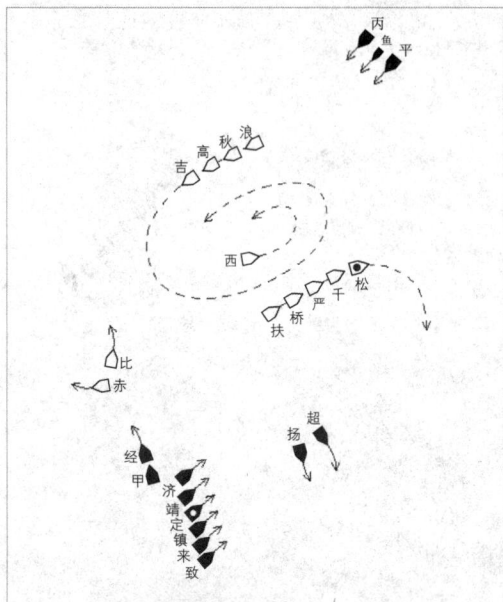

3-4 敌舰队依靠舰首炮火猛烈轰击我舰，清国北洋水师战舰火力一时占上风。此时经远、广甲脱离舰队作战阵形，企图拦截滞后的比叡、赤城。

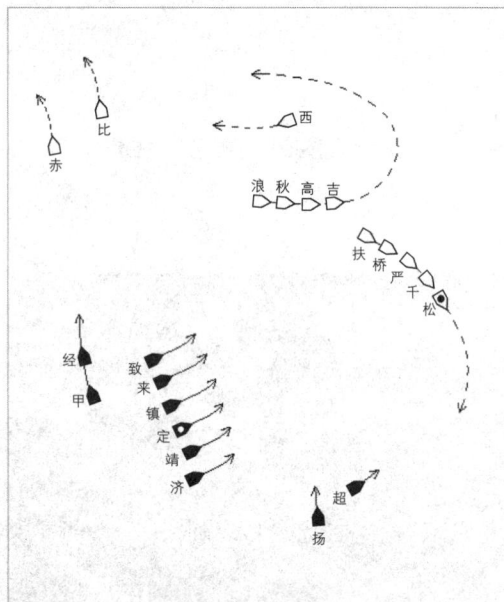

3-5 第一游击队接到松岛旗舰挂出的信号旗，命令吉野攻击企图拦截比叡、赤城的经远、广甲舰。远处的超勇舰伤势严重，完全丧失了作战能力，正在沉没。

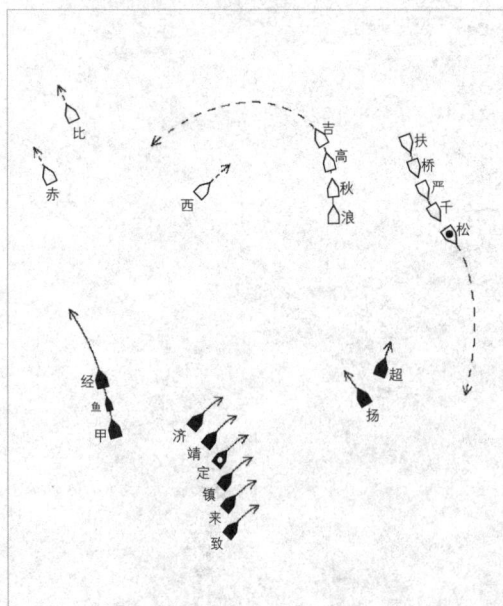

3-6 下午二时二十分，第一游击队看到西京丸挂出比叡、赤城危险的信号旗，左转十六点变换方向，高速向赤城驶去，发现一艘鱼雷艇隐藏在经远、广甲舰之间。

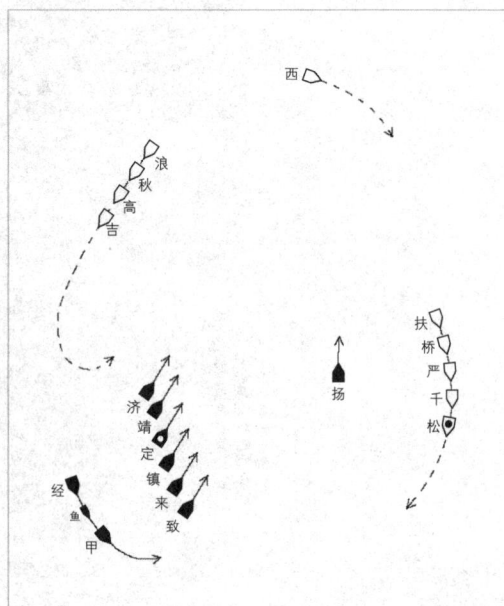

3-7 敌舰广甲、经远以单纵队形尾追比叡、赤城，两舰逐渐远离本队。主战场上第一游击队和本队形成夹击态势攻击敌舰队主力，扬威重伤，奋力驶向小鹿岛方向。

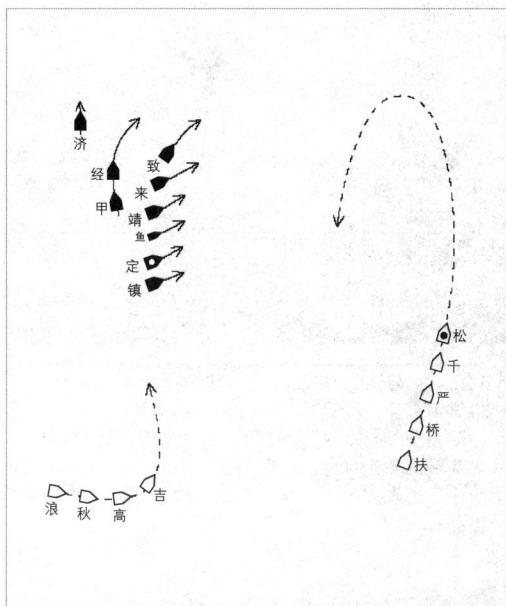

3-8　高千穗右舷后部中弹起火、秋津洲右舷速射炮被炸毁、浪速舰首水线带破损进水。第一游击队和本队形成合围敌主力之势，敌济远舰遁逃，来远、致远火灾。

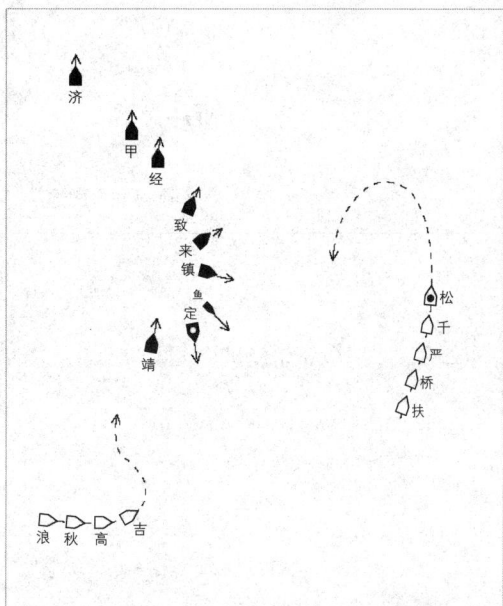

3-9　第一游击队右八点方向变换，以十二海里速度与本队呈直角前进，我舰速射炮有效压制了清舰右翼火力。下午三时十分，定远前部中弹起火，致远右舷倾斜沉没。

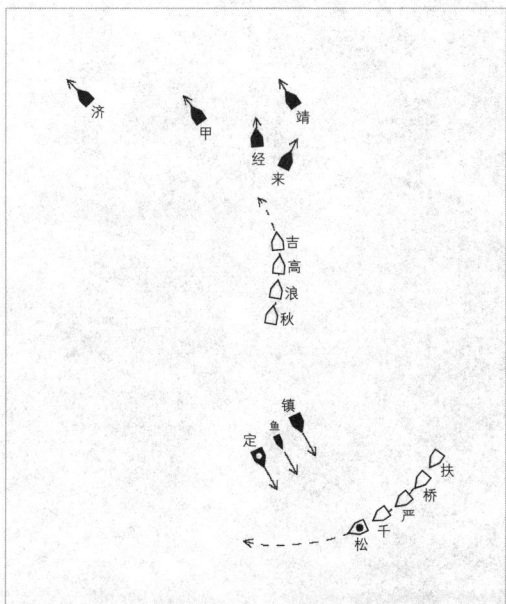

3-10　第一游击队追击逃往大连方向的敌舰，战场仅剩下定远、镇远和鱼雷艇与本队激战。此时平远、广丙在大鹿岛附近攻击远离战场的西京丸、比叡、赤城舰。

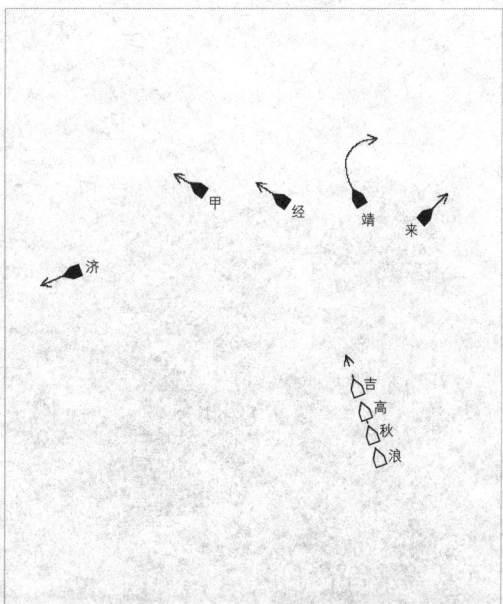

3-11　第一游击队加速追击遁逃敌舰，集中炮击经远。靖远、来远回转舰首，加速向大鹿岛方向逃去。本队战场激战胶着，定远、镇远不负盛名，坚甲顽垒无法击沉。

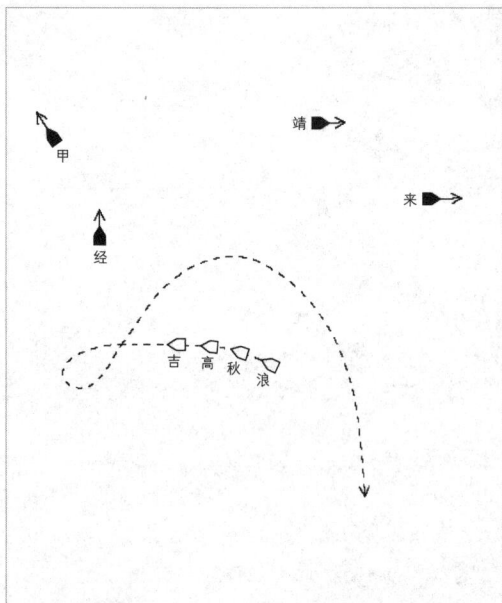

3-12 下午五时三十分，敌舰经远左舷倾倒沉没，第一游击队继续追击来远、靖远。五时四十五分松岛挂出归队信号旗，吉野放弃追击回航，六时三十分与本队汇合。

4.3.07 联合舰队的战舰，在侧舷列装多门速射炮，大胆尝试海战史上少见的单纵阵形，运用侧舷速射炮密集火力攻击清舰。单纵阵形的弱点是会大面积暴露舰体，增大敌舰的攻击目标。吉野舰在三小时海战中，发射炮弹一千二百发，接近北洋水师主力战舰平均发射密度的五倍。

4.3.08 黄海海战受重创的战舰赤城号，9月21日返回长崎港修理。赤城舰的主帆桅被敌弹炸断，大烟囱留下弹伤痕迹，战斗中舰长阪元战死。

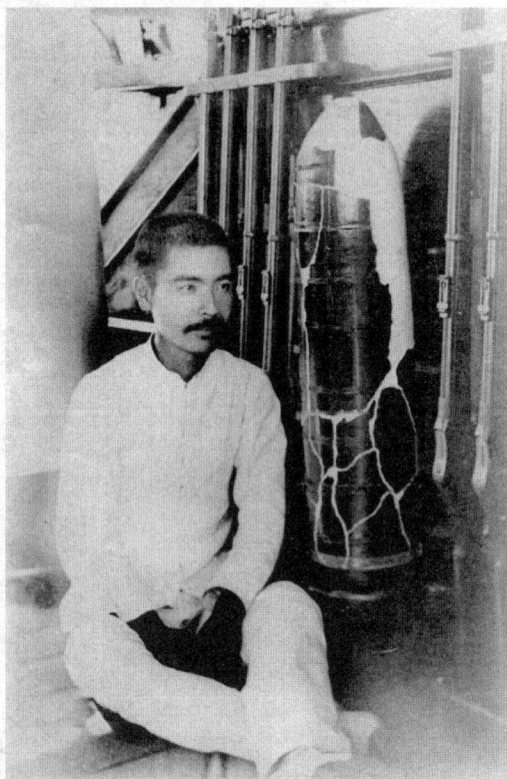

4.3.09 清舰一发21厘米炮弹，命中"浪速"舰煤库爆炸。战后，水兵将炮弹爆炸碎片收集粘合，再现了清舰炮弹模样。

4.4 日清战争随军申请愿

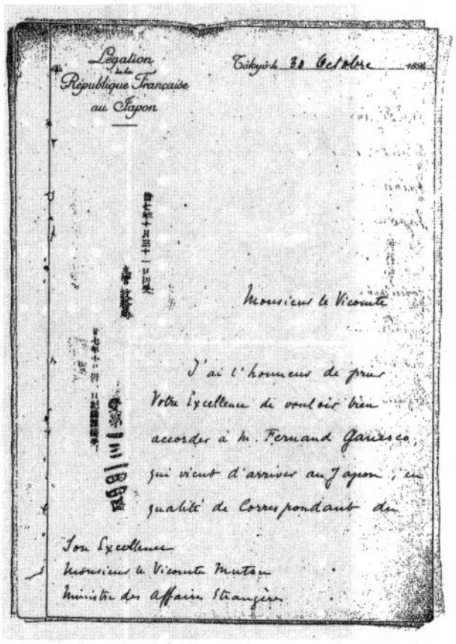
Légation de la République Française au Japon

法国新闻社记者随军申请愿

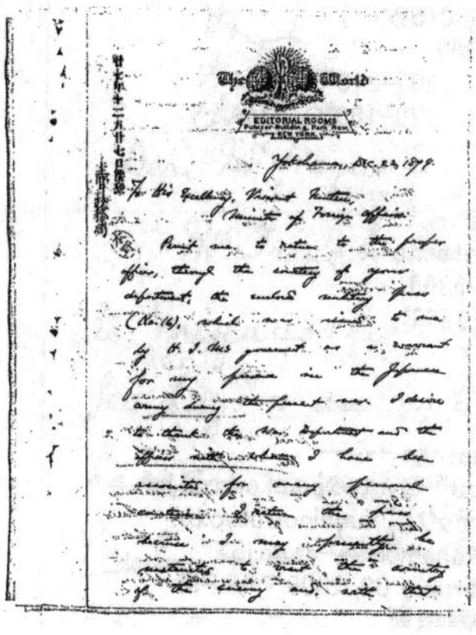

美国新闻社记者随军申请愿

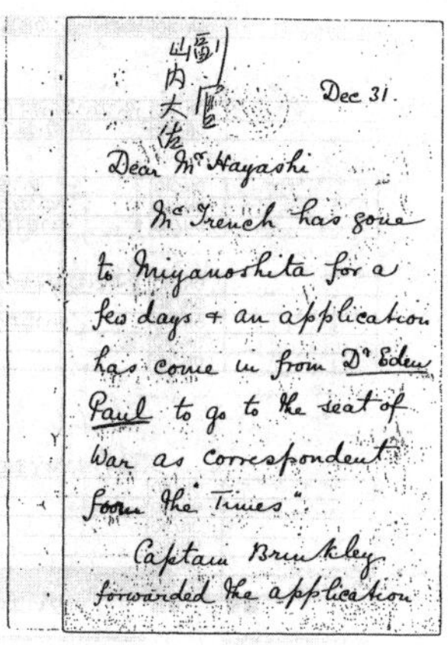
Dec 31.

Dear Mr Hayashi

Mr French has gone to Miyanoshita for a few days & an application has come in from Dr Eden Paul to go to the seat of War as correspondent from the "Times".

Captain Brinkley forwarded the application

英国新闻社记者随军申请愿

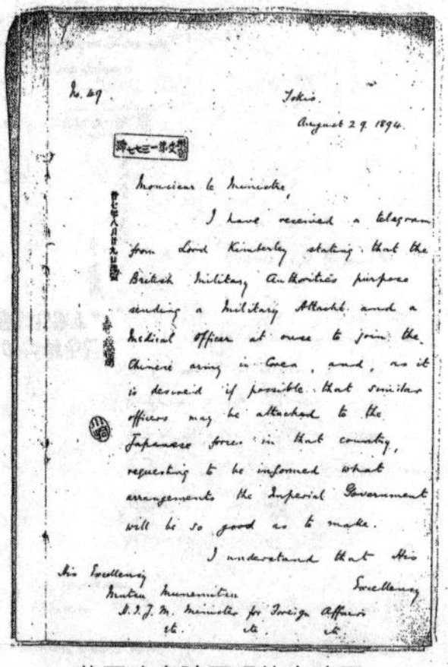

英国武官随军观战申请愿

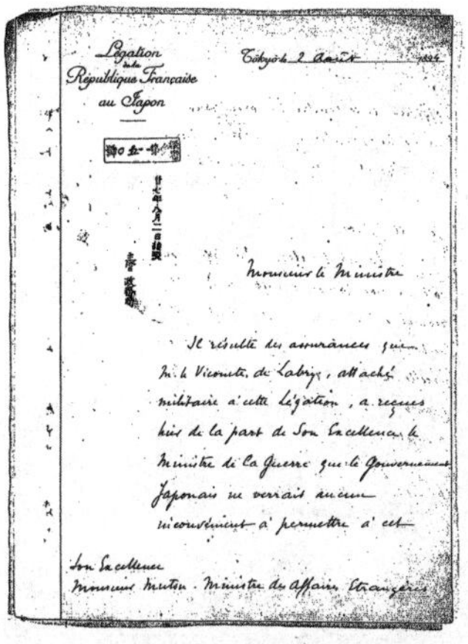
Légation de la République Française au Japon

法国公使馆武官随军观战申请愿

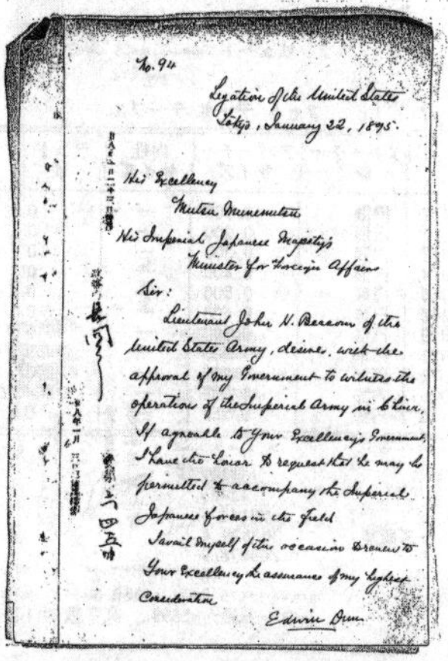

美国武官随军观战申请愿

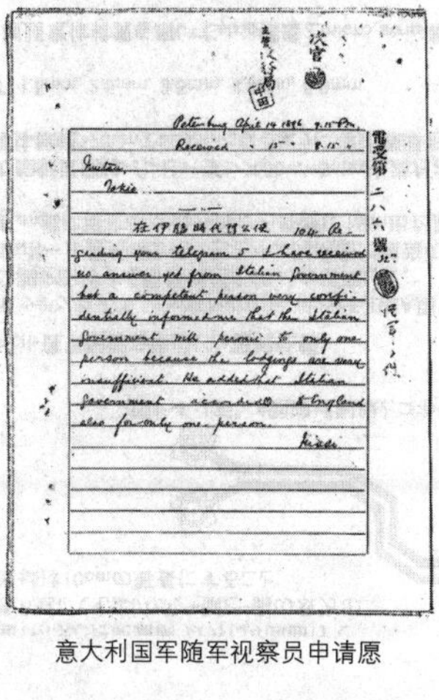
Regarding your telegram 5 I have received no answer yet from Italian Government but a competent person very confidentially informed me that the Italian Government will permit to only one person because the lodgings are very insufficient. He added that Italian Government accorded to England also for only one person.

意大利国军随军视察员申请愿

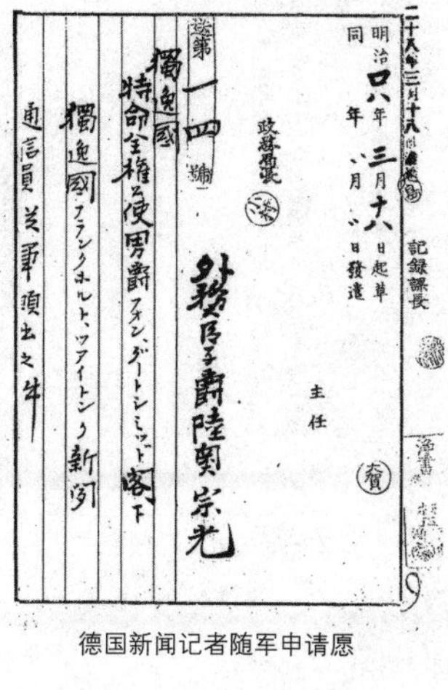

德国新闻记者随军申请愿

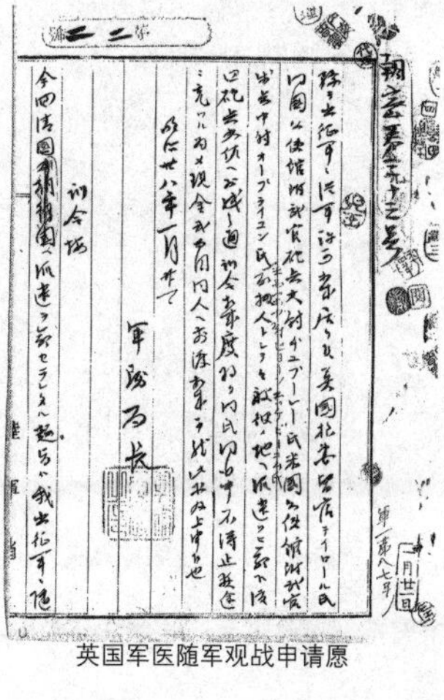

英国军医随军观战申请愿

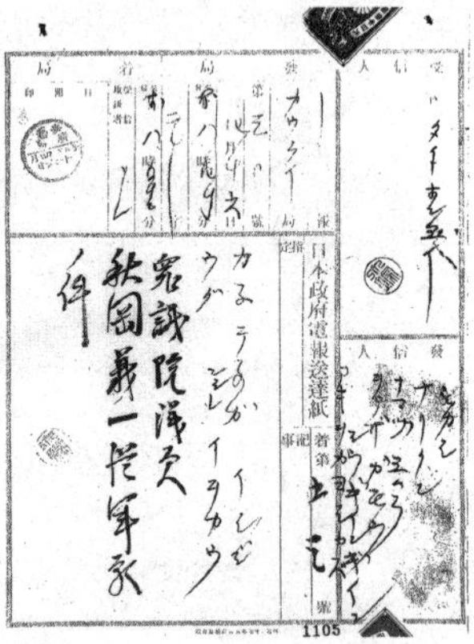

众议院议员随军观战申请愿

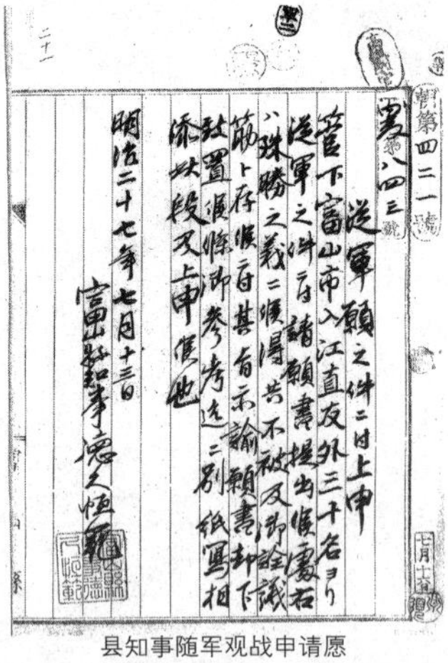

县知事随军观战申请愿

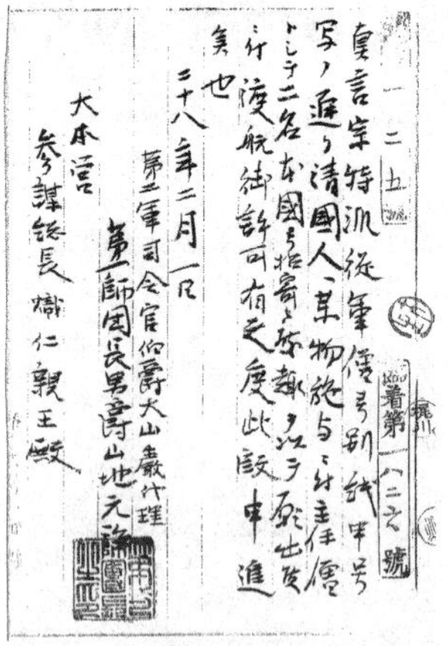

僧侣随军施善申请愿

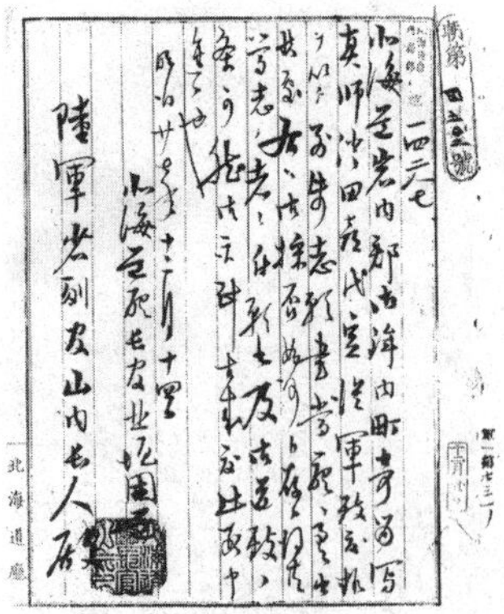

照相师随军取材申请愿

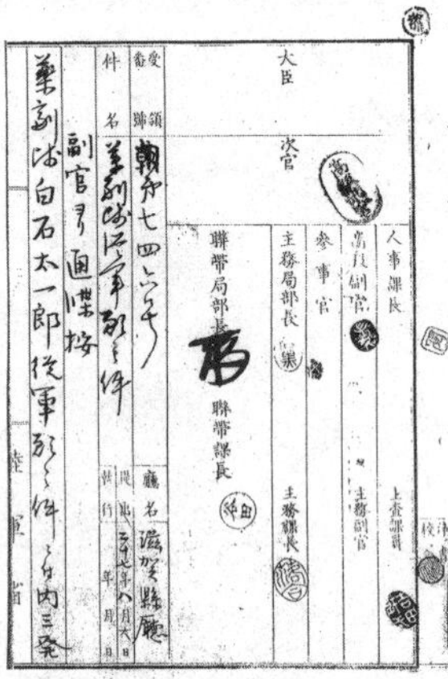

药剂师随军行医申请愿

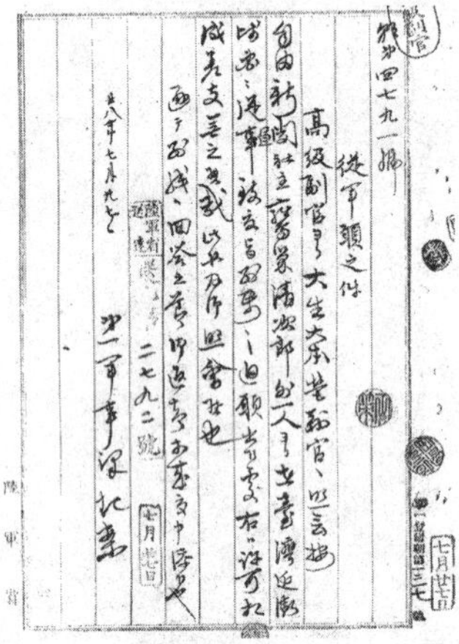

台湾随军记者申请愿

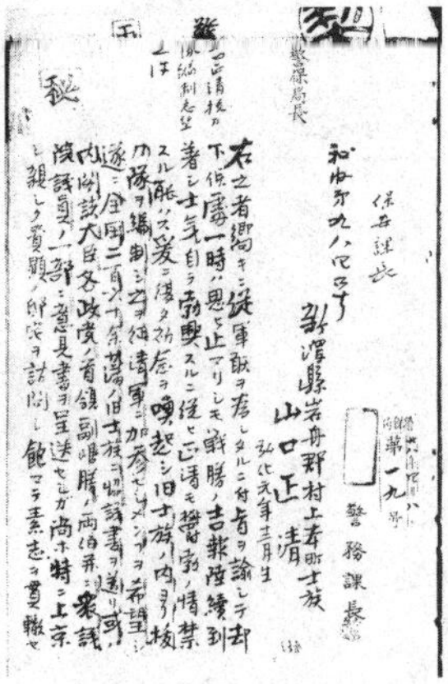

旧制武士随军支援申请愿

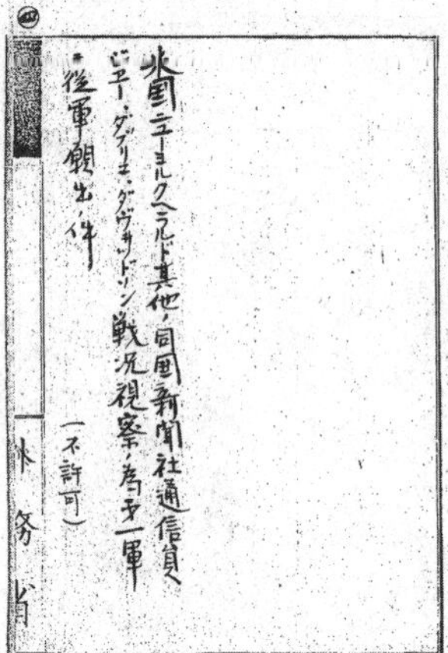

美国新闻记者申请愿不许可

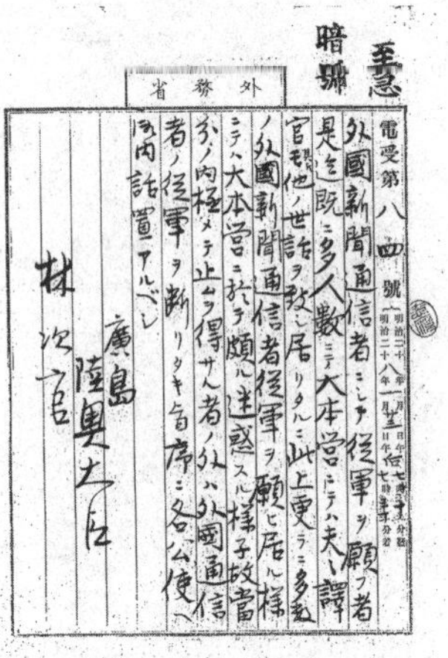

外国随军记者申请愿停办训令

4.5 日军作战地图

4.5.01 1894.7.29 朝鲜成欢作战地图

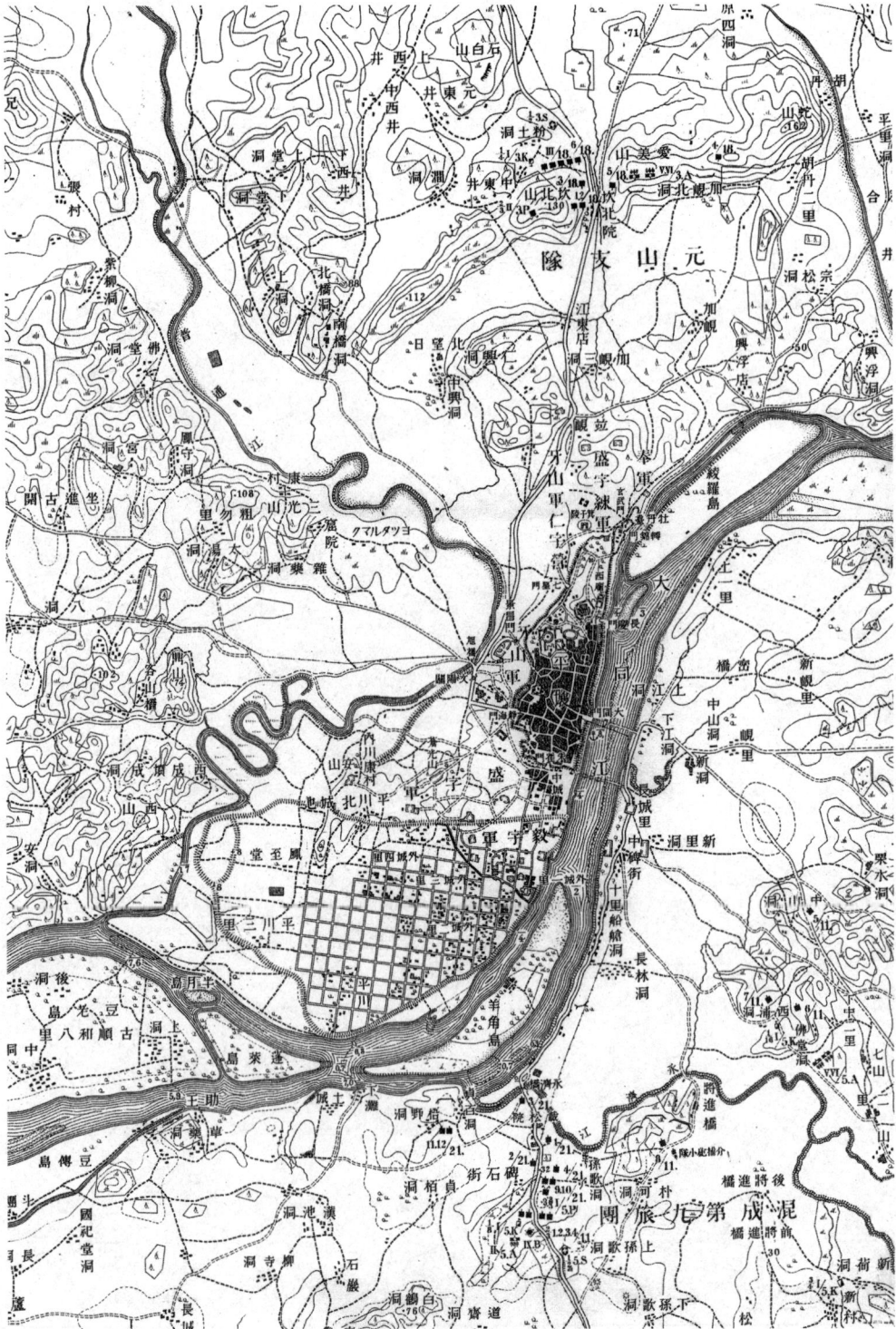

4.5.02 1894.9.15 朝鲜平壤作战地图

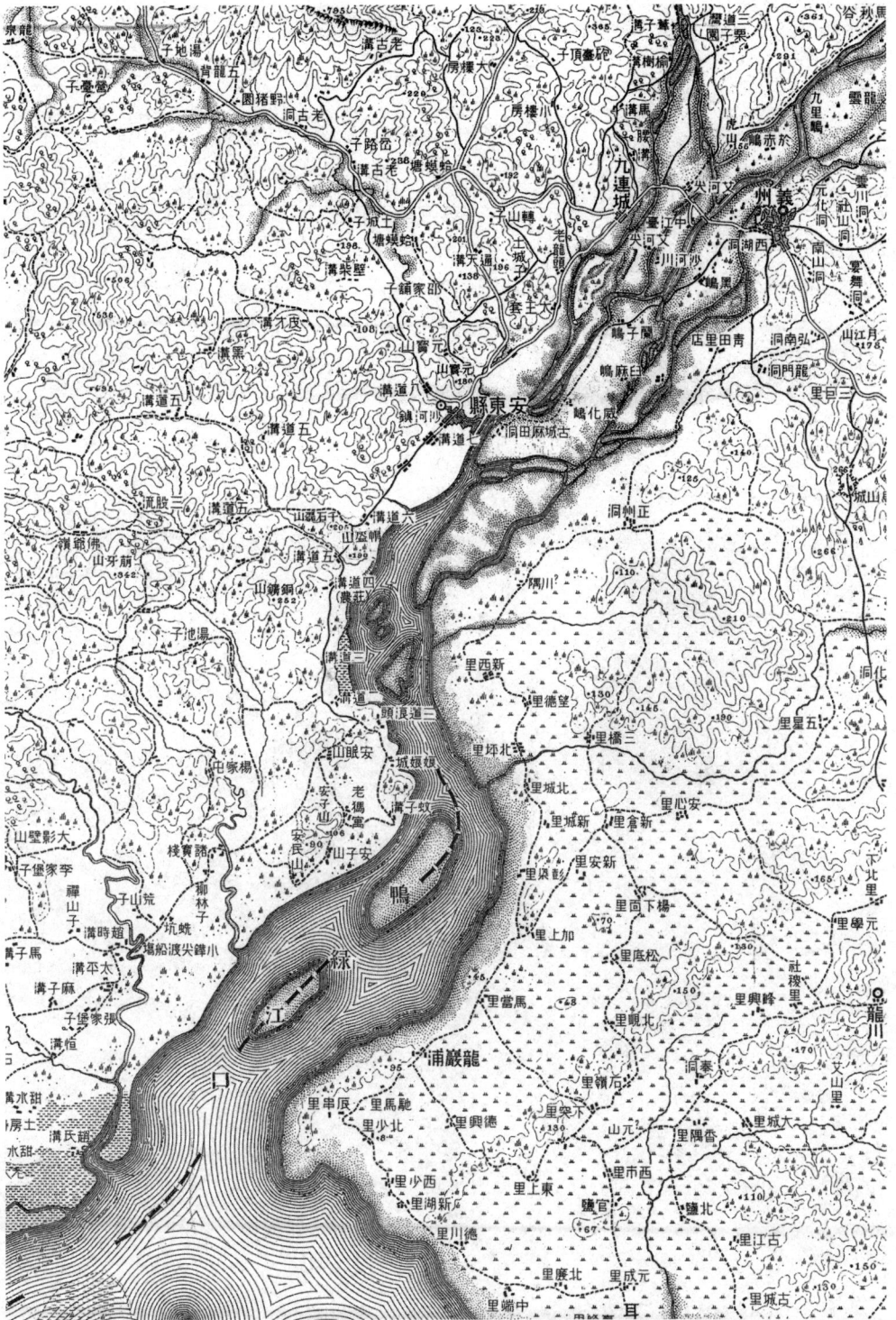

4.5.03　1894.10.24 鸭绿江作战地图

4.5.04　1894.10.30 凤凰城作战地图

4.5.05　1895.1—3 海城攻防作战地图

4.5.06　1894.10.24 花园口登陆作战地图

4.5.07　1894.11.5 金州大连湾作战地图

直　隶　海　峡

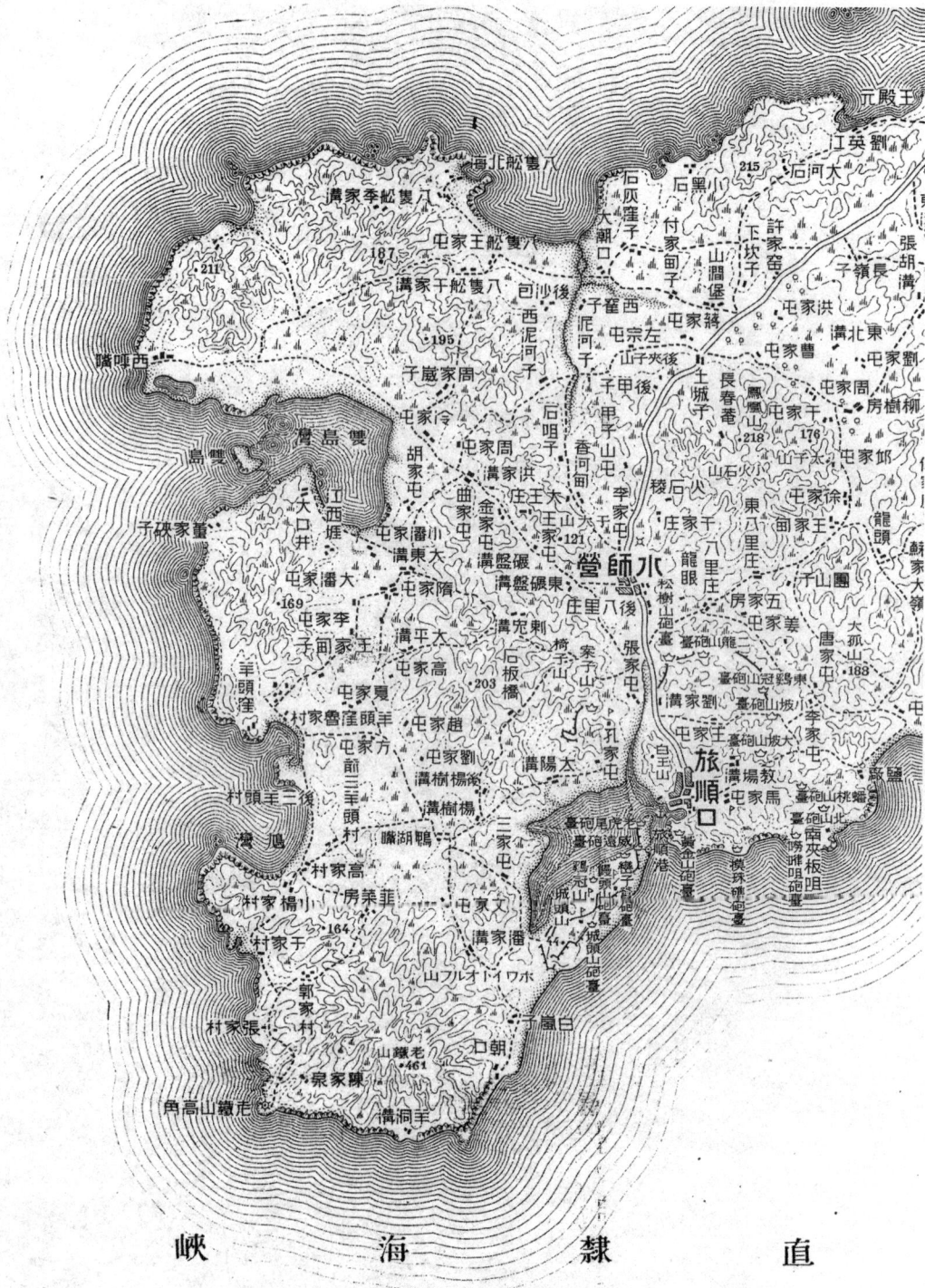

4.5.08　1894.11.20 旅顺口作战地图

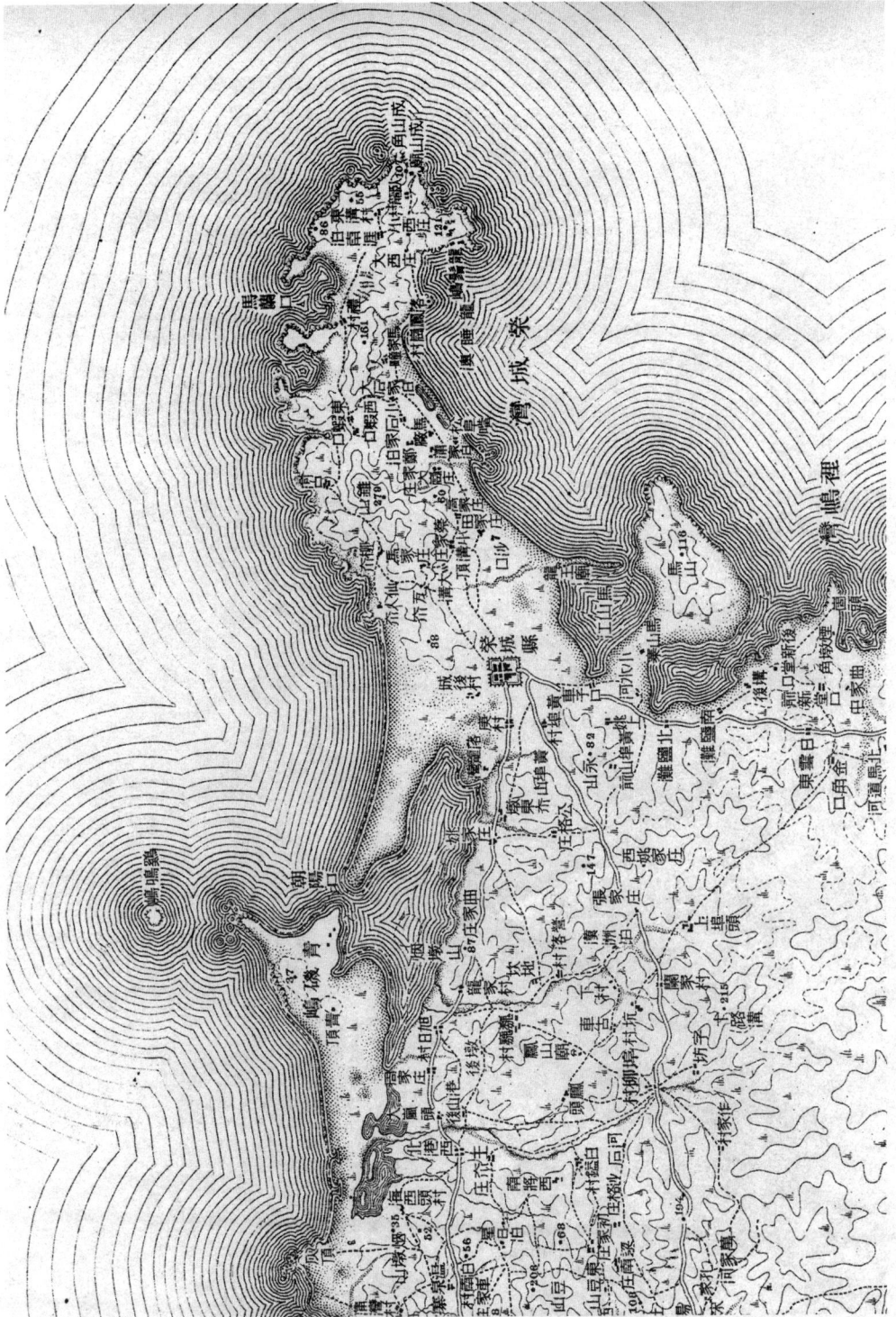

4.5.09 1895.1.24 荣城湾登陆作战地图

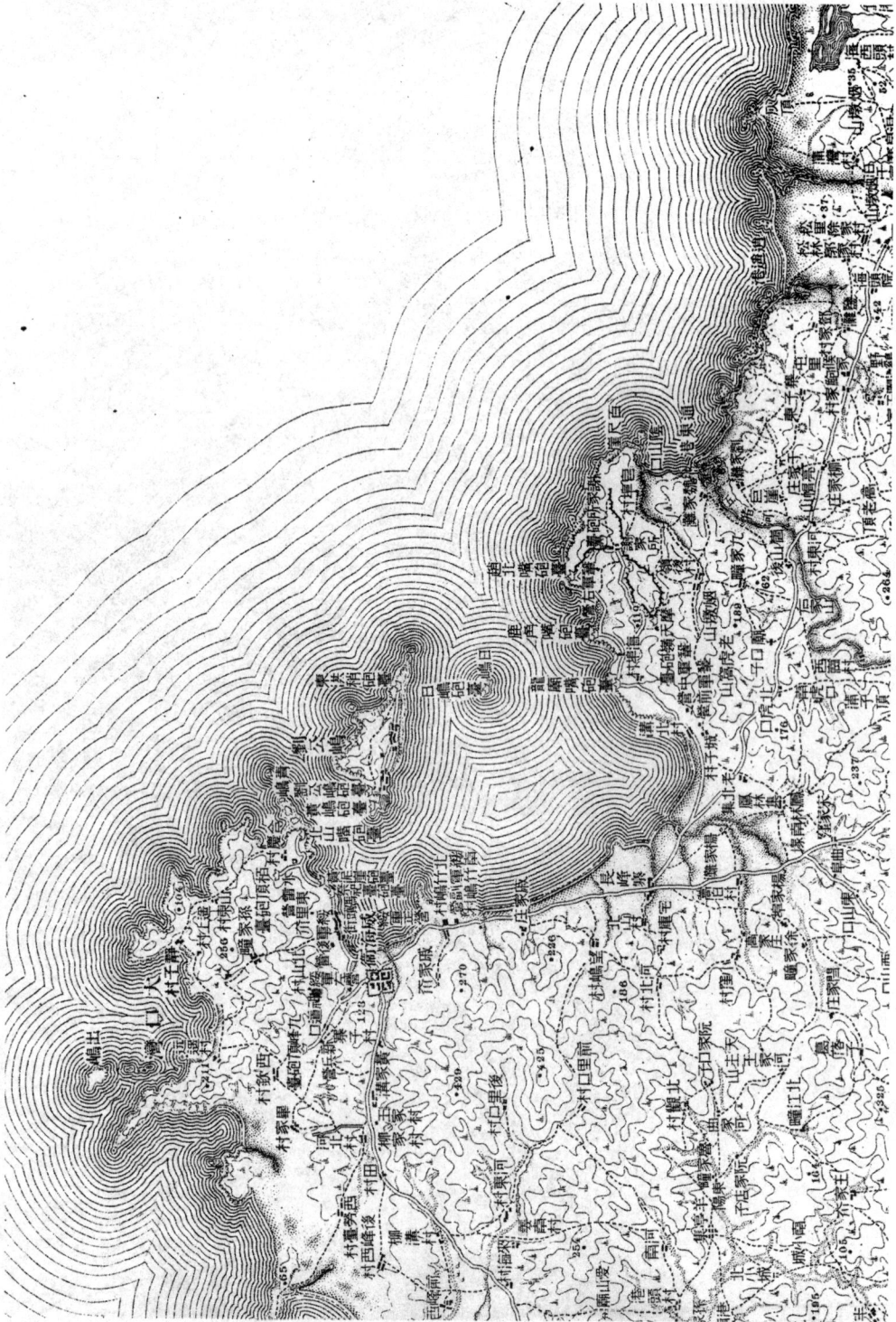

4.5.10 1895.1.30 威海卫刘公岛作战地图

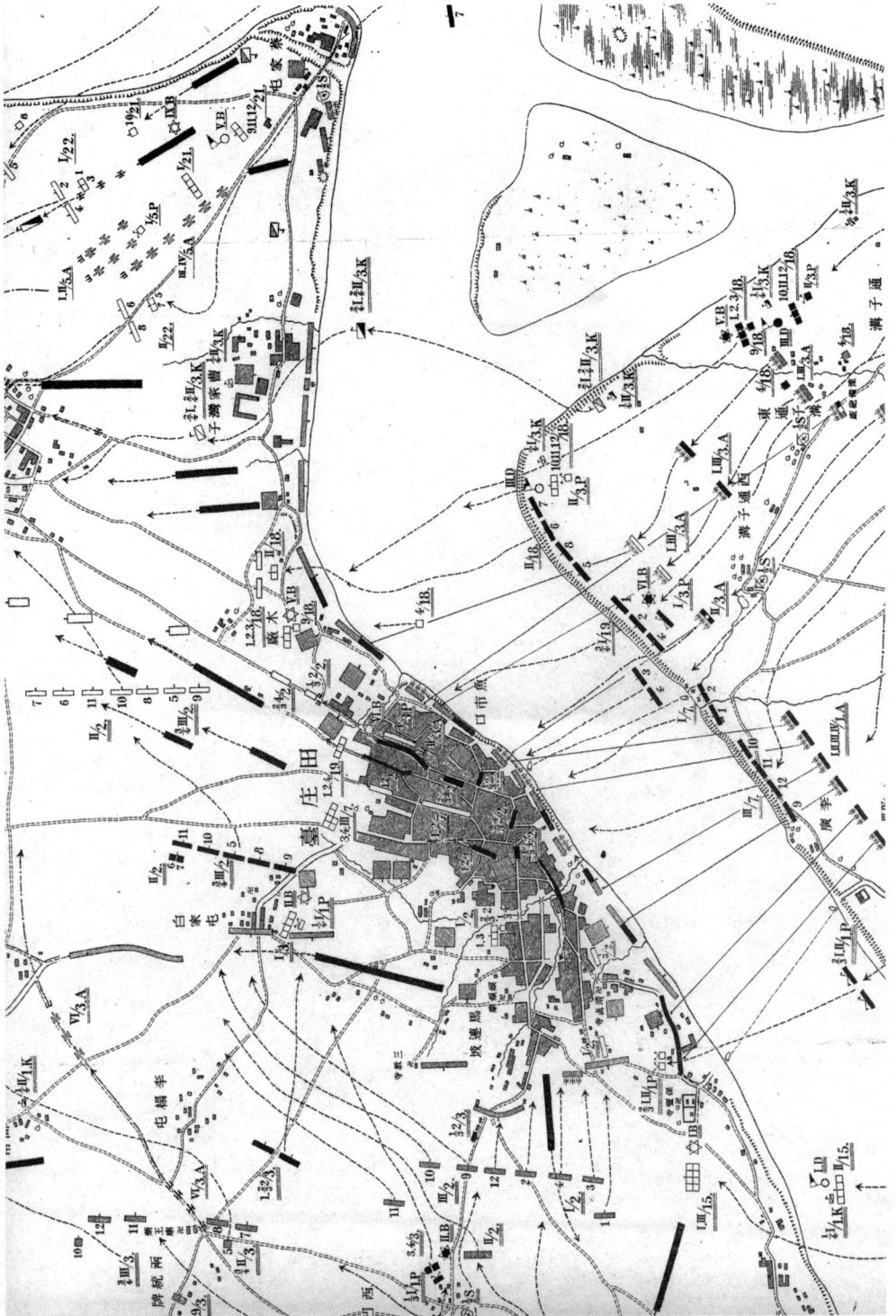

4.5.11　1895.3.9 田庄台作战地图

4.5.12　1895.6.3 台北登陆作战地图

4.6 清国陆军主要炮械

4.6.01　德国制克式 7.5 厘米重野炮，清国陆军主战火炮，射程 5,000 米，炮架可载炮弹车，备弹 24 发，能发射四种炮弹。根据作战环境，炮体牵引可采用马拉式和人力式。

4.6.02　德国制克式 12 厘米加农炮，海防炮台对舰火炮，炮架下配置四只铁轮，可在内轨道和外轨道上做环形移动，射击角度任意调整 360 度。

4.6.03　德国制克式 15 厘米加农炮，清军海防主力炮种。分为舰炮型和海防炮型，口径 14.9 厘米、炮管长 522 厘米、炮重 9.93 吨，发弹初速 530 米/秒、射速每分钟 1 弹、射距 11,000 米、炮弹重 51 公斤、药包重 17 公斤。

4.6.04　德国制 8 厘米穹窖炮，穹窖乃弓形藏穴之意，能依靠坚固的岸壁工事隐蔽炮身，打击敌海上目标。清日战争，清军在大连、旅顺、刘公岛、芝罘等要塞，建有坚固的海防洞窟工事，其内配备数种类型的穹窖炮。

4.6.05　英国制 15 厘米阿姆斯特朗海防加农炮，清国海防炮台主装备之一，江南制造局也仿制成功同类炮械。

4.6.06　德国制 15 厘米克式臼炮，炮弹体积大，弹道轨迹类似迫击炮，呈高抛曲线，能越过障碍物后攻击敌军目标。

4.6.07 英制30厘米阿姆斯特朗加农炮（实为30.5厘米，炮管长与口径比40:1），是清军拥有最大级别的海防巨炮，主要装备在要塞炮台坚固工事内。最大装药时射程达10公里，炮弹端末速度360米/秒，有很强的破甲能力。台湾作战时，日军在澎湖岛要塞东炮台缴获同类型加农炮巨炮6门。大炮作为战利品运回本国，安装在东京湾要塞的各炮台。图为安装在日本笹山炮台、猿岛第二炮台、观音崎第一炮台的清国30厘米阿姆斯特朗加农炮。

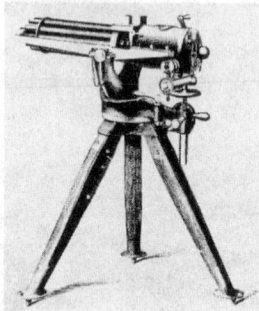

4.6.08 1862年美国人Gatling发明的加特林机关炮，通过摇动手柄驱动枪管轴心旋转发炮。1881年清国金陵机器局成功仿造，产品主要装备在陆军和水师舰船。

4.6.09 三脚架式加特林机关炮与车载式机关炮相似，也是通过摇转手柄发炮。清国仿造的加特林机关炮，在平壤战役中实用，给日军造成较大制压。

4.7 日本陆军主要炮械

4.7.01 日本制7厘米野炮，青铜和钢材制造，炮身长1.78米，重量272公斤，炮车重量690公斤。炮高低射界仰角 –7—19度，炮弹初速422米/秒，最大射程5,000米，发射速度6—7发/分，是日军火力最强的机动炮械。

4.7.02 日本制7厘米山炮，炮身采用青铜材质。炮管高低射界仰角 –10—21度，炮弹初速255米/秒，最大射程3,000米，炮车重量256公斤。7厘米山炮是日军的主战炮，具有优良的分解重组功能，尤其适应山地机动作战。

4.7.03　1883 年日本研制生产的 12 厘米加农炮，最大射程 7,000 米。1887 年装备国内各要塞炮台。

4.7.04　1884 年日本研制的 19 厘米海防型加农炮，最大射程 7,000 米，主要装备国内各要塞炮台。

4.7.05　1886 年 2 月，日本研制完成的 24 厘米海防型加农炮，最大射程 9,000 米，装备在国内各要塞炮台。大炮前双轮为微调轴心，后双轮可作 360 度外圆运动，以调整攻击方向。大炮装备了吊臂填弹装置，可将巨型炮弹装入炮膛。此海防型加农炮是十九世纪末国产型杰作之一，但是历史上没有实战的记录。

4.7.06　1884 年大阪炮兵工厂仿造的意大利 28 厘米榴弹炮，1887 年正式量产化。该炮主要部署在海岸对舰攻击，日清战争没有参战。日俄战争期间，日军攻击旅顺要塞受阻，专门从国内调来 18 门此种海防型榴弹炮，作为攻击 203 高地的决战武器，共发射炮弹 16,940 发，为夺取俄军阵地，摧毁旅顺港内俄国太平洋舰队，建立功勋。

4.8 清国陆军主要枪械

4.8.01　德国制毛瑟（Mauser）单连发骑步枪，口径 7.9mm，枪长 1.1m，重量 3.9kg

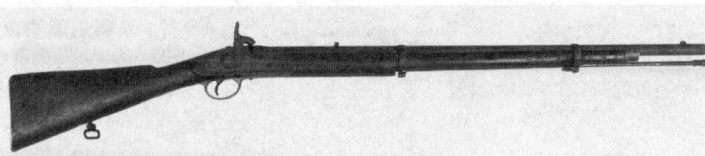

4.8.02　英国制恩费鲁（Enfield）单发步枪，口径 14.7mm，枪长 1.3m，重量 3.9kg

4.8.03 美国制温彻斯特（Winchester）单连发骑步枪，口径11.0mm，枪长1.1m，重量4.3kg

4.8.04 英国制士乃德（Snider）单发步枪，口径14.7mm，枪长1.4m，重量4.0kg

4.8.05 法国制卡斯堡（Chasepot）连发步枪，口径11.0mm，枪长1.3m，重量4.0kg

4.8.06 美国制亨利（Henry）单连发骑步枪，口径11.0mm，枪长1.1m，重量4.8kg

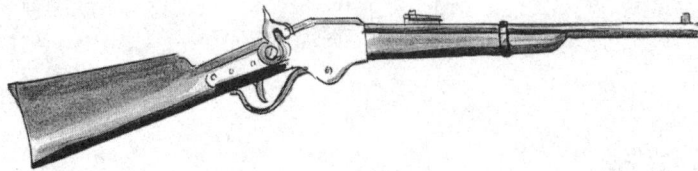

4.8.07 美国制斯本瑟（Spencer）单发骑枪，口径12.5mm，枪长1.2m，重量4.6kg

4.8.08 清国制打火石单发步枪，抬枪系列，口径15.9mm，枪长2.5m，重量13.2kg

4.8.09 美国制连发转轮手枪，清军将校配备

4.8.10 法国制连发转轮手枪，清军将校配备

4.9 日本陆军主要枪械

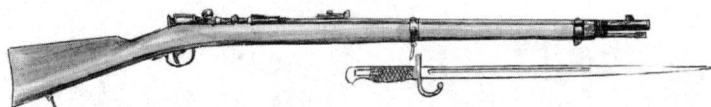

4.9.01 日本制村田 13 年式单发步枪，口径 11.0mm，枪长 1.3m，重量 4.6kg，射程 1,800m，初速 437m/s，弹重 27.2g

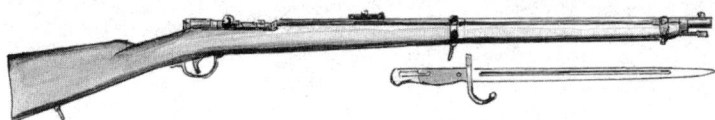

4.9.02 日本制村田 18 年式单发步枪，口径 11.0mm，枪长 1.3m，重量 4.6kg，射程 1,800m，初速 437m/s，弹重 27.2g

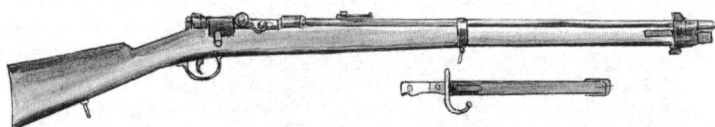

4.9.03 日本制村田 22 年式连发步枪，口径 8.0mm，枪长 1.2m，重量 4.0kg，射程 2,000m，初速 612m/s，弹重 15.5g，装弹 8 发

4.9.04 日本制村田 22 年式连发骑枪，口径 8.0mm，枪长 0.96m，重量 3.7kg，弹重 15.5g，装弹 5 发

4.9.05 日本制 1893 年制式转轮手枪，东京炮兵工厂参照法国 MAS1873 式手枪设计制造，中折填弹，装弹 6 发，口径 9.0mm，枪长 230mm，重量 0.927g，初速 150m/s，有效射程 100m。日清战争主要配给军官、骑兵、侦察兵等战斗人员。明治后期，1893 年式转轮手枪曾经在市场上自由买卖。交易价格 22 圆，相当于现今币值 44,000 圆，子弹 100 发 3 圆，相当于现今 6,000 圆，史上生产总数 59,200 支。

4.10 日清战争批准条约

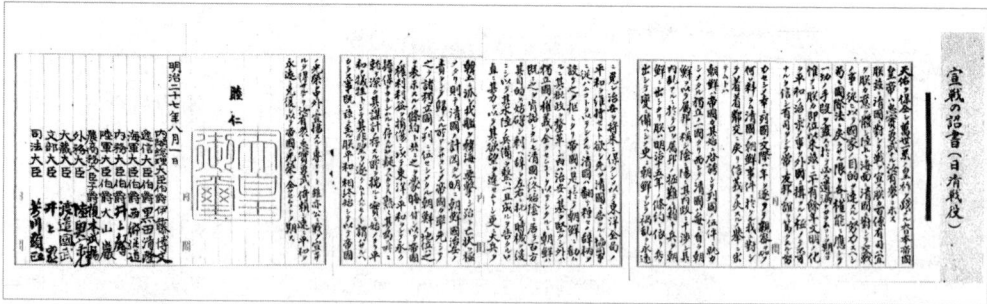

4.10.01　明治二十七年八月一日（1894.8.1），日本天皇发布对清国宣战诏书。（略文）

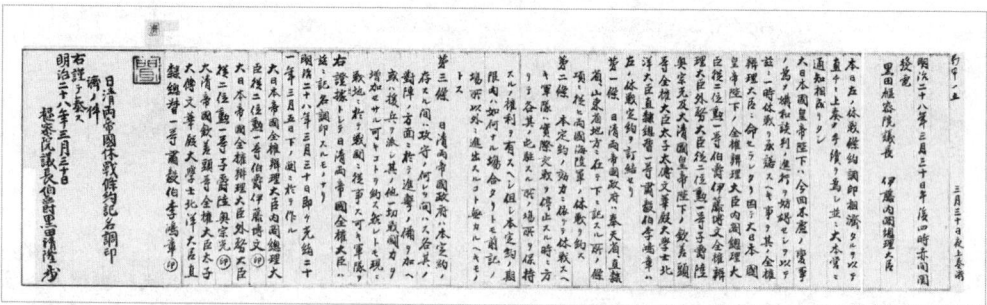

4.10.02　明治二十八年三月三十日（1895.3.30），李鸿章遇刺，迫于国际舆论压力，日本签订对清国休战条约。（略文）

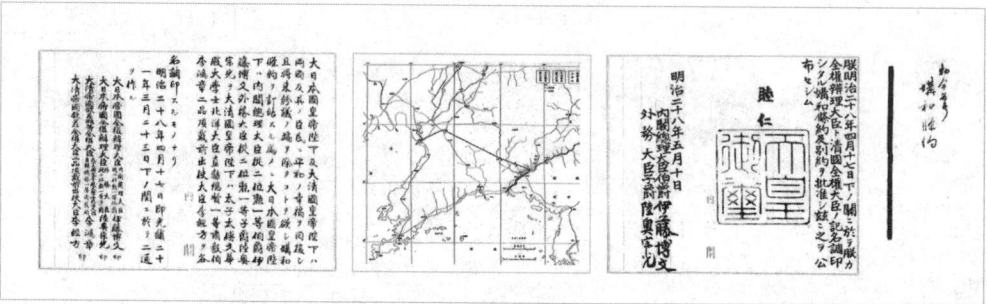

4.10.03　明治二十八年五月十日（1895.5.10），日本天皇批准《马关条约》，地图中直线是清国割让领土域。（略文）

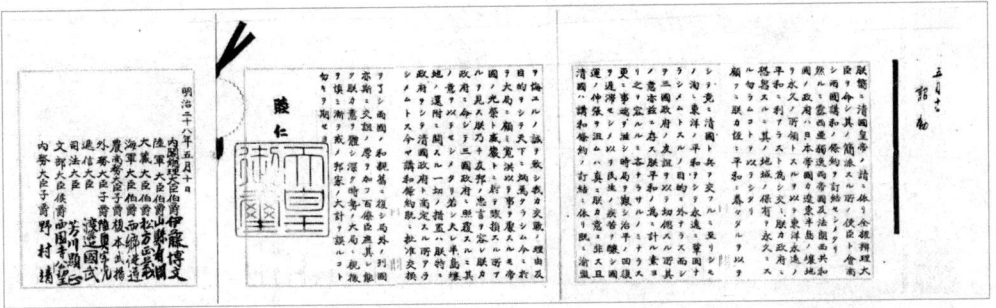

4.10.04　明治二十八年五月十日（1895.5.10），迫于俄、法、德三国干涉，日本天皇批准归还清国辽东半岛诏书。（略文）

4.10.05　明治二十八年十一月八日（1895.11.8），清日两国于北京签署辽东半岛还付条约。（略文）

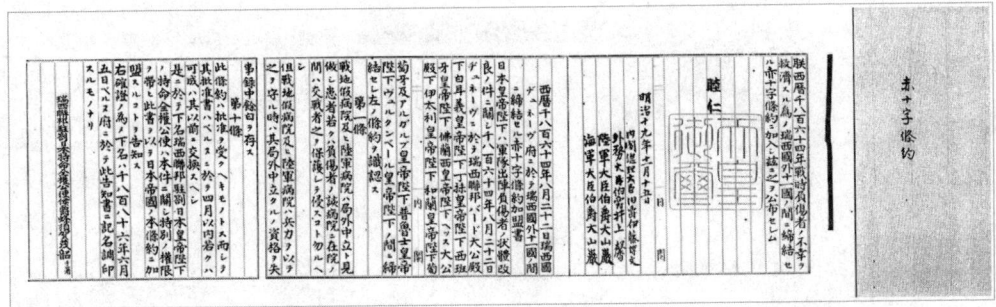

4.10.06　明治十九年十一月十五日（1886.11.15），日本宣布加入国际红十字会公约组织。（略文）

4.10.07 《马关条约》原本。1895 年 4 月 17 日，李鸿章代表清国与日本签订了清日《马关条约》。一纸文书，使两国结下了理不清的恩怨，大清国自此彻底崩溃。《马关条约》的历史政治意义，超过了战争带给国家的屈辱。

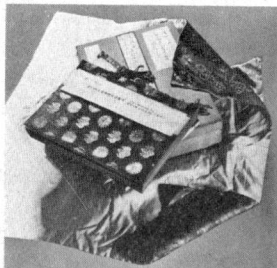

4.10.08 1871 年，清日两国签订《修好条规》，正式建立了国家间近代邦交关系。这是近代史上清日两国签订的第一个对等条约。

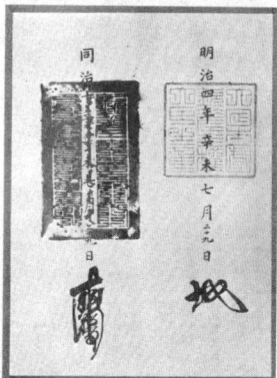

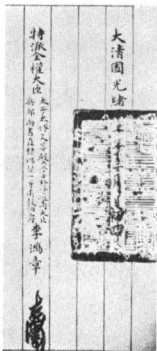

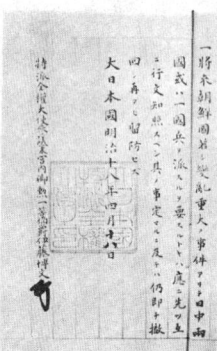

4.10.09 1885 年 4 月 18 日，李鸿章与伊藤博文签署的《天津条约》文书。条约中第三款规定，将来朝鲜国若有变乱等重大事件，清日两国或一国若要派兵，应先相互行文知照。此约定为十年后的清日战争，日本出兵朝鲜埋下伏笔。

4.10.10 《马关条约》签订后，清廷指派李鸿章之子李经芳为全权大臣，于 1895 年 6 月 2 日在基隆口湾的日本军舰"西京丸"上，代表清国政府与日本代表桦山资纪，签署了割台受渡文书。图为台湾受渡调印书文本。文中记载，"依据光绪二十一年三月二十三日，清日两国在下关缔结的媾和条约第二条，清国将台湾全岛及附属诸岛并澎湖列岛，即英国格林尼次东经百十九度起至百二十度及北纬二十三度起以至二十四度之间诸岛屿之管理主权及该地方所有堡垒军器制造所及官有物，受渡完了。"

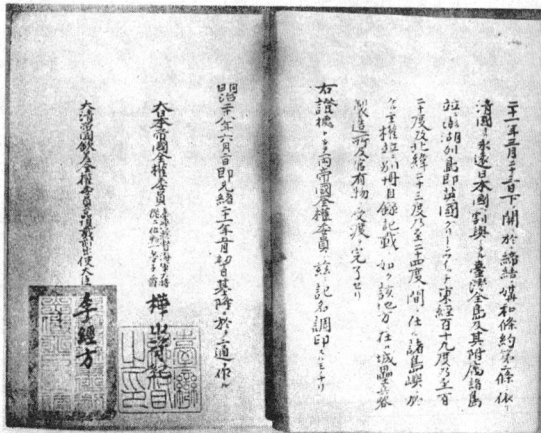

4.11 大清国光绪皇帝对日宣战谕旨

光绪二十年七月初一

朝鮮為我大清藩屬二百餘年，歲修職貢，為中外所共知。近十數年，該國時多內亂，朝廷字小為懷，疊次派兵前往戡定，並派員駐紮該國都城，隨時保護。

本年四月間，朝鮮又有土匪變亂，該國王請兵援剿，情詞迫切。當即諭令李鴻章撥兵赴援。甫抵牙山，匪徒星散。乃倭人無故派兵，突入漢城，嗣又增兵萬餘。迫令朝鮮更改國政，種種要挾，難以理喻。

我朝撫綏藩服，其國內政事，向令自理。日本與朝鮮立約，係屬與國，更無以重兵欺壓，強令革政之理。各國公論皆以日本師出無名，不合情理，勸令撤兵，和平商辦。乃竟悍然不顧，迄無成說，反更陸續添兵。

朝鮮百姓及中國商民，日加驚擾，是以添兵前往保護。詎行至中途，突有倭船多隻，乘我不備，在牙山口外海面，開炮轟擊，傷我運船。變詐情形，殊非意料所及。

該國不遵條約，不守公法，任意鴟張，專行詭計，釁開自彼，公論昭然。用特佈告天下，俾曉然於朝廷辦理此事，實以仁至義盡，而倭人逾盟肇釁，無理已極，勢難再予姑容。着李鴻章嚴飭派出各軍迅速進剿，厚集雄師陸續進發，以拯韓民於塗炭。並着沿江沿海各將軍、督撫及統兵大臣整飭戎行，遇有倭人輪船駛入各口，即行迎頭痛擊，悉數殲除，毋得稍有退縮，致干罪戾。

將此通諭知之，欽此。

4.12 日本国明治天皇对清宣战布告

明治二十七年八月一日

保全天祐踐萬世一係之帝祚大日本帝國皇帝示汝忠實勇武之有眾。

朕茲對清國宣戰，百僚有司，宜體朕意，海陸對清交戰，努力以達國家之目的。苟不違反國際公法，即宜各本權能，盡一切之手段，必期萬無遺漏。

惟朕即位以來，於茲二十有餘年，求文明之化於平和之治，知交鄰失和之不可，努力使各有司常篤友邦之誼。幸列國之交際，逐年益加親善。詎料清國之於朝鮮事件，對我出於殊違鄰交，有失信義之舉。朝鮮乃帝國首先啟發，使就與列為伍之獨立國，而清國每稱朝鮮為屬邦，干涉其內政。於其內亂，藉口於拯救屬邦而出兵於朝鮮。朕依明治十五年條約，出兵備變，更使朝鮮永免禍亂，得保將來治安，欲以維持東洋全局之平和。先告清國，以協同從事，清國反設辭拒絕。

帝國於是勸朝鮮以厘革其秕政，內堅治安之基，外全獨立國之權義。朝鮮雖已允諾，清國始終暗中百計妨礙，種種託辭，緩其時機，以整飭其水陸之兵備。一旦告成，即欲以武力達其慾望。更派大兵於韓土，要擊我艦於韓海，狂妄已極。

清國之計，惟在使朝鮮治安之基無所歸。查朝鮮因帝國率先使之與諸獨立國為伍而獲得之地位，與為此表示之條約，均置諸不顧，以損害帝國之權利利益，使東洋平和永無保障。就其所為而熟揣之，其計謀所在，實可謂自始即犧牲平和以遂具非望。

事既至此，朕雖始終與平和相終始，以宣揚帝國之光榮於中外，亦不得不公然宣戰，賴汝有眾之忠實勇武，而期速克平和於永遠，以全帝國之光榮。

4.13 中立国宣言

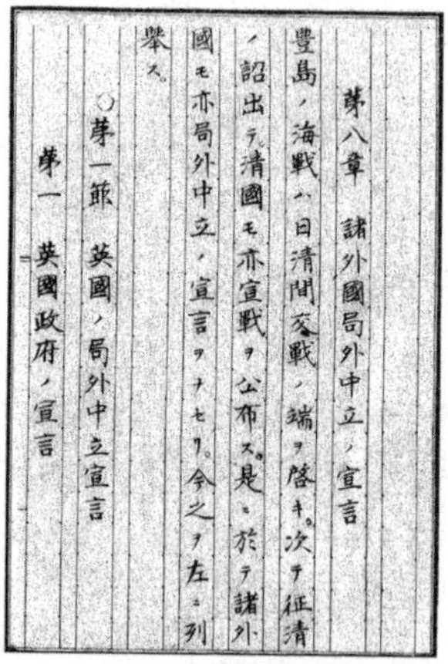

第八章　諸外國局外中立ノ宣言
豊島ノ海戰ハ日清間交戰ノ端ヲ啓キ。次テ征清ノ詔出テ清國モ亦宣戰ヲ公布ス。是ニ於テ諸外國モ亦局外中立ノ宣言ヲナセリ。今之ヲ左ニ列擧ス。
○第一節　英國ノ局外中立宣言
第一　英國政府ノ宣言

4.13.01　英国局外中立宣言

○第二節　獨國ノ局外中立宣言
布告
本月一日日本國皇帝陛下ノ宣示セラレタル日本國清國間ノ開戰ニ對スル獨乙帝國ノ局外中立ニ関シ。在日本國独乙臣民及其保護國人ハ右局外中立ヨリ生スル義務堅ク相守ルヘキ事。独乙公使ノ訓示ニ依リ茲ニ布告ス。
右ニ関スル詳細ノ事項ハ在日本独乙領事館

4.13.02　德国局外中立宣言

右ト同様ノ布告致発示候段申進候。未使ハ茲ニ重テ閣下ニ向ヒ敬意ヲ表シ候敬具
千八百九十四年九月一日東京ニ於テ
フオングートシユミツト
外務大臣子爵陸奥閣下
○第三節　露國ノ局外中立宣言
亞細亜局長ハ本使ニ明言シテ曰ク。目下露政府ハ局外中立ヲ宣言スルコトニ決セサレ圧朝

4.13.03　俄国局外中立宣言

千八百九十四年八月八日
東京ニ於テ
エルドアルチー
外務大臣閣下
第十節　和蘭國ノ局外中立宣言
去月三十一日ヲ以テ本邦駐劄各國公使ヘ日清両國間戰時ノ形状現在ノ旨御告知相成候ニ付テハ其旨任國政府ヘモ通知可致旨御訓

4.13.04　荷兰国局外中立宣言

外務大臣陸奥宗光閣下
第十一節　丁抹國ノ局外中立宣言
日清両國間戰時ノ形状現存ノ旨并ニ開戰御宣布相成候旨御訓示ノ電信ニ從カヒ直チニ荷蘭丁抹両國政府ヘ告知書ヲ差送リ候處(中畧)丁抹政府ヨリハ本月七日附書信ヲ以テ嚴正中立ヲ遵守可致旨ノ回信本日接到候ニ付其ノ旨直チニ電稟致置候依テ右上申候敬

4.13.05　丹麦国局外中立宣言

戰争ニ對シテ中立ヲ守ルコト更ニ宣告ヲ待タスシテ固ヨリ與國ノ知ル所ナルヘキヲ以テ。特ニ中立ヲ宣告スルコトハ為サヽル積ナル旨。返答有之節右申進候敬具
廿七年八月廿九日
在佛　特命全權公使
外務大臣陸奥宗光殿
○第六節　伊國ノ局外中立宣言

4.13.06　意大利国局外中立宣言

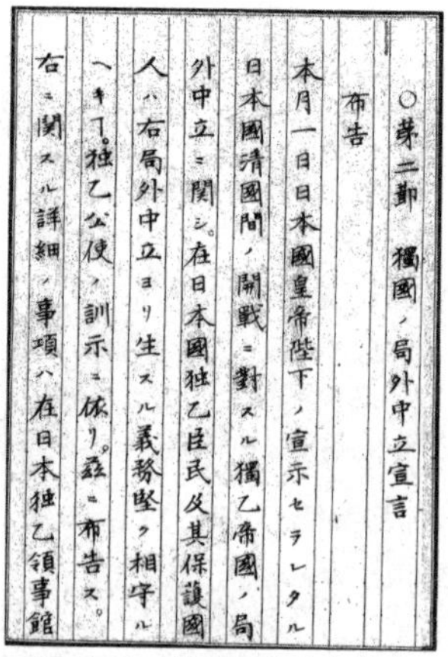

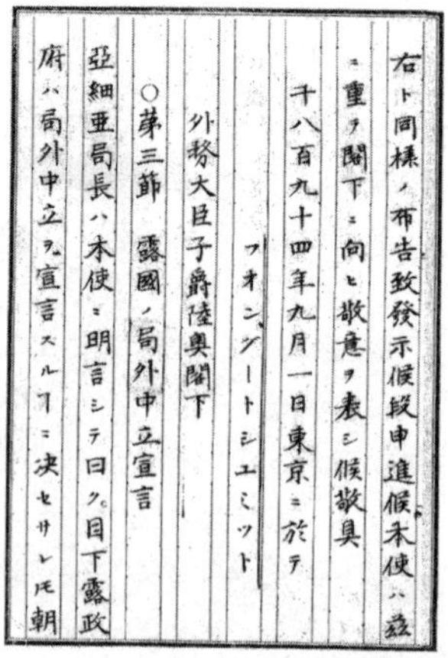

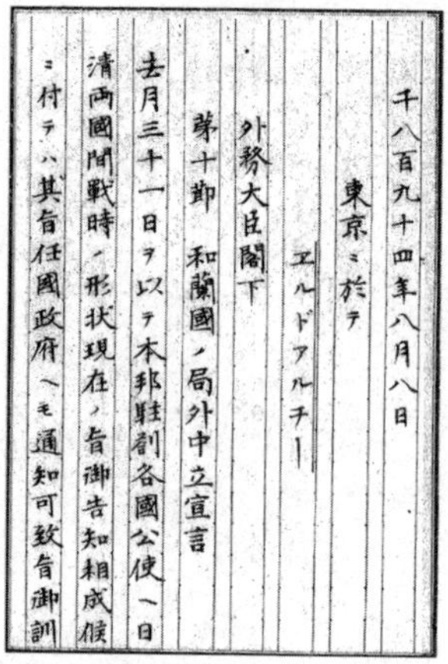

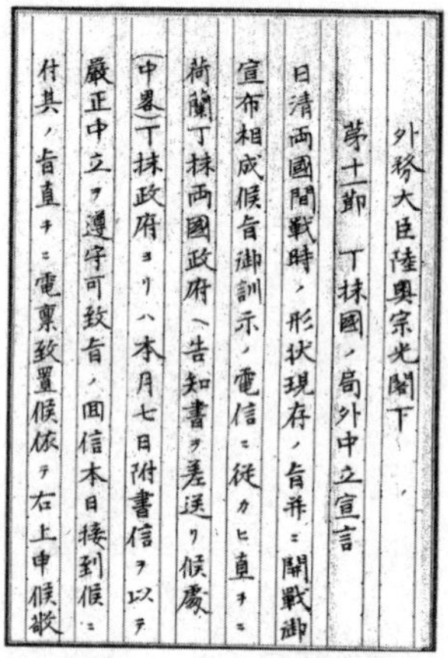

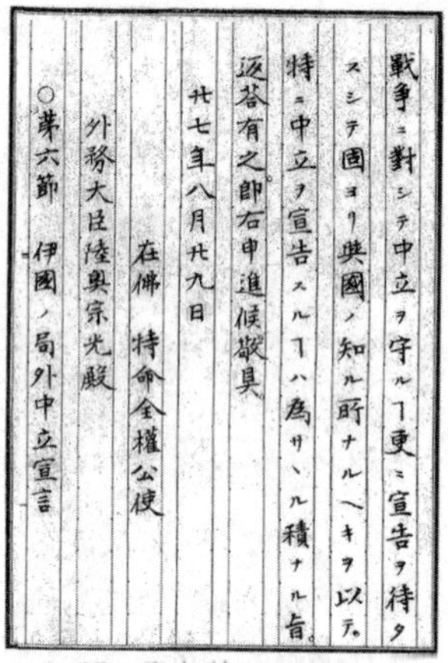

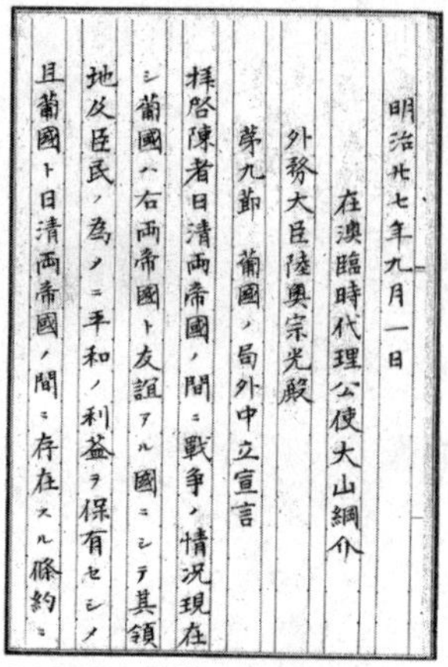

明治廿七年九月一日
在澳臨時代理公使大山綱介
外務大臣陸奥宗光殿
第九節　葡國ノ局外中立宣言
拜啓陳者日清両帝國ノ間ニ戰争ノ情況現在シ葡國ハ右両帝國ト友誼アル國ニシテ其領地及臣民ノ為ノニ平和ノ利益ヲ保有セシメ且葡國ト日清両帝國ノ間ニ存在スル條約ニ

4.13.07　葡萄牙国局外中立宣言

定メタル法則(前ノ勅令ハ港湾ノ中立ニ関シ後ノ勅令ハ王國ノ港湾及ヒ沿岸ニ於ル外國軍艦平時ノ碇泊所ニ関ス)ニ注意スヘシ。
知港事廳ハ所属支廳及ヒ代理者ニ適宜ノ通牒ヲ為スヘシ。
○第七節　瑞典諾威國ノ局外中立宣言
本月二日附第四十六号書簡ヲ以テ申進候趣モ有之候處瑞典諾威國皇帝陛下ハ現今ノ形

4.13.08　瑞典、挪威国局外中立宣言

電信譯文廿七年八月廿四日接
在米　宮岡臨時代理公使
東京　陸奥外務大臣
本官ハ八月廿三日國務長官ニ面晤同長官ハ本官ニ左ノ如ク返答セリ
局外中立布告ノ件ハ大統領ニ於テ詮議シタルニ合衆國ノ意嚮ハ皆人ノ知ル所ナレハ之ヲ発布スルノ必要ナキモノト思考サレタリ然レトモ若シ合衆國人民ニシテ中立違犯ノ傾アルニ於テハ之カ宣告スルノ必要モアルヘシト
本官ノ觀察スル所ニテハ合衆國ハ局外中立ヲ布告セザルヘシ

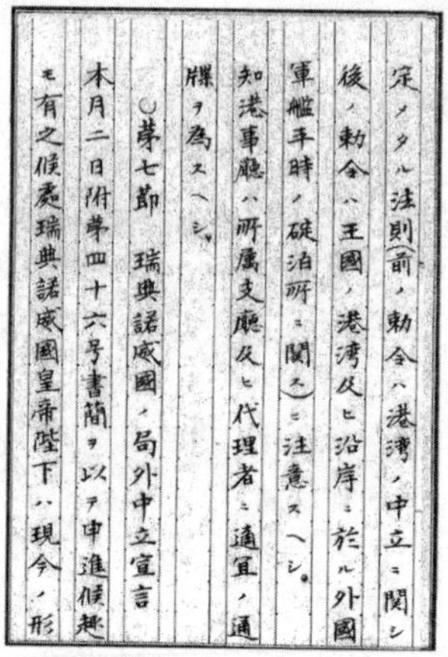

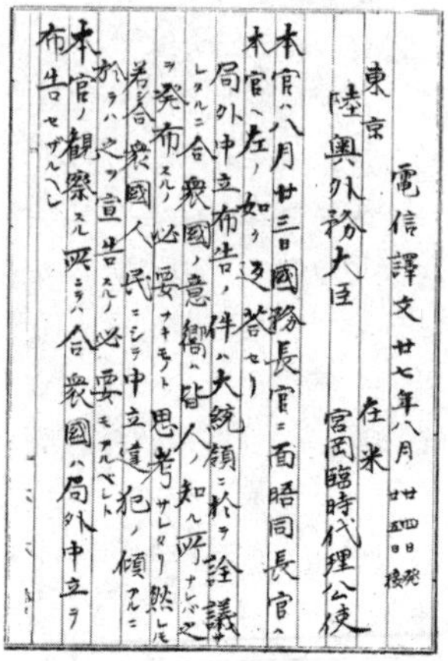

4.13.09　美国局外中立确认函

4.14 清日战争历史人物

清日战争是世界近代史上的重大事件，战争的结局对中国、日本东亚的政治格局，发生了极为深远的影响。诸多国家的政治家、名人、军人和皇帝，卷入了这场重大的政治、外交、军事对立事件中。

研究清日战争的历史人物，窥视他们背后的故事，就能走近百年前战争的时代。翻开肖像沉重的扉页，历史人物给读者留下祥和的视觉。在战争对方国看来，他们是被相互仇恨的历史罪人。而广义的国家理念上，他们代表自己国家的利益，是本国认知的政治伟人和英雄。他们的行为、魅力、智慧和愚昧，造就了近代史上惊心动魄的大事件，永远载入历史的史册。

清国德宗皇帝爱新觉罗载湉、日本明治天皇睦仁祐宫、朝鲜国王高宗李熙，都是那个时代著名的傀儡皇帝，他们渴望和平，却无法左右战争，生涯中受制于身后超越皇权的势力。清日战争落下最终一幕，光绪皇帝在悲泣中盖下了丧权辱国的大印，明治天皇为维新国家带来荣耀，朝鲜高宗成了被宰割的羔羊。

李鸿章、伊藤博文是战争的源起者，他们是那个时代智慧的政治家和独具个人魅力的伟人。为了国家及个人利益，曾经在战与和之间徘徊，最终还是走向战争的极端，在国家制度进步和落后的大舞台上决斗较量。

清国军人邓世昌、左宝贵，是清国海陆军武将，在与日军生死拼搏面前，表现出无畏的勇武精神，成为清国和近现代中国讴歌的民族英雄，感佩的佳话传颂百年。东洋武士的日本军人，作为明治新军的主干，在日清战争中展现出卓越的军事才能，创造了震撼世界的战争神话。当世界称颂维新文明诞生的时刻，岛国阴暗下鼓噪战争的军人群体，揭开了文明的面纱，露出了军国野心的獠牙。

朝鲜肖像人物将视线带入了落后贫困的中世纪，他们眼神中透着被恶魔缠绕般的恐惑。上溯几百年，朝鲜就是周边国家强食的弱肉，一块净土变成了战场。甲午风云的时代，朝鲜闵妃和大院君间的内斗，把国家拖入了万劫不复的深渊。

俄、德、法国的三国干涉，用清国的利益解救了清国辽东半岛的领土危机。正如日本史学评说："李鸿章不惜引狼入室，借列强势力把失去的领土赎了回来，保全了大陆版图。其卓识在伊藤之上，其远见在陆奥之先，胜者乃李鸿章其人也。"今日国人生息在辽东半岛的土地上，回瞻李鸿章肖像，凝重的敬意油然所至。

清国历史人物

【叶赫那拉·杏贞】(1835.11—1908.11)
咸丰皇帝的妃子，因育皇子受宠，后被
尊为慈禧皇太后。清日战争主和派，专擅
清朝国政47年，至国运衰颓。

【爱新觉罗·载湉】(1871.8—1908.11)
清朝第十一代皇帝，庙号德宗，年号光
绪。清日战争主战派，因推行国家维
新改革失势，被慈禧太后幽禁至终。

【李鸿章】(1823.2—1901.11)清
国洋务重臣，引导国家吸收外来文明，
贡献杰出。清日战争指挥失利，代表
朝廷赴日和谈，签下《马关条约》。

【袁世凯】(1859.9—1916.6)中国
近代史上著名政治、军事家。清日战前积
极鼓动清军入朝，战争中隐没，无大作
为。后成为推翻清朝体制有功者之一。

【李经芳】(1855—1934)李鸿章
养子。清国官僚、外交官，李鸿章贴身
秘书、翻译。清日马关谈判，李鸿章负
伤后，朝廷委任其为和谈全权大臣。

【丁汝昌】(1836.11—1895.2)清
国北洋水师提督，创建清国海军贡献
卓著。清日战争黄海海战失利，威海
卫之役败北降敌，引咎自尽。

【伍廷芳】(1842—1922)清国外
交家、著名法学家。清日战争期间，
两次作为使者赴日和谈。曾代表清国
与外国签订数个平等和不平等条约。

【邓世昌】(1849.10—1894.9)北
洋水师致远舰管带，黄海海战中勇战
阵亡，受皇帝亲赐壮节公谥号，追封
太子少保，其忠勇传为百年佳话。

【左宝贵】(1837—1894)奉军统领，
清日战争爆发后，率军入朝，参加平壤
战役，与日作战阵亡。战中勇壮之举受
日军仰慕，曾被授朝廷双眼花翎之荣誉。

日本国历史人物

【睦仁祐宫】明治天皇（1852.11—1912.7）近代日本国的象征，国家维新改革的支持者。作为日本陆海军最高统帅，常驻大本营，督导日清战争。

【伊藤博文】（1841.10—1909.10）日本国首任内阁总理大臣，明治维新的旗手。日清战争主战慎重派，主导清日停战和谈及签署《马关条约》。

【陆奥宗光】（1844.8—1897.8）日本著名外交家，任职外相期间，主导修正了诸多与欧美的不平等条约。日清战争主战者，马关和谈全权大臣。

【山县有朋】（1838.6—1922.2）近代日本著名政治家、军事家，近代日本明治新军的鼻祖。日清战争任第一军司令官，因作战独断被解任。

【大山严】（1842.11—1916.12）近代日本著名军事家，元帅陆军大将。日清战争任第二军司令官，指挥旅顺口、威海卫方面作战。

【林董】（1850.4—1913.7）明治时期政治家、外交家。日清战争中任外交次官，官方主要发言人。协助陆奥对外签署诸多国家条约。

【小松彰仁】（1846.2—1903.2）皇室成员仁孝天皇的养子。近卫师团长、陆军大将，日清战争末期任征清大总督，率作战中枢抵旅顺口，设立总督府。

【北白川宫能久】（1847.4—1895.11）日本皇族、亲王。日清战争时，率近卫师团进攻台湾，期间感染疟疾死亡，另说遭抗日军袭击身亡。受国葬礼遇。

【大鸟圭介】（1833.4—1911.6）近代日本国教育家。日清战争开战前任驻清国、朝鲜特命全权公使，主要负责与朝鲜政治对话，系推动战争强硬派。

【桦山资纪】(1837.12—1922.2) 日本海军大将、海军大臣。日清战争时，亲临黄海海战督战，侥幸躲过清国鱼雷艇攻击。后出任首任台湾总督。

【伊东祐亨】(1843.6—1914.1) 元帅海军大将，日清战争任联合舰队司令长官，黄海海战、威海卫战功勋卓著。仁义释放清国降军，被传颂为史上佳话。

【坪井航三】(1843.4—1898.1) 名门出身，海军中将。日清战争第一游击队司令官，坐镇吉野舰。黄海海战大胆采用单纵阵取胜而闻名海军界。

【东乡平八郎】(1847.1—1934.5) 元帅海军大将，日清、日俄战争创不败纪录。丰岛海战，执意击沉英国籍清军运兵船，首发日清战争开端。

【山本权兵卫】(1852.11—1933.12) 日本政治家、军事家，海军大臣，有日本近代海军之柱的赞誉。日清战争篡改丰岛海战首炮电报，混淆国际舆论。

【川上操六】(1848.12—1899.5) 日本名门之后，历任陆军大将、参谋总长。日清战争开战前出访清国，战争中是大本营主干，上席参谋兼兵站总监。

【野津道贯】(1841.11—1908.10) 元帅陆军大将。日清战争指挥平壤战役，后接替山县有朋任第一军司令官，主持奉天南部对清作战。

【山地元治】(1842.8—1897.10) 陆军中将，因眇一目号称独眼龙将军。日清战争第二军第一师团长，主战金州、旅顺、田庄台各役，旅顺虐杀事件祸首。

【乃木希典】(1849.12—1912.9) 著名陆军大将。日清战争步兵第一旅团长，主攻金州旅顺。第二任台湾总督，明治天皇驾崩后，夫妇自刃殉葬。

朝鲜及三国干涉历史人物

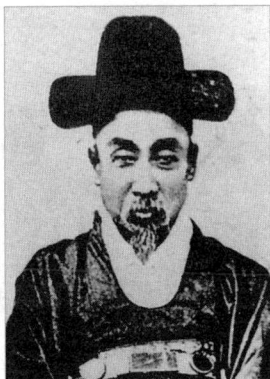

【李昰应】大院君（1820—1898）
朝鲜高宗国王的生父，摄政期间推行
锁国政策，与高宗爱妃闵氏不共戴天，
清日战争协助日军驱逐清国势力。

【李熙】朝鲜国王高宗（1852.9—
1919.1）哲宗先皇早逝无子，李熙以
皇族身份继位。生性懦弱，朝政旁落
闵妃一族，清日战争受制日军。

【闵兹暎】（1851.10—1895.10）高宗
国王的宠妃，在宫中组成闵家势力专
权朝政，与大院君势不两立。在日清
俄间摇摆不定，后被日本浪人杀害。

【崔时亨】（1852.11—1898.3）朝
鲜东学教二代教主，主张西学和儒学
之中庸。领导农民起义军抗日，后被
日军抓获处死刑。

【金玉均】（1851.2—1894.3）明治维
新影响下的朝鲜开明派，主张政治改
革被朝廷视为大逆。在上海遭闵妃刺
客谋杀凌迟戮尸，引发日清关系恶化。

【金宏集】（1842—1896）朝鲜王
朝后期政治家，在清、日、俄势力混
乱情势下致力于政治改革，四次出任
总理大臣，其亲日立场招致乱民杀害。

【尼古拉二世】（1868—1918）俄
国皇帝，主导清日战争三国干涉，迫
使日本退出辽东半岛，取得清国大量
权益，与日本结下宿怨。

【威廉二世】（1859—1941）德国
皇帝，积极参与三国干涉，牵制俄法
联盟换取俄国支持德国在东亚扩张，
日清战争后取得山东胶州湾利益。

【福尔】（1841—1899）法国总统，
基于俄法联盟以及长期窥视台湾利
益，愤恨日本独占台湾，支持和参与
俄德两国提议的三国干涉。

第五章

清日战争表记

5.1 战争机构

5-1-1 清国战争指挥机构及军事编制

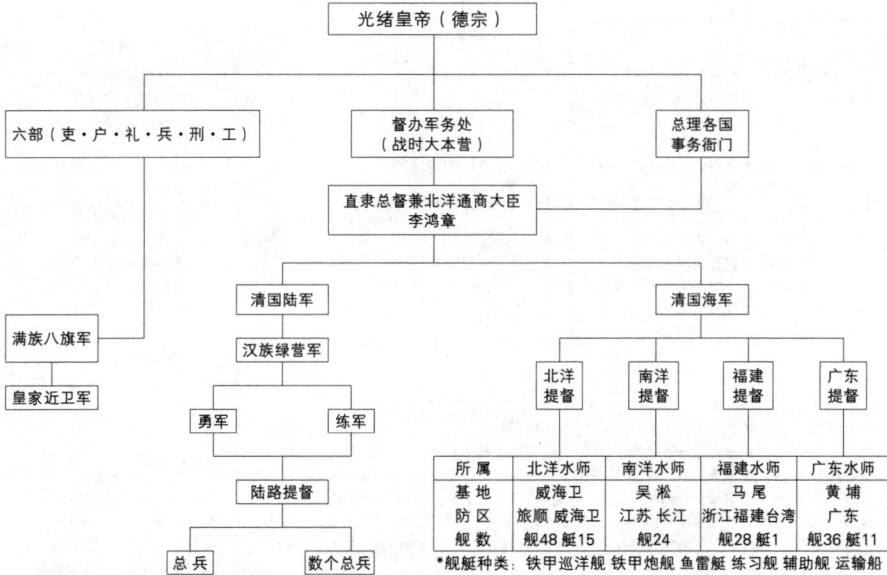

光绪皇帝（德宗）

六部（吏·户·礼·兵·刑·工）　　督办军务处（战时大本营）　　总理各国事务衙门

直隶总督兼北洋通商大臣 李鸿章

清国陆军　　　清国海军

满族八旗军　　皇家近卫军

汉族绿营军

勇军　　练军

陆路提督

总兵　　数个总兵

前军　左军　中军　右军　后军

数营　数营　数营　数营　数营

营的编制

清国海军：北洋提督　南洋提督　福建提督　广东提督

所属	北洋水师	南洋水师	福建水师	广东水师
基地	威海卫	吴淞	马尾	黄埔
防区	旅顺 威海卫	江苏 长江	浙江福建台湾	广东
舰数	舰48 艇15	舰24	舰28 艇1	舰36 艇11

*舰艇种类：铁甲巡洋舰 铁甲炮舰 鱼雷艇 练习舰 辅助舰 运输船

步兵营 / 骑兵营

步兵营		骑兵营		
编制	定员	编制	定员	马匹
1哨队	108	1哨队	52	54
2哨队	108	2哨队	52	54
3哨队	108	3哨队	52	54
4哨队	108	4哨队	52	54
营部	73	5哨队	52	54
		营部	3	6
合计	505	合计	263	276

职务｜营官：参将 游击　哨官：都司 守备 千总
兵卒：下士 亲兵 护勇 正勇 伙勇 马勇 兽医 铁匠 长夫

*清日战争中步兵平均350人/营　*马队平均250骑/营

总督	管辖防区	总督	管辖防区
直隶总督	京城 直隶 山东	四川总督	四川
两江总督	江苏 安徽 江西	两广总督	广东 广西
闽浙总督	福建 浙江	云贵总督	云南 贵州
两湖总督	湖南 湖北	盛京 吉林	
陕甘总督	陕西 甘肃	将军	黑龙江

清国军常备作战兵员数

省别	步队		马队		合计
	营数	兵员	营数	兵员	
黑龙江	18	6,300	7	1,750	8,050
吉林	34	11,900	26	6,500	18,400
奉天	56	19,600	21	5,250	24,850
直隶	105	36,750	38	9,500	46,250
山东	40	14,000	8	2,000	16,000
河南	15	5,250	5	1,250	6,500
安徽	20	7,000	5	1,250	8,250
江苏	60	21,000	5	1,250	22,250
浙江	35	12,250	5	1,250	12,250
福建	51	17,850	5	1,250	17,850
台湾	37	12,950	1	250	13,200
广东	52	18,200	1	250	18,200
广西	39	13,650	1	250	13,650
山西	16	5,600	13	3,250	8,850
陕西	23	8,050	6	1,500	9,550
湖北	21	7,350	3	750	8,100
湖南	43	15,050	3	750	15,050
江西	23	8,050	3	750	8,050
四川	34	11,900	3	750	11,900
贵州	34	11,900	3	750	11,900
云南	39	13,650	3	750	13,650
甘肃	17	5,950	7	1,750	7,700
新疆	50	17,500	47	11,750	29,251
总计	812	301,700	192	48,000	349,700

*战争爆发后的1894.12.3清国设立督办军务处

5-1-2　日本战争指挥机构及军事编制

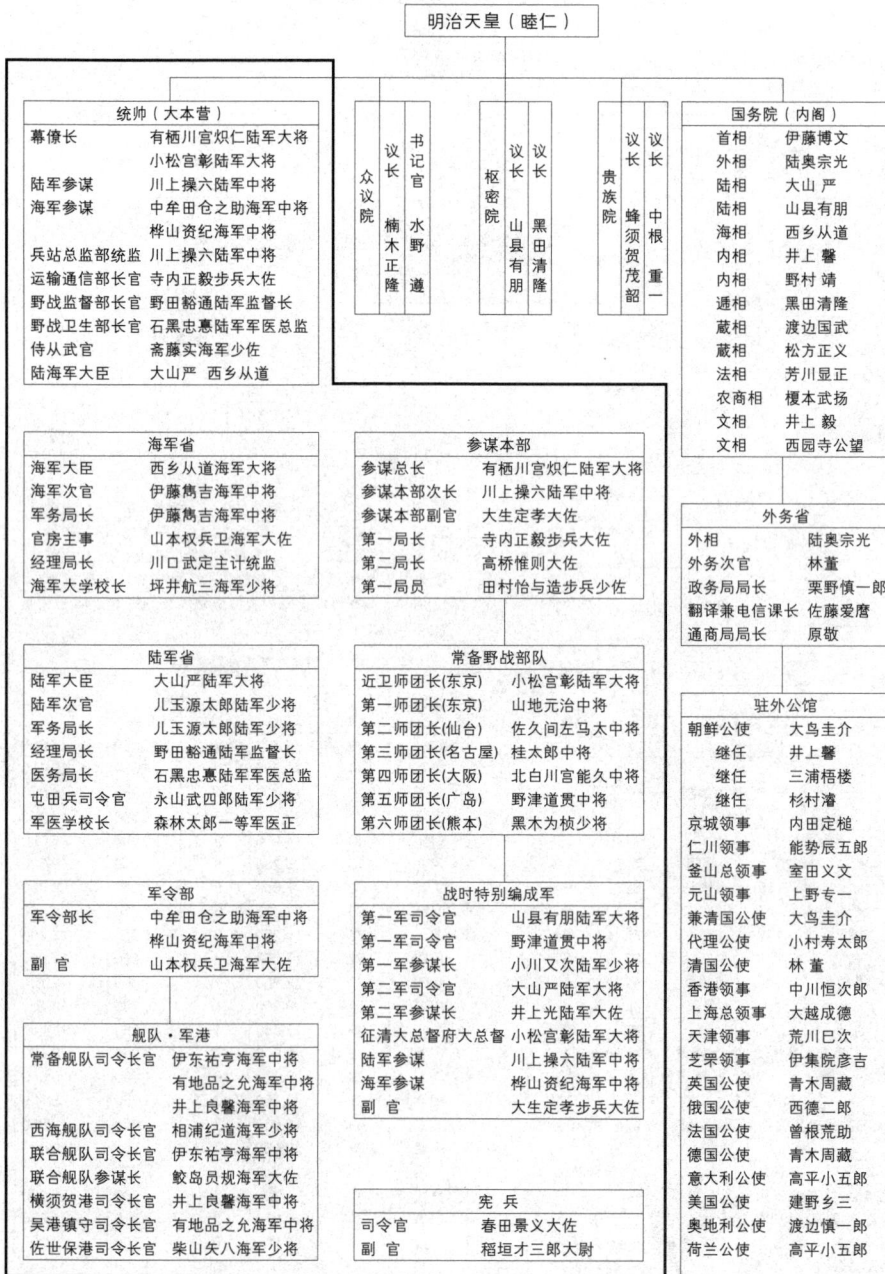

明治天皇（睦仁）

统帅（大本营）

幕僚长	有栖川宫炽仁陆军大将
	小松宫彰陆军大将
陆军参谋	川上操六陆军中将
海军参谋	中牟田仓之助海军中将
	桦山资纪海军中将
兵站总监部统监	川上操六陆军中将
运输通信部长官	寺内正毅步兵大佐
野战监督部长官	野田豁通陆军监督长
野战卫生部长官	石黑忠惠陆军军医总监
侍从武官	斋藤实海军少佐
陆海军大臣	大山严　西乡从道

众议院	议长　楠木正隆 书记官　水野遵
枢密院	议长　山县有朋 议长　黑田清隆
贵族院	议长　蜂须贺茂韶 议长　中根重一

国务院（内阁）

首相	伊藤博文
外相	陆奥宗光
陆相	大山严
陆相	山县有朋
海相	西乡从道
内相	井上馨
内相	野村靖
逓相	黑田清隆
藏相	渡边国武
藏相	松方正义
法相	芳川显正
农商相	榎本武扬
文相	井上毅
文相	西园寺公望

海军省

海军大臣	西乡从道海军大将
海军次官	伊藤隽吉海军中将
军务局长	伊藤隽吉海军中将
官房主事	山本权兵卫海军大佐
经理局长	川口武定主计统监
海军大学校长	坪井航三海军少将

参谋本部

参谋总长	有栖川宫炽仁陆军大将
参谋本部次长	川上操六陆军中将
参谋本部副官	大生定孝大佐
第一局长	寺内正毅步兵大佐
第二局长	高桥惟则大佐
第一局员	田村怡与造步兵少佐

外务省

外相	陆奥宗光
外务次官	林董
政务局局长	栗野慎一郎
翻译兼电信课长	佐藤爱麿
通商局局长	原敬

陆军省

陆军大臣	大山严陆军大将
陆军次官	儿玉源太郎陆军少将
军务局长	儿玉源太郎陆军少将
经理局长	野田豁通陆军监督长
医务局长	石黑忠惠陆军军医总监
屯田兵司令官	永山武四郎陆军少将
军医学校长	森林太郎一等军医正

常备野战部队

近卫师团长(东京)	小松宫彰陆军大将
第一师团长(东京)	山地元治中将
第二师团长(仙台)	佐久间左马太中将
第三师团长(名古屋)	桂太郎中将
第四师团长(大阪)	北白川宫能久中将
第五师团长(广岛)	野津道贯中将
第六师团长(熊本)	黑木为桢少将

驻外公馆

朝鲜公使	大鸟圭介
继任	井上馨
继任	三浦梧楼
继任	杉村濬
京城领事	内田定槌
仁川领事	能势辰五郎
釜山总领事	室田义文
元山领事	上野专一
兼清国公使	大鸟圭介
代理公使	小村寿太郎
清国公使	林董
香港领事	中川恒次郎
上海总领事	大越成德
天津领事	荒川巳次
芝罘领事	伊集院彦吉
英国公使	青木周藏
俄国公使	西德二郎
法国公使	曾根荒助
德国公使	青木周藏
意大利公使	高平小五郎
美国公使	建野乡三
奥地利公使	渡边慎一郎
荷兰公使	高平小五郎

军令部

军令部长	中牟田仓之助海军中将
	桦山资纪海军中将
副官	山本权兵卫海军大佐

战时特别编成军

第一军司令官	山县有朋陆军大将
第一军司令官	野津道贯中将
第一军参谋长	小川又次郎陆军少将
第二军司令官	大山严陆军大将
第二军参谋长	井上光陆军大佐
征清大总督府大总督	小松宫彰陆军大将
陆军参谋	川上操六陆军中将
海军参谋	桦山资纪海军中将
副官	大生定孝步兵大佐

舰队·军港

常备舰队司令长官	伊东祐亨海军中将
	有地品之允海军中将
	井上良馨海军中将
西海舰队司令长官	相浦纪道海军少将
联合舰队司令长官	伊东祐亨海军中将
联合舰队参谋长	鲛岛员规海军大佐
横须贺港司令长官	井上良馨海军中将
吴港镇守府司令长官	有地品之允海军中将
佐世保港司令长官	柴山矢八海军少将

宪兵

司令官	春田景义大佐
副官	稻垣才三郎大尉

5.2 两国军力

5-2-1 清国海军主要舰船

军舰名	所属	类型	材质	排水吨	马力	航速节	乘员	下水年	主要搭载兵器	制造国	备注
定远	北洋	装甲炮塔舰	钢	7,220	6,200	14.5	329	1882	30.5厘米炮 15厘米炮 7.5厘米炮 6斤炮 47毫米5管炮 37毫米5管炮 鱼雷管	德国	搁浅
镇远	北洋	装甲炮塔舰	钢	7,314	7,200	14.5	363	1882	30.5厘米炮 15厘米炮 7.5厘米炮 6斤炮 47毫米5管炮 37毫米5管炮 鱼雷管	德国	降伏
来远	北洋	装甲巡洋舰	钢	2,900	4,400	15.5	270	1887	21厘米炮 15厘米炮 7.5厘米炮 47毫米炮 37毫米5管炮 40毫米速射克虏炮 鱼雷管	德国	古沉
靖远	北洋	巡洋舰	钢	2,300	5,500	18.0	202	1886	21厘米炮 6尹安炮 6斤炮 3斤炮 1斤炮 峨炮	英国	降伏
济远	北洋	巡洋舰	钢	2,300	2,800	15.0	202	1883	21厘米克炮 15厘米克炮 47毫米炮 金陵制铜炮	德国	降伏
平远	北洋	装甲炮塔舰	钢	2,150	2,400	10.5	202	1888	26厘米克炮 15厘米克炮 4斤速射炮 3斤速射炮 37毫米5管炮 鱼雷管	清国	降伏
经远	北洋	装甲巡洋舰	钢	2,900	5,000	15.5	202	1887	21厘米炮 15厘米炮 7.5厘米炮 6斤炮 3斤炮 1斤炮 峨炮	德国	古沉
致远	北洋	巡洋舰	钢	2,300	5,500	18.5	202	1886	21厘米炮 6尹安炮 40毫米炮 37毫米炮	英国	古沉
扬威	北洋	巡洋舰	钢	1,350	2,400	15.0	137	1881	10尹安炮 40尹安炮 9斤安炮 37毫米炮	英国	古沉
超勇	北洋	巡洋舰	钢	1,350	2,400	15.0	137	1881	10尹安炮 40尹安炮 9斤安炮 峨炮	英国	古沉
威远	北洋	炮舰	铁骨木皮	1,300	750	12.0	124	1877	10.5厘米炮 7尹前装安炮 40尹前装安炮 诺炮	清国	降伏
康济	北洋	炮舰	铁骨木皮	1,300	750	9.5	124	1882	40尹前装瓦炮 12斤前装安炮 8.7厘米炮 峨炮	清国	
镇海	北洋	炮舰	木	950	350	9.0	73	1872	60尹前装炮 40尹瓦炮 峨炮	清国	
泰安	北洋	炮舰	木	1,258	600	10.0	82	1886	40尹前装安炮 30尹前装安炮	清国	
湄云	北洋	炮舰	木	578	400	8.0		1869	16厘瓦炮 12厘瓦炮	清国	
操江	北洋	炮舰	木	640	400	9.0	91	1869	13厘钢炮 16厘钢 峨炮	清国	降伏
镇南	北洋	炮舰	钢	430	450	10.0	54	1879	8厘前装安炮 12斤前装炮 机关炮	英国	降伏
镇北	北洋	炮舰	钢	430	450	10.0	54	1879	8厘前装安炮 12斤前装炮 机关炮	英国	降伏
镇东	北洋	炮舰	钢	430	450	10.0	54	1879	8厘前装安炮 12斤前装炮 机关炮	英国	降伏
镇西	北洋	炮舰	钢	430	450	10.0	54	1879	8厘前装安炮 12斤前装炮 机关炮	英国	降伏
镇边	北洋	炮舰	钢	430	350	10.0	55	1881	8厘前装安炮 12斤前装炮 机关炮	英国	降伏
镇中	北洋	炮舰	钢	440	450	10.0	60	1881	8厘前装安炮 12斤前装炮 机关炮	英国	降伏
敏捷	北洋	帆船练习舰	木	700				1888		清国	
广甲	广东	巡洋舰	铁骨木皮	1,296	1,600	15.0	150	1887	15厘米炮 12厘米炮 炮	清国	退难
广乙	广东	水雷炮舰	铁骨木皮	1,000	2,400	16.5		1891	12厘速射炮 6斤炮 37毫米5管炮	清国	自沉
广丙	广东	水雷炮舰	钢	1,000	2,400	16.5	110	1891	12厘速射炮 6斤炮 37毫米5管炮	清国	降伏
广丁	广东	炮舰	铁骨木皮	400		11.0		1888	12厘速射炮 10.5克炮	清国	
广戊	广东	炮舰	铁骨木皮	400		10.0		1888	12厘克炮 10克炮	清国	
赛泰	南洋	巡洋舰	铁骨木皮	2,700	2,400	15.0	213	1886	7尹安炮 40尹安炮 37毫米5管炮	清国	
镜清	南洋	巡洋舰	铁骨木皮	2,700	2,400	15.0	213	1886	7尹安炮 40尹安炮 37毫米5管炮	清国	
南瑞	南洋	巡洋舰	钢	2,200	2,400	15.0	250	1883	8尹安炮 4.5尹安炮 4管诺炮 5管诺炮 峨炮	德国	
南琛	南洋	巡洋舰	钢	2,200	2,400	15.0	250	1883	8尹安炮 4.5尹安炮 4管诺炮 5管诺炮 峨炮	德国	
开济	南洋	巡洋舰	铁骨木皮	2,200	2,400	15.0	260	1883	21厘米炮 15厘米炮 7斤克炮 4管诺炮 5管炮	清国	
保民	南洋	炮舰	铁骨木皮	1,477	2,400	10.0	280	1884	15厘米炮 前装安炮 37毫 5管炮	清国	
策电	南洋	炮舰	铁	400	310	9.0	61	1877	前装安炮 安炮 峨炮	英国	
飞霆	南洋	炮舰	铁	400	310	9.0	61	1877	前装安炮 安炮 峨炮	英国	
龙骧	南洋	炮舰	铁	319	310	9.0	60	1876	前装安炮 安炮 速射炮	英国	
虎威	南洋	炮舰	铁	319	310	9.0	60	1876	前装安炮 安炮 峨炮	英国	
威靖	南洋	炮舰	木	1,000	605	10.0	145	1870	12厘克炮 12厘铜炮 日炮	清国	
福靖	福建	水雷炮舰	铁骨木皮	1,000	1,200	17.0		1893	15厘炮 12厘炮 炮	清国	故障
海镜	福建	运送通报舰	木	1,450	580	10.0		1873	15厘炮 12厘炮 12厘炮	清国	

* 克炮：德国造克鲁伯斯特朗炮　* 安炮：英国造阿姆斯特朗炮　* 度量单位：厘=厘米 毫=毫米 斤=0.6Kg（炮弹重量）

5-2-2　日本海军主要舰船

军舰名	镇守港	类型	材质	吨位	马力	航速	乘员	下水年	主要搭载兵器	制造国
松岛	佐世保	海防	钢	4,278	5,400	16.0	360	1890	炮32cm×1　12cm×12　机关炮×12　鱼雷管×4	法国
桥立	横须贺	海防	钢	4,278	5,400	16.0	360	1891	炮32cm×1　12cm×11　机关炮×6	日本
严岛	吴	海防	钢	4,217	5,400	16.0	360	1889	炮32cm×1　12cm×11　机关炮×5	法国
吉野	吴	巡洋	钢	4,216	15,900	23.0	360	1892	炮15.0cm×4　12cm×8　机关炮×22　鱼雷管×5	英国
扶桑	横须贺	护卫舰	钢	3,777	3,500	13.0	204	1877	炮24cm×4　17cm×4　鱼雷管×2	英国
浪速	横须贺	巡洋	钢	3,709	7,604	18.0	325	1885	炮26cm×2　15cm×6　机关炮×6　鱼雷管×4	英国
高千穗	佐世保	巡洋	钢	3,709	7,604	18.0	325	1885	炮26cm×4　15cm×6　机关炮×8　鱼雷管×4	英国
秋津洲	吴	巡洋	钢	3,150	8,400	19.0	330	1892	炮15.2cm×4　12cm×6　机关炮×4　鱼雷管×4	日本
千代田	横须贺	巡洋	钢骨铁皮	2,439	5,678	19.0	350	1890	炮12cm×10　机关炮×14　鱼雷管×3	英国
高雄	横须贺	报知	钢	1,774	2,300	15.0	226	1888	炮15cm×4　12cm×1　机关炮×2　鱼雷管×2	日本
八重山	吴	巡洋	钢	1,609	5,400	20.0	126	1889	炮12cm×3　机关炮×1　鱼雷管×2	日本
筑紫	佐世保	巡洋	钢	1,350	2,887	16.4	177	1880	炮25.4cm×2　12cm×4　机关炮×1	英国
大岛	吴	炮舰	钢	640	1,217	13.0	130	1891	12厘炮　47毫速射炮　机炮	日本
爱宕	横须贺	炮舰	钢骨铁皮	614	950	11.0	103	1887	17厘炮　15厘炮　47毫速射炮　机炮	日本
摩耶	吴	炮舰	钢	622	963	10.3	60	1886	17cm×2　12cm×5　机关炮×1	日本
赤城	吴	炮舰	钢	614	950	10.0	126	1888	17cm×2　12cm×5　机关炮×1	日本
乌海	佐世保	炮舰	铁	622	963	10.3	89	1887	炮12cm×4　机关炮×6	日本
金刚	吴	护卫舰	铁骨木皮	2,284	2,535	13.2	321	1877	21厘炮　12厘炮　机炮	英国
比叡	横须贺	护卫舰	铁骨木皮	2,250	2,270	13.0	300	1877	17厘炮　15厘炮　47毫速射炮　6斤速射炮　机炮	英国
武藏	吴	单帆炮舰	铁骨木皮	1,480	1,600	13.0	230	1886	17cm×3　机关炮×1	日本
大和	吴	单帆炮舰	铁骨木皮	1,480	1,600	13.0	229	1885	17cm×2　12cm×5　机关炮×1	日本
葛城	佐世保	单帆炮舰	铁骨木皮	1,502	1,622	13.0	114	1875	17cm×2　12cm×5　机关炮×1	日本
筑波	横须贺	护卫舰	木	1,978	526	8.0	251	1871	前装16厘炮　4斤炮　机炮	日本
天龙	吴	单帆炮舰	木	1,547	1,267	12.0	208	1883	17厘炮　15厘炮　12厘炮　7.5厘炮　机炮	日本
海门	佐世保	单帆炮舰	木	1,367	1,267	12.0	181	1882	17厘炮　12厘炮　7.5厘炮　机炮	日本
天城	横须贺	单帆炮舰	木	936	720	11.5	148	1877	炮17cm×1　12cm×1　12cm×1　8cm×3	日本
磐城	佐世保	炮舰	木	667	659	10.0	109	1878	15厘炮　12厘炮　8厘炮　机炮	日本
凤翔	吴	炮舰	木	321	217	7.5	96	1871	8厘炮　40斤炮　20斤炮	日本
小鹰	横须贺	水雷艇	钢	203	1,217	19.0	20	1887	1尹4注速机炮　鱼雷发射管4	英国
Creusot型	横须贺	水雷艇	钢	54	525	20.0		1888	机关炮1门　鱼雷发射管2（法国组件日本表配19艘）	法国
西京丸	日本邮船会社	商船征用	钢	2,913	397	12.0	208	1888	炮12cm×1　机关炮×3	英国
近江丸	日本邮船会社	商船征用	铁	2,473	261	12.0	炮手12	1884	80年式30口径17厘炮　12斤安炮　1尹安炮	英国
山城丸	日本邮船会社	商船征用	铁	2,528	261	12.0	炮手10	1884	80年式30口径17厘炮　旧式12斤安炮　1尹安炮	英国
相模丸	日本邮船会社	商船征用	铁	1,885	183	10.0	炮手6		80年式12厘炮　7.5厘克炮　47毫速射炮	日本

* 度量单位：厘=厘米、毫=毫米，斤＝0.6Kg（炮弹重量）

5-2-3 清国新征兵员及武器装备

地方	人员（人）	兵器				马（匹）
		大炮（门）	枪械（支）			
			洋式	火绳式		
奉 天	34,364	60	13,705	7,700		2,861
吉 林	30,813	56	8,395	2,140		5,306
黑龙江	40,637	136	31,331	2,070		8,720
直 隶	53,148	36	16,224	572		7,637
畿 辅	35,792	369	11,300	5,150		590
山 西	19,097	58	4,013	3,623		2,850
山 东	57,546	161	12,277	5,440		2,713
河 南	30,021	74	17,150	5,440		3,029
安 徽	14,777	35	4,128	400		564
江 苏	60,588	143	20,326	998		3,526
江 西	15,917	70	6,000	5,210		650
浙 江	37,630	68	15,999	5,210		1,736
福 建	20,611	58	5,028	660		448
广 东	24,051	68	14,900	1,800		612
广 西	10,156	18	5,176	1,800		682
湖 南	29,382	30	6,440	1,800		1,500
湖 北	27,560	120	16,222	524		1,830
陕 西	22,181	68	5,230	3,300		2,908
甘 肃	11,989	10	4,754	420		5,155
新 疆	14,083	30	4,401	860		1,960
四 川	8,195	16	900	860		64
淮安清江一带	11,991	33	5,923	860		827
黄河口一带	1,934	16	680	860		827
云 南						
贵 州						
总 计	612,463	1,733	230,502	40,867		56,168

5-2-4 日军主要炮械

炮 名	口径（mm）	炮身（mm）	射角（度）	弹量（Kg）	初速（m/s）	射程（m）
7厘米主战山炮	75	100	−10～21	4.28	255	3,600
7厘米主战野炮	75	178	−7～19	4.28	422	5,000
19厘米加农炮	190	4,302	−20～30	64	505	8,740
24厘米加农炮	230*	5,656	−8～32	150	435	9,000
26厘米加农炮	240*	6,376	−18～28	150	494	10,000
28厘米加农炮	280	2,863	−10～68	217	315	7,900

*炮口加装铸铁箍　*大口径炮装备海防炮台　*7厘小口径炮装备陆军作战部队

5-2-5 日本各师团枪炮配备

单位：枪(支) 炮(门)

枪械名	近卫师团	第一师团	第二师团	第三师团	第四师团	第五师团	第六师团	第七师团	制造国
村田步枪		15,416	10,980	10,980	2,128	12,028	14,550		日本
村田骑枪		497	489	845	4	443	470	185	日本
村田连发步枪	9,221				13,524				日本
村田连发骑枪	450				497				日本
比堡迪步枪								3,800	美国
斯本瑟步枪	130	262	217	228	207	190	187		美国
士乃德步枪		3,186	5,784	7,912	3,656	6,316	5,118		英国
S&W转轮手枪	204	337	327	328	321	503	313	67	英国
7厘米野炮	26	26	26	2	26	2	26		日本
7厘米山炮		13	13	37	13	37	13	6	日本

5-2-6　1890年日本《陆军定员令》师团编制

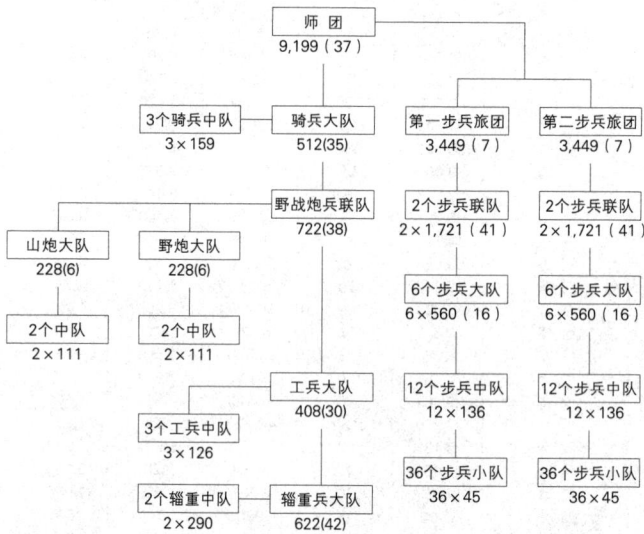

```
                            师 团
                          9,199（37）
        ┌──────────────────────┼──────────────────────┐
3个骑兵中队 ── 骑兵大队      第一步兵旅团            第二步兵旅团
  3×159      512（35）      3,449（7）             3,449（7）
                              │                      │
        野战炮兵联队        2个步兵联队           2个步兵联队
          722（38）       2×1,721（41）          2×1,721（41）
     ┌──────┴──────┐         │                      │
  山炮大队      野炮大队   6个步兵大队           6个步兵大队
  228（6）     228（6）  6×560（16）           6×560（16）
     │            │          │                      │
  2个中队      2个中队    12个步兵中队          12个步兵中队
  2×111       2×111     12×136                12×136
                              │                      │
        工兵大队          36个步兵小队          36个步兵小队
          408（30）       36×45                 36×45
     ┌──────┴──────┐
  3个工兵中队
  3×126
  2个辎重中队 ── 辎重兵大队
  2×290        622（42）
```

1.括弧内数字是将校士官数。
2.日清战争战时兵员，一个师团全编制数增至18,500人（内含军夫），军马5,500匹。

5-2-7　日军战时雇用军夫数量及分配

军夫总数：152,365人

部门		野战队	兵站部	守备队	合计	部门		合计
作战部队军夫配备数	近卫师团	3,451	5,107		8,558	附属部门军夫配备数	大本营所属	21,627
	第一师团	9,468	4,256	432	14,156		第一军所属	17,235
	第二师团	5,746	5,755		11,501		第二军所属	12,100
	第三师团	6,172	8,423	392	14,987		台湾总督所属	132
	第四师团		4,354	380	4,734		海城守备炮兵	21,547
	第五师团	8,922	2,361	94	11,377		经理局	8,799
	第六师团	966	3,053	536	4,555		工兵本署	368
	临时第七师团	42	25		67		不　明	622
小计（人）		34,767	33,334	1,834	69,935	小计（人）		82,430
从军军夫主要职役分类	枪械工　马鞍工　木工　锻工　铸工　车丁　缝工　蹄铁工　靴工　家大工　船大工　帆工　石土工　泥土工　水井挖掘工　土方工　人夫　脚夫　车夫　工夫　莒职　桶职　洗涤工　屠夫　厨夫　其他							

5.3 朝鲜战役

5-3-1　日军平壤会战伤亡情况

单位（人）

部队	区分	阵亡 将校	阵亡 兵卒	负伤 将校	负伤 兵卒	失踪 兵卒
混成旅团	司令部			1		
	步兵第十一联队	3	26	9	89	
	步兵第二十一联队	2	86	6	140	
	骑兵第一中队				1	
	炮兵第五联队	1	6	1	30	
	工兵第一中队		5		12	
	野战卫生队		1		1	
	小计	6	124	17	273	0
朔宁支队	司令部			1		
	步兵第二十联队		3		22	
	步兵第二十一联队		5	2	17	
	骑兵第五大队				2	
	炮兵第五联队				2	
	工兵第五大队					
	小计		8	3	43	0
元山支队	司令部					
	步兵第十八联队	2	34	6	136	5
	骑兵第三大队					
	炮兵第三联队					
	工兵第三大队					
	野战卫生队				2	
	小计	2	34	6	138	5
师团主力	司令部			1		
	步兵第十一联队				3	
	步兵第十二联队		1	1	11	2
	步兵第二十二联队		3	1	3	2
	骑兵第三大队				2	3
	野战炮兵第五联队				4	
	工兵第五大队		1		1	
	野战卫生队					
	小计	0	6	2	24	7
总计		8	172	28	478	12

5-3-2　日军平壤战斗弹药消耗量

部队	种类	炮弹 榴弹	炮弹 榴霰	炮弹 霰弹	枪弹 枪弹
混成旅团		321	1,128	12	96,670
朔宁支队		163	280		22,173
元山支队		156	490		88,348
师团主力		40	230	4	77,678
总计		680	2,128	16	284,869

* 明治二十八年（1894）9月15.16日消耗

5-3-3　清日朝鲜战役总决算

作战时间		1894年7月25日—1894年9月15日
作战目的	清国	保卫在朝鲜的宗主国地位
	日本	夺取朝鲜支配权，驱逐清国在朝鲜势力
军力投入	清国	兵员总数15,500名　山野炮28门　机关炮6门
	日本	兵员总数14,000人、山野炮44门
主要战斗		成欢战斗、平壤会战
战役伤亡	清国	成欢、平壤战合计死亡2,000~2,500人，负伤推计5,000余人，俘虏619人
	日本	成欢、平壤战合计死亡221人，负伤565人
作战结果	清国	战败、退出朝鲜，保卫在朝地位未达成
	日本	战胜，占领朝鲜，驱逐清军目的达成
战略影响	清国	失去在朝鲜宗主国地位，暴露军队弱点和缺陷，导致战争扩大至本土
	日本	取得朝鲜支配权，确定对清作战信心，战争扩大至清国本土

5.4 清国本土作战

5-4-1 清军旅顺口陆地正面布防
单位（门）

炮台名	炮种	数量	小计	所属
松树山炮台	12厘米加农炮	1	9	和字营（总兵）程允和 一营 400（兵）
	20厘米臼炮	2		
	12磅榴弹炮	1		
	8厘米野炮	1		
	7厘米野炮	1		
	6厘米山炮	2		
	哈乞开斯炮	1		
二龙山炮台	12厘米加农炮	1	5	
	12厘米线日炮	2		
	6厘米山炮	1		
	哈乞开斯炮	1		
二龙山东部炮台	8厘米野炮	1	3	
	哈乞开斯炮	1		
	格林机关炮	1		
望台北方炮台	12厘米加农炮	2	7	桂字营（总兵）姜桂题 四营 1,600（兵）
	8厘米野炮	3		
	7厘米野炮	1		
	格林机关炮	1		
鸡冠山西北炮台	6厘米山炮	3	5	
	格林机关炮	2		
鸡冠山西方炮台	12厘米加农炮	2	4	
	格林机关炮	1		
	哈乞开斯炮	1		
鸡冠山炮台	6厘米山炮	1	3	
	诺式机关炮	2		
小坡山炮台	诺式机关炮	3	3	
大坡山炮台	6厘米山炮	4	4	
临时炮台	6厘米山炮	4	6	
	哈乞开斯炮	2		
临时炮台	6厘米山炮	7	7	
临时炮台	8厘米野炮	4	4	
临时蟠桃山炮台	6厘米山炮	6	6	
椅子山左翼炮台	8厘米野炮	2	6	和字营（总兵）程允和 两营 800（兵）
	格林机关炮	2		
椅子山中央炮台	12厘米加农炮	2		
案子山东炮台	12厘米加农炮	1	3	
	20厘米臼炮	2		
案子山西炮台	12厘米加农炮	2	3	
	7厘米野炮	1		
案子山低炮台	9厘米加农炮	1	2	
	格林机关炮	1		
案子山东麓小炮台	20厘米臼炮	2	4	
	诺式机关炮	2		
炮数及兵力合计		84	2,800	

(东面防卫 / 西面防卫为左侧分区)

5-4-2 清军旅顺口海正面炮台布防
单位（门）

炮台名	炮种	数量	小计	所属
黄金炮台	12厘米加农炮	2	17	庆字营（总兵）黄仕林 四营 1,600（兵）
	24厘米加农炮	3		
	12磅榴弹炮	4		
黄金山东小炮台	12厘米加农炮	2		
黄金山臼炮炮台	15厘米臼炮	6		
摸珠礁炮台	15厘米加农炮	2	8	
	21厘米加农炮	2		
	8厘米野炮	4		
唠律咀炮台	24厘米加农炮	4	10	
	12厘米加农炮	2		
	5管格林机关炮	1		
唠律咀北山炮台	12厘米加农炮	3		
人字墙炮台	12厘米加农炮	2	4	
	47毫米哈式炮	2		
老虎尾炮台	21厘米加农炮	2	5	庆字营（总兵）张光前 四营 1,600（兵）
	12磅榴弹炮	3		
威远炮台	15厘米加农炮	2	5	
	12磅榴弹炮	3		
峦子营炮台	15厘米加农炮	4	6	
	12磅榴弹炮	2		
馒头山炮台	24厘米加农炮	3	6	
	12厘米加农炮	3		
城头山炮台	12厘米加农炮	2	10	
	8厘米野炮	6		
	5管格林机关炮	2		
炮数及兵力合计		71	3,200	

(东岸防卫 / 西岸防卫为左侧分区)

5-4-3 清军大连湾海岸炮台布防
单位（门）

炮台名	备炮类型	数量	小计	所属
和尚岛东炮台	21厘米加农炮	2	4	
	15厘米加农炮	2		
和尚岛中炮台	21厘米加农炮	2	6	
	15厘米加农炮	2		
	8厘米野炮	2		
和尚岛西炮台	21厘米加农炮	2	4	铭军营（2哨）200（兵）
	15厘米加农炮	2		
老龙岛炮台	24厘米加农炮	4	4	
黄山炮台	21厘米加农炮	2	4	
	15厘米加农炮	2		
徐家山炮台	15厘米加农炮	4	16	
	8厘米野炮	8		
	4磅榴弹炮	4		

5-4-4　辽河平原战役清国军兵力分布

驻屯地名	统领	支队	部队名称	步队营	步队哨	马队营	马队哨	小计营	小计哨	合计
营口	提督宋庆	总兵 刘世俊	嵩武军	6		2	3	8	3	85营1哨
		总兵 张光前	新庆军	5				5		
		总兵 姜桂题	铭字军	11	2		1	11	3	
		总兵 李永芳	新毅字军	5				5		
		总兵 李家昌	新毅字军	5				5		
		总兵 龙殿扬	新毅字军	5				5		
		总兵 程允和	新毅字军	4				4		
		总兵 刘凤清	新毅字军	5		1		6		
		总兵 马玉昆	毅字右军	9				9		
		总兵 宋得胜	毅字左军	5				5		
		总兵 蒋希夷	希字军	7		1		8		
		总兵 徐邦道	拱卫军	11				11		
	营口道台 乔干臣		道标步勇	2				2		
田庄台	巡抚 吴大澂	巡抚直辖	吴大澂抚标	2				2		13营
		副将 吴元恺	恺字军	4				4		
		指挥 吴凤桂	凤字军	1		6		7		
牛庄城	巡抚 吴大澂	道台 李光久	老湘军	5				5		25营2哨
		布政使 魏光焘	新湘军	8	2			8	2	
		总兵 梁永福	凤字军	5				5		
		总兵 刘树元	吴大澂抚标	7				7		
锦州	巡抚 吴大澂	翰林院 曾广均	吴大澂抚标	5				5		32营
		道台 左孝同	忠信军	5				5		
		总兵 王连三	山东练军	4		2		6		
	长顺所属	佐领 恩喜	吉字军	8				12		
	裕禄所属	侍卫 丰升阿	盛字练军	4				4		
鞍山站 腾鳌堡间		黑龙江将军 依克唐阿	敌忾军	4				4		66营2哨
			镇边军	4		9		13		
			齐字练军	4		2		6		
			靖远新军	5		4		9		
			齐字新军			3		3		
			豫军精锐营	3	2		3	4		
			韩边外民兵营	3				3		
		吉林将军 长顺	吉林靖边军	16	4	2	3	19	2	
			热河马队			5		5		
把会寨		辽阳知州 徐庆璋	丰军	3				3		13营
			镇东军	10				10		
摩天岭 樊家寨台间		按察使 陈湜	新丰军	3				3		37营3哨
			盛字军	12	1	5	2	17	3	
			福寿军	10				10		
		提督 唐仁廉	丰军	2				2		
			奉天靖边军	4		1		5		
宽甸		道台 张锡銮	定边军	7				7		36营2哨
通化怀仁 地方		侍卫 倭恒额	齐字练军	4		2		6		
		姜天福 吕寿山	民兵团	10				10		
兴京地方		副都统 奕澍	兴安军	3	2			3	2	
		侍卫 富林布	吉字营			5		5		
城厂		副都统 奕澍所属	边防	3				3		
高丽城		文禄（官职不明）	盛字练军	1		1		2		

（续5-4-4表）

驻屯地名	指挥官	部队名称	步队 营	步队 哨	马队 营	马队 哨	小计 营	小计 哨	合计
辽阳	奉天将军 裕禄	丰军	5				5		18营4哨
		景字丰军			5		5		
		盛字练军	3		1		4	4	
		铁字军		24			4		
奉天	奉天将军 裕禄	盛仁军	8		4		12		25营
		长胜军	4		1		5		
		捷胜军	1		1		2		
		丰军	3				3		
		新丰军	3				3		
下马塘	侍卫 寿山	敌忾军	10				10		10营

辽河平原一线清军兵力总数：约361营4哨（内含炮队）

5-4-5　辽河平原清国军后方兵力分布

驻屯地名	指挥官	部队名称	步队 营	步队 哨	马队 营	马队 哨	小计 营	小计 哨	合计
宁远·中后所	按察使 陈湜	舜字	8		2		10		10营
中前所附近	副将 张世达	舜字	4				4		5营
	总兵 用得舜	鼎字	1				1		
朝阳附近	不明	崇胜军	2		2		4		4营
山海关附近	（总督）刘坤一	凤字 陈凤楼	4		2		6		78营2哨
	总兵 邓生业	督标 亲兵	3	1			3	1	
	总兵 刘能用	督标 刘子军	3	1			3	1	
	总兵 刘光才	督标 才军	7				7		
	总兵 余虎恩	虎字	10				10		
	总兵 熊铁生	铁字	10				10		
	总兵 马心胜	永兴军	4		2		6		
	总兵 姚文广	泰安军	5		3		8		
	副将 祁发祥	仁胜军	2		2		4		
	总兵 宋朝濡	安徽练军	9				8		
	副将 王在山	练军			2		2		
	副将 王得胜	天津练军	2				2		
	副将 潘万才	铭字军			3		2		
	佐领 恩景	承健练军	6				6		
北京附近	提督 程文炳	威靖军	29				29		158营2哨
	副将 张安寿	陕勇安字	4		1		5		
	不明	晋军	2				2		
	不明	精健	3		2		5		
	不明	安徽	2				2		
	不明	安字	4				4		
	不明	湖南	8				8		
	不明	湖北鸿字	2				2		
	总兵 吴殿甲	安勇	7	2			7	2	
	总统 端郡王	抽调八旗	10		4		14		
	总统 奕劻	威霆制胜	14		11		25		
	道台 蒋世勋	通字	3				3		
	副将 牛守正	顺子	2				2		
	协领 色克土	昌字	7				7		
	总兵 王志雄	雄勇	4				4		
	提督 董福祥	甘军	20		6		26		
	总兵 达尔济	察尔尔			6		6		
	总兵 贺星明	山西练军	4		3		7		
洋河口	总兵 贾起胜	胜字军	8				8		8营
滦河口	总兵 申道发	刚字军	9		1		10		10营

（续5-□表）

大清河口	总兵 闪殿魁	魁胜军	10			10	10营
开平	提督 聂士成	保定练军	4			4	8营
		仁字	4			4	
芦台	提督 聂士成	提标	2	2		4	13营
	提督 郑羹潞	豫勇	7	2		9	
北塘·白河口	总兵 罗荣光	督标	8			8	31营
	总兵 吴宏洛	宏字	10			10	
	不明	直字	2			2	
	知府 胡金贵	豫勇	7			7	
	不明	练军	4			4	
小站·歧口	侍郎 王文锦	津胜军	26		4	30	30营
天津附近	总兵 钱玉兴	新募	10			10	34营
	总兵 杨鸿礼	河南练军	6			6	
	总兵 田在田	乾字	6			6	
	总兵 吴殿元	芦勇	2			2	
	副将 卞长胜	功字	10			10	

辽河平原清国军后方兵力总数：约399营4哨（内含炮队）

5-4-6　日清战争日本第一军作战编制

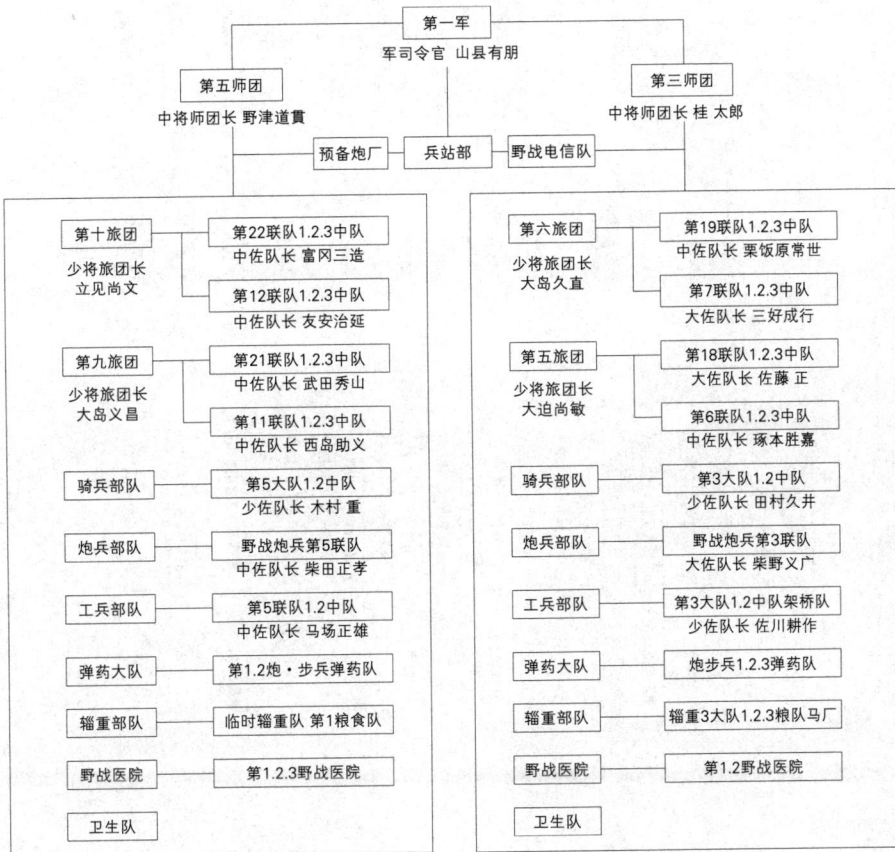

第一军
军司令官 山县有朋

第五师团
中将师团长 野津道貫

第三师团
中将师团长 桂 太郎

预备炮厂　兵站部　野战电信队

第十旅团
少将旅团长 立见尚文
　第22联队1.2.3中队 中佐队长 富冈三造
　第12联队1.2.3中队 中佐队长 友安治延

第九旅团
少将旅团长 大岛义昌
　第21联队1.2.3中队 中佐队长 武田秀山
　第11联队1.2.3中队 中佐队长 西岛助义

骑兵部队　第5大队1.2中队 少佐队长 木村 重

炮兵部队　野战炮兵第5联队 中佐队长 柴田正孝

工兵部队　第5联队1.2中队 中佐队长 马场正雄

弹药大队　第1.2炮·步兵弹药队

辎重部队　临时辎重队 第1粮食队

野战医院　第1.2.3野战医院

卫生队

第六旅团
少将旅团长 大岛久直
　第19联队1.2.3中队 中佐队长 栗饭原常世
　第7联队1.2.3中队 大佐队长 三好成行

第五旅团
少将旅团长 大迫尚敏
　第18联队1.2.3中队 大佐队长 佐藤 正
　第6联队1.2.3中队 中佐队长 琢本胜嘉

骑兵部队　第3大队1.2中队 少佐队长 田村久井

炮兵部队　野战炮兵第3联队 大佐队长 柴野义广

工兵部队　第3大队1.2中队架桥队 少佐队长 佐川耕作

弹药大队　炮步兵1.2.3弹药队

辎重部队　辎重3大队1.2.3粮食马厂

野战医院　第1.2野战医院

卫生队

5-4-7　日本第二军作战编制

第二军
军司令官 大山严

第一师团 中将师团长 山地元治	第二师团 中将师团长 佐久间左马太	混成第十二旅团 少将旅团长 长谷川好道
兵站部	临时攻城厂	
野战电信队		

混成第十二旅团

第十二旅团
- 第14联队1.2.3中队 中佐联队长 盆浦邦介
- 第24联队1.2.3中队 中佐联队长 吉田清一
- 骑兵部队 大尉队长1中队 山本荣大郎
- 炮兵部队 野战炮兵第6联队 少佐队长 石井隼太
- 工兵部队 第6大队2中队 大尉队长 下山笔八
- 弹药大队 步兵1.3弹药纵列
- 辎重部队 第1粮食纵列
- 野战医院 第1野战医院
- 卫生队

第一师团

第一旅团
少将旅团长 乃木希典
- 第1联队1.2.3中队 中佐队长 隐岐重节
- 第15联队1.2.3中队 大佐队长 河野通好

第二旅团
少将旅团长 西宽二郎
- 第2联队1.2.3中队 大佐队长 伊濑知好成
- 第3联队1.2.3中队 中佐队长 木村有悟

- 骑兵部队 第3大队1.2中队 少佐队长 秋山好古
- 炮兵部队 野战炮兵第1联队 大佐队长 今津孝则
- 工兵部队 第1大队1.2中队 大尉队长 田村义一
- 弹药大队 炮兵1.2.3.4弹药纵列
- 辎重部队 辎重1大队1.2.3粮队马厂
- 野战医院 第1.2野战医院
- 卫生队

第二师团

第三旅团
少将旅团长 山口素臣
- 第4联队1.2.3中队 大佐队长 仲木之祯
- 第16联队1.2.3中队 大佐队长 福岛备智

第四旅团
少将旅团长 贞爱亲王
- 第5联队1.2.3中队 中佐队长 渡部进
- 第17联队1.2.3中队 中佐队长 波本黄辉

- 骑兵部队 第2大队1.2中队 少佐队长 山冈光行
- 炮兵部队 野战炮兵第2联队 中佐队长 西村精一
- 工兵部队 第2大队1.2中队.架桥队 少佐队长 木村才藏
- 弹药大队 炮.步兵1.2.3.4弹药纵列
- 辎重部队 辎重1大队1.2.3粮队马厂
- 野战医院 第1.2野战医院
- 卫生队

5-4-8　清日战争主要战役

単位(人)

	战斗日	战斗地点	日本军				清军	
			参加部队	兵员	死亡	负伤	兵员	炮/门
朝鲜	1894.7.29	成欢	混成第9旅团	3,547	31	49	3,500	8
	9.12	平壤	第5师团	2,927		6		
	9.15	平壤	第5・3师团	11,537	190	498	15,000	37
清国本土	10.25	虎山	第5・3师团	15,052	33	114	18,250	79
	11.06	金州	第1师团	11,119	3	16	2,500	55
	11.18	岫岩	第3师团	3,177	2	2	2,000	10
	11.18	土城子	第1师团	919	13	38	5,200	2
	11.19	邢家沟	第5师团	157	14	1	500	
	11.2	水师营	第1师团	9,659		3	4,000	3
	11.21	旅顺口	第1师团	14,949	43	227	12,700	154
	11.21	金州	第1师团	1,752	9	46	7,300	0
	11.22	金州	第1师团	1,696	5	11	3,500	
	11.25	草河口	第5师团	1,604	8	30	3,900	4
	11.29	黄岭子	第5师团	765	13	5	1,500	
	12.1	樊家台	第5师团	2,247	11	48	3,000	4
	12.11	二道河子	第3师团	6,637		9	8,000	6
	12.13	海城	第3师团	6,290		4	5,000	1
	12.12	草河沿	第5师团	2,596	12	62	3,800	4
	12.19	缸瓦塞	第3师团	3,902	69	339	9,200	7
	1895.1.10	盖平	第1师团	5,522	36	298	364	4
	1.17	海城	第3师团	7,186	3	38	13,000	13
	1.22	海城	第3师团	6,988	5	29	20,000	16
	1.24	汤家	第2师团	2,274	1	1	1,800	
	1.29	后亭子・大川	第2师团	2,682	4	13	1,000	4
	1.30	凤林集・百尺崖	第2・6师团	17,247	64	152	8,000	
	2.01	羊亭集	第2师团	4,902	6	39	2,500	6
	2.31	威海湾	海军陆战队	122	2			
	2.16	海城	第3师团	5,936	3	11	16,000	21
	2.21	海城	第3师团	8,664	2	7	8,000	19
	2.24	大平山・七里沟	第1师团	11,905	29	284	19,800	30
	2.26	宽田县	第5师团	165	3	13	1,000	
	2.27	西烟台	第3师团	248			1,000	3
	2.27	沙河沿	第3师团	375		5	3,200	4
	2.27	海城	第3师团	4,211		3	3,070	6
	2.28	海城	第1・3师团	12,397	15	110	10,200	10
	3.01	乾泉堡	第3师团	3,159		7	2,600	3
	3.02	海城	第3师团	2,978		4	3,000	6
	3.04	牛庄	第3・5师团	11,595	72	317	5,000	6
	3.04	大房身	第3师团	52		1	2,700	
	3.06	营口	第12师团	1,785	3	1	2,800	
	3.07	田庄台	第3师团	756	4	2	500	
	3.08	田庄台	第3师团	3,010	2	2	6,000	30
	3.09	田庄台	第1・3师团	18,682	16	144	27,000	40
	3.11	香炉沟	第5师团	1,007		5	3,730	
台湾诸岛	3.23/24	澎湖岛	混成支队	2,724	3	26	3,500	
	6.02	瑞芳	近卫师团	1,384	3	16	2,000	5
	6.03	基隆	近卫师团	4,046	4	26	2,000	
	6.25	头亭溪	近卫师团	187	4	7	300	
	7.01	安平镇	近卫师团	595	12	23	400	
	7.1	新竹	近卫师团	1,168	4	5	500	2
	7.13	二甲九庄	近卫师团	217	4	15	500	
	7.13	龟仑	近卫师团	621	5	20		

（续5-4-8表）

	7.14	龙潭坡	近卫师团	1,204	4			
	7.1316	大料崁	近卫师团	892	12	23	1,600	3
	7.31	龙潭坡	近卫师团	2,216	3	13		
	7.31	新埔	近卫师团	76	3			
台湾诸岛	8.2526	头家庙	近卫师团	894	6	6	1,000	
	10.07	他里雾	近卫师团	1,427	4	10	2,000	
	10.07	云林	近卫师团	1,022	5	12	3,000	
	10.11	茄苳脚·埔头	第2师团	805	16	58	700	
	10.12	校仔头	第2师团	392	13	7		
	10.13	东石	第2师团	182	9	4	100	
	10.18	王爷头	第2师团	1,579	3	19	4,000	
	10.2	曾文溪	第2师团	1,963	3	13	3,000	
	10.12	肃垅	第2师团	861	10	45	5,000	

*所载战斗系日清战争文献记录的，超过二百次大小战斗中选取的主要战斗之记录。
*阵亡者包括非战斗员 *朝鲜·清国战场单方战斗员投入超千名或日军阵亡者超三名的战斗选择计入
*台湾战场日军阵亡者超三名的战斗选择计入

5.5 黄海海战

5-5-1 黄海海战清日两军战舰及主要指挥官

	军舰名	舰型	制造国	舰长	司令官
清国北洋水师	定远	装甲炮塔舰	德国	刘步蟾	提督 丁汝昌 坐镇定远旗舰
	镇远	装甲炮塔舰	德国	林泰普	
	来远	装甲炮塔舰	德国	邱宝仁	
	靖远	巡洋舰	英国	叶祖珪	
	济远	巡洋舰	德国	方伯谦	
	平远	装甲炮舰	清国	李和	副提督 Von Hanneken （汉纳根） 德国籍 坐镇定远旗舰
	经远	装甲炮塔舰	德国	林永升	
	致远	巡洋舰	英国	邓世昌	
	扬威	巡洋舰	英国	林履中	
	超勇	巡洋舰	英国	黄建勋	
	广甲	巡洋舰	清国	吴敬荣	
	广丙	水雷炮舰	清国	程璧光	
	福龙	鱼雷艇	清国	蔡廷干	
日本联合舰队	松岛	海防	法国	尾本知道	舰队司令 伊东祐亨 坐镇松岛旗舰
	桥立	海防	日本	日高状之丞	
	严岛	海防	法国	横尾道昱	
	吉野	巡洋	英国	河原要一	
	扶桑	护卫舰	英国	新井有贯	第一游击队 司令官 东乡平八郎 坪井航三 坐镇吉野舰
	浪速	巡洋	英国	东乡平八郎	
	高千穗	巡洋	英国	野村贞	
	秋津洲	巡洋	日本	上村彦之丞	
	千代田	巡洋	英国	内田正敏	
	赤城	炮舰	日本	坂本八郎太	
	比叡	护卫舰	英国	樱井规矩之左右	
	西京丸	商船征用	英国	鹿野勇之进	

5-5-2 黄海海战日本联合舰队各舰死伤者数

单位（人）

军舰名	秋津洲	松岛	桥立	千代田	扶桑	严岛	比叡	吉野	浪速	高千穗	赤城	西京丸	合计
战死	6	57	3	0	4	14	20	2	0	1	11	0	118
负伤	10	56	9	0	10	12	33	9	0	2	14	11	166
人员伤亡合计	16	113	12	0	14	26	53	11	0	3	25	11	284

5-5-3 黄海海战联合舰队各舰弹药消耗

单位（发）

	军舰名	秋津洲	松岛	桥立	千代田	扶桑	严岛	比叡	吉野	浪速	高千穗	赤城	西京丸	合计
弹种 消耗量	钢铁弹	1,521	1,360	1,455	1,308	743	1,879	20	1,039	1,212	2,121	280	33	12,971
	普通弹	17	155		56	359	21	4,561	18	316	42	104	198	5,847
	榴霰弹	460	12							1,084	401	24		1,981
弹药消耗合计		1,998	1,527	1,455	1,364	1,102	1,900	4,581	1,057	2,612	2,564	408	231	20,799

*钢铁弹、普通弹中内含小口径25毫米一尹诺典炮炮弹

5.6 清日和谈

5-6-1　清日战争总决算

战争结论	战 败
全国动员兵力	962,163人
全国常备军	349,700人
战时新募兵	612,463人
参战兵力总数	推算200,000人
战死战伤总数	推算35,000人
战俘	1,790人
军舰损失	击沉9艘（含自沉舰）降伏被俘舰14艘
炮械损失	重炮29门 轻炮451门 机关炮 速射炮107门
枪械损失	17,537支
冷兵器损失	11,764件
国土割让	台湾 澎湖列岛
战争赔偿	战费2.5亿两白银 辽东半岛赎金3,000万两白银
在朝鲜利益	宗主国地位丧失
其他主权	对日开放口岸 自由贸易

大清帝国

战争结论	战 胜
全国动员兵力	240,616人
海外出征兵数	174,017人
征用军夫总数	154,000人
战死总数	13,488人
战斗死	1,132人
疾病死	12,356人
变死	177人（事故 其他死）
消耗枪弹	1,241,800发
消耗炮弹	34,090发
马匹损失	11,532头
战争总军费	200,475,508圆
陆军军费	164,520,371圆
海军军费	35,955,137圆
在朝鲜利益	获得朝鲜支配权 朝鲜国脱离清国
在清国利益	获得军费赔偿 领土割让 口岸开放 自由贸易等权项
在俄国利益	阻止俄国在朝鲜扩张 抑制了俄国对日本的威胁

大日本帝国

5-6-2　日军参战部队总人数

单位(人)

部队	服务地	将官	佐官	士官	准士官	下士	兵卒	军人（小计）	军属（小计）	合计
近卫师团	国内	1	7	104	16	406	2,583	3,117	20	3,137
近卫师团	海外	3	39	447	75	1,683	15,465	17,712	211	17,923
第一师团	国内	1	25	177	36	955	9,992	11,186	265	11,451
第一师团	海外	3	54	568	89	2,236	21,221	24,171	29	24,200
第二师团	国内	1	15	73	17	674	4,161	4,941	173	5,114
第二师团	海外	2	49	643	101	2,306	25,416	28,517	152	28,669
第三师团	国内	1	24	178	30	841	8,819	9,893	138	10,031
第三师团	海外	4	51	522	93	2,280	20,689	23,639	64	23,703
第四师团	国内	1	32	140	45	803	7,195	8,216	214	8,430
第四师团	海外	2	42	563	103	2,142	23,032	25,884	122	26,006
第五师团	国内	1	20	184	36	769	9,104	10,114	588	10,702
第五师团	海外	4	77	557	93	2,263	20,602	23,596	183	23,779
第六师团	国内	2	31	202	51	1,161	10,611	12,058	91	12,149
第六师团	海外	4	52	529	76	1,884	20,938	23,483	105	23,588
第七师团（临时编成）	国内	1	11	120	21	468	4,879	5,500	45	5,545
第七师团（临时编成）	海外									
大本营及临时特设部队	国内	7	23	65	8	179	581	863	181	1,044
大本营及临时特设部队	海外	29	251	688	56	1,498	4,461	6,983	3,409	10,394
常设官衙	国内	2	46	87	51	365	160	711	505	1,216
常设官衙	海外			1		13	18	32		32
合计	国内	18	234	1,330	311	6,621	58,085	66,599	2,220	68,819
合计	海外	51	615	4,517	686	16,305	151,842	174,017	4,275	178,294
海内外总计		69	849	5,848	997	22,926	209,927	240,616	6,497	247,113

*国内：国内守备及出征预备部队；*海外：海外出征作战部队；*军属：特别任命的敕任官、奏任官、判任官及随军雇员、佣人

5-6-3　清日战争参战人员功勋赏赐

单位：人员（人）　金额（圆）

受赏者	赏与等级	军人							军属				合计
		将官	上长官	士官	准士官	下士	兵卒	小计	奏任官	判任官	雇员	小计	
	金鵄勋章	39	310	654	78	312	339	1,732					1,732
	旭日章	19	359	2,386	431	4,754	4,647	12,596	71	291	170	532	13,128
	瑞宝章	64	102	1,873	321	8,869	35,730	46,959	36	440	835	1,311	48,270
	一时赐金	—	42	833	145	8,135	151,498	160,653	30	255	3,329	3,614	164,267
	慰劳金										14,221	14,221	14,221
	战病死者赏赐金	1	19	184	26	863	12,875	13,968	1	14	394	409	14,377
	合　计	123	832	5,930	1,001	22,933	205,089	235,908	138	1,000	18,949	20,087	255,995
受赏金	年金总额	33,840	184,259	265,605	16,964	82,748	71,772	655,188	1,979	3,726	1,328	7,033	662,221
	一时赐金总额	9,000	99,050	712,105	47,840	1,129,455	7,230,460	9,227,910	16,315	52,385	395,935	464,635	9,692,545
	总计金额	42,840	283,309	977,710	64,804	1,212,203	7,302,232	9,883,098	18,294	56,111	397,263	471,668	10,354,766

5-6-4　出征朝鲜台湾人员建功特别赏赐

单位（人）

受赏等级	军人							合计
	将官	上长官	士官	准士官	下士	兵卒	小计	
特别一时赐赏金	9	56	256	32	777	3,022	4,152	4,596
奖状授予	9	1	27	5	134	448	615	688
合　计		57	283	37	911	3,470	4,767	5,284

* 雇员包括雇员、佣役、军夫等。

5-6-5　征清大总督府主要官员

大总督	陆军大将		彰仁亲王
幕僚	陆军参谋	陆军中将	川上操六
	海军参谋	海军中将子爵	桦山资纪
	副官	陆军步兵大佐	大生定孝
兵站总监部	总监	陆军中将	川上操六
	运输通信长官	陆军少将	寺内正毅
	野战监督长官	陆军少将	野田豁通
	野战卫生长官	陆军军医总监	石黑忠悳
管理部	事务局长	陆军炮兵中佐	村田惇

5-6-6　日清战争缴获清国货币数量

货币种类	规格	单位	数量	货币种类	规格	单位	数量
日本币	纸币硬币	圆	5,995	日本	纸币硬币	圆	5,995
清国银	马蹄银	大（个）	208	银块	磁码形	个	30
	马蹄银	小（个）	281		不定形	贯	2
清国钱	铜钱	贯（个）	226	金块砂金	不定形	两	2,754
	铜钱	文	26,001	俄国银货	银钱	贯	14
银块	馒头形	个	396	朝鲜银钱	铜钱	贯	1,843,226
				墨西哥银货	银钱	圆（相当）	258

5-6-7　日方缴获清国炮械明细

	炮械名	炮类	口径(cm)	数量(门)	制造		炮械名	炮类	口径(cm)	数量(门)	制造
重型炮	克式	海防加农	24.0	10	德国	轻型炮	克式	山炮	7.5	46	德国
	库卢皂	海防加农	24.0	4	法国		克式	野炮	7.5	21	德国
	克式	海防加农	21.0	15	德国		克式	山野兼用炮	7.5	47	德国
	阿姆斯特朗	海防加农	30.0	6	英国		克式	重野炮	7.5	15	德国
	阿姆斯特朗	海防加农	25.4	4	英国		克式	山野兼用炮	6.0	145	德国
	阿姆斯特朗	海防加农	20.0	7	英国		克式	山炮	5.5	4	德国
轻型炮	阿姆斯特朗	海防加农	15.0	7	英国	机关炮·速射炮	加特林	手摇机关炮	2.5	52	美国
	克式	加农炮	15.0	27	德国		劳艾伦	机关炮		2	美国
	克式	臼炮	15.0	8	德国		密特拉艾伦	机关炮		11	
	克式	攻城炮	12.0	15	德国			二连发炮		2	
	克式	海岸加农炮	12.0	16	德国		诺尔登	机关炮	2.5	25	法国
	克式	加农炮	10.0	6	德国		格鲁森	速射炮	4.0	1	德国
	克式	野炮	9.0	12	德国		豪齐凯斯	速射炮	4.3	10	美国
	克式	野炮	8.0	69	德国		斯高特	速射炮	3.7	1	捷克
	布劳道卢	山炮		5			克式	速射炮	4.7	1	德国
	巴巴斯鲁	山炮		2			库卢皂	速射炮	5.2	2	法国
	阿姆斯特朗	船舶炮	7.6	1	英国		豪齐凯斯	速射炮	5.7	1	美国
	克式	线臼炮	7.5	4	德国		旧式炮			159	清国

*炮械中含清国仿造西洋品

5-6-8　日清战争缴获清军枪械弹药明细

枪械名	厂商名	发射制式	口径(mm)	枪长(m)	重量(Kg)	数量(支)	制造国	枪弹名	枪弹(实包)
毛瑟	Mauser	单发/连发/骑	7.9	1.1	3.9	5,100	德国	毛瑟	14,467,820
雷明顿	Remington	单发/连发	12.7	1.2(0.9)	4.0(3.0)	1,420	美国	雷明顿	259,080
亨利	Henry	单发/连发/骑	11.0	1.1(1.0)	4.8(3.5)	608	美国	亨利	275,869
比堡迪	Peabody	单发	12.5	1.4	4.5	603	美国	比堡迪	375,000
斯本瑟	Spenser	单发/骑	12.5	1.2(1.0)	4.6(3.9)	143	美国	斯本瑟	396,552
温徹斯特	Winchester	单发/连发/骑	11.0	1.1(1.0)		1,328	美国	温徹斯特	5,640,400
奥必尼	Albini	单发	14.5	1.2	4.1		奥地利	奥必尼	51,000
士乃德	Snider	单发	14.7	1.4	4.0	156	英国	士乃德	222,930
恩费鲁	Enfield	单发	14.7	1.3(1.0)	3.9(3.1)		英国	豪齐凯斯	699,000
盖威尔	Geweer	单发	17.5	1.5(1.1)	4.0(3.0)		荷兰	毛利	192,480
夏普斯	Sharps	单发	13.0	1.2	4.0		美国	鲁马尼昂	105,580
毛利	Maure	单发	15.0	1.4	3.8	808	美国	黎意	16,960
卡斯堡	Chasepot	单发/连发	11.0	1.3	4.0	178	法国	德国无烟	31,000
雷管枪		单发（多类）	18.0	1.1			清国	清国连发	5,008
抬枪		单发（多类）	15.9	2.5	13.2	7,193	清国	抬枪	26,400
火绳枪		单发（多类）	12.0	1.3			清国	手枪弹	11,262
冷兵器	青龙刀 红缨枪 三叉戟 长柄刀 剑 三角剑 枪剑 军刀					11,764	清国	其他枪弹	3,380,958

*括弧内为骑枪规格　*枪械中含清国仿造西洋品

5-6-9　日军缴获清军战利品数量及分配部门

品名	批数	单位	总数	兵备	皇室	陆军省	海军省	参谋本部	师团	博物馆游就馆	陆军诸学校	学习院	华族女校	文部省直属校	造币局	陆军工厂	台湾总督府	各府县
十厘米半以上火炮	9点	门	140	137			2											1
九厘米以下轻炮	13点	门	389	366		6			7	1				1				8
机关炮·速射炮	10点	门	107	93			2					4						8
旧式各种炮	11点	门	159	17								22						120
枪支	38点	支	17,643	7,032	3	49			1,329	16	183	3		134		34	9,151	8,753
刀剑	9点	柄	11,764	6,767	7	36			92	104	283	28		38				4,768
炮弹	71点	发	188,923	179,312	55	77			366	54	31	3		56			13	8,514
机关·速射炮实包	8点	发	242,029	241,952	8	19				232	96	12		10				
枪弹实包	20点	发	22,260,193	21,907,683	32	72		7,928	52,250	16		6		5,189				
火具	17点	箱	218,328	218,081		8			205	48	42	13						
火药	24点	件	6,896	6,896					2	1								
土工具·电机器	93点	件	475,516	158,470		46			654		6,016	46						1,206
杂兵器	115点	件	43,148	21,606	15	33			818	338	21							7,159
被服	17点	件	10,981		6				992	171				66				9,667
贵金属	14点	件/匁	1,599件/15,650匁		12件				24件						1,563件/15,650匁			

5-6-10　日军在清国本土作战缴获炮弹种类及数量

炮弹规格	数量（发）	炮弹规格	数量（发）	炮弹规格	数量（发）	炮弹规格	数量（发）
24厘米克虏伯式尖锐钢弹	1,097	12厘米克虏伯式榴霰弹	1,523	7.5厘米克虏伯式榴霰弹	3,186	10.5厘米炮榴弹	933
24厘米克虏伯式坚铁弹	436	12厘米克虏伯式榴弹	337	7.5厘米克虏伯式霰弹	1,884	6斤山炮榴弹	5,931
24厘米克虏伯式榴弹	1,618	10厘米克虏伯式榴弹	776	6厘米山炮尖锐钢弹	1,153	6斤山炮霰弹	385
24厘米克虏伯式圆筒弹	8	10厘米克虏伯式圆筒弹	352	6厘米山炮圆筒弹	46,742	10寸炮尖炮弹	277
21厘米克虏伯式钢弹	444	10厘米克虏伯式钢弹	83	6厘米山炮开花弹	943	10寸炮榴弹	73
21厘米克虏伯式坚铁弹	18	9厘米克虏伯式榴弹	2,974	6厘米山炮榴霰弹	960	10寸炮霰弹	19
21厘米克虏伯式坚铁弹	1,660	9厘米克虏伯式坚铁弹	7	21厘米榴弹	155	铅弹	9,316
15厘米克虏伯式尖锐钢弹	675	9厘米克虏伯式榴霰弹	31,392	20厘米霰弹	312	7厘米榴弹	640
15厘米克虏伯式榴霰弹	3,073	8厘米克虏伯式榴霰弹	2,169	20厘米烧弹	67	各种弹	2,636
15厘米克虏伯式榴弹	1,307	8厘米克虏伯式榴弹	1,782	15厘米烧弹	1,010	旧式弹	2,502
12厘米克虏伯式尖锐钢弹	677	7.5厘米克虏伯式榴弹	36,009	12厘米榴弹	938		
12厘米克虏伯式榴弹	5,540			11厘米榴弹	2,793		

*1匁=3.75g

5.7 台湾作战

5-7-1 台湾殖民统治开始时期人口统计

单位（人）

<table>
<tr><td colspan="3">种族人口</td><td>男</td><td>女</td><td>总数</td></tr>
<tr><td rowspan="7">本岛人</td><td rowspan="4">汉族人</td><td>福建籍</td><td>1,430,196</td><td>11,323,016</td><td>2,753,212</td></tr>
<tr><td>广东籍</td><td>245,260</td><td>233,297</td><td>478,557</td></tr>
<tr><td>其他籍</td><td>98</td><td>60</td><td>158</td></tr>
<tr><td>合　计</td><td>1,675,554</td><td>1,556,373</td><td>3,325,755</td></tr>
<tr><td colspan="2">生番（未同化原住民）</td><td>22,577</td><td>23,575</td><td>46,152</td></tr>
<tr><td colspan="2">熟番（已同化原住民）</td><td>23,429</td><td>24,247</td><td>47,676</td></tr>
<tr><td colspan="2">本岛人合计</td><td>1,721,560</td><td>1,604,195</td><td>3,325,755</td></tr>
<tr><td rowspan="3">外国人</td><td colspan="2">支那系人</td><td>15,597</td><td>2,928</td><td>18,525</td></tr>
<tr><td colspan="2">其他外国人</td><td>153</td><td>82</td><td>235</td></tr>
<tr><td colspan="2">合　计</td><td>25,750</td><td>3,010</td><td>18,760</td></tr>
<tr><td rowspan="2">其他</td><td colspan="2">内地人</td><td>75,737</td><td>59,664</td><td>135,401</td></tr>
<tr><td colspan="2">朝鲜人</td><td>6</td><td></td><td>6</td></tr>
<tr><td colspan="3">人口总计</td><td>1,813,053</td><td>1,666,869</td><td>3,479,922</td></tr>
</table>

* 生番系史上对未被汉民族同化的台湾原住民的蔑称。

* 支那系人系指先辈定居南洋，多代繁衍的大陆人，其中一部分从南洋进入台湾。

* 内地人指日本人。

5-7-2 日军武力征台先遣作战序列

<table>
<tr><td colspan="7">联合舰队作战序列</td></tr>
<tr><td colspan="4">司令长官：海军中将 伊东祐亨　　　司令官：海军少将 东乡平八郎</td></tr>
<tr><td rowspan="4">本队</td><td>松岛</td><td>大佐舰长 威仁亲王</td><td colspan="5">陆军配置序列</td></tr>
<tr><td>严岛</td><td>大佐舰长 有马新一</td><td rowspan="9">临时水雷艇布设部 司令 海军少佐 远藤增藏</td><td rowspan="9">混成支队司令官 步兵大佐 比志岛义辉</td><td rowspan="3">后备步兵第一联队</td><td rowspan="6">队长比志岛义辉</td><td>第一大队少佐 岩崎之纪</td></tr>
<tr><td>桥立</td><td>大佐舰长 日高壮之丞</td><td rowspan="2">第二大队少佐 岩元贞英</td></tr>
<tr><td>千代田</td><td>大佐舰长 内田正敏</td></tr>
<tr><td rowspan="4">游击队</td><td>秋津洲</td><td>大佐舰长 河原要一</td><td>山炮中队大尉 荒井信雄</td></tr>
<tr><td>高千穂</td><td>大佐舰长 片冈七郎</td><td rowspan="3">后备步兵第二十联队</td><td rowspan="3">第二大队少佐 高桥种生</td></tr>
<tr><td>浪速</td><td>大佐舰长 野村 贞</td></tr>
<tr><td>吉野</td><td>大佐舰长 上村彦之承</td></tr>
<tr><td rowspan="6">第四水雷艇队</td><td>25号水雷艇</td><td rowspan="6">司令少佐 镝木诚</td><td rowspan="4">弹药纵列</td></tr>
<tr><td>24号水雷艇</td></tr>
<tr><td>15号水雷艇</td></tr>
<tr><td>16号水雷艇</td></tr>
<tr><td>17号水雷艇</td><td rowspan="2"></td><td rowspan="2"></td></tr>
<tr><td>20号水雷艇</td></tr>
<tr><td>供给船</td><td colspan="2">西京丸·相模丸</td></tr>
<tr><td>水雷母舰</td><td colspan="2">近江丸</td></tr>
<tr><td>工作船</td><td colspan="2">元山丸</td></tr>
<tr><td>医疗船</td><td colspan="2">神户丸</td></tr>
</table>

5-7-3 台湾作战日方死亡人数

单位（人）

死因	战斗死			病死			合计		
	军人	其他	小计	军人	其他	小计	军人	其他	小计
第1期	414	113	527	3,901	70	3,971	4,315	183	4,498
第2期	411	231	642	3,182		3,182	3,593	231	3,824
第3期	191	628	819	451		451	642	628	1,270
合计	1,016	972	1,988	7,534	70	7,604	855	1,042	9,592

*其他死亡人数包括总督府官吏及警察官

5.8 军事体制

5-8-1 明治时期日本国民兵役制
明治五年（1872）颁布

健康男子 兵役义务 （17岁—40岁）		国民兵役前期	现役年龄未满—20岁
	常备役	现役	满20岁者现役三年
		预备役	现役期满预备役四年
		后备役	预备役期满继续五年后备役
		国民兵役后期	后备役期满—40岁

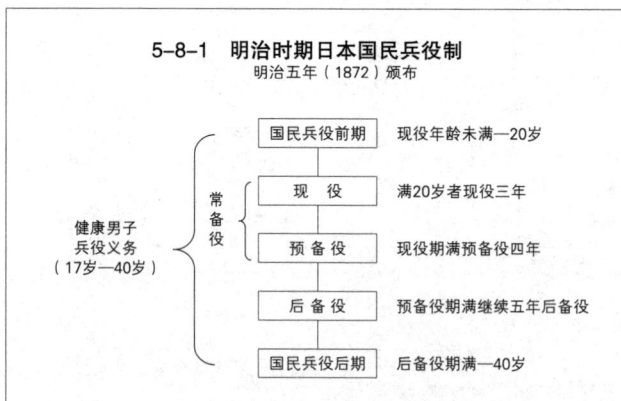

5-7-4 日军在台湾战区缴获炮械数量

炮械名（门） 含仿造品		
重炮	英国安式12寸炮	4
	英国安式10寸炮	7
	英国安式8寸炮	8
	英国安式7寸炮	4
	英国安式6寸炮	4
	德国克式21厘米炮	4
轻炮	英国安式5寸炮	4
	德国克式12厘米炮	3
	德国克式6厘米山炮	6
炮弹种类（发） 含仿造品		
炮弹	英国安式	12寸坚铁弹	130
	英国安式	12寸榴弹	475
	英国安式	10寸坚铁弹	193
	英国安式	榴弹	743
	英国安式	8寸坚铁弹	202
	英国安式	8寸榴弹	715
	英国安式	7寸坚铁弹	138
	英国安式	7寸榴弹	597
	英国安式	6寸坚铁弹	128
	英国安式	6寸榴弹	818
	英国安式	5寸坚铁弹	124
	英国安式	5寸榴弹	743
	德国克式	21厘米坚铁弹	68
	德国克式	21厘米榴弹	351
	德国克式	12厘米坚铁弹	43
	德国克式	12厘米榴弹	168
	德国克式	6厘米榴弹	5,900
	德国克式	6厘米霰弹	840

*炮械炮弹含清国仿造品

5-8-2 清日战争两国陆军战斗力比较

清国陆军	兵员	勇军	301,700人
		练军	步兵862营	48,000人
		新募兵	骑兵192营	612,463人
		合计：962,163人	
	武器	大炮 机关炮	1,733门
		洋枪	230,502支
		国产枪	40,867支
		马	约50,000匹
日本陆军	兵员	七个野战师团	将校	6,766人
			士官	23,923人
			士兵	209,927人
		合计：240,616人	
	武器	野炮	168门
		山炮	72门
		国产村田枪 洋式枪	官兵全配置
		马	47,221匹

5-8-3 清国陆海军饷银标准

北洋海军		北洋陆军	
官职	月俸银(两)	官职	月俸银(两)
提督	700	提督	217
总兵	330	总兵	168
副将	270	副将	98
参将	220	参将	62
一等水手	10	绿营兵一等	2两+米3斗
一等炮目	20	绿营兵二等	1.5两+米3斗
鱼雷兵	24	绿营兵三等	1两+米3斗
探照灯兵	30	一等饷（骑兵·文书）	
岸上勤杂	3	二等饷（步兵）	
岸上夫役	3	三等饷（勤杂兵）	

*北洋水师官职俸银＝40%官俸+60%船俸
*北方时令米价0.015两/斤、猪肉0.04两/斤、农户年收30—50两、
纺织工年收15—25两、劳工年收20—60两

5-8-4　清日战争两国海军作战舰船比较

			清国	日本	○优势　△劣势	
					清国	日本
材质	钢铁舰	舰数	18艘	12艘	○	△
		总吨位	39,164吨	34,331吨	○	△
		平均单舰吨位	2,175.8吨	2,860.9吨	△	○
	钢骨铁皮舰	舰数		2艘	○	△
		总吨位		2,400吨	○	△
		平均单舰吨位		1,200吨	○	△
	铁舰	舰数		3艘	○	△
		总吨位		5,021吨	○	△
		平均单舰吨位		1673.7吨	○	△
动力		5,000马力以上	6艘	9艘	△	○
		5,000马力以下	12艘	8艘	○	○
航速		16节以上	2艘	10艘	△	○
		15节以上	7艘	1艘	○	△
		14节以上	9艘	6艘	△	○
进水年		1887年后制造	3艘	12艘	△	○
		1884年后制造	2艘	3艘	△	○
		1883年后制造	13艘	2艘	△	○

* ○优势　△劣势

5.9　兵站供给

5-9-1　日清战争日本陆军军马增减状况

单位（匹）

区分		近卫师团	第一师团	第二师团	第三师团	第四师团	第五师团	第六师团	第七师团	合计
动员时常备马匹数		817	1,008	1,020	1,017	1,016	852	1,011	29	6,770
增数	征发　内地	3,081	6,238	4,102	8,361	2,274	2,854	7,015	3,864	37,789
	购买　内地	350	34	584	838	964	65	26	411	3,272
	购买　外地	44	13	3	610	6	1,168	130		1,974
	保管　内地	89	11		6	1,500	1,476	156		3,238
	转入　外地	242		2,298		446	673			3,659
	补充转入　内地	167	54	50	150	165	501	134		1,221
	缴获　外地	3		7	122		81	40		253
	小计　内地	3,687	6,337	4,736	9,355	4,903	4,896	7,331	4,275	45,520
	小计　外地	289	13	2,308	732	452	1,922	170		5,886
减数	废弃扑杀　内地	233	380	126	678	638	127	437	420	3,039
	废弃扑杀　外地	1,013	673	1,937	2,800	538	774	443		8,178
	失踪　内地	37	12	17	4	13	230	2		315
	保管　外地	637	389	1,821	550	592	589	242	2,389	7,209
	转出　内地	1,795	2	529		15	1,249	1,055		4,645
	剩余　外地		4,195	2,411	4,987	2,915	3,160	4,598	1,261	23,527
	买却　内地				807	553	358			1,718
	不明　外地	180	658	184	239	68	144	693		2,166
	小计　内地	870	4,964	4,358	6,215	4,145	3,876	5,277	4,070	33,775
	小计　外地	2,845	687	2,483	3,611	1,119	2,611	1,500		14,856
	小计　不明	180	658	184	239	68	144	693		2,166
复员马匹		898	1,049	1,039	1,039	1,039	1,039	1,042	234	7,379
购买	牛·驴·骡	14			1,540	6	2,966	28		4,554
缴获	牛·驴·骡		12		80		224	20		336

5-9-2 日本海军战前战中营养供给

年次			明治23年 −1890	明治24年 −1891	明治25年 −1892	明治26年 −1893	明治27年 −1894	明治28年 −1895
食粮	蛋白质	g	159.2	140.3	145.3	147.6	179.0	166.4
	脂肪	g	29.1	25.0	27.5	27.9	33.8	30.5
	糖质	g	530.0	530.0	543.0	549.5	654.4	591.1
	热量	kal	3,190.0	2,980.4	3,077.3	3,117.1	3,730.8	3,389.4

5-9-3 日本陆军战时伙食标准

月日	地点	早餐	中餐	晚餐	备注
6.2	仁川舍营	冻豆腐杂煮、梅干	牛肉罐头、大头葱	牛肉炖土豆	自炊
6.21	仁川舍营	煎鱼汁、梅干	牛肉炖豆、大头葱	煮大酱蒟蒻猪肉	自炊
6.22	仁川舍营	葱炖鱼、梅干	煮大酱猪肉	豆、猪肉、梅干	自炊
6.23	仁川舍营	油豆腐	猪肉	煮豆、梅干	自炊
6.24	仁川帐蓬	大酱汤、梅干	苟包杂煮、梅干	梅干	自炊
6.25	龙山幕营	梅干	梅干	杂煮牛肉萝卜	自炊
6.26	龙山幕营	冻豆腐杂煮	牛肉罐头	煮猪肉大葱	自炊

*主食是白米饭做成的饭团或干面包 *伙食标准士兵和军官各异 *野外作战餐食简易化

5-9-4 日本海军伙食标准

每星期供应标准

品目		航海舰船伙食 (g)		泊港舰船伙食 (g)	
面包	干面包	2,625	2,625	750	3,375
	面包			2,625	
禽畜 鱼肉	储藏畜肉	1,050		300	
	储藏鱼肉	1,050	2,100	300	2,475
	排骨畜肉	–		1,125	
	排骨鱼肉			750	
谷物	白米	1,125	–	1,125	
	豆	412.5	1,912.5	112.5	1,575
	麦粉	375	–	337.5	
干物 蔬菜	干物	619		150	
	生野菜	–	671.3	2,250	2,452.5
	干果	52.5	–	52.5	

5-9-5 日军单兵背囊负荷

品目		数量	重量 (g)
背囊		1	2,175
村田枪弹		40发	1,835
村田枪弹备具		1	45
小口袋	针线包	一套	
	梳子	1	45
	剪子	1	
粮（粮袋）		2日量	765
食盐（盐袋）		3日量	100
零布头		1	292
短裤		1	232
袜子		2	95
绑腿布		1	90
两趾袜子		1	83
草鞋		1	113
预备短靴		1	750
外套		1	1,550
饭盒		1食份	1,000
合计重量			9,170

5.10 情报战争

5-10-1　日军战场地图测量

部门		测量区域	测量法种类	地图比例尺	作业人员	作业日数	测量面积（方里）	合计面积（方里）
第一军测量班	朝鲜	成欢·牙山	迅速（表面）	50000：1	4	11	12.15	18.56
		平壤	迅速（表面）	20000：1	4	22	6.41	
	盛京省	九连城·安东县	迅速（线路）	20000：1	6	5	2.25	84.16
		安东县附近	迅速（表面）	20000：1	8	41	17.30	
		凤凰城·一面山	迅速（表面）	20000：1	5	32	7.33	
		海城·牛庄	迅速（表面）	20000：1	6	53	33.87	
		盖平附近	迅速（表面）	20000：1	7	11	8.14	
		太平山附近	迅速（表面）	20000：1	7	10	15.27	
第二军测量班	盛京省	花园口附近	迅速（表面）	20000：1	8	4	1.56	138.54
		花园口·魏子窝	路上（线路）	50000：1	4	3	5.88	
		魏子窝附近	迅速（表面）	20000：1	12	5	1.96	
		魏子窝·金州	路上（线路）	50000：1	7	4	10.95	
		金家屯·三十里堡	路上（线路）	50000：1	3	2	1.78	
		金州城	迅速（表面）	50000：1	1	2	0.05	
		和尚岛炮台附近	迅速（表面）	20000：1	9	1	0.47	
		甜水渊·南莺哥石	路上（线路）	50000：1	2	3	2.92	
		旅顺口附近	迅速（表面）	20000：1	11	19	10.10	
		金州半岛	迅速（表面）	50000：1	20	85	102.87	
	山东省	荣城半岛	迅速（表面）	20000：1	5	6	3.84	27.52
		荣城县·凤林集	路上（线路）	50000：1	2	4	6.28	
		荣城县·百尺崖	路上（线路）	50000：1	2	4	5.00	
		百尺崖附近	目测（表面）	50000：1	5	1	4.93	
		威海卫附近	迅速（表面）	20000：1	5	24	7.43	
		威海卫城	迅速（表面）	50000：1			0.04	
临时测量图部	朝鲜	元山附近	目测（表面）	50000：1	38	126	1001.00	4122.00
		京城附近	目测（表面）	50000：1	37	155	770.00	
		平壤附近	目测（表面）	50000：1	38	169	1348.00	
		大邱附近	目测（表面）	50000：1	38	125	1003.00	
	盛京省	凤凰城附近	目测（表面）	50000：1	48	86	339.00	1761.00
		金州附近	目测（表面）	50000：1	49	88	283.00	
		海城附近	目测（表面）	50000：1	49	88	562.00	
		大孤山附近	目测（表面）	50000：1	48	91	343.00	
		复州附近	目测（表面）	50000：1	32	96	234.00	
	台湾	大巴望·荙浓附近	目测（表面）	50000：1	35	39	280.00	1674.87
		大麻里附近	目测（表面）	50000：1	31	30	77.00	
		卑南附近	目测（表面）	50000：1	35	39	104.00	
		台北·宜关附近	目测（表面）	50000：1	35	76	189.69	
		基隆凤山间	目测（表面）	50000：1	48	178	1024.18	
	澎湖	澎湖岛	目测（表面）	50000：1	4	76	8.79	8.79
合计			地图测量总面积					7835.42

* 日本方里是各边长1里的面积　* 1日本里=36町=3.923公里　* 1方里=15.39平方公里

5-10-2　清日战争时期欧美诸国远东海域派遣军舰一览

国名	舰队	舰种类型	舰数（艘）	炮类装备（门）	排水（吨）	航速（节）	制造（年）	司令长官
英国	远东支那舰队	一等战斗舰	1	29吨炮4　22吨炮8　15吨炮2　6厘米速炮58　6厘米炮48　5厘米炮37　47毫米速射炮22　9厘米炮4　6斤速炮100　3斤速炮71　机炮145　小炮24　鱼雷发射管56	86,633	16	1887	斐利曼特 中将
		一等巡洋舰	5					
		二等巡洋舰	5					
		三等巡洋舰	4					
		一等炮舰	7					
		二等炮舰	3					
		通报舰	1					
		帆船舰	1					
		巡洋舰代甲	1					
		合计	28	重炮227　轻炮344　鱼雷发射管56				
法国	东洋舰队	装甲巡洋舰	1	2厘米炮4　19厘米2　16厘米速炮8　16厘米炮9　14厘米速射炮12　14厘米炮78　10厘米炮5　6.5厘米炮2　4毫米速炮20　机炮72　鱼雷发射管10	30,961	14	1881	迪皮由依 少将
		二等巡洋舰	4					
		三等巡洋舰	4					
		通报舰	1					
		炮舰	3					
		合计	13	重炮113　轻炮89　鱼雷发射管10				
俄国	太平洋舰队	战斗舰	3	12厘米炮7　9厘米炮13　8厘米炮22　6厘米速射炮105　47毫米速射炮16　37毫米速机炮67　机炮37　小炮60　鱼雷发射管54	71,863	15.7	1886	伊斯佩吉卢特 少将
		装甲巡洋舰	4					
		一等巡洋舰	3					
		二等巡洋舰	3					
		装甲炮舰	3					
		炮舰	4					
		水雷炮舰	2					
		水雷艇	12—84					
		合计	21	重炮250　轻炮200　鱼雷发射管54				
美国	业细亚	二等巡洋舰	2	8厘米炮6　8厘米滑炮4　6厘米炮28　60斤炮2　1斤炮1　3斤速炮12　3斤炮2　1斤速炮8　机炮30　鱼雷发射管13	14,303	16	1884	斯克鲁特 少将
		三等巡洋舰	2					
		炮舰	1					
		合计	6	重炮38　轻炮65　鱼雷发射管13				
德国	派遣舰	二等巡洋舰	2	15厘米炮46　15厘米速炮6　10.5厘米炮12　10.5厘米速炮8　8.7厘米速炮6　机炮24　小炮5　鱼雷发射管17	20,504	12.5	1886	豪富曼 少将
		三等巡洋舰	5					
		炮舰	2					
		合计	9	重炮52　轻炮55　鱼雷发射管17				
意大利	派遣舰	三等巡洋舰	3	15厘米炮10　12厘米速炮22　57毫米速炮14　37毫米速炮10　机炮16　小炮1　鱼雷发射管7	9,286	15.3	1888	
		炮舰	1					
		帆船舰	1					
		合计	5	重炮32　轻炮41　鱼雷发射管7				
	外国军舰数量总计		82	装备重轻速射炮　鱼雷发射管等武器	233,550			

5.11 战争通信

5-11-1 日军战地邮件集配统计

单位（件）

集配\国别	集 信					配 送			合计
	公用			私用平信	小计	平信	挂号信	小计	
	平信	挂号信	小计						
朝鲜国	47,645	5,025	52,670	642,868	695,538	450,132	5,849	455,981	1,151,519
清国本土	227,910	24,653	252,563	2,674,062	2,926,625	4,121,449	44,749	4,166,198	7,092,823
台湾	249,580	23,758	273,338	1,330,281	1,603,719	2,173,789	27,176	2,200,965	3,804,684
合计	525,148	53,436	578,584	4,647,897	5,226,481	6,745,370	77,774	6,823,144	12,049,625

集配\国别	平均一日集配信数			事故邮件		
	集信	配信	小计	平信	2,907	*明治27年（1894）6月26日仁川野战邮件创设开始至明治29年（1896）3月31日闭局为止的统计。
朝鲜国	4,070	2,668	6,738	挂号信	14	
清国本土	6,128	8,723	14,851	小计	2,921	*事故邮件指无法投递的邮件，或因阵亡无法退还本人的邮件。
台湾	5,198	7,134	12,332	不能退还	93	
合计	5,460	7,128	12,588	合计	3,014	

5-11-2 日军战地邮便储送金统计

单位（圆）

野战邮便局		汇款			储蓄			
		汇款口数	金额（圆）	平均额/账户	预入度数	账本交付	金额（圆）	平均额/度
朝鲜	渔隐洞	1,119	20,200.10	18.05				
	义州	4,638	126,825.54	27.35				
	平壤	1,030	38,099.86	36.99	250	72	4,800.00	19.20
	小计	6,787	185,125.51	27.46	250	72	4,800.00	19.20
清国本土	金州	29,474	854,031.64	28.98	6,797	2,095	90,540.51	13.32
	柳树屯	21,807	703,454.54	32.26	1,028	344	19,731.60	19.19
	旅顺口	28,880	757,678.46	26.24	4,127	1,362	69,162.05	16.76
	九连城	7,627	172,313.48	22.59				
	岫严	1,327	54,384.62	40.98				
	海城	18,694	705,480.70	37.74	1,593	623	32,389.45	20.33
	威海卫	6,098	162,640.46	26.67	1,784	998	35,788.35	20.06
	凤凰城	4,864	156,320.00	32.14	870	268	18,400.01	21.15
	大孤山	1,037	53,490.62	51.58				
	盖平	3,578	142,913.71	39.94				
	缸瓦寨	1,380	64,310.40	46.60				
	营口	496	18,602.56	37.51	99	40	1,967.00	19.96
	小计	125,262	3,845,621.18	35.27	16,298	5,730	267,978.96	18.80
台湾	澎湖岛	1,371	27,534.31	20.08	543	158	8,975.73	16.53
	基隆	17,786	400,785.49	22.53	4,007	1,415	52,341.79	13.06
	台北	30,470	660,294.91	21.67	8,764	3,543	130,197.44	14.86
	新竹	3,438	68,465.05	19.91	1,027	348	14,781.90	14.39
	后垅	2,025	39,600.70	19.56	568	212	8,950.38	15.76
	彰化	7,304	197,855.28	27.09	2,240	832	38,909.54	17.37
	打狗	3,479	53,308.91	15.32	1,358	425	18,264.86	13.45
	台南	10,434	266,768.22	25.57	3,453	1,112	64,663.13	18.73
	嘉义	4,114	83,604.33	20.33	3,039	518	38,796.41	12.77
	凤山	2,130	42,386.15	19.90	797	231	11,341.60	14.23
	宜兰	1,456	33,836.22	23.24	491	177	7,515.59	15.31
	淡水	635	10,576.48	16.66	291	141	5,595.74	19.23
	云林	414	7,967.43	19.25	149	41	1,886.12	12.66
	恒春	173	2,867.06	16.57	204	107	4,563.00	22.37
	台中	144	4,082.21	28.35	86	23	1,462.90	17.01
	小计	85,373	1,899,932.75	21.07	27,017	9,283	408,246.12	15.85
总 计		217,422	5,930,679.44	27.93	43,565	15,085	681,025.08	17.95

5-11-3　日军军用电线架设

电信线路		线路（条）	延长（米）	架线员（人）
朝鲜	京城⇔仁川线	2	51,619	12
	釜山⇔京城线	5	527,855	624
	京城⇔义州线	9	277,080	575
清国本土	九连城⇔大东沟⇔大孤山线	2	130,620	81
	大孤山⇔海城线	7	234,960	617
	大孤山⇔龙王庙⇔九连城线	7	146,581	528
	海城⇔辽阳线	4	55,234	106
	海城⇔牛庄线	1	22,691	16
	海城⇔营口线	3	76,500	61
	盖平⇔营口线	1	7,300	9
	大孤山⇔凤凰城线	2	64,405	76
	金州⇔大孤山线	10	476,439	△339
	金州⇔旅顺线	4	22,930	△50
	金州⇔盖平线	3	20,065	50
	海城⇔盖平线	3	68,173	77
	荣城⇔威海卫线	7	75,207	543
台湾	台北⇔淡水线	2	14,600	20
	台北⇔彰化线	10	245,582	△108
	彰化⇔台南线	5	73,028	127
	台南⇔东港线	5	27,636	△27
国内	各地	7	70,801	191
总　计		99	2,689,306	3,833

*△统计不足数字
*各线路存在不详数字，故累计与总延长距离有较大误差。

5-11-4　日军电线延长距离

单位(米)

地域别	新设线	改修线	总延长
朝鲜	614,842	192,491	807,333
清国	2,087,865	291,835	1,379,700
台湾	286,421	74,425	360,846
国内	70,801		70,801
合计	2,059,929	558,751	2,618,680

5-12-1　日军死伤情况统计

单位(人)

死　因	本土战场 1894.7.25 — 1895.5.30	台湾战场 1894.7.25 — 1895.5.30	合计
战死	736	396	1,132
伤死	228	57	285
病死	1,658	10,236	11,894
变死	25	152	177
合计	2,647	10,841	13,488

5.12　战争医疗

5-12-2　日本陆军战斗员身体伤部位统计

单位（人）

创伤部位	枪伤			炮伤			合计		
	死	伤	小计	死	伤	小计	死	伤	小计
头部	256	418	674	37	53	90	293	471	764
颈部	27	64	91	3	4	7	30	68	98
胸部	186	521	707	11	31	42	197	552	749
腹部	66	253	319	9	18	27	75	271	346
上肢	3	968	971	0	106	106	3	1,074	1,077
下肢	18	1,286	1,304	15	146	161	33	1,432	1,465
部位不明	8	6	14	2	2	4	10	8	18
总计	564	3,516	4,080	77	360	437	641	3,876	4,517

*作成参考《日清战争统计集》（明治二十七·八年战役统计）海路书院2005.4.10《上卷2》812p

5-12-3　日本陆军死伤阶级及服役免除数

单位(人)

因由	阶级	军人						军　属					合计
		将校	上长官	士官	准士官	下士	兵卒	小计	奏任官	判任官	雇员	佣人	小计	
死亡	战死		3	34	7	119	953	1,116			16		16	1,132
	伤死	1	1	12		25	246	285						285
	病死	4	23	131	17	655	10,757	11,587	3	15	98	191	307	11,894
	变死		1	7	1	17	150	176		1			1	177
	小计	5	28	184	25	816	12,106	13,164	3	16	114	191	324	13,488
服役免除	伤痍		1	13	3	128	1,439	1,584						1,584
	疾病			5	2	111	2,056	2,174						2,174
	刑罚		1	1		5	29	36						36
	小计		2	19	5	244	3,524	3,794						3,794
合计		5	30	203	30	1,060	15,630	16,958	3	16	114	191	324	17,282

*变死、自杀、事故死、灾祸死、不明死等死亡

5-12-4　日军战斗员武器伤亡类别
单位（人）

创伤种类	朝鲜			清国本土			台湾			合计		
	死	伤	小计	死	伤	小计	死	伤	小计	死	伤	小计
枪伤	142	531	673	314	2,247	2,561	108	524	632	564	3,302	3,866
炮伤		29	29	75	244	319	2	7	9	77	280	357
刀伤		9	9	9	21	30	21	17	38	30	47	77
刺伤		7	7	1	10	11	1	25	26	2	42	44
地雷爆伤		1	1	2	5	7	3	23	26	5	29	34
其他	25	22	47	3	109	112	2	32	34	30	163	193
创死不明	53		53	15		15	34		34	102		102
生死不明	8		8	59		59	46		46	113		113
总计	228	599	827	478	2,636	3,114	217	628	845	923	3,863	4,786

5-12-5　日军入院者主要患病类别
单位（人）

患病名	朝鲜		清国本土		台湾		患者数合计	死亡数合计	死亡率(%)
	患者	死亡	患者	死亡	患者	死亡			
痘疮	5		125	30	5		135	30	22.2
麻疹	5		33				38		0.0
回归热			1		1		2		0.0
伤寒	929	239	2,587	606	613	280	3,516	1,125	32.0
霍乱			3,072	1,522	5,409	3,689	8,481	5,211	61.4
疟疾	773	31	1,069	39	8,804	472	10,646	542	5.1
痢疾	5,157	590	2,612	139	3,632	783	11,401	1,512	13.3
流行性感冒	42		348	4	21		411	4	1.0
脚气	1,001	74	12,389	746	16,886	1,040	30,276	1,860	6.1
精神系病	145	10	550	51	218	24	913	85	9.3
肺炎	115	38	455	77	39	8	609	123	20.2
肺结核	31	6	98	11	17		146	17	11.6
胸膜炎	193	8	915	40	113	5	1,221	53	4.3
循环器病	106	5	394	16	125	3	625	24	3.8
急性胃肠黏膜炎	736	29	4,638	766	6,281	800	11,655	1,595	13.7
其他胃肠病	1,126	33	3,150	65	4,166	161	8,442	259	3.1
肝·脾·腹膜炎	77	12	264	25	63	5	404	42	10.4
营养器病	199	1	808	5	180	4	1,187	10	0.8
泌尿·生殖器病	133	17	484	22	135	4	752	43	5.7
花柳病	419	2	1,732	2	399	4	2,550	8	0.3
眼病	201		948		165		1,314		0.0
耳病	6		46		13		65		0.0
皮肤病	334	2	1,006	6	424	6	1,764	14	0.8
筋骨腱运动器病	169	2	718	5	143	1	1,030	8	0.8
战斗外伤	615	5	2,682	40	644	12	3,941	57	1.4
冻伤	830	28	7,008	60	1	1	7,839	89	1.1
枪伤	649	52	1,783	115	445	21	2,877	188	6.5
自杀·他伤	4	4	1	1	2	2	7	7	100.0

5-12-6　日军各师团阵亡及服役免除数

单位(人)

死因	师团	近卫师团	第一师团	第二师团	第三师团	第四师团	第五师团	第六师团	临时	常设	合计
死亡	战死	198	174	121	270		311	45	11	2	1,132
	伤死	35	69	13	82		71	13	2		285
	病死	2,093	834	2,670	1,043	1,469	1,612	1,317	717	139	11,894
	变死	19	4	19	34	11	66	12	10	2	177
	小计	2,345	1,081	2,823	1,429	1,480	2,060	1,387	739	143	13,487
服役免除	伤痍	106	481	96	424	14	355	96	12		1,584
	疾病	193	492	148	287	219	389	424	21	1	2,174
	刑罚	1	5	8	9	5	4	3	1		36
	小计	300	978	252	720	238	748	523	34	1	3,794
合计		2,645	2,059	3,075	2,149	1,718	2,808	1,916	774	144	17,282

5-12-7　日清两国士兵体格比较

明治二十七年（1894）12月调查

		年龄（平均）	身长（cm）	体重（kg）	胸围（cm）	呼吸缩长差（cm）	肺活量（ml）	握力（kg）
日本兵		21岁5个月	164.8	61.3	85.1	7.03	3,631.0	41.0
清国兵		29岁10个月	166.6	54.8	89.7	6.70	3,029.0	31.0
评价	差值	8岁5个月	18.0	6.5	4.6	0.33	502.0	10.0
	比较	清兵年长	清兵高	清兵轻	清兵大	清兵少	清兵少	清兵弱

*参加评价体检清国兵状况：服役最长者20年，最短者3个月，平均3年8个月。最年长者55岁，最年少者16岁。
*参加评价体检日本兵状况：成年20岁以上者，各兵种入营满1年以上者。
*参加评价体检统计人数：日本兵14,218名；清国俘虏兵77名。
*数值系日本旧度量衡制数据换算成现代度量衡制的结果。

5-12-8　日清战争时日本民间及外国随军人员

单位(人)

	记者	画师	写真师	神官	僧侣	合计
日本人	114	11	4	6	55	190
宗教区分	神道：金光教派2名　神宫教派2名　其他派2名					
	僧侣：真宗26名　禅宗6名　净土宗8名　日莲宗5名　真言宗7名　天台宗3名					
	记者	军医监	大尉	中尉	大佐	合计
英国人	8	1	2			11
美国人	5		1	1		7
法国人	4		1			5
俄国人					1	1
合计	17	1	4	1	1	24

5.13 战争俘虏

5-13-1　日本收容转运清军俘虏明细

单位（人）

抑留地 / 区分		俘虏伤患者								俘虏总数				
		患者（病数）	治愈（件数）	死亡	转送途中死亡	转送	事故	逃亡	患者送还	总数	将校	死亡	逃亡	俘虏归还
海城	海城营舍病院	217	113	75			5	2	22					
	海城俘虏舍营	906	666	2		174	2		62	677	18	90	19	568
	小计	1,123	779	77		174	7	2	84					
东京	东京陆军预备病院	56	53	2	1									
	东京俘虏舍营	531	526						5	179	3			179
	小计	587	579	2	1				5					
佐仓	佐仓陆军预备病院	91	83	3			1		4					
	佐仓俘虏舍营	188	157			11			20	103	1	6		97
	小计	279	240	3		11	1		24					
高崎	高崎陆军预备病院	1		1										
	高崎俘虏舍营	13	11			1			1	42	4	1		41
	小计	14	11	1		1			1					
名古屋	名古屋陆军预备病院	26	26											
	名古屋俘虏舍营	303	270			26			7	100				100
	小计	329	296			26			7					
大阪	大阪陆军预备病院	264	213	8	1	2		1	39					
	大阪俘虏舍营	768	764			4				276	14	9	1	266
	小计	1,032	977	8	1	6		1	39					
其他地方	丰桥俘虏舍营	179	173			1	2		3	100	3			100
	大津俘虏舍营	368	355	2					98	100	1	2		98
	广岛陆军预备病院	60	29	3		21			5	8		3		5
	松山俘虏舍营	166	145	5		4			12	96	16			91
合计	舍营病院	217	113	75			5	2	22					
	陆军预备病院	498	404	17	2	23	3	1	48					
	俘虏舍营	3,422	3,071	9		221	4		117					
	总计	4,137	3,588	101	2	244	12	3	187	1,681	60	116	20	1,545

5-13-2　俘虏送还药物清单

药物及消耗品消费表		
	盐酸莫尔比涅散	0.05
	健胃散	225
	次硝酸苍铅	30
	芳香散	75
	酒石酸	15
	甘汞	10
	阿片末	1
	牛乳	2罐
	武兰烃酒	500
	单软膏	20
	石炭酸	30
	升汞	15
	升汞棉纱	壹反
	木棉	壹文

* 1895年8月海路俘虏送还记录

5-13-3　清军俘虏送还船中患者病情分类

单位（人）

病名	东京	佐仓	高崎	名古屋	大津	大阪	广岛	松山	丰桥	小计
胃肠病	2				3(1)	(4)				10
筋偻麻质斯									1	1
脚气		1			3	31		3		38
腹膜炎·肝脏充血						1				1
肺结核						1				1
黄疸·阴囊肠脱症					1					1
间歇热	1					(1)				2
角膜表层炎						1				1
湿疹						1				1
冻伤								3		3
火伤									1	1
枪伤						3	2			5
合计	3	1			9	42	5	3	2	65

* 1895年8月海路俘虏送还记录　* 括号内数字是船中发病新患数

5-13-4　战地清军俘虏收容及医疗救护

单位（人）

被俘地		被俘数	患者救护		抑留地收容前			抑留地收容后		送还
			患者	治愈	死亡	逃走	小计	死亡	逃走	
成欢	平壤	619	133	106	*62		557	16		541
丰岛海战		84			1		83	5		78
九连城	虎山等	25	14	10	3		22			22
四面城	分水岭	5					5			5
大连	金州	221	38	25		1	213			213
双台沟	旅顺	11	11	4	2	5	4			4
盖平	七里沟	36	11	4	6		30	1		29
海城	析木城	14	12	2	8	1	5			5
荣城县		15					15	2		13
威海卫		58	21	17			58	2	1	55
牛庄城	田庄台	689	83	62	12		677	*90	19	568
澎湖岛		11	2				11			11
神户		1					1			1
不明		1			8					
总计		1,790	326	231	102	7	1,681	116	20	1,545
俘虏别	将校官	60					60		1	59
	下士·兵卒	1,625			5		1,620	115	19	1,486
	不明	105			97	7	1	1		

*俘虏中官职相当日军军阶。

*平壤死者62人中47人、牛庄死者90人中13人，因越狱反抗被处刑（资料未记入）。

*神户俘虏1名系清国驻美国公使馆职员，归国途中在神户中转时因日清开战被逮捕收容。

*《马关条约》签订后，根据双方条约规定，在日本收容的清国俘虏在俘虏交换中送还清国。

5-13-5　清国俘虏送还船费用支出明细

总金额：壹万四千五百四拾壹圆八拾九钱六厘		备注
细目		
项目	金额（日圆）	
俘虏辽送贡员全体成员旅费	五千五百六十圆壹铢五厘	①费用包含俘虏送还委员一行丰桥丸乘船期间的使用费，以及八月十九日大沽港俘虏上陆后至廿二日大连湾归港期间，丰桥丸的使用费、煤炭费。
丰桥丸船内俘虏宿舍装修工事费	九百五十八圆八拾六钱	
俘虏九百七十六人车船旅费	六百八十八圆贰拾九钱五厘	
俘虏九百七十六人船内费用	壹千四百五十七圆贰拾钱	
八月十日至十八日丰桥丸燃煤费	壹千九百八拾圆	
八月十日至十八日丰桥丸使用费	叁千七百六十壹圆七钱	②费用包含俘虏送还委员一行，大连湾、宇品间改乘东京丸船班归国以及换乘汽船的船票及船中使用费。
俘虏行李及其他物品运送费	叁拾五圆八拾五钱六厘	
俘虏患者使用人夫及人力车费	叁拾六圆五拾八钱	
邮便电信费	五拾圆九拾九钱	
神户集中住宿杂件及电灯照明费	叁圆九十五钱	
俘虏患者护理用卫生纸	四圆六钱	

* 1895年8月10—18日簿记

5–13–6　清国北洋水师将校士官宣誓降服名簿（1）

官职	姓名	官职	姓名	官职	姓名	官职	姓名
提标		舢板三副千总	翁阿琪	大副守备	郑大超	正炮办把总	李贵
官职	姓名	三管轮千总	徐正沅	二副守备	唐春桂	副炮办把总	谢滋年
参将	余贞顺	三管轮千总	黄履川	二副守备	谢葆璋	三副外委	林韵珂
都司	吴应科	三管轮千总	程宗伊	三副守备	施作霖	副管轮军功	邱志城
守备	何广成	舱面管轮把总	陈德培	三管轮把总	张斌元	水手总头目军功	陈建
定远舰		舱面管轮把总	陈成林	正炮办把总	李山	正教习军功	林兴梨
副管驾游击	李鼎新	舱面管轮把总	杨楷	水手总头目把总	任世桢	正教习军功	陈绍芳
总管轮游击	陈楠	正炮办把总	刘金富	副炮办外委	刘锡廷	正教习军功	陈祖荫
帮带大副都司	江仁辉	水手总头目把总	黄银镕	副炮办外委	张华春	广丙舰	
大管轮都司	孙辉恒	副炮办外委	蔡桐	副炮办外委	徐广贞	管带游击	程璧光
大管轮都司	陈兆锦	副炮办外委	陈友和	副巡察外委	丁长桂	总管轮都司	曾弼臣
驾驶大副守备	朱声岗	副炮办外委	黄森基	济远舰		大副守备	冯励修
鱼雷副守备	徐振鹏	副炮办外委	李建勋	管带副将	林天福	大管轮守备	詹茂山
枪炮大副守备	沈寿堃	教习	严容魁	帮带大副都司	张浩	二副千总	蔡叔缦
炮务副守备	杨金球	教习	陈国荣	总管轮都司	梁祖全	二管轮千总	黎允恭
炮务副守备	高承锡	管轮学生	贺文翰	鱼雷大副守备	赵文锦	三副千总	杨声远
二管轮守备	陈日升	管轮学生	陈宝璋	驾驶大副守备	谭学衡	三管轮把总	汤郎亭
二管轮守备	林敬先	管轮学生	陈源亭	枪炮二副守备	宗文翔	正炮办把总	吴干臣
三管轮千总	任如壮	靖远舰		大管轮守备	郑朝宗	三管轮把总	梁励山
三管轮千总	岑锦昌	管带副将	叶祖珪	大管轮守备	黄胜	正炮办把总	葛子明
三管轮千总	孙灼堂	帮带大副都司	刘冠雄	船械三副千总	陆伦坤	水手总头目军功	吴朝亮
千总	蒋拯	总管轮都司	任正中	舢板三副千总	黄钟瑛	副炮办外委	程莜云
千总	林高升	鱼雷大副守备	祁凤仪	二管轮千总	林荣光	巡查外委	刘韵泉
舱面管轮把总	林祥	驾驶大副守备	陈成金	二管轮千总	唐国安	文案县丞	林肖筠
舱面管轮把总	杨森	枪炮二副守备	洪桐书	三管轮千总	杨傑永	支应训导	吴普卿
水手总头目把总	郑基明	大管轮守备	张玉明	三管轮千总	何嘉兰	威远舰	
把总	唐文盛	大管轮守备	陈鸣龙	正炮办把总	刘斌	管带游击	林颖启
外委	陈穆经	三副千总	曾瑞祺	水手总头目把总	袁升基	帮带大副守卫	马员玉
外委	熊恩华	船械三副千总	郑祖簋	副炮办外委	邓金城	操练大副守备	陈杜衡
外委	潘恒言	千总	常培基	副炮办外委	江顺达	正炮辦把总	高大润
外委	施辉蕃	千总	徐兴仓	副炮办外委	孟玉发	水手总头目外委	杨钿
镇远舰		正炮办把总	高大德	副巡查外委	刘德隆	副炮辦外委	郑国清
署副管驾游击	何品璋	水手总头目把总	林添寿	驾驶学生	卫汝基	管轮学生	毛耀南
总管轮署理游击	王齐辰	把总	沈念祖	管轮学生	朱正霖	镇东舰	
帮带大副都司	曹嘉祥	副炮办外委	蒋秉钧	平远舰		管带守备	陈镇培
大管轮都司	许启邦	副炮办外委	张润清	管带都司	李和	大副千总	林葆怿
大管轮都司	刘冠南	副炮办外委	叶有期	总管轮都司	陈祥甸	大管轮千总	杨进贵
驾驶大副守备	王珍	文案	吴柏潮	大副千总	周献琛	二副把总	薛炳奎
鱼雷大副守备	汤金城	文案	陈云霖	大副千总	梁汝辉	二副把总	田润生
枪炮大副守备	沈叔龄	教习	邵得康	巡查千总	李得元	二管轮把总	黄宝贤
二管轮守备	杨品棠	教习	黄世惠	大管轮把总	陈陆	炮办外委	潘翼年
二管轮守备	吴金山	来远舰		二副把总	欧天陆	镇西舰	
炮务二副守备	饶鸣衡	管带副将	邱宝仁	副管轮把总	张光绅	管带千总	潘兆培
炮务二副守备	陈成捷	大副都司	张哲仁	三管轮把总	王如璋	大管轮千总	叶锐
船械三副千总	叶宝纶	总管轮都司	任廷山	三管轮把总	徐裕源	二副把总	张方扬

5-13-7 清国北洋水师将校士官宣誓降服名簿（2）

镇西舰		二管轮千总	陈兆渠	前哨哨官	杨得胜	后哨哨官	郑得胜
二管轮把总	谢国梁	三副把总	陈锡昌	左哨哨官	王玉山	中哨哨长	李经忠
三管轮把总	欧阳有福	三管轮把总	丁芳兰	右哨哨官	王保山	前哨哨长	高克昌
炮办把总	李群庆	正炮办把总	邵森贵	后哨哨官	陈金山	左哨哨长	项昌银
教习炮办	曾尔炜	水手总头目把总	张柏	前哨哨长	张德标	右哨哨长	郭振标
文案监生	何尔堃	右队一号鱼雷艇		右哨哨长兼中哨	张世怀	后哨哨长	常锦春
镇南舰		把总	朱振瀛	后哨哨长	王青年	护军	
管带都司	蓝建枢	旧扬威乘员		护军后营		先锋官	王举
大副千总	任天龙	都司	陈乔	管带	余发思	先锋官	朱绪常
大管轮千总	郑佳云	左队一号鱼雷艇		前哨哨官	丁长胜	电报局	
二副把总	黄以云	千总	陈兆荣	左哨哨官	王国瑞	值报生	魏绍绪
二管轮把总	林文或	练勇学堂		右哨哨官	吴振山	值报生	何瑞麒
三管轮把总	朱铭	督操都司	刘学礼	清国海军雇用外籍人员降服名单			
炮办外委	刘举瑶	大副千总	何金成	姓名	官职	雇佣前职务	
炮目军功	唐连冬	二副外委	孙士经	John McClure	副提督	英国商船[Navy]船长	
教习军功	林顺登	文案	黄金全	Mellows	掌炮长	英国军舰[Alaclity]下士	
镇北舰		水手头目	刘长生	Thomas	掌炮长	清国海关附属巡缉船员	
管带游击	吕天经	威海东口水雷营		Charles Clarkson	炮术教官	英国军舰[Imperieuse]乘员	
大副千总	伍璧英	管带守备	洪翼	W.L.Parker	炮术教官	清国广东海关走私船巡捕	
大管轮千总	陈景康	洋文帮带	金铭鼎	W.H.Graves	炮术士官	清国海关雇佣	
二副把总	戴锡侯	武帮带	李金元	S.S.Wood	炮术教官	九龙清国海关雇佣	
二管轮把总	施文政	护军正营		R.Walpole	岸炮台士官	清国海关雇佣	
二管轮把总	陈翼辰	管带	陆敦式	W.G.Howard	机关术教官	香港造船所雇佣	
炮目外委	李圣惠	帮办兼理左哨官	田余庆	Tyler	刘公岛病院	不详	
镇中舰		前哨哨官	沈殿舆				

镇中舰		右哨哨官	坚希标	威海卫刘公岛战利品（部分）			
管带都司	林文彬	后哨哨官	朱培精	品目	数量	品目	数量
大副千总	曾兆麟	中哨哨长	王之恒	28厘米日炮	6门	8厘米普通榴弹	227发
大管轮千总	叶显光	前哨哨长	何登玉	24厘米克炮	9门	7.5厘米开化榴弹	3,850发
二副把总	蓝道生	左哨哨长	徐宏业	12厘米速射炮	4门	12厘米圆弹	155发
二管轮把总	刘忠良	右哨哨长	刘得胜	12厘米日炮	6门	3斤安炮弹	1,600发
三管轮把总	陈彦芬	后哨哨长	荣凤珍	8厘米克炮	5门	军用火箭	120发
炮办外委	杨奉吉	护军副营		7.5厘米克炮	22门	57毫米保炮弹	2,064发
镇边舰		翼长帮带副营	袁雨春	6.5厘米克炮	7门	37毫米速射炮弹	3,280发
管带都司	黄鸣球	帮带兼理左哨官	张鸿胜	37毫米速射炮	14门	毛瑟步枪子弹	380,000发
大副千总	李恭岳	前哨哨官	赵玉和	巍炮	7门	速射炮雷管	20,000枚
大管轮千总	张在明	右哨哨官	李凤林	毛瑟步枪	830支	8厘米弥散弹	600发
二副把总	许应岳	后哨哨官	宋道祺	速射炮装药机	4台	步枪枪剑	470把
二管轮把总	邱志杰	前哨哨官	李得春	水力起重机	7台	各种火罐	309个
三管轮把总	张淘	左哨哨长	袁锦昌	30厘米榴弹	47发	炮弹时限信管	340枚
炮办外委	陈树董	右哨哨长	吕广为	30.5厘米钢铁弹	8发	铁道用枕木	1,000根
康济舰		后哨哨长	孙安庆	28厘米钢铁榴弹	1000发	潜水器	2副
管带游击	萨镇冰	护军前营		21厘米普通榴弹	397发	暖炉	50个
大副守备	翁祖年	管带	李春庭	21厘米钢铁榴弹	26发	搬运船	3艘
大管轮守备	严鸿昌	帮带	卢德才	15厘米普通榴弹	229发	小蒸汽艇	4艘
二副千总	叶祖荫			12厘米速射榴弹	58发	舢板	10艘

5.14 战争军纪

5-14-1　日清战争日军军法判刑人员及犯罪地域

单位（人）

罪行类别		罪名	判刑人员				犯罪地域				
			军人	军属	常人	合计	内地	朝鲜	清国本土	台湾	合计
全刑法 · 陆军刑法	重罪	暴行罪　持兵器对上官施暴等	5			5	1		2		3
	轻罪	暴行罪　上官施暴 群架 军品损弃 职权滥用等	107	3		110	3		9		12
		侮辱罪　辱骂哨兵 对上官及公务侮慢	6			6			1		1
		违令罪　违反哨兵令 哨兵离岗 睡眠 造谣等	294		2	296	8	4	12	9	33
		逃亡罪　无故离队超三日等	612	43		655	3	51	212	52	318
		欺诈罪　自伤逃避兵役等	10			10				2	2
		结党罪　私结团伙命令妨碍等	302			302				1	1
		小　计	1,331	46	2	1,379	15	55	236	64	370
刑法及其它法令	重罪	信用伤害罪　伪造及盗用 官文书 官印 伪币等	1	1		2		1		2	3
		官吏渎职罪　贪污 监守自盗等	1			1			2	1	3
		身体伤害罪　强奸 谋杀 伤害致死等	3	2		5	1	2	7	2	12
		财产强取罪　暴力强夺 致伤 致死等	1			1		4	8	8	20
		小　计	6	3		9	1	7	17	13	38
	轻罪	静谧拒绝罪　脱狱 上官不敬 官宅损弃 他宅侵入等	67	2		69	3	4	6	8	21
		信用伤害罪　身份 年龄 氏名 印鉴等欺诈等	92	40	1	132	39	2	4	4	48
		风俗伤害罪　财物赌博等	61	24		85	13	12	202	226	453
		身体伤害罪　殴伤 殴死 凶器威胁伤人等	74	8		83	4	7	63	32	106
		贞操侵害罪　强奸 强奸未遂等							10	1	11
		财产强取罪　偷盗 赃物隐匿 骗取 他人财物毁弃等	910	58	2	970	25	76	212	90	
		诸罚则违反　征兵令 邮便条例 烟草 危害品违反等	10	1		11	4		3	2	9
		小　计	1,214	133	4	1,351	88	91	500	364	1,043
	违警罪	信用伤害罪　氏名 年龄诈称等	2			2	1				1
		身体伤害罪　殴伤致休业等	2			2	1		7		8
		财产损害罪　钱物拾取私有及隐匿 防火等		2		2		1	10	1	12
		殴人致伤罪　殴人致伤 随地大小便 辱骂等	15	3		18			1	7	8
		邮便违反罪　邮便盗取及欺诈等	54		2	56			1		1
		小　计	73	5	2	80	2	1	19	8	30
		合　计	1,293	141	6	1,440	106	154	772	449	1,481
		总　计	2,619	187	8	2,824	106	154	772	449	1,481

5-14-2　日清战争陆军检查处分人员统计

	诉讼概况		人数	职能
军法会议	受理件数	公诉 件数	1,178	军法会议执行军队内固有的陆军刑法，实施军队纪律检查，陆军刑法还适用战时编入作战部队的非军人。
		公诉 人员	1,933	
		私诉 件数	29	
		私诉 人员	29	
	处理济件数	审问 免诉	248	军法会议
		审问 管辖误	28	第一军兵站监部军法会议
		审问 死亡	4	第二军兵站监部军法会议
		判决 重罪	41	野战近卫师团军法会议
		判决 轻罪	1,410	野战第一师团军法会议
		判决 违警罪	30	野战第二师团军法会议
		判决 免诉		野战第三师团军法会议
		判决 无罪	39	野战第四师团军法会议
		判决 管辖误		野战第五师团军法会议
		判决 死亡		野战第六师团军法会议
		判决 胜诉	29	临时第七师团军法会议
		判决 败诉		混成第四旅团军法会议
		撤诉 弃却		混成第九旅团军法会议
		撤诉 和解		占领地总督部军法会议

	处分职官	人数	职能
陆军检查	宪兵将校下士	1,522	战争中特设的陆军检查机构，根据陆军治罪法第31条和32条之规定，主要面对军官检查。对宪兵将校、下士、师团副官、旅团副官、警备队司令官、各所管长官、团队长将校、大队区司令官、监狱长、卫兵司令官等军官，实施犯罪搜查、证据收集、处分治罪的职能。法律执行依据陆军检查、军法会议之判决实施。
	师团副官	260	
	旅团副官	6	
	警备队司令官	13	
	所管长官	37	
	团队长将校	2,881	
	大队区司令官	5	
	监狱长	54	
	卫兵司令官	2	
	合　计	4,780	
未决	公诉	133	野战近卫师团兵站军法会议
	私诉		台湾兵站临时陆军军法会议
合计	公诉	1,933	台湾总督府临时军法会议
	私诉	29	
监狱			监狱执行军刑法的宣判，战时未决的嫌疑犯由所辖团队宪兵管理，所到之处别屋拘禁。已决囚徒随军劳役，长刑期者开除军籍交付后方监狱服刑。

5-14-3 日军战争中刑法处罚概况

单位(人)

陆军刑法 重罪		轻罪 重禁锢		轻罪 轻禁锢	
死刑		五年以上		五年以上	
无期徒刑		三年以上		三年以上	
有期徒刑		二年以上	1	二年以上	
无期流刑		一年以上	10	一年以上	11
有期流刑	3	八月以上	86	八月以上	4
重惩役		六月以上	183	六月以上	7
轻惩役		三月以上	44	三月以上	5
重禁狱		一月以上	1	一月以上	12
轻禁狱		一日以上	2	一日以上	1
小计	3	小计	327	小计	40

刑法及其他法令 重罪		轻罪		轻罪罚金	
死刑	1	五年以上	1	15圆以上	2
无期徒刑	2	三年以上	18	15圆以上	6
有期徒刑	5	二年以上	11	15圆以上	7
无期流刑		一年以上	24	15圆以上	100
有期流刑	11	八月以上	22	小计	115
重惩役	19	六月以上	28	其他轻罪	
轻惩役		三月以上	154	拘留	18
重禁狱		一月以上	572	罚金	12
轻禁狱		一日以上	98		
小计	38	小计	928	小计	30

5.15 战地民政

5-15-1 日军占领地（辽东半岛）人口调查表

单位(人)

市村管辖厅	市村别	市街村落人口 户数	男	女	合计	市村吏员数 区村长	副区村长	合计
总督部民政部（金州）	市街	1,090	2,329	2,381	4,710	2	4	6
	村落	10,315	36,470	34,044	70,514	319	305	624
旅顺口民政支部	市街	1,445	1,404	199	1,603			
	村落	8,952	33,778	29,396	63,174	253	249	502
魏子窝民政支部	市街	534	2,130	688	2,818			
	村落	21,336	91,872	77,919	169,791	144	144	288
复州民政支部	市街	577	1,857	1,189	3,046	4	4	8
	村落	18,389	72,351	69,844	142,195	224	219	443
盖平民政支部	市街	1,568	5,436	2,006	7,442			
	村落	36,764	130,140	110,635	240,775			
海城民政支部	市街	1,455	2,491	1,600	4,091	4		4
	村落	16,799	53,029	38,850	91,879	306	461	767
营口民政支部	市街	6,166	22,215	11,462	33,677	4	4	8
	村落	4,282	12,866	11,286	24,152			
凤凰城民政支部	市街	934	1,034	187	1,221	5		5
	村落	2,261	10,380	6,584	16,964			
岫岩民政支部	市街	621	2,466	993	3,459			
	村落	12,716	44,004	36,326	80,330			
大孤山民政支部	市街	3,232	6,530	4,203	10,733			
	村落	14,095	55,659	46,283	101,942	691	7	698
安东县民政支部	市街	700	7,600	3,700	11,300			
	村落	13,382	31,721	25,969	57,690			
总 计	市街	17,222	55,492	28,608	84,100	20	13	33
	村落	159,291	572,270	487,136	1,059,406	1,937	1,385	3,322
	合计	176,513	627,762	515,744	1,143,506	1,957	1,398	3,355

各地域	国籍	户数	男	女	未成年	新登陆日本人		合计
外国人	美国	2	2	1	3	学术人	3	11
	英国	40	38	28	42	医师	1	149
	法国	1	2		12	杂货商	477	492
	德国	2	2		4	货运业	23	32
	丹麦	2	2			渔业	121	125
	瑞典挪威	2	2	1	6	其他	19	30
总计		49	48	43	55		644	839

5-15-2 日军占领地（辽东半岛）行政部门职员配置

单位（人）

占领地民政部	行政厅职员										
	将官	上长官	士官	下士	上等兵	奏任官	判任官	翻译	雇员	清国人	合计
总督民政部（金州）	1	2	4	34	39	1		4	8	3	96
旅顺口民政支部		1	2	16	17			2	5	4	47
魏子窝民政支部		1	1	7	5			1	3	5	23
复州民政支部		1	1	11	15			2	2	4	36
盖平民政支部		1	2	13	15			2	2	8	43
海城民政支部		1	2	11	13			2	4	10	43
营口民政支部			3	23	27	1	2	4	3	18	81
凤凰城民政支部		1	1	7	10			2	1	12	34
岫岩民政支部		1	2	9	10			1	2	5	30
大孤山民政支部		1	1	12	18			1	1	10	44
安东县民政支部		1	1	11	19			2	1	7	42
总 计	1	11	20	154	188	2	2	23	32	86	519

5-15-3 日军占领地（辽东半岛）行政部百姓救恤

单位（人）

占领地民政部	施米		施盐	施疗			种痘
	人次	量（石）	量（石）	入院	外来	小计	人数
总督民政部（金州）				125	4,196	4,321	205
旅顺口民政支部	140,745	562		29	319	384	
岫岩民政支部	7,179	39					
安东县民政支部			400				
总 计	147,924	591	400	154	4,515	4,669	205

*占领地其他行政部调查数据不完全，原始资料未记入

5-15-4 日军占领地（辽东半岛）警察管治（1）

单位（人）

职责	警察管治事由	国籍			职责	警察管治事由	国籍		
		日本人	清国人	合计			日本人	清国人	合计
逮捕·引渡·唤问	电线切断者		11	11	逮捕·引渡·唤问	伤人者	28	31	69
	军需妨碍者		2	2		绑人殴打者		4	4
	间谍嫌疑者		98	98		胁迫人者		7	7
	官吏公务妨碍者		4	4		幼者遗弃者		1	1
	囚徒逃走责任者		2	2		诱拐人者		12	12
	罪人隐匿者		3	3		强奸妇女者	65	2	67
	囚徒逃走忘记者	4		4		诬告诽谤者		21	21
	私用军用枪弹者		2	2		财物盗窃者	51	630	681
	私人住宅侵入者		8	8		强盗行为者	16	398	414
	伪造银币者		3	3		拾得物隐匿者		3	3
	身份诈称者	1	28	29		财物骗取者	14	43	57
	卖日本人鸦片者		2	2		赃物隐匿者		12	12
	赌博者	16	669	685		放火烧建物者		10	10
	饮料水污染者		1	1		放火财物烧毁者	2		2
	对教堂不敬者	16		16		家屋破坏者		5	5
	坟墓挖掘者		2	2		违反巡警取缔规则者	7	65	72
	监守自盗者	2		2		合计件数	224	2,150	2,374
	杀人者	2	59	61					

5-15-5 日军占领地（辽东半岛）警察管治（2）

单位（人）

职责	警察管治事由	国籍		
		日本人	清国人	合计
	争吵谩骂者	1,061	1,128	2,189
	物品强买强卖者	375	5	380
	无钱饮食者	26	1	27
	公共场所裸体者	96	176	272
	道路通行妨碍者	18	126	144
	规定场所外撒尿者	446	6,501	6,947
	赌博及似赌博者	78	441	519
	杂艺过激者	578	116	694
	殴人及殴人致伤者	185	110	295
	器物损坏损毁者	366	14	380
	他人物品劫去者	389	221	610
	他人物品无端使用者	18	2	20
	虚假不实报告者	5	56	61
谕说·教育·开导·警告	届出申告怠慢者		91	91
	取缔规则违反者		139	139
	委托保管物使用者	1	2	3
	官吏职务履行妨碍者	1	3	4
	猥亵调戏妇女者	164	1	165
	卖淫妇接近者	241		241
	卖淫及媒介者		32	32
	他人宅内猥亵者	531	73	604
	禁制物品贩卖者		14	14
	饮料水污染者	1	12	13
	市场外设商摊者		1,699	1,699
	无许可经商者	15	315	330
	无定住定业徘徊者	15	613	628
	家畜放饲者		86	86
	不法收购者	15		15
	腐坏食品贩卖者	21	1,267	1,288
	污秽物道路投弃者	255	3,794	4,049
	排水沟损毁者	32	382	414
	家屋内外不扫除者	388	3,270	3,658
	其他	355	1,474	1,829
	合计件数	5,676	22,164	27,840
	遭遇强盗者	1	18	19
	遭遇强盗家	1	49	50
	遭遇强盗船		5	5
	遭遇偷盗者	28	35	63
	遭遇偷盗家	2	13	15
检证	发生火灾家		13	13
	遭遇暴行者	1	2	3
	遭受殴打者	3	6	9
	身体负伤者	1	2	3
	遭遇强奸者		3	3
	沉没船只	1		1
	合计件数	38	146	184

5-15-5 日军占领地（辽东半岛）警察管治（3）

单位（人）

职责	警察管治事由	国籍		
		日本人	清国人	合计
	告诉	297	1,380	1,677
	告发	38	33	71
	盗难申告	126	72	198
	伪币发现申告	2	10	12
	拾得物申告	131	30	161
	遗失物申告	189	19	208
	出产申告		46	46
	死亡申告		111	111
报告·告发等申告受理	转居申告		63	63
	结婚申告		8	8
	逃亡返回申告		359	359
	军人逃走申告	30		30
	军马捕获申告	20		20
	通行证取得申请		14,039	14,039
	开市许可状申请		6,309	6,309
	出入证取得申请		1,121	1,121
	房田产保护申请		188	188
	借家申请	28	182	210
	家屋明渡申请		181	181
	船舶进出许可申请		235	235
	渔业申请		165	165
	施疗申请		572	572
	其他		1,534	1,534
	合计件数	871	26,653	27,524
	冻死者	2		2
	他杀者	1	14	15
	自杀者		6	6
	病死者		20	20
检视	卒倒者	2	6	8
	行倒者		26	26
	淹死者		5	5
	遗弃尸体		10	10
	漂浮尸体	1		1
	合计件数	6	87	93
	冻死者	6	6	12
	户外生病者	26	64	90
	酩酊大醉者	212	43	255
	负伤者	5	27	32
	被遗弃者		3	3
	落水者	1	4	5
救护	发狂者		4	4
	遭受暴行者		12	12
	被强奸者		4	4
	遭到抢夺者		5	5
	自杀者	1	2	3
	遭遇强盗者	1		1
	其他	39	65	104
	合计件数	291	239	530

5-15-7 日军占领地（辽东半岛）人民犯罪罪名及判决刑

单位（人）

法令		罪名	男	女	合计	重刑	轻刑	违警刑
日本军令	重罪	军需妨碍罪	1		1	1		
		间谍罪	8		8	8		
		电线切断罪	2		2	2		
		小计	11		11	11		
	轻罪	间谍行为	1		1		1	
		间谍未遂	1		1		1	
		过失电线切断	3		3		3	
		身份诈称城证滥用	2		2		2	
		身份诈称通城关	4		4		4	
		氏名诈称	1		1		1	
		城门证伪造使用	1		1		1	
		官吏抗拒	3		3		3	
		罪犯包庇出具伪证	3		3		3	
		殴人致伤	3		3		3	
		擅自捆绑监禁	3		3		3	
		他人诬陷诬告	2		2		2	
		他人所有物盗取	99		99		99	
		胁迫暴行强取财物	6		6		6	
		他人欺骗骗取财物	3		3		3	
		盗窃赃物窝藏	1		1		1	
		他人财物无端使用	2		2		2	
		他人家屋物品毁坏	2		2		2	
		隐秘卖淫及拉皮条	3	3	6		6	
		小计	143	3	146		146	
日本刑法及其他法令	重罪	携带凶器偷窃	2		2	2		
		强盗伤人	1		1	1		
		小计	3		3	3		
	轻罪	未判决逃跑囚徒	2		2		2	
		私入他人住宅	1		1		1	
		财物赌博	4		4		4	
		殴人致伤	3		3		3	
		他人诬陷诬告	1		1		1	
		他人所有物盗取	32		32		32	
		他人财物骗取	1		1		1	
		小计	44		44		44	
	违警罪	殴打他人	3		3			3
		他人所有物盗取	2		2			2
		死亡未申告埋葬	1	1	2			2
		违反传染病规则	2		2			2
		小计	8	1	9			9
日本律令罪刑合计			55	1	56		56	

法令		罪名	男	女	合计	重刑	轻刑	违警刑
清国法律法令	重罪	谋杀罪	2		2	2		
		故意杀人罪	2		2	2		
		殴伤致死罪	1		1	1		
		盗窃（120两以上）	5		5	5		
		胁迫暴行强取财物	49		49	49		
		携带凶器强盗	70		70	70		
		强盗伤人杀人	21		21	21		
		他人财物骗取	1		1	1		
		放火烧毁他人家屋	2		2	2		
		小计	153		153	153		
	轻罪	官吏抗拒	4		4		4	
		已判决囚徒逃跑	2		2		2	
		隐藏逃跑囚犯	2		2		2	
		私藏军器弹药	1		1		1	
		私入他人住宅	1		1		1	
		财物赌博	47		47		47	
		盗掘坟墓	2		2		2	
		谋杀未遂	2		2		2	
		殴人致伤致死	2		2		2	
		殴人致伤	9		9		9	
		擅自捆绑监禁	1		1		1	
		杀人胁迫	1		1		1	
		奸淫幼女者	1		1		1	
		他人诬告	14		14		14	
		他人诽谤	1		1		1	
		盗窃他人物品	179		179		179	
		胁迫暴行强取财物	29	2	31		31	
		携带凶器强盗	5		5		5	
		隐藏拾得遗失物	1		1		1	
		欺骗他人财物	11		11		11	
		他人财物无端使用	2		2		2	
		窝藏强盗赃物	5		5		5	
		毁坏他人家屋	2		2		2	
		道路上撒尿	7		7		7	
		教唆扫除人夫罢业	1		1		1	
		乳儿重症误诊投弃		1	1		1	
		小计	332	3	335		335	
清国律令罪刑合计			485	3	488		488	
日本及清国律令判决总数			694	7	701		701	

*各民政部断罪总数721人，其中免诉12人，无罪8人不包括在上表内。
*清国罪刑：①重罪：死刑，②轻罪：徒刑、牢狱、杖刑、笞刑、枷锁。
*日军罪刑：①重罪：死刑、无期、惩役，②轻罪：重禁锢、罚金、断发，③违警罪：拘留、罚金。

5-15-8　营口港输往清国国内港物品及额度

货币单位（清国两）

品物类	上海	芝罘	淡水	厦门	广东	天津	汉口	汕头	宁波
谷物种子类	198,595.1	30.0		496,298.1	828,010.5			680,464.4	
菜果类	1,892.4			2,845.5	1,386.1	201.0		2,553.6	58.0
砂糖		2,195.2							
烟草类		764.2	119.2			7,442.0			
鱼介类	1,262.8	430.4		23,425.2				864.8	
酒类	100.0	1,471.6		6,030.9				10,225.4	
食物类	1,004.2			3,351.1	479.2		71.0	673.8	
汉药类	43,657.8	1,947.0	46.2	1,527.1	19,520.6	91.4	4,783.6	18,864.4	491.1
染料类		1,106.9							
油及蜡类	8,305.5			4,672.4	101,674.2			952.2	
麻制品	10.0	671.5							
棉制品	4,503.0	7,112.4							
丝制品	226,475.0	8,827.0							
家具类	347.6	16.0							
骨角毛皮革	89,270.6	25.0		505.6	2,909.0	240.0	434.8	12,028.1	2,770.2
金属制品		699.8							
肥料	92,111.0			109,470.0				203,916.4	
器械类	50.0								
其他杂品	1,321.0	327.4			420.0	863.0	830.5	30.0	
总计	668,906.0	25,624.3	165.4	648,125.9	954,399.6	8,837.4	6,119.9	930,573.2	3,319.3

5-15-9　清国国内港输入营口港物品及额度

货币单位（清国两）

品物类	上海	芝罘	淡水	厦门	广东	天津	汉口	汕头	宁波
谷物种子类	958.9				96.5				
菜果类	3,841.0	58.4						52.4	
砂糖	35,846.9	3,959.4		198,196.4				75,803.2	
茶类	1,473.9	26.4							
烟草类	11,759.9	636.0	2,487.0		250.0	119.9			
鱼介类	839.6	114.4							
食物类	4,420.8	342.8						3,621.0	
药品类	12,393.3			120.9	293.4		501.6	37.4	893.9
染料类	15,799.5	612.6							
油及蜡类	61,452.5								
纸类	63,327.1	1,419.9		423.5	24.0	1,800.0		321.0	
麻布类	6,558.9	492.0		656.8	380.0			620.0	
棉制品	914,112.8	14,335.0					305.0		
丝制品	47,430.5	1,795.7			58.5				
毛制品	6,097.0								
其他布类	162,380.5	2,577.0						211.0	
家具类	14,422.6								
毛皮类	1,816.7								
竹制品	3,221.6			458.6	36.0				559.0
金属制品	38,684.1	991.0			711.2				224.1
煤炭						7,930.0			
其他杂品	81,421.5	18,029.3		420.4	531.0	2,400.2	16.0	5,410.5	238.0
总计	1,488,259.5	45,390.0	2,487.0	200,276.6	2,380.5	12,250.1	822.6	86,076.5	1,915.0

5-15-10　营口港向外国港输出物品及额度

货币单位（清国两）

品物类	香港	黄浦	仁川	海参崴	横滨	神户	长崎	合计
谷物种子类	167,163.0	11,786.3			3,000.0	313,941.0	5,000.0	2,914,299.4
菜果类	2,058.1	64.6						11,059.4
砂糖								2,195.2
烟草类								8,325.4
鱼介类	92.4							26,075.6
酒类	1,033.0							18,860.8
食物类	2,518.4							8,097.6
汉药类	31,273.1	15.0				2,661.8		124,879.0
染料类	240.0							1,346.9
油及蜡类	4,800.4					1,641.0		122,025.8
麻制品	219.1			224.3				1,224.9
棉制品								1.1615.36
丝制品						1,672.8		246,974.7
家具类				378.0				741.6
骨角毛皮革	6,402.5		355.7			743.4		115,684.9
金属制品	10.0							709.8
肥料	8,960.0				3,000.0	264,468.0	29,885.0	711,460.4
其他杂品						173.0		4,164.9
总计	234,769.9	11,865.0	355.7	602.3	6,000.0	791,141.9	34,885.0	4,329,791.4

5-15-11　外国港向营口港输入物品及额度

货币单位（清国两）

品物类	香港	福州	仁川	菲律宾	海参崴	神户	长崎	合计
谷物种子类	48.0							1,103.4
菜果类	2,729.8							6,139.7
砂糖	34,869.0							347,789.7
茶类						288.0	189.0	932.4
烟草类	95.0							14,646.0
鱼介类	443.7		240.0		15,273.9	1,038.4		17,950.0
食物类								7,447.7
药物类	449.1					176.9		13,701.5
染料类	514.0							16,266.1
油及蜡类	3,000.0							62,279.3
纸类	40.0	9,820.0	120.0					75,625.2
麻布类	1,110.0					240.2		5,760.4
棉制品	151,468.0					4,417.0		1,980,133.1
丝制品								48,282.2
毛织品	120.0							6,087.0
其他布类	80.0							162,936.6
纸扇								12,983.2
家具类						15.2		13,905.9
毛皮类								1,816.7
竹制品								4,275.1
金属制品	2,102.2							41,552.7
煤炭				3,040.0				10,970.0
其他杂品	41,108.1		1,059.0			14,473.9		153,203.8
总计	138,176.8	9,820.0	1,419.0	3,040.0	15,273.9	20,649.6	189.0	2,992,804.5

﹡其他占领地行政部调查数据不完全，资料未收入原统计表。

5-15-12 明治二十八年（1895）营口港海关进出口额度

货币单位（清国两）

	输出额			输入额			合计	输入超额
	征税品	免税品	小计	征税品	免税品	小计		
	4,329,792	534,423	4,864,215	3,128,573	3,105,944	6,234,517	2,098,732	1,370,303

金银单位（清国两）

	输出额			输入额			合计	输入超额
	金货·金块	银货·银块	小计	金货·金块	银货·银块	小计		
	–	502,571	502,571	19,340	2,980,982	3,000,322	3,502,893	2,497,751

5-15-13 明治二十八年（1895）营口港海关出入港船舶

单位（吨）

船籍	入港船舶			出港船舶			出入合计
	蒸汽船	风帆船	小计	蒸汽船	风帆船	小计	
日本	2,913	–	2,913	2,913	–	2,913	5,826
英国	92,981	361	93,342	92,981	361	93,342	186,685
德国	38,322	4,977	43,299	38,322	4,977	43,299	86,598
挪威	27,393	2,804	30,197	27,393	2,804	30,197	60,394
瑞典	6,362	–	6,362	6,362	–	6,362	12,724
丹麦	3,454	–	3,454	3,454	–	3,454	6,908
美国	700	–	700	700	–	700	1,400
清国	326	–	326	326	–	326	652
总计	172,451	8,142	180,593	172,451	8,142	180,593	361,187

*清国形船入港数26,100艘，出港数17,080艘，总计43,180艘。

5-15-14 明治二十八年（1895）营口港海关出入港船舶税收额度

货币单位（清国两）

船种类型	输出税	输入税	杂收入	合计	输出超过
蒸汽船·风帆船	236,063	94,922	1,720	332,705	141,141

5-15-15 占领地（辽东半岛）行政征税计划

占领地民政部	耕地租赁税/年			海关税	盐税	其他税
	耕地（亩）	地税（清两）	清两/亩	（日圆）	（日圆）	（日圆）
总督民政部（金州）	290,935	14,547.20	0.050			
旅顺口民政支部	226,134	4,993.87	0.022	2,517		
貔子窝民政支部	317,608	13,590.72	0.043	18,200	28,000	
复州民政支部	529,189	22,423.63	0.042	15,811	49,437	
盖平民政支部	517,060	21,604.79	0.042	4,152		2,580
海城民政支部	272,932	16,436.24	0.060			2,126
营口民政支部	26,687	5,214.45	0.195	724,581	195,599	
凤凰城民政支部	1,406,220	39,133.92	0.028			
岫岩民政支部	160,472	6,429.34	0.040			
大孤山民政支部	789,722	50,887.79	0.064	120,001		
安东县民政支部	605,071	26,084.12	0.043	502,782		
合计	5,142,030	221,346	0.057	1,388,044	273,036	4,706

*征税计划依据清国纳租法之银纳、谷纳平均价额算出。 *征税计划因辽东半岛返还未实施。

5.16 战中民众

5-16-1　日清战争前后日本国民薪金水准

职 业	年	薪 水	注 释
保姆（女）	1892	0.82圆/月	包食包住
长短工（男工）	1892	1.55圆/月	包食包住
纺织女	1892	（8.4钱/日薪）1.7圆/月	
日雇农民（男农）	1892	（15.5钱/日薪）3.1圆/月	（女农）9.4钱/日
日雇民工	1892	（18.4钱/日薪）3.7圆/月	
建筑工（平均）	1892	（27钱/日薪）5.4圆/月	东京是全国平均数的2倍
小学教师初任	1886	8圆/月	代用教师5圆/月
警察初任	1891	8圆/月	其他津贴另外支给
新闻记者	1894	12—25圆/月	
造币局职工平均	1892	9.3圆/月	
造币局官吏平均	1892	33.6圆/月	局长250圆/月
银行员初任	1898	35圆/月	大银行统计
高级公务员初任	1894	50圆/月	高等文官国家考试合格者
国会议员	1889	（年俸800圆）67圆/月	1899年增薪2000圆/年
东京府知事	1891	（年俸4000圆）333圆/月	
外国人雇佣	1890	平均100—500圆/月	医师、教授、校长、学者
1位—24位巨富	1887	696,596—50,096圆/年	财阀、藩主、巨商、大地主、实业家
敕任官（1等）	1875	500—800圆/月	大臣、议长、卿、一等判事、陆海大将
敕任官（2等）	1875	400圆/月	大辅、特命全权公使、陆海中将
敕任官（3等）	1875	350圆/月	少辅、知事、大警视、陆海少将
奏任官（4等）	1875	250圆/月	大丞、权知事、权大警视、总领事、大佐
奏任官（5等）	1875	200圆/月	少丞、参事、中警视、领事、中佐
奏任官（6等）	1875	150圆/月	少书记官、权参事、权中警视、少佐
奏任官（7等）	1875	100圆/月	权助、权参事、少警视、大尉
判任官（8等）	1875	70圆/月	大录、大技师、权少警视、中尉
判任官（9等）	1875	50圆/月	权大录、中技师、大警部、少尉
判任官（10等）	1875	40圆/月	中录、少技师、权大警部、少尉补
判任官（11等）	1875	30圆/月	权中录、少技手、中警部、曹长
判任官（12等）	1875	25圆/月	少录、少技手、权中警部、军曹
判任官（13等）	1875	20圆/月	权少录、少技手、少警部、伍长
判任官（14等）	1875	15圆/月	笔生、大技生、权少警部
判任官（15等）	1875	12圆/月	省掌、中技生、警部补

*敕任官、奏任官、判任官是明治宪法下的文官官吏等级，任命程序上由天皇亲自颁布任令。

5-16-2　日清战争前日本纺织女工月生活费

（圆/月）

消费项目	三重纺织		名古屋纺织		爱知物产组合	
	通勤	宿舍	通勤	宿舍	通勤	宿舍
食费	2.40	2.10	2.30	1.50	2.00	2.50
房租	1.00		1.00			
服装费	0.30	0.30	0.80	0.80	0.80	0.50
杂费			0.70	0.20	0.30	0.40
合计	3.70	2.40	4.80	2.50	3.10	2.40

* 本表1894.7—1895.11从朝鲜作战至平定台湾为止，各战斗的参与战斗人员发生的死伤者统计。

5-16-3 明治二十七年（1894）日本国内物品物价指数

明治二十年（1887 1月=100）

物品名	年初	年中	年末	品物名	年初	年中	年末	物品名	年初	年中	年末
煤炭	125	167	167	大麦	135	141	172	鸡肉	143	149	185
铜	152	151	156	小麦	136	131	-	鸡蛋	143	191	202
铁	139	152	169	小麦粉	129	131	127	香烟	111	111	111
棉线	114	111	109	盐	81	77	85	茶	116	127	126
真绵	88	85	92	食油	117	147	143	木材	170	155	179
白布	112	122	116	酱油	117	109	117	木炭	116	83	113
绢丝	120	97	104	大酱	128	137	144	材薪	104	113	132
麻	125	133	125	酒	100	93	115	石油	98	94	92
衣料	102	104	97	油渣	149	153	151	生漆	100	104	97
皮革	131	131	146	谷糠	124	153	153	肥料	106	103	112
玻璃板	122	123	118	鲣节	110	121	175	平均指数	123	127	132

*日本银行调查统计局《明治以降卸卖物价指数统计》 *全40种物品中之部分摘录 *年中8月1日清日两国开战

5-16-4 日本爱知县各郡市战死者遗族及负伤者抚恤

市郡	组织	财源	战死者 吊慰料 战死	战死者 吊慰料 病死	战死者 遗族扶助料 支付额	战死者 遗族扶助料 条件	负伤者 支付额	备考
名古屋市	恤兵会	义捐金	≤10圆		20—50圆	生活贫困者	10—30圆	建墓碑
爱知郡	恤兵义会	义捐金	3圆		10圆	町村贫富差		
西春日井郡	尚武会	义捐金	≤40圆				30圆	
丹羽郡	恤兵会	义捐金	20圆	10圆			≤20圆	
中岛郡	出军兵员就恤法	义捐金	≤20圆					建墓碑
碧海郡	征兵慰劳会	义捐金	25圆				≤15圆	
南设乐郡	征兵慰劳会	义捐金	≤65圆 ≤60圆	≤55圆 ≤50圆			≤45圆 ≤35圆	≤12圆 ≤9圆
北设乐郡	军人家族保助规约	义捐金			15圆以上		7圆以上	
东加茂郡	尚武会	义捐金	≤10圆		20—50圆	町村恤兵法		建墓碑
宝饭郡	尚武会规约	义捐金	未记载				≤20圆	
渥美郡	尚武会	义捐金	10~30圆				10—20圆 1—5圆	
叶栗郡	征兵慰劳会	义捐金	20圆				≤15圆	
海西郡	征兵优待规约	义捐金	10圆	※5圆	15圆	内地 死亡者5圆	3—5圆	
八名郡	尚武会	义捐金	35圆 30圆	25圆 23圆			1.2—22圆 1—20圆	建墓碑
幡豆郡	征兵慰劳会	义捐金	20—25圆		10圆以上	恩给法;赈恤 金交付迄	≤20圆	建墓碑
西加茂郡	征兵优待规约 尚武会	义捐金	30圆 5圆	10圆				
东春日井郡	征兵慰劳会	义捐金	20圆	15圆			5~15圆	
知多郡	征兵慰劳义会 从军者家族慰问	义捐金	A15圆 B15圆					
额田郡	征兵慰劳会	义捐金	30圆	20圆			糕点料50钱	
海东郡	义勇会	义捐金	10—15圆				≤7圆	建墓碑

5-16-5　爱知县幡豆郡留守家族扶助状况

町村名	穷困者	恤兵义会	征兵慰劳会	资金·捐助	资金·公费	资金·公费捐助	资金·不明	慰问·有·官吏	慰问·有·议会	慰问·有·有志	慰问·有·不特定	慰问·无	扶助·白米	扶助·现金·一律	扶助·现金·等级	扶助·现金·其他	农耕·现金	农耕·互助	农耕·人夫	免除·税金	免除·诸役	免除·授业料
西尾町	有	○					○		○							○						
西野町村	有						○				○				○		○					
中畑村	无									○									○			
平坂町	有	○				○				○												
奥津村	有	○								○					○							
寺津村	有	○				○				○								○				
西崎村	有	○				○					○							○				
荣生村	不					○						○							○			
一色町	不							○														
味泽村	有			○		○					○	○			○	○						
五保村	有														○			○				
衣崎村	有													○					○			
六乡村	有	○				○		○				○			○			○				
丰田村	有					○			○							○						
井崎村	有	○						○							○							
大宝村	有										○		○									
久麻久村	有		○			○										○			○			
御锹村	不							○							○							
川崎村	有					○		○								○						
吹羽良村	无											×										
室场村外村	有		○		○									○	○							
松坂村	不											×										
丰国村	有	○				○			○					○	○							
横须贺町	不	○				○										○				○		
濑门村	无									○	○			○				○			○	○
厨村	无																	○				
狄原村	有							○							○							
吉田村	不						○									○						
富田村	有						○							○	○							
保定村	不							○														
宫崎村	有																			○		
幡豆村	有						○								○							
东幡豆村	有	○				○			○						○				○			
佐久岛村	无											×										

5.17 日清战争日本民生要事记

	社会·军事	民生·健康·文化
明治二十六年（1893）战前年	2.7 众议院否决建造铁甲舰巡洋舰制造预算，引发伊藤内阁弹劾动危机，天皇诏敕"和衷协同"，议会妥协。军费增额，决定官员薪资献纳一成，用天皇敕谕造费。 3.8 朝鲜发布防谷令，日派遣军舰与朝鲜交涉。李鸿章调停，朝鲜赔偿十一万圆。 10.- 日本基督教教众入朝风波救济事养成，东京设立职业妇女会。11.- 福岛县县廷女唱，日本第一个废娼县诞生。12.31 群马县废止公娼。 12.- 东京府人口调查，在留外国人，美国298人，英国198人，德国83人，法国81人，俄国10人。清国689人，朝鲜90人。新潟县人口全国第一，东京第二。 12.1 警视厅禁止日本人赠笑效弄清国。外国人。*海军省采用水雷填下潽火药计划，下潽火炮弹实用化急速研发中。 *陆军薪水标准，上等兵2圆64钱，一等兵1圆20钱，二等卒90钱，下士官以下供给，1日精米6合（912g），副食5～6钱。	2.- 官员月俸10%献纳改革公布，官场震惊悲泣，家中减度，书生、车夫、酒食自肃节减。月俸一成献到全额一百四十七万圆，国民百姓无负献之义务。 *日军舰"千岛"号沉没事件，英国高等法院裁判日本败诉，国内议论沸腾拉归国际。 2.3 外务省发布保护偷渡海外的日本妇女敕令，阻止娼妓海外的风潮。3.- 岐阜县市内娼遣至约1,500人，市政发布改正取缔娼规则。 7.14 冈山县暴风雨，死者423人，伤者991人。10.13 九州地方台风袭击，死1,567人。 *全国痢疾，天花病大流行，痢疾患者24,455人，死5,973人。天花患者5,211人，死者2,034人。*东京府肠伤寒流行，患者1,896人，死685人。 *生活疾苦，日本大批出行海外，夏威夷移民达20,310人，旧金山博览会，密航渡美300人，当同年朝鲜京城在留日本人娼妓219人。
明治二十七年（1894）战争年	3.9 明治天皇，皇后银婚结婚式典，日本史上首发纪念邮票，纪念明治天皇满25年。 4.17 朝鲜政治家金玉均在上海被暗杀，凶手洪钟宇被斩杀，世论爆发征韩、征清呼声。 4.19 朝鲜东学农民起义蜂起，主旨斥排倭，官军和政府处境危机，日本高度警戒。5.- 板桥火药制造所归属陆军省所管辖，无烟枪械火药投入量产。 5.22 政府公布战时大本营条例，设为战争或事变期间的作战机关，天皇为统帅，陆海军大作战计划的权限，参谋总长责任实施。6.- 日清两国朝鲜出兵。 5.30 福泽谕吉发表文章，致定政府出兵朝鲜。5.31 众议弹劾内阁上奏。 6.- 日清战争军用品需求，大阪成为物资集散地，各业商家进驻大阪，商势振兴。6.18 舰队集结改编，三编舰队以上编成的海军主力称为联队。 6.7 政府发布招贴新闻条例，军机事项登载严禁止。6.7 日本发布朝鲜出兵通告。6.9李鸿章请求英国公使劝告日本向朝鲜派兵。 7.25 日本舰队丰岛奔攻渡攻清国军舰队，8.1宣战。8.2 政府公布战时新闻记者检查令。9.13检查令解除。 7.29 朝鲜牙山口牙小平和小枪战收坚持战亳，史上外国人登录可视战时新闻报刊绘画广为报道。8.6 日清战争坚持收坚持战亳录，英雄事迹在日本广为流行。 8.16 北海道峡间邮船10艘缴纳征军用，事端入小学教科书。8.25 开战以来日广汀角西洋镜流行，日镜中可以窥视到战争的照片，街衢间大人气。	1.- 东京电灯数增至18,000灯。 1.- 手缲制业发达，从事职业劳工的10～20岁女性占75万人。 1.12 文部省敦励贫困儿童工业，规定就学年龄6～14岁。3.- 经济不景气，东京出现屋宇空增。 3.- 东京大日本纺织会社设立托儿所，历史上最早的企业托儿所诞生。4.6 文部省公布高等师范学校规程，分文科、理科2学科制。 4.20 国内移民公司组织的第一批殖民团，由横滨出发前往加拿大。 5.- 东京惠医院看护妇9人进入广岛陆军医院勤务。8月日赤二看护妇200人派遣至战地，女性看护妇战时从军初步确定，在社会引起妇人反响。 6.30 军用品急腾，梅干、咸菜、大葱、蔬菜等民用食品价格高腾，物价腾达战前的2～3倍，梅干1升1钱～2钱7厘5毛。 7.29 街谈活跃，日清两国携带饼草，明治赛事有思踊跃，明治少许诸军粮米饭为主，补给少许诸菜甚大感。 6.20 东京大地震，倒塌屋宇4,800户，死伤170人，工学部、大学预科。 7.- 朝鲜东学党事件以来，报刊号外发行量激增，以叫卖号外谋生计人气，购买军报绝以人气。8.25《日清战争记实》创刊，报刊铜版印刷技术大好评，故事题材绝笔人气，民间大流行。 7.- 霍乱病者56,000人，死者39,000人。8.- 传闻乌鸦鸡治肺病特效，报刊鼓吹乌鸦渡美以来广大，报刊绘版印刷技术大好评，航运终止。

终战年
社会·军事
明治二十八年（1895）
民生·健康·文化

社会·军事

8.-清日两国宣战，日本政府初次认可接受乏效，娼妓为战争捐款的意愿，娼妓群体掀起支援娼妓捐款热潮。

9.1 近卫师团在崎玉县征收马匹，至翌年共征得2,198匹，全国军需马匹需求增大，马平均价格高腾，每匹24圆33钱。

9.1 山县有朋第一集团军编成，属下第3、5师团编成，属下第3、1、2师团军事设立，9.15天皇亲临广岛。

9.13 广岛战时大本营设立，9.15天皇亲临广岛。

9.17 联合舰队主力与清国北洋水师主力在海洋岛遭遇，爆发黄海战，击沉清军舰5艘，日本舰队胜利。

8.-陆军野战卫生长官石黑忠悳昌设从军看护妇制度，清日战争初实现，9.-平壤战斗中从军记者山下静观战殁，东京靖国神社参拜人数激增，职工每日增业，职工每日增。

9.-陆军军中肉罐头军需求大增，东京市下各罐头社会功7级者65圆。10.-东京靖国神社参拜人数激增，社会队员每日增收24小时各罐头社会功7级者65圆。10.-本年度"日本兵""不败"等故事流行语诞生。

10.3 金 助童军金会公布，功1级者900圆~功7级者65圆，专程参观就馆展示的清国战利品。

10.20 新污县里村25岁人妻，为征清入军对从军发引起社会轰动和话题，上工女转职娼妓，酌妇变女为娼妓，面向清军队需求新的娼妓激增，社会军队慰安妇处理。

11.12 广岛步兵连队营房大火造成38人烧死事件。12.20 国家授号山县有朋元勋荣誉，广岛作为战争临时召集地，帝国议会召开时的沿实施戒严令。

11.30 为防止男女生殖器官因寒冷引发诸种疾病，受到入浴兵大欢迎，商家推出车载洗浴房，藤崎秀被侍房，成功发明"明濛母目"军用急所袋，此地具成为国内民间藏向军人的人气物件。

12.14 日清战场上商兴隆，商家推力大车超4万人，响应政府号召应募军名参加日清战争。12.-东京不景气因由，生活困难入力车15枚，小山正幸，作为从军画家随军参加日清战争。

*大阪地乱工厂开始制作铝制仮面，水壶等玩器。

*伯鲁仕釜井故明作铝制役夫20人随第二军从军，实现战场现地摄影取材。

*广岛指定为大本营所在地，帝国议会临时召集地，广岛作为战争时的沿实施戒严令。此此。

*明治二十七年（1841）全国工厂数661厂（工人19,000人），战争年全统计5,985厂（工人38万）（工人38万）。大阪天满纺织厂第二厂（女工厂工），要求合法权益。

*日清战争经费总额2.3亿圆，接近开战前战时国家预算2.6亿圆。

2.17 联合舰队完全控制威海卫军港，清国北洋舰队降伏状。

2.23 陆军恤兵部收到种种慰问的献金，其中岐阜县62人贫困村民，合伙献马梅干两斗两升四合六夕，平均每人梅干15枚，民间支援战争的行动受到赞颂。

3.22 李鸿章清国大使马关夫豪华登岸，本地民众好奇观望。

民生·健康·文化

8.-日清开战后，从清国输入大豆被迫中断，坊间大豆价格爆腾，豆腐价格高腾，豆腐屋商贩经营困难。

8.4 战争爆发坊间流传谣言煽动仇视清国的新闻插图印刷热相大欢迎。

8.16 东京舞台新剧种相继推出，"海战再见"题材博得市民喝彩，舞台炮声隆隆硝烟漫，枪炮折断军舰沉没，苦干舞台大小无法施展做戏。9.15陆军恤兵部接受民间捐献，草鞋89,000双，此后战争题材剧激增，手帕28,403条。

8.31 东京浅草剧场上演《壮快快绝日清战争》，将军游街大行其道，战时游街相逐跑道皆为强烈，在市井90双下唱妓服装盛行。

9.1 朝鲜牙山之役获获清军战利品中混行唱妓服装，10月10日清国人与渡边结婚，开战以来清军。

9.11 横滨居留地的清国人和日本人小岛结婚，开战以来日清国人与渡边结婚，政府发布在日清国人保护令。*电风扇汽水凉茶战时特色食品登场。

9.-饼干食品热卖，天皇饯兴，凯旋汽水凉茶战时特色食品登场。*电风扇京照相馆商家大繁盛。

10.5 信州北佐町流行怪事，数年前糖痘大量繁殖原本地人畜锐减，去年日本舰锐减乃获大胜战之光也。

*逐唐观，令唐绳失去踪迹乃入沉解。占卜云，岐阜县大蛛山形怪事。

10.7 东京清国长崎吊挂人形肥皂玩具，靶射以身、耳、头、四肢、腹部加水。

10.22 山形县里大地震，震毁民家3,124户，烧毁2,505户，死者717人。

*大蛮汤被认定为有蛋白质价值的食品，"大蛮汤是农家牛奶"之语遍流行。

*痢疾病患激发，全国患者15.5万余人，死38,094人。

*2年前前天花流行，本年天花再燃，患者12,400人，死者3,300人。

*传国朝国内大污的劳动者大有人在，明待日本战争尽早结束战争，战争尽早结束劳力。

*调查报道，纺织，火柴业工厂的劳动者健康状况不佳，征兵检查不合格者增多。

*调查判明3.5%高专以上学生患肺结核，东大男子学生5,144人中255人患结核，100人休学年中结核患者达2,900人。

*全国基督教人数达2,900人。

2.-从军僧加入军许可，战地阵亡者，病死者的安养祈祷及宣教活动展开。

2.7 威海卫占领，国内军队论美渡道金，儿童间流行两军对垒游戏，万岁呐喊减中清军连胜，日本讲和条约签字式，日清记念初公式化使用"河豚"毒鱼料理。

3.-新冯县男性肺结核死，遗自愿精献肺肺核，医科大学决定接受解育的研究。

3.24 日清战争会谈期间，李鸿章遭遇暴汉小山枪击负伤，事件惊动国际社会。3.30 日本政府迫于压力与清国签定休战条约。

3.31 仙台后备部队兵士110人因反抗上官，集体脱营逃兵。3.9 大连港输送的军需物资罐头包装箱内混在石块，恶商受贿论遣责。

4.17 日清《马关条约》签字，清国承认朝鲜独立，割让辽东半岛、台湾、澎湖列岛，赔偿金2亿，日本战争损失，死、残疾者1.75万人，马1.15万匹，军费2亿。

4.23 日清媾和谈判告日本返还清国辽东半岛，组成三国干涉强势。5.4 日本政府被迫决定全面放弃辽东半岛。世论安抚激怒民众卧薪尝胆，主张国家富强才有战斗之力。

6.- 横滨火柴会社出口香港抵火柴，因盒上贴有 "NIPPON"（日本）字样的国名，故香港政府海关截行，以地位上无此国名之由设陆军地开设抢急大误退回。

7.15 金势励章的年金增加6成，功1级者1,500圆，以下至功8级者，功5级者100圆，9.- 为增加伤残军人福利，政府在轻井泽别墅开设陆军疗养所，热海温泉疗养所。

8.6 台湾实施军政，总督府颁布条例。*战后看护妇管及着用医护护白衣。*日清战后景气 *日清战争第一回赔偿金822万英镑受领。11.16辽东半岛返还清国，清政府支付赎金493万英镑。

10.31 依照日清讲和条约，清国统计，东京1,342,152人，大阪49万人，京都339,896人，名古屋209,270人。

12.- 大都市人口统计。东京市回归豪华凯旋门，比谷凯旋门高30米，长108米，绿叶装饰。*本年度东京市魔129回。*东京各处兴建远征军回归豪华凯旋门，比谷凯旋门高30米，长108米，绿叶装饰。

2.18 清日战争战利品动物之一，日军在旅顺俘虏一头双峰骆驼，成功安置在东京上野动物园，观摩市民大人气。7.- 故国的乐器 "月琴" 在国内流行。

2.27 清日战争开战以来，各都市照相从早到晚繁盛杂着，前来照相者大多是出征清国的土兵、亲属，故旧，相互赠送留念共勉情谊。

3.- 开赴台湾澎湖列岛的比志忠成旅团遭遇霍乱疫情，并传回国内感染迅速扩大，当年国内霍乱病死者40,150人。

4.- 基督教宣教师道勤舶，自己出资在函馆借用民宅创建盲哑院。5.28 长崎保姆养成科。

5.1 朝鲜人留学生114人，庆应义塾集体入学。5.28 长崎保姆养成所设立。

5.- 长崎地方相本清国1个月归来400人突破。5.- 东京府人力车总数40,258台。*东京

*战后好景气，和服屋贩卖大繁盛。*男子光头平板头大型流行，剃头推子热卖。小人17.5钱。

8.- 日清战争战利品 "镇远舰" 对市民开放，观客踊跃，通往军港的横须贺线开通以来空前混杂。*战后玩具民流行，大数、大鼓、佩刀、连发枪、兵队人形等登场。

11.- 东京发表电话增设计划，电话价格暴涨，时价200圆涨至150圆。

12.3 日本纺织业资本进军清国，上海设立纺织会社。*台湾产砂糖陆续进入国内市场，日本食品开始流行甜味甜料理。

12.20 清国战争赔偿金10%分给全国小学校，23,066校受益，国家全面推进学龄儿童就学。

清日战争年表

战争史称	清国（甲午战争）	日本国（明治二十七八年战役）	欧美国（First Sino-Japanese War）
开战年	公历1894年　农历甲午年	清国（光绪二十年）　日本国（明治二十七年）	朝鲜国（高宗三十一年）
主要战场	朝鲜国　清国本土　台湾岛		
战争结局	清国战败　日本国战胜		

大事年月日	清 国	日本国	朝鲜国	国际社会
1894年01月26日		大阪天满织厂工人罢工	开成民乱。黄州、中和、铁岛、金宁、钟城、统营，云山、杨州民乱	
1894年01月30日			驻朝鲜英国代理总领事卡特纳上任	
1894年02月03日			全琫准等60余名农民向古阜郡守赵秉甲陈情税政，官府无视默杀	
1894年02月15日		朝鲜日本语报纸《汉城新报》创刊	全罗道古阜邑东学教农民起义蜂起，抗议郡守赵秉甲暴政	
1894年03月01日	清英两国缔结云南缅甸条约	第三回临时总选举 3.9日本史上首发纪念邮票，纪念明治天皇大婚25年		
1894年03月28日	流亡日本的朝鲜政治家金玉均在上海遭暗杀	4.2英国伦敦，日英通商条约改正交涉开始	农民起义军再蜂起，发布革命四大纲领，运动向农民革命性格发展	
1894年03月29日				
1894年04月26日		在日本避难的朝鲜政治家朴泳孝遭朝鲜暗杀手暗杀未遂		
1894年05月01日		第六次帝国议会开会		
1894年05月15日	袁世凯会见闵泳骏、商讨退敌策、暗示出兵	众议院、内阁弹劾上奏案决定	朝鲜全罗南道东学教农民起义军起大、国家动乱	
1894年05月31日	袁世凯会见日本公使馆书记生杉村濬、迫承朝承邦、暗示清国出兵	内阁临时会议决定出兵朝鲜、对抗清国派兵。众议院决定解散	招讨使洪启薰率领京城兵800名讨伐败北	
1894年06月02日	鲜请求清国出兵		东学农民起义军占领全州	

日期			
1894年06月03日	袁世凯电告鸿章。日本无大举出兵意向	杉村公使暗示袁世凯日本也出兵朝鲜	朝鲜国王发出正式官方公文，请求清国出兵
1894年06月04日		陆海军会议决定设置战时大本营	国际奥林匹克委员会成立
1894年06月05日	清军总兵叶士成率兵出征朝鲜，第一支队大沽港出发	驻朝鲜公使大鸟圭介率领先遣陆战队出兵、日军参谋本部设立战时大本营	
1894年06月06日	清国行文通告知会日本，清国出兵朝鲜	外务省电信谍获李鸿章给驻日公使汪凤藻的知会日本出兵的电报	
1894年06月07日	叶士成先遣一支队白石浦登陆，总兵叶志超率二支队山海关出发	日本通告清国，日本也有出兵权	
1894年06月08日			
1894年06月09日	清国军舰6艘在仁川港对峙。	大鸟公使率陆战队仁川登陆，混成旅团先头支队宇品港出发	
1894年06月10日		大鸟公使率海军陆战队进入朝鲜京城，混成旅团第一支队宇品港出发	政府向农民军妥协，双方达成《全州合约》
1894年06月12日	日本递交对清国抗议书	混成旅团先头支队仁川登陆。实业教育费国库补助法公布	朝鲜政府抗议日军入朝，各国公使指责日本出兵、东学军自主解散
1894年06月13日	清国递交对日答复书	混成旅团先头支队进入京城	朝鲜驻日公使会见陆奥外相，要求日军撤军
1894年06月14日		混成旅团第一支队仁川入港	
1894年06月15日		内阁通过朝鲜改革案，外相陆奥向清国汪公使提出日清共同参与朝鲜内政改革	
1894年06月22日	清国通告日本，拒绝日共同参与朝鲜内政改革案	御前会议，内阁首脑请求天皇裁可增派混成旅队赴朝军队，提交清国拒绝改革案反驳书	
1894年06月23日		高等学校令公布	
1894年06月24日	清国增援部队牙山登陆		
1894年06月25日		内阁会议决定，日本单独实施朝鲜内政改革。混成旅团第二支队仁川入港	法国总统萨迪·加诺被暗杀
1894年06月27日			俄国驻日公使劝告日本从朝鲜撤兵
1894年06月28日		陆奥向大鸟发出朝鲜内政改革案训令	大鸟照会朝鲜外务督争。要求政府表明态度
1894年06月30日			朝鲜国王发布罪己诏。朝鲜政府敦促日本两国撤兵。俄国驻日公使强硬劝告清两国撤兵

日期	清国	日本	朝鲜·列强
1894年07月01日		内阁会议作出"拒绝俄国要求日本撤兵的动告决议",呈天皇裁可	
1894年07月02日		天皇裁可内阁决议,陆奥答复俄国政府	
1894年07月03日	清军叶志超请求李鸿章增派援军	大鸟公使向朝鲜国提示改革案	朝鲜国王任命改革委员
1894年07月07日	驻清英国公使斡旋日清关系失败	内阁会议作出对清国照会的决定	日本擅自在京城、仁川间架军用电线
1894年07月12日	清国对日开战意识确定	陆军省设立伤兵部	俄国政府递交对日本通告书
1894年07月13日			
1894年07月14日			赵秉稷代表朝鲜政府向大鸟公使递交拒绝内政改革回答
1894年07月16日		日英通商航海条约签字。桦山资纪出任海军军令部长	
1894年07月19日	袁世凯秘密归国,唐绍仪临时代理朝鲜事务。李鸿章决定向朝鲜增派援军	陆奥外相向清政府交付最后通牒。大鸟照会朝鲜,架设汉城、仁川间电线。战争准备加速	英国调停日清两国临事态提出仲裁案。日本擅自在京城和釜山间架设军用电线。
1894年07月20日		大鸟公使向朝鲜政府交付最后通牒	
1894年07月21日	清国增派赴朝援军、从大沽港出发	下达对岛警备队动员令	英国交付对日劝告书
1894年07月22日	英籍高升号商船载运清国赴朝援兵,从大沽港出发	陆奥外相交付反驳英国动告书	
1894年07月23日		日朝开战,日军占领京城王宫,扶植大院君,联合舰队离开佐世保港	朝鲜王宫卫队溃落,京城陷落,日军护卫下大院君入宫
1894年07月25日	丰岛海战,清军败北,清日战争爆发	丰岛海战日舰队大胜,日舰浪速号击沉英籍高升号运输船	大院君政权宣布废弃清国和朝鲜间全部条约,委请日军驱逐牙山清军
1894年07月27日		伊藤首相向列席大本营会议	组成金宏集为首的朝鲜亲美政权,设立军国机务处
1894年07月28日		日清交涉破裂,陆奥外相通告列国公使	
1894年07月29日	清政府电训汪公使与日本断交,撤去驻日使馆	成欢战斗清军败北,向平壤方向溃退	
1894年07月30日	清国表明开战责任在日方,电命汪公使对日宣战,通告日方断绝两国间关系	内阁起草宣战诏书草案,上奏天皇裁去在清公使馆。下达第五师团渡韩命令	朝鲜官制改革,宫内府议政府下设八衙门
1894年07月31日	清国总署亲王及通告小林公使,与日本断交,清日诸条约将被废止	陆奥外相向列国公使交付日清交战通告书(宣战书)。陆军发布战时新水规则	使用开国纪元,高宗三十一年为开国503年

日期			
1894年08月01日	清国光绪皇帝发布对日宣战诏书	宣战诏书初稿在内阁稿引起争议。公布朝鲜国入国禁止令。发布外务军事言论紧急限令。驻清公使小村通告总理衙门，日清诸条约废除，撤去公使馆归国	英、美、德、法等国宣布清日战争局外中立
1894年08月02日			
1894年08月03日	清国汪公使撤离东京归国	内阁通过宣战诏书议案，呈月天皇签发	
1894年08月04日		宣战诏书送交外务省参谋总长　公布在日本清国居民保护令，第三师团朝鲜出征动员令	
1894年08月05日		对清作战大本营移至宫中，参谋总长作战方针上奏天皇	
1894年08月06日	光绪帝谕令左宝贵奉军、马玉昆毅军、卫汝贵练军、丰升阿盛字营四路大军入朝	下达第六师余额动员令	避难日本的朝鲜政治家朴泳孝归国
1894年08月07日		天皇裁可军司令部编制。发布民间志愿团体赴朝工作	
1894年08月08日		内阁会议决定对朝鲜方针。公布义勇兵诏救	
1894年08月09日		宣战奉告祭英，天皇派遣敕使前往奉祭	
1894年08月10日	旗舰定远号率舰队执行护卫朝运兵船命令	联合舰队抵达威海海域，清舰主力不在	租税金纳制，朝鲜国开始设立银行
1894年08月11日		天皇亲拓绝亲临奉告祭	政府公布社会改革案二十三条、财政经济改革案
1894年08月13日		公布军资收支紧急救令	六项，实施银本位制，改定度量衡
1894年08月14日		下达第三师团出征朝鲜命令	
1894年08月15日		公布军事公债条例	第一任金宏集内阁成立。废止地方监收官
1894年08月17日		陆奥外相在内阁会议，提出对朝鲜四项政策	
1894年08月18日		内阁通过对清战争开战日的决定	
1894年08月20日		日本和朝鲜两国暂定合同条约签字	京釜、京仁铁路开工，全罗道沿岸开港
1894年08月26日		日本和朝鲜两国缔结同盟国条约	朝鲜、日本攻守同盟缔结。庆尚道农民暴动
1894年08月27日		日英通商航海条约公布	英日确立清日战争亲日外交
1894年08月30日		文武官陆海军间相互协调上谕。伊藤首相军事外交上申书。山县有朋出任第一军司令仪式。第一师团动员令下达	

日期	清军	日本大本营	朝鲜·外交
1894年08月31日		大本营冬季作战方针决定	西园寺大使拜见朝鲜国王
1894年09月01日		参谋总长奏请清皇，大本营移驻广岛，伊藤首相奏请天皇，大本营移驻天下来。第一军下达战时编制及战斗序列命令。第四回众议院临时总选举	
1894年09月08日		宣布大本营驻广岛	
1894年09月10日		内阁通过决议，日清战争开战日为1894年7月25日，宣战日为1894年8月1日	
1894年09月12日		外交军事论议大本营迁移广岛	
1894年09月13日			
1894年09月15日	平壤会战清军大败，秦军统领左宝贵阵亡	日军占领平壤	日本第一军开始在朝鲜仁川登陆
1894年09月16日	平壤守军叶志超自主弃城，义州方向溃退		平壤会战
1894年09月17日	黄海战战爆发，北洋水师5舰战舰沉没	黄海战战日本胜利，联合舰队伤5舰	平壤陷落
1894年09月18日		设置广岛临时政府府邸。第二军编成	
1894年09月24日	清军退兵满洲一线。李鸿章下令鸭绿江布防，阻止日军越境		
1894年09月25日		大山严大将出任第二军司令长官。下达第二师团、近卫师团出征动员令	朝鲜政府废除罪人连坐制度
1894年09月29日		金勋章军全全制定	
1894年10月03日		下达第二军战斗序列命令	
1894年10月05日		广岛宇品港指定军用港。发布战时戒严令	
1894年10月07日			各地东学教农民军暴动再燃，与日军交战
1894年10月08日	清军关内部队向旅顺增援	大本营发出占领旅顺半岛训令	英国提议与德国联合调停
1894年10月09日		西乡从道海相兼任陆相	
1894年10月15日		第七次帝国会议召开	英国公使向陆奥提出仲裁意愿
1894年10月16日		第二军司令部、第一师团出征	
1894年10月18日		第七回帝国议会开院式，天皇与会	意大利国公使向日本提出仲裁意愿
1894年10月23日		佐藤支队从鸭绿江，潜入满洲境内	井上馨出任驻朝鲜公使
1894年10月24日		第二军第一师团大连北部花园口海岸口登陆	陆奥外相交付对英国仲裁提议回答书

日期	清国	日本	朝鲜
1894年10月25日	清国政府宣布承认朝鲜国独立、放弃对朝鲜的宗主国地位		
1894年10月26日		第三师团鸭绿江渡河，占领虎山	
1894年11月24日			
1894年11月26日		下达第四师团出征动员令	
1894年11月27日		陆奥答复美国对清讲和附加条件	
1894年11月29日		第一军袭马集扫荡作战	
1894年11月30日	清国要求日本开示讲和条件		
1894年12月01日		陆奥拒绝清国开示讲和条件的要求	意大利与日本通商航海条约签署
1894年12月02日		大山严令司令官请求大本营歼灭清国北洋舰队	金宏集等五大臣誓约来日
1894年12月06日		第一军司令官山县有朋大将率队归国	东学军公州战斗
1894年12月08日		立见旅团占领摩天岭炮台	
1894年12月10日		第三师团占领析木城	朝鲜军国机务处废止，成立中枢院
1894年12月12日	清国政府提议在上海举行议和会谈	第三师团占领海城	
1894年12月13日			
1894年12月14日	清军进攻凤凰城，夺城未果	大本营决定实施山东作战	
1894年12月17日			第二任金宏集内阁成立
1894年12月18日	清军宋庆主力与日军在缸瓦寨激战	陆奥答复清国讲和会谈在日本国内举行	
1894年12月19日		野津中将任补第一军司令官	东学教农民军公州作战大败
1894年12月20日	清国政府建议讲和提议		
1894年12月22日		第八次帝国国会召开	
1894年12月23日		陆奥答复清国讲和会议在广岛举行	俄国驻日公使质疑日清讲和附加条件
1894年12月26日			全琫准于淳昌被俘，押解京城
公历1895年　农历乙未年	**清国（光绪二十一年）**	**日本（明治二十八年）**	**朝鲜（高宗三十二年）**
1895年01月05日		第一军司令部移驻咶岩	
1895年01月07日			朝鲜皇帝发布独立宣言、公布洪范14条、废除与清国间的宗属关系
1895年01月10日		乃木混成第一旅团增援第一军占领盖平	
1895年01月15日		有栖川宫炽仁参谋总长死去	
1895年01月17日	第一次海城攻城战未果	海城守军防御	

日期			备注
1895年01月20日		新编山东作战部队荣城湾龙睡澳登陆，山田部队占领荣城湾	孙秉熙指挥的东学军主力在忠州解散
1895年01月22日	第二次海城攻城战未果	海城守军防御	
1895年01月26日		小松宫彰仁就任参谋总长。国民军条例制定	
1895年01月27日		御前会议讨论讲和条约案决定	
1895年01月28日		任命北白川宫能久为近卫师团团长、山泽静吾为第四师团长	
1895年01月30日		日军威海卫攻击开始	
1895年01月31日	清国讲和使张荫桓、邵友濂	任命伊藤、陆奥为讲和全权代表大臣	
1895年02月01日	广岛讲和会议（广岛县政府厅）	台湾守备作战部队比志志成支队编成	
1895年02月02日	清国讲和使别遣质疑，广岛讲和的失败	第二军占领威海卫及北岸炮台	
1895年02月05日		水雷艇袭击刘公岛内，定远舰重伤，9日沉没	
1895年02月06日		水雷艇鱼雷击沉来远，威远两舰	
1895年02月07日		联合舰队炮舰炮压制刘公岛日岛炮台	
1895年02月09日		陆军使用清军岸炮击沉威海湾内靖远舰	
1895年02月12日	清国讲和使张荫桓一行从长崎归国、北洋水师	松岛旗舰上，清国北洋舰队投降谈判	朝鲜拆除迎恩门
1895年02月13日	丁汝昌提督引咎服毒自杀		
1895年02月14日	牛昶昞道台代表北洋水师投降交涉	大本营命令联合舰队赴清国南方海岸	俄国公使强调日本不可割让清国本土，容忍清国割让台湾
1895年02月16日	第三次海城攻城战	陆奥通告清国讲和谈判的基础条件	
1895年02月17日		析木城攻防战	
1895年02月18日	清国政府决定派遣李鸿章全权赴日媾和谈判		
1895年02月20日	第四次海城攻城战	大本营发布进攻澎湖岛作战命令	
1895年02月21日		日本意大利通商海条约批准	
1895年02月24日	第五次海城攻城战	日美通商航海条约批准	
1895年02月27日	第六次海城攻城战	第三师团辽河扫荡作战开始	俄国公使赞成日本讲和谈判基础条件
1895年02月28日		第三师团占领鞍山	
1895年03月02日	第七次海城攻城战		
1895年03月04日		第一军占领牛庄	

日期	事件	备注
1895年03月06日		乃木第一旅团占领营口。比志岛支队开赴澎湖岛作战	
1895年03月07日		监军山县有朋兼任陆军大臣。大本营派遣征清大总督赴清准备直隶决战	
1895年03月08日		第一军第一师团占领田庄台	
1895年03月09日		派往清国南方沿海的舰队从佐世保出港	德国通告日本，不可割让清国大陆
1895年03月15日	清国李鸿章全权媾和使抵达天津出发	小松宫彰仁就任征清大总督	
1895年03月16日		赤马关市及门司町发布保安条例	
1895年03月18日			
1895年03月19日	李鸿章全权媾和使抵达下关	天皇任命伊藤、陆奥为讲和全权大臣。皇后前往广岛慰问征清部队伤病员	
1895年03月20日	下关春帆楼讲和会谈开始	征清军编成	
1895年03月23日		比志岛支队澎湖岛登陆	
1895年03月24日	小山丰太郎开枪袭击李鸿章事件	比志岛支队占领澎湖妈公城	
1895年03月28日		陆奥通告李鸿章，同意无条件休战	俄国要求公示讲和条件
1895年03月29日			德国要求公示讲和条件
1895年03月30日	清日两国休战条约签字	占领地总督府条例公布。日清休战条约调印	
1895年04月01日		陆奥向李经方提示讲和条件	
1895年04月04日	清国任命李经方全权大臣继续与日方会谈	小山丰太郎判无期徒刑送兵库监狱	德国提议同英俄共同干涉日清讲和条件
1895年04月06日	暗杀事件后李经方和伊藤会谈再开		俄国提议英法德共同干涉日清讲和条件
1895年04月08日	李经芳提出清国讲和的条件案	征讨台湾的近卫师团、第四师团宇品出港	
1895年04月09日		天皇指示伊藤尽力封送兵库直隶事件战	
1895年04月11日		征清大总督团队宇品港出港	
1895年04月13日	李经芳坚持不可割让台湾	日清《下关条约》调印	
1895年04月17日	清日签署《马关条约》	征清大总督抵达旅顺	
1895年04月18日			
1895年04月20日		天皇批准《马关条约》、任命伊东已代治全权大臣前往清国交换清国皇帝批准的《马关条约》	
1895年04月21日		天皇发布恢复和平诏书	

日期	事件	国际·朝鲜
1895年04月22日	青木前往陆奥疗养地舞子报告三国干涉情势。政府公告大本营移驻京都	
1895年04月23日	大本营决定派遣一个师团前往台湾	俄、德、法三国干涉，劝告日本放弃辽东半岛
1895年04月24日	大本营御前会议内定列国劝告案议案	东学教农民军首领全琫准等处刑执行
1895年04月25日	伊藤、陆奥、松方、野村舞子会议	
1895年04月27日	大本营移驻京都	
1895年04月28日		俄德法三国催促日本答复劝告案
1895年04月29日		俄德法三国再度催促日本答复劝告案
1895年05月02日	清国皇帝批准《马关条约》	康有为"公车上书"
1895年05月04日	内阁会议通过永远放弃辽东半岛决定	
1895年05月05日	政府向各国政府通告永远放弃辽东半岛决定	
1895年05月08日	辽东半岛返还诏书交换式在芝罘进行　伊东全权与伍廷芳在芝罘会定辽东半岛返还诏书交换式。别约，议定书公布。辽东半岛返还诏书公布。桦山资纪为首任台湾总督	驻清德、俄公使催促交换返还批准书
1895年05月10日	日清讲和条约、别约、议定书公布，天皇发表陆海军人救语　恢复和平，天皇发表陆海军人救语	
1895年05月13日		
1895年05月19日	小松宫彰仁征清大总督神户凯旋。台湾总督府先遣队从宇品出港	
1895年05月21日	第一师团从宇品出港	
1895年05月24日	台湾总督府从宇品出港	金宏集总理大臣辞任
1895年05月25日	台湾宣布台湾民主国建国，唐景崧为首任总统	
1895年05月26日	御前会议决定战后对朝鲜方针政策	
1895年05月29日	近卫师团三貂湾登陆	
1895年06月01日	似岛临时陆军检疫所业务开始	
1895年06月02日	李经芳和日本全权桦山资纪在基隆湾横滨丸船上举行台湾领土受渡仪式	
1895年06月03日	近卫师团占领基隆。内阁任命西园寺代理临时外务大臣	
1895年06月06日	台湾民主国总统唐景崧逃往厦门　近卫师团占领台北城。总督府设台湾事务局	
1895年06月07日		
1895年06月13日	内阁开设台湾事务局	
1895年06月17日	台湾总督府开厅仪式	闵妃暗杀阴谋暴露

日期		台湾军民与日军战斗激化	
1895年06月20日	广岛市及宇品港解除战时戒严令		地方官制改革，全国设置23府331郡
1895年06月22日	坂井支队占领新竹		
1895年06月28日	三木部队进攻安平镇庄失败		
1895年07月06日			朴泳孝被剥夺官职，逃亡仁川，再赴日本遭难。
1895年07月16日	第二旅团占领大料崁。日本语教育开始。内阁决定向战死者遗族及战伤者发放一时金		全国霍乱蔓延，数千人死亡
1895年07月19日	任命三浦梧楼为驻朝鲜公使		
1895年07月22日	近卫师团北部扫荡第一期作战		
1895年07月29日	近卫师团北部扫荡第二期作战		
1895年07月31日	战死者遗族及战伤者赐金制度公布		
1895年08月08日	台北保衣总局设置		
1895年08月09日	近卫师团占领尖笔山、中港	台湾军民与日军战斗激化	
1895年08月13日	近卫师团占领后垅		
1895年08月14日	近卫师团占领苗栗		
1895年08月20日	台湾副总督高岛鞆之助被任命为南进军督统		
1895年08月21日	日军占领大甲。台湾总督府颁布军政条例		
1895年08月24日			第三任金宏集内阁成立
1895年08月26日	近卫师团占领台中		
1895年08月28日	近卫师团占领彰化		
1895年09月02日	第二师团长乃木山根少将病死		
1895年09月04日	冲绳县公布实施征兵令		
1895年09月07日			朝鲜学校令及学校规则公布
1895年10月07日	近卫师团占领他里雾、斗六		朝鲜训练队解散。邮递司设立，业务开始
1895年10月08日	近卫师团占领大莆林。日清战争从军纪念章规则制定		三浦公使唆使日本浪人闯入王宫，杀死朝鲜国王闵妃（乙未事件）
1895年10月09日	近卫师团占领嘉义		小村寿太郎派遣朝鲜接替三浦公使
1895年10月11日	第一师团占领枋寮		朝鲜国王特赐闵妃皇后号（明成皇后）

公历	农历	清国（光绪二十二年）	日本（明治二十九年）	朝鲜（高宗三十三年）
1895年10月13日			公布紧急敕令，日本人禁止前往朝鲜	
1895年10月16日			第二师团占领凤山山城	
1895年10月17日			三浦公使涉嫌谋杀闵妃解任归国，小村寿太郎出任朝就任公使	
1895年10月19日	刘永福逃走前往内陆，台湾襄坡激战		辽东半岛还付条约交涉	
1895年10月21日			第二师团占领台南城。伊藤首相对朝鲜基本方针	第二师团占领台南城基本方针
1895年10月24日			三浦公使免本官职，等候乙未事件裁判	因乙未事件，日本遭到国际舆论指责。
1895年10月26日			桦山总督台南入城	实施太阳历，太阴历开国504年11月17日为开国505年1月1日
1895年10月28日	孙文广州举兵计划失败		北白川宫近卫师团长于台南病死	陆军编制纲领公布
1895年10月30日			桦山总督解除南进军编制	
1895年11月06日	《辽南条约》签字，辽东半岛回归		辽东半岛还付条约调印	种痘规则公布实施
1895年11月08日			桦山总督返回大本营，宣布台湾平定	
1895年11月26日				亲俄、亲美派企图推翻金宏集内阁，发生王宫卫队袭击事件（春门事件）
1895年11月28日			辽东半岛还付条约公布	朝鲜国王为制元年
1895年12月03日	台湾宜兰武装蜂起抗击日本统治		第九次帝国议会开会	朝鲜公布和阳历严实施断发令。朝鲜年号制定，开国505年为建阳元年
1895年12月28日				
1895年12月31日	台北周边金包里武装起义			
1896年01月01日	芝山事件			全国民乱义兵蜂起，抗议杀害闵妃及断发令
1896年01月06日			混成第七旅团编成	
1896年01月13日			日军基隆登陆	
1896年01月19日			混成第七旅团在宜兰地方镇压	
1896年01月20日	俄清银行设立		广岛地方裁判所审判三浦等48人免诉	朝鲜江原道反日武装起义
1896年02月04日				以保卫公使馆的为由，俄军仁川登陆，进驻京城
1896年02月10日				朝鲜国王避难俄国公使馆（播迁事件）
1896年02月12日				金宏集被乱民杀死

日期		
1896年02月13日	执政党的反对派进步党成立（立宪改进党、立宪革新党、中国进步党、帝国财政改革新会、大手俱乐部）	亲俄内阁成立。金炳始出任总理大臣。发布抗日兵解散诏救。抗日兵继续与日军战斗
1896年03月01日	台湾守备混成旅团编成	
1896年03月11日	陆军扩充至13个师团	
1896年03月14日	议会会期延长诏救。台湾守备步兵连队编成。	
1896年03月26日	第九次帝国议会闭会。大本营最终会议。	
1896年03月29日	台湾新法令颁布。台湾总督府条例及总督府官制颁布。增设拓殖务省	
1896年03月30日	大本营解散	
1896年04月01日		俄国沙皇尼古拉二世加冕式

战争年 日本国伤亡大事记

1893.7.14 冈山县暴风雨，死者423人，伤者991人，灾后痢疾蔓延。10.13 九州遭袭击台风，死者899人。死者2,034人。患者1,896人，死者685人。

1893年度全国痢疾患者24,455人，死者5,211人，天花病患5,973人。

1894.6.20 东京大地震，倒塌家屋4,800户，死伤170人。1.24鹿儿岛市大火503户烧失。5.27山形市大火1200户烧失。6.17横滨市大火1000户烧失。

1894 7.一霍乱病患者56,000人，死者39,000人。

10.22 山形县大地震，震毁民家3,124户，烧毁2,5C5户，死者717人。11.12 广岛步兵连队营房失火造成38人被烧死。

* 痢疾病患爆发，全国患者155,000余人，死者38,094人。

* 2年前宣布天花终息，本年天花再燃，患者12,400人，死者3,300人。

3.-开赴台湾澎湖岛的比志岛混成旅团遭遇霍乱疫情，并传回国内，感染迅速扩大，当年国内霍乱病死者4,0150人。

4.17 清日《马关条约》签字。清国承认朝鲜独立，割让辽东半岛、台湾、澎湖列岛，日本战争额失，死者，残疾者17,000人，马11,500匹，军费2亿。赔偿金2亿。

表记参考资料

5-1-1　清国战争指挥机构及军事编制　《明治廿七八年日清戦史》　参謀本部　東京印刷 1904

5-1-2　日本战争指挥机构及军事编制　《日清戦争秘蔵写真が明かす真実》　檜山幸夫　講談社 1997.8

5-2-1　清国海军主要舰船　海军军令部编纂《廿七八年海战史》　春陽堂 1905；大本营海军参谋部《战史编纂准备书类 第 47 号》；明治 23 年 10 月 14 日清国北洋艦隊艦船表に関する件 C10124759100

5-2-2　日本海军主要舰船　海军军令部编纂《廿七八年海战史》　春陽堂 1905；参謀本部编纂《明治廿七八年日清战史》第 1 ~ 8 卷　参謀本部　東京印刷 1904

5-2-3　清国新征兵员及武器装备《明治廿七八年日清戦史》第 1 ~ 8 卷　参謀本部　東京印刷 1904

5-2-4　日军主要炮械　《大阪砲兵工廠》（日本の技術）第一法規出版 1989.8；《兵器器材》（砲兵沿革史）偕行社 1962

5-2-5　日本各师团枪炮配备　《日清戦争統計集》第 1 ~ 4 卷　明治二十七八年戦役統計　陸軍省　海路書院 2005

5-2-6　1890 年日本《陆军定员令》师团编制　御署名原本　明治二十三年 勅令第二百六十七号　陸軍定員令　A03020086800（注：含 1890 ~ 1894 年“定員令”条项的改正、追加、削除修订）

5-2-7　日军战时雇用军夫数量及分配　《日清戦争統計集》第 1 ~ 4 卷　明治二十七八年戦役統計　陸軍省　海路書院 2005

5-3-1　日军平壤会战伤亡情况　《明治廿七八年日清戦史》第 1 ~ 8 卷 参謀本部　東京印刷 1904

5-3-2　日军平壤战斗弹药消耗量　《明治廿七八年日清戦史》第 1 ~ 8 卷　参謀本部　東京印刷 1904

5-3-3　清日朝鲜战役总决算　《日清戦争日本の戦史》　旧参謀本部　徳間書店 1966

5-4-1　清军旅顺口陆地正面布防　《明治廿七八年日清戦史》第 1 ~ 8 卷　参謀本部　東京印刷 1904

5-4-2　清军旅顺口海正面炮台布防　《明治廿七八年日清戦史》第 1 ~ 8 卷　参謀本部　東京印刷 1904

5-4-3　清军大连湾海岸炮台布防　《明治廿七八年日清戦史》第 1 ~ 8 卷　参謀本部　東京印刷 1904

5-4-4　辽河平原战役清国军兵力分布　《明治廿七八年日清戦史》第 1 ~ 8 卷　参謀本部東京印刷 1904

5-4-5　辽河平原清国军后方兵力分布　《明治廿七八年日清戦史》第 1 ~ 8 卷　参謀本部東京印刷 1904

5-4-6　日军战争日本第一军作战编制　《日清戦争日本の戦史》旧参謀本部　徳間書店 1966

5-4-7　日本第二军作战编制　《日清戦争日本の戦史》旧参謀本部　徳間書店 1966

5-4-8　清日战争主要战役　《日清戦争統計集》第 1 ~ 4 卷　明治二十七八年戦役統計　陸軍省海路書院 2005；《明治廿七八年日清戦史》第 1 ~ 8 卷　参謀本部　東京印刷 1904

5-5-1 黄海海战清日两军战舰及主要指挥官 《清将的赏罚任免及清国海军士官的举动1-2》防卫省防卫研究所 C08040485700; C08040485800

5-5-2 黄海海战日本联合舰队各舰死伤者数 《明治 27 年 9 月 17 日 黄海海战战死伤数》防卫省防卫研究所 C06061789400

5-5-3 黄海海战联合舰队各舰弹药消耗 《弾薬の消費1-3》 防卫省防卫研究所 C08040489000; C08040489100; C08040489200

5-6-1 清日战争总决算 《明治廿七八年日清战史》第 1 ~ 8 卷 参谋本部 東京印刷 1904;《日清战争统计集》第 1 ~ 4 卷 明治二十七八年战役统计 陸軍省 海路書院 2005

5-6-2 日军参战部队总人数 《日清战争统计集》第 1 ~ 4 卷 明治二十七八年战役统计 陸軍省 海路書院 2005

5-6-3 清日战争参战人员功勋赏赐 《日清战争统计集》第 1 ~ 4 卷 明治二十七八年战役统计 陸軍省 海路書院 2005

5-6-4 出征朝鲜台湾人员建功特别赏赐 《日清战争统计集》第 1 ~ 4 卷 明治二十七八年战役统计 陸軍省 海路書院 2005

5-6-5 征清大总督府主要官员 《明治廿七八年日清战史》第 1 ~ 8 卷 参谋本部 東京印刷 1904

5-6-6 日清战争缴获清国货币数量 《日清战争统计集》第 1 ~ 4 卷 明治二十七八年战役统计 陸軍省 海路書院 2005

5-6-7 日方缴获清国炮械明细 《日清战争统计集》第 1 ~ 4 卷 明治二十七八年战役统计 陸軍省 海路書院 2005

5-6-8 日清战争缴获清军枪械弹药明细 《日清战争统计集》第 1 ~ 4 卷 明治二十七八年战役统计 陸軍省 海路書院 2005

5-6-9 日军缴获清军战利品数量及分配部门 《日清战争统计集》第 1 ~ 4 卷 明治二十七八年战役统计 陸軍省 海路書院 2005

5-6-10 日军在清国本土作战缴获炮弹种类及数量《日清战争统计集》第 1 ~ 4 卷 明治二十七八年战役统计 陸軍省 海路書院 2005

5-7-1 台湾殖民统治开始时期人口统计 《台湾军司令部1895 ~ 1945》 古野直也 東京国書刊行会 1991.9

5-7-2 日军武力征台先遣作战序列 《明治廿七八年日清战史》第 1 ~ 8 卷 参谋本部 東京印刷 1904

5-7-3 台湾作战日方死亡人数 《帝国统计年鉴》;《军事机密明治三十七八年战役统计》;《靖国神社忠魂志》;《日清战争统计集》第 1 ~ 4 卷明治二十七八年战役统计 陸軍省 海路書院 2005

5-7-4 日军在台湾战区缴获炮械数量 《日清战争统计集》第 1 ~ 4 卷 明治二十七八年战役统计 陸軍省 海路書院 2005

5-8-1 明治时期日本国民兵役制 《御署名原本明治二十二年 法律第一号 征兵令改正》A03020030000

5-8-2 清日战争两国陆军战斗力比较 《明治廿七八年日清战史》第 1 ~ 8 卷 参谋本部 東京印刷 1904;《日清战争日本の战史》旧参谋本部 德間書店 1966

5-8-3 清国陆海军饷银标准 《北洋海军章程》总理海军衙门原奏 1888.12.17

5-8-4 清日战争两国海军作战舰船比较 海军军令部编纂《廿七八年海战史》春陽堂 1905 《日本海军舰艇写真集》第 1 ~ 6 卷 呉市海事歴史科学館 東京ダイヤモンド社 2005

5-9-1 日清战争日本陆军军马增减状况 《日清战争统计集》第 1 ~ 4 卷 明治二十七八年战役统计 陸軍省 海路書院 2005

5-9-2 日本海军战前战中营养供给 《写真で見る海军粮食史》 藤田昌雄 光人社 2007.3

5-9-3 日本陆军战时伙食标准 《日清战争日本の战史》 旧参谋本部 德間書店 1966

5-9-4 日本海军伙食标准 《写真で見る海军粮食

史》　藤田昌雄　光人社 2007.3

5-9-5 日军单兵背囊负荷　《帝国陆军戦場の衣食住》　藤田昌雄　東京学研 2002.10.2

5-10-1 日军战场地图测量　《日清戦争統計集》第 1～4 卷　明治二十七八年戦役統計陸軍省　海路書院 2005

5-10-2 清日战争时期欧美诸国远东海域派遣军舰一览　《東洋派遣諸海国艦船一覧表》(海報第 33 号) C06060155100

5-11-1 日军战地邮件集配统计　《日清戦争統計集》第 1～4 卷　明治二十七八年戦役統計　陸軍省　海路書院 2005

5-11-2 日军战地邮便储送金统计　《日清戦争統計集》第 1～4 卷　明治二十七八年戦役統計陸軍省　海路書院 2005

5-11-3 日军军用电线架设　《日清戦争統計集》第 1～4 卷　明治二十七八年戦役統計　陸軍省　海路書院 2005

5-11-4 日军电线延长距离　《日清戦争統計集》第 1～4 卷　明治二十七八年戦役統計陸軍省　海路書院 2005

5-12-1 日军死伤情况统计　《日清戦争統計集》第 1～4 卷　明治二十七八年戦役統計　陸軍省　海路書院 2005；《日清戦争》藤村道生　岩波書店 1979

5-12-2 日本陆军战斗员身体伤部位统计　《日清戦争統計集》第 1～4 卷　明治二十七八年戦役統計　陸軍省　海路書院 2005

5-12-3 日本陆军死伤阶段及服役免除数　《日清戦争統計集》第 1～4 卷　明治二十七八年戦役統計　陸軍省　海路書院 2005

5-12-4 日军战斗员武器伤亡类别　《日清戦争統計集》第 1～4 卷　明治二十七八年戦役統計陸軍省　海路書院 2005

5-12-5 日军入院者主要患病类别　《日清戦争統計集》第 1～4 卷　明治二十七八年戦役統計陸軍省　海路書院 2005

5-12-6 日军各师团阵亡及服役免除数　《日清戦

5-12-7 日清两国士兵体格比较　《日清戦争従軍写真帖》　亀井兹明　柏書房 1992.7

5-12-8 日清战争时日本民间及外国随军人员　《日清戦争統計集》第 1～4 卷　明治二十七八年戦役統計　陸軍省　海路書院 2005

5-13-1 日本收容转运清军俘虏明细　《日清戦争統計集》第 1～4 卷　明治二十七八年戦役統計　陸軍省　海路書院 2005

5-13-2 俘虏送还药物清单　《捕虜還送委員長復命書》　防衛省防衛研究所 C06060437900

5-13-3 清军俘虏送还船中患者病情分类　《捕虜還送委員長復命書》　防衛省防衛研究所 C06060437900

5-13-4 战地清军俘虏收容及医疗救护　《日清戦争統計集》第 1～4 卷　明治二十七八年戦役統計　陸軍省　海路書院 2005

5-13-5 清国俘虏送还船费用支出明细　《捕虜還送委員長復命書》　防衛省防衛研究所 C06060437900

5-13-6 清国北洋水师将校士官宣誓降服名簿(1)　《威海衛軍港明渡関係書類》　防衛省防衛研究所 C06061769500

5-13-7 清国北洋水师将校士官宣誓降服名簿(2)　《威海衛軍港明渡関係書類》　防衛省防衛研究所 C06061769500

5-14-1 日清战争日军军法判刑人员及犯罪地域　《日清戦争統計集》第 1～4 卷　明治二十七八年戦役統計　陸軍省　海路書院 2005

5-14-2 日清战争陆军检查处分人员统计　《日清戦争統計集》第 1～4 卷　明治二十七八年戦役統計　陸軍省　海路書院 2005

5-14-3 日军战争中刑法处罚概况　《日清戦争統計集》第 1～4 卷　明治二十七八年戦役統計陸軍省　海路書院 2005

5-15-1　日军占领地（辽东半岛）人口调查表
　　　　《日清戦争統計集》第1～4卷　明治
　　　　二十七八年戦役統計　陸軍省　海路書院
　　　　2005

5-15-2　日军占领地（辽东半岛）行政部门职员配
　　　　置　《日清戦争統計集》第1～4卷　明治
　　　　二十七八年戦役統計陸軍省　海路書院
　　　　2005

5-15-3　日军占领地（辽东半岛）行政部百姓救
　　　　恤　《日清戦争統計集》第1～4卷　明治
　　　　二十七八年戦役統計　陸軍省　海路書院
　　　　2005

5-15-4　日军占领地（辽东半岛）警察管治（1）
　　　　《日清戦争統計集》第1～4卷　明治
　　　　二十七八年戦役統計　陸軍省　海路書院
　　　　2005

5-15-5　日军占领地（辽东半岛）警察管治（2）
　　　　《日清戦争統計集》第1～4卷　明治
　　　　二十七八年戦役統計　陸軍省　海路書院
　　　　2005

5-15-6　日军占领地（辽东半岛）警察管治（3）
　　　　《日清戦争統計集》第1～4卷　明治
　　　　二十七八年戦役統計　陸軍省　海路書院
　　　　2005

5-15-7　日军占领地（辽东半岛）人民犯罪罪名及判
　　　　决刑　《日清戦争統計集》第1～4卷
　　　　明治二十七八年戦役統計　陸軍省　海路
　　　　書院 2005

5-15-8　营口港输往清国国内港物品及额度
　　　　《日清戦争統計集》第1～4卷　明治
　　　　二十七八年戦役統計　陸軍省　海路書院
　　　　2005

5-15-9　清国国内港输入营口港物品及额度
　　　　《日清戦争統計集》第1～4卷　明治
　　　　二十七八年戦役統計　陸軍省　海路書院
　　　　2005

5-15-10　营口港向外国港输出物品及额度　《日清
　　　　戦争統計集》第1～4卷　明治二十七八
　　　　年戦役統計　陸軍省　海路書院 2005

5-15-11　外国港向营口港输入物品及额度　《日清
　　　　戦争統計集》第1～4卷　明治二十七八

年戦役統計　陸軍省　海路書院 2005

5-15-12　明治二十八年（1895）营口港海关进出口额
　　　　度　《日清戦争統計集》第1～4卷　明
　　　　治二十七八年戦役統計　陸軍省　海路書
　　　　院 2005

5-15-15　占领地（辽东半岛）行政征税计划　《日清
　　　　戦争統計集》第1～4卷　明治二十七八
　　　　年戦役統計　陸軍省　海路書院 2005

5-16-1　日清战争前后日本国民薪金水准　《日本長
　　　　期統計総覧》　総務庁統計局監修　日本
　　　　統計協会 1988

5-16-2　日清战争前日本纺织女工月生活费　《日清
　　　　戦争》　藤村道生　岩波書店 1979

5-16-3　明治二十七年（1894）日本国内物品物
　　　　价指数　《明治以降卸売物価指数統計》
　　　　日本银行调查统计局　日本銀行 1987

5-16-4　日本爱知县各郡市战死者遗族及负伤者抚
　　　　恤《都史資料集成》第1～2卷　日清戦争
　　　　と東京　東京都 1998.3

5-16-5　爱知县幡豆郡留守家族扶助状况　《都史
　　　　資料集成》第1～2卷　日清戦争と東京
　　　　東京都 1998.3

注：“表记参考资料”参考上述文献作成，各表格形
　　式的设计均与原文不同。部分表格经过多份文
　　献归纳整合而成。读者若希望取得原始数据，
　　请参考本表记内参考文献。

结束语

1894年世界史上记录了一件重大事件，位于亚洲东方大陆的大清国和岛国日本国之间爆发了一场战争。战争跨越朝鲜国、清国本土和台湾岛的空间展开，历时一年零七个月，以清国战败日本胜利的结果告终。

近世纪的东方亚洲地域，诸国诸民族在长期的国家关系中，建立了独自的政治秩序。十六世纪，统一日本的丰臣秀吉为实现西下东方大陆的野心，企图打破以明国为中心的东亚秩序，发动了两次侵略朝鲜的战争。但在和明朝军队的作战中败北，丰臣窥视大陆的梦想破灭。十七世纪明朝灭亡，满洲人建立的清国诞生，大清国对日本仍然采取外交限定、贸易统制的大国政策。此后在海洋彼岸的大陆和岛国，以大清国皇帝为主流的王朝体制，和江户德川将军为支流的大君体制在东亚形成。两个有着汉唐文化传承的君主国家，创造了各自的近代文化，经历了辉煌和衰落，建立了独自的国际关系秩序。大清国历史延续了二百六十八年，日本江户历史延续了二百六十四年。

十九世纪中叶，东亚受到西方列强的侵略。清国发生了两次鸦片战争，国家主权遭到侵害。美国舰队驶入日本江户湾引发"黑船来航"事件，迫使幕府打开国门。明治新政府深感西方外来侵略的危机，为了维护国家自身利益，意欲联清、联韩组成三国同盟，共同抗击外来侵略的威胁。但清、韩两国无视日本的企望，坚持华夷秩序的宗属国体制，使孤立的日本转而向欧美靠拢，实行"脱亚入欧"的外交路线。明治维新脱亚入欧，加快了日本国家政治经济的起步，也使日本和清、韩两国的对立日益加深。在西方坚炮利舰轰击两国的国门时，日本选择了敞开国门接受西方的文明。大清国则继续坚持闭关自守的锁国政策。结果日本比清国提前四十三年，完成由封建社会向近代资本主义社会的转型。

东亚地域国际关系秩序中，大清国最耿耿于怀的是日本明治政府在宪法中公开授予明治天皇，相当于皇帝的"天皇"尊号。传统的华夷秩序体制下，清国对"皇帝"的称谓具有唯我独尊的政治解释。明治政府的所为，显然是无视大清国的华夷秩序，这种平起平坐的行为是对大清国皇帝的轻蔑。清国依仗强大经济的支持，加快军事近代化步伐，对抗日本维新国家的崛起。清国组建了强大的北洋水师，建设了配备世界上最新锐大炮的坚固要塞。大清国为了达到维护华夷秩序体制支配朝鲜的目的，全面警戒日本在朝鲜的进出，鼓励朝鲜坚持闭关自守的锁国政策，排挤日本对朝鲜的渗透。大清国把朝鲜视为阻止日本西进最重要的属国，绝不能容忍丰臣秀吉当年侵略朝鲜的野心再度重演。

国家间经济和军事力量的差距，使日本无法撼动以大清国为主体的东亚华夷秩序体系。明治政府开始了国家的全民动员，军事上直追大清国，伺机挑战清国在东亚的霸主地位。日清战争的前夜，日本终于完成对抗清国的军力整备，趁朝鲜东学党内乱，决意和清国在军事上较量。日本通过朝鲜内政改革议案，陷清国于非文明野蛮国帮凶的指责，在国际舆论上孤立清国。日清间相互非妥协的态度，加剧了日清韩三国间的紧张关系。开战外交在复杂的背景下展开，清国回避战争的努力失败，被动投入与日本对决的战争之中。

清日战争是二十世纪东亚的开幕大戏。战争重组了新的东亚国际关系，欧美列强国在东亚的强权秩序被削弱，东亚国际关系体系不情愿地接受了新生强国日本，一种复合型的东西方国际秩序开始形成。清日战争的爆发，加深了欧美列强国之间的矛盾，直接影响到国际社会关系的质变。大清国原始制度被撼动，大中华汉民族为中心的一代有识者，毅然投身角逐乱世的政治舞台。

清日战争，清国失去了对朝鲜的独占权和国土台湾。战败虽然没有推翻国家政权，清国作为王朝国家继续存在，但清日战争失败带来的影响，导致大清王朝气数殆尽。大清国内乱蜂起，戊戌变法、义和团运动、辛亥革命，汉民族作为国家的政治主流登上了历史舞台。数百年被"愚"化的大陆臣民，终于看到自身在"国家观"中的价值，懂得了明治维新赢得战争的理由。

维新的日本接受了西方"国民"的概念，国家的人民从愚昧狭隘的个人意识，一举跃进到国家观的高度。"国民"的思想，超越了"人民"、"臣民"的理念。"民"的脱胎，成为国家为我、我为国家的近代国家主义。日本"国民"思想的诞生，凝聚了国力，赢得了胜利，在这场战争中也唤醒了近代大陆民众渴望解放的动力。

清日战争经过百年时光，给中国人内心深处留下隐隐伤痛与耻辱，从那个时代开始，外来侵略一直成为缠绕这块东方大陆的梦魇。在近代中国历史的进化中，当西方文明和明治维新与古旧的清朝体制发生猛烈碰撞时，战争的失败也催生了中华革命的历史纪元。

清日战争的失败是从外来势力的清国观形成开始的，而清国观的形成源于一个懦弱的国家军队，懦弱国家军队的存在，导致中华民族反复遭到列强的伤害和蹂躏。清日战争半个世纪后，当中国军队在朝鲜与强敌美国联军较量中，打出了中华民族的世界地位时，"大中国观"才开始真正意义上形成。中华民族需要一支有能力捍卫国家尊严和民众的强大军队。

纵观中国近代史，清日战争的失败对中华民族而言是悲哀的，但也是幸运的。清日战争的历史意义，在于引导中华民族重新登上历史舞台，奠定一个新概念的国度，确立国家版图的格局，创设国家间关系的新秩序，衍生新兴中华的历史文明，让世界注视到睡狮的醒来。清日战争给中华民族的再生留下了巨大的政治价值，对中华革命的成功和大清王朝的覆灭产生了深远的影响。

1894 年清日两国的战争，清国用干支纪年的甲午年命名"甲午战争"；日本国命名"明治二十七八年战役"；欧美国命名"First Sino-Japanese War"。清国和日本国的命名均不能准确表达战争当事国的主宾关系。近代以来日本人改称"日清战争"，中国人继续延用"甲午战争"或衍生"中日甲午战争"的称呼。依据国际上对战争命名的惯例，明确作战当事国的主宾关系，本著题名《清日战争》，而在日本国角度叙述战争时，使用"日清战争"的表达方式。

本著少量使用"中国"、"支那"的用语，早期"中国"一词偶见于清国洋务派李鸿章的外交用语中，日本报刊媒体中亦有少量应用。但是大清朝廷并不完全认同中华或中国的称谓，因为中华带有以汉人文化为背景的浓厚色彩。

日本的近代史不把清国看作真正意义上的中华，中华是以汉唐文化为代表的民族传承，清国的华夏子孙只是附庸于大清蛮夷统治下，生存在自己土地上的一个大民族。日本在区别满洲人和汉族人共同存在的国家时，引入了西方词汇中的外来语"China"一词。日本语"China"的西文字表述为"支那"，发音为"西那"。"支那"一词，中性地表述了近代日本对华夏汉民族的认同，对她拥有文化的敬仰，以及对满洲族的区分。"支那"一词的汉文描述和应用，在近代史书里可以看到中国人并不忌讳的痕迹。随着日本军国主义对中国战争的长期扩大，原本中性的"支那"一词从侵略者嘴里吐出，就逐渐形成了带有贬义的概念。中国的崛起和对"支那"称谓的非认同，是现代中国反对战争，不忘日本曾经伤害过中华民族的政治取向。

本著的构成以日本国内收藏的历史文献为主要资料源，书中对战争的叙述和图表的解说，是历史上日本人对日清战争的一般认识。由于清国官方缺少对战争的准确记录和统计，本著使用日本文献研究清日战争，会与中国的历史通说存在矛盾或片面性，作者期待中外研究者逐渐澄明正确的历史史实。书中收录的照片、绘画、统计表等文献，仅反映当时日本人及欧美人对战争描绘的记录，非作者对战争当事国褒贬的立场。

本著使用的统计资料及表格数据，主要采用了日军参谋本部 1904 年编纂的《明治廿七八年日清战史》8 卷；2005 年旧陆军省编纂的《日清战争统计集》4 卷；国立公文书馆、外务省外交史料馆、防卫省防卫研究所公开的馆藏文献资料。各文献记载的个别数据存在差异，误差理由和产生的原因不明。基于尊重历史文献记载的思考，本文和表记如实转载，特此说明。

本著完成之际，诚意向日本国立国会图书馆、国立公文书馆、外务省外交史料馆、防卫省防卫研究所、东京都立图书馆、武藏野市图书馆、西东京市图书馆等提供资料协助的图书馆，致以谢意。对致力于研究和整理清日战争史料的中日学者表示敬意。向长年给予本著协力的张黎明博士致谢。书中的参考资料及引用文献列记《参考及引用文献》，特此鸣谢。

参考及引用文献

图书文献资料

《日清戦争実記》島田薫、河村直、他 博文館 初版 1894.8.30

《明治廿七八年日清戦史》第 1 ～ 8 巻 参謀本部 東京印刷 1904

《日本外交史》鹿島守之助 鹿島研究所出版部 1965

《日清戦争日本の戦史》旧参謀本部 徳間書店 1966

《機密日清戦争》 伊藤博文 原書房 1967

《郵政百年史資料》第 28 巻 郵政省編 吉川弘文館 1971

《日清戦争従軍秘録》 浜本利三郎 青春出版社 1972

《日本の歴史》 宇野俊一 小学館 1976.4

《明治維新—現代日本の起源》 羽仁五郎 岩波新書 1979

《日清戦争》 藤村道生 岩波書店 1979

《帝国海軍と日清戦争》 海軍編集委員会 東京誠文図書 1981.9

《蹇蹇録》 陸奥宗光 東京岩波書店 1988

《日本は朝鮮になにをしたの》 映画「侵略」上映委員会 明石書店 1991.8

《台湾軍司令部 1895 ～ 1945》 古野直也 東京国書刊行会 1991.9

《大阪砲兵工廠の研究》 三宅宏司 思文閣出版 1993.2

《日清戦争の社会史 "文明戦争" と民衆》大谷正 原田敬一 大阪フォーラム A 1994.9

《ニュースで追う明治日本発掘》第 5 巻 鈴木孝一 河出書房新社 1995.2

《旅順虐殺事件》 井上晴樹 筑摩書房 1995.12

《日本の戦史日清戦争》 旧参謀本部 東京徳間書店 1995.8

《現代歴史学と戦争責任》 吉田裕 東京青木書店 1997.7

《戦争と差別と日本民衆の歴史》 久保井規夫 明石書店 1998.1

《乃木 "神話" と日清 日露》 嶋名政雄 東京論創社 2001.3

《近代日本の形成と日清戦争》 桧山幸夫 雄山閣出版 2001.4

《陸奥宗光とその時代》 岡崎久彦 PHP 研究所 2002.02

《帝国陸軍戦場の衣食住》 藤田昌雄 東京学研 2002.10.2

《中国近現代史》 池田誠 法律文化社 2002.3

《日本軍国主義の源流を問う》 星野芳郎 東京日本評論社 2004.6

《明治時代館》 ビジュアルワイド 東京小学館 2005.12

《異国人の見た幕末》　明治JAPAN　菅春貴　東京新人物往来社 2005.6

《開化派リーダーたちの日本亡命》　姜健栄　朱鳥社 2006.1

《図説中国文明史》10 清　稲畑耕一郎　劉燁　陈万雄　张倩仪　創元社 2006.1

《帝国陸軍の改革と抵抗》　黒野耐　講談社 2006.9

《鉄砲伝来の日本史》　宇田川武久　吉川弘文館 2007.1

《韓国の歴史》　水野俊平　河出書房新社 2007.9

《日清戦争》　原田敬一　吉川弘文館 2008.8

《世界のなかの日清韓関係史》　岡本隆司　講談社 2008.8

写真图绘资料文献

《日清戦争写真帖》　博文堂　博文堂 1896

《聖徳記念絵画館壁画集》　乾巻 坤巻　明治神宮奉賛会　出版社東京 1932

《帝国連合艦隊》　千早正隆　講談社 1969

《風俗画報》1894 ~ 1895 年初版　明治復刻版　国書刊行会 1973

《図解古銃事典》　所荘吉　雄山閣 1974

《日清戦争期の漫画》　G=ビゴー　筑摩書房 1985.6

《近代百年史》第 2 ~ 3 巻　日本近代史研究会　東京日本図書センター 1989.1

《日清戦争従軍写真帖》　亀井茲明　柏書房 1992.7

《世界銃砲史》（上下）　岩堂憲人　国書刊行会 1995

《幕末明治の生活風景》　須藤功　東京東方総合研究所 1995.3

《写真記録日中戦争》　鈴木亮　笠原十九司　東京ほるぷ出版 1995.8

《日清戦争秘蔵写真が明かす真実》　檜山幸夫　講談社 1997.8

《百年前の日本》　小西 四郎　岡 秀行　小学館 2005.2

《世界の軍服》　崔海源　星雲社 2000.5

《日本の砲術》　板橋区立郷土資料館　板橋区立郷土資料館 2004.2

《日本海軍艦艇写真集》第 1 ~ 6 巻　呉市海事歴史科学館　東京ダイヤモンド社 2005

《図解日本陸軍歩兵》　田中正人　並木書房 2006

《兵士と軍夫の日清戦争》　大谷正　有志舎 2006.5

《上野彦馬歴史写真集成》　馬場章編　東京渡辺出版 2006.7

《写真で見る海軍糧食史》　藤田昌雄　光人社 2007.3

《晚清七百名人图鉴》　闵杰 上海书店出版社 2007.12.1

《大砲入門》　佐山二郎　光人社 2008.5

统计资料文献

《日清戦争統計集》　第 1 ~ 4 巻　明治二十七八年戦役統計　陸軍省　海路書院 2005

《性風俗史年表》　明治編　下川耿史編　河出書房新社 2008.6

《都史資料集成》 第 1 ～ 2 巻 日清戦争と東京 東京都 1998.3

《明治大正家庭史年表》 下川耿史 河出書房新社 2000.3

《目でみる東京百年》 東京都 東京都都政資料館 1968

《明治編年史》 新聞集成第九巻 中山泰昌 東京財政経済学会 1970

《朝鮮近現代史年表》 新東亜編輯室 東京三一書房 1980.6

《明治 大正 昭和軍隊マニュアル》 一ノ瀬俊也 東京光文社 2004.7

《明治廿七八年日清戦史》第 1 ～ 8 巻、附録 参謀本部 東京印刷 1904

《明治以降卸売物価指數統計》 日本銀行調査統計局 日本銀行 1987

国家档案馆馆藏文献

《山口正清援刀隊編制志望の件報告》 国立公文書館 A05032103600

《日清両国休戦条約》 国立公文書館 A01200837500

《講和条約、別約、議定書、追加休戦定約、御批准書》 国立公文書館 A03033009900

《御署名原本 明治二十八年 詔勅五月十日占領壌地ヲ還付シ東洋ノ平和ヲ鞏固ニス》 国立公文書館 A03020190800

《御署名原本 明治二十八年・条約十二月三日 奉天半島還付ニ関スル条約》 国立公文書館 A03020213500

《長崎事件》 外務省外交史料館 B03030243200

《マンチュリャ号（長崎）事件》 防衛省防衛研究所 C05110191200

《東学党変乱ノ際韓国保護ニ関スル日清交渉関係》 外務省外交史料館 B03030205300

《第一回朝鮮事件》 外務省外交史料館 B03030242200

《朝鮮政府援兵ヲ清国ニ乞フ事》 外務省外交史料館 B03030207500

《英国商船高陞号撃沈ノ事》外務省外交史料館 B03030208100；B07090653000

《朝鮮国豊嶋近海ニ於テ帝国軍艦浪速ノ為英国汽船高陞号撃沈ノ件》外務省外交史料館 B07090653300

《日清韓交渉事件記事 英国関係ノ分》 外務省外交史料館 B03030190400

《豊島沖ノ海戦及朝鮮政府ノ依頼ニ応シ在牙山清兵ノ駆逐並日清両国宣戦ノ詔勅公布ノ事》 外務省外交史料館 B03030208000

《外国新聞記者ノ第二軍へ従軍ノ義暫停ノ件》 外務省外交史料館 B07091018700

《米国ニューヨークヘラルド其他ノ同国新聞社通信員ジェーダブリュダヴィッドソン戦況視察ノ為第一軍ニ従軍ノ件（不許可）》 外務省外交史料館 B07091016500

《独乙国フランクホルトッアイトンク新聞通信員文学博士アルブレヒトヴィルト従軍ノ件》外務省外交史料館 B07091017900

《李鴻章来朝及遭難、李経方ノ全権委員ニ就任》 外務省外交史料館 B06150070300

《日清講和条約締結一件／会見要録》 外務省外交史料館 B06150073200；B06150073000

《清国の出師準備》 防衛省防衛研究所 C08040476000

《清国の出兵及募兵 1–2》　防衛省防衛研究所　C08040477600；C08040477700

《清国兵の朝鮮国に派遣始末 1》　防衛省防衛研究所　C08040560100

《清国北方の状況》　防衛省防衛研究所　C08040560700

《日清両国の宣戦及外国の局外中立》　防衛省防衛研究所　C08040464900

《高陞号船長以下引渡の請求、英国商船を臨検せざる請求、英国軍艦の広乙残兵回送、英国軍艦の中立義務違犯》　防衛省防衛研究所　C08040544500

《高陞号撃沈前の事実》　防衛省防衛研究所　C08040545600

《弾薬の消費 1–3》　防衛省防衛研究所　C08040489000；C08040489100；C08040489200

《海洋島海戦報告書 1–2》　防衛省防衛研究所　C08040487400；C08040487500

《日清海戦史 黄海役 附図 海軍軍令部》　防衛省防衛研究所　C08040532300

《明治 27 年 9 月 17 日 黄海海戦戦死傷数》　防衛省防衛研究所　C06061789400

《清国南北洋の艦隊戦略司令長官の命令 1–2》　防衛省防衛研究所　C08040476700；C08040476800

《清将の賞罰任免及清国海軍士官の挙動 1–2》　防衛省防衛研究所　C08040485700；C08040485800

《清艦の移動、所在、挙動状況 1–4》　防衛省防衛研究所　C08040477400；C08040477100；C08040477200；C08040477300；C08040477400

《清国北洋水師提督丁汝昌への書簡英訳》　防衛省防衛研究所　C06061769400

《北洋海軍提督丁汝昌の北洋大臣李鴻章に贈る書》　防衛省防衛研究所　C06061857600

《水雷艇福龍号管帯蔡廷幹を尋問せし問答書》　国立公文館　C06061586700

《国外より得たる海洋島海戦に関する記事》　防衛省防衛研究所　C08040487800

《明治 23 年 10 月 14 日清国北洋艦隊艦船表に関する件》　防衛省防衛研究所　C10124759100

《明治 23 年 10 月 13 日清国海軍合操及南洋福建廣東艦隊の表等に関する件》　防衛省防衛研究所　C10124759200

《威海衛軍港明渡関係書類》　防衛省防衛研究所　C06061769500

《捕虜交換報告書抜粋》　防衛省防衛研究所　C06060333100

《捕虜交換報告書抜粋 捕虜交換景況》　防衛省防衛研究所　C06060461300

《捕虜還送委員長復命書》　防衛省防衛研究所　C06060437900

《支那捕虜将校 11 名本邦へ送る筈なり 塩屋兵站監》　防衛省防衛研究所　C06061845200

《捕虜交換の大略報告》　防衛省防衛研究所　C06061112900

《平壌の戦報 支那兵撲滅並捕虜》　防衛省防衛研究所　C06060138200

《葉志超より左宝貴に与ふる書》　防衛省防衛研究所　C06060137400

《第 5 師団戦闘報告 9 月 15 日元山支隊戦闘詳報》　防衛省防衛研究所　C06062049100

《鴨緑江架橋及び渡舟詳報 第 1 軍工兵部長 矢吹 秀一》　防衛省防衛研究所　C06062039200

《第 1 砲攻撃開始より椅子山堡塁団奪略に至る》　防衛省防衛研究所　C06062132000

《清国政府敗将を賞す》　防衛省防衛研究所　C06060140100

《朝鮮国派遣中特別書類 連合艦隊司令長官》　防衛省防衛研究所　C08040632200

《清国の蛮行及蛮行に就ての論評》　防衛省防衛研究所　C08040488900

《列国局外中立の宣言》　防衛省防衛研究所　C08040516400

《外国新聞外国人の評論 1-3》　防衛省防衛研究所　C08040607000；C08040607100；C08040607200

《日清戦争実記抜萃》　防衛省防衛研究所　C08040607900

《富山県知事 従軍願に付上申》　防衛省防衛研究所　C06060082300

《衆議院議員秋岡義一従軍願の件》　防衛省防衛研究所　C06061036500

《真宗僧呂特派従軍の件》　防衛省防衛研究所　C06061425300

《写真師従軍願の件》　防衛省防衛研究所　C06031034700

《薬剤師従軍願の件》　防衛省防衛研究所　C06031003400

《台湾へ新聞記者等派遣の件》　防衛省防衛研究所　C06060236800

《英国旅団医官等従軍願の件》　防衛省防衛研究所　C06021919300

《追加休戦定約》　防衛省防衛研究所　C06061949100

《下の関談判 1-2》　防衛省防衛研究所　C08040540500；C08040540500

《劉永福勧降始末》　防衛省防衛研究所　C08040582000

《劉永福遁走》　防衛省防衛研究所　C08040582500

《劉永福の使書拒絶始末》　防衛省防衛研究所　C06060340800

《本邦領属後の台湾島に係る雑件 1-2》　防衛省防衛研究所　C08040496700；C08040496800

《総督府開庁》　防衛省防衛研究所　C08040580500

【文献资料检索说明】

アジア歴史資料センター［Japan Center for Asian Historical Records（JACAR）］，中国语（亚洲历史资料中心），所属日本国国立公文书馆网站，是近现代日本国内阁、外务省、陆军、海军保存的公文，以及从其他记录档案中选出汇集的，日本国与亚洲近邻各国之间关系的文献资料库。读者查阅本著引用的亚洲历史资料中心参考文献时，请在 http://www.jacar.go.jp/ 网页的检索栏内输入检索编号，点击"画像阅览"即可阅读原始文献。A 编号：国立公文书馆；B 编号：外务省外交史料馆；C 编号：防卫省防卫研究所。

图书在版编目（CIP）数据

清日战争 / 宗泽亚著 .——北京：北京联合出版公司，
2014.5（2025.4 重印）

ISBN 978-7-5502-2911-2

Ⅰ.①清… Ⅱ.①宗… Ⅲ.①中日甲午战争—研究 Ⅳ.① K256.307

中国版本图书馆 CIP 数据核字（2014）第 086326 号

本书中文简体版权归属银杏树下（北京）图书有限公司

清日战争

著　者：宗泽亚

选题策划：后浪出版公司

出版统筹：吴兴元

特约编辑：马春华

责任编辑：王　巍

封面设计：周伟伟

版面设计：罗志伟

营销推广：ONEBOOK

装帧制造：墨白空间

北京联合出版公司出版

（北京市西城区德外大街 83 号楼 9 层　100088）

天津中印联印务有限公司印刷　新华书店经销

字数 666 千字　787×1092 毫米　1/16　36.75 印张　插页 2

2014 年 6 月第 1 版　2025 年 4 月第 9 次印刷

ISBN：978-7-5502-2911-2

定　价：68.00 元